어떤 제국과의 조우

13~14세기 고려와 몽골 원(元)

어떤 제국과의 조우

13~14세기 고려와 몽골 원(元)

이 강 한

경인문화사

범례

1) 본서에 인용된 『고려사』와 『조선왕조실록』의 원문(元文) 및 표점(標點)은 db.history.go.kr/KOREA와 sillok.history.go.kr에 공시된 것을 활용하거나, 참고해 표기하였다.

2) 본서에 수록된 『고려사』 원문의 번역은 동아대학교 석당학술원, 2011 『국역고려사』 경인문화사의 번역을 활용하거나 참고한 것이다.

3) 본서에 인용된 『원사』의 원문 및 표점은 대만중앙연구원·역사언어연구소의 〈한적전문자료고(漢籍全文資料庫, https://hanchi.ihp.sinica.edu.tw/ihp/hanji.htm)〉에서 확보하였다.

4) 본서에 인용된 묘지명 자료의 원문, 표점 및 해석은 김용선, 2001 『고려묘지명집성』 한림대출판부(및 향후 개정본)의 원문, 표점, 해석을 활용하거나 참고하였다.

5) 본서에 인용된 고려시대 문집(文集) 기록의 원문 및 표점은 한국고전번역원(韓國古典飜譯院) 홈페이지에서 제공하는 바를 사용했으며, 번역 또한 고전번역원에서 제공한 바를 활용하거나 참고하였다.

6) 본서에 인용된 『대원성정국조전장(원전장)』 법조문내 문장 표점은 陳高華·張帆·劉曉·党寶海 點校, 2011 『元典章』 中華書局·天津古籍出版社의 표점에 따랐다.

머리말

13~14세기는 한반도에 있어 흔히 몽골의 침공, 원제국의 간섭 등으로 기억되는 시대이다. 이른바 '원 간섭기'라고도 불리는 시기인데, 후대인들이 보기에 다른 시대에 비해 매우 달랐던 경우로 비친 점이 그런 명명을 낳은 것 같다.

필자는 이 용어를 그리 좋아하지 않는다. 고려의 역사는 한반도 역사의 일부일 뿐 타 지역의 역사가 아닌데, 그 1/3에 해당하는 시기를 타자를 주어로 한 용어로 묘사한다는 불만에서다. 게다가 이 표현의 문제는 거기서 그치지 않는다. 당사자들의 동의를 구할 수 없는 후대 학자들이 무슨 권리로 당시의 시대상을 '간섭'이라는 단어로 수렴해 왔던 것일까?

물론 과거에는 '원 지배기'라는 표현이 쓰인 적도 없지 않았다. 그에 비해 '간섭기'라는 표현이 오히려 고려의 자주적 노력을 인정하는 완곡한 표현이라는 견해도 있다. 필자 또한 그런 충정과 진의를 존중하고 믿지만, '원 간섭기'라는 표현은 여러모로 학술용어로 활용하기에는 무리함이 있는 단어다. 상·하한도 불분명하고, 간섭의 개념도 규정되지 않았다. 이에 박사학위를 받은 지 얼마 되지 않았던 2010년, '원 간섭기'라는 용어를 쓰지 말 것을 학계에 제안하기도 했지만 별다른 반향은 없었다.*

최근에는 일종의 신조어로 '몽골(원) 복속기'라는 단어도 쓰이고 있는 중이다. 당시 사용된 용어를 기반으로 한 표현으로서, 가치판단을 전제하

---

* 이강한, 2010 「'친원'과 '반원'을 넘어서 - 13~14세기사에 대한 새로운 이해」 『역사와현실』 78

v

지 않는다는 취지에서 사용되는 것으로 안다. 필자가 존경하는 동학과 선후배들 중에도 이 단어를 쓰는 분들이 더러 계신다. 그러나 안타깝게도 필자는 이 단어에 대해서도 우려가 적지 않다. 의도치 않게, 듣는 이들의 머리 속에 특정한 통념을 생성시킬 수 있는 개념이라는 점 때문이다.

이 시기 고려인들의 삶 속에 몽골 원제국의 존재감이 막대했음은 결코 부인할 수 없다. 큰 변수는 광폭의 변화를 가져오고 깊은 잔영도 남기기 마련인데, 몽골 원제국은 바로 그런 큰 변수였고 그래서 한반도의 역사에 남긴 잔영도 컸다. 그 때문에 간섭이라는 명칭도, 복속이라는 개념이 등장한 것이기도 했으며, 필자가 지난 십수년간 이 시기 연구에 매진해 온 것도 그와 무관치 않다.

그러나 냉정히 보면, 이 시기는 고려인들이 몽골 원제국과 조우해 그야말로 '당하고 배우며, 대응하고 발전해' 간 시대였을 따름이다. 외부의 영향을 흡수해 소화하고, 새 방향으로 나아가되 내부의 전통도 지켰던 시대이다. 고려 후기 원과의 관계는 고려 전기 송과의 관계, 조선 전기 명과의 관계와 사실 그리 다를 바 없었다. 시기에 따라 송과 명으로부터의 영향이 오히려 몽골 원제국으로부터의 영향을 상회하기도 했지만, 그 시대들을 '송 영향기', '명 강압기'라 부르지는 않는다. 그럼에도 고려 후기를 '원 간섭기', '원 복속기'라 부르는 것이 적절할지 이제 자문해 볼 때가 되었다.

짚어야 할 점은 또 하나 있다. 200년에 가까운 기간 한반도의 역사를 하나의 단어로 포괄하는 것이 적절할지의 문제가 그것이다. 13세기 후반 한반도의 상황은 비극 그 자체였다고 하겠지만, 14세기 전반의 고려 사회는 그와 달리 워낙 다양한 맥락을 내포하고 있었다. 그런 시기를 한 두 단어로 묘사하려다 보면 필연적으로 왜곡과 오해가 발생하기 마련이다.

21세기의 대한민국을 생각해 보자. 갖은 갈등 상황에 직면해 있고, 우리의 삶을 복잡하게 만드는 여러 외국들이 있다. 가깝게는 미-소 냉전이 있었고 지금은 중국의 압박, 일본의 도발, 러시아의 위협, 미국의 이기주의 등 외교적 도전이 한두 가지가 아니다. 그런데 이러한 외국들이 우리에게 악재이기만 할까? 결국은 같이 가야 할 이웃이고, 경쟁자이자 협력자이다. 그래서 싫어도 웃으며 대하고, 귀찮아도 상황 타개를 위해 협상을 하며, 힘들어도 공존의 전략을 모색해 가는 것이다. 다 우리가 처한 상황을 헤쳐 나가기 위한 노력일 따름이다.

그런데 만약 수백년 뒤의 역사학자들이, 오늘날을 살아간 우리의 고뇌도 모른 채 그야말로 제3자의 입장에서 20~21세기를 일컬어 '미 복속기', '중 간섭기' 등의 표현들을 사용한다면, 우리가 과연 그런 평가를 흔쾌히 수용할 수 있을까? 우리도 용인하기 어려울 용어를 우리가 먼저 나서서 과거인들을 상대로 쓰는 것, 우리도 감당하기 어려울 평가를 과거인들을 상대로 내리는 것은 되도록 자제할 필요가 있어 보인다. 그것이 천년전의 선조들에 대해 우리가 취할 수 있는 최소한의 존중이라면 더욱 그렇다.

물론 이러한 문제 제기도 결국 설득력 있는 대안 제시로 뒷받침돼야 할 것이다. 그러나 필자는 '원 간섭기'를 대체할 용어의 제시는 거부한다. 대신 이 시기가 별도의 형용어구, 색다른 명명을 필요로 하는 시기가 아님을 제시하는 것을 개인적 목표로 삼고 있다. 그래서 10여년 전에 던졌던 제안을 다시금 던져 보고자 한다. 애초에 던졌던 질문, 즉 '원 간섭기'나 '원 복속기'가 적절한 명명인지에 대한 질문은 일단 거두고자 한다. 다만 그를 넘어, 이 시기가 별도의 명명을 필요로 하는 시대이긴 한지, 질문을 바꿔(reframe) 보고자 한다. 그 질문에 대한 대답을 함께 모색해 보기 위해 집필한 것이 바로 이 책이라 보시면 될 것같다.

본문에 들어서기에 앞서, 독자 제현께 몇 가지 양해를 구하고자 한다. 필자가 2007년 이래 발표해 온 연구들을 하나의 내러티브 아래 총결

산하는 차원에서 책을 쓰다 보니, 필자가 쓴 기존 논문들의 내용이 이 책에 요약 수록될 수밖에 없었다. 아울러 각 부를 구성하고 있는 총 22개의 절들이 필자가 이전에 발표한 논문 1편 또는 2편씩을 기반으로 하고 있어 (각 항의 서두나 도중, 그리고 본서의 말미 등에 그 서술의 근간이 된 필자의 기존 논문명을 명시하였다), 논지 전개 과정에서 일부 내용이 전재되는 것이 불가피했다. 본문의 경우 이전의 서술을 그대로 옮기지 않고 최대한 개술(改述)하려 노력했지만, 각주의 경우 더러 기발표된 논문의 각주들을 활용하기도 하였음을 사전에 밝혀 둔다.*

한편 각각의 논문에서 필자가 인용했던 학계의 기존 연구는 이 책에도 일일이 소개하려 했지만, 지면 관계상 그렇지 못한 경우도 있어 모쪼록 학계 제현께 관대한 양해를 여쭌다. 아울러 신진연구자들의 연구에 대한 인용이 미흡했다면 그에 대해서도 너그러운 이해 부탁드리며, 특히 기존의 연구를 의도치 않게 자의적으로 인용한 경우, 다시 말해 원 저자의 본 취지와 맞지 않는 맥락에서 인용해 결과적으로 취지를 호도한 경우가 있다면 그에 대해서도 미리 사과드린다. 필자도 인간인지라 지난 이십여 년간 전개된 스스로의 연구에 강하게 구속돼 있음을 새삼 느낀다. 그간 영감을 주신 선행 연구들을 어떻게든 참고문헌에 빠짐없이 실음으로써 학자로서의 최소한의 도리는 다하고자 하였다.

마지막으로 원자료의 경우, 『고려사』, 『원사』 등 기본 사서에 수록된 기사로서 논지 전개에 필수불가결한 사례들을 제외하고는 인용을 생략하였다. 본서의 논지와 관련된 자세한 사료적 근거들은 필자의 기왕의 연구 성과에 담겨 있으니 그를 참조해 주시길 당부드린다.

....

* '본 절의 내용은 __을 토대로(기반으로) 하였다'는 표현, '아래의 내용과 관련해서는 __ 참조' 등의 표현을 썼는데, 지칭된 기존 논문의 내용 일부가 해당 절에 인용 또는 전재되었다는 의미임을 밝혀둔다.

이 책은 어디까지나 필자가 생각하는 13-14세기의 역사상에 대한 정리임을 환기하며, 책에 담긴 필자의 논지와 관측에 대해 학계에 이견(異見)도 엄연히 존재함을(어쩌면 더 많을 수도 있음을) 독자들께 상기시켜 드린다. 필자가 이 책에서 펼쳐 보인 논지들이 오히려 학계에서는 '소수 의견'이 아닐까 싶지만, 학계와 대중에게 생각해 볼 재료를 제공하는 것에서 의미를 찾고자 한다.

차 례

3부

얼떨결에 살아나는 과거(過去)의 유산 • 309

1부

낯선 것과의 접촉,
사라지는 경계(境界)들

이 시기 고려의 위정자들은 그들의 선조들은 경험하지 않았던 두 가지 큰 변화를 겪게 된다. 원제국과의 통혼(通婚)이나 정동행성(征東行省) 설치 과정에서 발생한 고려왕의 신분 변화가 그 하나였다면, 원제국 황제의 제국 관직 및 관계(官階) 하사로 인해 발생한 고려 관료들의 인식 및 행동 변화가 또 하나였다. 국왕의 새로운 태생은 그들의 관점을 이전과 다르게 만들었고, 관료들이 제국과 맺은 관계는 그들로 하여금 새로운 지향을 갖게 하였다. 그리고 이러한 변화들이 누적되면서 그들의 정체성 또한 점차 변모하였다.

그런데 그러한 정체성의 변화가 무엇보다도 행동의 변화를 가져왔으니, 고려 정부가 원제국의 제도·문물을 고려의 내정에 활용하는 새로운 양상이 그것이었다. 물론 이전에도 고려 정부가 중국(예컨대 송)의 개별 제도 일부를 취한 바 있었지만, 이 시기에는 제국의 정책노선이나 방법론을 고려의 국정에 대입, 접목하는 모습이 관찰된다. 제국의 국정 방향(지향)이나 제도적 요소들이 고려의 현실 개선에 도움이 될 것으로 판단될 경우 그를 전적으로 수용해 내부의 자산과 결합시킨 것이다. 고려의 현실에 맞는 방식들이 선택되고, 고려의 기존 제도가 살아 있는 위에 제국의 관행이 접합되긴 했지만, 제국의 압도적 권위 아래 놓인 고려의 지도자들이 그 지향까지도 전방위적으로 수용하면서 고려사회는 큰 변동을 겪게 되었다. 국초이래 유지돼 온 여러 관행들이 변화하고, 이전에는 없던 시도들이 출현했다는 점에서 그러하다.

제도의 수용 및 변용이라는 차원에서는 고려 - 원제국의 관계가 송(宋)

과의 관계와도 그리 다르지 않았다. 그러나 제국과의 관계에서 노출된 특징적 모습들, 예컨대 고려 군신(君臣)의 정체성 변화나 양국 정책 간의 높은 유사성(및 강한 연동성)은 이전과는 확실히 다른 것이었다. 고려 - 원 제국 간의 교류가 고려 내부에 끼친 파장 역시, 고려 - 송 교류가 고려 내부에 미친 영향에 비해 그 수위나 강도가 상대적으로 높았다.

1장. 지도자들의 정체성 변화, 양국 간 경계를 근저에서 허물다

'정체성'이란 기본적으로 한 인간의 내적 성격을 이르기도 하고, 그 사람의 사회적 모습을 가리키기도 한다. 어쩌면 양 측면을 모두 내포한 개념, 또는 양자가 결합된 개념이라 봐야 할 수도 있겠다. 전자적 측면의 정체성이 인간의 행동 방향을 결정한다면, 후자로서의 정체성은 그 사람의 정치적 입지, 신분적 위상, 경제적 이미지 등으로 표상되며 역으로 전자에도 영향을 끼치기 때문이다.

고려인들이 이전에 지녔던 정체성은 몽골 원제국의 도래로 인해 현저히 바뀌었다. 사회 최고위층부터 일반 기층 백성들까지 고려사회의 구성원 어느 누구도 그에서 자유로울 수 없었으니, 달라진 생활환경에서 고통과 불편을 받았음은 물론 심지어 의복과 머리모습까지 바꿔야 했기 때문이다. 다만 고려후기의 각종 인간 군상 중 가장 큰 정체성 변화를 겪었을 이를 꼽으라면 아무래도 최고 권력자였던 국왕들을 꼽아야 할 것 같다. 태생, 법제적 신분, 정치적 위상 등 거의 모든 면에서 변화를 겪었기 때문이다.

이에 이 시기 고려 국왕들의 태생에 대한 논의가 그간 다양하게 진행돼 왔고, 그들이 가진 법적·정치적 권한도 논쟁의 대상이 되곤 하였다. 다만 논의가 다소 미흡한 부분도 있었으니, 그들이 처한 상황이 그들의 위상과 정서에 끼쳤을 영향에 대한 논의가 그것이었다. 고려 왕들이 겪은 여러 일들이 그들의 정치적 입지는 물론 그들의 관점과 행태까지도 바꾸어 놓은 점에 대해서는 연구자들의 관심이 미흡했던 셈이다.

한편 관료들에 대한 연구에서는 그들이 이 시기 갖게 되었을 '새로운 관점'에 대한 연구가 다소 부족했던 아쉬움이 있다. 관료는 대개 정치인으로서의 위상과 행정주체로서의 속성을 동시에 갖기 마련인데, 몽골 원제국의 간섭을 받는 과정에서 그들의 자의식이 어떻게 변하였고 그들의 지향은 어떻게 조정됐는지에 대한 검토가 생각만큼 활발하지 못했다. 국왕과 함께 정부를 운영했던 그들의 머리와 마음 속에 발생한 변화는 그들의 봉직(奉職)하는 자세에도 큰 영향을 미쳤을 것임이 분명하다. 그런 점에서 그 지향과 인식의 변동을 야기한 그들의 정체성 변화를 당연히 살펴볼 필요가 있다.

1. 국왕 정체성의 재구성

고려 후기의 정계 구성원들 중 그 정체성에 있어 가장 큰 변화를 겪었던 존재들은 앞서 언급한 바와 같이 고려의 국왕들이었다. 몽골과의 통혼으로 원 황실의 부마(駙馬)가 되었고, 한반도에 설치된 정동행성(征東行省)의 승상(丞相)이 되었기 때문이다. 충렬왕 이후의 모든 고려 국왕들은 전자를 계기로 순수 고려인이 아닌 몽골 혼혈로 태어나게 되었고, 후자로 인해서는 전과 달리 복수의 위상을 갖게 되었다. 차례대로 살펴보도록 한다.

우선 고려 국왕들이 원제국 황제의 사위, 또는 원 황실의 부마가 되면서 겪었던 변화들이 포착된다. 그들의 새로운 신분은 그들의 운신의 폭을 제약하는 동시에 확장시키기도 하는 모순된 효과를 내었으며, 그 결과 그들의 국정에도 큰 영향을 미쳤다.

그 모든 것이 시작된 것은 1270년대 초였다. 1270년 2월 고려왕 원종(元宗)이 최초로 원제국 쪽에 통혼을 제안하면서였다.

> "대개 작은 나라가 큰 나라에 혼인을 청하는 것은 길이 좋은 인연을 맺으려는 것이지만, 어떨까 싶어 두려워 오래도록 말씀 드리지 못했습니다. 그런데 최근 저희가 바라던 바를 모두 허락하셨고 세자도 마침 왔으니, 바라옵건대 공주의 세자와의 혼인을 허락하신다면 저희가 만세가 지나도록 길이 직분을 받들겠나이다."[1]

이 청혼 제안은 처음에는 수용되지 않았고, 양쪽 간에 다소의 공방이 오가며 지연되기도 했다.[2] 그러다가 세자 신분의 충렬왕과 몽골 공주 사이에 드디어 1270년대 중반 통혼이 이루어지게 된다.[3]

....

1 『고려사』 권26, 세가(世家) 26 원종(元宗) 11년(1270) 2월 갑술, "王上書都堂請婚曰, …大小邦請婚大朝, 是爲永好之緣. 然恐僭越久不陳請, 今旣悉從所欲而世子適會來覲, 伏望許降公主於世子, 克成合巹之禮, 則小邦萬世永倚供職惟謹.'" 본고에서 소개한 사료들의 번역에는 다소의 의역(意譯)도 포함돼 있으며, 본서에 인용된 『고려사』와 『조선왕조실록』의 원문(元文)은 db.history.go.kr/KOREA와 sillok.history.go.kr에 공시된 원문을 활용하거나 참고해 표기했음을 밝힌다. 아울러 『고려사』 원문의 번역과 관련해서는 기본적으로 동아대학교 석당학술원, 2011 『국역고려사』 경인문화사를 참조하되 일부 필자 나름의 번역을 곁들였음을 일러두며, 후자의 경우 일부 오류가 있을 수 있음에 미리 양해를 구한다.
2 『고려사』 권27, 세가27 원종12년(1271) 1월 병자, "不花孟祺等還, 王使樞密院使金鍊伴行, 仍請婚表."; 10월 신축, "李昌慶還自蒙古, 帝許世子婚."; 11월 계미, "遣李昌慶文宣烈如蒙古, 賀正, 仍謝許世子婚."
3 『고려사』 권27, 세가27 원종14년(1273) 1월 계해, "遣帶方侯澂, 諫議大夫郭汝弼

고려로서는 왕이 이국(異國)의 여성과 혼인한 최초의 사례였고, 세력적 우위에 있던 몽골제국의 황실 인사가 고려 왕실에 들어온 파격적인 사건이었다.[4] 무엇보다도 충렬왕과 혼인하게 된 제국대장공주(齊國大長公主)가 쿠빌라이의 딸이었던 점이 이 혼인을 더욱 특별하게 만들었다. 이후의 고려왕들도 모두 몽골 공주 또는 여인과 혼인했지만(충숙왕은 세 번), 제국대장공주 정도의 위상을 가진 이는 충선왕비 계국대장공주(薊國大長公主) 정도였고, 이후의 왕비들은 결코 그렇지 못했기 때문이다.

통혼으로 획득한 부마의 신분은 고려의 국왕들에게 강력한 정치적 입지를 제공하였다. 충렬왕의 경우 혼인 후 연회 석상에서의 황제와의 거리가 현격히 감소한 것이 그를 잘 보여준다.[5] 1278년 몽골 병력 및 다루가치들의 철수를 이끌어낸 충렬왕의 성공적인 교섭에도 그의 부마 신분이 긍정적으로 작용하였다.[6] 고려 국왕의 새로운 정체성이 상황에 따라 고려에 유리한 결과도 빚곤 했음을 잘 보여준다.

다만 공주들과의 혼인생활이 계속되면서 고려 국왕들의 일상과 정서 또한 바뀌어 갔을 것으로 생각된다. 무엇보다도 충렬왕을 대하는 제국대장공주의 모습에서 그러한 가능성이 엿보인다. 그녀는 고려인들의 환대 속에 고려에 도착했지만,[7] 낯선 이국 땅에서의 스트레스 때문이었는지 잦은 시비와 분란을 일으켰다. 무엇보다도 남편 충렬왕을 멸시하는 처신으

如元, 謝許世子婚.”; 15년(1274) 5월 병술, “世子諶尙帝女忽都魯揭里迷失公主.”

4 고려와 원제국 간 통혼에 대해서는 이명미, 2003「고려·원 왕실 통혼의 정치적 의미」『한국사론』49 등의 연구를 참조.

5 연회 석상에서의 충렬왕의 자리는 원제국 황제 쿠빌라이로부터 일곱 번째로 잡혔고 이후 네 번째로까지 가까워졌던 것으로 알려져 있다.

6 『고려사』권28, 세가28 충렬왕(忠烈王) 4년(1278) 7월 갑신; 임진; 무술

7 『고려사』권89, 열전(列傳) 2 후비(后妃) 2, 제국대장공주(齊國大長公主), “王與公主同輦入京, 父老相慶曰, ‘不圖百年鋒鏑之餘, 復見大平之期.’”

로 그의 정치적 입지를 훼손했고, 고려인들의 반대에도 불구하고 한반도의 문화유산을 절취하기도 했다. 후자는 심지어 무역자금을 마련하기 위해서였던 것으로 추정된다.

> "공주가 홍왕사(興王寺)의 황금탑(黃金塔)을 가져다 내전(內殿)에 들여놓고는 단단히 싸놓았는데, 홀라대(忽剌歹, 인후)와 삼가(三哥, 장순룡) 등이 그를 많이 절취하였다. 공주도 장차 이를 헐어 쓰러 하니, 왕의 만류에도 공주가 말을 듣지 않아 왕은 눈물만 흘릴 따름이었다. 뒤에 왕과 공주가 홍왕사에 행차했을 당시 승려들이 금탑의 반환을 요청했으나 공주가 그를 허락하지 않았고, 심지어 홀라대로 하여금 대부시(大府寺)의 은(銀)을 모아 내전으로 갖고 오게 할 정도였다."[8]

이렇듯 배우자인 고려 국왕의 위신이나 고려 한반도의 전통에 대한 존중이 거의 없었던 제국대장공주는 남편과 그 선대를 비웃는 데 그치지 않고,[9] 후술하겠지만 남편의 정책적 선택을 비판하거나 그의 대외무역 행보에 제동을 걸기까지 하였다.

물론 그녀의 존재가 언제나 충렬왕에게 악재이기만 했던 것은 아니며, 달리 보면 그 존재 자체만으로도 충렬왕에게는 정치적 자산이었던 측면이 없지 않다. 다만 그녀가 충렬왕에게 도움이 되었던 것은 그녀가 살아있을 때까지만이었다. 1296년 그녀의 사망으로 충렬왕의 정치적 위상이

....

8 『고려사』 권89, 열전2 후비2, 제국대장공주, "公主取興王寺黃金塔, 入內其裝嚴, 多爲忽剌歹三哥等所竊, 公主將毀用之, 王禁之不得, 但涕泣而已. 後, 王與公主如興王寺, 僧乞還金塔, 公主不許, 又令忽剌歹括大府寺銀, 入內."

9 『고려사』 권89, 열전2 후비2, 제국대장공주, 충렬왕11년(1285), "王以內僚上將軍金子廷爲東京副使, 公主謂王曰, '予聞東京是王之母鄕然乎?' 王曰, '然.' 公主曰, '家奴爲邑宰可乎? 南班人得居中外重任, 始自何代?' 王曰, '自元廟始.' 公主曰, '王眞元王之子也.' 王有慚色."

급전직하한 것이 그를 잘 보여준다. 공주의 측근들이었던 겁련구(怯憐口)들이 이후 충렬왕의 측근이 되긴 했지만, 장순룡(張舜龍, 본명 三哥, 1255~1297)은 일찍 사망했고 인후(印侯, 본명 忽剌歹, 1250~1311)는 이후 충렬왕의 아들 충선왕 편에 서게 된다.

한편 이후의 왕비들은 조금 달랐다. 충선왕비 계국대장공주는 남편 충선왕과의 사이가 너무나 안 좋았다. 시아버지 충렬왕이 아들 충선왕과의 경쟁 국면에서 자신에게 유리한 상황을 조성하고자 아들 내외 사이의 불화를 이용해 계국대장공주의 '개가(改嫁)'를 추진했을 정도였다. 공주를 충선왕과 이혼시킨 후 고려왕실의 또 다른 남성과 재혼시키려 했던 것이다.[10] 제국인들의 이목이 있는 상황에서, 고려로서는 망신살이 뻗치는 일이 아닐 수 없었다.

충숙왕의 경우 세 명의 몽골 여성들과 혼인했는데, 그 끝이 모두 좋지 않았다. 첫째 부인은 충숙왕과 사이가 좋지 못했고 왕으로부터 폭력을 당했다는 설도 있다. 둘째 부인은 출산 직후 사망했으며, 셋째 부인은 충숙왕 사후 충혜왕에게 욕을 당하기도 했다.[11] 둘째 부인의 소생이 어떻게 되었는지는 미상이며, 충숙왕의 후계자로 즉위한 충혜왕과 공민왕은 모두 고려인 왕비 명덕태후(明德太后) 홍씨(洪氏)의 소생이었다.

결국 충선왕과 충숙왕의 몽골 부인들은 남편들에게 그리 큰 영향을 미치지 못했던 셈이었다. 남편의 입지를 부상시키거나 반대로 훼손시키는 모습 모두 관찰되지 않는다. 반면 충숙왕의 아들 충혜왕과 혼인했던 몽골 부인 덕녕공주는 조금 달랐다. 그녀는 남편의 생전에는 그에게 별다른 영

---

10 『고려사』 권89, 열전2 후비2, 계국대장공주(薊國大長公主); 권32, 세가32 충렬왕27년(1301) 5월 경술
11 『고려사』 권89, 열전2 후비2, 복국장공주(濮國長公主); 조국장공주(曹國長公主); 경화공주(慶華公主)

향을 미치지 못했으나, 충혜왕 사후 충목왕, 충정왕대에는 나라의 원로로서 고려 조정에 큰 영향력을 끼쳤다.[12]

마지막으로 공민왕의 부인 노국공주는 공민왕과의 로맨스로 유명한 인물로서, 또 다른 맥락에서 공민왕에게 많은 영향을 끼쳤다. 그는 생전에는 공민왕의 국정을 뒷받침하는 든든한 파트너였지만,[13] 사후에는 그녀의 죽음에 상심한 공민왕이 여러 무리한 국정을 펼치는 원인이 되기도 했다. 그의 상심이 신돈(辛旽)의 기용으로까지 이어졌음을 감안하면 더욱 그렇다.

이렇듯 몽골 공주들과의 혼인으로 부마 신분을 획득한 고려 국왕들은 그들의 배우자들과 다양한 모습의 혼인생활을 영위하였다. 동시에 그들의 성향과 시각도 어느 정도 변화했을 것으로 생각된다.

한편 고려왕의 두 번째 정체성 변동은 정동행성[征東等處行中書省]이 설치되고[14] 고려 국왕들이 승상(丞相)의 역할을 맡게 되면서 시작되었다.[15] 그들이 고려의 국왕이라는 신분 외에 또 다른 신분을 갖게 되면서 여러 새로운 전례와 규범이 도입되었고,[16] 고려와 원제국의 관계 역시 새로운

....

12 김난옥, 2010 「충혜왕비 덕녕공주의 정치적 역할과 위상」 『한국인물사연구』 14

13 노국대장공주와 관련한 연구로는 상똬자브 어트겅자르갈, 2019 「공민왕비 노국대장공주 연구」 한국학중앙연구원 석사학위논문 참조.

14 이에 대해서는 장동익, 1994 『고려후기 외교사연구』 일조각 등의 고전적인 연구가 참조된다.

15 당시 고려 국왕의 복잡한 정체성에 대해서는 이명미, 2016 『13~14세기 고려·몽골 관계 연구 - 정동행성승상 부마 고려국왕, 그 복합적 위상에 대한 탐구』 혜안 참조.

16 원제국과의 관계로 인해 발생한 여러 의례 상의 변화에 대해서는 최종석의 여러 연구 참조(2019 「고려후기 '전형적' 제후국 외교의례의 창출과 몽골 임팩트」 『민족문화연구』 85; 2019 「고려후기 배표례(拜表禮)의 창출·존속과 몽골 임팩트」 『한국문화』 86; 2023 「고려·조선 초 국왕 위상의 변화와 몽골 임팩트」 『인문과학연구』 28).

맥락을 띄게 되었다.[17]

당시 원제국의 넓은 강역에서 큰 비중을 점했던 중국 지역은, 시기에 따라 다소의 변동이 있었지만 대체로 10~11개의 행성(行省)으로 구성되었다. 원수부(元帥府) 등의 군사 단위로 출범하여 이후 민정(民政) 단위인 행성이 되거나, 적은 지역을 관장하는 소행성(小行省)들이 서로 합쳐져 거대 행성이 되기도 했다. 정동행성의 경우 전자의 사례로서, 1270년대 정동원수부(征東元帥府)로 시작하여 이후 1283년, 1287년, 1299년 등의 여러 시점을 거쳐 행성으로 진화해 갔던 경우다. 중국 밖에 설치된 유일한 행성이기도 했는데, 엄연히 중국과 지역적으로 분리된 한반도에 정동행성이 설치된 것은 고려가 제국 중심 질서의 일부로 편입되었음을 의미하는 것이기도 하였다.[18]

고려에 행성이 설치된 이유는 과연 무엇이었을까? 정동행성의 '정동(征東)'은 주지하듯이 일본 정벌을 의미한다. 즉 정동행성은 향후 20여 년간 쿠빌라이가 고집스럽게 추진하게 될 '동정(東征)', 즉 일본 정벌을 위해 설치된 존재였다. 일본 정벌에 고려가 이렇듯 연루된 것은 물론 한반도와 일본 간의 지리적 근접성 때문이었고, 더 나아가 원제국의 동남아시아 초유(招諭)에 동원돼야 할 중국 강남지역이 아직 제국의 수중에 들어오지 못

---

17 고려왕과 몽골 황제 사이에 오간 표문(表文)과 조서(詔書), 그리고 원제국 중서성(中書省)과 정동행성 사이에 오간 자문(咨文)들이 그런 정황을 잘 보여주는데, 이와 관련해서는 정동훈, 2022 『고려시대 외교문서 연구』혜안; 가와니시 유야(川西裕也, 박성호 역), 2020 『고려말 조선초 공문서와 국가 - 변혁기 임명문서를 중심으로』한국학중앙연구원 출판부 등 참조.

18 외국 학계에서 제작된 여러 13·14세기 세계지도에 중국과 한반도를 같은 색깔로 칠하는 이유도 여기에 있다. 아울러 이 시기 고려 한반도가 원제국 영향권 내로 포섭되고 심지어 일체화에 준하는 경험을 하게 됐을 가능성을 거론한 연구로는 David Robinson, *Empire's Twilight: Northeast Asia under the Mongols*, Harvard University, Asia Center for the Harvard‐Yenching Institute, 2009 참조.

했기 때문이었다. 그리고 이러한 '정동(征東)' 사업이 고려 왕 원종과 충렬왕을 상당한 곤경에 빠뜨리게 된다.

원종은 그나마 일본 정벌이 시작되기 직전 사망했지만, 충렬왕은 즉위하자마자 정벌군의 출정을 지켜봐야 하는 상황에 놓였다.[19] 원 황실의 부마였음에도(또는 부마였기 때문에), 고려의 인력과 물자가 일본 정벌에 총동원되는 것을 막아낼 수 없었던 것이다. 결국 충렬왕은 원제국을 대신해 고려인들을 괴롭히는 가해자의 역할을 감내해야 하였다.[20] 이미 몽골 공주와의 혼인을 계기로 고려인들의 의복과 머리모양을 몽골 식으로 바꾸는 조치를 선제적으로 시행해 백성들에게 불편을 끼쳤던 그로서는 곱절로 미안할 노릇이었다.[21]

불과 몇 십년전 한반도를 도륙했던 몽골인들이 새로이 일으킨 또 다른 전쟁에 동원된 것은, 고려인들에게는 상상도 못했던 일이자 울화가 치미는 일이 아닐 수 없었다. 그런 고려인들을 강제 동원하고, 안 그래도 대몽골 진상품 조달로 이미 크게 축난 한반도의 남은 재화들까지 끌어다 일본 정벌을 준비해야 했던 충렬왕으로서는 그 정치적 운신의 폭이 매우 좁았다. 일찍이 최탄(崔坦)의 반란으로 제국의 일부가 된 자비령 이북 지역(동녕부, 東寧府)에 일본 정벌 준비를 분담시키려 노력하거나,[22] 1281년 단행

....

19 『고려사』 권28, 세가28 충렬왕즉위년(1274) 10월 을사

20 당시의 상황과 관련해서는 이승한, 2009 『쿠빌라이칸의 일본 원정과 충렬왕』 푸른역사; 이정신, 2008 「원간섭기 원종·충렬왕의 정치적 행적 - 김방경의 삼별초 정벌, 일본원정을 중심으로」 『한국인물사연구』 10 등 참조.

21 『고려사』 권27, 세가27 원종13년(1272) 2월 기해, "…國人見世子辮髮胡服, 皆歎息至有泣者."; 권28, 세가28 충렬왕즉위년(1274) 10월 신유; 11월 정축; 12월 정사. 이와 관련해서는 김윤정, 2016 「충렬왕대 '의관개변령(衣冠改變令)' 반포와 국속(國俗)의 보존」 『동방학지』 176 및 그의 학위논문(2017 『고려·원 관계 추이와 복식문화의 변천』 연세대학교 박사학위논문)을 참조할 수 있다.

된 2차 일본정벌 당시 고려 관료들에 대한 포상을 몽골에 건의할 따름이었다.[23]

그런 상황에서 1283년을 전후하여 새로운 변화가 전개되었다.[24] 이 해를 기점으로 고려 국왕(충렬왕)의 승상 지위가 새로운 의미를 갖게 되는데, 1283년 4월 원제국 정부가 충렬왕을 새삼 '정동행중서성 좌승상(征東行中書省 左丞相)'으로 삼고, 5월 행성을 세워 고려 국왕과 아탑해(阿塔海)가 함께 일하도록 조치했기 때문이다.[25] 이전의 고려 국왕은 엄밀히 말해 중서좌승상(中書左丞相)으로서 행중서성(行中書省)의 일을 보는 존재였다면,[26] 이제는 명실상부한 '정동행성의 승상'이 되었던 것이다. 1283년의 이 상황은 그간 별다른 주목을 받지 못했지만 이 해는 『원사(元史)』 백관

....

22 『고려사』 권29, 세가29 충렬왕6년(1280) 11월 기유, "有東寧府所管諸城及東京路沿海州縣, 多有梢工水手, 伏望發遺三千人補乏."

23 『고려사』 권29, 세가29 충렬왕7년(1281) 5월 무술

24 이하의 서술은 이강한, 2007 「정동행성관(征東行省官) 활리길사(闊里吉思)의 고려제도 개변 시도」 『한국사연구』 139를 토대로 하였음을 밝힌다.

25 『원사』 권12, 본기(本紀) 12 세조(世祖) 지원(至元) 20년(1283) 4월 임진; 갑오; 계묘("授高麗國王王賭征東行中書省左丞相, 仍駙馬, 高麗國王"); 5월 갑자("立征東行中書省, 以高麗國王與阿塔海共事."); 『고려사』 권29, 세가29 충렬왕9년(1283) 6월 계미, "趙仁規還自元, 帝冊王爲征東中書省左丞相, 依前駙馬高麗國王, 命與阿塔海共事." 한편 위의 일부 기사에 '정동행성을 세웠다'는 표현이 있지만, 정동행성이 이때 처음 설치된 것은 물론 아니었다. 정동행성은 이미 이해 1월에도 존재했음이 다른 기사에서 확인된다(1월 을축). 정동행성·정일본행성 등은 이미 1280년대초부터 존재해 치폐(置廢)를 거듭하였다. [본서에서 활용한 『원사』의 원문 기사들은 대만중앙연구원·역사언어연구소의 한적전문자료고(漢籍全文資料庫, https://hanchi.ihp.sinica.edu.tw/ihp/hanji.htm)에서 확보하였음을 일러둔다.]

26 『고려사』 권29, 세가29 충렬왕6년(1280) 12월 신묘, "帝冊王爲開府儀同三司中書左丞相行中書省事, 賜印信."

지(百官志)에도 '정동행성의 설치 시점'으로 기재된 중요한 연도이다.[27]

이렇듯 1283년을 기점으로 고려의 국왕과 정동행성 간에 실로 공식적인 연결고리가 확립된 셈이라 하겠는데, 그 이유는 과연 무엇이었을까? 그와 관련하여, 이 해가 원제국 정부의 해외정벌 정책에 중대한 전환이 있었던 직후였다는 점이 눈길을 끈다.

2차 일본 정벌이 실패로 돌아간 직후인 1281년 10월, 원제국 정부는 해선 100척에 병력 1만여 명을 동원, 1282년 1월을 기하여 '해외(海外)의 제번(諸藩)'을 정벌하기로 결정하였다.[28] 이전까지는 일본 정벌 자체가 하나의 독립된 현안이었던 것과 달리, 이제는 일본 정벌도 해외["남양(南洋)"] 정벌 사업의 일부로 그 위상이 변동될 것임을 예고하는 조치였다. 그리고 중국의 강남(江南) 지역이 그러한 광역 정벌의 준비에 본격적으로 동원되면서, 2차 일본 정벌 당시 그 준비를 위해 설치되었던 강남 지역의 '정일본행성(征日本行省)'은 더 이상 운영되지 않게 되었다.[29] 동시에, 그간 일본 정벌에 참여해 온 고려 정부에 해외 정벌 중 '한 꼭지'로서의 일본정벌 준비를 전담하게끔 위임한 결과가, 바로 1283년 정동행성의 '설치' 및 충렬왕의 '정동행성 승상 임명'이었다. 충렬왕 본인이 이후 1302년에 이르러 과거를 회고하며 '지원18년(1281) 대군이 바다를 건너 일본을 정벌하기 시작한 이래, 지원20년(1283)에 이르러 세조 황제의 명령으로 행정동성사(行征東省事)의 업무를 맡게 되었다'고 언급한 것이 그를 잘 보여준다.[30]

....

27 『원사』 권91, 지41 백관7, 정동등처행중서성(征東等處行中書省), "至元20年(1283), 以征日本國, 命高麗王置省, 典軍興之務, 師還而罷. 大德3年(1299), 復立行省, 以中國之法治之. 旣而王言其非便, 詔罷行省, 從其國俗. 至治元年(1321), 復置, 以高麗王兼領丞相, 得自奏選屬官, 治瀋陽, 統有二府, 一司, 五道."

28 『원사』 권11, 본기11 지원18년(1281) 10월 경술

29 『원사』 권11, 본기11 지원18년(1281) 2월 기해, "罷日本行中書省."

30 『고려사』 권32, 세가32 충렬왕28년(1302) 12월, "…自於至元18年(1281), 大軍

즉 충렬왕은 두 차례의 일본 정벌(1274·1281)로 지난한 고생을 한 후 1283년에 이르러 '정동행성의 승상'으로 확고히 거듭난 것이라 하겠다. 고려와 정동행성의 관계가 좀 더 '등치'의 수준에 접근할 것임을 예고하는 계기적 사건이었다. 충렬왕은 이후 1287년, 1288년에도 계속 정동행중서성의 승상직에 임명되었다.[31]

그런데 1299년 고르지스(闊里吉思, 지와르지스)라는 인물이 정동행성의 평장정사(平章政事)로 부임하면서, 고려 왕조와 충렬왕은 일찍이 겪지 못한 새로운 도전에 맞닥뜨리게 된다.

> "정동행중서성을 복구하고, 복건평해성(福建平海省) 평장정사(平章政事) 활리길사(闊里吉思)를 (정동행성의) 평장정사로 삼았다."[32]

정동행성(征東行省)의 관청 조직 또는 구성원이 어떤 형태로든 사료에 등장한 것은 이때가 처음이었다. 이전까지의 정동행성 공식 직제에는 고려왕만이 승상으로 존재했을 뿐이었는데, 이때 2인자 격의 평장정사가 처음으로 등장했던 것이다. 이러한 내부 관속(官屬)의 배치는 정동행성이 일정 넓이의 지역을 대상으로 물리적인 행정력을 발동하며 실질적 조치들을 내놓을 수 있게 되었음을 보여준다. 『원사』 백관지와는 달리 『원사』 지리지(地理志)의 경우 정동행성의 출범 시기를 1299년으로 적은 것도 그

過海征進之後, 至元20年(1283), 欽奉世祖皇帝聖旨, 委付當職行征東省事威鎭邊面管領…"

31 『원사』 권14, 본기14 세조 지원24년(1287) 5월 임인["授高麗王賹行尙書省平章政事."(이 '평장정사'는 '승상'의 오기로 보인다)]; 『고려사』 권30, 세가30 충렬왕14년(1288) 4월 을묘("詔以王爲征東行尙書省左丞相.")

32 『원사』 권20, 본기20 성종(成宗) 대덕(大德) 3년(1299) 5월 경자, "復征東行中書省, 以福建平海省平章政事闊里吉思爲平章政事."

때문이라 생각된다.[33]

활리길사의 부임으로 충렬왕과 고려 정부는 진정한 시범대에 오르게 된다. 새로 부임한 성관(省官)들을 통제해야 할 새로운 책임을 지게 되었던 동시에, 그들을 통해 고려가 원제국 정부의 입김에 더욱 노출되는 상황에도 대응해야 했을 것이기 때문이다.

애초 정동행성은 기존의 고려 정부를 대체하기 위해 설치된 존재가 아니었다. 성관(省官)도 없이 최고위직으로서의 승상(丞相)만 고려 국왕으로 임명되었던 것이 그를 잘 보여준다. 한반도 내지에 대한 징세권, 지방행정권, 사법권은 모두 고려의 국왕과 정부가 이전처럼 행사하였다. 정동행성에 징세권이 없고 성관도 임명되지 않았으니, 행성 내부에서 세금을 거둬 중앙으로 보내고 다시 중앙에서 행성에 성관 녹봉용 재화를 제공하던 관행도 부재하였다.[34] 중국 내지의 행성들과는 분명 달랐던 정동행성의 이

....

33 『원사』 권63, 지15 지리(地理) 6 정동등처행중서성(征東等處行中書省), "征東等處行中書省, 領府二, 司一, 勸課使五. 大德3年(1299), 立征東行省, 未幾罷. 至治元年復立, 命高麗國王爲左丞相."

34 『고려사』 권125, 열전38 간신(姦臣) 1, 유청신(柳淸臣), "元通事舍人王觀上書丞相曰, "…伏聞, 朝廷建立征東行省, 欲同內地, 恐論者不察以致崇虛名而受實弊. 何則? 高麗慕義向化, 歸順聖朝百餘年矣. 世世相承不失臣節, 世祖皇帝嘉其忠懇, 妻以帝女位同親王, 寵錫之隆莫與爲比. 其在本國, 禮樂刑政聽從本俗, 不復以朝廷典章拘制, 故國家常有事於東方, 本國未嘗不出兵以佐行役, 自遼水以東瀕海萬里賴以鎭靜, 爲國東藩世著顯效, 累葉尙玆遂爲故事, 此盖高麗之忠勤祖宗之遺訓也.

(1) 今一朝採無稽之言, 以墮舊典, 恐與世祖皇帝聖謨神筭, 似有不同, 其不可一也.

(2) 本國去京師數千里之遠, 風土旣殊習俗亦異, 刑罰爵賞婚姻獄訟與中國不同, 今以中國之法治之, 必有捍格枝梧不勝之患, 其不可二也.

(3) 三韓地薄民貧, 皆依山阻海星散居止, 無郡縣井邑之饒, 今立行省, 勢須抄籍戶口科定賦稅, 島夷遠人罕見此事, 必驚擾逃避, 互相扇動, 脫致深繫利害, 其不可三也.

(4) 各省官吏俸祿, 例於本省, 差發科程, 今征東省大小官吏月俸及一切公用所費,

런 특징들은 14세기 중반까지도 그대로 이어졌다.

물론 이후에는 정동행성에도 중국 내지의 다른 행성들처럼 이문소(理問所)와 좌우사(左右司) 등이 설치되고, 그에 파견되는 제국 출신 몽골인, 한인(漢人), 그리고 고려 국왕이 추천한 고려인 성관(省官)의 수도 늘었다.[35] 그러나 위에서 언급한 정동행성의 본질적 이례성은 사라지지 않았다. 정동행성을 중국 내지 행성에 좀 더 가까운 형태로 전환하자는 이른바 '입성(立省)' 논의가 1310년대 이래 1340년대까지 일곱 차례에 걸쳐 집요하게 제기됐어도, 고려인들은 항상 정동행성의 존치를 주장하며 그 논의를 무산시키곤 하였다.[36]

그런 점에서 정동행성은 중국 내지의 행성들과는 분명 달랐고, 원제국이 한반도 지배를 위해 설치한 존재로 보기에도 애매한 바가 있다. 일본 정벌 준비를 도맡은 황실 부마의 한반도 지배를 공인하는 수단, 즉 위정자로서의 고려 국왕을 인정하는 몽골적인 방식의 산물이었던 측면이 없지 않다.[37]

....

　　　每歲大較不下萬有餘錠, 本國旣無供上賦稅, 上項俸給必仰朝廷輪送, 則行省之設未有一民尺土之益, 坐耗國家經費之重, 其不可四也.
　　(5) 江南諸省旣同一體, 例須軍兵鎭守, 少留兵則不足彈壓東方諸國, 多留兵則供給倍煩民不堪命, 又況國家自禁衛以及畿甸屯住, 軍額已有定制, 固非常人所敢論. 然不知征東鎭兵果於何處簽發, 其不可五也."

35 몇몇 사례만 들어보자면, 원제국의 법률이 고려에서 충분히 실행되고 있지 못한 것에 불만을 표시한 바 있었던 제국 관료 게이충(揭以忠)이 정동행성 이문소의 이문(理問)이었고, 고려인 행성관으로는 원제국으로부터 성리학을 수입했던 안향[安珦, 유학제거사(儒學提擧司)의 제거(提擧)], 공민왕을 괴롭혔던 악명 높은 권신(權臣) 기철(奇轍, 참지정사) 등을 들 수 있다.

36 김혜원, 1994 「원간섭기 입성론(立省論)과 그 성격」『14세기 고려의 정치와 사회』민음사. 최근 연구로는 이명미, 2021 「몽골 복속기 입성론(立省論)의 구성 과정과 맥락: 초기의 입성관련 논의를 중심으로」『역사학보』252 참조.

그렇다면 1299년 원제국 정부가 중국 내 또 다른 행성의 평장정사로 잘 근무하고 있던 관료 하나를 돌연 정동행성의 평장정사로 파견한 이유는 무엇이었을까? 당시 충렬왕과 충선왕의 계속된 갈등으로 불안정해진 고려 정국을 산발적인 사신 파견만으로는 안정시키기 어렵다는 판단에서였다는 것이 일반적인 설명이다. 정동행성을 중국내 여느 다른 행성과 같은 행성으로 '실질화'할지의 여부는 결정되지 않은 상황에서, 일단 상주할 감독 인력을 파견했던 셈이다.

그런데 활리길사의 파견은 고려의 정치적 안정은 커녕 오히려 더 큰 혼란을 야기하였다. 정동행성 평장정사로 재직하는 동안 활리길사가 단행한 일련의 제도 개변(改變)이 큰 파장을 몰고 왔던 것이다. 그가 시도한 제도 개변은 일찍이 원제국 정부가 고려에 강제했던 관제(官制) 격하와는 달리 고려의 민생(民生)을 화두로 고려 정부의 실정(失政)을 정조준하는 것이었다. 백성 수와 지방관 수의 부조화, 가혹한 형정(刑政) 등을 거론한 그의 제안에는 타당한 바도 없지 않아 고려 정부가 그를 거부할 명분도 마땅치 않았을 것으로 보인다. 몇 가지만 살펴보면 다음과 같다.

"대덕3년(1299) 11월과 대덕4년(1300) 2월에 열린 대회에서 국왕이 보인 모습이 모두 천자의 의식 제도와 같으니 참월(僭越)한 바가 있다.
고려의 형벌이 사리에 맞지 않다. 고발이 발생하면 증거를 찾지는 않고 원고의 말에만 의거하여 세 번 물어 피고가 자백하지 않을 경우 사안의 경중을 막론하고 해도(海島)에 유배시키며 사면이 있어도 석방하지 않으니 지나치다.
고려의 수도 안팎 관청들이 모두 358개소나 되고 관원은 4,355명이나 되니 백성들에게 심히 부담이 되고 필요하지도 않다. 그런 상태에

---

37 김호동 교수께서 이러한 견해를 개진한 바 있다(2007 『몽골제국과 고려』 서울대학교출판부).

서 부역(賦役)을 부과하고 (거둬진 세금이) 이전에 비해 조금이라도 미흡한 바가 있면 잔인하게 처벌하니 백성이 원한을 호소할 데가 없다.

성곽과 주현들이 이름만 남아 있어 백성은 적은데도 관리는 많다. 관민관(管民官)과 안렴관(按廉官)이 반년에 1번씩 교대하는데 백성들이 가진 물자로 신구(新舊) 관원(官員)을 환송하고 마중하니 농사에 방해가 되고 물건도 축나 백성이 심히 괴롭다.

이전에 제국이 세운 역참에는 [역호(驛戶)가] 각기 30~40호(戶)나 배치돼 있었는데, 근래 공식 문서가 있든 없든 모두 역마를 사용하고 왕의 측근들은 한 번에 20~30필을 쓰며 [이하 관원과 관청들도 비슷한 짓들을 하니] 그로 인해 (역호를 맡은) 백성들이 도망하여 1/3밖에 안 남았음에도 충원하지 않아 백성들의 고통이 심각하다."[38]

어느 것 하나 틀린 말이 없어 당혹스러울 정도이다. 이쯤 되면 활리길사가 도탄에 빠진 고려의 백성들을 구제하고자 한반도로 달려온 개혁가

....

38 『고려사』 권32, 세가32 충렬왕27년(1301) 4월 기축, "[其錄連事目曰:]
   ① 闊里吉思等言, 大德三年(1299) 十月, 開省以來別無出納錢糧, 止告驅良公事, 合依通行體例歸斷.
   ② 又, 目覩大德3年(1299) 十一月十五日, 大德4年(1300) 二月十五日, 國王二次大會, 亦三擧淨鞭山呼萬歲, 一如天子儀制, 有此僭越.
   ③ 又, 本國刑罰不中, 或人告, 是何公事不問證佐, 止憑元告, 三問不招, 無問輕重流配海島, 遇赦並不放還, 刑獄狂濫, 覩此一事, 餘皆槩見.
   ④ 又, 本國王京裏外諸司衙門州縣, 摠三百五十八處, 設官大小四千三百五十五員, 刻削於民甚爲冗濫, 加之賦役頻倂, 少有不前縛凌虐, 忍痛銜寃, 無可伸理.
   ⑤ 城郭州縣, 虛有其名, 民少官多, 管民官按廉官半年一次交代, 令本處百姓自備牛馬路費等物, 迎送新舊官員, 道路如織, 防農害物, 民甚苦之.
   ⑥ 又, 元立站赤, 每處三四十戶, 近年不問公移有無文憑, 皆乘駏馬, 若王近侍者差出卽起二三十匹, 餘驗高下各有等差, 兼所管官司百色科擾, 因此逃散三存其一, 厥數不補, 至甚生受…"
   사료에 담긴 지적이 지나치게 상세하여 위 본문에는 축약된 번역을 실었다. 『원사』 권208, 열전95 외이(外夷) 1, 고려(高麗) 조에도 비슷한 기록이 있다.

로 느껴질 지경이다. 그러나 그가 '정의의 사도'는 당연히 아니었고, 제국 정부도 고려의 개혁을 위해서 그를 보낸 것이 아니었다. 제국으로서는 한반도의 안정이 필요했을 따름이었다. 반면 활리길사는 그가 제국 내에서 실행해 온 의제들을 고려에도 '연장해 시행'하려 한 것으로 보인다.

그렇다면 그가 제국 내에서 견지해 온 지향은 과연 무엇이었던가?

활리길사는 사실 원제국 정치의 역사에서 보면 대단히 중요한 시점에 출현했던 인물이다. 1290년대 초 원제국 정부 내의 분위기 및 국정 지향이 급변하던 시기에 출사(出仕)했기 때문이었다. 세조 쿠빌라이는 1291년 그간 중용해 왔던 셍게[桑哥]를 축출한 후 정계재편을 단행하였고, 셍게에 대한 공격을 주도한 연공남(燕公楠)에게 차후 중용할 인물들을 물은 바 있다. 당시 연공남은 10여 명의 인물을 천거했는데, 그 중 하나가 바로 활리길사였다.[39]

시계를 잠시 돌려 30년 전 앞으로 가 보도록 하자. 일찍이 1260년 즉위한 쿠빌라이는 제국의 제도와 문물을 대폭 정비해야 할 상황에 놓여 있었다. 이에 유학적 소양은 물론 중국 구제(舊制)에 대해 풍부한 지식을 보유했던 노재(魯齋) 허형(許衡) 등의 유자(儒者)들을 관료로 초빙, 국정의 면모를 일신하였다. 동시에 제국의 규모에 걸맞는 경제구조를 건설하기 위해 아흐마드[阿合馬], 노세영(盧世榮), 셍게 등의 회회인(回回人), 위구르인, 아랍인들로 대표되는 이른바 외국인 재무(財務) 재상들도 등용하였다.[40]

....

39 『원사』 권173, 열전60 연공남(燕公楠)

40 田村實造, 1974 「世祖と三人の財政家」 『中國征服王朝史の研究』(京都 東洋史研究會) 同朋舍. 아흐마드는 1262년을 전후해 원 정계에 등장했고 허형도 1267년을 전후하여 등용됐는데, 당시 쿠빌라이가 이들을 위해 조성한 구도가 흥미롭다. 향후에는 서로 교대로 설치되었던 중서성과 상서성을 동시에 설치해 두 관청이 양존하는 구도를 만들었던 것으로, 아흐마드가 주도하던 제국용사사(制國用使司)를 상서성(尙書省)으로 개편한 후 아흐마드를 평장상서성사(平章

쿠빌라이의 재위 초기에는 두 노선이 나름의 균형을 유지하며 공존했던 것으로 보인다.

그런데 이 외국계 재상들이 쿠빌라이의 주문에 따라 재정 세입(稅入) 증대를 위한 여러 방안을 정책화하는 과정에서 지나친 요민(擾民), 인사(人事)의 문란 및 정부 규모의 비대화[세무(稅務) 관청의 증설]를 초래하였다. 세금 제도가 복잡해지고 징수량도 많아진 데 따른 자연스러운 결과였다. 이에 한법적(漢法的) 지향을 가진 관료들이 그를 극심하게 비판하고 나섰으며, 세입 증대책의 폐기, 정부 규모의 감축을 요구하는 동시에 전선(銓選) 정비와 감찰행정 강화도 제안하였다. 이에 대해 재무 재상들도 가만히 있지 않았으며, 그 결과 1270년대 이래 20여 년 간의 세월이 양 세력 간의 정치투쟁으로 점철되었다.[41]

그러다가 1291년에 이르러 마지막 회회인 재상 셍게가 축출됐던 것인데, 이는 유학자 관료들이 주도한 한법적(漢法的) 제도 정비 노선과 아흐마드 등 외국인 출신 재무 재상들의 세제(稅制) 정비 및 무역(貿易) 중시 노선 간 정치 투쟁에서 전자가 승리한 것을 의미하였다. 그리고 그 결과로서 연공남을 비롯해 그의 추천을 받은 불홀목(不忽木), 진천상(陳天祥), 하영조(何榮祖) 등이 발탁되던 와중에, 활리길사 역시 정국의 핵심인물로 부상했던 것이다.

그들의 정책 지향은 『원사』에도 잘 드러나 있지만, 무엇보다도 『통제조격(通制條格)』[『대원통제(大元通制)』의 '조격' 부분], 『원전장(元典章)』[대원성정국조전장(大元聖政國朝典章)] 등의 원제국 법전 속에 여러 차례 인용

....

　　尚書省事)로, 그리고 허형은 중서성의 중서좌승(中書左丞)으로 기용했던 것이다. 성향과 임무가 달랐던 두 사람을 동시에 중용한 셈이었다.
41 이러한 정황을 중국 학자 楊志玖는 '漢法과 回回法의 衝突'로 묘사하기도 하였다(1984 「元世祖時代"漢法"與"回回法"之衝突 - 緖言」 『元史三論』 人民出版社).

된 이른바 '지원신격(至元新格)'이 그들의 지향을 잘 보여준다.[42] '지원 연간에 새로이 반포된 조격'이라 하여 이렇게 불린 이 조항들은 일찍이 하영조(何榮祖)라는 인물에 의해 찬술됐으며, 대체로 '확장적 경제정책'에 반대하는 정서와 의식을 보여준다. 세제(稅制) 강화나 해운망(海運網) 구축에 집중하는 과도한 재정 정책, 국내·외 상인들의 무역에 대한 과감한 지원 정책 등을 단호히 거부하고, 재무 재상들이 그러한 공격적 경제 정책을 뒷받침하고자 확장해 놓은 중앙과 지방 관청들의 규모를 감축하는 데에 주력하는 내용을 담고 있다. 더 나아가 과거의 정책에 동조하던 관료들과 황제의 결탁을 단절시키고, 정부내 기강의 전반적 확립에 집착하는 모습도 드러내었다.[43]

연공남에 의해 천거된 활리길사 또한 이러한 국정지향과 문제의식을 적극적으로 공유했던 인물이다. 게다가 그는 회회인 재상들의 정사(政事)로 인해 고초를 겪고 있던 강남지역 호광행성(湖廣行省)의 평장사로 여러 해 복무했던 이력도 지니고 있었다. 그의 지방 현장에서의 경험이 그의

....

42 이강한, 위논문 참조

43 『원사』 권16, 본기16 지원28년(1291) 5월 정사. 지원신격(至元新格)은 앞서 언급한 바와 같이 하영조에 의해 찬술됐는데, 현재 알려진 바로는 ①공규(公規: 公式·職制·監察), ②선격(選格: 銓選), ③치민(治民: 對民政策), ④이재(理財: 節用), ⑤부역(賦役), ⑥과정(課程), ⑦창고(倉庫), ⑧조작(造作), ⑨방도(防盜: 刑政, 爲民主義), ⑩찰옥(察獄) 등 10개의 영역으로 구성돼 있다. 『대원성정국조전장(大元聖政國朝典章[이하 원전장(元典章)])』에는 '지원28년(1291) 6월 시의(時宜)에 맞는 정치(整治)의 일들을 〈지원신격〉으로 정했다'고 기록돼 있다[『원전장』 권2, 성정(聖政) 1, 수법령(守法令)]. 『원사』 본기의 1291년 5월 기록에는 위 10개 분야 중 4가지[공규, 치민, 방도(『원사』에는 '禦盜'라 표기), 이재]만 기록돼 있으나, 일찍이 일본 학자 우에마쯔 시요가 남은 6개 분야를 『이학지남(吏學指南)』에서 발굴하고 『대원통제(大元通制)』 등에서 '1291년 신격'의 내용을 인용한 부분들을 모아 지원신격을 복원하였다(植松正, 1972「彙輯『至元新格』並ぴに解説」『東洋史研究』30-4).

정치적 성향을 규정하고, 그가 고려에 와 개변(改變)을 시도했던 배경으로도 작용했을 가능성을 시사하는 대목이다. 실제로 활리길사가 고려에 부임해 목도한 고려의 정치·경제·사회적 현실은 당시 원제국의 현실과도 많이 닮아 있었을 것으로 짐작되는데, 그가 지적한 여러 문제들, 예컨대 관원 수의 과다함('冗員')으로 인한 폐단이나 부역의 과중함, 권세가들의 불법, 엄혹한 형사처벌 등은 그가 보기에 쿠빌라이 시대 회회인 재상들의 엄혹한 경제정책으로 발생한 '병폐'들과 겹치는 바가 있었을 것이기 때문이다.

다시 말해, 고려의 정국을 안정시킬 임무를 받고 부임한 활리길사가 원제국 내에서도 문제시되던 병리현상들이 고려에도 만연해 있음을 발견한 후, 그러한 사회병리에 대해 지원신격(至元新格)에 근거한 해법을 적용하려 한 것으로 생각된다. 실제로 그의 지적 사항들 중 다수가 고려 정부에 의해 수용되었다. 활리길사의 개변 중 '구량공사(驅良公事, 양천 신분의 사무)'와 관련된 부분은 시작되자마자 반발을 샀고 그의 인민변정(人民辨正, 신분관정) 결과 역시 다음해 원상으로 환원됐지만,[44] 위에 언급된 사안들["녹연사목(錄連事目)"으로 지칭됨]은 그의 건의대로 시행되었다. 불필요한 관원·관청 문제와 관련하여 1301년 5월 내외관직을 합치고 줄이는 [併省] 조치가 단행된 것이 그 대표적인 사례.[45]

물론 활리길사의 정동성관으로서의 임기는 길지 못했다. 앞서 언급한

....

44 『고려사』 권32, 세가32 충렬왕28년(1302) 1월 무신, "命田民辨正都監, 籍闊里吉思所斷奴婢爲良者, 歸之本主."

45 『고려사』 권32, 세가32 충렬왕27년(1301) 5월 병오, "併省內外官, 其官名有同上國者, 悉改之."; 『원사』 권208, 열전95 외이1, 고려(관청 90여개, 관원 270명 등을 혁파). 물론 1304년 1월에는 합병했던 주군(州郡)을 다시 분리하고 있어, 활리길사의 조치가 부분 철회된 모습도 관측된다[『고려사』 권32, 세가32 충렬왕30년(1304) 1월 계해].

양천(良賤) 문제에서 말썽이 벌어졌기 때문이었다. 고려의 신분질서라는 민감한 문제를 건드림으로써 고려왕과 정부의 극심한 반대를 사고, '(고려의) 본속(本俗)에 의거한다면 문제 해결이 어렵다'며[46] 일찍이 '고려의 국속을 억지로 변경하지 않겠다'는 세조의 약속["세조구제(世祖舊制)"]까지 부정하는 듯한 언사로 논란을 빚었던 것이다. 결국 원제국 정부는 '고려를 능히 화집(和輯)하지 못한다'는 명분을 들어 1301년 3월 그를 급히 소환하였다.[47]

그러나 그를 겪은 고려 정부, 특히 고려의 국왕에게는 트라우마가 남았다. 1299년의 소동은 정동행성관의 개인적 신념이 과격하게 적용된 사례이긴 했지만, 1291년 이후 제국 정부 내에서 전개되던 이른바 '지원신격(至元新格) 노선'이 한반도에까지 연장 적용된 사례이기도 하였다. 쿠빌라이가 약속한 '불개토풍(不改土風)'의 원칙을 흔들었던 사안으로, 고려 정부로서는 일찍이 쿠빌라이가 천명한 원칙이 공식적으로 재검토되는 것인지, 그로 인해 고려와 제국의 역관계가 또다시 어떤 방향으로 요동칠 것인지 불안해질 수밖에 없는 노릇이었다. 게다가 활리길사의 소동은 고려 정부에 원제국의 우월적 위상을 다시금 각인시키는 데 그치지 않고, 고려의 관료들로 하여금 제국 황제의 "성헌(成憲)"과 "성훈(聖訓)"을 (고려 국왕의 권위보다도) 우월적인 권위이자 국정 담론으로 받아들이게 하는 계기가 되기도 하였다. 이에 대해서는 후술하도록 한다.

이렇듯 고려의 국왕은 부마이자 승상의 신분을 획득함으로써(또는 강제로 부여받음으로써) 그로부터 수혜를 하기도 했지만, 동시에 일본 정벌 준비의 부담을 짊어짐은 물론 원제국 지방 지배구조의 일원으로서 중국

....

46 『원사』 권208, 열전95 외이1, 고려
47 『원사』 권20, 본기20 성종 대덕5년(1301) 12월 신묘; 『고려사』 권32, 세가32 충렬왕27년(1301) 3월 임인

내지 행성들에서 진행되던 개혁에 준하는 간섭도 감내해야 하였다. 왕의 신분이 다변화하면서 사안에 따라 중국측(제국측)의 입장을 대변하거나 수용할 수밖에 없었던 이런 상황은 원제국의 등장이 초래한 새로운 정황이었으며, 그런 정황의 반복이 고려 국왕의 위상과 정체성을 더욱 유동(遊動)시키게 된다. 외부의 영향으로 인해 고려 최고 지도자의 성격이 이렇듯 변하는(어떤 경우 불가역적으로) 상황은 분명 고려와 원제국, 한반도와 중국 간 경계가 일부 형해화되고 있었음을 보여주는 대표적 정황이었다. 실로 허물어지는 분절의 한 표현이었다고도 하겠다.

2. 관료들의 의식구조 변화

앞서 국왕의 정체성 변화를 살펴봤다면, 여기서는 좀 더 저변이 넓었을 변화, 즉 관료군의 정체성 변동에 대해 논의해 보고자 한다. 고려의 왕들이 여러 트라우마를 겪으며 이전과는 다른 정체성을 형성해 가던 때에, 고려 관료들은 원제국 황제로부터 제국 문·무산계(文散階·武散階) 상의 각종 관계(官階)들을 하사받으며 비슷한 맥락의 정체성 위기(변화)를 겪고 있었기 때문이다.

일국 정부에 소속된 관료들의 활동은 대개 국가, 왕조 등 나라 단위로 전개되기 마련이다. 고려의 관료들도 마찬가지였다. 고려의 국왕으로부터 관계를 받고 그에 준하는 관직을 받으며, 관직별로 책정된 녹봉을 받은 대가로 고려의 국왕을 섬기며 고려 백성들을 위한 정사를 펼쳤던 것이다.

물론 그들의 활동 범위가 고려 밖으로 확장된 경우도 없지 않았다. 고려를 대표하여 외국 정부를 상대하는 외교 업무가 그런 경우다. 이 경우 외국(물론 중국)으로 파견된 고려의 관료들은 중국 황제로부터 여러 선물을 받기도 했다. 대개는 물건으로, 어떤 경우 명예직도 수여받았다.

그러나 실직(實職)을 받은 사례는 매우 드물었고, 계(階)를 받는 것은 아예 찾아보기 어려운 일이었다. 중국의 황제는 중국의 황제였을 뿐이고, 고려 관료들의 주군(主君)은 어디까지나 고려의 왕이었기 때문이다. 고려 관료가 누리는 모든 혜택도 결국 고려의 왕으로부터 나오는 것이었다. 고려 관료의 자제(子弟)가 송(宋)의 태학(太學) 등 중국의 교육기관에 입학하는 경우가 더러 있었고 외국 수학 중 중국의 과거시험에 합격할 경우 중국 관료로 활동하게 될 여지도 없지는 않았지만, 그런 경우 또한 매우 적었다.

그런데 고려 후기에는 이 모든 것이 변하게 된다. 원제국의 과거시험에 응시하는 고려인들의 수가 늘고, 합격한 이들은 중국의 여러 지역에서 지방관으로 봉직하였다. 가정(稼亭) 이곡(李穀, 1298~1351)처럼 매우 드물게 문한직(文翰職)을 맡아 제국의 중앙 정부에서 활약한 경우도 있다.

더욱 중요한 변화는, 제국의 과거 시험을 본 적도 없고 제국 정부와도 아무런 연고를 맺지 않은 채 고려 내에서 성장하고 봉직했던 관료들이 돌연 원제국 황제로부터 관직 뿐 아니라 관계까지도 하사받게 되었다는 점이다. 물론 '제국 관직'의 경우 그를 하사받은 고려 관료가 고려를 떠나 제국으로 가지 않는 이상 그런 관직을 보유하고 있는 것 자체가 무의미한 일이었고, 그 관직 역시 '허직(虛職)' 이상의 의미를 갖기 어려웠다. 그러나 '제국 관계'의 경우는 사정이 달랐다. 직무와 봉급이 수반되는 관직과 달리, 한 관료에게 어느 선의 관직까지 수여할 수 있을지 그 위상을 표현하는 수단이 바로 관계였기 때문이다. 관직처럼 녹봉이 수여되는 대상은 아니었지만, 결국은 수여될 미래 관직의 고하를 좌우할 중요한 자격이었다. 그런 의미를 갖는 관계를 '제국 황제가 고려 관료에게' 수여하는 사례가 이 시기 들어 급증했던 것이다.

물론 관계를 하사하면서 일종의 신분만 하사했을 뿐 구체적 직무나 급어를 준 것은 아니었으며, 후속될 관직 인사를 전제로 그를 하사한 것도 아니었다. 따라서 관계 하사의 의미 역시 제한적이었다고 볼 수도 있다. 그러나 전술했듯이 제국의 과거 시험에 급제한 후 제국 정부에 종사하는 고려인들이 늘어난 상황에서, 그리고 고려에 대한 간섭과 통제가 송·요· 금에 비해 매우 강했던 원제국 정부를 상대하기 위해 고려의 관료가 사절로서 제국을 방문해야 할 일들이 전보다 훨씬 많아진 상황에서, '원제국의 관계(官階)'를 보유하고 있다는 것이 향후 그 관료의 경력에 도움이 될 가능성도 결코 적지 않았다. 이미 고려의 과거를 통과한 고려 관료들도 원제국 과거 시험에 응시하는 일이 빈번했던 이 시기, 제국 관계를 보유한 이가 고려 관직을 버리고 원제국 정부에 진출하는 것은 더 이상 단순한 가능성만이 아니었다. 매우 높은 개연성을 지닌 현실이었다.

그런 점에서, 이 시기 고려 관료들에게 하사된 제국의 관계(官階)는 그를 수령한 고려의 관료들로 하여금 뭔가를 기대하게 만드는 효과를 내었을 것으로 생각된다. 제국 관계의 보유로 인해 더 넓은 공간에서 활동할 수 있고, 더 많은 관직을 추구할 여지도 생긴 셈이었기 때문이다. 중국이라는 광활한 무대에서 누구나 선망하는 지위에 오를 수도 있을 일이었다.

무엇보다도 이런 상황은 고려 관료들의 야망을 키우는 것을 넘어, 그들의 국내관(國內觀) 또한 크게 바꿔 놓았을 가능성이 높다. 자신의 관력(官歷)을 확대·확장하는 데 도움이 될 존재가 고려 국왕만은 아니라는 자각이 생겨났을 것이기 때문이다. 충성을 바쳐야 할 대상이 그야말로 복수화한 것으로, 이는 고려 국왕의 위신에 심각한 위협이 되었다. 후술하겠지만 13세기 말 제국 황제의 언명(言名)과 권위가 '성헌(成憲)', '성훈(聖訓)', '구제(舊制)' 등으로 개념화하고 그 위상도 절대화·극대화하면서, 고려 왕의 권위는 반대로 '상대화'되기 시작하여 황제의 권위 아래 놓이고 있었다. 그런 상황에서 13세기 후반 이래 시작되어 14세기 전반 본격화된 황제로부터의 각종 직함 하사가 고려의 군-신 관계를 근본적으로 바꿔 놓게 된 것이다.

한 나라의 행정을 맡은 관료들이 외국 지도자와의 관계를 예외적인 것, 이례적인 것으로 보지 않고 상시적인 것, 또는 매우 가능성 높은 선택지, 심지어 지향하고 추구할수록 자신에게 이로운 일로까지 보게 됐을 당시의 상황은, 적어도 관료들의 인식 지평에서는 '자신이 실제로 위치한 나라'와 '자신이 지향하는 상대국' 간에 존재하던 경계가 허물어지고 있었음을 의미한다. 게다가 이는 개인 의식상의 동요에 그칠 일도 아니었다. 자신의 기대를 충족시켜 줄 수 있는 상대국에의 귀의(歸依), 자신의 입지를 확대하고 경험을 넓힐 수 있는 새로운 무대로의 진출은 결과적으로 고려 관료들의 활동 공간 차원에서도 분명히 한반도와 중국 간의 계선을 흐리는 것이었다.

세계관의 확대, 지향의 분기, 활동 반경의 확장으로 요약될 수 있을 이런 추세는 14세기 전반 계속되었다. 이러한 추세는 문산계와 무산계 양 쪽에서 다 관찰되지만, 여기서는 문산계에 초점을 맞춰 살펴보도록 한다.[48]

고려의 관료로서 원제국 문산계를 받은 최초의 사례 중 하나는 김방경(金方慶, 1212~1300)이다. 그는 고려의 중신으로서 충렬왕대의 정국을 주도하였고, 삼별초 진압 및 일본 정벌 과정에서도 단연 두각을 드러내었다. 그런 만큼 정적(政敵)도 많아 끊임없는 음해와 참소에 시달리기도 했는데, 일본 정벌군을 끌고 온 흔도(忻都)와 홍다구(洪茶丘) 등이 김방경을 괴롭힌 것이 대표적인 경우다. 김방경은 심지어 사망 후에도 제대로 장례를 치르지 못하는 비운을 겪기도 했다.

....

48 본 절의 서술과 분석은 이강한, 2013 「13~14세기 고려관료의 원제국 문산계 수령 - 충렬공 김방경을 포함한 여러 사례들에 대한 검토」 『한국중세사연구』 37에 기반하였다.

그런데 그의 이력에서 다음과 같은 장면이 발견된다.

"경진년(1280) 겨울 황제가 있는 곳으로 가서 인사를 드리자, 황제가 중봉대부 관고려군도원수(中奉大夫 管高麗軍都元帥)를 제수하였다."[49]

이 '중봉대부(中奉大夫)'는 원제국 문산계로는 '종2품(하)'에 해당하는 고위 문산계였다. 원 황제 쿠빌라이가 고려의 관료 김방경에게 원제국 문산계 상의 고위 관계를 하사했던 셈인데, 일본 정벌을 주도하던 그를 원제국 정부로서도 회유하거나 대접할 필요를 느꼈기에, 위상이 결코 낮지 않은 문산계를 하사함으로써 그를 배려했던 것으로 이해된다.

그러나 김방경이 이런 고위 관계를 받을 수 있었던 것에는, 그가 고려의 중신이자 고위 관료로서 원제국 정부에서도 존중해야 했던 인물이었던 점 또한 작용한 것으로 보인다. 종2품 급의 이 중봉대부가, 김방경이 당시 고려 왕으로부터 받아 보유하고 있던 최고위 문산계('개부의동삼사, 종1품)의 품급에도 조응하는 수준의 관계였음이 그런 가능성을 시사한다. 물론 전자가 후자보다 품급이 1품 낮긴 했지만, 당시 원제국 정부의 간섭으로 고려 정부 최고위 부처인 첨의부(僉議府)의 관청 품급이 4품에 불과했음을 감안하면, 김방경이 받은 원제국 문산계가 그의 고려 정계에서의 실질적 중요성을 고려한 결과로 다가오는 바가 있다.

······························

49 〈김방경(金方慶) 묘지명(1300)〉(김용선, 2001『고려묘지명집성』한림대출판부: 이하 본서에서 거론할 모든 묘지명은 김용선의 책에서 인용하였음을 밝혀둔다. 다년간 여러 차례 개정본을 내 온 김용선 교수의 노고에 힘입어, 본 연구에서도 묘지명을 적극 활용할 수 있었다.).『고려사』세가에도 '황제가 김방경을 중봉대부(中奉大夫) 관령고려군도원수(管領高麗軍都元帥)로 삼았다'는 기록이 있다[『고려사』권29, 세가29 충렬왕6년(1280) 12월 신묘]. 한편『고려사』의 김방경 열전에는 해당 문산계가 '중선대부(中善大夫)'로 기록돼 있지만, 원제국 문산계에는 그런 관계가 없었으므로 열전 기록은 오기라 봐야 할 것이다.

이런 양상은 원제국 문산계를 받은 동시기 다른 고려 관료들에게서도 비슷하게 확인된다. 김방경보다는 관직과 위상이 낮은 이들이었기에 김방경이 받은 것과 같은 고위 문산계는 받지 못했어도, 대체로 이미 보유하고 있던 고려 문산계와 그리 큰 차이가 나지는 않는 제국 문산계들을 하사받았던 것이다.

김방경의 중봉대부 수령(1280)이 1280년대초의 사례라면, 1290년대초에는 충선왕과 함께 원제국 조정에서 생활하던 고려의 관료들이 원제국 문산계를 하사받은 바 있다. 조인규(趙仁規)와[50] 정가신(鄭可臣)이 '정3품 하' 급의 가의대부(嘉議大夫)를,[51] 민지(閔漬)는 '종4품 하' 급의 조열대부(朝列大夫)를, 그리고 이지저(李之氐)가 '종5품 상' 급의 봉직대부(奉直大夫)를 받았음이 확인된다.[52] 가의대부는 원제국에서는 6부(部) 상서(尙書)직이 보유한 관계로 자주 나타나는 등 그 위상이 만만치 않았고, 이 밖에 제국의 여러 고위 외관직(外官職), 예컨대 제형안찰사(提刑按察使)와 행어사대(行御史臺)의 중승(中丞), 지역의 총관(摠管)과 유수(留守), 전운사(轉運使), 행성직(行省職) 등에 대응되는 경우도 많았다. 조열대부나 봉직대부 역시 6부의 시랑(侍郞), 급사중(給事中), 추밀원(樞密院) 경력(經歷) 등의 관료들이

· ·

50 『고려사』 권30, 세가30 충렬왕19년(1293) 6월 갑인, "元以趙仁規爲嘉議大夫王府斷事官." 그러나 그의 묘지명에는 1290년("庚寅", 충렬왕16년) 수여받은 것으로 돼 있다. 〈조인규(趙仁規) 묘지명(1308)〉 참조.

51 『고려사』 권105, 열전18 정가신(鄭可臣), 충렬왕16년(1290), "···後命公卿議征交趾, 詔與高麗世子師二人同議, 可臣等曰, '交趾遠夷勞師致討, 不若遣使招來, 如其執迷不服, 聲罪征之, 可一擧萬全.' 對稱旨, 於是授可臣翰林學士嘉議大夫, 時人榮之."

52 〈민지(閔漬) 묘지명(1326)〉; 『고려사』 권30, 세가30 충렬왕19년(1293) 6월 갑인, "李之氐爲奉直大夫 合浦等處鎭邊萬戶府副萬戶, 行中書省副鎭撫." 이 밖에 1325년 사망한 박전지(朴全之)가 관력 초반에 9품 장사랑(將仕郞)을 받은 바 있는데, 시기가 확인되지 않아 여기서는 더 검토하지 않는다.

보유했던 중·상위 관계로 나타난다.

쿠빌라이로부터 강남 행성의 성관(省官) 직을 제의받았던 정가신, 충선왕이 사랑하던 조비(趙妃)의 부친이면서 충선왕의 측근이기도 했던 조인규, 그리고 원제국에서 활발히 활동했던 민지 등에게 이런 관계가 하사된 것은 원제국 정부가 제국 내에서 활동하는 고려 관료들을 각별하게 인식했음을 보여준다. 아울러 그들이 받은 제국 문산계의 품급을 그들이 보유 중이던 고려 문산계의 품급과 비교해 보면, 전자가 후자에 비해 '조금 낮았을 따름'임이 눈길을 끈다. 앞서 보았듯이 김방경이 그러했고, 조인규 역시 1287년 이미 금자광록대부(金紫光祿大夫, 종2품)를 보유한 상황에서 1290년 정3품 하급의 가의대부를 받았다. 당시 고려 관료들의 '기보유 고려 문산계'와 새로 '하사받은 원제국 문산계' 사이에 대략 '1품' 정도의 차이가 있었을 가능성을 암시하는 사례들로서, 원제국이 고려의 관료에게 문산계를 수여할 당시 해당 관료의 '고려내 위상'을 어느 정도 감안했을 가능성을 암시하는 대목이기도 하다. 원제국 정부로서도 고려와의 관계가 막 정착하던 상황에서 외국의 관료에게 제국 문산계를 처음으로 하사하는 셈이었으니, 수령자가 고려 정부 내에서 지니고 있던 명망을 참작해야 할 필요성을 느꼈으리라 짐작된다.

14세기에 들어오면 고려 관료의 제국 문산계 수령 사례가 더욱 다양하게 발견된다. 왕후(王煦)가 '정2품 상'급의 자덕대부(資德大夫)를 하사받았고,[53] 이공수(李公遂)가 '정2품 하'급의 자선대부(資善大夫)를 보유하였다.[54]

---

53 〈왕후(王煦) 묘지명(1349)〉. 충선왕의 주선으로 황태자의 속고적(束古赤)이 되면서 계림군공(雞林郡公)의 작위 및 자덕대부(資德大夫)라는 품계를 받은 것으로 되어 있다.

54 〈이공수(李公遂) 묘지명(1366)〉. 그의 묘지명 첫머리에 이공수를 '자선대부 대상예의원사(資善大夫 大常禮儀院使)'로 지칭하고 있다.

당시 고려인들이 13세기 후반에 비해 좀 더 높은 원제국 문산계를 받게되었을 가능성을 시사하는 정황들로도 비치는 바가 있다.

아울러 이전과 달리 중국에 들어가 원제국의 관료로 생활하며 제국 문산계를 받은 경우들도 출현한다. 홍빈(洪彬)은 봉훈대부(奉訓大夫, 종5품하), 정의대부(正議大夫, 정3품 상) 등을 제수받았고,[55] 최안도(崔安道)는 봉의대부(奉議大夫, 정5품 하), 조청대부(朝請大夫, 종4품 상)를 거쳐 중의대부(中議大夫, 정4품상)를 수여받았다.[56] 김방경의 후손인 김제안도 '정4품 상'급의 중의대부(中議大夫)를 하사받았고,[57] 이곡과 이인복은 '정5품 하'급의봉의대부를 보유하였다.[58] 이후 14세기 중엽인 1365년 한방신(韓方信), 안우경(安遇慶), 황상(黃裳), 이구수(李龜壽), 이여경(李餘慶) 등이 홍건적 난과관련된 공훈으로 종5품 봉훈대부(奉訓大夫)를 단체로 하사받기도 했다.[59]

....

55 〈홍빈(洪彬) 묘지명(1354)〉. 봉훈대부 보유 당시 역임하던 관직은 태상예의원경력(太常禮儀院 經歷)으로 나온다.

56 〈최안도(崔安道) 묘지명(1340)〉. 1336년 태부감 소감(太府監少監) 조청대부(朝請大夫)가 되고, 1340년 태부감 대감(大監) 중의대부(中議大夫)가 된 것으로기록돼 있다.

57 김제안(金齊顏)은 김방경의 큰아들 김선(金愃)의 둘째 아들 김승택(金承澤)의아들 김묘(金昴)의 둘째 아들이다. 〈김묘(金昴)의 처 민씨(閔氏) 묘지명(1379)〉에 그 아들 김제안이 "중의대부(원제국 문산계) 중서병부낭중 겸 첨서하남강북등처 행추밀원사 봉선대부[고려(충선왕복위년) 문산계] 전교부령 지제교 겸춘추관편수관[中議大夫, 中書兵部郎中兼簽書河南江北等處行樞密院事, 奉善大夫,典校副令 知製教兼春秋館編修官]" 등을 역임한 것으로 기록돼 있다.

58 〈이자성(李自成) 처 이씨(李氏) 묘지명(1350)〉. 이곡(李穀)은 '중국의 제과(制科)에 합격하여 봉의대부(奉議大夫)로서 정동행성(征東行省)의 낭중(郎中)이되고 또 나라의 재상[國相]이 되었으며, 한산군(韓山君)으로 봉작되었다'고 기록돼 있다. 한편 이인복(李仁復)은 묘지명에 '봉의대부 정동행중서성 좌우사낭중(奉議大夫 征東行中書省 左右司郎中)'으로 묘사돼 있다(〈이인복(李仁復) 묘지명(1375)〉 참조).

14세기 전반의 이 사례들을 보면, 하사받은 문산계의 종류들이 공교롭게도 13세기 후반과는 전혀 다르다. 고려 관료들이 하사받던 원제국 문산계의 종류가 이전에 비해 그만큼 다양해졌음을 보여준다. 이런 상황은 고려 관료가 외국(원제국)의 관직 운용이나 관계 제도에 대해서 느끼고 있던 '이질감'을 그만큼 줄여 주었을 것이고, 이질감의 감소는 자신의 활동 공간이 고려 정부를 넘어 원제국의 중앙과 지방으로 확대될 수도 있지 않을까라는 희망과 가능성의 탐색으로 이어졌을 것이다. 그리고 그런 탐색은 다시금 원제국 정계(政界) 쪽으로 활동과 운신의 폭을 늘리려는 여러 다양한 시도들을 낳았을 것으로 생각된다. 고려와 원제국 사이의 현안 또는 원제국 내의 이슈에 적극적으로 개입할 경우 관료로서의 자신의 장래가 신장되리라는 기대를 품고 더욱 열심히 그에 나서려 했을 수 있는 것이며, 그 과정에서 고려 정부와 원제국 정부 사이의 관계 또한 본질적으로 변해 갔을 것이다.

그런데 이 시기 고려 관료의 제국 문산계 수령 추세의 이면에는 또 하나의 감춰진 맥락이 있다. 전술했듯이 이전에는 원제국 정부가 제국 문산계를 수령할 고려 관료의 '고려내 위상'을 고려하곤 했지만, 14세기 전반에 접어들면 그런 사례들의 수가 전에 비해 줄어들기 때문이다. 고려 관료가 새로이 하사받은 제국 문산계의 품급이 그가 이미 보유하고 있던 고려 문산계의 품급에 비해 '현저히 낮은' 새로운 추세가 등장해 고착화한 것으로, 1품 정도일 따름이었던 고려 문산계와 원제국 문산계 간의 품급 차이가 더욱 벌어지는 상황이 전개된 것이다.

14세기 전반 원제국 문산계를 받은 고려 관료들이 해당 시기 보유하고 있던 고려 문산계를 함께 살펴보면, 전반적으로 전자의 품급이 후자의 그

59 『고려사』 권41, 세가41 공민왕14년(1365) 3월 기사(己巳)

것에 비해 무척 낮다. 홍빈의 경우, 원 황제로부터 받은 정의대부(정3품 상)는 자신이 보유하고 있던 고려 문산계[삼중대광(정1품)] 보다 2품이나 낮은 문산계였고, 그의 직전 제국 문산계인 봉훈대부(종5품) 역시 그가 고려 왕으로부터 삼중대광을 받은 이후에 제국에서 받은 것이었음을 감안하면, 그가 동시 보유한 제국 관계와 고려 관계 사이에는 심각한 위상 차가 있었음이 확인된다. 최안도의 경우도 마찬가지인데, 그는 1330년경 이미 고려 문산계인 봉익대부(종2품 하, 충선왕 복위2년 문산계 기준)를 보유하고 있었지만, 그가 1333년 원에서 처음 받은 제국 문산계인 봉의대부(정5품 중)는 그 품급이 봉익대부에 턱없이 못 미치는 관계였기 때문이다. 1364년 이미 고려 문산계로는 1품급 삼중대광이었던 이인복이 원제국 정부로부터 정5품의 봉의대부를 받은 것도 같은 사례다. 공민왕의 주선으로 제수받은 문산계였음에도 매우 낮은 문산계를 받은 것이다.[60]

이 모든 사례들은 14세기 전반의 고려 관료들이 자신들의 고려 정계 내 위상에는 터무니없이 미달하는 제국 문산계를 받고 있었음을 보여준다. 13세기 후반에는 원제국 정부가 고려 관료에게 하사할 원제국 문산계를 정함에 있어 해당 관료가 보유하고 있던 고려 내 위상을 어느 정도 참작했던 것과는 달리, 14세기 전반에 들어서면 그것이 아예 간과되거나 무시되는 정황이 감지되는 것이다. 이것이 고려의 백관제도에 대한 원제국 정부의 무시 또는 부정에서 비롯된 것인지, 아니면 원제국 정부가 해당 관료를 더 이상 '모국의 전통 관제'에 의해 그 위상이 규정되어야 할 '외국의 관료'로 보지 않게 된 결과인지는 명확하지 않다. 다만 고려 관료에게 원제국 문산계를 수여하는 원제국 정부 측의 방침이 어느 정도 변하여, 해당 관료의 고려 내 위상과 무관하게 일단 매우 낮은 문산계를 수여

---

60 〈이인복(李仁復) 묘지명(1375)〉, "上薦幕屬于天子, 又以先生長左右司, 遂進階奉議大夫."

하는 방향으로 방침이 기울어진 것만큼은 분명해 보인다.

이러한 상황은 결국 제국에서는 '낮은' 관직 보유자가 받던 관계를 고려에서는 상대적으로 '높은' 관직의 보유자가 받게 되는, 즉 제국에서는 미관 말직자가 받던 낮은 등급의 문산계를 고려에서는 최고위급 당국자가 받는 결과로 이어지게 된다. 아울러 고려 관료가 제국 문산계와 함께 받은 '원제국 정부의 관직'을 그 관료가 갖고 있던 '고려의 관직'과 비교하면, 13세기 후반에는 다양한 경우들이 확인되는 반면 14세기 전반에는 일률적으로 전자(제수받은 원제국 관직)가 후자(기보유 중이던 고려 관직, 많은 경우 재상으로서의 재·추직)보다 하급으로 나타난다.[61] 결국 14세기 전반의 고려 관료들은 자신이 보유하던 고려의 관직과 관계에 비해 '낮은' 관직 및 관계를 제국에서 받았던 셈이다. 직과 계의 잦은 수여로 인해 고려 정부와 원제국 정부 간에 관계 운용, 관직 운용 차원의 '격절성'은 약화됐으나, 한편에서는 처우 차원의 '차등성'이 강화되고 있었던 것이다.

이런 차별대우가 갑자기 불거진 이유는 파악하기 어려우나, 고려 관료들의 제국 문산계 수령이 하나의 상례(常例)가 되면서, 제국 정부에서도 제국 관료에게 제공하는 문산계와 외국 관료들에게 제공하는 문산계(및 관직) 간에 차별을 둬야 할 필요를 느꼈을 수 있다. 또는 고려 관료들을 정동행성의 통제를 받는 한반도의 관료이자 부마 고려국왕이 다스리는 속국·속령의 관료들이라 생각해 차별대우를 해도 무방한 존재들로 인식하게 된 소치일 수도 있다. 어느 이유 때문이었든, 이러한 추세는 원제국과 고려의 불평등한 역관계를 표상하는 지점에 해당한다. 그리고 이런 양상이 14세기 중반 원제국 말기까지도 이어지면서, 안 그래도 우열 관계가 명확했던 고려 - 원제국 간의 역학관계를 고려 관료의 신분과 위상에도

....

61 이강한, 위논문 참조.

반영시키는 결과를 빚게 된다. 그런 와중에 앞서 언급한, 고려 관료들의 시각이 '고려'라는 지평선을 넘어 원제국으로 확장되던 추세가 더욱 심화됐을 것임은(이런 상황을 탈출하기 위해서라도) 미루어 짐작하기에 어렵지 않다.

중요한 것은 당시의 고려 관료들이 그러한 부분까지도 기꺼이 수용하고 있었다는 점이다. 거부감이나 모욕을 느끼기보다 오히려 제국의 권위가 담긴 문산계라면 아주 낮은, 최하위 관계를 수여받았어도 그에 대해 자랑과 자부심을 느끼며 그것을 적극 홍보했음에서 그를 엿볼 수 있다. 자신이 보유하고 있던 최고위 고려 문산계보다도 오히려 황제가 내려준 최하위 문산계와 무산계를 더 자랑스러워하고, 그것을 자신의 별명으로 내세우거나 타인을 칭할 때 써야 할 경칭(敬稱)으로까지 간주하는 사례들이 적지 않게 확인된다.

안진(安震)의 경우가 그 중 하나다. 그는 1348년을 전후한 시점에 장사랑(將仕郎, 9품)이라는 제국 관계를 보유하고 있었는데, 당시 그가 고려 문산계로는 2품급 광정대부를 보유하고 있었음이 주목된다. 그럼에도 그는 자신의 역대 직함들을 열거하면서, 고위 고려 문산계보다 원제국의 최하위 문산계를 먼저 적었다.

> "칙수 '장사랑' 광정대부 검교첨의참리 예문관대제학 지춘추관사 안산군(安山君)"[62]

．．．．．．．．．．．．．．．．．．．．．．．．．．．．

62 〈김영돈(金永暾) 묘지명(1348)〉. 김영돈은 1348년 사망했고 안진(安震)이 그를 위해 묘지명을 찬술했는데, 찬자 안진의 직함이 위와 같이 기록되었다["勅授 將仕郎(제국문산계), 匡靖大夫(고려문산계), 檢校僉議叅理, 藝文館大提學, 知春秋館事…"].

물론 제국과 고려의 우열관계상 제국으로부터 받은 것을 먼저 기록해야 했을 수도 있다. 제국 정부가 보게 될 문서에는 당연히 그랬어야 할 것이다. 그러나 묘지명은 타인의 무덤 속에 들어갈 자료임에도 그리 했음이 눈에 띈다. 광정대부라는 고위 관계를 가진 고려 정계의 거물이, 자신의 고려 관계 광정대부를 언급은 하되 자신이 아울러 보유하고 있던 원제국의 최하위 문산계 장사랑을 굳이 그 앞에 내세운 것으로, 그들이 원제국 문산계의 보유를 고려 고위 문산계 못지않은 또는 그를 넘어서는 영예로 생각했거나, 적어도 자신의 위상을 표시하는 데 유용한 수단으로 생각했음을 보여준다.

유사한 사례는 고려 관료가 제국에서 문산계가 아닌 무산계(武散階)를 받은 상황에서도 관찰된다. 원선지가 그런 경우에 해당한다.

> "지순(至順) 원년(1330) 윤7월 병술일, 정동도진무(征東都鎭撫) 원소신(元昭信)이 50세에 병으로 돌아가셨다."[63]

원선지(元善之)의 경우 원제국 무산계만 놓고 보면 소신교위(昭信校尉, 정6품 하)를 거쳐 무략장군(武略將軍, 종5품 하)이 됐는데, 그의 묘지명을 찬술한 최해가 그 서두에 "정동도진무(征東都鎭撫) 원소신(元昭信)이 사망했다"고 표현한 것이다. '원소신'은 당연히 원선지의 성씨 '원'에 그가 초기에 받은 제국 무산계 '소신교위'의 '소신'을 합친 것으로, 일종의 직함 약칭을 통한 호칭 방식이라 할 수 있다. 비슷한 방식으로 성씨에 직함 약

---

63 〈원선지(元善之) 묘지명(1330)〉은 위의 문장으로 시작되는데, 그의 고려국 직함인 '광정대부 검교첨의평리 겸 판내부시사[匡靖大夫(고려문산계) 檢校僉議評理 兼 判內府寺事]'보다 훨씬 하위의 제국 직함이 그를 칭하는 기본 직함으로 거론되었던 것이다.

칭을 붙여 호칭하던 고려 전·중기의 경우 성씨에 고려 관직 또는 고려 문산계의 약칭을 병기했던 것과 달리,[64] 이 시기에는 제국의 관계를 사용했음이 이채롭게 다가온다.

이러한 사례들은 고려 관료들이 원제국 문물에 대해 친연성을 느끼는 정도를 넘어, 그것을 자신들의 정체성의 중요한 일부분으로 간주하게 되었음을 상징적으로 보여준다. 고려 관료들의 제국 문산계 수령 사례들이 고려 관료들로 하여금 고려의 질서가 원제국 질서의 '하위'에 해당하는 것으로 인식하게 하는 계기가 되었다면, 그 중 일부 사례들은 고려 관료들이 자신의 별칭으로 제국의 직함을 쓸 정도로 그들의 정서와 지향이 바뀌어 있었던 점까지 보여주는 셈이다.[65]

....

64 1311년 사망한 권단(權㫜)의 묘지명(1312년 제작)에 아들 권부(權溥)가 '찬성공[고려 관직]'으로 지칭돼 있고, 최안도의 묘지명(1340년 제작)에는 그 부친이 '조청공[고려 문산계]'으로 지칭돼 있다. 전자는 고려 전기 '평장사(平章事)'의 고려 후기 후신(충렬왕 관제)이었던 '찬성사(贊成事)'로 별명을 삼은 경우이고, 후자는 고려 문산계 상의 관계(官階)인 '조청대부'(의 '조청'으)로 별명을 삼은 경우다. 14세기까지도 이어지는 고려의 오랜 관행이었던 듯한데, 이제는 원제국으로부터 받은 문·무산계가 별명 작명에 활용되게 된 것이다.

65 제국의 무산계(武散階) 역시 고려 관료들에게 큰 영향을 미쳤다. 고려에서는 본래 문신은 물론 무신(武臣)들까지도 무산계가 아닌 '문산계'를 하사받았고, 무산계는 악인(樂人), 여진 추장, 노령 군인 등 정부 조직의 외연에 있던 주변자들을 포섭하기 위한 용도로 활용됐기에 그에 대한 인식이 매우 낮았다. 그런데 고려의 관료들이 원제국의 만호직(萬戶職)과 함께 제국의 무산계도 받기 시작하면서 상황이 달라졌고, 고려의 최고위 재상들이 만호직을 받으면서 만호직과 함께 따라오던 무산계에 부여하는 의미도 높아지게 되었다. 다수의 관료들이 진국상장군(鎭國上將軍, 종2하), 소용대장군(昭勇大將軍, 정3중), 회원대장군(懷遠大將軍, 종3하) 등 고위 무산계를 받았으며, 장군(將軍)이나 교위(校尉)급 무산계를 받은 이들도 헤아릴 수 없이 많았다. 특히 무산계의 경우 제국인과 고려인 사이에 별다른 차별도 없었던 듯하다. 원제국이 각기 고려인과 중국·몽골인들에게 만호직과 무산계를 주면서 양 쪽에 '동일한 만호직'을

제국의 문·무산계가 더 이상 이례적으로 하사받는 뜻밖의 선물이 아닌 얼마든지 받을 수 있는 것으로 인식되면서, 고려의 관료들에게는 제국의 문·무산계가 희구와 욕망의 대상으로 정착하고 고려 정계에서는 그것이 관료 개인의 위상을 인증하는 새로운 지표로 고착됐을 것으로 여겨진다. 문제는 그 다음이다. 이런 상황이 길어지면, 고려 국왕이 고려 관료들의 유일한 충성 대상이던 이전과 달리, 이런 새로운 지표와 위상을 앞으로도 꾸준히 고려 관료들에게 제공할 궁극의 임명권자인 몽골 원 황제에 대한 고려 관료들의 시각도 달라질 수밖에 없다. 원제국 황제의 구제, 성헌, 성훈, 유훈(遺訓)을 고려왕의 명령, 유시(諭示)보다도 중시하거나 존숭하는 조짐이 13세기 말 이미 나타나던 상황이 그를 잘 보여준다.

고려 관료들의 원제국 권위에 대한 새로운 인식 및 수용은, 1300년대 일군의 고려 관료들이 충렬왕의 측근 세력을 숙청하는 국면에서 황제의 '성훈(聖訓)', '성헌(成憲)'을 인용한 것에서 잘 드러난다.[66] 1303년 7월경 고려의 관료들이 충렬왕의 측근 오잠(吳潛, 吳祁) 등의 전횡을 '왕궁 포위'라는 극약처방까지 써 가며 처단하려 한 일이 있었는데,[67] 충렬왕의 거센

....

주되 고려인들에게 '낮은 무산계'를 주거나, 양 쪽에 '동일한 무산계'를 주되 고려인들에게 '낮은 만호직'을 주는 경우가 발견되지 않는다. 만호직을 기준으로 할 때 비슷한 무산계를, 그리고 무산계를 기준으로 볼 때도 거의 동일한 만호직을 하사받은 것으로 보인다는 얘기다. 게다가 만호직은 세습이 되는 직책이었던지라, 고려인들이 받은 제국 무산계 역시 그와 함께 세습되거나 적어도 문산계에 비해 더욱 자주 수여됐을 가능성이 엿보인다. 이런 추세 또한 '제국 무산계'가 '제국 문산계'와는 또 다른 맥락에서 고려인들의 정서나 대원(對元) 인식에 큰 영향을 미치는 원인이 됐을 것이다. 자세한 내용은 이강한, 2016 「고려후기 군제(軍制)의 변화상 연구 - 만호(萬戶) 및 외관(外官)과의 관계를 중심으로」 『한국문화』 75 참조.

66 세조성헌(世祖成憲), 세조성훈(世祖聖訓)의 내용과 맥락에 대해서는 이강한, 2008 「정치도감(整治都監) 운영의 제양상에 대한 재검토」 『역사와현실』 67 참조

저항에도 불구하고 관료들이 거의 항명(抗命)에 가까운 수준으로 국왕 측근의 숙청을 감행했던 경우다. 이를 주도한 관료들은 이후 원제국 정부에 오잠에 대한 문죄를 요청하게 되는데, 그 글에 다음과 같은 표현이 등장한다.

> "저희들은 그간 삼가 성훈을 받들어 밤낮으로 조심하며 그에 미치지 못할까 두려워했으나, 오잠이 왕 부자를 이간하고 세력을 끌어 모아 각종 비리를 자행하며 '성훈'을 저버렸습니다…"[68]

이 '성훈'은 일견 당시 황제였던 '성종(成宗) 테무르'의 성훈을 지칭한 것으로 비치기도 하지만, 1294년 성종 즉위 이래의 원제국 국정은 사실 쿠빌라이 말엽인 1291년 지원신격(至元新格)의 반행 이래 정착했던 국정의 연장선상에 있었던 바, 이 '성훈'은 실상 '세조 쿠빌라이의 성훈'에 해당한다. 그런데 고려의 관료들이 스스로 '쿠빌라이의 성훈(聖訓)'을 받드는 데 그치지 않고 오잠의 죄 또한 그러한 '성훈'을 저버린 행위로 규정한 것은, 그들이 세조말 – 성종초의 원제국 국정노선을 고려에서도 이행해야 할 노선으로 인식하고 있었음을 보여준다. 고려의 관료들이 고려 국왕의 명을 우회하면서까지 개혁에 몰입하고, 원 황제의 '성훈'을 근거로 국왕의 측근이었던 고려 권신의 죄를 규정했던 당시의 이런 정황은, 고려의 관료 사회에 이전에 없던 새로운 인식이 생겨났음을 보여준다. 그리고 그

---

67 『고려사』 권32, 세가32 충렬왕29년(1303) 7월 신사; 8월 을사

68 『고려사』 권125, 열전38 간신(姦臣), 오잠(吳潛), "臣僚等祇承聖訓日夜兢兢猶恐不逮. 今有臣吳潛者, 實爲元惡無才無功, 徒以奸諂得進. 以嘗得罪前王, 窺免後患, 日夜讒構, 離間王父子, 自以爲樹立大功, 竊弄威福, 援引昆季, 並叅機密, 數年之間, 皆至將相. 凡本國臣僚, 無問尊卑, 少有嫌隙, 輒陷以罪, 無辜罷黜者, 徧於一國, 至於各道, 按廉守令, 以一己愛憎, 進退予奪, 背弃聖訓, 罪不容誅. 今有聖旨, 亦不疑懼, 謀欲沮之, 天使還朝之後, 必有異圖. 伏望, 廣咨國人, 制于未亂, 東國蒼生, 骨而再肉也." 기사가 길어 위 본문의 번역에는 대략의 내용만 담았다.

러한 인식 상의 전환을 추동한 주요 변수 중 하나가 바로 앞서 살펴본 원 황제로부터의 관계(官階) 하사였다고 하겠다.

당시 고려 관료들의 이러한 정서 및 인식 변화는 고려 국왕들의 정체성 변화 못지않게, 그간 고려와 중국 간에 존재했던 명확하고도 강고한 계선 중 하나('관료사회의 분리')를 효과적으로 약화, 완화, 와해시켰을 것으로 생각된다. 그 결과 고려 국왕과 관료들의 국정도 매우 달라지게 되는데, 중국의 제도 일부를 선택적으로 수용하던 고려 전·중기(이를테면 성종, 예종대)의 모습과는 달리, 원제국 정부의 국정 지향 자체를 전향적으로 수용하거나 제국의 제도·문물을 고려의 그것에 접목해 버리는 모습들이 등장함에서 그를 엿볼 수 있다. 원제국 국정의 방향성을 고려에 맞는 방식으로 구현하거나, 원제국의 방법론이나 관행을 고려의 기존 제도·관행에 결합시키는 과정에서, 고려의 기존 제도가 이전과 달리 운용되거나 전에 없던 문물도 다수 출현하게 된다. 그런 추세를 주도한 것이 바로 최초의 혼혈국왕이었던 충선왕(忠宣王, 1275~1325, 재위 1298; 1308~ 1313)이었는데, 이어서 살펴보도록 한다.

2장. 고려와 제국 양쪽의 개혁: 공유된 지향,
다른 방식들

한반도인들에게 있어 외부의 문물은 언제든 처음에는 생경한 것이었다. 송의 문물은 본받기 어려운 선진(先進) 문명으로 인식되었고, 거란과 여진의 전통도 새로운 것이긴 마찬가지였다. 몽골의 관습과 전통 역시 고려인들에게는 낯선 것일 수밖에 없었다. 그들로서는 그저 이전처럼 그것을 학습하고, 수용하고, 변용할 수밖에 없었다.

그런데 13~14세기 고려가 조우한 것이 몽골의 관습과 전통만은 아니었다. 그것이 중국이라는 정주(定住) 지역의 제도와 접목되면서 '제국의 제도'가 복잡다단한 양상으로 형성됐기 때문이다. 게다가 몽골의 지배 아래 회회인(回回人), 색목인(色目人)들의 관행이 중국의 행정에 접목되면서 중국에 없던 제도들이 생기기도 했다. 그에 대한 반작용으로 한법적(漢法的) 원칙들을 지키려는 중국인들의 집착이 불거지기도 했음은 앞서 살펴본 바다.

이에 따라 제국을 상대하던 고려 역시 때때로 익숙한 한족(漢族)들의 지향을 마주하는 한편으로 어떤 때는 노골적으로 몽골적인 전통에 노출되는가 하면, 전혀 새로운 서역적(西域的, 색목적) 제도에 맞닥뜨리기도 하였다. 그야말로 복잡다단한 외부 문물의 공세에 직면한 상황에서, 고려로서는 이전과 조금 다른 대응이 필요한 상황이었다.

다행히 고려의 군신(君臣)들이 이전에 비해 달라진 대외인식과 정체성을 갖게 된 상황이 고려 정부로 하여금 나름의 유연한 대응을 하게 한 것으로 보인다. 당시 고려 국왕들의 정책이 그를 잘 보여주는데, 특히 태생적으로도 더 이상 순수 고려인이 아닌, 즉 몽골의 혈통을 타고나 복수의 시선과 지향을 갖게 된 최초의 국왕이었던 충선왕의 정책이 눈길을 끈다. 이전과는 다른 관점의 고려인들이 새로운 환경에 어떻게 대응했는지를 보여주는 전형적 사례여서다.

충선왕은 1298년 즉위하여 8개월간 재위한 후 퇴위당했고, 1308년 복위하여 1313년 아들 충숙왕에게 양위할 때까지 5년여간을 추가로 재위하였다. 여기서 살펴볼 그의 개혁은 총 네 분야에 걸쳐 있는데, 정치와 재정, 그리고 지방제도 및 군역제가 그것이다. 앞의 두 가지 개혁(정치질서 개선과 재정세입 증대책), 그리고 뒤의 두 가지 개혁(광역단위 증설, 군역제

보완)은 그 맥락의 결이 서로 비슷하면서도 조금 다르다. 전자의 경우 제국 정부의 정책지향을 수용해 고려의 개혁 방향을 설정하면서 동시에 고려의 현실에 맞는 방식을 구사한 경우라면, 후자는 제국의 방법론이나 제도적 요소들을 고려의 전통에 결합시켜 고려의 기존 제도를 이전과는 다른 방식으로 운영했던 경우이다. 보통 고려왕의 '친원적(親元的)' 모습으로 흔히 치부돼 온 이 시기 고려 국왕들의 국정 운영을 새로운 각도에서 엿보게 하는 좋은 사례들이다.

무엇보다도 이러한 개혁이 진행되는 와중에 고려가 국초 이래 견지해 온 원칙들이 변화하고 제도의 모습 또한 크게 변동하였음에 주목할 필요가 있다. 고려 측의 원제국 정책·제도 수용이 여러 분야에 걸쳐 강도 높게 진행되면서 고려의 국정은 근저에서부터 변모하였다. 정치개혁에서는 이전에 없던 관청들이 등장하고, 재정개혁에서는 소금 전매제도가 출범하였다. 지방제도에서의 '계수관(界首官)' 증가는 이전의 지방제도 운영방식을 근본적으로 바꾸는 것이었고, 군역제에서의 천인(賤人) 동원은 고려의 오래된 금기(禁忌)를 뒤엎는 가히 혁명적인 변화였다.

본 장에서는 앞의 두 가지 개혁을 먼저 살펴보도록 한다. 부친 충렬왕과 조부 원종이 제대로 수행하지 못한 정치개혁 및 재정개선을, 재위기간은 물론 고려에 체재한 기간 자체가 짧았던 충선왕이 수행했다는 점은 실로 놀라운 일이라 하겠는데, 그것이 쿠빌라이의 재위기간 형성된 두 가지 노선, 즉 한법적 유자(儒者)들의 정치개혁 노선 및 서역 출신 재무(財務) 재상들의 확장적 경제 노선을 골고루 활용한 것임에도 주목해 본다. 정작 쿠빌라이가 사망한 후 즉위했으며, 그마저도 바로 퇴위당한 후 10여년 뒤인 원 황제 무종(武宗, 재위 1307~1311)의 재위기간에 복위한 충선왕이 위두 지향을 녹여낸 독특한 국정을 선보였던 것이다.

1. 충선왕의 세 갈래 정치 개혁

원제국과 공존하게 된 13세기 후반의 고려 정계(政界)에는 원제국의 간섭이 시작되면서 발생한 문제가 적지 않았다. 원제국 정부의 강요로 단행된 고려 관제(官制)의 개편이 대표적인 사례였다. 상위 관청들이 격하되어 하위 관청들과 뒤섞이면서 촉발된 혼란은 고려 정부로서는 실로 감내하기 어려운 것이었다.[69] 그야말로 '강등(降等)'이 되어 버린 고려 관제의 위상은 이후 실로 오랜 시간에 걸쳐 점진적으로 회복되었다.

그런데 고려가 이 시기 원제국 때문에 겪었던 정치적 혼란이 이 뿐만은 아니었다. 고려 정부의 여러 중요 사안을 논의하던 핵심 의사결정권자로서의 재상["재추(宰樞)"], 즉 재신(宰臣)과 추밀[밀직(密直), 이 시기는 밀직(密直)이라 지칭]의 수가 이전에 비해 심각하게 늘어났기 때문이다.

> "…원(元)을 섬기기 시작한 후부터 일이 많아져, 첨의(僉議)와 밀직(密直)이 매번 도평의사(都評議司)에 모여 국정을 의논함에 상의(商議)라는 이름의 직책이 또 생겨 국정에 참여하는 자가 60~70인에 이르자, 6부의 존재가 무의미해지고 백사(百司)는 흩어져 질서가 없게 되었다."[70]

---

69 이익주, 1996『고려·원 관계의 구조와 고려후기 정치체제』서울대학교 박사학위논문

70 『고려사』권76, 지30 백관(百官) 1, "大抵高麗之法, 因時沿革繁簡有異. 當其立法之始, 宰相統六部, 六部統寺監倉庫, 簡以制繁, 卑以承尊, 省不過五, 樞不過七, 宰相之職舉而庶司百寮各供其職. 及其弊也, 省宰增至七八, 自事元以來事多, 倉卒僉議密直每於都評議司會議而商議之名又起, 與國政者至六七十人. 於是六部徒爲虛設, 百司渙散無統而政事不復修舉矣."(위 본문에는 축약 번역함); 백관1 찬성사(贊成事); 권77, 지31 백관2, 제사도감각색(諸司都監各色) 도평의사사(都評議使司)

위 기사에 묘사된 현상은 제국과 관련된 업무를 담당할 인력이 더 많이 필요해져 빚어진 결과이자, 국왕이 측근들에게 자리를 주려다가 빚어진 결과이기도 하였다. 즉 여러가지 원인에서 배태된 현상이었는데, 문제는 그런 현상이 낳을 현실적 폐단이었다. 수령하는 녹봉이 적지 않았던 재추들의 수가 많아지는 것은 녹봉 지급을 위한 추가 재화 확보가 필요해짐을 의미하였다. 아울러 의사결정과정이 복잡해지면서 중요 결정이 지연되는 문제도 결코 적지 않았다.

즉 원제국의 도래로 인해 고려 정부가 이전에는 없었던 여러 정치적 문제들에 직면하게 된 셈이라 할 수 있다. 그런데 한편으로, 당시 고려 정부가 직면하고 있던 문제들 중에는 이전부터 존재했던 문제도 없지 않았다. 12세기 후반 발생한 무신정변과, 그로 인해 성립된 무신정권의 고려 정부 운용 방식에서 유래한 문제들이 그것이었다.

무신의 난 직후에는 무신들 혼자 정부를 운용할 역량이 되지 못해 살아남은 문신들의 협력을 구해야 했다. 이에 권력은 무신들에게 있으되 정부는 여전히 이전과 비슷한 모습으로 운영되는 시기가 명종대 20여년간 계속되었다. 여러 무신 집권자들이 부상했다가 숙청된 끝에 결국 최충헌(崔忠獻)이 권력을 잡았고, 이제는 무신이 국왕들을 교체하는 시기가 시작되었다. 그의 집안이 권력을 잡고 있던 시기 신종(神宗, 재위 1197~1204), 희종(熙宗, 1204~1211), 강종(康宗, 1211~1213), 고종(高宗, 1213~1260)이 차례로 즉위했고, 최충헌 본인은 교정소(敎定所, 敎定都監)를 통해 그간 각기 다른 부서들이 전담해 온 업무를 골고루 건드리는 등 초법적 통치를 서슴치 않았다.

그러나 최씨일가의 집권기간 동안 구축된 무신정권기 최악의(적어도 중세 왕정의 관점에서 보았을 때는) 유산을 꼽으라면 아무래도 정방(政房)의 설치를 들어야 할 것같다. 문신·무신의 인사를 이부(吏部)와 병부(兵部)

에서 나눠 관장하던 이전과 달리, 두 계열 인사 모두를 무신정권 실력자의 주관 아래 그 자택에 설치된 정방에서 담당하게 되었기 때문이다.

> "백관이 최이[崔怡, 최우(崔瑀)]의 집에 나아가 정부(政簿)를 올리니 최이가 청사(廳事)에 앉아 이를 받았고, 6품 관료들은 당하(堂下)에서 재배(再拜)하며 땅에 엎드려 감히 우러러보지도 못하였다. 최이가 이때부터 정방(政房)을 사제(私第)에 두고 문사(文士)를 뽑아 이에 소속시킨 후 그를 비자치[必闍赤]라 하였다. 여기서 백관의 전주(銓注)를 의논해 비목(批目)을 써서 올리면 왕은 다만 그를 하달할 따름이었다."[71]

근대 정치의 관점에서 보면 반드시 나쁜 일이 아니었을 수도 있고, 무신들을 차별했던 고려의 과거를 돌아볼 때 이전의 원칙이 최선이었는지도 알 수 없지만, 인사를 주관하는 부서가 무신집권자의 사택에 설치된 것은 분명 정치적 퇴보였다. 최씨 집권자의 위세, 무기력한 국왕의 모습 등이 그를 여실히 보여준다.

이러한 정방이 무신정권의 종식 이후에도 유지되었다는 것이 바로 고려 정부가 직면한 큰 문제 중 하나였다. 원종 이래 여러 고려 왕들이 이 조직을 없애려 하였지만, 그럴 때마다 이 관청은 몇 년간 사라졌다가 기적처럼 다시 부활하곤 하였다. 그만큼 무신정권기의 유산이 강했던 셈으로, 고려로서는 정방 개혁(혁파)이야말로 최대의 정치개혁 과제가 아닐 수 없었다.

반면 이 시기 고려 정부가 직면하고 있던 문제들 중에는 무신집권기와 무관한 문제도 없지 않았다. 그 중에는 고려 전기의 관제에 깃들어 있던

....

71 『고려사』 권129, 열전42 반역(叛逆) 3, 최충헌(崔忠獻), 고종(高宗) 12년(1225),
"百官詣怡第, 上政簿, 怡坐廳事受之, 六品以下官再拜堂下, 伏地不敢仰視. 怡自此
置政房于私第, 選文士屬之, 號曰必闍赤, 擬百官銓注, 書批目以進, 王但下之而已."

구조적 문제도 있었으니, 당시 고려의 정치적 현안으로 마저 꼽을 부분이 있다면 '정부 부처 간 체계적 통솔관계의 부재'를 거론해 볼 수 있다.

고려 백관제도의 경우 중서문하성(中書門下省)과 중추원(中樞院), 상서성(尙書省) 휘하 6부(이·부·예·병·형·공부), 감찰기구 어사대(御史臺)와 문한(文翰) 기구, 그리고 이하 다양한 개별 업무들을 분장(分掌)하던 여러 중·하위 기구들이 존재하였다. 그런데 개별 업무를 담당하던 하위 관청들과 그 상위의 6부 간에 이른바 통속(統屬)의 관계가 그리 명확히 정립돼 있지 못했다. 중·하위 관청들의 업무들이 각기 유관한 부 아래 귀속될 수 있는 것이었음에도 정작 그러한 분류체계가 법적으로는 부재했던 것이다. 그러다 보니 어느 부서는 이부의 통제를 받고 어느 부서는 병부의 통제를 받는다는 식의 구도가 존재하지 않았다. 나름의 질서를 가진 구조였음은 분명하나, 체계성은 다소 미흡했던 것이다.

이렇듯 고려 후기의 국왕들은 고려 전기 이래의 문제(체계 부재), 무신집권기 이래의 문제(정방의 전횡), 원제국 도래 이후에 불거진 문제(재상 수 과다) 등 연원과 층위가 다양했던 여러 정치적 문제를 함께 해결해야 할 난국에 처해 있었다. 그러나 원종과 충렬왕의 경우, 이 문제에 대해 구체적인 해법을 보이지 못했다. 원제국 황실 및 정부와의 관계 구축이 우선 시급했던 상황이었기 때문으로 보이는데, 그러다 보니 고려 관제 자체에는 손도 못 대었고 무신정권의 유산인 정방은 방치한 채, 국왕의 측근세력, 몽골 공주의 겁령구(怯憐口)들, 고려의 전통 관료 및 원제국에서 온 사신(使臣)들 간에 힘의 균형을 찾는 데 주력했을 따름이었다.

원종의 경우, 임기의 2/3를 제국 정부 및 쿠빌라이와의 밀고 당기기로 보내야 했다. 쿠빌라이는 개경으로의 환도(還都)를 요구하고 무신정권은 그를 결사적으로 반대하는 상황에서, 원종으로서는 무신정권의 손아귀에서 벗어나고 싶었으되 강화도를 떠났다가는 몽골의 재침(再侵)에 대한 대책이 없는, 그야말로 막다른 골목에 몰린 형국이었다. 다행히 세조 쿠빌라이가 형제들과의 황위(皇位) 분쟁, 한인세후(漢人世候)들의 도발 등 제국 내의 분란을 막느라 정신이 없어 고려에 환도를 강력히 종용하지 못하는 십여 년 동안 무신정권의 힘은 약해져 갔고, 원종은 몽골 황실과 고려 왕실 간 통혼을 제안하여 수락을 얻어내는 등의 승부수를 통해 결국 개경 환도에 성공하게 된다. 다만 삼별초(三別抄)의 준동이라는 후유증을 몇 년간 견뎌야 했고 얼마 후 사망했으니, 그에게서 정치적 개혁까지 기대하기란 애초 무리한 일이었다고 할 것이다.

그럼 충렬왕은 어떠했는가? 그는 몽골 황제의 부마(駙馬)라는 위상에 기반한 나름의 교섭력으로 제국과 관련된 고려의 현안을 해결했지만 (1278년 다루가치와 몽골병의 철군 등[72]), 재위초에는 원제국이 주도한 두 차례의 일본 정벌에 시달리는 한편 재위 20년이 조금 넘은 시점(1298)에는 강제로 퇴위를 당하기도 했다. 복위한 후에는 이미 그 영(令)이 서지 못하는 군주가 되어 관료들이 자신의 측근들을 숙청하는 상황도 막아내지 못했다. 이후에는 아들 충선왕에 밀리면서 며느리의 개가(改嫁)라는 극단적 시도까지 벌이는 등 고려 왕권의 희화화(戱畫化)를 자초하였다. 이러한 곡절 속에 정치적 개혁은 더디기만 했는데, 충렬왕은 정방을 없애기는커녕 활용하는 모습까지 보였다.[73]

....

72 고려에 온 다루가치의 문제와 관련해서는 다음의 최근 연구를 참조할 수 있고 (김보광, 2016 「고려 내 다루가치의 존재 양상과 영향 - 다루가치를 통한 몽골 지배방식의 경험」, 『역사와현실』 99), 다루가치 제도 자체에 대한 연구로는 조 원, 2013 「대원제국 다루가치체제와 지방통치」, 『동양사학연구』 125 참조.

73 다만 충렬왕의 경우 정방을 존치한 과오가 있었던 한편으로, 나름의 노력도 기울인 것 같다. 정방을 장악하여 그를 통해 측근 세력의 양성을 도모하면서도, 동시에 인사 행정의 투명성 제고를 위한 노력도 기울였던 것이다. 충렬왕의 정방 개혁 노력에 대해서는 김창현, 1998 『고려후기 정방(政房) 연구』 고려대

이렇듯 각자 나름의 이유로 정치개혁에 본격적으로 나서지 못했던 부친이나 조부와는 달리, 충선왕은 대략 세 가지의 큰 지향을 통해 구체적인 정치개혁 전략을 선보였다. 1298년과 1308년 두 차례에 걸쳐 충선왕과 젊은 관료들이 제시한 세 가지 개혁론에서 그를 엿볼 수 있다.[74]

첫 번째 방안은 정방을 혁파하거나 별도의 인사(人事) 주무 단위를 구축하는 것이었다. 무신집권기의 유산을 해소하여 고려 전기의 체제로 회귀하거나, 새로운 방안을 모색하는 방식이었다. 둘째 방안은 재상 수를 감축하고 정부의 규모도 전반적으로 줄이며, 대신 부처간 통솔 관계를 구축하는 것이었다. 고려초 이래의 문제 및 원제국 도래 이후의 문제를 함께 겨냥한 해법이었다. 그리고 셋째는 감찰사(이전의 어사대)를 강화하는 방안으로, 위 두 개혁을 가능케 할 분위기를 조성하는 동시에 그로 인해 벌어질 변화와 혼란을 진정시키는 차원에서 기강 단속을 시도한 것이었다. 당시 존재하던 숱한 문제들을 해소하기 위한 매우 포괄적이면서도 세밀한 개혁안이었다고 할 수 있다.

정부의 운영은 인재의 선발과 배치에 부조리가 개입하는 것을 사전에 통제하고, 관료조직의 규모를 적정하게 유지해 의사결정의 신속성과 역할 분담의 적절성을 확보하며, 비위를 사전 방지하기 위해 관료 집단을 상시적으로 규찰하는 것이 중요하기 마련이다. 그런데 당시 앞서 언급한 바와 같이 정방이 생겨나 인사를 천단(擅斷)하고 조정의 구조는 비대해졌으며,

....

학교 민족문화연구원 참조.

74 이에 대해서는 이강한, 2008 「충선왕의 정치개혁과 원(元)의 영향」 『한국문화』 43 참조. 본 절의 서술은 이 논문에 기반을 두고 있음을 밝힌다. 아울러 본서에서 인용한 여러 논문들의 원 제목에는 한글, 한자가 다양한 방식으로 병용돼 있는데, 본서에서는 기본적으로 한글로 통일해 표기하되, 한자 표기가 필요할 경우 "한글(한자)"로 표기했음을 밝혀 둔다.

무신들의 국정 농단이나 원제국의 고려 내정 개입 등으로 인해 조정의 기강도 이전 같지 않은 상황이었다. 세 영역에서의 문란상이 심화되고 있었던 것으로, 충선왕은 바로 그 점을 간파하여 정방을 혁파함으로써 인사를 개혁하고, 정부의 규모를 대폭 축소하여 업무처리의 효율성 및 재정적 안정성을 확보하며, 조정 내 기강 단속을 위해 감찰 행정의 강화를 모색하는 등, 이전과 다른 성과를 도출할 만한 강도 높은 정치개혁을 단행했던 것이다.

차례대로 살펴보자. 충선왕은 우선 첫 번째 개혁의 일환으로, 즉위년인 1298년 정방을 혁파하였다.

> "정방(政房)을 파(罷)하고, 한림원(翰林院)으로 하여금 선법(選法)을 주관케 하였다."[75]

다만 충선왕은 문·무신 인사 업무를 이부와 병부로 돌려보내기보다 '한림원'이라는 곳으로 이관하였다. 이 기사에는 오류가 있는 것으로 보이는데, 다른 기사에는 충선왕이 관련 업무를 '문한서'라는 관청으로 옮겼다가, 얼마 안 있어 이 문서의 이름을 '사림원'으로 개명한 것으로 전하고 있기 때문이다.[76] 즉 위 기사의 '한림원'은 '사림원'의 오기로 생각되며, 관련된 기사의 내용들은 충선왕이 이부 - 병부 체제를 바로 복구하기보다는 통합 인사업무를 공정하게 수행할 별도의 기관을 만들었음을 알

---

75 『고려사』 권75, 지29 선거(選擧) 3, 전주(銓注) 선법(選法), 충렬왕24년(1298) 4월, "忠宣罷政房, 以翰林院, 主選法."

76 『고려사』 권76, 지30 백관1, 예문관(藝文館), 충렬왕24년(1298), "忠宣命直史館一人, 直文翰一人, 更日直文翰署. 又罷政房, 使本署主選法, 尋改爲詞林院, 委以出納之任. 學士承旨陞從二品, 學士二人正三品, 侍讀侍講學士各一人從三品. 新置待制一人, 正四品. 尋復改文翰署, 後改學士爲司學."

려준다. 과도기적 중간 단계가 필요했기 때문으로 짐작된다.

그의 노력은 1298년 8월 퇴위당하면서 일단 좌절한 것으로 보이지만, 유사한 시도가 복위년인 1308년을 전후하여 재개되었다. 그는 우선 1307년 7월 전리사(典理司, 이부의 후신)와 군부사(軍簿司, 병부의 후신)로 하여금 각기 문·무 선발을 맡게 함과 동시에 다시금 선법을 정하게 했다.[77] 1년 뒤인 1308년 6월에는 관제 개편 후 대규모 인사를 단행함으로써[78] 정방이 재도발할 여지를 봉쇄하였다. 그런데 여기서 그는 한 가지 흥미로운 실험을 시도한 것으로 보인다. 1308년 관제 개편 당시 전리사와 군부사를 '선부(選部)'라는 이름으로 통합시켜 전선을 담당케 하고,[79] 종래의 문한서(文翰署)에 사관을 병합한 예문춘추관(藝文春秋館)을 설치한 후 1308년 6월 인사의 설계자 이혼(李混)을 그 부서의 대사백(大詞伯)으로 앉혀 관리 임용을 보조케 했던 것이다.[80]

어찌 보면 과거 정방에서 문·무신 인사를 총괄하던 형태로 돌아간 것

....

77 『고려사』 권32, 세가32 충렬왕33년(1307) 7월 을해, "典理軍簿更定選法. 先是, 前王遙命, '二司分掌文武選, 其僉議密直有缺, 必須馳禀於我.' 以故王欲不聽二司之奏, 承旨等强之曰, '此爲前王之命不可不聽.' 王雖不慊於心, 亦不可否, 但頷之而已."; 권75, 지29 선거3, 전주 선법, 충렬왕33년(1307) 7월, "典理軍簿, 更定選法."

78 『고려사』 권32, 세가32 충렬왕34년(1308) 5월 병술; 6월 신축

79 『고려사』 권76, 지30 백관1, 이조(吏曹), 충렬왕34년(1308), "忠宣併吏兵禮爲選部, 仍以選軍堂後衛尉併焉. 改尙書爲典書, 增三人, 侍郎爲議郎, 郎中爲直郎, 員外郎爲散郎, 並仍三人. 加設注簿二人, 正七品, 以他官兼之. 後復稱典理司."

80 『고려사』 권76, 지30 백관1, 예문관; 권108, 열전21 이혼(李混), "忠宣在元, 以賀正使召之, 至則與議選法, 更定官制. 於是, 密直重房內侍三官五軍皆罷, 失職者多怨之. 混與崔鈞金元具權準, 贊忠宣所定官制及批判, 還自元…及忠宣還國, 事皆令藝文館申奏, 故拜混大詞伯, 加壁上三韓…" 백관지와 이혼 열전의 기록을 종합해 보면, 예문춘추관은 이전 예문관의 문한(文翰)·사관(史館) 기능에 우문관(右文館)·진현관(進賢館)·서적점(書籍店)의 기능까지 맡은 부서로 거듭나 '모든 국사(國事)를 신주(申奏)'할 정도로 강력한 관청으로 거듭난 것으로 보인다.

같고, 예문춘추관을 신설한 것을 보면 충렬왕의 문한서를 사림원으로 개명했던 즉위년 당시의 개편이 연상되지만, 충선왕은 전자에서는 그 효율성을 취하고 후자에서는 그 방식을 취했을 뿐, 어디까지나 선부와 예문춘추관이라는 복수의 관공서에서 인사를 함께 담당케 한 것이라 할 수 있다. 물론 실험이 지나치다고 생각했는지, 1310년 10월 문·무관 인사를 다시금 선부(選部, 이부의 후신)와 총부(摠部, 병부의 후신)에 위임하였다.[81] 이로써 고려 정부의 인사 제도가 최종적으로는 고려 전기의 모습으로 돌아가게 된다.

정방을 없애거나 대체기관을 만들어 그를 무력화했던 충선왕의 노력은 분명 정상적 선법(選法: 銓注)의 원칙 및 전통적 관행을 복구하려 한 노력으로 평가할 수 있다. 이러한 노력에 힘입어 인사행정의 규율과 질서도 상당 수준으로 회복됐을 것으로 생각된다.

한편 두 번째 개혁의 경우, 충선왕이 재상 수를 아예 국초보다도 줄여버린 것이 먼저 눈에 띈다. 아울러 관청 통폐합을 통해 정부의 규모를 줄이는 동시에 지휘 통솔 체제를 더욱 구체화시킨 것도 눈길을 끈다.

충선왕은 먼저 1298년 5월의 관제 개편 교서에서, "재상의 수가 옛날('古制')의 배가 되어 일이 지체되니 줄여야 한다"고 주장하였다. 아울러 (업무상 시급성이 떨어지는) "관청들을 통폐합하면 관원도 줄고 일처리는 용이"해지리라 관측하였다.[82]

....

81 『고려사』 권75, 지29 선거3, 전주 선법, 충선왕복위2년(1310) 10월, "文武銓選, 分委選摠部, 以首·亞相領之, 然一二幸臣, 以他官兼之, 久而不易."

82 『고려사』 권32, 세가32 충선왕즉위년(1298) 5월 신묘, "惟宰執之數, 倍於古制, 公家議論多少異同, 事事稽滯, 宜當減省."; "或罷不急之司, 合於一局, 庶幾官省而事易理也." 충선왕의 최측근 이진(李瑱) 역시 '관부가 용람하고 관원이 많아 늠록(廩祿)을 낭비하니, 6부 상서를 제외한 나머지는 모두 합치고 줄이자'고 건의한 바 있다(권109, 열전22 이진, "官冗員多糜費廩祿, 除六部尙書外餘悉幷省.").

첫 번째 문제의식은 즉위년 관제 개편 당일의 인사에서도 엿보이듯이 (원래 재상이 12명이었던 것과 달리) 총 7명만을 재상으로 임명하는 실천으로 나타났다. 충선왕 복위 후의 인사에서도 [밀직 직(密直職)과 함께 재상의 한 축이었던] 재신직(宰臣職) 중 정승(政丞), 중호(中護), 평리(評理)만 임명된 것으로 전하고 있다.[83]

반면 두 번째 문제의식에 대한 실천은 1308년 이후 복위년간에 본격화되었다. 다음의 언급이 그를 잘 보여준다.

"모든 아문(衙門=관청)은 때에 따라(隨時) 고치기 마련이어서 하나의 상황[一體]에 구애되지 않아야 할 것인데, 하물며 우리[本國]처럼 관직이 쓸데없이 많이 설치되어 있어 명목(名目)은 있으되 실지(實地=실체)가 적음에랴. 이제 시의[時期]와 편리를 참작하여 병합하거나 감축함으로써 각기 그 직책(職責)을 [더 잘] 봉행(奉行)케 할 것이다."[84]

실제로 이 하교와 맞물려 단행된 것으로 보이는 1308년 관제 개편에서 한 관부가 여러 관청들을 그 휘하에 병합하거나, 통솔 또는 관할하는 사례가 다수 발견된다.[85] 이렇듯 두번째 개혁의 두 가지 실천에 힘입어 정부의 규모가 간소해지면서 불필요한 비용이 줄고, 명령 전달의 신속성,

....

83 이익주, 위논문

84 『고려사』 권33, 세가33 충선왕복위년(1308) 11월 신미, "一. 諸衙門隨時沿革不拘一體. 況本國官多虛設, 名存實少, 今商酌時便, 或倂或省, 宜加勤恪, 各供爾職." 한편 충선왕은 정치·제도상으로는 용원(冗員) 감축을 추구하면서도, 재정 정책을 위해서는 밀직사, 삼사(三司) 등 특정 관부의 부분적 증설·증원을 추구하기도 했는데, 후술하도록 한다.

85 『고려사』 백관지의 1308년 기록 참조. 이러한 개혁을 통해 이정훈이 언급한 바와 같은 관청간 통속(統屬) 관계가 확립됐을 것으로 생각된다(2012 「충선왕대 관제 개혁과 관청간의 통속(統屬) 관계」 『한국중세사연구』 32).

실무 업무의 효율성 등이 대폭 제고됐을 것으로 생각된다.[86]

그리고 마지막으로, 정부 내 기강을 보장할 방안들이 함께 강구됨으로써 정치개혁의 효과가 배가(倍加)됐을 것으로 보인다.

충선왕은 즉위 당시 어사대의 임무가 백관 단속에 있음에도 최근 그 역할을 제대로 못하고 있음을 지적한 바 있다. 즉위 교서에서 관리들의 뇌물 수수와 백성 침탈, 여러 국왕 측근들의 폐해를 거론하기도 하였다. 아울러 복위 시에도 같은 기조를 유지했는데, 고려에 돌아오기 전 관료들의 근태(勤怠)를 점검하고, 1308년 복위 하교에서 지방관들의 비위 조사를 지시한 것을 필두로 복위 기간 내내 지방 감찰에 노력하였다.

중앙과 지방의 관직 사회에 대한 이러한 강도 높은 감찰은 제도적 정비로 뒷받침되기도 했다. 충선왕은 즉위년 한번 및 복위년 한번, 즉 두 차례에 걸쳐 감찰대부의 급을 격상시켰다.

　　"(1298년) 충선왕이 (감찰사를) 고쳐 사헌부(司憲府)라 하였고, 제헌(提憲)을 대부(大夫)로 고치면서 종2품으로 올렸으며, 시승(侍丞)은 다시 중승(中丞)이라 하고 2인으로 늘리는 한편 종3품으로 올렸다."[87]
　　"(1308년) 충선왕이 다시 사헌부로 고쳤는데 대부를 고쳐 대사헌(大司憲)이라 하고 정2품으로 올렸으며, 중승을 집의(執義)라 하여 정3

----

86 충선왕이 중·하급 관청들을 대거 상위관청에 병합시켜 업무 효율을 제고하고, 밀직사·삼사를 폐지해 도첨의사사를 유일한 재부로 남김으로써 재상의 수 및 권한을 약화시켰으며, 상층의 의결구조를 단순하게 정리해 의사결정 과정의 효율성을 증진시켰다는 점은 이미 기존 연구에서 지적된 바 있다(이익주, 위논문; 박재우, 1993 「고려 충선왕대 정치운영과 정치세력 동향」 『한국사론』 29).
87 『고려사』 권76, 지30 백관1, 사헌부(司憲府), 충렬왕24년(1298), "忠宣改爲司憲府, 改提憲復爲大夫, 陞從二品, 侍丞復爲中丞, 增二人, 陞從三品, 侍史改內侍史, 殿中侍御史改殿中內侍史, 監察史改監察內史, 省爲六人, 新置注簿一人, 正七品, 減知事雜端…" 중승(中丞) 또한 문종대의 종4품과는 달리 종3품으로 올렸다.

품으로 올렸다."[88]

즉위년에는 사헌부(어사대) 대부(大夫)의 품급을 종2품으로 설정, 문종대의 정3품보다 더 높이 올려 잡았고, 복위 후에는 대부를 고쳐 대사헌(大司憲)이라 하면서 그 품급을 정2품으로 한 등급 더 승격시킨 것이다. 아울러 감찰기구의 실무자도 늘렸으니, 즉위년에는 중승의 수를 2인으로 늘리고, 복위년에는 감찰어사(監察御史)를 규정(糾正)으로 바꾼 후 14인을 확충했다. 부서 자체의 위상을 격상시키고 주무 인력까지 늘려 배치한 이러한 노력에 힘입어, 즉위년과 복위년간에 계속된 조정 단속 및 기강 강화 노력도 나름의 실효를 거뒀을 것으로 생각된다.

이렇듯 충선왕의 개혁은 실로 인사, 업무, 기강 등 정부 관리의 삼박자를 모두 일신(一新)한 유의미한 조치들이었다고 생각된다. 그런데 흥미롭게도, 그가 전개한 정치개혁의 방향이 당시 제국 정부가 벌이던 정치개혁의 방향과 일치하고, 그 분야들도 묘하게 겹친다는 점이 주목된다. 정방혁파 등 인사(人事)에 대한 부분은 제국 황제가 측근들에게 비공식적으로 내리던 '내강지(內降旨)'를 혁파해야 한다는 일부 제국내 개혁파 관료들의 주장을 연상시키고, 재상 수 감축 등 업무 운용 효율화 부분은 한법적 성

....

88 『고려사』권76, 지30 백관1, 사헌부, 충렬왕34년(1308), "忠宣復改司憲府, 改大夫爲大司憲, 陞正二品, 中丞爲執義, 陞正三品, 侍御史爲掌令, 陞從四品, 殿中侍御史爲持平, 陞正五品, 監察御史爲糾正, 增十四人, 其四兼官, 仍從六品." 1308년에는 사헌부 관료의 품급 상승 범위가 1298년에 비해 더 넓었다. 중승(中丞)은 집의(執義)로 바뀌었지만 정3품으로 승격됐고, 시어사(侍御史)는 장령(掌令)으로 바뀌어 종4품으로 승격됐으며, 전중시어사(殿中侍御史)는 지평(持平)이 되어 정5품으로 승격되었다(다만 대사헌은 충선왕 복위년간 내에 다시 문종대의 정3품으로 복귀했으며, 그에 따라 하위 관직들의 품급도 다소 하향 조정됐을 것이다. 감찰직의 권한 비대화로 인한 또 다른 후유증을 염려한 것으로 추정된다.).

향을 지닌 한인(漢人) 관료들이 색목인 재상들의 공격적 징세(徵稅) 정책을 허물면서 내세웠던 '용원(冗員) 감축론'을 떠올리게 하며, 감찰사의 승격 등 사찰기구 강화를 비롯한 기강 단속 조치들은 몽골 관료들이 외국인 재상들의 권한 남용을 신랄하게 비판하며 취했던 숙청(肅淸) 조치들과 닮아 있기 때문이다. 그런 점에서, 충선왕이 그러한 제국 정부의 정치개혁노선을 깊이 참고했을 가능성이 상정된다.

그렇다면 당시 원제국 정부의 정치개혁 노선은 과연 어떤 것이었을까?

앞서 언급했듯이, 쿠빌라이 시대 제국에는 두 가지 계열의 지향이 공존하였다. 그리고 그 성향이 서로 지극히 달랐던 결과 한법적 성향의 한인 관료들과 강력한 중세 등을 중시하던 해외 재상들 간에 알력과 권력 분쟁이 발생했음은 앞서 살펴본 바와 같다. 허형의 제자들을 비롯한 유자(儒者) 관료들이 주축이 된 세력과 아흐마드, 노세영, 셍게 등을 수장으로 한 세력 간의 충돌은 1260년대초 이래 30여년 가까이 계속되었고, 1291년 전자가 후자를 축출하는 데 성공하면서 드디어 힘의 균형이 깨지게 된다. 그리고 후자가 구축해 놓은 인프라와 정치풍토를 전자가 청산하는 작업이 1290년대 내내 계속되게 된다.

20여년간 집권했던 아흐마드[阿合馬]가 1282년 처형되자, 원제국 정부는 우선 그의 유산을 해체하는 작업을 진행하였다. 중앙과 지방의 관리 중 임기가 차지 않은 자가 원칙과 관행을 벗어나 승진하거나 영전하는 것[超遷]을 불허함으로써 부조리가 발생할 여지를 제거하고, 근시(近侍)들이 관직을 청탁하며 선법을 문란케 하는 것도 금지하였다. 불필요한 정부 관료 즉 '용원(冗員)' 감축을 위해 외국인 재상 세력에 해당하는 이들을 정부에서 축출하는 한편으로, 강남 지역의 남아도는 관직 등 아흐마드가 설치한 관부 200여곳 대부분을 혁파하였다. 안찰사들을 동원해 지방의 전운사(轉運使)를 감사케 하고, 중앙에서는 감찰 실무자들을 증원하였다.

관본선(官本船) 정책 등을 시행한 노세영(盧世榮)이 1285년 주살된 후에도 비슷한 조치들이 단행되었다. 당장 '남아도는' 인원을 줄이는 동시에, 다음 해인 1286년에는 여러 부처들[省·院·臺·部]의 관리 수를 다시 정하고[銓定] 지방 감찰 또한 강화하였다. 세원(稅源) 파악, 해운(海運) 정비, 염가(鹽價) 인상 등 일련의 공격적 증세(增稅)로 유명했던 셍게[桑哥]가 몰락한 이후 또한 예외가 아니었다. 셍게의 비리를 명분으로 전선(銓選) 개혁이 단행되고 수도와 지방의 용관(冗官)이 축출됐으며, 어사대와 행어사대(行御史臺)의 위상이 대폭 강화되었다.[89]

이렇듯 1290년대 초까지 유자 관료들과 회회인 재상들은 격렬하게 갈등하였고, 후자의 선법(選法) 교란, 방만한 정부 운영 및 기강 훼손에 대응하는 과정에서 전자가 제시한 공정한 전선, 쓸데 없는 인원[冗員]의 감축, 정부 내 기강 정비 등이 국정의 최우선적 가치로 부상하였다. 그리고 그런 분위기가 1294년 세조가 사망하고 성종(成宗, 재위 1294~1307)이 즉위한 후에도 계속되었다. 1295년 성종이 선법 정비['이정(釐正)']를 지시한데 이어 중서성을 통하지 않은 비공식적인 지(旨), 즉 이른바 '내강지(內降旨)'의 전달을 봉쇄하였고, 용원 감축 또한 1294년, 1298년, 1303년 거듭 단행했으며, 1296년 관료들의 뇌물 수수를 금지하는 13개조 법령[관리수구조격(官吏受賕條格)]을 도입하는 등 기강 단속도 계속 진행하였다.

충선왕의 복위 연간과 같은 시기에 재위해 있던 무종(武宗) 역시 이러한 정치개혁 기조를 유지하였다. 그 또한 중서성의 존재를 무력화시키는 내강지(內降旨) 청탁 관행에 종지부를 찍고자 했고, 각사(各司)의 남아도는 인원도 여러 다양한 조치를 통해 지속적으로 줄여갔으며, '대강(臺綱)의

....

89 이 시기 무슬림, 위구르인 등 제국에 종사했던 외국인 재무(財務) 재상들의 국정 유산이 청산되어 간 과정에 대해서는 앞서 이 절의 서두에서 인용한 이강한, 위논문 참조.

정칙(整飭)'이라는 명분 아래 어사대의 관원만큼은 증원하여 감찰력을 확보했다.

결국 인사행정 정비, 정부규모의 조절, 조정내 감찰의 강화 등을 핵심 의제로 한 원제국 정부의 정치개혁 노선이 쿠빌라이대를 이어 성종대와 무종대로도 이어졌음을 엿볼 수 있다. 거대한 경제구조 구축을 위해 여러 외국인 재상들을 모시지 않을 수 없었던 13세기 중엽 제국의 특수한 상황이 13세기 후반 이래 몇 가지 정치적 폐해를 발생시키기에 이르자 전통 관료들이 그에 맞춤형으로 대응하는 과정에서 특정 영역의 변화를 더욱 강조하는 맥락의 정치개혁이 13세기 말 출현해 14세기 전반으로 이어졌던 것이다.

이 모든 상황을 당시 중국에 있던 충선왕이 당연히 모를 리 없었을 것이다. 어린 나이에 제국으로 건너갔던 그는, 모후인 제국대장공주가 사망한 1296년 및 잠시 즉위했던 1298년을 제외한 1290년대의 대부분을 원제국에서 보냈기 때문이다. 고려 내에는 별다른 연고가 없었지만, 제국에서는 반대로 장기간 거주하며 나름의 인적 네트워크를 조성하는 상황이었다. 무엇보다도 제국 정부의 정사를 목도하며 국정 수업을 충실히 쌓고 있었던 것이다.

그런 만큼 충선왕의 정치적 자산과 소양은 원제국에서 제공되고 축적되었을 가능성이 높으며, 그의 정치개혁론도 예외가 아니었을 것으로 생각된다. 쿠빌라이 말기 이래의 정치개혁론이 그가 원제국에 체재하던 성종과 무종시대에도 여전했던 바, 충선왕도 그런 맥락의 정치개혁론을 깊이 학습했을 것이다. 그의 국정과 정치개혁에서 원제국의 영향을 간과할 수 없는 연유다.

실제로 충선왕이 1298년 즉위하면서 선보였던 정치개혁의 취지와 각론들은 앞서 살펴본 바와 같이 여러모로 원제국의 정치개혁 노선을 연상시키는 것이었다. 중국에서 제국 정부의 정치개혁 노선을 보고 들은 충선왕이 그를 숙지한 후 고려에 돌아와 결과적으로 비슷한 양상의 개혁을 전개했던 것이며, 그런 양상이 복위년간에도 이어졌던 것이라 하겠다.

물론 양측의 정치풍토가 달랐고 그간의 개선 노력에도 차이가 있었던만큼, 고려가 원제국 정부의 정치개혁 방식을 그대로 차용하기는 어려운 일이었다. 이에 고려의 시급한 현안을 해결하는 데 그 취지와 정신을 활용하되, 방식만큼은 고려의 여건에 맞춰 변용한 것으로 보인다.

선법 정비의 경우, 원제국 정부는 주로 내강지 혁파조치 등 건의나 명령의 전달체계를 정비함으로써 전선 개혁을 시도한 반면, 충선왕은 인사 주무 부서의 교체[정방 혁파 및 사림원·예문춘추관의 설치]를 통해 선법 정비를 시도한 차이가 있다. 또 용원 감축의 경우, 제국 정부에서 쿠빌라이 이래 성종대를 거쳐 무종대까지 제거된 '용람한(冗濫, 남아돌고 쓸데없는) 관청·관원'들은 대체로 '징세(徵稅)' 관련 부서들이었던 반면, 충선왕은 일관되게 정치·행정적 맥락에서 상층의 의결구조 및 하부의 실무 부서들을 대상으로 전방위적 감축 및 지휘체계 정비를 단행했다는 점이 다르다. 그리고 감찰 강화의 경우, 제국 정부는 감찰기구의 타 기구에 대한 견제권을 보장하는 방식을 택했다면, 충선왕은 감찰기구의 위상(품급)을 큰 폭으로 승급하는 방식으로 감찰 기능의 강화를 꾀했음이 이채롭다.[90] 이런 차이들은 결국 양측 정치질서의 고유성 및 이질성에 기인한 것이라 생각된다.

한편 충선왕의 이러한 정치개혁은 '방식'의 차원에서 유효했던 데 그치지 않고, 큰 틀의 지향을 제국 정부의 정치개혁에서 빌림으로써 개혁의 명분을 뒷받침할 '권위'까지도 원제국으로부터 차용했던 셈이라는 점이

....

90 다만 감찰부서의 등급을 격상시키는 노력은 원제국에서도 간혹 관찰된다.

흥미롭다. 개혁론의 현실 구현을 가능케 할 관건이었던 '권위'의 문제는 사실 매우 중요한 것이었다. 원제국과의 불안정한 관계나 국내의 여러 기득권세력으로 인해 어려움을 겪고 있던 원종이나 충렬왕의 경우, 개혁을 희구했음에도 불구하고 그를 어렵게 하던 모든 장애를 뛰어넘을 정도의 충분한 권위를 갖지 못한 상황이었다. 그를 대신할 권위를 다른 권력의 원천으로부터 소환하는 것도 여의치 않았을 것이다.

그에 비해 충선왕은 그 태생('혼혈')이 원종, 충렬왕과는 매우 달랐다. 아버지 충렬왕이 통혼을 통해 몽골 황실의 일원이 되었다면, 충선왕은 고려 왕 중 처음으로 태어나면서부터 이미 몽골 황실의 일원이었고, 무엇보다도 쿠빌라이의 외손이었다. 정치개혁의 취지와 내용에 대한 이해가 그의 오랜 제국 체류를 통해 획득됐다면, 정치개혁의 성패를 좌우할 또 다른 변수로서의 권위는 그의 태생 자체에서 제공됐던 셈이다.

이런 그의 위상은 원제국에서도 이의(異意) 없이 인정하는 것이었다. 원제국의 역사에서 독보적 위상을 갖는 세조 쿠빌라이와 그 손자 성종 테무르 모두 충선왕의 특수한 위치를 거론하며 그에 준하는 인사로 그를 대우했음이 그를 잘 보여준다.[91]

> "나라를 계승한다는 측면에서 본다면 세자는 왕의 적자이지만, 친척관계로 본다면 나의 외손[甥]이 된다."[92]
> "우리집 외손으로 태어나서 그 나라에서 모두 우러러보는 바가 되었다. 선대 황제(세조)를 섬김에 미쳐서 공손, 성실하고[恭勤] 여러 의논에 참여하여 그 조예[預聞]의 명성이 높았으니…황실의 외척으로 특

....

91 충렬왕의 혼혈 태생에 대한 단행본 규모의 검토로는 이승한, 2012『혼혈왕 충선왕 그 경계인의 삶과 시대』푸른역사 참조.
92 1291년 세조 쿠빌라이가 충선왕을 '고려국왕세자(高麗國王世子)'로 칭하면서 한 말이다.

별히 우대한다."[93]

고려와 몽골의 혈통을 동시에 지니고 있었던 그는 사실 고려 정계의 구성원들에게는 '베일에 싸인' 인물이었다. 관료들은 그의 성향을 예측할 수 없었고, 그가 어떤 식의 국정을 펼칠 것인지 궁금해 할 따름이었다. 그러던 차에 충선왕이 이진(李瑱), 권부(權溥) 등 젊은 관료들을 내세워 개혁을 시작하자 그에 반감을 가진 관료들도 적지 않았겠지만, 그가 세조 쿠빌라이 황제의 외손이었던 점이 그러한 비판을 억제하는 효과를 냈을 것이다. 관료들로서는 고려 왕으로서의 그가 전개하는 개혁을 비판할 수는 있었어도, 몽골 황제의 외손이 시도하는 개혁을 막아서기란 부담스러운 일이었을 것이기 때문이다.

게다가 충선왕의 동년배이자 그의 복위년간 당시 원제국의 황제이기도 했던 무종이 충선왕에 대한 전폭적 지지 의사를 표명한 상황에서는 더욱 그랬을 것이다. 무종은 1308년 10월 충선왕이 복위한 후 그에게 '고려국왕(高麗國王)'을 제수하고 '심양왕(瀋陽王)'도 전처럼 맡을 것을 지시했으며, '짐이 생각건대 왕장(王璋, 충선왕)은 선대 황제의 손자[聖祖의 甥]이자 황실의 사위[懿戚, 宗姬의 壻(夫)]로서 그 좋은 꾀와 훌륭한 공적이 모두 칭찬할 만하며, 오랫동안 제국의 궁정[闕庭]에 숙위[侍從]하며 충성과 노력을 다하였음'을 강조하였다.[94]

....

93 1295년에 성종 테무르가 충선왕을 다시금 '고려국왕세자'로 책봉하면서 한 발언이었다.
94 『고려사』 권33, 세가33 충선왕복위년(1308) 11월 신해, "元遣使來詔曰, '繄爾東藩世守臣職, 子承父爵典制具存. 近高麗王王昛遺奏, 以其子王璋襲爵. 朕惟王璋親惟聖祖之甥, 懿乃宗姬之壻, 嘉謀偉績俱有可稱. 久侍闕庭, 備殫忠力, 特授征東行中書省右丞相高麗國王, 依前開府儀同三司太子太師上柱國駙馬都尉瀋陽王. 自今以始, 益謹畏天之戒, 勉修事上之誠, 群工庶職各守常規, 士庶縉黃無失其業.'"

무엇보다도 충선왕 본인이 자신의 그러한 위상을 여러 차례 드러내었다. 그는 복위 하교에서 자신이 '(세조 이래) 세 황제를 모신지 19년'이 되었음을 거론함으로써 쿠빌라이 시대 이래 자신이 원 황제들과 맺어 온 장구한 관계를 언급했는데, 다음의 글까지 보면 그가 그러한 관계를 일종의 정치적 자산으로 활용하려 했을 가능성을 엿볼 수 있다.

"(나는) 젊은 나이에 "천거"(天居, 황제의 궁정)에 입시(入侍)하여 몇 해 동안 특별히 은총을 받았다."[95]

그가 이토록 드러내려 했던 자신의 제국내 인맥이 충선왕의 여러 시도들과 결합되면서, 그의 정치개혁을 가능케 했던 큰 자산 노릇을 한 것이 아닌가 한다. 원제국 정부의 정치개혁 노선을 차용하는 행위가 지니는 또 다른 효과를 충선왕이 제대로 노린 셈이다.

이상에서 살펴본 바와 같이, 충선왕의 정치개혁은 원제국과 개혁의 지향은 공유하되, 고려의 현실에 맞는 또 다른 방식들을 활용한 전형적인 경우였다고 하겠다. 유사한 모습은 다른 분야의 개혁에서도 발견되는데, 그러한 사례로서 충선왕의 재정개혁을 이어서 살펴보도록 한다.

2. 충선왕의 전향적인 재정 세입 증대책

13세기 후반 고려의 정치에 많은 문제가 있었듯이, 고려의 '재정'에도 어려움이 적지 않았다. 정부의 재정 수지(受支) 구조는 어찌 보면 정치적

---

95 충선왕이 1313년 충숙왕에게 왕위를 넘겨 준 후 스스로 자신의 덕(德) 10여 가지를 기록해 식목도감(式目都監)으로 하여금 1314년 원제국 정부에 올리게 했던 전(箋)에 등장하는 내용이다.

상황보다도 더욱 심각하였다. 원제국의 징발이 잦아진 것도 그 요인 중 하나였지만, 무엇보다도 무신란을 전후하여 여러 권세가들의 현장 재원(財源, 즉 민호) 침탈이 크게 늘어나 있었던 것도 그 못지 않은 원인이었다. 권세가들의 수입이 늘어나면 정부의 세입(稅入)을 비롯한 재정 수입은 반대로 감소할 수밖에 없었다.

이 문제에 대한 고려 정부의 해법은 대체로 이른바 '전민 변정(田民辨正)' 노력, 또는 전국 세원(稅源)들의 상황을 파악하려는 시도로 나타나곤 하였다.[96] 그러나 두 가지 모두 지극히 전통적인 방안으로서, 정작 그 효과는 신통치 않은 경우들이었다. 권세가들에 의해 병합되어 사실상 천인(賤人)으로 전락한 일반민들을 다시 양인(良人)으로 복구하는 것은 권세가들의 득세 탓에 매우 어려운 일이었으며, 그들을 노비 신분에서 해방시켜 놓아도 재겸병되는 사례가 속출하는 것을 방지하기 어려운 상황이었다. 세원 파악 시도는 비록 그에 비해 좀 더 근본적인 해법이긴 했지만, 한 번 시행할라치면 기득권층의 방해와 저항이 극심하였다. 결국 후자는 후자대로 진행할 방안을 강구하고, 전자를 대신할 전향적 처방도 모색해야 하였다.

그러나 원종과 충렬왕의 경우 이에 대체로 무력한 모습을 보였다. 정치개혁을 살펴보면서도 느꼈던 바이지만, 원종은 중장기적 개혁 대책을 세우는 것 자체가 어려운 상황에 놓여 있었고, 그보다 상황이 조금 더 나았던 충렬왕은 전민 변정이나 세원 파악 등 일련의 개혁을 시도했지만 저항에 밀려 별다른 성과를 거두는 데는 실패하였다.

반면 충선왕의 경우, 정치개혁에 이어 역시 몇 가지 주목할 만한 재정 세입 증대책을 단행했음이 눈길을 끈다.[97] 그의 재정 개혁에 대해서는 재

---

96 이와 관련해서는 신은제, 2006 「원종, 충렬왕대 전민변정사업의 성격」 『한국중세사연구』 21 참조.

정 관청의 개편[민부(民部) 총괄 체제], 창고(倉庫) 제도의 개혁(개편·신설), 왕실 재정 담당부서의 재편, 전농사(典農司)·유비창(有備倉) 등 구휼기관의 설치, 그리고 세입 증대에 주력한 측면 등이 이미 거론된 바 있다.[98] 그런데 그 외에도 충선왕의 재정세입 증대책은 다양하였다. 소금 전매제도의 시행, 시장 및 상인 보호, 그리고 세제(稅制) 정비가 그를 잘 보여준다.

먼저 살펴볼 것은 이른바 각염제(榷鹽制)이다. 일종의 소금 전매제도로서, 재정 세입 증대를 위한 단기적 처방이자 효과적인 제도였다.[99]

충렬왕대에도 염 전매제를 시도하거나 염세별감(鹽稅別監)을 파견했다는 기사가 발견되긴 한다. 그러나 아쉽게도 그 의도나 내용, 결과 등이 전혀 확인되지 않는다. 본격적 전매사업보다는 원활한 소금 징발을 도모하는 차원에서 임시로 시행하려 한 것이 아닌가 추정해 본다.

그에 비해 충선왕은 매우 구체적인 구상을 지녔던 것으로 보인다. 즉위 당시 했던 다음의 발언이 그를 잘 보여준다.

....

97 이 절에서 다룬 충선왕대 재정세입증대책의 내용과 특징, 그리고 그것이 무종대의 제국 재정정책과 보인 유사성과 차이점에 대해서는 이강한, 2008 「고려 충선왕·원 무종(元 武宗)의 재정운용 및 '정책공유'」 『동방학지』 143 참조.

98 박종진, 1993 『고려시대 부세제도 연구』 서울대학교 출판부. 그는 충선왕이 창고제 개혁으로 재정 개선을 추진함에 있어 원(元)과는 달리 창고(倉·庫)에 독립성을 부여하고, 한편으로는 원제(元制)를 따라 의영고·덕천창·상적창·제용사·풍저창·광흥창에 품관을 배치해 창고 관리의 합리성을 확보하려 했다고 보았다.

99 충선왕의 대표적인 세입 증대책으로서의 염(鹽) 전매제에 대해서는 강순길, 1985 「충선왕의 염법(鹽法) 개혁과 염호(鹽戶)」 『한국사연구』 48; 권영국, 1985 「14세기 각염제(榷鹽制)의 성립과 운용」 『한국사론』 13; 최연주, 1999 「고려후기의 각염법을 둘러싼 분쟁과 그 성격」 『한국중세사연구』 6; 위은숙, 2007 「원간섭기 원 율령의 수용문제와 각화령」 『민족문화논총』 37 등을 참조할 수 있다.

"염세(鹽稅)는 옛날부터 천하 사람들이 (소금을) 공통으로 쓰기 위해 거두는 것이었는데, 지금 여러 궁실[宮院], 사찰[寺社] 및 권세가들이 모두 앞다퉈 (소금을) 거둬들이고는[또는 염분을 차지하고는] 세금[소금에 대한 댓가, 또는 염분에서 생산된 소금]을 납부하지 않아 국용(國用)이 부족하니, 관련 부처는 남김없이 찾아내 (그런 비리를) 모두 혁파하도록 하라."[100]

소금(또는 소금 생산처로서의 염분)이 왕실, 불교계 및 여타 세력가들의 일종의 매점(買占) 대상이 되어 정부와 민간에서 쓸 소금이 부족해졌다는 의미로 읽힌다. 이에 위 권력자들의 소금 독점 구조를 혁파하라는 것이 충선왕의 지시였던 것으로 이해된다.

다만 몇 달 후 폐위를 당하는 바람에 충선왕이 즉위년에는 더 이상 관련 개혁을 추진하지 못했던 것같다. 그러다 복위 후 이 같은 구상을 드디어 실행에 옮길 수 있었으니, 1309년 2월 각지의 염전 수를 파악한 후 각염(榷鹽) 제도(염전매제)의 시행에 나섰음이 그를 잘 보여준다.

"옛날의 각염(榷鹽)하는 법은 나라의 쓰임[國用]에 대비하려는 것이었다. 우리 나라의 여러 궁실[宮院]·사찰[寺社] 및 권세가들이 사적으로 염분(鹽盆)을 설치해 그 이익을 독점하고 있으니 나라가 쓸 소금은 어디에서 구할 것인가? 이제 장차 내고(內庫), 상적창(常積倉), 도염원(都鹽院), 안국사(安國社) 및 여러 궁실, 그리고 서울과 지방의 사찰[寺社]들이 소유한 염분을 모두 관(官)에 납입시키고, 소금 (및 여타 물품 간) 교환 가격[估價]은 은(銀) 1근(斤)에 (소금) 64석(石), 은 1냥에 (소금) 4석, 포(布) 1필에 (소금) 2석을 원칙으로[例] 삼아, 소금을 사려는 자는 모두 의염창(義鹽倉)에 가서 사도록 하고, 군현(郡縣) 사람들은 현

---

100 『고려사』 권79, 지33 식화2, 염법(塩法), 충렬왕24년(1298) 1월, "忠宣王卽位教曰, '塩稅自古天下公用, 今諸宮院寺社與勢要之家, 皆爭據執, 不納其稅, 國用不足, 有司窮推除罷.'"

지 관청에 가서 포를 바치고 소금을 받도록 하라. 만약 사적으로 염분을 설치하거나 몰래 서로 무역하는 자가 있으면 그 죄를 엄하게 다스릴 것이다."[101]

위 기사를 보면, 충선왕은 권세가들의 사적인 염분 설치 및 소금 독점을 공용 소금 부족의 원인으로 지목하였다. 그리고는 은/포 - 소금 사이의 교환가를 설정한 후, 5도(양광·경상·전라·강릉·서해도) 및 평양의 염분 및 염호수까지 상세히 파악한 뒤 각염법을 시행하였다.[102]

각염법의 골자는 염분을 독점한 권세가들로부터 염분을 환수하고, 그 염분들을 국가에서 지정한 염호들로 하여금 공식 운영[관영(官營)]케 한 뒤, 일반민들이 관공서에 와서(서울에서는 의염창, 지방에서는 현지 관청) 은이나 포를 내고 소금을 사 가게 하는 것이었다. 주목되는 것은 전국 각지의 염분을 국유화한 이 조치로 인해 다량의 포가 정부의 세입으로 잡히게 되었다는 점이다. 염가포(鹽價布) 형태의 수입이 매해 4만필 규모였음을 감안하면 정부로서는 급한 부분에 지출해야 할 재화를 확보하는 데 성

....

101 『고려사』 권79, 지33 식화2, 염법, 충선왕복위원년(1309) 2월, "傳旨曰, '古者權塩之法, 所以備國用也. 本國諸宮院寺社及權勢之家, 私置塩盆以專其利, 國用何由可贍? 今將內庫常積倉都塩院安國社及諸宮院內外寺社所有塩盆, 盡行入官, 估價銀一斤六十四石, 銀一兩四石, 布一匹二石, 以此爲例. 令用塩者皆赴義塩倉和買, 郡縣人皆從本管官司納布受塩, 若有私置塩盆及私相貿易者, 嚴行治罪.' 於是, 始令郡縣發民爲塩戶, 又令營置塩盆, 民甚苦之. 楊廣道: 塩盆一百二十六, 塩戶二百三十一; 慶尙道: 塩盆一百七十四, 塩戶一百九十五; 全羅道: 塩盆一百二十六, 塩戶二百二十; 平壤道: 塩盆九十八, 塩戶一百二十二; 江陵道: 塩盆四十三, 塩戶七十五; 西海道: 塩盆塩戶幷四十九. 諸道塩價布歲入四萬匹."

102 양광도[염분(鹽盆) 126, 염호(鹽戶) 231], 경상도(염분 174, 염호 195), 전라도(염분 126, 염호 220), 평양도(平壤道, 염분 98, 염호 122), 강릉도(江陵道, 염분 43, 염호 75), 서해도(염분 49, 염호 49). 당시 교주도를 강릉도라 불렀던 듯하며, [서해도와 별개로서의] 평양도의 정체는 사실 미상이다.

공했던 셈으로,[103] 충선왕의 각염제를 단기 재정세입증대책으로 평가할
수 있는 이유가 여기에 있다.

한편 충선왕은 이런 단기적 처방 외에 조금 더 중장기적인 재정 세입
관리책도 시행했으니, 시장과 상인에 대한 보호 정책이 그런 사례다. 그간
정부가 필요한 물건을 시장으로부터 조달받은 후 정작 물건값은 제대로
안 처준 결과 시장의 거래가 위축되고 상업 발전도 저해되는 상황이었는
데, 충선왕은 물건값을 제대로 지불하는 풍토를 조성함은 물론, 더 나아가
중앙 경시(京市)의 공간을 확대하고 그 위상도 제고했던 것이다. 이 정책
은 유통의 활성화로 이어지면서 중장기적으로는 증세를 위한 발판도 됐
을 것으로 생각된다.

일찍이 1296년 홍자번(洪子藩, 1237~1306)이라는 관료가 그의 "편민(便
民) 18사(事)"에서 개경의 경시(京市)가 정부로부터 당하고 있는 피해(약
탈)를 지적한 바 있었다. 그는 여러 정부 기관들이 '화매(和買)'라는 명분
아래 경시로부터 여러 물품들을 강탈하는 것을 금지할 것을 제안했는
데,[104] 충선왕은 그에 비해 더욱 진전된 입장을 보였음이 흥미롭다. 다음
의 언급을 살펴보자.

　　"왕경(王京)은 한 나라의 근본이므로 사람과 물자를 안정시켜야 하
　　며 소란케[搔擾] 해서는 안 되는 법이니, 이제부터 각 관청이 필요로

....

103 물론 '염호를 징발하고 염창(鹽倉)을 설치하니 백성들이 심히 괴로워했다'는
　　표현이 기사에 포함돼 있지만, 정부의 징세 조치에는 으레 이런 표현이 따라
　　붙곤 하였다. 제도의 정착 과정에서 일말의 고통은 불가피했겠지만, 충선왕의
　　조치로 인해 일반인들의 소금 구입은 쉬워졌을 것으로 생각된다.
104 『고려사』 권84, 지38 형법(刑法) 1, 공식(公式) 직제(職制), 충렬왕22년(1296)
　　5월, "中贊洪子藩條上便民事: 一. 大府迎送國贐等庫, 凡有所須之物, 卽於京市
　　求之, 雖云和買, 實爲强奪. 誠宜禁之."

하는 것을 시전(市廛)에서 침탈해서는 안 되며, 만약 부득이하게 징구(徵求)할 때에는 마땅히 그 값을 주도록 할 것이다.”[105]

여기서 그가 시장 침탈을 금지하는 데 그치지 않고, ‘왕조의 수도는 한 나라의 근본’이라며 경시를 중심으로 한 상거래 행위를 ‘왕조 질서의 유지’에 직결된 사안으로까지 부각시킨 점이 눈길을 끈다. 때마침 시장을 관리하는 경시서(京市署)의 위상을 높여 그 권위를 제고한 것 역시[106] 그가 시장 질서의 회복에 부여한 의미의 수위를 짐작케 한다.

즉위년에 표명된 이러한 입장은 당연히 복위년에도 견지되었다. 여러 정부 관청들이 영송(迎送), 국신(國贐), 연례(宴禮) 등의 비용 마련을 위해 조작된 문서로 시중의 물건을 갖다 쓰고는 값을 치르지 않거나 심지어 물건을 무단으로 빼앗기까지 하는 관행을 종식하고자, 각사로 하여금 모두 물건을 돌려주거나 값을 치르게 하는 매우 구체적인 조치가 하달된 점이 그를 잘 보여준다.

“시중[市肆]의 상인[商賈]들은 사람들에게 있고 없는 것을 서로 바꾸어[貿遷] 그로부터 이득을 얻는[資生] 존재들인데, 이전에 영송도감(迎送都監), 국신도감(國贐都監), 연례색(宴禮色) 등의 관원들이 허위 문서[文契]를 주고 온갖 물건을 갖다 쓰고는 정작 그 값[直]은 치르지 않곤 하였다. 심한 경우 공공연히 물건을 빼앗아 버리므로 원망이 적지 않다. 따라서 마땅히 각 관청으로 하여금 문서들을 검토[檢考]하여 빼앗은 만큼 돌려주고, 이후에는 모두 정식으로 구매[雇買]를 함으로써 소란이 없도록 하라.”[107]

....

105 『고려사』 권84, 지38 형법1, 공식 직제, 충렬왕24년(1298), “一. 王京一國之本, 要令人物安堵不可搔擾. 自今以後, 各司凡所須不得於市廛侵奪, 如不得已而徵求當與其直.”
106 『고려사』 권77, 지31 백관2, 경시서(京市署), 충렬왕24년(1298), “忠宣陞令權叅.”

아울러 즉위년을 연상시키는 경시 관련 주요 조치들도 뒤이어 시행되었다. 시장의 공간이 확장되었고(시가 양쪽에 장랑을 200간 신축),[108] 경시서의 관원[丞]이 3인으로 늘었으며,[109] 시장을 괴롭히던 부서들이 폐지돼 상위 부서에 병합되었다.[110] 잠재적 시장 침탈자들을 약화시키는 한편으로 상인들의 활동공간을 확장해 그들의 활동을 적극 지원함으로써, 정부 - 시장 간 거래의 투명성을 제고하려는 충선왕의 의지의 발현이었다고 생각된다.

경시에 대한 침탈을 막는 수준에 그치지 않고 그들의 이권을 적극 보호하는 동시에 그들의 상거래 활동의 중심 공간이었던 경시까지도 육성한 이러한 상인 및 시장 보호정책이 정부의 재정 세입 증대에는 어떤 기여를 할 것으로 예상됐던 것일까? 충선왕으로서는 시장의 물자 조달 기능을 회복시킴으로써 사회적 유통을 활성화하고, 순환하는 물자 규모의 증대에 편승하여 민생의 개선 및 원활한 징세까지도 가능할 것으로 기대했던 것이 아닌가 한다.

마지막으로 충선왕이 벌였던 여러 노력 중에서도 근본적 해법인 셈이

107 『고려사』 권79, 지33 식화2, 차대(借貸), 충렬왕34년(1308) 11월, "忠宣王下敎, '一. 市肆商賈貿遷有無資生. 在前迎送國贐宴禮諸色官虛給文契, 取用百物, 不還其直, 甚者公然攬奪, 怨讟不少. 宜令各司檢考文契, 如數歸還, 今後盡行雇買, 不得騷擾.'"

108 『고려사』 권32, 세가32 충렬왕33년(1307) 6월 병오, "前王遣左承旨金之兼來啓, '令造成都監官桓頤, 領兵船軍, 與內盈尹康順護軍李珠董役, 營造市街兩旁長廊二百間.' 從之."; 권33, 세가33 충선왕복위년(1308) 8월 을미, "市街長廊成."

109 『고려사』 권77, 지31 백관2, 경시서, 충렬왕34년(1308), "忠宣增丞爲三人." 충선왕대 경시서 직제의 강화 및 그것이 상업 발달에 미친 긍정적 영향은 일찍이 김동철도 지적한 바 있다(1985 「고려말의 유통구조와 상인」 『부대사학』 9).

110 국신도감은 선공시에, 영송도감은 사선서에 병합되었다[『고려사』 권76, 지30 백관1, 선공시(繕工寺); 권77, 지31 백관2, 사선서(司膳署)].

었던, 세원(稅源) 파악 작업 및 세제(稅制) 개정 노력을 살펴보도록 하자.

앞서도 언급했듯이 충선왕 이전의 국왕들이 이런 노력을 안 한 것은 아니었다. 예컨대 충렬왕의 경우 권세가들에게 포섭된 양민과 전토(田土) 해방에 노력하는 한편으로 세액(稅額) 개정에도 적지 않은 관심을 보였다. 1279년 징세 액수 개정을 위해 전국 호구(戶口)의 증감(增減)을 파악하려 시도했고 1288년에는 사신들을 충청·전라·경상·서해도에 파견해 징세액을 재조정하려 했으며, 1292년에도 호구의 증감과 토지의 개간 정도를 헤아려 지역별 징세액을 조정하려 하였다. 다만 그 구체적인 전개 과정과 결과는 전혀 알려져 있지 않아, 그런 노력이 아무래도 무위로 돌아간 것으로 추정된다.

그에 비해 충선왕은 그와 전혀 다른 모습을 보였다. 그는 고려 후기 국왕들 중 유일하게 전민변정도감을 설치하지 않은 국왕이었는데,[111] 그가 왜곡된 상황을 원상복구시키는 변정 노력을 중시하지 않았기 때문은 아니었다. 그는 세자 시절 전민(田民) 겸병(兼倂)의 피해를 입은 이들의 호소를 경청하고, 1298년 즉위 교서에서는 불법 점유된 토지를 주인에게 돌려줄 것을 지시하기도 하였다. 그러나 복위 이후에는 그런 모습을 보이지 않았다. 효용이 떨어지는, 또는 무의미한 노력으로 간주했기 때문이었을 가능성이 있다.

이미 무신집권기 이래 누적된 전민 겸병의 풍조 속에, 여러 대형 농장들이 백성들의 땅을 점탈하는 데 그치지 않고 그 백성들까지 경작인력으

---

111 물론 충선왕이 1298년 충렬왕으로부터 선위를 받을 당시 윤해를 천거받아 전민변정도감사(田民辨正都監使)로 삼았다는 기록이 있으나[『고려사』권106, 열전19, 윤해(尹諧)], 이 전민변정도감은 충렬왕대 설치된 것을 물려받은 것이라 하겠다. 이후 충선왕 복위년간에는 전민변정도감에 준하는 존재가 관찰되지 않는다.

로 흡수한 상황이었다. 그런 농장들을 소유한 권세가들이 정부가 지시한다고 해서 민에게서 탈취한 땅과 재화를 토해낼 리는 만무하였다. 엎친데 덮친 격으로 몽골의 침공으로 인해 고려의 향촌 대다수가 파괴된 상황이었다. 그나마 겸병되지 않은 민호들마저 원래 거주하던 지역에 제대로남아 있는 경우가 적은 상황에서, 충선왕이 전통적 전민 변정(辨正) 노력의 현실성이나 효용성에 의문을 제기한 것도 당연한 일이었다.

그럼 그에게 유의미한, 그리고 시의적인 정책은 과연 무엇이었을까?그 답은 1314년 반포된 이른바 〈갑인주안(甲寅朱案)〉에서 제공된다. 충선왕이 충숙왕에게 양위한 직후 고려에서 반포된 이 새로운 세안(稅案)은 충선왕이 고려왕조의 징세 틀 자체를 바꾸기 위해, 그를 위한 사전(事前) 작업으로서 전국의 호구 및 토지 조사를 5년에 걸쳐 시행하였음을 알려준다.[112]

"지밀직사(知密直事) 채홍철(蔡洪哲)을 오도순방계정사(五道巡訪計定使)로 삼고, 내부령(內府令) 한중희(韓仲熙)는 부사, 민부의랑(民部議郎)최득평(崔得枰)은 판관(判官)으로 삼아, 땅[田土]을 측정[計量]하고 부세(賦稅)를 제정(制定)하였다."[113]

장기적인 조사과정을 거쳐 가능해진 이 같은 세제 개정을 통해, 고려

....

112 충선왕대 세제 개정 노력의 결과물로서의 갑인주안(甲寅朱案)의 성립에 대해서는 박경안, 1996 『고려후기 토지제도연구』 혜안 참조. 박경안은 충선왕 이전의 국왕들이 보였던 노력의 한계들을 거론하고, 충선왕의 경우 그간 누적된토지 소유 관계상의 변화 및 호구 증감 모두를 고려한 '세액경정(稅額更定)'을 달성했다고 평가하였다.

113 『고려사』 권34, 세가34 충숙왕원년(1314) 2월 정사, "以知密直事蔡洪哲爲五道巡訪計定使, 內府令韓仲熙爲副使, 民部議郎崔得枰爲判官, 量田制賦…"; 권78,지32 식화1, 전제(田制) 공부(貢賦), 충숙왕원년(1314) 윤3월, "忠宣王傳旨曰,'巡訪計定使蔡洪哲等所定貢賦, 視州郡殘盛均定其額, 以瞻國用, 要令百姓安業.'"

정부는 전국의 세원을 두루 파악하고 일정한 세금 수입도 확보하게 됐을 것으로 보인다. 충선왕의 세입증대책 중 가장 근본적인 해법이었다고도 하겠는데, 성과에 대한 전망이 불투명한 전민 변정 대신 현 상황에 대한 정확한 파악 위에 체계적 세금 징수의 토대를 조성하는 것을 급선무로 삼았던 셈이기 때문이다. 고려에 가장 필요한 것이 사실 몽골의 침공으로 파괴되고 교란된 징세체계를 재건하는 것이었음을 감안하면, 고식적인 변정 노력을 포기하고 현실을 있는 그대로 인정하고자 한 그의 판단이 옳았던 것으로 생각된다. 이후 고려말에 이르러서도 〈갑인주안〉을 징세의 근거로 삼자는 제안이 있었음에서,[114] 그의 이 세안이 세원 파악을 넘어 재정 세입 증대라는 목적을 달성했음을 엿볼 수 있다.

이상과 같이, 충선왕의 재정 세입 증대책 역시 (정치 개혁 때와 비슷하게) 실질적인 상황 개선에 기여했던 것으로 생각된다. 그것이 가능했던 배경은 과연 무엇이었을까?

이와 관련해서는 동시대 제국의 황제였던 무종(武宗)의 재정정책을 살필 필요가 있다. 무종 역시 공격적 재정정책으로 유명했던 인물로,[115] 성

....

114 『고려사』 권115, 열전28, 이색(李穡), "乞以甲寅柱案爲主, 叅以公文朱筆, 爭奪者因而正之, 新墾者從而量之, 稅新墾之地, 減濫賜之田, 則國入增正, 爭奪之田 安耕種之, 民則人心悅." 한편, 충선왕이 전민변정도감 '미설치'를 통해 권세가들의 기득권을 인정하겠다는 메시지를 보낸 것도 경제 주체들의 〈갑인주안〉 수용에 기여했을 수 있다고 생각된다.

115 이개석, 1998 『14세기초 원조(元朝) 지배체제의 재편과 그 배경』 서울대학교 박사학위논문. 원 황제 무종(武宗)의 정사는 일반적으로 '창치개법(創治改法)'을 추구한 것으로 간주된다. 잠저(潛邸) 신료들을 주축으로 이른바 막북(漠北) 세력을 흡수해 정계를 재편하고, 중도(中都) 건설 등을 추진해 유목군주(遊牧君主)의 전통을 재현하는 과정에서 한법적(漢法的) '조술변통(祖述變通)'을 천명한 '쿠빌라이의 구법(舊法)'을 대체할 제도와 관행을 창출했으며, 결과적으로 (세조대를 계승한) 성종대의 국정기조에서 이탈한 것을 감안한 평가이다.

종의 지향을 승계했던 정치개혁 분야와는 달리 재정개혁 분야에서는 성종과 다른 모습을 보였다.[116] 아직 성종의 재위기간이었던 14세기초 진행된 원제국의 막북(漠北, 중앙아시아) 지역 흡수에 따라 제국의 강역이 확대되면서 많은 재원이 필요해진 결과, 재정 운용에 있어 이전과 다른 시도들을 할 수밖에 없는 상황이기도 하였다. 이에 무종은 염인(鹽引) 제도 개혁 등 세입 증대에 도움이 될 조치들을 적극 시행하는 동시에, 무역에 대해서도 전향적인 모습을 보였다.

그런데 무종의 즉위(1308) 1년 후인 1309년 충선왕이 정식으로 복위해 그와 비슷한 재정 정책들을 선보이게 된다. 양국의 경제 상황이 엄연히 다른 상황에서 재정 정책의 지향이나 어떤 경우 각론 분야까지도 비슷하게 나타난 것은 결국 위정자들 간의 교류의 결과로 짐작된다. 물론 충선왕 복위년간의 재정정책은 10여년전 그가 즉위해 있었을 당시의 재정정책을 재개한 것이었고, 그런 점에서 충선왕의 재정정책이 무종에게서 영향을 받은 결과라 하긴 어려우며 오히려 충선왕이 무종에게 영향을 미친 바가 더 컸을 수 있다. 충선왕은 자신보다 나이가 어린 무종·인종 형제와 함께[117] 십수년을 함께 동거하며 긴밀한 관계를 가꿔 갔는데,[118] 특히 무

그의 재정정책의 특징들도 이런 면모에서 기인한 것이었다고 하겠다.

116 실제로 '무종(武宗)이 부유한 대업(大業)에 임하여 창치개법(創治改法)의 정사를 펼쳤는데, 봉작(封爵)이 성대하고 관직을 요수(遙授, 함부로 제수)한 경우가 많았으며, 하사품이 너무 융성해 지원(至元, 세조연간), 대덕(大德, 성종연간)의 정사가 다소 변경되었다'는 무종 졸기(卒記)의 평가가 있다. '대개 스스로 일대의 전범(典範)을 만들고자 하여, 조종(祖宗)을 반드시 본받고자 하지 않았다'는 장양호(張養浩)의 언급이나, '지대(至大)'라는 새 연호의 출범을 표명하는 조서에 등장하는 '유신지령(維新之令)' 등의 표현도 그의 면모를 잘 보여준다.

117 충선왕은 무종보다는 6년, 인종에게는 10년 연장이었다.

118 충선왕을 심양왕 및 심왕에 봉한 것도 무종이었고[『고려사』 권32, 세가32 충

종 카이샨에게 재정에 대한 문제의식을 심어주거나 최소한 함께 키워 갔던 것이 아닌가 한다.

그럼 무종과 충선왕의 재정개혁은 과연 어떤 점에서 비슷했을까?[119]

우선 염제(鹽制) 개혁 분야에서의 양자의 유사성을 살펴보자. 염세(鹽稅)는 원제국 정부에서도 당연히 중요한 세원이었는데, 무종대 염 행정의 경우 이전 세조대 말엽 및 성종대의 염 정책과는 다른 특징을 보였음이 눈길을 끈다.

세조 및 성종은 이른바 소금 '도판(盜販)'을 비롯한 사적인 소금 매매를 금지하는 것에 주력하고, 관리 당국이 소금과 관련해 상인으로부터 뇌물을 받는 행위를 처벌하는 등 전체적으로 염법(鹽法) 문란의 방지에 힘을 쏟았다. 그에 비해 무종은 문란에 대한 규제보다는 지역별로 생성하던 염인(鹽引)의 수를 증액함으로써 전반적으로 판염량(辦鹽量), 즉 염의 매매규모를 대폭 키웠다. 늘렸다. 소금 매매 과정의 부조리 관리에 주력했던 세조, 성종과 달리 무종은 염의 생산 및 유통량을 공격적으로 늘린 것이다.

....

렬왕34년(1308) 5월 무인;『원사』권23, 본기23 무종 지대3년(1310) 4월 기유], 그를 인종의 태자태사로 임명한 것도 무종이었으며, "무종과 인종의 총애와 우대가 비할 바가 없었다"는 『익재난고(益齋亂藁)』의 기록, '황제·황후·황태자가 왕을 심히 총애했다'는 기록[『고려사』권33, 세가33 충선왕복위원년(1309) 4월 기묘] 모두 두 사람 사이의 가까운 관계를 보여준다.

119 그간 충선왕과 원제국의 재정 운용 간 유사성 및 관련성을 보여주는 대목으로는 충선왕 즉위년 관제 개편 당시 등장했던 자정원(資政院)이나 복위년 개편 당시 신설된 제용사(濟用司) 등 제국의 재부(財賦) 담당 관청과 유사한 존재들이 고려 관제에 새로이 등장한 것 정도가 거론될 따름이었지만, 그를 넘어선 다양한 영역에서 지향 상의 유사점이 확인된다. 아래 무종의 재정 정책 관련 서술에 담긴 세부 사항들에 대해서는 이개석 위논문; 이개석, 1998 「원조의 남송병합과 강남지배의 의미」『경북사학』 21; 이강한, 위논문 참조. 아울러 이 절의 서술 자체가 이강한, 위논문을 토대로 하였음을 밝힌다.

게다가 무종은 생산이 늘어난 소금을 일종의 재화로 활용하였다. 무역품 진헌에 대한 반대급부를 염인(鹽引, 염 교환권)으로 지불하거나, 국용이 모자랄 경우 염인을 팔아 재원을 조성하거나, 진휼이 필요할 때 염인을 풀어 양곡을 구매한 다음 그것으로 백성들을 진휼한 것 등이 그런 사례다. 그는 심지어 새로운 통화인 지대은초(至大銀鈔)를 발족시키면서 염세(鹽稅)를 지대은초로 걷기도 하였다. 거래가 활발한 염을 통해 지대은초를 유통계에 정착시키려 한 것으로, 염의 재화적 성격을 통화정책의 정착에 활용했던 경우다. 무종의 염 정책은 유가(有價) 재화로서의 소금의 생산 및 유통을 증대시켜 그를 세출 축소와 세입 증대에 활용하는 것이었던 셈이다.

충선왕의 염제가 기술적 측면에서 원의 영향을 받았음은 이미 기존 연구에서 거론된 바 있지만,[120] 무종대의 이런 염(鹽) 정책을 살피고 나면 무종대 원제국의 염제와 충선왕대 고려의 염제가 그 목표를 공유하는 바가 있었음을 엿볼 수 있다. 고려의 경우 각염제 시행 결과 정부의 포백 수입이 단기간에 급증한 사실에서 엿보이듯이, 충선왕 또한 비록 권귀(權貴)들의 소금 독점으로 인한 백성들의 고충을 명분으로 국가적 차원의 전국 염전 확보 작업을 시작했지만, 제도 시행의 결과를 보면 그 목적이 어디까지나 '세입증대'에 있었음을 부인하기 어렵기 때문이다.

그런 점에서 무종의 염세 행정과 충선왕의 각염제는 비록 염의 세입구조 내 비중이나 염 행정의 실현 방식에서는 서로 차이가 있었어도, 양자

---

120 충선왕의 절(鹽) 전매제는 생산에서는 중국의 매상(買上) 제도를 모방하되 염호의 공염(貢鹽)을 활용했고, 판매에서는 원 회염법(會鹽法)과 송 입포배매법(立鋪配賣法)을 모방하되 염장관·염포리들이 염 화매(和賣)를 관장케 하는 등(강순길, 위논문), 행정적 측면은 송·원의 염법을 참조하되 운영과 관리에 있어서는 훨씬 더 국가중심적이었다고 평가된다(권영국, 위논문).

가 염을 하나의 '재원'으로 간주한 것에서는 공통성을 보였다고 할 수 있다. 두 사람의 선대인 고려 충렬왕이나 원제국의 성종 황제 등이 소금 과렴(科斂)에 그치거나[121] 염을 관리의 대상으로만 보았던 것과 달리, 충선왕과 무종은 '재화 증식'이라는 뚜렷한 목표 아래 염제(鹽制)를 운영한 공통점을 보였다고 하겠다.

그리고 소금 정책에서 동궤를 그린 양측의 문제의식은 충선왕과 무종 각자의 시장 정책에서도 엿보인다.

원제국 정부의 경우 상세(商稅)를 징수한 것으로 유명한데, 일찍이 1270년 상세율을 1/30으로 정한 바 있다. 이 상세에 대한 기록은 외국인 재상들의 축출 후에는 잘 관찰되지 않지만, 무종대에 들어와 원제국 정부가 상세와 관련해 취한 조치가 주목된다. 일찍이 세조대에 중통초(中統鈔) 3전(錢)으로 설정된 이른바 '계본전(契本錢)'을 1310년 1월 지원초(至元鈔) 3전으로 5배 증액한 것이 그것이다.

'계본'은 물품 거래 후 관련자들이 관청에 상세를 납부할 경우, 호부에서 상세 납부가 정상적으로 이행되었음을 인증하며 발급하는 임증(賃證)에 해당하였다.[122] 그런데 이런 인증서 발급에도 경비가 발생했으므로, 그에 소요될 비용을 확보하기 위해 수수료를 거둔 것이 바로 '계본전'이었다. 계본전 제도는 일차적으로 세무(稅務) 실무자의 작폐를 방지하기 위해서였지만, 제국 내 경기의 호황으로 늘어나는 상거래에 편승해 정부의 수입을 늘리기 위한 목적도 없지 않았다. 다시 말해 상거래 행위에 상세를 부과하는 데 그치지 않고, 그 결과에 대한 입증을 요구하며 인증료까지 징수했던 셈이다. 그러한 인증료가 세조대 설정된 이래 성종대에는 변동

---

121 『고려사』 권79, 지33 식화2, 염법, 충렬왕22년(1296) 6월, "中贊洪子藩上書曰, '塩之有稅已有定額, 今於州縣强行科斂, 誠宜禁之.'"

122 陳高華·史衛民, 2000 『中國經濟通史:元代經濟卷』 經濟日報出版社

된 바 없다가 무종대에 이르러 갑자기 인상된 것으로, 그에 따라 세입도 일정 부분 중대하는 효과가 발생했을 것임은 분명하다.

물론 무종대의 이 계본전 인상 조치에는 통화 가치의 하락으로 인한 정부의 손실을 최소화하기 위해 그 액수를 '현실화'하고자 한 측면도 내포돼 있다. 그러나 무종의 이 조치가 주목되는 것은, 상세 자체는 중액하지 않으면서 인증료인 계본전만 인상했고, 무종 스스로 지대은초라는 통화를 새로이 발행했음에도 이전의 지원초로 계본전을 재책정했다는 사실이다. 계본전 인상 조치에 또 다른 의도가 내재했을 가능성을 암시하는 대목인데, 상세 대신 상거래 수수료만 인상하고 그를 검증된 지원초로만 거둠으로써, 확실하고 안전한 세입 중대를 도모한 셈이었기 때문이다.

무종의 이러한 시장 관련 조치는 분명 충선왕의 시장 정책과는 많이 달랐다. 무종은 세입 중대책의 일환으로 상세 관련 수수료를 늘리는 한편 상인과 정부간의 유착을 견제했다면,[123] 충선왕은 상거래 진작을 위해 경시 상인을 정부의 침탈로부터 보호하는 동시에 상거래 공간 확장에도 주력했기 때문이다. 아울러 무종의 상세 계본전 증액은 단기 세입 중대에 기여할 즉효적인 조치였던 반면, 충선왕의 시장 관리책은 좀 더 완곡한, 중기 정책이었던 차이도 있다.

다만 상인들이 근시와 결탁해 부당한 이득을 취하는 것을 근절하려 한 무종의 방침 자체는 정부 - 상인 간 관계를 투명화·정상화하고자 한 맥락을 담고 있으며, 그런 점에서 충선왕의 상인 보호와도 맥을 같이 하는 바가 있다. 아울러 충선왕이 경시를 국가 질서에 관련된 사안으로 규정하면서까지 상거래의 진작을 도모했다면, 무종은 상세는 놔두고 대신 관련 수

....

123 무종은 1307년 12월 관료들은 물론 '일반 상인'들까지 중서성을 우회해 조정 황실의 근시(近侍)들과 결탁해 비공식적·불법적 주청을 하는 것을 금지하였다[『원사』 권21, 본기21 대덕11년(1307) 12월 임진].

수료의 인상만을 단행함으로써 당시 활황을 보이던 상거래 경기를 보전하려 한 점에서도 유사한 지향이 느껴진다.

마지막으로 양측이 표방한 '편민(便民)' 개념에서도 비슷한 맥락이 포착된다.

충선왕의 경우 증세를 통해 민간으로부터 많은 재물을 거두었지만, 거둔 재화의 일부를 다시 민에게 돌려주기도 하였다. 그가 복위한 후 등장하는 적극적 진대(賑貸, 물품지급) 기사들이 그를 잘 보여준다. 충선왕의 복위기간 5년 동안 소극적 보호로서의 감·면세 조치는 잘 발견되지 않는 반면,[124] 동서대비원(東西大悲院)과 유비창(有備倉) 등의 재원으로 민생을 지원하는 사례가 여러 차례 등장한다. 1308년 질환으로 자기 부양이 어려운 이들에게 동서대비원에서 식량을 지급하게 하거나, 1311년 질병자 부양 비용을 유비창에서 지급하게 한 것이 그런 사례들이다.[125] 세제 개정 등을 통해 세입 증대에 주력하며 전통적 의미의 전민 변정에는 소홀했던 충선왕이 역으로 '대민(對民) 지원'에는 적극적이었다는 점이 이채롭다.

그랬던 충선왕이 전국의 세원 조사를 주관했던 채홍철(蔡洪哲, 1262~1340)에게 "편민사의(便民事宜)"의 법제화를 당부한 것이 충선왕의 의도를 보여주는 바가 있다.[126] 기사의 문맥을 고려할 때 이 '편민사의'는 세제개

....

124 『고려사』의 은면지제(恩免之制), 재면지제(災免之制) 기록을 보면 그런 양상이 감지된다(권80, 지34 식화3, 진휼). 한편 여기 서술된 논지와는 무관하나, 『고려사』에 등장하는 여러 감세, 면세 관련 용례들을 정리한 최근 연구가 주목된다(오치훈, 2020 「고려시대 세금 감면 어휘의 용례와 의미」 『한국중세사연구』 63).

125 『고려사』 권80, 지34 식화3, 진휼(賑恤) 수한역려진대지제(水旱疫癘賑貸之制)

126 『고려사』 권78, 지32 식화1, 전제(田制) 공부(貢賦), 1314년 2월, "以知密直事 蔡洪哲爲五道巡訪計定使…量田制賦. 凡便民事宜, 將式目都監所啓條畫, 酌定損 益. 其諸道提察使及守令有罪者, 無論輕重, 直行科斷."

정 작업의 후속·보완조치였던 것으로 보이는데, 그 내용 중 하나가 위에 언급한 '진대 행정'이었을 가능성이 높다. 어쩌면 충선왕대 세제 개정의 목적 중 하나가 진휼 비용 조달을 위한 재원 마련이었을 수도 있다.

그런데 무종 역시 일찍이 1309년 '편민조획(便民條畫)'을 반포한 바 있다.[127] 『원사』에는 그 내용이 전하지 않지만, 무종 정부가 같은 해 반포한 두 개의 법률, 즉 『개립 상서성 조서 조획(改立尙書省詔書條畫)』 및 『반행 지대은초 조서 조획(頒行至大銀鈔詔書條畫)』이 그와 관련해 참고된다. 전자가 각종 '위민책'을 내포한 전통적인 국정 혁신 방침을 천명한 글이라면,[128] 후자는 '지대은초(至大銀鈔)를 2냥(兩)에서 2리(釐)까지 총 13등급으로 반행하여 [민용(民用)을 편(便)]케 한다'는 직접적 언급을 담고 있어 주목된다. 당시 지대은초(至大銀鈔)의 발행 자체가 세입 증대를 염두에 둔 것이었는데,[129] 자칫 백성을 힘들게 할 수 있는 그런 성격의 법조문에 '백성을 편하게 한다'는 표현이 등장한 것이 의아하게 다가오기 때문이다. 결국 무종은 재정 세입 증대라는 국정과제에 도움이 될 새 지폐의 출범을

---

127 공교롭게도 고려측 기록에도 이 사실이 등장한다[『고려사』 권33, 세가33 충선왕복위원년(1309) 9월 신축, "元以便民條畫詔天下."]. 충선왕이 그와 관련된 원제국 내의 동태를 잘 인지하고 있었음을 보여준다.

128 『원사』 권23, 본기23 무종 지대2년(1309) 9월 경진. 이 기사에는 '복업(復業)한 자들에 대한 지원 방침'만 기술되어 있지만, 우에마쯔 시요가 『원전장(元典章)』 내에서 지대2년(1309) 9월에 내려진 조획들을 모아 이 '상서성조획'의 내용을 복원한 것을 보면(植松正, 1980 「元代條畫考」 4·5·6, 『香川大學敎育學部硏究報告』 48·49·50), 훨씬 더 많은 내용이 그 안에 담겨 있다.

129 무종의 초법(鈔法)은 각종 세금을 지대은초(至大銀鈔)로 받고 금·은 등의 물자를 지대은초로 바꿔 주는 행정을 통해 재정 수입을 늘리려는 의도 아래 단행된 정책이었다. 당시 물가 상승율에 비해 대은(對銀) 절하율(切下率)을 과도하게 적용한 지대은초를 발행함으로써 정부 수입을 짧은 기간에 대폭 늘리고자 한 것으로, 염세(鹽稅) 등을 지대은초로 걷으면서 그러한 목표를 실현했던 것으로 평가된다.

단행함에 있어 그와 관련해 백성에게 편의를 제공한다는 명분을 내세웠던 것으로,[130] 세입 증대의 방책으로 실시한 보초(寶鈔, 지폐) 개혁을 정당화하는 논리로서 '통화 사용의 편의', 즉 '편민'의 명분을 든 셈이다.

이렇듯 충선왕과 무종의 편민관 사이에는 유사성도 있고 차이점도 있어 보인다. 전통적 '위민(爲民)' 관념과 좀 다른 관념으로 제시되었다는 점에서는 공통점을 보이지만, 한쪽이 적극적 세입 증대책을 펼쳐 확보된 재원을 그들에게 환원하는 '실체적 편민'을 모색했다면(고려 충선왕), 다른쪽은 세입 증대책을 합리화하는 명분으로 그를 제시했다는 차이가 있다(원 무종).

젊은 시절 서로 긴밀히 교류했으며 교감도 상당했을 양국의 위정자들이 즉위 후 공히 선대의 재정운용 기조를 바꾸는 데 그치지 않고 재정운용의 취지에서도 서로 닮은 모습을 보였으며('편민'), 어떤 경우 정책의 소재나 외형까지도(염, 시장) 공유했던 것이다. 실로 개혁의 추진 방법은 달랐어도 지향만큼은 공유했던 사례라 하겠으며,[131] 이 시기를 양국의 정책이 재정 운용의 측면에서 긴밀한 동반자 관계를 보인 시기로 평가해 볼좋은 사유라 하겠다.[132]

....

130 이런 사례는 원제국의 다른 시기에서도 발견된다. 1350년대 중반 원제국 정부가 보초와 관련해 '편민고(便民庫)'를 설치한 것이 그런 경우다[『원사』 권45, 본기45 순제(順帝) 지정(至正) 17년(1357) 4월 병진]. 물론 이 이름은 환전(換錢) 관련 편의를 제공한다는 취지에서 비롯된 것일 수도 있겠다.

131 '동시기 원 황제의 정책과 유사한 정책'이라는 이미지도 충선왕의 재정 정책 성공의 중요한 한 배경이었을 수 있다.

132 한편 충선왕의 재정 세입 증대책이 무종의 그것과 결정적으로 다른 부분도 있었으니, 세제 정비 노력, 즉 〈갑인주안〉 출범이 바로 그 한 사례라 할 만하다. 충선왕표 재정 개선 정책의 핵심이었다고 할 이 작업에 대응하는 사례가 무종의 정사에서는 관찰되지 않는다.

고려 왕과 원제국 황제의 재정 정책이 유사한 기조를 보였던 충선왕
‑무종대의 이러한 현상은 흥미롭게도 충선왕의 아들 충숙왕 및 무종의
동생 인종대에도 그대로 재연되었다. 게다가 양측 모두 전왕, 전황제의 노
선을 뒤집은 대목에서도 서로 닮아 있었음이 눈길을 끈다.

충숙왕은 충선왕과는 달리 조부 충렬왕처럼 전민 변정에 노력했는데,
찰리변위도감(拶理辨違都監, 察理辨違都監)을 운영한 것이 상징적인 사례다.
그런데 그의 이러한 재정 운용은 바다 건너 원제국에서 선황제이자 가형
(家兄) 무종(武宗)의 재정 운용을 부정·비판했던 인종(仁宗, 재위 1311~
1320) 황제 아유르바르와다의 모습과도 묘하게 닮아 있다. 인종은 토지조
사사업으로서의 '경리(經理)'를 시작했다가 얼마 안 가 중단하고, 사원의
불법적 전민 점유 문제를 시정하는 데 노력했으며, 유랑 인구의 정착과
보호를 위한 법령을 1311년, 1312년, 1314년, 1315년 잇따라 반포하였
다.[133] 무종의 정책들을 뒤집었던 맥락의 이러한 인종대 조치들은, 선왕
충선왕의 정책에 비판적이었던 충숙왕의 변정 노력을 연상시키는 바가
있다.[134]

이상에서 충선왕의 정치 개혁 및 재정 세입 증대책을 통해, 혼혈 고려
국왕이 동시기 원제국 정부의 개혁노선 및 지향을 공유하되 그것을 고려
의 상황에 적용함에 있어서는 다른 방식들을 적용한 사례들을 살펴보았

---

133 1311~1315년 사이에 반포된 '난유(闌遺)' 관련 법조문에서 그를 확인할 수 있
다. 자세한 사항은 이강한, 2009 「고려 충숙왕의 전민변정 및 상인등용」, 『역
사와현실』 72; 이강한, 2012 「고려시대사 연구의 새로운 가능성 ‑ 원대 법전
자료의 검토 전망」 『역사와현실』 85 참조.
134 이후 충숙왕의 아들 공민왕이 다시금 조부 충선왕의 재정 노선을 원용함으로
써 역사가 반복되지만(이강한, 2009 「공민왕대 재정운용 검토 및 충선왕대 정
책지향과의 비교」 『한국사학보』 34), 당시 제국의 황제였던 순제(順帝)의 재
정 정책과는 특별한 연관성이 보이지 않아, 더 논하긴 어렵다.

다. 당시 고려와 원제국 사이에 존재했던 특수한 관계를 상징하는 전형적인 추세라 하겠는데, 그와 비슷하면서도 다른 경우로서, 제국의 방법론 및 제도·관행적 요소들을 도입해 고려의 전통 제도에 접목한 경우들을 다음 장에서 살펴보도록 한다.

3장. 고려의 전통 제도에 제국의 방법론과 관행을 접목하다

앞 장에서는 고려 정부가 원제국 정부의 정책지향 및 노선을 수용하되, 방식은 고려의 현실에 맞게 변용해 개혁을 단행한 경우들을 살펴보았다. 이 장에서 살펴볼 사례들은 그와는 조금 달리, 고려가 내정 개혁을 시도함에 있어 전통 제도를 유지하되, 제국의 방법론 또는 특정 제도·관행적 요소를 활용해 그(고려의 전통제도)를 새로운 방식으로 운용했던 경우이다. 아울러 앞 장에서 살펴본 개혁들이 대체로 무신정권기를 비롯한 고려 중기나 13세기 원제국의 도래로 인해 발생했던 문제들을 해결하기 위한 것이었다면, 여기서 살펴볼 개혁들은 국초 이래 존재해 왔던 문제들의 해결을 도모했던 경우이다. 고려 지방제도 속 광역 단위 체계의 개편, 그리고 군역제(軍役制) 운영 실태의 개선 등에서 그런 모습들이 관찰된다.

이런 검토를 시도하는 이유는, 마침 제국이 등장한 13세기 후반의 중국에서도 유사한 변화들이 전개되었기 때문이다. 중국적 환경에 몽골적 관습이 결합하는 과정에서 중국의 지방제도와 군제 두 분야에서 실로 흥미로운 변화가 전개된다. 물론 한반도와는 무관하게, 사뭇 다른 배경에서 전개된 변화들이었지만, 그럼에도 후기 고려에서 전개된 변화와 상당한 유사성을 공유하는 추세들이었다. 고려로서도 참고할 여지가 적지 않았을 것으로 생각된다.

중세의 지방(地方) 제도라는 것이 전국 각지의 현장에 대한 중앙 정부의 통치와 관리를 가능케 했던 도구라면, 군역(軍役) 제도는 전근대의 왕조 정부가 중앙과 지방 방위에 필요한 군사력을 조달하던 제도였다. 두 제도 모두 적어도 동북아시아에서는 왕조나 제국의 운영 지속성을 담보하기 위한 가장 핵심적인 제도들이었고, 고려로서는 왕조의 후기에 접어들어 정상적 유지에 상당한 어려움을 겪고 있던 분야들이기도 했다. 다만 엄밀히 말해 원제국의 간섭은 이런 어려움과 무관하였고, 국초로부터의 제도적 결함들이 오히려 주된 원인이었다.

고려로서는 어떤 형태로든 두 제도의 혁신이 절실한 상황이었다. 마침 유사한 변화가 진행되고 있던 동시기 중국의 상황에 눈길이 갈 수밖에 없었을 것이다. 세제(稅制)의 변동을 수반하는 지방 제도의 개편, 그리고 신역(身役) 중에서도 가장 고되고 위험했던 군역제의 개편은 일반민들의 생활에 큰 영향을 미치는 일이었던 만큼 저항과 불만을 살 수밖에 없었다. 원제국이 그를 극복하고 감행했던 개혁의 방법론과 핵심 요소들을 고려가 궁금해 한 것도 당연하였다.

다만 고려의 토착환경이 중국과는 너무나 달랐기에, 제국의 해법을 고려의 환경에 그대로 이식(移植)할 수는 없는 노릇이었다. 기존 고려의 체제를 유지하면서, 제국의 정책 방법론 등을 고려의 상황에 적용, 접목하는 것이 최선이었다. 그러나 그러한 국부적 결합을 위해서도 고려가 포기해야 할 것들이 있었다. 지방제도에서는 계수관(界首官)의 수를 최소로 유지하던 오랜 관행에서 벗어나야 했고, 군사제도에서는 양인(良人)에게만 군역을 담당케 하던 오랜 원칙을 포기해야 하였다.

이런 관습과 원칙들은 300여년 이상 존속돼 왔던 것으로, 고려가 쉽사리 포기할 수 있는 것이 결코 아니었다. 위정자의 입장에서는 특히 그랬을 것인데, 왕이 순수 고려인들이었다면 감히 그러지 못했을 것이다. 그런데 하필 이 시점에 혼혈 국왕들이 등장했고, 그 첫 번째 인물이었던 충선왕의 시대에 이런 부분들이 과감히 포기되었다는 사실이 자못 의미심장하게 다가온다. 순수 고려인보다는 그에 부여했던 중요도나 그로부터 느낀 친밀도가 낮았을 수도 있고, 고려의 전통 문물에 인질로 잡힌 바가 적었기 때문일 수도 있다.

그런 점에서 이 시점에 '혼혈인'들이 고려의 최고 권력에 나타난 것이 비록 그 자체로는 역사적 우연이었지만, 제도의 역사로만 보면 그들의 등장 이후 이런 개변(改變)이 진행된 것이 일종의 필연이었던 측면이 없지 않다. 아울러 그러한 '오래된 원칙'들을 포기하는 순간, 그간 고려가 필요로 하던 모든 성과들이 확보되었음이 주목된다. 그를 포기하는 용기가 결국 모든 개혁들을 달성할 중요한 고리였던 셈이다.

1. 강남(江南)과 화북(華北)에서 영감을 얻다: 충선왕의 광역 지방 단위 개혁

고려는 개창 이래 나름의 지방 행정 체계를 마련하여 운영했지만, 설계의 문제로 인한 몇 가지 어려움을 국초 이래 겪어오고 있었다. 중반을 넘어 후기로 접어들면서는 그런 문제들이 더욱 불거져 심각한 상태를 연출하고 있었다. 주·부·군·현 등의 기초 단위들에서는 지방관 수의 부족이나 지방관의 위상 문제 등이 지방관의 지도력을 시험하고 있었고, 광역 단위의 영역에서는 불충분한 단위 수에 따른 단위별 업무량의 과다, 중앙과의 소통 부족 문제 등이 해소되지 못한 채 남아 있었던 것이다.[135]

이 중 기초 단위의 문제의 경우, 특별한 해법이 있었다기보다 지방관의 수를 늘리는 것이 관건이었다. 그를 위해 필요한 재원(지방관에게 지급할 녹봉)을 확보함으로써 지방관이 없는 지역에 지방관을 신규로 배치하며, 지방관이 있는 지역의 경우는 그 위격을 올려줌으로써 그들의 권위와 행정력을 증강해 줄 필요가 있었다. 반면 광역 단위의 문제는 그와는 또 달리, 기존의 체계를 뛰어넘는 발상의 전환이 필요했다. 최고 광역 단위인 도(道)와 기초 단위들을 연결하는 '중간 광역' 단위들의 수가 지나치게 적은 현실에 대한 자각과 해법이 요구되었다.

기초 단위의 문제는 이후 4부에서 살펴보도록 하고, 이 절에서는 광역 단위, 그 중에서도 중간 광역 단위의 문제에 주목해 보고자 한다. '중간 광역 단위'란 말 그대로 최고 광역 단위인 도와 기초 단위인 주·부·군·현을 이어주던 중간 단위로서, 고려에서는 '목(牧)'과 '도호부(都護府)' 등이 이에 해당하였다. 이른바 '계수관(界首官)'으로 불리던 바로 그 존재들인데,[136] (중국에서 전래한) 도호부는 안남(安南)·안북(安北)·안변(安邊) 등의 이름을 띠고 변경 방비 등의 특수 임무를 맡았던 데 비해, 목은 명실상부한 내륙형 중간 광역 단위로서 중국에는 존재하지 않았던 고려만의 고유한 광역 지방 단위였다고 하겠다.

고려 전기에 목이 설치되었던 지역들로는 광주, 충주, 청주, 진주, 상

....

135 본서에서 '기초 단위'란 주·부·군·현[州府郡縣, 여기의 부는 '고려 전·중기'의 부], 그리고 '광역 단위'란 도(道)·도호부(都護府)·목(牧) 및 [1310년 이후의 새로운] 부(府)를 지칭하는 개념으로 사용하였음을 밝혀둔다(이후 4부에서도 마찬가지다).

136 고려시대의 독특한 계수관(界首官) 제도 운영의 실체와 관련해서는 박종기, 1998 「고려시대 계수관의 범위와 성격」『한국학논총』21; 구산우, 2002 「고려시기 계수관의 지방행정 기능과 위상」『역사와현실』43; 김동수, 2002 「고려시대 계수관의 범위에 대한 재론」『역사학연구』19; 윤경진, 2004 「고려전기 계수관의 운영체계와 기능」『동방학지』126; 박종진, 2005 「고려시기 계수관의 기능과 위상」『역사와현실』56 등 참조.

주, 전주, 나주, 해주, 황주 등 9개 지역을 볼 수 있는데,[137] 한반도의 강역 넓이를 고려하면 사실 턱없이 모자란 숫자였다. 이에 그 부분을 해결할 필요성이 있음에도 오랫동안 별다른 방안이 강구되지 않다가, 충선왕대에 이르러 변화가 모색되었던 것이다.[138]

이른바 '5도(道) 양계(兩界)' 체제를 고려의 전형적 지방제도로, 그리고 다섯 개의 도를 고려의 궁극의 광역 단위로 인식하곤 하지만, 그런 체제가 정착한 것은 사실 고려 중기 이후였다. 동북면(東北面)과 서북면(西北面), 또는 '동계(東界)'와 '북계(北界)'로 불리던 양계(兩界)는 국초 이후 얼마 안 되어 형성됐지만, 도의 경우는 달랐다. 고려 초기 세워진 "12도"와 "10도"는 얼마 가지 못하고 10세기 말을 전후해 소멸하였고, 개경(開京), 동경(東京), 서경(西京) 등의 3경, 네 개의 도호부, 그리고 8~9개의 목(계수관)이 그를 대신하게 되었다. 이후 등장하는 도의 수는 7개(1056, 1173, 1178), 10개(1217) 등으로 다양했는데, 이는 도의 형성 방식 때문이었다. 목이나 도호부 등의 관장 구역을 묶어 하나의 도로 편성하는 과정에서, 어떤 단위들을 서로 엮고 함께 묶느냐에 따라 도의 외연이 달라지고, 전체 도의 수도 유동적일 수밖에 없었다.

다만 복수의 단위가 관장하던 구역들을 하나의 도로 편성하기 위해서

....

137 현종대 이른바 "8목(牧)"이 설치될 당시에는 전주(全州) 대신 명주(溟州)가 그에 포함되었고 해주(海州)는 안서도호부(安西都護府)로 설정돼 목의 수가 8개였지만, 이후 명주는 도호부가 되고 대신 전주와 해주가 '목'이 되었으므로, 충선왕 복위 무렵에는 목의 수가 "9개"였던 것으로 판단된다(윤경진, 2003 「고려전기 계수관의 설정원리와 구성 변화 -『고려사』 지리지 계수관 연혁의 보정을 겸하여」, 『진단학보』 96).

138 이 절의 내용은 이강한, 2012 「1308~1310년 고려내 "목·부(牧·府) 신설"의 내용과 의미 - 충선왕대 지방제도[계수관제] 개편방향에 대한 검토」, 『한국사연구』 158을 기반으로 서술되었다.

는 지역적 근접성 뿐 아니라 자연지형도 고려해야 했기에, 고려의 도들은 점차 5개 정도로 정형화돼 갔다. 그렇게 형성된 것이 13세기 초의 서해도, 양광도(또는 시기에 따라 충청도), 교주도, 전라도, 경상도로서, 이들이 중앙 정부를 대변하여 지방의 세정(稅政)과 치안 등을 도맡게 된다.[139]

그런데 그렇게 정착한 최고 광역 단위로서의 5개 도가 수백 개의 기초 단위, 즉 수백 개의 주·부·군·현을 관장하는 체제는 그 구조가 안정성과 지속성의 차원에서 매우 취약했다는 데 문제가 있었다. 기존의 중간 광역 단위이자 도 형성에 기여한 목(계수관)들이 물론 '도'와 기초 단위들을 연결하는 중간 단위로 잔류하긴 했으나, 도의 수가 5개로 매우 넓게 확정된 반면, 한반도 전체 목의 수는 여전히 8개 또는 9개에 불과하였기 때문이다.

이렇듯 도 체제의 정착은 '거대 광역 단위들의 안정적 한반도 분할'이라는 긍정적 의미를 지니면서도, 한편으로는 고려의 지방 제도에 새로운 문제를 안겼을 것으로 생각된다. 도별 강역이 넓게 정해진 만큼, 그 안에 소재한 수많은 기초 단위로서의 주·부·군·현들을 관장하기 위해서는 적절한 수의 중간급 광역 단위들이 필요하였다. 그러나 그러한 역할을 해야 했을 중간 광역 단위로서의 목과 도호부 중 목의 수는 도 별로 2개 정도에 불과하였고, 그 결과 중간 단위로서의 역할을 충실히 해 내는 데 어려움이 있을 수밖에 없었다. 그러다 보니 새로운 '광역 지배 단위'로서의 "도"와, 기왕의 지방 제도에서 일정한 지역을 '관장'하고 있던 "계수관"들의 차이가 불분명해짐으로써, 도와 목의 역할 분담이 상당히 애매해진 측면이 존재하였다.

이러한 불확실성은 고려의 지방 제도 운영에 결코 바람직한 것이 아니었다. "도"들이 비록 최고위 광역 단위로 거듭나긴 했으나 그 성공 여부

---

139 윤경진, 2006 「고려전기 도의 다원적 편성과 5도의 성립」 『동방학지』 135

는 결국 기초 단위에 대한 도의 성공적 통제 여하에 달려 있는 상황이었다. 그런데 "도"와는 엄연히 층위가 달랐던 중간 광역 단위 "목"의 경우 도와 차별화된 나름의 새로운 역할이 확정되지 않아 "도"와 "목"의 차이가 어정쩡한 채로 남았고, 그러한 상황이 자연히 "도" 체제의 정착 또한 위협하고 있었기 때문이다.

가장 명확한 개편 방향은 중간 광역 단위인 목의 수를 늘리는 것이었다. 도 체제가 형성기를 거쳐 확립되는 상황에서 그러지 못할 이유도 없었다. 그러나 특정 지역을 새로이 목으로 승격시키는 것이 가져올 파장은 컸다. 승격되지 못한 지역이 반발할 것임은 물론, 경우에 따라 승격된 지역의 민들도 동요할 가능성이 있었다. 이에 정부도 지정학적 요충지로서 고려의 필요를 위해, 그리고 지방행정 체계의 효율적 개선을 위해 반드시 승격이 필요한 지역을 신중히 골라야 했다. 그와 관련해 몇 가지 주목할 만한 조치를 취한 충선왕의 행적이 눈에 띈다.

충선왕은 우선 1308년 각 도에 규찰관으로서의 '제찰사(提察使)'를 파견하였다.[140] 이들의 주요 임무는 관리 규찰 및 민생 탐문이었다. 피해를 입은 지역들의 조세를 감면하고, 수령들의 뇌물 수수를 규찰하였다. 공물 수납 및 역(驛) 체계 운영 등 징세와 운송 전반에 간여하기도 하였다. 파견 단위로 볼 때, 제찰사들은 '도 단위 업무'를 지원하기 위해 파견된 존재들이었다.

....

140 『고려사』 권84, 지38 형법1, 공식(公式) 직제(職制), 충렬왕34년(1308), "下教: '一. 提察之任, 在於察吏問民. 往往守令貪汚不法, 至於民吏所犯可決杖者, 反徵 銀物以充其欲, 各道提察不加糾劾. 其令各道考其徵物, 各還其人續議守令否以 聞.'" 이 제찰사들이 이미 8월 각도에 파견돼 있음은 다음의 기사에서 확인된 다[권79, 지33 식화2, 농상(農桑), 충렬왕34년(1308) 11월, "下教: '農桑衣食之 本, 宜有司勸課不至曠損, 無賴之徒不得縱牛馬食踐禾稼, 其遭水旱去處, 各道提 察檢聞, 可蠲免一年租賦.'"].

그런데 충선왕의 기대와 달리 이들이 비리의 주체로 등장하는 반전이 발생하였다. 1309년 충선왕이 각도에 관료들을 보내 수령들뿐만 아니라 '제찰사'들의 부정행위까지도 규찰케 하고, 1311년에는 각도에 파견된 쇄 권별감들이 각도 제찰사와 안집사들의 비위를 보고했던 것이다.[141] 제찰 사들은 죄가 인정될 경우 수령들과 함께 식목도감(式目都監, 오늘로 치면 고려의 법제처)의 조획에 의거하여 처벌을 받았지만,[142] 그럼에도 그들은 여러 도의 존무사, 염장사 등과 함께 가치가 하락한 권세가들의 은화[銀 幣]를 지역사회에 강제로 팔아넘기는 비위를 저지르고 있었다.[143] 1308년 일종의 도 단위 외관으로 파견했던 "제찰사"들이 파견된 지 2,3년도 채 되지 않아 비위의 당사자로 등장했던 것인데, 도 단위 업무량의 과중함, 또는 지나친 권한의 부여가 언제든 도 단위 외관들을 부패시킬 수 있는 상황이었음을 엿볼 수 있다.

충선왕으로서는 이러한 상황이 당혹스러웠을 수도 있지만, 일찍이 1290년대 전반 원제국 내 각지 제형안찰사(提刑按察使)들이 숙정염방사(肅 政廉訪司)로 전환된 이래 발생했던 우여곡절들을 모두 목도한 그로서는 이 러한 가능성을 어느 정도 예측했을 수도 있다.[144] '제찰사(提察使)'라는 명 칭 자체가 숙정염방사들의 전신이었던 '제형안찰사'로부터 연유했음을 보 아도 그렇지만,[145] 그가 제찰사 파견 조치와 거의 동시에 전국 각지에 걸쳐

....

141 『고려사』 권33, 세가33 충선왕복위원년(1309) 10월 기묘; 권34, 세가34 충선 왕복위3년(1311) 7월 병술

142 『고려사』 권78, 지32 식화1, 전제(田制) 공부(貢賦), 충숙왕원년(1314) 2월

143 『고려사』 권84, 지38 형법(刑法) 1, 공식 직제, 충숙왕5년(1318) 5월 하고

144 실제로 충선왕은 일부 도(경상도, 전라도, 양광도 등)가 과중한 업무 부담으로 고통을 겪고 있음을 거론한 바 있다[『고려사』 권77, 지31 백관2, 외직(外職) 안 렴사(按廉使), 충렬왕24년(1298), "忠宣卽位, 以慶尙全羅忠淸三道, 地大事劇, 加 置按廉副使, 交州西海兩道, 地小不置副使, 又罷東界安集使, 以交州按廉兼之."].

"목의 증설"을 추진한 것이야말로, 그가 도 지원 뿐 아니라 목과 관련한 근본적 해법 동원 역시 절실하다는 점을 잘 알고 있었음을 보여준다.[146]

충선왕이 당시(1308[147]) 신설한 15개의 "목(牧)"은 5도 전역에 고루 분포되어 있었다.[148] 다음 몇 개의 기사를 살펴보자.

> "(서해도 안서대도호부 해주 휘하 염주를) 온주목으로 올렸다."[149]
> "(양광도 안남도호부의 후신 계양도호부를) 길주목으로 승격시켰다."[150]

....

145 충선왕이 종래의 안렴사(按廉使) 대신 파견했던 도(道) 단위 외관 명칭으로서의 '제찰사'는 고려에서는 처음 발견되는 것으로, 사실상 원제국의 숙정염방사(肅政廉訪司)를 모델로 한 것이었을 가능성이 높다. 다만 원제국의 현행 제도였던 숙정염방사의 명칭을 그대로 차용했다가는 '참람(僭濫)' 논란을 야기할 수 있다는 우려에, 그 전신이었던 '제형안찰사(提刑按察使)'의 명칭을 차용하되 '축약'해 사용한 것이 아닌가 한다.

146 충선왕 복위년간의 지역 단위 개편에 대해서는 일찍이 박종기가 언급한 바 있으나, 그는 1308년과 1310년의 개편을 각기 '특별한 계기에 따른 무원칙한 군현 관격 승격의 폐단'을 바로잡고자 하는 것으로, 그리고 '원제국 군현제에 어울리지 않는 고려의 경과 목을 조정'하고자 한 개편으로 보고 있어(1994 「14세기 군현구조의 변동과 향촌사회」 『14세기 고려의 정치와 사회』 민음사), 필자의 입장과는 많이 다르다.

147 당시 신설된 15개 목 대부분이 1308년에 설치됐지만, 경우에 따라 1309년, 1310년 설치된 것으로 기록된 지역도 있어, 1308년 대규모 신설 후 한두 해 정도 추가 설치를 한 것으로 보인다.

148 아래의 서술과 관련한 상세 내용에 대해서는 이강한, 위논문을 참조해 주시기 바란다. 한편 동일한 소재를 또 다른 각도에서 다룬 최근 연구로는 최동녕, 2020 「고려 충선왕대 지방제도의 개편」 『역사와담론』 95 참고.

149 『고려사』 권58, 지12 지리(地理) 3, 서해도(西海道) 안서대도호부(安西大都護府) 해주(海州) 하 염주(塩州), 충렬왕34년(1308), "又陞爲溫州牧."; 충선왕복위2년(1310), "汰諸牧降爲延安府."

150 『고려사』 권56, 지10 지리1, 양광도(楊廣道) 안남도호부(安南都護府) 수주(樹

"(경상도 경산부의 후신 홍안도호부를) 성주목으로 승격시켰다."[151]

종래 '목'이 아니었던 지역들을 다수 '목'으로 승격시켰음이 흥미로운데, 15개 지역 모두를 열거하면 다음과 같다.

우선 서해도 염주(鹽州)에 온주목(溫州牧)이 설치됐고, 교주도에는 회주목(淮州牧)과[152] 동주목(東州牧)이 설치되었다.[153] 양광[충청]도의 경우 수주(樹州)에 길주목(吉州牧), 또 다른 수주(水州)에 수주목(水州牧),[154] 인주(仁州) 당성군(唐城郡)에 익주목(益州牧),[155] 부성현(富城縣)에 서주목(瑞州牧),[156] 원주(原州)에 원주목(原州牧)[157] 등이 설정되었다.

州), 충렬왕34년(1308), "陞吉州牧."; 충선왕복위2년(1310), "汰諸牧降爲富平府."

151 『고려사』 권57, 지11 지리2, 경상도(慶尚道) 경산부(京山府), 충렬왕34년(1308), "又陞爲星州牧."; 충선왕복위2년(1310), "汰諸牧降爲京山府."

152 기사는 뒤에 소개하도록 하겠다. 기록에 따르면 교주의 회주목 승격에는 지역인들의 공이 작용한 것으로도 보이지만, 다른 배경도 있었다.

153 『고려사』 권58, 지12 지리3, 교주도(交州道) 동주(東州), 고종41년(1254), "降爲縣令官後陞爲牧."; 충선왕복위2년(1310), "汰諸牧降爲鐵原府." 동주가 목이 된 시점 및 목이 되면서 부여받은 명칭은 미상이나, 1269년 동주 내 동음현(洞陰縣)이 위사공신 강윤소(康允紹)의 내향(內鄕)이라 하여 영흥현령관(永興縣令官)이 되었고, 이후 1310년 목에서 '부'로 바뀌었다고 돼 있음을 고려하면, 이 지역도 1308년 다른 지역들과 함께 목이 되었을 가능성이 높아 그리 간주하였다.

154 『고려사』 권56, 지10 지리1, 양광도 안남도호부 수주(水州), 원종12년(1261), "窄梁防戍蒙古兵入大部島, 侵略居民, 島人憤怨, 殺蒙兵以叛, 副使安悅率兵討平之, 以功陞爲水原都護府, 後又陞爲水州牧."; 충선왕복위2년(1310), "汰諸牧降爲水原府." 수주가 목이 된 시점 역시 미상이지만, 1310년 부가 되었음을 고려할 때 다른 지역들처럼 1308년 목이 됐을 가능성이 높다.

155 기사는 뒤에 소개하도록 하겠다.

156 『고려사』 권56, 지10 지리1, 양광도 부성현(富城縣), 충렬왕34년(1308), "陞爲瑞州牧."; 충선왕복위2년(1310), "汰諸牧降爲瑞寧府, 後又降知瑞州事."

전라도에는 승평군(昇平郡)에 승주목(昇州牧),[158] 해양현(海陽縣)에 광주목(光州牧),[159] 장흥부(長興府)에 회주목(懷州牧)이 설치되었다.[160] 그리고 경상도의 경우 경산(京山)에 성주목(成州牧), 안동(安東)에 복주목(福州牧),[161] 금주(金州)에 금주목(金州牧),[162] 그리고 예주(禮州)에 예주목(禮州牧) 등이 설치되었다.[163]

....

157 기사는 뒤에 소개하도록 하겠다.

158 『고려사』 권57, 지11 지리2, 전라도(全羅道) 승평군(昇平郡), 충선왕복위원년(1309), "陞昇州牧."; 충선왕복위2년(1310), "降爲順天府." 기사에 언급된 바와 같이 승주목은 다른 목들에 비해 1년 늦게 '1309년' 목이 되었다. 승평군의 경우 인종대에는 '승주', 명종대에는 '승평', 원종대에는 '승주', 충렬왕대에는 승평군으로 등장하며, 어떤 기사에서는 '승평부'로도 등장한다[권121, 열전34 양리(良吏) 최석(崔碩)]. 승평군의 이러한 복잡한 내력이 목 승격 지연의 사유였을 수 있다. 물론 1309년이 1308년의 오기였을 수도 있다.

159 『고려사』 권57, 지11 지리2, 전라도 해양현(海陽縣), 고종46년(1259), "以金仁俊外鄕陞知翼州事, 後陞爲光州牧."; 충선왕복위2년(1310), "復降爲化平府." 해양현의 경우 광주목으로 승격된 시점을 확인하기 어렵지만, '해양'이라는 지명이 원종대와 충렬왕대에는 확인되므로 목 신설 시점은 그 이후로 여겨진다. 그럴 경우 광주목으로의 승격 시점은 다른 신규 목들이 설치된 1308년이었을 가능성이 높다.

160 『고려사』 권57, 지11 지리2, 전라도 장흥부(長興府), 원종6년(1265), "又陞懷州牧."; 충선왕복위2년(1310), "復降爲長興府." 이 기사에는 장흥부의 회주목 승격 시점이 원종6년 즉 1265년으로 나오지만, 장흥부라는 명칭은 원종대와 충렬왕대 계속 등장하므로, 위 기사는 오류라 하겠다. 아울러 장흥부라는 용례가 충렬왕대까지만 등장함을 보면, 회주목 승격 시점은 다른 신규 목들이 설치되던 1308년경으로 짐작된다.

161 『고려사』 권57, 지11 지리2, 경상도 안동부(安東府), 충렬왕34년(1308), "改爲福州牧." 안동의 경우는 여기서 살펴보는 15개 지역 중 유일하게 '부'로의 조정 사실이 사료에 남아 있지 않은 경우다. 사료의 미흡 탓인지는 확언하기 어렵다.

162 기사는 뒤에 소개하도록 하겠다.

각각의 신규 목이 설치된 사유를 나름대로 추정해 보면 다음과 같다.

서해도의 경우, 13세기 말 일본 정벌 준비과정에서 백두산 벌채, 목재 운송, 그리고 선박 건조 등으로 많은 피해를 입어 도 전체에 대한 중앙의 좀 더 면밀한 관리가 필요한 상황이었다. 그런 상황에서 충선왕은 이전부터 존재했던 해주목(海州牧)과 황주목(黃州牧)에 더해 염주까지도 새로이 목으로 만들었는데, 이는 서해도를 통과하는 역로(驛路) '산예도(狻猊道)'의 기능을 강화하기 위해서였던 것으로 보인다. 산예도는 개경에서 출발해 염주와 백주(白州)를 거쳐 해주에 이른 후 풍주(豊州)와 옹진(瓮津) 등지까지 연결되는 역로였고, 개경 이북 지역의 물자 유통 및 관리에 중요한 도로였다. 이에 충선왕은 그 노선상의 주요 지역들 중 일부를 중간 거점으로 부상시켜 역로를 활성화하는 동시에, 새로 승격된 지역으로 하여금 해주·황주도 돕게 함으로써 서해도 내부의 관리 또한 강화하려 한 것으로 보인다.

충선왕의 의도가 그랬다면 그에 부응할 주요 후보지로는 염주, 백주 및 풍주(豊州)가 있었는데, 충선왕은 그 중 결국 염주를 선택하였다. 해안 근처이자 북쪽에 위치한 풍주 대신 개경과 가까운 내륙의 염주·백주 중 염주를 목으로 만듦으로써[164] 개경 - 해주 간 교통을 강화하고 더 나아가

---

163 『고려사』 권57, 지11 지리2, 경상도 예주(禮州), 고종46년(1259), "以衛社功臣朴松庇內鄉陞爲德原小都護府, 後陞爲禮州牧."; 충선왕복위2년(1310), "汰諸牧改爲寧海府." 이 기사만으로는 예주가 예주목이 된 시점을 확인하기 어렵지만, 예주는 1259년 위사공신 박송비(朴松庇)의 내향이라는 이유로 덕원소도호부가 되었고 이 '덕원'이라는 명칭이 충렬왕대까지 확인되는 반면, 예주라는 명칭은 충선왕의 측근 이혼(李混)의 기록(권108, 열전21)에서나 등장하기 시작하여, 예주목의 설치 시점도 다른 신규 목들이 설치되던 1308년이라 보는 것이 자연스럽다고 생각된다.

164 풍주에는 청송(靑松)의 유안(維安) 역 및 영강(永康)의 좌구(佐丘) 역 등 2개 역이 소재했지만, 염주와 백주에도 각기 심동(深洞) 역과 전곡(全谷) 역이 있

개경과 서해도의 연결성도 제고하려 했던 셈이다. 1270년대 원제국 둔전 (屯田) 구축 이래 특히 염주와 백주 등지에서 인적·물적 왕래가 잦았던 것도 염주에 신규 목을 설치해야 할 사유가 됐을 것으로 여겨진다.[165] [물론 풍주에 목을 설치하지 않은 이유는 좀 더 검토가 필요하겠다.[166]]

양광[충청]도에는 총 5개의 목이 설치됐는데,[167] 목들의 위치가 매우 흥미롭다. 교주도 쪽에 치우쳐 있던 원주목을 제외하면, 나머지 4목의 위치가 대체로 한반도 중부의 '북쪽'에 해당했기 때문이다. 4개의 신규 목중 3개가 양주, 광주 인근에 설치되었고[수주(樹州)가 양주에 붙어 있고, 수주(水州)와 당성은 광주 바로 밑], 그나마 남쪽에 위치했던 것은 충주·청주 방면에 상대적으로 가까운 부성현 뿐이었다. 그 이유는 과연 무엇이었을까? 충선왕이 전국 단위 네트워크에서 한반도 중부가 수행할 기능을

....

어 염·백주 지역의 위상을 승격시킬 가치와 효용이 충분하였다. 또 염주와 백주 중 염주가 선택된 것은 백주가 염주의 영향권 아래 있었기(즉 염주가 좀 더 넓고 영향력 있는 지역이었기) 때문이 아닌가 한다. '백주에 이르러 연안부(염주)의 큰 못을 구경하였다'는 우왕대의 기록[『고려사』 권113, 열전26 최영(崔瑩), "至白州, 欲觀魚于延安府大池."]이 그를 암시한다.

165 물론 염주기 신설목이 된 것에는 1259년 현 사람 차송우(車松祐)가 '위사(衛社)'의 공적이 있어 염주가 일찍이 지복주사(知復州事)로 승격되고, 1269년 위사공신(衛社功臣) 이분희(李汾禧)의 고향이라는 이유로 다시금 석주(碩州)로 승격된 것이 고려됐을 수도 있다. 다만 당시 유사한 이유로 승격된 지역 중 추가로 목이 신설된 경우도 있는 반면 그렇지 않은 경우도 적지 않아, 사전 승격 조치가 목 신설의 필요 조건이었다고 보긴 어렵다.

166 충선왕이 우선 염주의 온주목 승격을 통해 개경과 서해도 '남부' 사이의 연결부터 강화하려 한 것이 아닐까 싶지만, 풍주를 목으로 승격시켰을 경우 개경과 서해도 '북부' 사이의 연결도 강화되었을 것임을 감안하면, 풍주를 목으로 승격시키지 않은 이유는 여전히 궁금하다.

167 원주목 또한 양광[충청]도 소재의 신설 목이었지만, 그 위치가 교주도 쪽에 더 치우쳐 있었음을 고려해 교주도 부분에서 다루도록 하겠다.

구상함에 있어 (남쪽의 충주·청주보다는 그 위에 위치한) 양주·광주 등지의 역할을 중시했기 때문으로 보인다.

실제로 충선왕 복위년간을 전후하여 "양광도(양주+광주)"라는 지명이 "충청도(충주+청주)"라는 지명보다 월등히 높은 빈도로 등장한다.[168] 중부 지역에 파견할 제찰사의 이름도 '충청도 제찰사'가 아닌 '양광도 제찰사'였고, 1314년에는 도의 이름이 "양광도"로 확정되기도 했다.[169] 심지어 이 시기 기록에 "양광수길도(楊廣水吉道)"라는 종전에 없던 지역 단위마저 등장한다.[170]

그런 와중에 충선왕이 양주와 광주 인근에 다수의 신규 목들을 설치했

....

168 13세기의 경우 1220년대 잠시 '양광도' 용례가 등장할 뿐, 그 외의 시기에 주로 확인되는 용례는 '충청도'였다. 그러다가 1299년 양광도 용례가 다시금 등장하고, 충선왕 복위 후에는 그 출현이 부쩍 잦아진다. 1309년 2월 전국 각지의 염분들을 등록할 때 경상·전라·평양·강릉·서해도와 함께 '양광도'가 등장하고, 1309년 3월 백두산 재목의 압록강 수송을 위해 원제국이 고려에 조선(造船)과 미곡 수송을 요구했을 때 피해를 입은 지역으로 '서해·교주·양광도'가 등장한 것이 좋은 예이다. 1311년 7월 쇄권별감이 '경상·전라·양광도' 제찰사의 비리를 거론했고, 1313년 1월 연경궁 역사에 '서해·전라·양광도' 3도의 장정들을 징발한 사례 등에서도 '양광도'가 '충청도'를 대신하고 있다.

169 『고려사』권56, 지10 지리1, 양광도, 충숙왕원년(1314) "定爲楊廣道."

170 충선왕이 1308~1309년경 각도의 민호들을 점검하기 위해 대신들을 파견한 후 그 결과를 보고하게 했을 당시, 자신의 측근 김태현이 "도 계점사(道計點使)[겸] 행수주목사(行水州牧使)" 자격으로 파견돼 있던 "양광수길도(楊廣水吉道)"를 충선왕 본인이 '여러 도가 본받아야 할 모범 사례'로 거론한 것이 확인된다[〈김태현(金台鉉) 묘지명(1330)〉]. 실로 정체불명의 지명이라 하겠는데, 이 양광수길도의 '양광'은 당연히 '양주'와 '광주'를 이르고, '길주'는 (신설 '길주목'의 전신) 수주(樹州)를 이르며, 또 하나의 신설 목이었던 수주(水州)까지도 도의 이름에 포함돼 있다. 충선왕이 양주, 광주, 수주(樹州)와 수주(水州) 모두를 '하나의 권역'으로 인식했고, 그 권역에서의 운영 양태를 다른 도로도 확산시키려 했음을 잘 보여준다.

던 것으로, 충선왕의 신설 목 입지 선정이 당시 그의 한반도 중부 운영 방침 구현의 한 일환이었음을 엿볼 수 있다. 한반도 중부권의 계수관으로 는 상대적으로 남부에 위치한 충주목과 청주목 밖에 없던 상황에서, 그 '이북 지역', 즉 한반도 중부 이북 지역에 새로운 지역 거점들을 구축함으로써 한반도 중부 전체에 대한 고려 정부의 관리를 강화하려 한 것이라 하겠다.

한편 강원도(교주도)에서는 상황이 또 달랐다. 충선왕은 일찍이 1298년 즉위 당시 교주도와 서해도는 경상·전라·양광도에 비해 땅의 크기가 적다고 판단하면서, 다른 도와는 달리 부사를 설치하지 않고 교주 안렴사에게는 혁파된 동계 안집사의 일까지 겸하게 한 바 있다.[171] 그러나 그는 1308년 복위 당시에는 입장을 바꿔 교주도에 2개의 목(교주 회주목, 동주 동주목)을 신설하였다. 아울러 양광도 동부에는 앞서 언급했듯이 원주목을 신설했으며,[172] 동계의 명주 지역은 '강릉부'로 개편하였다.[173]

교주와 동주는 그 위치상 일찍부터 정부의 교주도 및 (그 위의) 동계(東界) 관리에 중요한 역할을 해 왔는데, 1054년 문주(文州)·등주(登州) 등 동계 지역에 발생한 수해를 구제하는 데 그 아래인 교주도 소속의 춘주·교주·동주에 적립된 곡식을 활용한 것이 좋은 사례다.[174] 춘주 - 동주 - 교

----

171 앞서 인용한 『고려사』 권77, 지31 백관2, 외직 안렴사, 충렬왕24년(1298) 기사 참조.

172 『고려사』 권56, 지10 지리1, 양광도 원주(原州), 충렬왕34년(1308), "陞原州 牧."; 충선왕복위2년(1310), "汰諸牧降爲成安府."

173 명주가 목이 아닌 부(강릉부)가 됐기에 그 시점은 다른 부들이 등장하던 1310년이었을 것이라 짐작하기 쉽지만, 기록에는 1308년으로 등장한다[『고려사』 권58, 지12 지리3, 동계(東界) 명주(溟州), 충렬왕34년(1308), "改江陵府."].

174 『고려사』 권80, 지34 식화3, 진휼(賑恤) 수한역려진대지제(水旱疫癘賑貸之制), 문종8년(1054) 4월, "文湧登三州, 鎭溟縣長平鎭, 往年被水災, 其發義倉賑之. 又

주로 연결되는 교주도의 북부 라인(line)이 그 위쪽의 어려움을 구제하는 데 기여했던 셈인데, 이 지역들이 이런 역할을 할 수 있었던 것에는 위 세 지역 중 동주와 교주 지역을 관통하던 역로 '도원도(桃源道)'가 큰 기여를 했을 것으로 생각된다.[175] 그런데 마침 13세기 이후 교주도가 몽골의 침공 및 카다안의 침구로 인해 큰 피해를 입자, 충선왕으로서는 교주도 관리를 위해 '도원도'를 활성화시킬 필요를 느꼈음직하다. 이에 개경 인근 내륙의 동주와, 해안가 쪽이면서 도의 중심부였던 교주를[176] 각기 신규 목 설치지역으로 선정한 것이라 생각된다.

그런데 충선왕은 그에 그치지 않았다. 교주도의 관리 강화를 위해 인근 도에 소재한 지역들도 정비했던 것이다. 앞서 언급한 바와 같이 동계 (東界)의 핵심 거점 명주를 1308년의 개편에서 부(府)로 바꾸었고, 자신이 1298년부터 그 공로를 거듭 강조해 온[177] 양광도의 원주에 목을 신설했으

移春交東等州倉粟, 給種食."

175 국초부터 동서 요충에 위치해 있어 '3과' 역로임에도 불구하고 각 역마다 50 정씩의 인력을 배치했다는 기사에서도 그 중요성이 확인된다[『고려사』 권82, 지36 병2, 참역(站驛), "桃源雖爲三科, 在東西要衝, 故定爲五十丁."].

176 교주는 1263년 지역명 '교주도'의 모태가 되었고[『고려사』 권58, 지12 지리3, 교주도, 원종4년(1263), "稱交州道."], 1314년 '교주도'의 명칭을 고칠 때 ['교주'의 후신 '회주목'의 후신인] '회양부'의 이름을 따 '회양도'라 한 것에서도 [충숙왕원년(1314), "稱淮陽道."] 교주도 내 교주의 위상을 엿볼 수 있다. 교주도가 '춘주도', '동주도' 등으로 불렸던 고려 중기(명종대)와는 달리, 후기에는 교주가 (비록 동해안에 조금 치우친 느낌은 있으나) 교주도 영역의 중심부로 부상했음을 엿볼 수 있다.

177 『고려사』 권33, 세가33 충선왕즉위년(1298) 1월 무신, "教曰: 一. 哈丹之闌入 也, 州郡望風迎降, 唯原州以孤城摧挫賊鋒, 然後諸城效之, 掃盡賊儻."; 권80, 지 34 식화3, 진휼(賑恤) 은면지제(恩免之制), 충렬왕24년(1298) 1월, "忠宣王卽位 下教: 一. 哈丹入境, 州郡望風迎降, 唯原州以孤城摧挫賊鋒, 其邑常徭雜貢宜復 三年."

며, 마지막으로 교주도 내의 춘주 또한 부로 바꾼 듯한데,[178] 이 모든 변동은 교주도 관리망의 전체적 개편이라는 큰 그림에서 추진된 것으로 보인다. 그간 계수관이 전무했던 교주도에 목들을 신설하면서 개경에 가까운 '교주'와 해변에 근접한 '동주'를 '신규 목'으로 설정해 '개경에서 동주를 거쳐 교주로 가는' 노선을 통해 교주도의 상부 지역을 관리케 한 후, 교주도의 춘주와 동계의 명주는 '신규 부(府)'로 만들어 '개경에서 춘주를 거쳐 명주로 가는' 노선을 구축함으로써 교주도의 하부 지역도 관리하는 체제를 만든 것이 아닌가 한다.

여기에 양광도 원주에 신설된 목까지 고려하면, 춘주 - 교주 - 동주 - 명주 정도만을 거점으로 하던 종래의 제한적인 교주도 관리 체계가 충선왕의 개편에 힘입어 [교주도의] ①동주·춘주와 ②교주, [동계의] ③명주, 그리고 [양광도의] ④원주 등 네 지역을 꼭지점으로 하는 더욱 넓은 영역을 관리할 수 있는 체계로 바뀌었을 것으로 생각된다. 종래의 불안정한 '삼각지대'를 좀 더 안정적인 '사각지대'로 재편, 정부의 행정력이 원활하게 미치는 범위를 확장하려 한 것이라 추측해 본다.

그럼 전라도의 경우는 어떤가? 승주목이 된 승평군은 12조창(漕倉) 중 하나인 해룡창(海龍倉)을 지녔고 995년에는 절도사가 되는 등 국초부터 호남권 중심지로서의 위상을 지녔던 지역이다. 회주목이 된 장흥부에도 장흥창(長興倉)이 있었고, 인종대 이래 왕후[공예태후(恭睿太后) 임씨(任氏)]의 고향이라는 이유로 그 위상이 만만치 않았다.[179] 반면 광주목이 된 해양현

----

178 『고려사』 권58, 지12 지리3, 교주도(交州道) 춘주(春州) 조에는 춘주가 신종대 안양도호부로 승격됐다가 다시 지주사로 강등된 것만 언급됐을 뿐, 지역이 '부'가 된 사실은 언급돼 있지 않다["至神宗6年(1203), 賂崔忠獻陞爲安陽都護府, 後降知春州事."]. 그러나 춘주가 충선왕대 부로 승격되었을 가능성은 충숙왕대 '춘주부사'라는 용례가 등장하는 것에서 확인된다[『고려사』 권122, 열전 35 환자(宦者), 우산절(禹山節), "忠肅時封豐山君, 忠宣除其父碩春州府使."].

의 경우는 솔직히 목 신설 사유가 미상이다.

현재로서는 전라도의 기존 두 목인 전주목과 나주목이 도의 좌측에 치우쳐 있어 도의 우측 및 한반도 남단이 상대적으로 소외돼 있었고, 그를 해소하려는 의지가 세 지역의 목 신설로 이어졌다는 가설이 상정된다. 마침 세 지역 모두 나주의 우측에 위치하였고, 이 지역들을 모두 지나가는 '승나주도(昇羅州道)'가 전라도의 운영과 관리에 매우 중요한 역할을 해 왔으며,[180] 한반도 최남단에서 하나의 삼각형을 구성하고 있던 이 세 지역을 격상시킬 경우 한반도 남·서해안 관리에도 유용했을 것이라는 점이, 세 지역이 목 신설 지역으로 선정된 사유가 아닌가 한다.

마지막으로 경상도의 경우 역시 기존의 진주목과 상주목이 지나치게 도의 좌측에 치우쳐 있었던 문제가 있었다. 진주의 경우 고려 전기에는 전주, 나주와 함께 묶이곤 했을 정도였다.[181] 아울러 진주의 경우 14세기 초 내부에 여러 문제가 있었던 듯하다. 1304년 1월 목으로서는 유일하게 영남의 진주와 호남의 나주 두 지역만 판관 감축 조치를 당한 것이다.[182]

이에 경상도의 우측에 몇 개의 지역 거점이 새로 필요했을 가능성이

---

179 『고려사』 권57, 지11 지리2, 전라도 장흥부(長興府), "仁宗朝, 以恭睿太后任氏之鄉, 陞知長興府事."

180 승주, 해양, 장흥 중 승주의 경우 현지에 소재했던 율양역(栗陽驛)이 승나주도 위에 있었음이 확인되고, 해양의 경우 (신설 목의 명칭인) 광주 소재 경양역(敬陽驛)이 승나주도 상에서 발견된다. 장흥의 경우 그 지명 자체는 승나주도에서 발견되지 않지만, 장흥 관내 수녕현(遂寧縣)의 벽산역(碧山驛)이 승나주도 상에 존재하였다. 그런 점에서 승나주도가 위 세 지역 모두를 지나갔다고 할 수 있다.

181 『고려사』 권10, 세가10 선종(宣宗) 4년(1087) 12월 기묘, "遣出推使侍御史崔思說于全晉羅州道."

182 『고려사』 권32, 세가32, 충렬왕30년(1304) 1월 계해, "復析州郡之併者, 罷晉州羅州溟州仁州靈光密城判官, 祖江河源勾當, 羅州道館驛使."

있는데, 도호부 출신의 안동과 경산이 사실 최적의 후보였다.[183] 경산부는 역로(驛路) '경산부도(京山府道)'의 핵심 지역이었고, 안동은 충선왕의 모후 제국대장공주의 탕목읍이기도 했으며,[184] 두 지역은 이후 "계림(경주)"과 함께 충선왕의 식읍으로 묶이기도 했던 바,[185] 두 지역이 목이 된 것도 당연한 일로 보인다. 반면 금주의 경우 역로 '금주도(金州道)'의 핵심 지역이자 몽골의 도래 이래 일본 정벌 준비 등으로 가장 분주했던 방어 거점이어서 선정된 것으로 보이며, 예주의 경우 동해안 하부에 위치한 금주와 짝하여 동해안 상부(上部)의 방비를 위해 목이 설치된 것으로 추정된다.

이상에서 살펴본 바와 같이, 1308년경 15개 신규 목으로 선정된 지역들은 그 지정학적 중요성 및 승격 시 역내에서 담당할 역할이 고려되어 선정된 것으로 보인다.[186] 그 결과 기존에 8~9개에 불과했던 목의 숫자가 일약 23~24개로 증가했으며, 당시의 지방 제도 운영에도 커다란 파장을 미쳤을 것으로 생각된다. 기존 목들의 지정학적 약점 및 기능상의 한계를 보완하기 위해 신규 목들이 전략적으로 설치된 결과, 도별로 신·구를 막론하고 최소 2개(교주도)에서 최다 7개(양광도)의 목들이 도의 행정을 지원하게 되었기 때문이다(서해도는 3목, 전라도는 5목, 경상도는 6목). 이

....

183 『고려사』 권57, 지11 지리2, 경상도 안동부, 명종27년(1197), "南賊金三孝心等 票略州郡, 遣使討平之, 以府有功, 陞爲都護府."; 신종7년(1204), "東京別抄học佐 等聚衆叛, 以府有捍禦功, 陞爲大都護府."; 경산부(京山府), 충렬왕21년(1295), "陞爲興安都護府."

184 『고려사』 권29, 세가29 충렬왕5년(1279) 4월 신묘. 한편 경산부도 탕목읍의 영역에 포함됐던 듯하다(권89, 열전2 후비2, 제국대장공주).

185 『고려사』 권34, 세가34 충선왕복위3년(1311) 8월 경오, "王以雞林福州京山府 爲食邑, 遣郎將仇懽督其賦稅." 3경 중 하나인 동경의 후신 계림부와 유사한 위상을 지닐 수 있게끔 안동과 경산도 목으로 신규 설정된 것일 수 있다.

186 한편 이 15개 지역 외 다른 지역들이 신설 목 설치지역으로 선정되지 못한 사유에 대한 추정에 대해서는 이강한, 위논문 참조.

들이 "도"의 업무 하중을 완화하고, 한반도 각 권역에 대한 고려 정부의 행정적 지배를 크게 강화시켰을 것으로 짐작된다.[187]

그런데 순기능만 있었을 것 같은 충선왕의 1308년 개혁은 2년 뒤 조정을 거치게 된다. 충선왕이 15개 목 증설 이후 2년이 채 안 지난 1310년, 새로 목이 되었던 지역들을 일괄적으로 '부'로 재편했던 것이다. 기존 목과 신규 목들의 갈등, 또는 양자 간 적정 관계의 설정 등을 위해 거쳤던 조치로 추정된다.

> "(양광도) 익주목을 남양부(南陽府)로 내렸다."[188]
> "(교주도) 회주목을 회양부(淮陽府)로 내렸다."[189]
> "(경상도) 금주목을 다시 김해부(金海府)로 하였다."[190]

사료에는 '여러 목들을 없앴다("汰諸牧")'고 돼 있어 충선왕이 자신의 개혁을 2년도 안 되어 스스로 뒤집은 것처럼 묘사했지만, 이 목들이 이전의 명칭으로 돌아가지 않고 새로이 '부(府)'가 되었음에 유의할 필요가 있

....

187 돌이켜 보면, (후술하겠지만) 원제국 정부가 〈숙정염방사 설치〉(1293)→〈42개 주 신설〉(1295) 등 두 단계에 나눠 추진한 부분을 충선왕은 1308년 동시에 추진한 셈이었다. 1308년 한 해 동안 ①광역 단위 도(道)를 관리할 '제찰사'들을 파견하고 ②그를 보좌할 중간 광역 단위로서의 '목(牧)' 신설도 추진했다는 점에서 그러하다. 그 결과 원제국에서는 1293년 이래 2년여의 시행착오를 거쳐 1295년 조성된 "숙정염방사 – 신설 주" 체제가, 고려에서는 1308년 "제찰사와 목" 체제로 출범한 셈이라 하겠다. (뒤에 자세히 논하도록 하겠다.)

188 『고려사』 권56, 지10 지리1, 양광도 인주(仁州) 당성군(唐城郡), 충렬왕34년(1308), "又陞爲益州牧."; 충선왕복위2년(1310), "汰諸牧, 降爲南陽府."

189 『고려사』 권58, 지12 지리3, 교주도 교주(交州), 충렬왕34년(1308), "以鐵嶺口子把截有功陞淮州牧."; 충선왕복위2년(1310), "汰諸牧, 降爲淮陽府."

190 『고려사』 권57, 지11 지리2, 경상도 금주(金州), 충렬왕34년(1308), "陞爲金州牧."; 충선왕복위2년(1310), "汰諸牧, 復爲金海府."

다. 서해도 염주의 온주목은 "연안부(延安府)"로 바뀌었고, 양광[충청]도의 경우 길주목은 "부평부(富平府)", 수주목은 "수원부(水原府)", 익주목은 "남양부(南陽府)", 서주목은 "서녕부(瑞寧府)", 원주목은 "성안부(成安府)"로 바뀌었으며, 교주도에서는 회주목이 "회양부(淮陽府)", 동주목은 "철원부(鐵原府)"로 변경되었다. 전라도에서는 회주목이 원래의 "장흥부(長興府)"로 회귀했지만 승주목과 광주목은 각기 "순천부(順天府)"와 "화평부(化平府)"로 바뀌었으며, 경상도 역시 성주목과 복주목은 원래의 이름으로 돌아갔지만("경산부", "안동부[191]") 금주목과 예주목은 각기 "김해부(金海府)"와 "영해부(寧海府)"로 바뀌게 된다. (이들 중 몹시 익숙한, 우리가 오늘날 쓰고 있는 지명들이 많이 등장함을 기억해 주기 바란다.)

이 부들의 정체는 과연 무엇이었을까? 이전에도 고려에는 주, 군, 현과 함께 '부(府)'가 있었고 이 부 역시 다른 주·군·현과 함께 목의 관리 아래 있었으므로, 신설된 목들이 2년 후 가차 없이 격하, 강등되었던 것이라 볼 여지가 없지 않다. 그런데 당시 그러한 일반적인 부들과는 다른, '새로운 부'들이 생겨나 있었음이 눈길을 끈다. 2년 전 이 지역들이 새로 목이 되었을 당시(1308), 이전에 '경(京)'이었던 지역들이 모두 '부'로 전환되었던 것이다. 국초 이래의 도성(都城, 개경) 및 이른바 '삼경(三京)'이었던 '서경(西京)', '동경(東京)', '남경(南京)'이 각기 '개성부', '평양부', '계림부', '한양부' 등의 부로 개편되었다.[192]

....

191 앞서 언급한 바와 같이, 복주목이 다른 신설 목들처럼 1310년 부로 조정됐는지, 그랬다 하더라도 과연 1310년에 그리 된 것인지는 현재 확인하기 어렵다. 공민왕10년(1361) 안동대도호부가 되었다는 기록만 전하는데, 아마도 1310년 복주목에서 안동부가 된 후, 1361년 도호부로 승격된 것이 아닌가 한다.

192 『고려사』 권56, 지10 지리, 왕경개성부(王京開城府), 충렬왕34년(1308), "設府 尹以下官, 掌都城內, 別置開城縣, 掌城外."; 권77, 지31 백관(百官) 2, 외직(外職) 서경유수관(西京留守官), "忠宣王以後改平壤府置: 尹從二品; 少尹正四品;

일찍이 '경'이었던 지역이 '부'가 되었다면 그 부를 이전의 일반 부와 동일한 존재로 보긴 어렵다. 그런 점에서 충선왕이 2년 뒤인 1310년 도입한 '부'들 역시 1308년 이전의 부와는 다른 존재로 보지 않을 수 없다. 물론 이 신설 부들이 종래 3경 지역이 지녔던 중요성과 상징성에 준하는 위상까지 부여받았다고 보는 데에는 신중할 필요가 있다. 그러나 1310년 새로운 부들이 출현할 당시 이전의 부들은 정작 다른 위격으로 변경됐음을 보면,[193] 이 신설 부들은 적어도 이전 '주·부·군·현' 중 하나로서의 전통적 부와는 다른 존재들이었음이 확실하다. 그럴 경우 1308년 신설된 목들이 1310년 부로 전환된 것을 단순한 '강등'이라 보긴 어렵게 된다.

다만 '강등'이 아니었다면 어떻게 되었다는 것일까? 비록 직급은 '목'에서 '부'로 바뀌었어도, 그 위상은 목의 그것에 견줄 만한 수위로 유지되었을 가능성이 크다.[194] 그렇다면 충선왕은 왜 굳이 이들의 직급을 '목'에서 '부'로 바꾼 것이었을까? 신규 목과 기존 목 간의 불필요한 분쟁을 미연에 방지하기 위한 것이었을 수 있다.

....

判官正五品; 衆軍正七品.";　동경유수관(東京留守官), 충렬왕34년(1308), "改雞林府置尹判官司錄法曹.";　남경유수관(南京留守官), 충렬왕34년(1308), "改漢陽府置尹判官司錄."

193　양광도의 천안부와 전라도의 남원부, 그리고 왕경 인근 승천부(昇天府)와 북계 용만부(龍灣府)가 각기 영주(寧州)와 대방군(帶方郡), 해풍군(海豊郡), 용주(龍州)로 개편되었다. 1310년 여러 신규 목들이 새로 '부'가 되는 와중에, 정작 이전부터 '부'였던 지역들은 부 이외의 위격인 '주'나 '군'으로 변경됐던 것이다.

194　무엇보다도 15개 신설 목들이 부로 바뀌면서 그 명칭 내의 '주(州)'가 모두 사라졌음이 눈에 띈다. 이 지역들의 정체성에서 '주'로서의 측면이 제거되었을 가능성을 시사하는 대목으로, 그랬을 경우 그들의 위상은 이전에 비해 높아졌을 것이라 보는 것이 자연스럽다. 아울러 그 결과 '신규 부'와 '일반 주·군' 사이에 이전과는 다른 '서열'이 형성되었을 가능성도 높아 보인다.

기존 목들이 갖고 있던 권위를 감안하면, 기존 목의 목사(牧使)와 신설된 목의 목사들 사이에 여러 신경전들이 있었을 수 있다. 서로 간의 우열과 관련한 시비, 관할권에 대한 분쟁 등이 그런 경우다. 당시의 상황이 그랬다면, 기존 목과 신규 목 간에 상·하 관계를 부여하는 것이 필요했을 수 있다. 양자가 뒤엉킨 1308년 이래의 상황을 목과 부 체제로 전환한 것도 중간 광역 단위들 사이의 '위계와 서열'을 분명히 하기 위해서였던 것으로 보인다. 1308년의 신규 목들을 1310년 신규 부로 전환한 직후 단행한 1310년 9월 인사에서, 전통(기존) 목들을 재신(宰臣) 검교직(檢校職)들이 파견될 지역으로 삼은 것도 그런 가능성을 뒷받침한다.[195]

이런 과정을 거쳐 중간 광역 단위들의 층위를 이원화(목·부)함으로써, 한반도의 지방 행정 네트워크가 더욱 촘촘하고 조밀하게 구성되었을 것으로 짐작된다. 신규 부들은 일반 주·부·군·현보다는 높은, 그러나 기존

....

195 『고려사』 권33, 세기33 충선왕2년(1310) 9월 을유, "崔濡爲僉議政丞慶原君行雞林尹, 金倫檢校評理忠州牧使, 宋英檢校評理濟州牧使, 張瑄檢校評理廣州牧使, 宰相之出牧始此."; 권77, 지31 백관2, 외직 제목(諸牧), "諸牧員吏品秩同大都護. 忠宣王二年或以宰相爲使." 물론 1312년 홍규가 정승 신분으로 익성부의 지사(지익성부사)가 된 사례가 있어[권34, 세기34 충선왕복위4년(1312) 3월 정사(丁巳), "以洪奎爲僉議政丞益城君知益城府事."], 충선왕이 당시 신설 목뿐 아니라 신설 부에도 재상을 임명했을 가능성이 없지 않다. 그랬을 경우, 재상(또는 준 재상)들을 목에 파견한 것을 전통 목의 권위 강화를 의도한 조치로 보는 것은 섣부른 일일 수도 있다(이에 대해서는 이강한, 2015 「고려후기 외관의 신설, 승격 및 권위 제고」, 『한국사연구』 171 참조). 다만 한편으로, 익성은 회주목이 된 교주 휘하 금성군(金城郡) 지역의 옛 이름으로, 충선왕 때 목이 신설된 지역은 아니었다. 따라서 여기에 재신을 파견한 것을 '1310년 신설된 부에 재신을 파견한 사례'로 보기 애매한 점이 있다. 이에 본서에서는 상기 1310년 9월의 재신 검교직 파견 조치가, "전통 목 - 신설 목[1308(1310년에는 부)]간 차별화 조치"의 한 일환이었을 가능성을 한 번 더 상정해 보고자 한다.

의 전통 9목보다는 한 단계 낮은 위상을 부여받고, 기존 목들과 함께 5도들을 보좌하게 되었을 것으로 생각된다.

이렇듯 계수관을 늘림으로써 고려 정부는 그간 지방 제도가 겪어 온 큰 난제를 어느 정도 해결할 수 있게 됐을 것이다. 종전의 경우 기초 단위들은 수백개에 달하는 반면 그들을 망라하는 도(道)들은 그에 비해 너무 위격이 높았고, 도중에서 양자를 연결해야 했던 계수관(중간 광역 단위)의 수는 너무 적었다. 그러다가 충선왕대에 이르러 중간 광역 단위(1308년에는 목, 1310년에는 부)의 수를 과감히 늘림으로써 기존 계수관들의 과중한 업무를 분산시키고, 광역에서 기초까지 단위들 간의 위계질서를 강화하며, 중앙과 지방의 소통도 일층 개선할 수 있게 된 것이다.

과연 충선왕은 어떻게 해서 이런 개혁을 그의 짧은 재위 기간 동안 성취할 수 있었던 것일까? 그와 관련하여, 그의 이러한 개혁 방향이 당시 중국 강남(江南) 지역에서 전개되고 있던 지방 관리 체계 개선에 활용된 방법론과 상당히 닮아 있었음이 주목된다. 당시 강남 지역을 막 복속한 원제국 정부 역시, 인구가 많았던 현(縣)들을 새로이 주(州)로 편성해 강남의 행성 – 로(路)·부(府)·주(州)·현(縣) 구조에서 해당 지역들이 이전에 비해 수행하던 것보다 확장된 역할을 하게끔 조치했기 때문이다. 그런 점에서 충선왕이 참조할 만한 바가 있었을 것으로 생각된다.

세계적 제국이었던 몽골 원조(元朝)였지만, 그 치하의 중국은 대체로 종전의 편제와 구획에 따라 관리되었다. 로·부·주·현으로 구성된 지방 제도의 근간 자체가 당·송대의 그것에 바탕했던 것이다. 다만 오늘날 중국 '성(省)'의 원형이 된 '행성(行省)' 제도가 도입된 것은 원대(元代)가 이전과 크게 다른 점이었다. 아울러 그 아래에 존재한 제형안찰사, 숙정염방사 또한 전에는 없던 새로운 존재였다.

남송을 정복한 이후, 원제국 정부는 1260년대 이래 존재해 왔던 '제형안찰사(提刑按察司)'들을 1291년 '숙정염방사(肅政廉訪司)'들로 개편하였다.[196] 그리고 1293년 22개 숙정염방사들을 전국에 배치하였다. 8개가 복리(腹裏) 지역에, 4개가 섬서(陝西) 지역에, 그리고 가장 많은 10개가 강남(江南) 지역에 배정되었다.[197]

그런데 다른 지역에 비해 강남 지역에서 문제가 발생했을 가능성이 높아 보인다. 강남 지역의 면적이나 경제 규모에 비추어 볼 때 숙정염방사단 10곳이 강남지역을 통할(統轄)하는 데에는 무리가 있었을 것이기 때문이다. 강남 지역의 호구 수는 1276년 당시 1,000만호에 육박했고 인구수는 2,000만명에 육박하고 있어,[198] 10개의 중간 단위로 통제될 수 있는 상황이 아니었다. 그런데 설상가상으로 숙정염방사들이 설치된 지역들이 주변에 비해 인구가 많은 지역들도 아니었다.[199] 숙정염방사로 선정되기에 부적합한 지역들이 선정되었던 것이다.

힘겹게 남송을 정벌하고 강남지역을 차지한 제국 정부로서는, 다이두

---

196 『원사』 권16, 본기16 세조 지원28년(1291) 2월 병술, "改提刑按察司爲肅政廉訪司."; 권86, 지36 백관2, 숙정염방사, 지원28년(1291), "改按察司曰肅政廉訪司…其後遂定爲二十二道."

197 『원사』 권86, 지36 백관2, 숙정염방사(肅政廉訪司), "江南十道."

198 『원사』 권9, 본기9 지원13년(1276) 9월 신유. 원제국 정부는 강회(江淮) 및 절동(浙東), 절서(浙西), 호남(湖南), 호북(湖北) 등의 로(路) 단위 지역들에서 부(府) 37, 주(州) 128, 관(關) 1, 현(縣) 733 등을 확보했는데, 호(戶)는 9,370,472개, 구(口)는 19,721,015명이었다.

199 숙정염방사들이 설치된 10곳의 로(路: 강절행성의 경우 영국로, 항주로, 무주로, 복주로 등 4곳에, 강서행성의 경우 용흥로, 광주로 등 2곳에, 그리고 호광행성의 경우 무창로, 천임로, 정강로[부], 뇌주로 등 4곳에 숙정염방사를 설치)와, 2년 후인 1295년 인구가 너무 많아 '현'에서 '주'로 격상된 지역들이 소재했던 로(路)들 사이에 겹치는 로가 네 곳뿐이었음에서 그를 확인할 수 있다. 자세한 내용은 이 절의 제일 앞에 소개했던 이강한의 연구(2012, 『한국사연구』 158) 참조.

(大都, 북경)와 멀리 떨어진 강남 지역에 효과적인 통치 구조를 형성하는 것이 시급하였다. 이에 제국 나름의 강남 지역 행정체계를 구축하고자 1293년 종래 제형안찰사들을 숙정염방사로 재편하는 데 그치지 않고 제형안찰사가 아니었던 지역들 중에서도 일부를 숙정염방사 설치 지역으로 선정했던 것인데, 강남 지역의 경우 지역 현장의 사정을 면밀히 검토하지 못한 채, 인구가 그리 많지 않았던 지역들에 숙정염방사를 설치하는 우를 범한 것이라 생각된다.[200]

이럴 경우 숙정염방사들이 인구가 적은 지역에서는 기대된 역할을 제대로 하지 못하고, 인구가 많은 지역에서는 업무가 많아 허둥댔을 가능성이 크다. 특히 숙정염방사가 보유했던 강력한 감찰 권한을 감안하면,[201] 어떤 경우 숙정염방사 소속 관료들의 업무 부담이 상상을 초월했을 것으로 짐작된다.

이에 원제국 정부는 1295년 급기야 24개 로(路) 소재(강절행성 14, 강서행성 7, 호광행성 3) 총 42개의 현을(강절 21, 강서 12, 호광 9) '현으로 남기에는 인구가 너무 많다'는 이유로 '주'로 승격시켰다.[202] 앞서 언급한

....

200 강절행성에는 고작 4곳에(그것도 항주로, 무주로, 복주로 세 곳 및 인구가 그리 많지 않았던 영국로에), 강서행성에는 전혀 엉뚱한 두 곳에, 그리고 호광행성에는 천임로 한 곳을 제외하고는 인구가 그리 많지 않았던 무창로, 정강로, 뇌주로 등지에 숙정염방사를 설치했던 것이다.

201 숙정염방사 발족 초기인 1293년 11월, 진정로(眞定路)의 다루가치 합산(合散)이 염방사(숙정염방사) 관리들의 가혹한 민관(民官) 검책(檢責)에 항의할 정도로 숙정염방사의 지역사회 감독 기능은 강력하였다. 1294년 5월에는 숙정염방사로 하여금 '기은간사(欺隱姦詐)'로 소송을 당한 각처 전운사(轉運司) 관리들을 추문(推問)하게 하는 동시에 정작 총관부는 숙정염방사의 문서를 검핵(檢劾)하지 못하게 하는 등, 숙정염방사의 감찰 권한이 더욱 강화되었다.

202 『원사』 권91, 지41 백관7, 제주(諸州), "江南旣平, (至元)20年(1283), 又定其地五萬戶之上者爲上州(5만호 이상), 三萬戶之上者爲中州(3만호 이상), 不及三萬

바와 같이 숙정염방사들의 업무 수행에 과도한 부하가 걸리고 있었던 탓에, 강남 지역에 42개의 주를 신설해 숙정염방사와 "주"들이 역할 분담을 하게 한 것으로 보인다. 앞서도 언급했지만 1293년 대단위(최고 단위) '염방사'들을 설치해 강남 지역을 통괄하게 하고, 1295년에는 '로' 아래에 여러 '주'들을 신설함으로써, "염방사와 (대형) 주"라는 양대 축을 통해 강남에 대한 안정적 지배를 14세기 초까지 이어가려 한 것으로 보인다.

바로 이 시기 원제국 치하 중국에서 국왕 수업을 받고 있던 충선왕은 강남 지역에서 전개되고 있던 이러한 변화 역시 목도했을 것이다. 이 시기 습득한 견문과 정보가 그의 즉 - 복위년 국정에 지대한 영향을 미쳤음은 이미 앞서 살펴본 바 있지만, 지방 제도 또한 예외가 아니었을 수 있는 것이다. 그런 점에서 1290년대 전반 마무리 단계에 접어든 중국의 강남 재편 작업 역시 충선왕대(특히 복위년간)의 지방제도 관련 정책에 적지 않은 영향을 미쳤을 가능성에 주목할 필요가 있다. 1308년 제형안찰사를 각도에 파견하고 1308~1310년 사이 15개의 신(新) 계수관(1308년에는 목, 1310년에는 부)을 신설한 것이, 원제국의 1293~1295년 강남 현지 지방 제도 개편과 매우 흡사해 보이기 때문이다.

다만 한 가지 문제가 남는다. 충선왕이 1310년 당시, 2년 전 신설된

....

戸者爲下州(3만호 이하). 於是陞縣爲州者四十有四. 縣戸雖多, 附路府者不改.";
권18, 본기18 성종(成宗) 원정(元貞) 원년(1295) 5월 경진, "陞江南平陽等縣爲州. 以戸爲差, 戸至四萬五千者爲下州(4~5만호), 五萬至十萬者爲中州(5~10만호). 下州官五員, 中州六員. 凡爲中州者二十八, 下州者十五." 1295년의 이 조치를 보면 1283년에 비해 중주와 하주가 되기 위한 충족 기준(필요 인구 수)이 높아졌음을 알 수 있는데, 지역을 막론하고 인구가 늘고 있었음을 보여준다. 한편 앞 기사의 경우 '1283년 승격된 곳이 44곳'이라 돼 있고 뒷기사에는 '1295년 총 43개소'가 승격됐다고 돼 있는데, 필자가 지리지를 통해 검토한 바로는 42개소가 확인된다.

목들의 새로운 위격으로 왜 군이 '부(府)'를 취했는지의 문제가 그것이다. 이전 고려에도 있었던 전통 부(府)들과 혼동될 소지가 있는 위격이었다는 점에서 더욱 그렇다. 그런데 충선왕의 이 선택 또한 원제국으로부터의 영향과 무관하지 않았던 것으로 보인다. 원제국 화북(華北) 지역[특히 중서성 소할(所轄, 담당) 지역]의 몇몇 '로(路)' 밑에 제한적으로 구축된 행정단위로서의 '원제국 부(府)'가 지녔던 독특한 성격이 그를 암시하는 바가 있다.

원제국 치하 중국의 지방 사회는 11개의 행성 및 행성별로 포진한 다수의 로(路), 그리고 기층의 여러 주(州), 현(縣)들로 구성돼 있었는데, 이 중 기층 단위들을 실제적으로 통제하고 그 결과를 상위의 행성(行省) 또는 중서성(中書省)에 보고하는 역할을 맡았던 것은 '로(路)'들이었다. 즉 '로'가 최상층에 존재하고, 그 아래 부·주·현이 존재했으며, 로와 부·주, 부·주와 현 사이에 위계가 존재하는 등, (『원사』 지리지 서문에도 명시돼 있듯이) 원제국의 "로 - 부·주 - 현" 체제에는 '상하의 위계 및 통속관계'가 명확히 존재하였다.

그런데 주·현과 달리 '부(府)' 단위들은 사실 그리 많이 발견되지 않는다. 특정 지역에, 예컨대 대체로 '중서성 소할(所轄, 직할) 지역'이나 화북 지역에만 몰려 있다.[203] 게다가 이런 경우 대개 그 위에 로(路)가 없었다. 부(府)가 성(省, 행성)에 직보(直報)를 하곤 했던 것으로,[204] 그런 점에서 부는 원제국의 지방 행정 체제상 다분히 이례적인 존재였다고 할 수 있다. 게다가 '로'가 '주와 현'을 관장했던 강남 지역과 달리, 복리나 화북에서는 '부가 주를 다스리고' '주는 현을 다스리는' 등 상대적으로 더 많은 층

---

203 중서성 상도로의 순덕부(順德府), 진정로의 중산부(中山府), 진녕로(晉寧路)의 하중부(河中府) 및 사천성 순경로(順慶路)의 광안부(廣安府) 정도만 확인된다.
204 이 부분에 대한 자세한 설명은 이강한, 위논문 참조.

위가 존재했음이 주목된다.[205] 즉 위계와 서열이 분명했던 원대의 지방 행정 체계에서 복리·화북 지역은 강남에 비해 그런 측면이 더 강했던 셈으로, 그러한 복리·화북 지역에서만 발견되는 부(府)는 그런 점에서 원제국 지방구조의 위계적 성격을 압축적으로 상징했던 존재라 할 만하다.

원대 부(府)의 바로 그러한 면모가, 당시 일정한 위계질서를 고려의 지방 제도에 접목하려 하고 있던 충선왕의 관심을 끌었던 것이 아닌가 한다. 1308년 충선왕이 처음 '부' 제도를 도입한 공간들이 여느 지역도 아닌, 일반 지역들보다는 월등히 상위의 권위를 가졌던 "3경(京)"이었음이 그런 짐작을 뒷받침하는 바가 있다. 원제국의 '부'들이 주로 제국의 수도 '대도(大都)'가 소재한 '중서성 소할 지역'에 몰려 있었다면, 충선왕은 아예 고려의 '수도'들만 따로 모아 부로 만들었던 셈이다. 아울러 앞서 언급한 바와 같이 원제국의 부가 주·현에 비해 우월한 존재였음을 기억할 필요가 있다. 신설 목들을 기존 목의 아래에 놓으면서도 기존의 기초 단위들보다는 높은 존재로 남겨두어야 했던 충선왕으로서는, 그런 의도를 구현함에 있어 원제국 '부'의 특성을 매우 유용하게 보았을 수 있다.

결국 충선왕은 고려의 지방 제도를 개편하면서 당시 원제국 내 강남 및 화북의 상황에서 각기 특징적 단면들을 추출해 활용한 것이 아닌가 한다. 1308년 '목 신설' 및 '제찰사 파견' 과정에서는 원제국 정부의 "강남 지배" 방식을 참조하고, 같은 해 "화북 지역"의 독특한 '부'들에 주목해 '3경'을 '3부'로 개편했으며, 2년 뒤인 1310년 새로운 위계질서의 도입 차원에서 신설 목들을 일괄적으로 [원제국 정부의 "중서성 관할 지역 관리 방식"의 일부로서의] '부'로 전환함으로써, 고려 내에 〈도→전통 목→신설 부→일반 주·군·현〉이라는 새로운 위계 구조를 만든 것이 아닌가 한

....

205 『원사』 권58, 지10 지리1, 서(序), "唐以前以郡領縣而已, 元則有路府州縣四等. 大率以路領州, 領縣, 而腹裏或有以路領府, 府領州, 州領縣者."

다. 1308년에는 제국의 방법론(강남 지방단위 운용방식)을 참조해 고려의 구제(舊制)이자 전통적 제도 요소에 해당하는 목(牧)을 증설하고, 당시 충분히 정비하지 못한 "신설 목들과 여타 단위들 간의 위계문제"를 매듭짓기 위해 (고려의 전통 부 대신 그와는 이질적 존재로서의) '외래 부(府)' 개념을 1310년 추가로 도입한 것이라 추측된다.

이렇듯 제국 치하 중국에서 오랫동안 생활하며 경험과 견문을 쌓았던 충선왕은, 고려 지방제도 개편의 중요한 단서를 원제국 정부의 지방제도 개편에서 포착해 활용했던 셈이라 하겠다. 앞서 살펴본 정치 개혁이나 재정 개혁과는 비슷하면서도 다른 경우였다고 하겠는데, 앞의 두 가지 개혁이 '제국의 방향성과 고려 현실의 결합', '고려에 적합한 방식을 통한 제국 기조의 고려내 구현' 등을 보여준다면, 지방 제도 개혁의 경우(특히 1308년 개편)는 '제국의 방법론이 고려의 기존 풍토에 접합'되어 '고려의 전통 제도를 이전과는 다른 방식으로 운용한' 경우였다는 점에서 그러하다. 아울러 1308년의 개편이 기존 고려 지방 제도의 핵심으로서의 '목' 전통의 확장과 강화라는 모습으로 전개됐다면, 1310년의 경우는 이질성 높은 제국의 '부'로 고려의 전통 부를 대체하는 방식으로 진행되어, 이른바 '구제'와 '신제', '전통'과 '외래문물'을 골고루 활용하는 모습을 드러낸 점도 흥미롭다.

충선왕대에 전개된 중간 광역 단위 개혁의 의미는 결코 작지 않다. 기존의 '주·부·군·현'이라는 표현 대신 '목·부·군·현(牧府郡縣)'이라는 표현이 고려 말 새로 등장한 것에서도 그를 엿볼 수 있다. 충선왕의 목 증설(1308) 및 신설 목의 부 전환(1310)을 통해 고려의 지방제도에 "도 / 목·부 / 군·현"이라는 위계 구조가 확고히 자리잡게 되었던 것이다.[206] 아울

....

206 1377년 처음 등장한 이 개념은 얼핏 '주·부·군·현' 용례의 단순 변형으로도 보이지만, 공양왕대 초 "각 도(道)의 '목(牧)과 부(府)'에 유학 교수관을 두었

러 그 유산 또한 여느 제도와 달리 수백년 이상 지속되었다. 앞서도 언급했듯이 부가 된 지역들의 이름들이 고려말은 물론 조선시대를 넘어 지금까지도 남아 있음이 그를 잘 보여준다.

2. 충선왕의 군역제 개혁, 천인(賤人)에 눈 돌리다

한편 군역제에서는 어떤 개혁이 진행됐는가?

몽골의 침공으로 한반도가 도륙에 가까운 파괴를 경험하는 와중에, 고려의 기존 주력부대였던 주진군(州鎭軍)과 주현군(州縣軍) 체계 또한 와해되었다. 당연히 그를 대신할 새 군제를 구축하는 것이 시급했지만, 단기간에 그러기는 어려운 일이었다. 대몽(對蒙) 항쟁에 기여한 별초군(別抄軍)이 있긴 했지만, 무신정권의 유산이었던 별초 제도 역시 대안으로 고려되기에는 적절한 존재가 아니었다.

그런데 고려 후기의 군사제도가 직면했던 문제는 이뿐만이 아니었다. 군역의 반대급부로 군인전(軍人田)을 지급하거나, 이미 소유한 토지를 군인전으로 간주해 각종 혜택을 부여하는 것은 고려 전기 이래의 전통이었다. 그런데 고려 중기 이래 점증하던 권세가들의 전민(田民) 겸병(兼倂)으로 인해 군역(軍役) 담당층의 부족, 보상 수단(군역 수행자들에게 지급할 토지)의 소진, 그로 인한 군역 교대의 지연 등 여러 고질적인 폐해들이 생겨나고 있었다. 거기에 몽골의 고려 민 학살과 국토 파괴가 더해진 결

다"는 기사를 통해, 이 시기의 '부'는 이전의 부와 달리, '목'과 함께 고려 지방 제도의 '상층 단위'였음을 엿볼 수 있다. 성종대의 "12목과 여러 주·부", 문종대의 "악[도]·목·주·부" 용례에 등장하는 고려 전·중기의 '부'가 주와 함께 '기초 단위'에 해당했다면, 고려 후기·말엽의 '부'는 목과 함께 계수관, 즉 기초 단위 위에 존재하던 '광역 단위'였던 것으로, 그러한 위상 변화는 당연히 충선왕의 지방 제도 개혁에서 비롯된 것이었다고 하겠다.

과, 군역을 담당할 양인 인구 및 군인전의 규모가 더욱 줄어든 상황이었다. 고려 군호제(軍戶制) 운영의 골간이 실로 흔들리는 형국이었다.

상기한 문제들 중 군제(軍制) 자체(중앙군, 지방군 편제)의 부활은 비록 매우 어려운 문제였지만, 외부에서 이식된 군제로서의 만호부(萬戶府) 제도를 활용할 여지가 없지 않았다. 실제로 공민왕대에 이르러 만호부제를 고려 군제의 일부로서 공식적으로 활용하게 된다(그에 대해서는 4부에서 논할 예정이다). 그러나 군역 담당층의 확보 및 그들의 역 수행에 대한 대가 지급은 어디까지나 경제적 문제로서, 쉽게 해결될 문제가 아니었다. 없는 양인을 만들어낼 수도 없고, 그 양인에게 지급할 토지가 어디서 갑자기 새로 생겨날 것도 아니었기 때문이다.

이에 1298년 즉위한 충선왕은 나름의 절충을 통해 신규 군인전 지급을 시도하였다.[207] 세금 납부 실적이 불량한 토지들을 적발해 원 주인에게 돌려주며, 주인이 없는 토지의 경우 수도와 지방의 군인과 한인(閑人)들에게 지급했던 것이다. 여기서 충선왕이 토지와 호구를 확보한 후 그 두 가지를 결합시키는 방식["입호충역(立戶充役)"]을 썼음이 눈길을 끈다. 국초 이래의 방식이었으니 새로울 것은 없었지만, 그의 문제의식 자체는 고려 고유의 군호제를 복원하는 데 있었음을 암시하기 때문이다.

그러나 이 조치 역시 장기(長期) 무주지(無主地)들이 존재할 경우에나 가능한 방식이었다. 지급할 땅을 대규모로 새로 발굴하거나 확보하지 못하는 경우에는 쓸 수 없는 방식이었던 것이다. 이에 군인과 군인전을 영속적으로 확보하거나 조달할 방안을 마련함으로써 군호의 안정성을 도모하는 것이 무엇보다도 절실하였다. 충선왕은 과연 그를 위해 어떤 시도를 했을까?

....
207 『고려사』 권78, 지32 식화1, 전제(田制) 경리(經理), 충렬왕24년(1298) 1월, "忠宣王卽位下敎…"

다음의 기사를 살펴보자.

"충선왕이 상국의 제도에 의거해 군(軍)과 민(民)을 정하려고 하자,
최유엄이 그를 논박하였고, 이에 (그러한 시도가) 중지되었다."[208]

때는 충선왕이 복위하기 직전이었던 1307년이었다. '상국', 즉 원제국
의 제도에 의거하여 '고려의 군과 민'을 정하고자 했다는 것인데, 이 시도
가 고려 관료들의 반발로 좌절되었다는 것이다.

충선왕이 기도한 것은 과연 무엇이었을까? 기존 연구에서는 충선왕이
고려의 오랜 전통, 즉 '민에게 군역을 부과하고, 그에 대한 보상으로 군인
전을 주거나 소유 전토의 납세를 면제해 주었던' 지난 수백년 간의 관행
을 뒤집고, 군호와 민호를 전혀 별개의 호로 편성하려 했다는 견해를 제
기하였다.[209] '정군민'을 '별군민(別軍民)' 또는 '분군민(分軍民)', 즉 군과
민을 '나누는' 것으로 해석했던 것이다.

문제는 당시 제국의 군·민 관리 기조가 과연 그렇게 군과 민을 나누는
것이었는지의 문제이다. 뒤에 좀 더 자세히 살펴보겠지만, 당시 원제국 정
부의 기본 방침은 결코 그렇지 않았다. 비록 관군(管軍)과 관민(管民) 행정
을 분리해 운영하긴 했지만, 군역제를 운영함에 있어 군호와 민호를 '격
리'하기보다는 '복수의 민호를 통합해 군호로 운용'하였다. 제국의 정책
기조가 그랬다면, 그를 참고했다는 충선왕의 시도('정군민' 조치)를 군민
분리 조치로 보긴 어렵다. 오히려 충선왕이 제국의 경우처럼 '민호를 기반

----

208 『고려사』 권32, 세가32 충렬왕33년(1307) 12월, "前王欲依上國之制定軍民, 崔
有渰駁之, 乃止."
209 윤훈표, 2000 『여말선초 군제개혁 연구』 혜안; 송인주, 1991 「원압제하 고려
왕조의 군사조직과 그 성격」 『역사교육논집』 16 참조.

으로 한 군호의 재구성' 또는 '강화'를 시도한 것으로 보아야 할 것이다.

그럼 도대체 어떤 방식의 재구성을 시도했길래 관료들의 격렬한 비판을 초래했던 것일까? 원제국 제도의 수용과 참조가 일상이었던 상황에서 이 시도가 이렇듯 큰 반발을 부른 것이 의아할 정도이다. 그런데 관료들의 반발을 유발한 진짜 이유는 오히려 다른 데 있었던 것 같다. 충선왕의 시도가 당시 신분제도에 끼칠 파장에 대한 우려가 그것이었다.

원제국이 성립되기 이전 몽골의 전통적 군사 편제는 초원 시절의 병력 운용 방식에 기반해 있었을 것이므로, 중국의 그것과는 근본적으로 달랐다. 그러다가 몽골족이 중국에 진입하면서 몽골의 전통 유제가 한지(漢地)의 군역(軍役) 제도와 혼효(混淆)되게 되었다. 몽골의 전통적 만호(萬戶), 천호(千戶) 체계가 중국에 들어와 지방 단위이자 군사 단위로서의 만호부(萬戶府)로 변모하고, 동북아시아의 전통적 군역 제도가 몽골인들의 통치와 만나면서 이른바 '군구(軍驅)' 다수 등 이전에는 보기 어려웠던 존재들이 다수 등장한 것이 그런 경우다.

원제국 시기 중국에서 운영된 복합호로서의 군호(軍戶) 제도 역시 그런 사례라 할 수 있다. 원제국에서는 복수의 호를 각기 주호(主戶) 및 첩호(帖戶)라는 이름으로 조합해 하나의 군호로 편성하였다. 심지어 신분이 다른 호들이 조합되기도 했는데, 노비·노예에 준하는 신분의 소유자들도 군호에 편제되었던 것이다. 원제국에서 흔히 관찰되는 양인호와 천인호의 결합이 그것이었다.

다만 일반 양인호에 군구, 즉 천인적 존재들을 결합시켜 군호를 편성하는 방식이 당시 여러 문제를 야기하기도 했다. 그 결과 법적 분쟁도 빈번히 발생했는데, 관련된 사안들이 『대원통제(大元通制)』나 『원전장(元典章)』 등 제국의 법전에 단골로 등장한다는 점이 그를 잘 보여준다.[210] 이에 원제국 정부는 '군'과 '민'의 안정적 관계 설정에 많은 노력을 기울였다.

앞서 언급한 바와 같이, 초기에는 제국 정부가 '군에 대한 관리'와 '민에 대한 관리'를 분리하여 운영하였다. 예를 들어 1262년에는 특정 지역(益都)의 군과 민을 나눈 후 '영군(領軍)'과 '치민(治民)'의 기능을 각기 다른 관료에게 배정했고, 총관(總管)으로서 만호(萬戶)를 겸한 자는 '민사(民事)'는 다스리되 '군정(軍政)'에는 간여하지 말라 했으며, '여러 로(路)의 민사(民事) 담당 관민관(管民官)과 병융(兵戎) 담당 관군관(管軍官)은 서로 맡은 바(所司)가 다르니 통섭(統攝)하지 말라'는 명령도 하달하였다. 1263년에는 군관과 민관을 각기 통군사(統軍司)와 선위사(宣慰司)에서 뽑게 했으며, 1264년에도 '군정(軍政)'과 '형명전곡(刑名錢穀)'을 각기 다른 관료에게 맡겼다. 1276년에는 '관민이재(官民理財)'를 담당할 관원은 중서성에서, 그리고 군관(軍官)은 추밀원에서 뽑게 했으며, 1278년에는 '군민이속(軍民異屬)'의 제도를 확정하였다.[211]

1281년에는 압군관(押軍官)들이 지방관에 임명되어도 민간 사무를 처리할 수 없게 했고,[212] 1284년에는 군관들의 민간 송사 접수를 금지했으며, 지방관인 선위사(宣慰使)여도 관군만호(管軍萬戶) 출신이면 관군(管軍) 업무를 겸하지 말고 만호(萬戶) 역시 민정(民政)에 개입하지 말라 하였다.[213] 1294년에도 '군'과 '민'을 각기 다른 부서에 예속시켜 서로 섞이지

---

210 원제국 군역제 정비의 상세한 내용, 그리고 충선왕의 각종 시도 등에 대해서는 이강한, 2011 「1307년 "의상국지제 정군민(依上國之制, 定軍民)" 조치의 내용과 의미 – 고려 충선왕대 군역제(軍役制) 정비 방향에 대한 시론(試論)」 『한국사학보』 45 참조. 본 항의 서술도 이 논문을 토대로 했다.

211 『원사』 권5, 본기5 세조 중통(中統) 3년(1262) 10월 경신; 12월 계해; 무인; 중통4년(1263) 1월 을유; 세조 지원(至元) 원년(1264) 3월 신축; 권9, 본기9 지원13년(1276) 11월 경신; 권99, 지47 병2, 진수(鎭戍), 지원15년(1278) 11월

212 『통제조격(通制條格)』 권7, 군방(軍防),「압송군기(押送軍器)」 지원18년(1281) 2월

213 『대원성정국조전장(大元聖政國朝典章, 이하 원전장)』 권53, 형부(刑部) 15, 소

못하게 하는 등,[214] 군 - 민을 분리 관리하는 원칙은 13세기 중반 이래 정착하여 13세기 말까지 견지되었다.

그러나 그러한 '분리 관리' 원칙을 견지하는 것이 쉽지 않을 때도 적지 않았다. 1268년 섬서(陝西) 지역의 통군사(統軍司)로 하여금 '군과 민의 전곡(錢穀)을 함께' 관리케 했고, 각 로의 오로관(奧魯官)을 혁파한 후 그 군호들은 '관민관(管民官)'의 관리를 받게 하였다. 1272년에는 여러 지역의 다루가치와 관민관들로 하여금 오로 군호들을 '함께' 관장케 했고, 1280년에도 관민관더러 오로를 겸하게 관리케 했다. 1297년에는 군과 민이 서로 송사하는 경우 군관과 민관들이 '함께' 송사를 다스리게 했고, 1301년에도 군인이 범죄를 저지를 경우 군관, 민관들이 함께 다스리게 하였다.[215]

제국 정부 스스로 '군민 분리 관리'의 원칙을 이렇게 때때로 허물었던 것은, 바로 군과 민 자체가 서로 명확히 구분되기 어려운 현실 때문이었다. 1268년 7월 반포된 「군민승계절호(軍民承繼絕戶)」가 그런 상황을 잘 보여준다.[216] 이 법령은 같은 가문(同宗)의 민호와 군호 사이에, 한쪽이 역을 승계할 자식이 없고 한쪽은 있는 경우, 군호의 아들이 민호를 승계하거나 민호의 아들이 군호를 승계할 것을 규정한 것으로 보인다. 자식이 없을 경우 역의 지속을 위해서는 당연히 이 같은 군 - 민 간 교차가 불가피했을 것이다. 기계적 군·민 분리란 애초 어려운 것이었음을 보여주는

....

송(訴訟) 청송(聽訟), 「군관불허접수민사(軍官不許接受民詞)」 지원21년(1284) 5월; 『원사』 권13, 본기13 지원21년(1284) 10월 기유

214 『원사』 권18, 본기18 지원31년(1294) 7월 계축

215 『원사』 권6, 본기6 지원5년(1268) 7월 임자; 권9, 본기7 지원9년(1272) 12월 을유; 권11, 본기11 지원17년(1280) 12월 정해; 권19, 본기19 성종 대덕(大德) 원년(1297) 2월 갑신; 권20, 본기20 대덕5년(1301) 2월 기해

216 『원전장』 권17, 호부(戶部) 3, 호계(戶計) 승계(承繼), 「군민승계절호(軍民承繼絕戶)」 지원5년(1268) 7월

대목이다.

이랬던 상황 탓에 군호와 민호의 관계는 이후 여러 차례 법적 판단을 요하는 사안이 되었다. 1269년 군적(軍籍)에 빠진 군호들을 민으로 판정하는 법령이 나왔고,[217] 1272년 법령에서는 군호의 경제사정이 각기 다르고 지역별 군적(軍籍)에도 오류가 있어 사람들이 군역을 피해 '투민(投民)'하고 있음이 언급됐으며, 다음 달인 4월에는 '군역을 맡길(當軍) 경우'와 '민으로 놔주어야 할(放民) 경우', 그리고 '군 경험자를 고용[僱覓]하는 경우' 등이 법률에 규정되었다.[218] 1296년의 「군몰처녀가례(軍歿妻女嫁例)」는 '군처'가 군인 남편의 사망으로 재혼[改嫁]할 경우 그 남편의 소생을 군과 민 중 어느 쪽에 귀속시킬 것인가의 문제를 다루었고, 1299년의 「군남여민이적위정(軍男與民已籍爲定)」은 군호의 아들이 민호에 양자로 들어갈 경우의 역(役)의 귀속 문제를 다루었다.[219]

이렇듯 13세기 말~14세기 초의 원제국 정부는 군 - 민 분리라는 원론적 방침의 고수에서 벗어나 다양한 상황에서 발생하던 군 - 민 간의 미묘한 분쟁 관리에 더 집중하게 되었다. 그리고 그런 갈등이 극명하게 나타났던 지점 중 하나가 바로 군역 '담당호(정호)'와 군역 '지원호(첩호)'의

....

217 『원전장』권17, 호부3, 호계(戶計) 군호(軍戶), 「누적군호위민(漏籍軍戶爲民)」 지원6년(1269) 3월

218 『원전장』권34, 병부(兵部) 1, 군역(軍役) 정군(正軍), 「사조군적당역(査照軍籍當役)」 지원9년(1272) 3월, 7항; 병부1, 군역 군호(軍戶), 「분간군호(分揀軍戶)」 지원9년 4월, 1항; 2항; 3항

219 『원전장』권18, 호부4, 혼인(婚姻) 군민혼(軍民婚), 「군몰처녀가례(軍歿妻女嫁例)」 원정(元貞) 2년(1296); 권17, 호부3, 호계 적책(籍冊), 「군남여민이적위정(軍男與民已籍爲定)」 대덕(大德) 3년(1299) 4월. 한편 『원전장』에는 이 밖에도 군 - 민(軍民) 간의 혼인, 군 - 민 간의 송사에 대한 법령이 다수 담겨 있다[권53, 형부(刑部) 15, 소송(訴訟) 약회(約會), 「군민사송약회(軍民詞訟約會)」].

사이에서였다. 제국 정부는 군역제의 원활한 운영을 위해 정군호(正軍戶)를 지원할 보조호로서의 '첩군호(貼軍戶)'를 두었는데, 무력(武力)의 유무나 경제적 빈부 등을 기준으로 분리 설정된 이 정군호와 첩호는 그 역할이 각기 '전투'와 '둔전 경영[屯聚牧養] 등'으로 구분되었다. 다만 여러 변수로 인해 양자가 서로 갈등하는 경우가 빈번하였고, 그 결과 첩군호의 이탈 또는 부재 상황이 종종 발생하게 되었다.

정군호와 첩군호의 관계가 확정적이거나 영구한 것은 아니었다는 점도 그런 분쟁의 발생을 부채질하였다. 1281년 가난한 병사 15,000명 중 일부를 첩호(貼戶)로 전환시켜 정군(正軍)을 지원케[津貼] 한 것에서도 보이듯이, 양자 간의 관계는 언제나 뒤바뀔 수 있었다. 정군이 빈곤하거나 장정이 없는 경우 부강하거나 정(丁)이 많은 첩호로 하여금 정군의 역을 대신케 했고, 정군은 '군두(軍頭)의 위치는 유지하되' 경제적 상황에 따라 첩호를 지원케 하기도 했다. 1285년에도 정군과 첩호의 경제 사정이 뒤바뀐 상황에서는 경제적 여력과 군사적 힘을 소유한 쪽이 군역을 담당하도록 했음이 확인되며, 결국 1287년 빈부를 참작해 정군과 첩호를 새로 정하게 된다.[220] 당시 정군호든 첩군호든 그 위상이 불안정하긴 마찬가지였던 것으로, 그 결과 내부 갈등이 심각할 수밖에 없었다.

한편 분쟁 빈발의 또 다른 원인으로는 첩호를 맡은 쪽의 부담이 상대적으로 컸던 점도 있었다. 경제적으로 어려운 상황에서 군역을 담당했기 때문이기도 하지만, 지원을 맡은 쪽이라는 이유로 여러 부가적 업무에 동원되기도 했기 때문으로 보인다. 첩호의 장정들이 목재 운반에 차출되거나, 정군호가 사망할 경우 첩호가 공장(工匠)으로 차출된 상황들이 그를 잘 보여준다.

....

220 『원사』 권98, 지46 병1, 병제, 지원18년(1281) 2월; 6월; 22년(1285) 12월; 24년(1287) 윤2월

이에 첩군호는 군호로부터의 이탈을 꾀할 수밖에 없었으며, 그 와중에 '양민 첩군호' 대신 '천인 첩군호'로서의 '군구(軍駈)'가 정군호의 지원 주체로 등장하게 된다.[221] 이 군구는 기본적으로 천인이었지만, 양민들을 대신해 첩군호로 동원되었다. 1272년 "여러 지역의 정군(正軍), 첩호(貼戶) 및 동적(同籍)의 친척과 노복[童奴] 중 성년임에도 역을 피한 자는 마땅히 군인으로 등록케 한" 조치나, "노비로 풀려나 생활하는 이들을 주인의 첩군(貼軍)이 되게 하였다"는 언급이 그를 잘 보여준다.[222]

그런데 천인 신분의 군구가 양인 정군호의 첩군호가 될 경우, 정군호와 첩군호 사이에는 단순한 '정 - 첩(正 - 貼)'의 관계를 넘어 '양 - 천(良 - 賤)'의 관계가 더해지기 마련이었으며, 심지어 '주 - 노'의 맥락 또한 그에 덧붙여졌을 수 있다. 이는 안 그래도 민감했던 양자의 관계에 또 다른 갈등의 씨앗을 얹는 것일 수밖에 없었다. 군구의 군역 종사와 관련한 제반 내용을 담은 1269년 10월의 「몽고군구조획(蒙古軍駈條劃)」에서 그를 엿볼 수 있다. 총 9건으로 구성된 이 법령은 탐마적군(探馬赤軍, 정군)과 군구[駈口=駈口] 사이의 쟁의를 포함해 다양한 내용을 담고 있으며,[223] 상당 분량을 '군구 확보(의 중요성)'을 언급하는 것에 할애하고 있다. 군호의 외연에 군구를 붙잡아 두는 것이 당시 제국 정부의 최대 목표였음을 보여주는데, 양인 첩군호에 이어 천인 첩군호로서의 군구마저도 군호에 남지 않을

---

221 1311년 6월의 「중치군인군관조획(拯治軍人軍官條劃, 전거는 뒤에 소개)」 9항에 몽고군, 한군과 별개의 군종으로 등장하는 '구군(駈軍)'이 이와 동일한 존재다. '군구'의 '구'는 기록에 '駈', '驅', '軀' 등 여러 가지로 나타나지만, 그 의미는 동일한 것으로 간주된다.

222 『원사』 권7, 본기7 세조 지원9년(1272) 9월 병인; 권98, 지46 병1, 병제, 지원9년(1272) 9월; 병지(兵志) 총론[서론]

223 『원전장』 권34, 병부1, 군역(軍役) 군구(軍驅), 「몽고군구조획(蒙古軍驅條劃)」 지원6년(1269) 10월, 1항; 2항; 4항

경우 제국의 군호제는 속절없이 붕괴할 것이었기 때문이다.

첩군호를 맡은 이 천인 '군구'들의 역할은, 양인 첩군호와 마찬가지로 당연히 전투보다는 지원이었다. 그러나 신분이 천했으므로 전투에도 종종 동원된 것 같다. 출정해야 할 한군(漢軍)들이 친척이나 군구[驅丁=駈丁]들을 대신 내보내는 것에 대한 1265년의 처벌 규정이 그를 잘 보여준다.[224] 물론 위「몽고군구조획」에도 군인이 사망할 경우 친척 장정이 군역을 대신케 하고 그도 없을 경우 구정이 대신토록 한 경우가 언급됐지만, 어디까지나 예외적인 허용에 불과했을 것으로 생각된다. 1278년의 법령에도 노약자 및 구정을 고용해 군역에 대신 내보내는 것을 금지했고,[225] 1296년에는 몽고군이 가노(家奴)를 대신 군역에 내보낼 경우 처벌하는 데 그치지 않고 그 가노에게 주인 재산의 반을 주어 별도의 군호로 등록하는 극약처방을 쓰기도 했으며,[226] 1299년에는 군관들이 돈을 받고 군인들을 방면한 후 구구(驅口=駈口)들을 위장시켜 대체 군역담당자로 투입하는 것을 법으로 금지하였다.[227] 이러한 방침들은 1310년대에도 이어졌다.[228]

....

224 『원전장』 권34, 병부1, 군역 정군(正軍), 「군인정신당역(軍人正身當役)」 지원2년(1265) 6월. 일반(양인) 첩군호의 임무도 전투가 아닌 군인 보조일 따름이었지만, 천인 첩군호로서의 군구 역시(적어도 초기에는) 더욱 엄격하게 전투 임무에서 배제된 것 같다.

225 『원전장』 권34, 병부1, 군역 정군, 「성유군인조획(省喩軍人條劃, 23款)」 지원15년(1278) 3월. 같은 해인 5월에도 노(奴)를 사서 군(軍)으로 대신 나서게 하는 것에 대한 금지가 강화되었다[『원사』 권10, 본기10 지원15년(1278) 5월 을유].

226 『원사』 권19, 본기19 성종 원정2년(1296) 2월 병오

227 『원전장』 권34, 병부1, 군역 정군, 「효유군인조획(曉諭軍人條劃, 14款)」 대덕3년(1299) 1월

228 1303년에는 제왕(諸王)과 부마(駙馬)들이 북쪽 정벌에 나서면서 노비(奴)를 군사로 쓰는 것을 금지·처벌하였고[『원사』 권21, 본기21 성종 대덕7년(1303) 윤5월 정축], 조금 뒤에 소개할 1311년 「증치군관군인조획」의 6항에도 '제질(弟

한편 군구들은 이런 보호를 받는 대가로 '정군호를 지원하는 존재로서' 군호에 철저히 긴박되었고, 심지어 신분이 변동해 양인이 된 후에도 첩호 노릇을 계속할 것을 강요받았다. 1272년 4월, 이전의 군적에서 빠진 천인 군구들을 '양인으로 만들어' [정]군호의 첩호로 삼은 것이다("爲良作貼戶").[229] 한 달 뒤인 5월에도 각지의 군호에서 구정[驅丁, 駈丁]을 뽑을 때 1270년 이후 양인으로 풀려난 자(從良者)들은 여전히 군호를 돕도록 하였다.[230] 군구가 어쩌다 운 좋게 양인이 되었어도 군호에서 완전히 해방되기는 매우 어려웠던 것이다.

사정이 이랬던 만큼, 군구들 또한 일반(양인) 첩군호들 마냥 역의 고통을 감내하지 못하고 점차 군역에서 이탈하게 된다. 1272년 1월 "군노(軍奴)로서 민적에 들어 있는 자를 다시금 (군적에) 돌리게[還正]" 하였는데,[231] 앞뒤 맥락을 보면 군노[軍驅, 軍駈] 출신으로서 군역을 탈피해 민이 되려는 자가 일찍이 자신이 군호 안에서 경작하던 토지에 대한 권리를 주장한 것이 쟁송으로 비화한 것이었음을 알 수 있다. 군구의 이탈 문제는 14세기 초에 접어들어서도 여전했는데, 앞서 언급한 「몽고군구조획」(1269)에도 묘사된 여러 군구들의 도망 사례들이 그를 잘 보여준다.[232]

....

姪), 아남(兒男), 구정인(駈丁人)' 등이 군역을 대행하는 행위에 대한 금지가 담겼다.

229 『원전장』 권34, 병부1, 군역 군호, 「분간군호」 5항. 이 조치는 『원사』 병지(兵志)에도 등장하는데, 제로(諸路) 군호(軍戶)의 구정(驅丁) 중 천인은 물론, 1270년 이후 다시금 백성이 된 자[爲良]들까지도 모두 본호(本戶)의 군역(軍役)을 돕게[津助] 한 것으로 전해진다.

230 『원사』 권7, 본기7 지원9년(1272) 5월 갑신

231 『원사』 권7, 본기7 지원9년(1272) 1월 신사

232 법령을 보면, 법령이 반포된 1269년의 상황에 대한 서술 뒤에 1301년 7월, 1302년 6월, 1304년 3월, 1307년 7월 등의 논의가 첨부돼 있다.

1304년에도 군민(軍民)의 '도망한 노비[逃奴]'를 잡은 경우에 대한 포상과, 도망 노비를 숨기는 경우에 대한 처벌이 제시되었다.[233]

급기야 군구들의 도피를 막아 그들로 하여금 군호를 충실히 지원케 하는 것이야말로 세조 쿠빌라이 당시의 군인 보호 정신에 부합하는 것이라는 언설이 등장하게 된다. 1311년 6월 반행된 「증치군관군인조획(拯治軍官軍人條劃)」의 구조와 내용에서 그를 엿볼 수 있다.[234] 이 법령은 우선 일찍이 세조가 중서성과 추밀원을 세워 '각기' 군과 민을 관리하게 했음을 거론하되, 세조의 그러한 정신에도 불구하고 각 관청에서 군인을 침탈하여 군인들의 힘이 소진되었음을 지적하고, 이어 도망 군인(군구 포함)의 복업 지원, 도망 군인 및 은닉자에 대한 처벌, "구정인(驅丁人=駈丁人)" 등의 군역 대체 금지 등 총 12건의 금칙을 나열하였다. 군인들의 후원자로서의 군구들의 도망을 엄하게 금지하고, 그들의 후원을 토대로 군인들의 전투력을 회복하며, 그로써 군제운영의 정상화를 꾀해야 한다는 논리를 엿볼 수 있다. 결국 "군[호]와 [천]민의 결합"을 더욱 강화하는 것이 당시 제국에서는 가장 시의적이고도 유용하며 필요한 해법으로 부상해 있었던 것이다.

이상의 검토를 통해 군구로 첩군호를 만들어 정군호에 강하게 긴박시키는 것이 13세기말~14세기초 원제국 군역제의 가장 중요한 정책 목표였음을 확인할 수 있다. 그런데 그것이 충선왕의 '정군민' 시도와는 어떤 관계에 있었을까? 관료들의 반발이 중요한 단서가 된다.

기사에 '원의 제도에 의거하여'라는 표현이 들어 있으므로, 충선왕 역

233 『원사』 권21, 본기21 대덕8년(1304) 3월 무진. 「몽고군구조획(蒙古軍驅條劃)」 1304년 3월 기록에 해당 내용이 조금 더 자세히 기록돼 있다.
234 『원전장』 권34, 병부1, 군역 정군, 「증치군관군인조획(拯治軍官軍人條劃)」 무종 지대4년(1311) 6월

시 당시 원제국 정부의 군역제가 취했던 모습과 비슷하게 복합 군호제의 도입을 구상한 것 같다. 종전처럼 하나의 호가 군호 하나를 구성하던 것과는 달리, 복수의 군호가 전투 및 지원 역할을 분담하는 구도를 염두에 둔 것으로 추정되는 것이다.[235] 아울러 당시 원제국에서 군호를 지원하는 천인으로서의 '군구' 제도가 운영되는 상황이었으니, 복수의 군호 중 하나는 천인 또는 비(非) 양인을 호주(戶主)로 두는 상황도 염두에 두었을 것으로 생각된다.

이러한 방식을 고려에서 도입할 경우, 가장 먼저 예상되는 문제는 세역제(稅役制) 상의 문제였다. 전통 군호들을 복호 형태의 군호로 재편하기에는 당시 고려가 가용할 수 있을 양인 인력이 부족하기도 했지만, 기존 양인 군호들을 합친다 하더라도 가족관계에 있지 않은 복수의 양인호를 묶는 과정에서 역할 분담의 문제 등이 각종 잡음으로 이어졌을 것이기 때문이다. 물론 종전에도 군인과 민호 간에 지주 - 전호 관계가 조성될 수 있는 상황이 이론적으로 없지는 않았지만,[236] 이런 경우 두 호가 하나의 직역호로 수렴된 것은 아니었으며 민호의 역할은 군역과 무관했다. 반면 제국의 정군호 - 첩군호 체제는 주호 노릇을 할 가호와 첩호 노릇을 할 가호를 거의 '합호(合戶)' 수준으로 묶는 것이어서, 고려 기존의 군호제, 군역제와는 매우 이질적인 제도였다.

....

235 이상국도 비슷한 견해를 피력한 바 있다. 충선왕의 1298년 군인전·한인전 지급을 통한 입호충역(立戶充役) 노력 또한 '전투 담당 1인, 잡역 담당 1인'으로 구성된 호를 만들려 한 것이라 해석한 것이다(2003 「고려시대 군역차정과 군인전」 『한국중세사연구』 15).

236 군인에게 직역전(職役田)으로 부여된 토지에 대해 군인이 수조권(收租權)을 행사하고, 그 직역전의 원 소유주인 민호가 전호(佃戶)로서 그 토지를 경작해 전주에게 '조'를 바치는 구조가 있었을 수 있다. 그러나 이는 장교급 군인들의 경우에 한정됐을 것으로 생각된다.

그러나 정작 더 심각한 문제는 따로 있었다. 고려 안에서는 일찍이 보지 못했던 '양인호와 천인호의 결합'이라는 조합이, '양－천 간의 선명한 계층 분리'라는 고려 신분제의 오랜 원칙을 훼손할 가능성이 컸던 것이다. 천인으로 군호를 구성할 수 있을지도 의문이었겠지만, 설령 외방에서 주인과 별개로 거주하는 천인들을 천인 군호로 동원한다 하더라도, 양인 직역호와 천인 보조호 사이에 발생할 수 있는 갈등, 예컨대 양자 간에 군역과 무관하게 발생할 수 있는 양천 갈등, 또는 기존 군인전의 경작 담당자와(양민 전호)와 비(非) 양인 첩호 간에 발생할 법한 역할 분담 시비 등[237] 예상되는 문제가 한둘이 아니었던 것이다.

게다가 양인과 천인 간 신분 이동(엄밀히 말하면 양인이 천인이 되는 일)이 잦았던 고려 후기에는 것이 그런 문제들이 악화될 소지가 더욱 컸다. 전민겸병이 성행하는 와중이어서 첩군호로 동원될 천인들 중 상당수가 양인 출신일 수도 있었던 것인데, 그런 양인 출신 천인들을 군역제 운영에서도 천인으로 간주하고 동원하는 것은 결과적으로 권세가들의 겸병을 정당화하는 것일 수 있었다. 또 설령 원래부터 천인이었던 이들을 구해 첩호로 들인다 하더라도, 앞서 살펴본 것처럼 원에서는 정군호와 첩군호가 서로 지위를 바꾸기도 했음을 기억할 필요가 있다. 그러한 관행들이 충선왕의 시도를 통해 고려에도 전파될 경우, 빈곤한 양인호가 부유한 천인호의 뒷바라지를 하는 경우도 이론적으로 발생할 수 있는 상황이었다.

....

237 '천인 보조호'라는 원제국으로부터 온 개념과, 토지를 소유한 민호는 기본적으로 '양인'이었던 고려의 관행 자체가 서로 맞지 않는 바를 지니고 있었다. 한편 오오시마 타치코(大島立子)는 원의 '합호제'가 한인 부호와 빈호들을 묶어 안정적 세량 징수를 도모한 제도였다고 보면서, 토지소유 규모가 다른 자(호)들 사이의 연합을 토대로 한 합호제는 기본적으로 관철되기 어려운 제도라 하였다(1971 「元朝漢民族支配の一考察－軍戶を中心として」 『史論(東京女子大)』 23).

다시 말해 '정군민(定軍民)'의 기치 아래 '(서로 신분이 다를 수도 있는) 직역호와 보조호 간의 관계'를 강화하려 한 충선왕의 구상은 여러 우려를 낳을 수밖에 없는 것이었다고 하겠다. 설령 그 모든 문제가 발생하지 않는다 하더라도, '천인에게 군역을 부과하는' 선례를 남길 수 있는 위험한 시도이기도 했다. 그런 점에서 충선왕의 시도는 그 취지에도 불구하고 여러모로 전통 신분제의 골간을 뒤흔드는 수준의 시비와 갈등을 촉발할 공산이 컸다. 고려 관료들이 기를 쓰고 충선왕의 시도를 반대한 것도 무리는 아니었다고 할 것이다.[238]

관료들의 예상을 뛰어넘는 반대에 직면한 충선왕은 결국 애초의 시도를 철회했던 것으로 보인다. 복수 군인호의 구성, 정군호 – 첩군호 제도의 도입 등을 추진했다는 기록 역시 더 이상 확인되지 않는다. 다만 충선왕은 한가지만큼은 포기할 수 없었던 듯한데, 천인을 군역에 동원해야겠다는 발상이 그것이었다. 군역에 종사할 인력이 너무나 부족한 상황에서, 그간 군역에 종사하는 것이 금지돼 있던 천인만큼은 너무나 매력적인 인력원(人力源)이었기 때문이다.

이와 관련해서는 충선왕이 전국 각지의 천인들을 수집하는 한편으로, 비슷한 시기에 그간 오래도록 교대되지 못하고 있던 군인들을 돌연 교체했으며 내륙의 일반 군호에는 '보조 인력'까지도 배치한 사실이 눈길을 끈다. 제국의 복합 군호제를 도입하는 등의 극단적인 방식으로 고려의 군호제를 흔들기보다 그를 완곡하게 보수하는 쪽으로 돈 것이다. 전통적 군

----

238 1307년의 '정군민' 조치를 철회시키는 데 주도적인 역할을 했던 최유엄(崔有渰)은 이후 충숙왕대인 1320년대 전반 이른바 '입성(立省)' 논의가 불거질 당시, 공교롭게도 관료 녹봉 문제 및 "노비제" 운영과 관련한 원제국 법제가 고려에 도입되는 것 또한 막아낸 바 있다(『고려사』 권110, 열전23 최유엄, "… 時元欲立省我國革世祿奴婢法. 有渰詣中書省力請止之.").

역 담당자 층인 양인의 부족 및 그들에게 대가로 지급할 신규 토지의 부재 등을 고려, 아예 땅을 주지 않아도 될 대상인 '천인 인구'에 군역을 부과하거나, 천인 인구를 군호에 제공하여 가호 경영의 보조 인력으로 삼겠다는 발상을 하게 된 것이 아닌가 한다.

그런데 그러한 구상을 실행에 옮기기 위해서는 일단 천인 노동력 확보가 먼저 선행되어야 했다. 실제로 충선왕은 즉위년 및 복위년간 그에 대한 관심을 일관되게 드러내었다.

충선왕은 이미 1298년 즉위 당시부터 정부가 통제할 수 있는 천인들을 확보하는 데 유난한 집념을 보였다. '공공의 이익을 생각하지 않고 지방 관청에서 일하는 노비를 차지하고자 〈이 노비는 (자신이) 일찍이 하사받은 노비〉라고 거짓말하는 작태'를 금지한 것에서 그를 엿볼 수 있다.[239] 사람들이 외관의 [공]노비를 침탈하는 것에 대한 강력한 경고로서, 그의 '공천(公賤)' 확보 의지가 단호했음을 잘 보여준다.

충선왕은 복위년간에는 더욱 강력한 조치를 발동하였다. 우선 즉위년 때처럼 권세가들이 '각기 본역(本役)을 지닌' 외방(外方)의 노비들을 탐하는 것을 금지하였다. 그리고는 이른바 "사건노비(四件奴婢)"를 은닉하고 내놓지 않을 경우 벌금을 징수하고 노비들은 압수하여 역에 동원케 하였다.[240] '사건노비'란 이를테면 조상 대대로 소유한 노비가 아닌, 그 이후에 특별한 계기로 새로이 취득하게 된 노비들을 이르는데,[241] 왕실에서 하사

239 『고려사』 권85, 지39 형법2, 노비(奴婢), 충렬왕24년(1298) 1월 교[教書], "一. 不念公理的望外官奴婢冒受賜牌者, 一切禁斷!"

240 『고려사』 권85, 지39 형법2, 노비, 충렬왕34년(1308), "忠宣王復位教曰, '一. 外方奴婢各有本役, 權勢之家冒受賜牌, 宜一切禁斷. 一. 四件奴婢[四件奴婢, 曰 寄上, 曰投屬, 曰先王所嘗賜與及人相貿易者.], 若有藏閃不出者徵銀二斤, 以其 奴婢准數充役. 一. 申椿奴婢, 盡數根捉, 四件奴婢一體使用.'"

241 구체적으로는 '아래 사람으로부터의 제공[寄上]', '당사자가 노비가 되기를 자

한 노비들을 포함한 개념이었다는 점에서 비상시 정부가 환원을 요구할 수 있는 존재들이었다. 그리고 마지막으로 관련 업무를 주무하던 언부(讞部)에 지시하여 지역별로 노비 25명씩을 바치게 했으며, 소유권 분쟁에 연루된 노비들까지 모두 왕에게 바치게 하였다.[242] 외방 노비('公賤')에 대한 권세가들의 침탈을 막던 즉위년의 수준에 멈추지 않고, 양반들이 실질적으로 사유하던 노비('私賤')들까지도 정부로 흡수하려 한 것이다. 충선왕의 천인 인구 확보 노력이 이렇듯 강경하게 진행되면서, 정부가 임의대로 활용할 수 있는 천인 인구의 수도 늘었을 것으로 예상된다.

물론 즉위 당시에는 충선왕이 그들을 국역에 동원한다는 발상까지는 하지 않았던 것 같다. 1298년 '양반의 노비는 그 주인을 섬겨야 하니 따로 의무[公役·雜斂]를 지우지 않는데, 양민이 모두 권세가에 흡수되어 국역에 응하지 않으므로 대신 양반의 노비가 양민이 져야 할 역에 투입되고 있어 이를 금한다'는 언급에서도 그를 엿볼 수 있다.[243] 일견 양반들의 재산권을 보호하는 맥락의 언급으로 보이지만, 실상 직역전을 부여받지 못한 천인이 '보상 없이 국역을 이행하는' 현상에 반대하는 심중도 내포한 지적이었기 때문이다.

그런데 공교롭게도 복위 이후에는 이런 언급들이 사라진다. 천인들을 국역에 동원할 수 없다는 심경에 변화가 생긴 것은 아니었는지, 단언키는 어렵지만 그런 가능성만큼은 고려해 볼 필요가 있다. 앞서 언급한 것처럼

....

청한 경우[投屬]', '선왕으로부터의 하사' 및 '상호 거래' 등을 통해 획득된 노비를 일컫는다.

242 『고려사』 권33, 세가33 충선왕복위원년(1309) 9월 을미, "讞部以王命選州郡奴婢二十五名, 及凡人相爭奴婢兩造不當未可歸一者, 悉送王所."

243 『고려사』 권85, 지39 형법2, 노비, 충렬왕24년(1298) 1월 교[敎書], "一. 兩班奴婢以其主役各別, 自古未有公役雜斂, 今良民盡入勢家不供官役, 反以兩班奴婢代爲良民之役, 今後一禁! 乃至奴妻婢夫任許其主."

군역제 운용에 있어 다수의 추가 인력이 필요해 고려 정부가 그간 실행에 옮기지 못했던 몇 가지 현안을, 공교롭게도 천인 확보에 관심이 많았던 충선왕이 돌연 해결했기 때문이다. 한반도 연안 지역 역참(驛站)의 경비인력 교체, 그리고 (군호를 지원할 수 있는) 호양(護養) 제도의 재개가 그를 잘 보여준다.

우선 경비군 교체 문제의 경우, 일본 정벌로 인해 합포(合浦, 오늘날의 마산) 지역, 탐라(耽羅, 제주도), 그리고 그 외 한반도 연안 지역의 여러 경호 초소에 일찍이 13세기 후반 배치되었던 인력들이 수십년간 교대되지 못하고 있던 것을 돌연 귀가(歸家)시킨 조치가 주목된다. 다음을 살펴보도록 하자.

> "서해도(西海道) 절령(岊嶺)으로 이르는 7참(站) 및 회원(會源, 마산), 탐라(耽羅)까지의 연안[沿路] 참호(站戶)의 경우, 과거 일본정벌 당시 각 도(道)의 백성[人戶]과 유랑민[流移人物]을 시한[年限]을 정해 담당[入居]토록 했었는데, 오늘날에 이르도록 교체해 주지 않아 사망한[物故] 자까지 있으므로, 원래의 거주지 지방관으로[本邑] 하여금 부족한 인물과 말을 채워 넣게 한 탓에 원망이 특히 심하다. 이에 담당 부서로 하여금 보낼 만한 자를 선발해 참의 업무[站役]를 담당토록 하고, 각읍(各邑)의 백성들은 모두 고향(故鄕)에 돌아가는 것을 허락하라."[244]

1270년대 일본정벌 당시 서해도 절령(岊嶺)의 일곱 역참 및 동·서해안의 연안 역참들에 배치되었던 이른바 참호(站戶)들을 1308년 8월 새 인력으로 교체한 후 귀향시킨 것으로, 30년간 지속되던 해묵은 난제를 충선왕

....

244 『고려사』 권82, 지36 병2, 참역(站驛), 충렬왕34년(1308) 8월, "忠宣王卽位('복위'의 오기: 필자), 十一月下敎曰: '西海道岊嶺至七站及會源耽羅指沿路站戶, 頃在東征時, 以各道人戶幷流移人物限年入居, 至今因循未遞, 或有物故, 令本邑充其數, 馬匹亦如之. 怨咨尤甚, 令有司擇選當差者以充站役, 其各邑人戶並許還本.'"

이 해결했음이 눈길을 끈다. 물론 기사 자체는 충선왕의 지시만을 담고 있지만, 그 지시는 실제로 단행되어 당시 상당수의 미교체 참호들이 방면됐을 것으로 생각된다.

그간 수십년 동안 고려 정부가 이들을 교체해 주지 못했던 이유는 간단하다. 이들 대신 참호 관련 군역을 담당할 새 인력을 구하지 못했기 때문이다. 당시 성행하는 전민 겸병으로 인해 고려 사회 내 양인의 수가 전체적으로 줄어 있어 신규 양인들을 확보하기도 어려웠고, 그나마 남아 있는 양인들을 각자의 본거지나 본역에서 이탈시켜 전국 각지의 참호들에 원격 배치하는 것은 정부로서도 피하고 싶은 선택이었기 때문이었다.

그렇다면 도대체 무슨 인력을 어디서 확보해 대신 참호에 배치할 수 있었길래 기존 인력을 귀가시킬 수 있었던 것인지 궁금해지지 않을 수 없다. 바로 이 지점에서 앞서 언급한 천인들이 한 단서가 될 수 있다. 비록 기존의 양인 병사들을 천인으로 교체했다고 단언할 근거가 사료에선 발견되지 않지만, 충선왕과 고려 정부가 흡수한 천인들이 여기에 동원되었을 개연성은 상당하다고 생각된다.

한편 다음으로 살펴볼 이른바 '호양' 인력의 확보 및 (어디론가의) 배치는 더욱 흥미로운 대목이다. 아래의 예문을 살펴보자.

> "80세 이상의 고령자로서 여러 질병으로 인해 능히 홀로 생활할 수 [自存] 없는 자는, 그 희망하는 바에 따라 본인과의 관계가 멀고 가까움을 막론하고 한 사람의 역(役)을 면제(免除)시켜 그로부터 호양(護養)을 받을 수 있도록 허락한다. 그럴 사람을 구하지 못할 경우, 동서대비원(東西大悲院)으로 하여금 모아 안정[安集]시키고 공공 경비에서 양식을 지급하라."[245]

....

245 『고려사』 권80, 지34 식화3, 진휼 환과고독진대지제(鰥寡孤獨賑貸之制), 충렬왕34년(1308) 11월[下敎], "一. 八十以上篤疾癈疾不能自存者, 隨其所望勿論親疎

충선왕은 1308년 11월, 80세 이상의 고령자로서 질병 등으로 혼자 버티기 어려운 자의 경우 희망하는 대로 친소(親疎)에 상관없이 한 사람을 선택하게 한 후, 그 사람의 역은 면제해 주는 대신 상기 고령 질환자를 '보호하고 부양[護養]'토록 하였다. 그럴 사람이 없을 경우에는 동서대비원이 주관하던 재원에서 경비를 지급하고, 관원을 보내 관리하라고도 지시하였다.

자존(自存)이 불가능할 정도로 불우한 처지에 있는 사람에게 그 생활을 '도울' 사람[이른바 "호양자(護養者)"]를 붙여 주는 조치였다는 점에서, 이 지시는 우선은 일반적인 진휼 조치로 다가온다. 그러나 이 호양자가 고령 질환자의 부양을 맡기 시작하는 순간 그가 원래 맡고 있던 1명 분의 역(役) 손실이 부득불 발생했을 것임을 간과해선 안되며, 그 점을 감안하면 이 조치를 단순한 진휼 조치로 보기 어렵게 된다. 정부 차원의 결단 또는 대안이 없으면 내리기 무척 힘들었을, 즉 일반 진휼을 넘어서는 의도를 지녔던 조치로 볼 여지가 여기서 발생한다.

이들이 단순한 부양·봉양 인력이 아니었다면, 과연 무엇을 위해 제공된 존재들이었을까? 이전의 유사 사례들을 보면, 왕조가 요하는 특정의 직역을 맡은 가호(家戶)들에 부가적 인력이 제공된 경우들이 적지 않았다. 그렇다면 1308년의 '호양자'들은 과연 어떤 직역과 관련된 존재들이었을까? 고려 전·중기의 역사에서 하나의 직역호(職役戶)에 추가 노동력이 제공된 가장 일반적인 대상은 바로 군역(軍役)을 맡은 군호(軍戶)들이었음이 눈길을 끈다.

군호의 가장들은 훈련 또는 전투를 위해 수도 개경 또는 현지의 전장(戰場)에 배치되곤 하였다. 그럴 경우 그 군인의 연로한 부모를 봉양할 자

許一名, 免役護養. 若無親疎護養, 宜令東西大悲院聚會安集, 公給口粮差官提調."

들이 더러 군호에 제공되기도 하였다. 그런데 이들은 심지어 부재 중인 군인을 대신해 군호의 경제 운영, 즉 농경을 보조하는 역할도 더러 수행하였다. 충선왕이 확보해 고령 질환자 가정에 제공한 위 호양자들도 군역제와 관련해 검토해 보아야 할 이유가 여기에 있다.

다만 위 조치가 군호(軍戶) 가정의 고령 질환자를 대상으로 한 것인지는 아직 분명치 않다. 따라서 이 호양자가 맡았을 구체적 임무를 먼저 생각해 볼 필요가 있다. 솔직히 혈기 왕성한 양인 노동력 1인에게 '고령자 봉양' 정도만 맡기는 인력 전용이 정당화되긴 어려웠을 것이므로, 이들에게는 분명 본분인 '호양' 외에 나름의 추가적 역할이 부과됐을 가능성이 높다. 다만 어떤 역할이 추가로 부여됐을지 기사만으로는 그를 추측하기 어려운데, 다행히 고려의 역사에 등장하는 '시정(侍丁)', '양호(養戶)', '조역(助役)' 등 비슷했던 존재들이 보였던 모습을 참고해 볼 수 있다.

1020년 3월, 국왕 현종은 나이 80세 이상의 부모를 모신 군인의 경우 군역(軍役)을 면제해 주고 대신 그로 하여금 부모를 봉양케 하자는 관료들의 건의를 수용하였다.[246] 통상적 군인 진휼 조치이면서도, 고령의 부모가 생존해 있을 경우 그 군역을 면해 준 조치라는 점에서 군역제의 운영 전반에 상당한 파장을 끼쳤을 법한 조치다. 그런데 2달 뒤인 5월에도 비슷한 건의가 개진되었다. '정방인(征防人) 또한 역을 면제받고 어버이를 봉양토록 하자'는 건의가 그것이었다.[247]

물론 현종대의 조치들은 부모 봉양을 위해 군인 '본인'이 면역의 혜택을 받은 경우로서, 위 1308년처럼 호양을 담당할 사람이 '별도로' 지급된 경우와는 다르다. 그런데 1020년 5월의 건의에 다음과 같은 내용이 포함

---

246 『고려사』 권81, 지35 병1, 병제(兵制), 현종(顯宗) 11년(1020) 3월
247 『고려사』 권81, 지35 병1, 병제, 현종11년(1020) 5월 을묘

돼 있어 주목된다. 나이 80세 이상의 고령자 및 질환자에게 '시정(侍丁)' 1명을 주고, 90세 이상인 자에게는 2명을, 100세가 된 자에게는 5명을 주었다는 '이전의 제도'를 소개하는 대목이다. 이 '시정'은 자존이 불가능한 자를 모시기(侍養) 위해 '별도로' 제공된 존재로서, 1308년의 '호양자'와 동일한 성격의 존재라 할 만하다.

이 시정이 과연 '시양'에만 종사했을까? 그와 관련하여, 부모의 연령이 높아지면 높아질수록 제공되는 시정의 수도 많아졌음이 유의된다. 물론 부모가 고령화할수록 그 봉양이 더 어려워질 것을 고려한 것일 수도 있지만, 2~3명 이상의 노동력을 한 가구의 '양로(養老)'에 배당하는 것은 정부의 직역 운영에 상당한 부담이 됐을 것이다. 게다가 90세 이상의 경우 3명을 제공한 것은 단순한 '양로인력' 지급치고는 분명 과하다.[248] 여러모로 볼 때 시정의 임무가 '양로' 뿐이었다면 시정의 수가 이렇게 많을 필요는 없었을 것 같다.

그런 점에서 이 시정에게는 양로 외의 또 다른 역할이 요구되었을 가능성이 높으며, 그가 모신 고령자가 군인의 부모였을 경우에는 더욱 그러했을 것이다. 군인이 역(役) 수행을 위해 집을 떠나야 하는 상태에서 별도의 시정을 제공받았다면, 군인이 그 시정으로 하여금 자신의 부모 봉양에 더하여 몇 가지 '추가 업무'에 종사케 했을 수도 있는 일이기 때문이다. 부모의 나이가 고령일수록 시정의 수를 늘려 준 것도, 시정들에게 '시양' 외에 '추가 업무'가 부여되는 것이 일반적이었기 때문일 수 있다. 그리고 그 '추가 업무'는 결국 가호 자체의 운영, 즉 전토의 경작 및 생업의 이행이었을 가능성이 상정된다.[249]

....

248 관련 규정은 60여년 뒤인 1081년 개정되었다[『고려사』 권84, 지38 형법1, 공식 관리급가(官吏給暇), 문종(文宗) 35년(1081) 3월 조정(詔定)]. 시정의 최초 지급 시점이 '70세 이상 80세 이하'로 앞당겨진 것이 골자였다.

이와 유사한 존재들은 이후에도 고려 사회에 지속적으로 출현한다. 1073년의 '양호(養戶)', 1108년의 '전호(佃戶)', 그리고 1371년의 '조역(助役)' 등이 그런 경우다.

『고려사』에서 간헐적으로 확인되는 '양호'는 충선왕대의 '호양[자]'와 그 명칭상 사실상 동일한 존재로 보인다. 고려 전기인 문종대, 구체적으로는 1073년 '주진(州鎭)에 입거(入居)한 군인들에게 본관(지역)의 양호(養戶) 2인 씩을 지급했다'는 기록에 처음 등장한다.[250] 그 역할과 관련해서는 그것이 가호의 부양 및 경작을 담당한 존재였다고 보는 시각이 일반적이다.[251] 결국 문종대의 조치는 생업에 지장을 받고 있던 군인들을 지원하기

....

249 기존의 연구에서도 유사한 추정을 한 바 있다. 1046년 70세 이상의 부모를 가진 군사 중 외군은 '촌에 머무르는(村留) 2·3품군(二三品軍)'에 소속시켰다는 기사(『고려사』 권81, 지35 병1, 병제, "文宗卽位侍…判: 凡軍人有七十以上父母而無兄弟者, 京軍則屬監門, 外軍則屬村留二三品軍, 親沒後還屬本役.")를 두고, 2·3품군이 '과전의 경작'을 담당했을 것이라 본 것이다(이우성, 1965 「고려의 영업전」『역사학보』28).

250 『고려사』 권81, 지35 병1, 병제, 문종27년(1073) 3월

251 양호와 관련해서는 그간 다양한 각도에서 검토가 이뤄져 왔다. 먼저 ① 양호의 '역할'과 관련하여 양호가 군호의 농경 일체를 담당했을 것이라는 입장(이기백)과 양호가 군호의 경작노동력을 '보충'했을 뿐이라는 견해(강진철), 그리고 양호를 군역 담당자(직역자)에게 보조적으로 부과된 봉족 혹은 보인으로 이해한 견해(이상국, 위논문)가 제기되었다. 다음으로 ② 양호의 '정체'와 관련해서는 앞서 이우성의 견해와 비슷하게, 지방에 머물면서 군인의 보조원 역할을 수행했을 촌류 2·3품군이 양호의 역할을 했을 것이라는 견해가 제기되었다(김당택, 1983 「고려초기 지방군의 형성과 구조」『고려군제사』육군본부). 마지막으로 ③ 양호가 지급되었던 '상황'과 관련하여, 전시과전(田柴科田)으로서 지급된 군인전과 족정(足丁)으로서의 군인전['고래전정(古來田丁)' 위에 설정된] 등 두 계열의 군인전이 있었음을 상정하고, 전자의 경우 가족을 떠나 입진(入鎭)하는 등의 군역을 담당했으므로 양호(養戶)를 받았겠지만, 후자처럼 지방에 남아 있던 주현군에는 양호가 지급되지 않았을 것이라 본 입

위해 '경작'의 임무를 띤 양호들을 제공한 것이라 보아도 무방하리라 생각된다.

한편 고려 중기였던 예종대에 등장하는 '전호'의 경우, 역시 군인전(軍人田)에 우선적으로 제공되어 경작과 양곡 조달을 담당하였다.[252] 전호들이 군인들을 대신해 군인전을 경작하고, 그에서 양곡을 산출해 군인호에 제공하는 역할을 부여받은 셈이었다.

그리고 고려 후기인 공민왕대에는 '조역'이라는 용례가 등장한다. 1371년 12월 집에 "장정이 하나밖에 없는 경우 국역에 종사하지 않게 배려했는데, 여전히 관리들이 사역을 시키고 있으니 대신 '조역'을 주어 실업(失業)하는 일이 없게 하라"는 지시가 내려진 것이다.[253] 이 조역 역시 역을 부과받지 않아야 할 단정호(單丁戶)들이 잡역에 동원돼 가사를 돌보지 못할 경우 그들을 돕기 위해 제공된 존재였으므로,[254] 여러모로 가호의 전토 경작 등을 지원하는 존재였을 가능성이 높다.

....

장이 있다(오일순, 1985 「고려전기 부곡민에 관한 일시론」, 『학림』 7).

252 『고려사』 권79, 지33 식화2, 농상(農桑), 예종(睿宗) 3년(1108) 2월 제(制), "… 自今先以軍人田, 各定佃戶, 勸稼輸粮之事, 所司委曲奏裁."

253 『고려사』 권84, 지38 형법1, 공식(公式) 호혼(戶婚), 공민왕(恭愍王) 20년 (1371) 12월 교(敎); 권79, 지33 식화2, 호구(戶口), 공민왕20년(1371) 12월 하교(下敎)

254 권영국의 경우 조역을 군호의 일부이자, 군인의 재역(在役) 기간 동안 군호의 생계비나 군수 비용을 조달하는 등의 재정적 부담을 지는 존재였다는 점에서 고려 전·중기의 양호와는 '달랐다'고 보았지만(1996 「고려후기 군역제의 변화」, 『사학연구』 52), 필자가 보기에는 오히려 그래서 비슷한 존재라 할 수 있을 듯하다. 이상국은 이 조역 개념을 근거로 당시의 군호가 '군인 및 잡역 수행자'로 구성돼 있었다고 보고, 이전의 양호 또한 잡역을 담당했을 것이라 보았는데(이상국, 위논문), 양호의 그러한 역할 중에 농지 경작도 포함돼 있었다면, 조역 또한 그와 달랐을 것이라 볼 이유는 없다고 생각된다.

이상의 사례들을 통해, '고령의 부모 봉양, 또는 질환자 간병' 등을 명목으로 가호의 경영(생업, 전토 경작 등)을 보조할 인력을 (군인을 비롯한) 각종 직역 담당자들에게 지원하는 전통이 고려 사회에 오랜 기간 존재했음을 엿볼 수 있다. 그리고 충선왕이 1308년 일부 가정에 지급했다는 호양자 역시 그런 오랜 관행의 연장선상에서 등장한 존재가 아닌가 한다. 앞서 출현했던 존재들이 직역자 가족 부양의 의무를 넘어 포괄적 가호(家戶) 지원에 나선 것처럼, 1308년의 호양자 역시 단순히 병 간호 및 봉양에 그치지 않고, 그 전신인 양호, 시정, 조역들이 그러했듯 국역에 종사하는 직역호를 대신해 해당 가호의 경영도 보조(가계의 운영을 지원)했을 것으로 생각된다.[255] 그리고 당시 가장 중요한 국역이 바로 '군역(軍役)'이었음을 고려하면, 충선왕대의 호양자는 직역호 중에서도 군호(軍戶)에 투입된 것으로 보는 것이 합리적일 것이다.

이상에서 살펴본 바와 같이 1308년 충선왕이 파견한 호양자들은 단순

---

255 1308년의 '호양'이 1020년의 '시양'의 또 다른 표현에 불과했을 가능성은, 1020년의 기사와 1308년의 기사가 내용 및 구조상 흡사하다는 것에서도 시사된다. 충선왕의 1308년 지시는 ① 이른바 '능히 자존할 수 없는 자[不能自存者]'에게 면역(免役)의 혜택을 받은 "보호하고 기를 수 있는 자[護養者]"를 제공하라는 지시에 더하여 ② 70세 이상으로 보호자[守護者]가 없는 사람의 자손이 범죄로 유배를 가야 할 경우 죄의 경중을 따져 '[부모와 가까운 곳으로] 옮겨 적거(謫居)하게 하거나 (죄를) 면하여 모시게 한다[移免孝養]'는 내용을 담고 있다. 그런데 1020년의 기사 역시, ① [고령자에게 '시정 지급'이라는 혜택을 제공하듯이] 정방인(征防人)들에게도 면역(免役) 봉양을 허용할 것과, ② 고령 부모를 둔 범죄자의 유배("移鄕")를 면제하고 봉양("侍養")을 허락할 것 등의 두 가지 내용을 담고 있다. 두 조치 사이에 200년에 가까운 시차가 있음에도 불구하고, 두 조치의 구조와 취지가 거의 상통한다고 할 수 있다. 그런 점에서 1020년의 '시양자'가 담당한 역할의 범위와 1308년의 '호양자'가 담당한 역할의 범위가 사실상 동일했을 가능성이 있어 보이며, 충선왕도 과거의 이런 전례를 모델로 '호양'이라는 화두를 꺼낸 것이 아닌가 한다.

가호 보조자가 아니었다. 군역제 운영과 모종의 관련을 가진 존재로서, 충선왕에 의해 고려 전·중기의 제도로부터 호출된 존재였던 셈이다. 그럼 그렇게 호양 인력으로 제공될 자들을 충선왕은 과연 어디에서 구했던 것일까?

당시의 인력운용 현황을 볼 때, 군호에 배치된 호양인력은 양인이기보다 천인이었을 가능성이 매우 높다. 부족한 양인이 조금이라도 확보되었다면 호양은커녕 전투업무에 배치됐을 것이기 때문이다. 그런 점에서 호양자로 투입된 이들은 아무래도 비양인(非良人), 즉 양인 이외의 존재들이었을 것으로 생각된다. 충선왕이 즉위년 및 복위년간 꾸준히 지켜낸 지방의 공천(公賤) 인력, 그리고 부단히 흡수해 들이고 있던 분쟁 상태의 사천(私賤) 인력이 앞서 살펴본 초소 경비 인력 교체에 동원되는 한편으로, '호양' 인력으로도 지정되어 군호에 투입된 것이 아닌가 한다.

이상 필자의 언급은 어디까지나 정황 증거들에 기반한 가설일 따름이다. 다만 당시의 상황에서 천인의 군역 동원이 사실상 '신의 한 수'였을 가능성을 감안하면, 고려해 볼 만한 가설이기도 하다. '양인 부족' 및 '보상으로 지급할 토지의 부재'로 인해 군역제가 위기에 놓인 상황에서, 토지 등의 보상책이 불필요한 천인이야말로 두 마리 토끼를 한꺼번에 잡을 묘안이었을 것이기 때문이다.

이렇듯 충선왕은 붕괴해 가던 군호제 및 군역 제도의 복원을 시도함에 있어, '군인전 지급'이라는 전통적 방식을 쓰는 데 그치지 않고 '보조 노동력 제공'이라는 고려 전·중기로부터의 유제(遺制)도 활용하였다. 아울러 한 걸음 더 나아가, 군호에 제공돼야 할 보조 노동력의 확충에 있어서는 동시대 원제국의 상황을 적극 참고하였다. 필자가 추정하는 것처럼 충선왕이 양인 뿐 아니라 천인까지도 국역에 동원하겠다는 의지 아래 공사천(公私賤) 인구를 확보하여 군호에 제공한 것이 사실이라면, 충선왕의 이러한 발상은 천인 군구(軍驅, 軍駈)들을 첩군호(貼軍戶)로 삼아 정군호(正軍戶)에 강력히 긴박시켰던 원제국의 군역제에서 온 것이었을 가능성이 매우 높기 때문이다.

(직역호에 부가 인력을 제공하던) 고려의 전통에다 외국의 관행(군역에 천인호를 활용하던 제국의 방법론)을 접목시킨 충선왕의 이런 노력은 여러 흥미로운 결과를 낳았으리라 생각된다. 호양자들이 기존 군호들과 결합되면서 고려의 군호제가 외관상으로는 제국의 복합호와 일면 유사해졌을 가능성을 배제하기 어렵고, 이후 등장하는 조선시대의 봉족(俸足)이 충선왕대 호양자 제공 조치의 유산 중 하나였을 수도 있어 보이기 때문이다.

물론 충선왕대 군역제 개혁의 성과가 고려말을 넘어 조선초까지 이어지지는 못했을 수도 있다. 1370년대 이후 소유 재산의 규모에 따라 군역을 부과하는 [즉 호등제(戶等制)에 기반한] 호별(戶別) 징병(徵兵) 방식이 대두하면서, '군인전 지급을 통한 군호 운영'이라는 기존의 방침 자체가 시의성을 잃고 형해화되어 갔기 때문이다. 그러나 14세기 초 충선왕의 개혁이 14세기 후반까지 지속되면서, 고려의 군역 제도에 인공호흡기를 달아준 것만큼은 분명해 보인다. 고려 군호제·군역제의 조기 붕괴를 일정 기간 유예시킨 점을 부인하기 어렵다.

이상에서 충선왕이 네 가지 분야에서 전개한 개혁들을 살펴보았다. 고려와 원제국의 관계가 지속되면서 앞서 1장에서 살펴본 것처럼 의사결정 권자들의 정체성 및 인식이 변화했고, 그것이 2장과 3장에서 살펴본 고려 국왕의 독특한 국정운영(개혁)으로 이어졌다고 할 것이다. 원제국의 국정 지향이 고려 내에서 변용된 방식으로 구현되었고, 제국의 방법론이나 제도·관행이 들어와 고려의 문물에 결합되었다. 그 과정에서 고려의 오랜 전통이 변모하거나, 고려의 내정이 개선되기도 했다.

이러한 상황은 고려와 원제국 간에 존재했던 제도·정책적 이질성을 분야별로 현저히 약화시켰을 가능성이 높다. 물론 고려가 중국의 지향이나 방법론을 수용한 것이 이때가 처음은 아니었고, 몽골의 간섭에도 불구하고 고려의 전통 문물과 기존 제도는 뒤에 살펴볼 바와 같이 많이 살아남았다. 다만 충선왕대를 비롯해 14세기 전·중반에 계속되었던 이러한 방식의 국정은 양국 제도·정책 간의 연동성과 유사성을 강화시켰을 가능성이 높으며, 이러한 맥락의 교류가 반세기 넘게 지속되면서 위정자들의 의식구조 변화도 가속화하는 '순환 구조'가 형성됐을 수 있다. 고려와 중국, 고려와 제국 간의 경계가 일부 허물어지고 있던 이런 상황이야말로 고려 - 원제국의 관계가 한반도에 끼친 주목할 만한 유산 중 하나였다고 하겠다.

2부

—

그래도 여전한 양쪽 간 계선(界線),
상충하는 이해관계

앞의 1부에서는 고려와 원제국 간의 경계가 일부 허물어진 정황들을 살펴보았다. 정책적 지향에서의 유사성이 제도 운영상의 양국 간 차별성 약화로 이어진 모습, 한반도와 중국 간에 존재했던 전통적 구분이 13~14세기 들어 다소 흐려진 상황을 확인할 수 있었다.

그러나 이것이 당시의 유일한 추세였던 것은 물론 아니다. 그와는 반대되는 측면도 분명 존재하였다. 고려의 기존 질서가 엄연히 중국이나 제국의 것과는 달라, 고려와 중국 간의 전통적 계선(界線)이 이 시기에도 유지되거나 오히려 전에 비해 공고해진 경우도 적지 않았던 것이다.

우선 첫 번째 경우로, 고려와 원제국의 관계가 깊어지는 와중에도 고려와 제국(중국) 사이의 경계가 남아 있거나, 양측의 문물이 서로 충돌하는 과정에서 서로 간의 분절이 오히려 강화된 경우를 들 수 있다. 전자의 경우 통화(通貨)나 관세(關稅) 등의 경제적 사안에서 관찰되는데, 제국의 경제권과 고려 시장권이 서로 엄연히 분리돼 있었음을 제국 지폐(紙幣)의 고려내 동향이나 고려 선박에 부과된 제국 관세를 통해 살필 수 있다. 반면 후자의 경우 법제·사법의 영역에서 확인되는데, 혼인 및 신분 분야에서 고려와 제국 양측의 법이 서로 충돌했음이 그를 잘 보여준다.

두 번째 경우로는 양국의 이해관계가 엇갈린 정황을 거론해 볼 수 있다. 고려와 원제국의 관계가 손익(損益)의 측면에서는 반비례의 구도를 지녔음을 고려인들이 절감할 계기들이 반복적으로 돌출했기 때문이다. 주지하는 바와 같이 1230년대 몽골군의 한반도 침공 개시 이래 몽골 측의 고려 물자 징발이 계속됐는데, 그것이 1270년대 체계화·구조화한 결과가 바로 둔전(屯田)과 응방(鷹坊)을 통한 고려산 미곡·은·직물의 징렴이었다. 둔전과 응방 모두 '고려에 도움'이 되거나 '해가 될 것이 없다'는 미명(微名) 아래 설치됐지만, 물자 징발에 종사함은 물론 다른 용도로까지 오·남용됐고 결국 13세기 후반 폐지되거나 위축되었다. 경제적 견지에서 볼 때 고려와 제국의 이해관계가 합치하기 어려운 일이었음을 노골적으로 드러낸 사례들이다.

반면 고려와 원제국의 교역에서 하나의 전기(轉機)가 됐을 수도 있는 한반도 연안의 원제국 수역(水驛) 노선은 또 다른 경우였다. 쿠빌라이는 중국 동해안 - 한반도 서해안 사이에 수역을 운영해 물류(物流)를 늘리겠다는 의도 아래 고려인을 강남지역 행성(行省)의 고위직에 임명하겠다는 제안을 고려에 해 온 바 있었다. 그러나 고려는 그 의도를 경계하였고 그로 인해 고려인의 강남 지역 성관(省官) 임용은 결국 불발됐으며, 한 - 중 간 수역 네트워크 또한 더 이상 확장되지 못한 채 철거되었다. 쿠빌라이의 의도대로 되었을 경우 고려에도 피해가 없진 않았겠으나, 동북아시아에 들어오는 외국 상인들의 방문이 주로 중국에 집중되고 그들의 한반도 방문은 제국 정부와의 관계가 안 좋을 때에나 더러 증가하던 상황에서, 고려로서는 하나의 기회가 무산된 측면도 없지 않았다. 고려와 원제국 간 이해관계의 반비례적 속성에 대한 경계심이 고려의 동북아시아 내 위상을 한층 제고할 계기를 밀어낸 역설적 사건이었기에 함께 논해 보았다.

마지막 경우로는 고려와 원제국의 이해관계가 중첩되는 바가 사실상 전무했던 분야, 즉 '정치질서'의 문제를 살펴보았다. 앞의 경우들이 충돌이나 엇갈림, 반비례의 경우였다면, 고려만의 관행과 필요, 내부적 이해관계가 작동했던 '정치질서'의 영역은 그야말로 원제국과 무관하게 존재하였다. 특히 고려 국왕의 인사(人事)와 고려 정부의 부처 운용에서 그런 모습이 관찰되는데, 고려의 인사는 임명권자인 고려 국왕과 피임명자로서

행정을 맡은 고려 관료들 사이의 문제였기 때문이다. 물론 원제국이 고려의 관제를 뒤집어 놓긴 했지만, 그것은 관직명, 관청명 등 외피의 영역에 국한된 간섭이었다. 비록 새로운 명칭들을 부여받긴 했으나, 고려의 관제(官制)와 관계(官階)는 원제국의 도래 이전과 그리 다르지 않은 양상으로 운영되었다. 특히 고려의 관제 및 문산계 개편, 재상 전직(轉職) 및 겸임(兼任) 제도 운용 방식 등은 실로 제국과는 무관한 부분으로서, 고려 나름의 의도와 시간표를 토대로 고려의 군신(君臣)들에 의해 독자적으로 운영되었다.

1장. 돈과 법은 바뀌기가 쉽지 않다

앞서 1부의 검토를 통해, 한반도와 중국을 바라보는 고려 군신(君臣)들의 시각이 이전과는 현저히 달랐던 정황을 살핀 바 있다. 아울러 고려를 다스리던 최고위 행정가들의 이러한 인식 전환이 고려의 내치(內治)에 반영되면서, 고려와 원제국 간에 제도적 상관성 및 연계성이 대폭 강화된 정황 또한 함께 살펴보았다. 결국 1부를 통해 확인한 것은 본질적으로 원제국의 정세 상황이나 국정 지향이 고려의 국정 방향 및 내정·내치 개선 노력에 일종의 영향 또는 영감이 될 경우 어떤 변화들이 발생할 수 있는가의 문제였다고 하겠다. 이전과는 다른 정체성과 관점을 갖게 된 고려의 위정자들이 외국의 '지향'을 반영한 나름의 국정 의제들을 설정한 후 제도 개변을 단행하였고, 그로부터 일정 정도 수혜를 하게 될 사회 구성원들도 그에 동의했던 경우들이었다고 하겠다.

그런데 한 나라의 질서에는 다른 나라의 간여와 압박, 또는 위정자의 의지에도 불구하고 결코 바뀔 수 없는 부분들 또한 존재하기 마련이다.

사람들의 기본적 일상 질서가 그런 경우다. 생활 속 관습과 기반은 지향과 제도에 비해 변화의 속도가 매우 늦으며, 변화의 동기 또한 찾기 어려운 경우가 많다. 오히려 변화에 저항하는 기층적 속성이 매우 강한 것이 사람들의 일상 생활이다. 그렇다면 고려시대 당시 그런 모습을 보인 대표적인 분야로는 어떤 것들이 있을까? 사람들의 경제 활동을 (폭과 수위의 차원에서) 결정하기 마련인 돈과 세금의 문제, 그리고 사람들의 일상을 통제하는 법의 문제(민사든, 형사든)를 들 수 있다.

당시 고려 국왕과 관료들의 인식과 지향이 이전과는 매우 달라지고 있었음에도 불구하고, 이런 분야들에서까지 제국과 고려 간 경계를 허물려는 시도는 거의 관찰되지 않는다. 그 약화를 희구하거나 방치하는 정황도 마찬가지다. 양국 간의 경제적 계선과 사법적 경계는 여전히 강고했으며, 그것을 당연시하는 입장이 여론의 우위를 점하는 한편으로 그를 훼손하려는 입장에 대한 경계감도 심심찮게 발견된다.

그 결과 고려 후기에도 한반도 시장과 제국 상권(商圈) 사이에는 통화(通貨) 차원의 이질성이 여전하였고, 동북아시아 무역권 안에 공존하던 중국과 한반도는 서로 일정 수위의 격절성을 유지했으며, 신분(身分) 제도와 형정(刑政) 분야에 존재했던 중국과 고려 간 장벽은 14세기 전반에도 살아남았다. 양국 간 경제권은 분리된 채로 남았고, 양국의 신분 및 사법질서 간 경계를 허물려는 시도는 번번히 실패했음이 그를 잘 보여준다.

1. 분리된 양국 경제권: 관세(關稅)와 통화(通貨)의 문제

고려와 원제국 사이의 경제적 분리성을 보여주는 가장 분명한 지표로는 세금과 통화(화폐)를 들 수 있다. 전자와 관련해서는 상세(商稅)와 관세(關稅)의 문제를, 그리고 후자와 관련해서는 제국의 보초(寶鈔, 원제국 지폐)와 고려의 은병(銀瓶) 등을 살펴볼 수 있다. 본 절에서는 전자 중에서도 관세의 문제를, 그리고 후자 중에서는 보초의 문제를 집중적으로 살피려 한다.

1) 관세의 문제

상세는 주지하듯이 시장 내에서 전개되는 각종 거래행위에 대해 위정 (爲政) 당국이 부과한 세금을 가리킨다. 농민들이 농경을 통해 생성한 소 출이 과세(課稅)의 대상이 된 것처럼, 상인들이 시중 거래를 통해 획득한 수익이 과세의 대상이 되는 것은 당연하였다. 상세에 준하는 세목이 고려 에도 있었는지의 여부는 기록이 분명치 않아 미상이지만, 원제국에서는 상인들로부터 거래세를 징수하였다.[1]

문제는 원제국 정부가 중국을 넘어 고려의 상인들에게서도 상세를 징 수했는지의 여부이다. 다시 말해 고려 한반도에서 전개된 각종 시중 거래 행위에 대해, 중국에 소재한 제국 정부가 한반도의 위정 권력을 대신해 '과세'를 했는지의 여부를 확인할 필요가 있다. 만약 그랬다면 고려 한반 도가 제국 정부의 과세권(課稅圈) 내로 들어갔다는 얘기가 되며, 1280년대 그를 암시하는 듯한 기사가 출현하기도 한다.[2] 그러나 이는 원제국 정부 가 고려 상인들을 대상으로 고려에서 벌어진 상행위에 과세를 한 것이 아 니었다. 오히려 원제국 정부가 당시 고려에서 활동하고 있던 제국의 오르 탁(Ortaq) 상인들을 대상으로, 제국 정부가 그들에게 일찍이 투자했던 자 금에 대한 이자와 그 원금 등을 회수한 경우였을 따름이다.[3]

....

1 『원사』권94, 지43 식화2, 상세(商稅)
2 『고려사』권30, 세가30 충렬왕12년(1286) 4월 갑진, "元遣使筭商人稅錢."
3 1286년의 조치가 있은 지 10여년 만인 1295년 원 황제 성종이, 중국 밖에서
　활동하던 회회인 오르탁(Ortaq, 斡脫) 상인들을 대상으로, 일찍이 원제국 정부

이 기사를 제외하고는 제국이 고려의 상인들에게 '거래'와 관련된 세금을 부과한 정황이 관찰되지 않는다. 제국이 고려로부터 다량의 공물(貢物)을 가혹하게 징발하긴 했지만, '정규 세금'은 징수하지 않았던 것과도 궤를 같이 하는 정황이다.[4] 그런 점에서 적어도 상세의 영역에서는 고려와 원제국이 동일 과세권, 동일 납세권이 아니었음이 어느 정도 분명하게 확인된다. 그리고 그러한 정황에 부합하는 또 하나의 모습이, 원제국 정부에서 고려의 물자를 "어떤 국적의 물자"로 간주했는지를 보여주는 지표로서의 "관세(關稅)"에서도 확인된다.

관세는 일국의 행정 당국이 관내(關內)에 진입하는 외국 상인의 물화(物貨)에 부과했던 세금으로, 통과의 행위를 겨냥한 통과세[통관세(通關稅)], 선박에 적재된 화물의 재화 가치를 겨냥한 화물세, 관내에 들어와

....

가 그들에게 대출해 준 무역 자금['관전(官錢)', 알탈관전(斡脫官錢)]을 회수할 방침을 천명하며, 고려에도 그런 의지를 피력해 온 바 있었다[권31, 세가31 충렬왕21년(1295) 윤4월 기미, "元遣小云失不花來詔曰, '自寫闊台皇帝(오고타이황제)到今以來, 賣買人等貸出官錢(일본 연구에서는 '알탈공전채[斡脫公錢債]'라고도 표현), 不以利錢還納, 彼此隱匿者多矣. 其內外官員尋捕買賣人, 收取利錢依數交納泉府司(천부사는 원제국 고위 관료와 황실 인사들의 오르탁 사무 주관 부처: 필자). 若有見賣買人隱匿首告者賞之."]. 그를 감안하면, 1286년의 사례도 원제국 정부가 '한반도의 고려 상인'들을 대상으로 '일반 상세'를 거둔 것이 아니라 어디까지나 '한반도에서 활동하던 외국 상인'들을 대상으로, 일찍이 그들에게 무역자금을 대출해 준 '채권자'로서, 그들(외국 상인)의 '채무 이행'을 강제하던 정황을 담은 기사로 해석돼야 할 것이다. 자세한 사항은 이강한, 2013 『고려와 원제국의 교역의 역사』 창비 참조.
4 당시 고려가 원제국에 바친 물품의 종류에 대해서는 이강한, 윗책 참조. 한편 당시 고려의 대원(對元) 세공(歲貢)이 복속의 대가로 제공된 것이었으며, 이후의 방물도 의례적 진헌(進獻)의 성격을 강하게 띠었음에 대해서는 정동훈, 2020 「1260~70년대 고려 - 몽골 관계에서 세공(歲貢)의 의미」 『진단학보』 134 참조.

전개될 거래행위에서 발생하는 영업이윤을 겨냥한 거래세 등 다양한 모습으로 역사에 등장한다. 원제국 정부에서도 중국에 들어오는 여러 나라의 선박에 실린 화물에 다양한 규모의 관세를 부과하였다.

남송(南宋)이 멸망한 후 원제국은 강남지역을 복속하고, 송대의 관행에 의거하여 여러 '번국(蕃國, 외국)' 상인들에게서 재화의 1/10 또는 1/15를 관세로 징수하는 이른바 '시박(市舶)' 행정을 개시했다. 이를 담당할 관청으로서의 시박사(市舶司)가 1277년 천주(泉州), 경원(慶元, 오늘의 영파), 상해(上海), 감포(澉浦) 등지에 설치되었고, 1283년에는 추분법(抽分法)이 확정됨으로써 관세율이 확립되었다. 여러 박화(舶貨, 외국선박에 실린 화물) 중 '정(精)'한, 즉 고급의 물품에 10분의 1, 그리고 '조(粗)'한, 즉 저급한 물품에 15분의 1을 관세로 취한 것은 과거와 동일하였다.[5]

반면 이전에 비해 달라진(개선된) 부분은 무역 관련 비리 행위에 대한 강력한 규찰이었다. 원제국 정부는 1293년 『시박추분잡금(市舶抽分雜禁)』 23조를 반포함으로써, 누락 없는 관세 징수 방침을 천명하는 동시에 각종 불법 행위에 대한 단속 규정도 공식화하였다.[6] 그런데 이 '잡금'을 통해 원제국 정부가 관세 부담의 '경감' 방침 또한 밝혔음이 주목된다. 남송시대 말엽에 성행하던, 불법적 추가 관세 부과 관행을 종식시킨 것이다.[7]

....

5 『원사』권94, 지43 식화2, 시박(市舶). 원제국의 관세와 관련된 자세한 서술로는 이강한, 2010 「13세기말 고려 대외무역선의 활동과 원대 '관세'의 문제」『도서문화』36 참조.

6 『원전장』권22, 호부8, 시박(市舶), 「시박칙법23조(市舶則法二十三條)」. 23개 항으로 구성된 이 법령은 '잡금(雜禁)'으로도 불리는데, 무역과 관련한 제반 규정을 강조하고 적법한 과정 및 절차를 환기하는 내용을 담고 있으며, 특히 관세 징수와 관련된 각종 비리 행위에 대한 금칙(禁則)들을 담고 있다. '시박추분잡금(市舶抽分雜禁)'이라는 표현은 『원사』권94, 지43 식화2, 시박(市舶) 조의 1293년 기록에 등장한다.

13세기 전반 중국 영파지역의 상황을 담은 지방지(地方志)인 『보경사명지(寶慶四明志)』를 보면, 남송시대 강남의 대표적 항구였던 명주[明州, 원대의 경원(慶元), 오늘날의 영파(寧波)]에서 입항하는 선박들의 화물로부터 거둔 관세의 규모가 설명돼 있다. 그런데 그 과세 규모가 심상치 않다. 정규 관세로서의 1/15(일반 물품의 경우)을 거둔 후에도 '강제 매입' 등의 형태로 불법적 추가 징세를 서슴치 않았기 때문이다. 그 결과 최종 관세 납입액이 전체 화물의 절반 가까이 달하는 경우가 빈발하였다.[8] 상인들이 중국 입항을 꺼려도 전혀 이상할 것이 없는 상황이었다.

이에 남송 시절 당대(當代)에도 그런 불법 징수를 단속하거나, 불법 징수 자체는 막지 못해도 부과될 세율은 낮추려는 노력이 계속되었다. 그러나 결과가 항상 신통치 못하였다. 그러다가 1227년[보경(寶慶) 3년], 남송

....

7 사또 케이시로(佐藤圭四郎), 1981 「元代における南海貿易 - 市舶司條令を通して觀たる」『イスラ - ム商業史の研究』同朋社.〈시박추분잡금〉도 그 첫 조항에서 "議得, 市舶抽分則例, 若依亡宋例抽解, 切恐舶商生受, 比及定奪以來, 止依目今定例抽分, 麤貨十五分中一分, 細貨十分中一分."이라 적고 있어, 남송 말기의 관세율이 대단히 고율이었던 탓에 상인들이 고통을 겪었음을 언급하였다.

8 『보경사명지(寶慶四明志)』권6, 군지(郡志) 6 서부(敍賦) 하(下) 시박(市舶). 여기에 담긴 호구(胡榘)의 언급(1227)에는 "이전의 관행[舊例]에 따르면 박화(舶貨)에 관세를 부과할 때[抽·買], 우선 시박무(市舶務)가 1/15을 추분하여 그것을 수도 임안(臨按)에 보내고(이것이 공식 관세로 보인다: 필자), 다음 강수(綱首)가 1/15을 추분하여 그것을 강운선(綱運船)의 각미비(脚糜費)로 삼아 왔는데(2차 추분), 경원부가 추가로 3/15을, 그리고 두 '쉬청'[倅廳=통판(通判) 및 전운부사(轉運副使): 사또 케이시로의 설명]이 각기 (화물의) 1/15씩을 저렴한 가격으로 강제 매입[和買·博買]한다"는 설명이 등장한다. 공식 관세 1/15을 관에 내고, 다른 1/15은 운반 비용 등으로 지출했는데, 그 외에 화물의 5/15, 즉 1/3이 추가로 징수되어, 결국 항구에 도착한 화물 중 절반(7/15) 가까이가 중국 시장에 진입하기도 전에 증발했던 셈이다. 호구의 표현대로, '객려(客旅)가 법금(法禁)을 범하고, 세금 징발[抽·買]을 면제받을 방책을 찾는데 혈안'이 된 것도 무리가 아닌 상황이었다.

말 명주항(明州港)의 지방관[경원부(慶元府) 지부(知府)]이었던 호구(胡榘)라는 인물이 노력하여, 상기한 강제 매입 행위들을 중지시키는 한편으로 불가피한 징세분 외의 초과 징세분은 상인들에게 돌려주었음이 주목된다.[9] 호구의 이런 개혁으로 전체 화물의 5/15에 육박했던 경원부를 비롯한 여러 부서들의 강제 매입분 일체가 모두 폐지되고, 강수가 강운선 각미비로 삼기 위해 거두곤 하던 1/15세만 존치된 것으로 보인다. 1차 관세율은 1/10 또는 1/15로, 그리고 (이를테면) 2차 관세율은 1/15로 설정된 셈이었는데, 호구의 그러한 노력에 힘입어 더욱 많은 상인들이 명주에 입항하게 됐을 것으로 짐작된다.

그런데 남송말 – 원제국 초기에는 그러한 불법 추가세가 다시 부활했던 모양인지, 원제국 정부 또한 초기부터 개혁에 나서게 되었다. 그 결과 1차 관세 징수 후에는 (전체 화물의 1/30 규모의) 수수료만 '박세전(舶稅錢)'이라는 명목으로 징수하는 것으로 관세 절차를 마무리하는 새로운 관행이 등장해 정착하게 된다.

『원사』 식화지에 따르면, 천주(泉州)·상해(上海)·감포(澉浦)·온주(溫州)·광동(廣東)·항주(杭州)·경원(慶元) 등 7개 시박사 중 오직 천주에서만 "추분(抽分: 1/10·1/15)"에 더하여 "1/30세" 또한 별도로 징수하고 있었는데, 다른 지역들도 '모두 천주의 사례에 준하도록' 하는 조치가 1293년 단행되었다.[10] 얼핏 보면 천주 지역에 들어오는 상선(商船)들의 관세 부담이 가장 큰 상황이었고, 나머지 지역들을 드나드는 상선들은 원래 1/30세 부담

---

9 『보경사명지』에 담긴 그의 1226년 상신(上申) 및 사또 케이시로(佐藤圭四郎)의 위 연구 참조.

10 『원사』 권94, 지43 식화2, 시박, 지원30년(1293), "又定市舶抽分雜禁. 凡二十二條, 條多不能盡載, 擇其要者錄焉. 泉州, 上海, 澉浦, 溫州, 廣東, 杭州, 慶元市舶司凡七所, 獨泉州於抽分之外, 又取三十分之一以爲稅. 自今諸處, 悉依泉州例取之…"

은 지지 않고 정규 관세만 내다가(1/10·1/15) 이 조치로 인해 1/30세를 추가로 내야 하게 된 것으로 비치는 바가 있다. 그런데 『원사』본기 및 『원전장』을 보면, "천주만 화물의 1/30을 취하고 다른 지역은 화물의 1/10·1/15을 관세로 내는" 상황에서 돌연 '모든 지역은 천주처럼 하게 하라'고 되어 있어,[11] 오히려 다른 지역들이 천주 덕분에 세금을 덜 내게 된 것처럼 언급돼 있다. 동일한 상황에 대한 사료상의 기록들이 이렇듯 서로 모순돼 보이는 이유는 무엇일까?

이는 사료들이 하나의 동일한 상황 내 각기 다른 단계를 환기하고 있기 때문으로 보인다. 앞서 살펴본 것처럼 중국 강남의 항구들이 1/10~1/15세 부과 후에도 여러 불법적인 추가세들을 징수해 오고 있었던 것이 단서가 된다. 원제국 정부가 그를 시정하고자 노력한 결과, 천주에서 시범적으로 그러한 추가세를 폐지하고 1차 관세 징수 이외에 거둘 것은 1/30세 하나로 감축·단일화한 상황이었다. 이에 원제국 정부가 그에 대한 후속 조치로서, 다른 항구들 또한 천주처럼 불법 추가세 징수를 중지하고 2차 정규 관세 부과를 시행하며, 그 세율은 (천주처럼) 전에 비해 하향 일원화

----

11 『원사』권17, 세조 지원30년(1293) 4월 기해, "行大司農燕公楠, 翰林學士承旨留夢炎言, '杭州·上海·澉浦·溫州·慶元·廣東·泉州置市舶司凡七所, 唯泉州物貨三十取一, 餘皆十五抽一, 乞以泉州爲定制.' 從之.";『원전장』권22, 호부8, 시박, 〈시박칙법23조〉, "(中書省)議得市舶抽分則例…爲此於至元三十年四月十三日, 奏過事內一件: "江南地面裏, 泉州·上海·澉浦·溫州·慶元·廣東·杭州七處市舶司有. 這市舶司裏, 要抽分呵, 分麁貨十五分中要一分, 細貨十分中要一分有. 泉州市舶司裏, 這般抽分了的後頭, 又三十分裏官要一分'稅'來. 然後不揀那地面裏賣去呵, 又要稅有. 其餘市舶司裏, 似泉州一般三十分要一分稅的無有. 如今其餘市舶司, 依泉州的體例裏, 要者. 溫州的市舶司倂入慶元, 抗州市舶司倂入抗州稅務裏的怎生? 商量來." 奏呵, "那般者." 聖旨了也." 본서의 『대원성정국조전장(원전장)』법조문내 문장 표점은 陳高華·張帆·劉曉·党寶海 點校, 2011 『원전장』中華書局·天津古籍出版社의 표점에 따랐음을 밝혀둔다.

(→1/30)할 것을 공식화한 것이, 위 기사들을 종합해 볼 때 도출되는 결론이다. 이 새로운 1/30세의 이름이 바로 앞서 언급한 바와 같이 '박세전(舶稅錢)'이었다.[12] 이 조치에 따라 여섯 도시를 왕래하던 외국 상선들 역시, 이전에 비해 매우 적은 추가세만 부담하게 됐을 것으로 판단된다.[13]

이 1/30세가 중국 시박의 역사에서 갖는 의미는 매우 크다. 중국에 입항하는 상인들의 관세 부담을 12세기는 물론 13세기 초 호구(胡榘)의 개혁 당시에 비해서도 큰 폭으로 낮춘 파격적인 조치였기 때문이다. 호구의 개혁이 2차 관세를 1/15 정도로 감축하는 것이었다면, 13세기 말의 원제국 정부는 그에 그치지 않고 2차 추분(관세)율을 그 절반 수준으로 더욱 '인하'했던 것이다(1/15→1/30).

원제국 정부가 여러 항구들의 2차 관세를 이렇듯 낮춘 결과, 더 많은 외국 상인들을 유치하게 됐을 것으로 생각된다. 그리고 이러한 추세에 발맞춰 그런 중국 항구들을 상대로 관영(官營) 해상 무역에 새로 뛰어든 인물 중 하나가 바로 고려의 충렬왕이었다.

『고려사』에는 물론 그런 모습이 전하지 않지만, 당시 중국 강남 명주항의 지방관을 맡고 있던 제국 관료의 묘지명에 매우 다행스럽게도 관련 기록이 등장한다. 복건행성 평장정사 및 강절행성 우승 등을 역임한 사요

....

12 『원전장』 권22, 호부8, 시박, 〈시박칙법23조〉, "(中書省) 議得市舶抽分則例. 若依亡宋例抽解, 切恐舶商生受. 比及定奪以來, 止依目今定例抽分, 分麁貨十五分中一分, 細貨十分中一分. 所據廣東·溫州·澉浦·上海·慶元等處市舶司, 舶商回帆, 已經抽解訖貨物, 並依泉州見行體例, 從市舶司更於抽訖貨物內以<u>三十分爲率, 抽要舶稅錢一分</u>…" 자세한 사항은 이강한, 윗책 또는 이강한, 위논문 참조.

13 사또 케이시로도 비슷한 해석을 내렸지만(佐藤圭四郎, 윗책 p.375), 그는 "천주 이외 지역의 '2차 추분' 1/15이 천주 수준의 1/30로 인하되었다"고 표현하였다. 정규 관세 이외의 추가 징수를 '2차 추분(관세)'이라 표현한 것으로 보이는데, 결국 박세전이 그러한 2차 관세에 해당하였다.

(史燿, 1256~1305)라는 인물의 신도비문(神道碑文)인 〈영록대부(榮祿大夫) 복건등처행중서성(福建等處行中書省) 평장정사(平章政事) 대사농(大司農) 사공(史公) 신도비(神道碑)〉를 보면, 충렬왕이 파견한 '주시랑(周侍郞)'이라는 인물이 무역을 위해 원 항구에 입항하는 과정이 묘사돼 있다. 이 기록에, 사요가 고려 선박의 화물에 대해 부과했던 '관세율'이 언급되었다.

"고려왕이 주시랑을 보내 바다로 와 무역을 하니, 담당 관리[有司]가 지시하기를 천주[泉]·광주[廣] 시박사[市舶]의 예에 비해[比] 3/10[十의 三]을 취(取)하고자 함에, 공[公, 사요]이 말하기를 '(고려의) 왕이 복속하여 복거(福車)가 됐고 내부(內附)한 지도 오래되었으니, 어찌 가히 하대하여 해외(海外)의 신속[臣屬]하지 않은 나라와 동일하게 대하리오. 오로지 정부의 명령(令)과 같이 1/30[三十의 一]만 세(稅)로 거둘 것이다.' 하였다."[14]

성이 주씨이고 관직으로는 시랑(侍郞)으로 재직하던 인물이[15] 고려 왕의 명령을 받고 무역선을 끌고 제국 항구에 들어갔다가, 관세율과 관련해

....

14 "高麗王遣周侍郞, 浮海來商, 有司求比泉廣市舶十取其三, 公曰, '王于屬爲福車且內附久, 豈可下同海外不臣之國, 惟如令三十稅一.'" 이 신도비문은 요수(姚燧)의 『목암집(牧庵集)』에 실려 있으며, 『원문류(元文類)』에서도 확인할 수 있다[『국조문류(國朝文類)』 권62, 신도비(神道碑)]. 필자는 장동익, 1997 『원대여사자료집록(元代麗史資料集錄)』 서울대학교출판부에서 이 기록을 처음 마주하였다. 장동익 선생께서 각종 자료 확보를 통해 학계에 기여한 바는 이루 헤아리기 어려우며, 차제에 감사를 표한다.

15 주씨 성을 지닌 이 관료는 일찍이 원제국에서의 무역을 위해 동료 관료들의 투자금을 지참하고 중국에 들어갔다가 단속을 받아 모든 물건을 환수당했던 '주영량'으로 추정된다[『고려사』 권25, 세가25 원종4년(1263) 12월 임술, "流朱英亮鄭卿甫于島. 英亮等嘗赴北朝時, 受人貨賂帶十七人而行多行買賣, 至是事覺. 沒十七人銀瓶一百七十口, 眞絲七百斤, 皆配島. 徵英亮銀九斤, 卿甫七斤."].

명주항과 분쟁을 겪었다는 일화이다. 항구에서 3/10세를 내라고 했는데 고려측이 저항을 하자, 사요(史燿)가 고려는 제국과 관계가 돈독하니 1/30만 내게 했다는 것이 일화의 골자이다. 사요가 강절행성 우승으로 부임한 것이 1295년이라는 점에서, 이 기사의 시점은 1295년경 또는 그를 전후한 시점에 해당하는 것으로 보인다.[16] 아울러 일화의 공간적 배경이 어디였는지는 기사에 명시돼 있지 않지만, 당시 원제국 정부의 시박사 정비 내력을 감안하면 장소는 사실상 경원항이었던 것으로 보인다.[17]

이 일화를 두고, 일부 연구자들은 고려와 원제국의 관계가 돈독한 정도를 넘어 고려가 원제국의 일부였기에 이런 배려가 작동한 것이라 여겼다.[18] 심지어 고려 화물선의 물화가 외국산 물자가 아닌 원제국산 물자(즉

....

16 장동익, 윗책, 326쪽.

17 애초 원제국이 설치했던 일곱 시박사 중 위 기사에서 비교 대상으로 거론된 천주와 광주를 제외하면 다섯 곳이 남는데, 원제국 정부가 1293년 4월 온주 시박사[溫州舶司]를 경원(慶元, 영파)에 병합하고 항주 시박사[抗州舶司]도 현지 세무(稅務)에 통합한 데 이어, 1296년에는 감포(澉浦), 상해(上海)의 시박사를 합병해 경원시박제[거]사(慶元市舶提司)에 들였음을 감안하면, 이 기사의 공간적 배경은 결국 경원, 즉 오늘날의 영파(寧波)일 수밖에 없다고 생각된다.

18 일찍이 위은숙은 이 3/10세를 '신속(臣屬)하지 않은 번이(蕃夷)의 물품'에 대한 관세로, 그리고 1/30세를 '신속한 번이의 물품'에 대한 관세로 파악한 바 있다. 그리고 명주항이(또는 강절행성이) 종래의 입장을 철회하고 1/30세를 적용한 것은, 종속국 지위에 있던 고려의 무역선을 내지거래(內地去來) 자국선(自國船)과 동일하게 간주하였기 때문이라 판단하였다. 즉 위은숙은 이 일화가 양국 사이에 관세 상의 무역 장벽이 없었음을 보여주는 것이라 평가하면서, 그러한 관세 장벽의 부재는 결국 양 경제권이 '동일경제권'으로 존재하고 있었음을 보여주는 것이라는 입장을 제기하였다[1997 「원간섭기 대원교역(對元交易) - 노걸대(老乞大)를 중심으로」『지역과역사』 4]. 위은숙의 당 연구는 14세기 중·후반 고려가 제국으로 가는 상인들을 언어적으로 대비시키고자 간행한 어학교습서 〈노걸대(老乞大)〉의 각종 정보에 대한 사실상 유일한 연구로서 필자 역시 이 논문에서 밝힌 거의 모든 것에 동의하나, 이 일화에 대한 분석에서

중국 당국으로서는 '내국산' 물자)로 간주되어 관세가 아닌 '상세(商稅)'를 부과받은 것이라는 추정도 제기되었다.[19] 그러나 당시 고려산 물자가 제국산 물자로 간주됐어야 할 이유가 관련 연구에서 명확히 제시된 바 없고, 고려산 물자가 제국산(즉 내국산)으로 간주됐다면 정작 기사에 묘사된 것과 같은 '관세 부과 절차'가 진행된 이유를 설명할 길이 없다.[20]

그럼 도대체 위 일화는 어떤 상황을 담고 있는 것일까?

당·송·원대의 동북아시아에서 준용되었던 공식 관세율은 1/10세, 1/15세로서, 위 일화에 등장하는 3/10세나 1/30세와는 전혀 달랐다. 따라서 위 일화는 공식 1차 관세가 부과되던 단계에 대한 묘사이기 어렵다고 생각한다. 오히려 공식(1차) 관세가 부과된 '이후'의 상황에 대한 묘사로 다가온다. 그렇게 생각해 볼 수 있는 근거는 앞서 살펴본 중국 강남 항구들의 역대 상황에서 제공되는 바가 있다.

일화에 등장하는 첫 번째 세율로서의 '3/10'은 사실상 1/3에 가까운 것으로서, 중국 관세율의 역사에서 그 유례를 찾아 보기 어려운 세율이다. 유일한 근사례(近似例)를 찾는다면, 남송대 이래 중국의 강남 항구들이 입항하는 외국 선박들로부터 화매(和買) 등의 방식으로 불법 징수하던 고율

<hr />

만큼은 의견을 달리한다.

19 일본학자 에노모또 와따루는 고려‐원제국 관계에 대해서는 논평하지 않았지만, 박세전 1/30을 사실상 상세(商稅)로 전제하고 논의를 전개하였다(榎本涉, 2007 『東アジア海域と日中交流‐9~14世紀』 吉川弘文館). 이에 대한 필자의 논박과 관련해서는 이강한, 위논문 및 윗책 참조.

20 '바다를 건너 왔다'는 표현이나 '시박사'가 등장하고 있음을 감안하면, 위 일화는 아무래도 '상세 납부'가 아닌 '관세 납입' 절차를 묘사한 것으로 볼 필요가 있다. 물론 1/30이라는 수치가 제국 내지(內地)의 상세율로 등장한 시기도 있긴 했지만, 당국이 애초 부과하려 했던 3/10세는 상세와는 전혀 무관한 정체불명의 세율이었다는 점에서, 1/30세를 상세로 보기는 애초 어려운 바가 있다.

추가세(5/15)를 들어볼 수 있겠다. 반면 일화에 두 번째로 등장하는 1/30세는 그에 비해 매우 낮은 세율이다. 동시에 남송대의 고율 불법 추가세를 대체하고자 원제국 정부가 새로 도입했던 수수료로서의 박세전의 세율(1/30)과 공교롭게도 일치한다.

이렇게 보면, 위 일화에 등장하는 '3/10세'는 남송대 이래 남아 있던 비공식적이고도 불법적인 고율 과세 관행의 잔재였을 가능성이 크다. 그리고 그 반대 항인 '1/30세'는 원제국 정부가 남송 이래의 기존 불법 고율 추가세를 대체하고자 새로이 확립한 저렴한 공식적 2차 추분율이었을 가능성이 높다. 즉 고려는 명주에 입항하여 1차 관세(1/10·1/15)를 납부한 후 항구 당국으로부터 추가로 전자를 납부할 것을 요구받았지만, 결국 후자만 부과해도 된다는 양허를 받았던 셈이라 하겠다.

애초 이런 상황이 빚어진 이유는 무엇이었고, 처음과 다른 방향으로 귀결된 이유는 무엇이었을까? 원제국 정부가 이미 1293년 정규(1차) 관세를 1/10, 1/15로 재확인하고 (일체의 불법 추가세를 혁파하며) 추가세로는 1/30세인 박세전만 걸을 것을 명령했음에도 불구하고, 중국 강남 항구들은 여전히 남송 시절의 적폐와 악습을 떨쳐버리지 못하고 계속해서 입항 선박들에 추가 고율세를 불법적으로 부과하고 있었던 것 같다. 그런 와중에 마침 입항한 고려 선박에게도 그리 하려 했던 것인데, 고려측이 문제를 제기하자 결국 그를 철회하고 박세전을 징수했으며, 겸연쩍은 번복 조치를 포장하기 위해 '고려와의 돈독한 관계'를 들먹인 것이 아닌가 한다.[21]

....

21 정리하자면, 사요의 신도비가 묘사하고 있는 상황은 고려가 이미 1차 추분(관세)을 납입한 후 진행된 "2차 추분(관세) 납부 단계"였던 셈이라 하겠다. 고려 물화에 대한 '1차 관세' 징수가 완료된 상태에서, 그에 더하여 '불법적 추가 관세'를 매길 것인지, 아니면 최근 공식화된 합법 '2차 관세(박세전)'를 부과할 것인지를 놓고 논란이 벌어진 상황이었다고 하겠다.

물론 당시의 상황을 전반적으로 고려하면, 사요가 고려와 원제국의 관계를 고려해 일종의 배려를 베풀었기에 위 조치가 가능했다는 평가도 완전히 틀린 것은 아니다. 고려와 원제국의 관계가 제국과 여느 외국 간 관계와는 달랐던 것도 사실이고, 사요가 그간 반복돼 오던 잘못된 관행을 굳이 끊어 버리기로 결심한 데에 '고려에 대한 배려'가 일부 작용했을 수도 있는 일이기 때문이다.

그러나 그 '배려'는 어디까지나 '고율 과세를 지양하고 합당한 관세율을 부과하려는' 당시 원제국의 관세 개혁 방침을 벗어나지 않는, 즉 준수하는 수위에서 이뤄진 것이었다. 사요가 '공식 세율 이하의 세율'을 적용해 주는 식의 특혜를 제공하기보다, (이전 시대의 불법적 고율 관세가 고려 물화에 부과되는 것을 막으면서 동시에) 원제국 정부가 제도화시키고자 했던 '(낮은) 2차 관세율[박세전]'을 부과하는 방식으로 고려 선박을 배려했을 따름임이 그를 잘 보여준다. 사요의 조치로 인해 고려 상선이 부담해야 될 부담이 적어진 것은 사실이나, 그것이 비정상적인 배려나 양국 관계의 특이성에 대한 고려(考慮)의 결과이기보다는, 어디까지나 정상적인 시박 행정 조치의 결과에 불과한 것이었다는 얘기다. 그런 점에서 이 일화에 근거해 고려·원제국 관세권이 하나로 통합되었다고 보기는 어려운 일이라 하겠으며, 이 일화는 오히려 정반대로 고려와 원제국이 관세 차원에서 분리돼 있었음을 보여주는 근거로 간주해야 할 것이다.

2) 통화의 문제

통화(通貨)라는 것은 기본적으로, 하나의 시장권 내에서 활동하는 상거래 주체들의 '공인(公認)'을 그 존재의 관건으로 삼는 거래 매체라 할 수 있다. 발행 주체인 위정 권력이 그 가치를 인증해야 하고, 시중 존재들은 그것이 구매의 수단이 될 수 있음에 동의해야 유통력을 지니는 존재이다.

그런데 중세 시장의 통화에는 또 하나의 특징이 있었으니, '복수의 통화'가 동시에 존재할 수 있었던 점이 그것이다. 현물 화폐와 명목 화폐가 공존할 수 있었고 그럴 경우 후자가 정착에 어려움을 겪기도 했으며, 명목 화폐 중에서도 실제 재화 가치를 갖는 경우와 못 가진 경우들이 병존하였다.

어떤 경우 복수의 시장이 동일 통화를 공유하는 경우도 있었는데(오늘날에도 이런 경우가 없지 않다), 두 개 이상의 시장이 공동 통화권으로 묶인 경우로 표현할 수 있을 것이다. 양 지역이 운용하는 통화가 동일할 경우 양 지역 간 거래도 상대적으로 더 용이했을 수 있겠으며, 그런 경우 두 시장은 공동 통화권(通貨圈)이었을 뿐 아니라 공동 상권(商圈)을 형성했다고 볼 여지도 없지 않다.

문제는 과연 고려와 원제국이 그런 관계에 있었는지의 여부이다. 양측이 실제로 통화를 공유했는지, 그리고 양국의 상권 또한 통합의 상태를 보였는지의 문제라 할 것이다. 이와 관련하여, 고려 한반도가 원제국과 동일 통화권에 해당하였고 그 결과 고려 상권이 원제국 상권의 일부였다고 보는 관측이 개진된 바 있었다. 그리고 그런 관측의 근거가 바로 당시 고려에도 들어왔던 원제국의 지폐, 즉 보초였다(元寶鈔).[22]

....

22 아래의 서술은 기본적으로 그에 반대되는 견해를 담고 있으며, 이강한, 2001 「고려후기 원보초(元寶鈔)의 유입 및 유통 실태」 『한국사론』 46, 서울대 국사학과에 기반하고 있다. 한편 본 논문의 집필 당시 참고했던 일본 및 중국 연구자들의 연구 또한 함께 소개한다(安部健夫, 1972 「元代通貨政策の發展」 『元代史の硏究』 創文社; 前田直典, 1973 「元の紙幣の樣式に就いて」; 「元朝時代における紙幣の價値變動」 『元朝史の硏究』 東京大學出版部; 岩村忍, 1968 「紙幣制とその崩壞」 『モンゴル社會經濟ノ硏究』 東京大學人文科學硏究所, 同朋社; 加藤繁, 1992 『中國貨幣史硏究』 東洋文庫; 彭信威, 1958 「金元的貨幣」 『中國貨幣史』 上海人民出版).

원제국은 초원의 몽골족이 구축한 제국이었지만 명목 통화로서의 지폐를 발행해 그를 오랜 기간 안정적으로 통용시킨 것으로 유명하다. 비록 송대의 회자(會子), 교자(交子) 등이 강남 등의 제한된 지역에서 운용된 바 있지만, 지폐가 중국 시장의 유일 주축 통화로서 중국 전역에서 유통된 것은 원제국 시기가 처음이었다. 그만큼 원제국 지폐로서의 보초(寶鈔), 즉 '원보초(元寶鈔)'가 갖는 역사적 의미는 크다고 하겠는데, 그 본격적 발행은 세조 쿠빌라이대에 시작되었다. 1260년 발행된 중통원보교초(中統元寶交鈔, 중통초)와 1287년 발행된 지원통행보초(至元通行寶鈔, 지원초)가 가장 보편적으로 유통되었다.

원제국 정부는 통화정책 발족 초기부터 원보초의 통화가치 유지를 보장할 각종 제도적 장치들을 마련했다. 동전(銅錢)의 사용을 단계적으로 금지해 원보초의 강제·유일 통용방침을 천명하고, 금·은의 사매매(私賣買)도 금지시켜 원보초의 태환(兌換) 물자로 축적하였다.[23] 원보초의 보급도 신속하게 진행되었다. 중서성을 중심으로 한 화북 지역에의 원보초 보급은 남송 정벌이 본격화된 1260년대 말~1270년대 초 이전 거의 완료되었고, 남송 지역에의 원보초 보급을 위한 100만정(錠) 수준의 고(高) 발행고 유지 정책이 1273~1274년경 시작되어 1290년경 마무리되었다. 그 외의 기간에는 발행량을 적절히 유지하여 인플레를 미연에 방지하고, 발행량 증대 요인이 될 수 있을 보초의 외부 유출에도 극히 신중하였다.[24]

원제국 정부는 발행·보급된 원보초의 가치 유지에도 상당한 공을 기

....

23 오늘날의 '지급준비금'에 해당하는 물자로 축적했다는 의미이다.
24 원초(元鈔)의 발행액은 통용 개시 이래 15년간 안정세를 유지하고 있었다. 비록 1273년을 기점으로 10배 이상의 발행액 급증이 나타나긴 했으나, 그것은 남송(南宋) 지역에 유포할 분량을 마련하기 위한 것이었다(이강한, 위논문 [표 1] 참조).

울였다. 평준고(平準庫)에 금·은을 비축해 둠으로써 보초와 귀금속 간에 언제든 교환이 가능함을 널리 홍보하고, 상설 환전소로는 행용고(行用庫)를 운영하였다. 평준고는 원보초와 태환준비금(金·銀) 사이의 교환을 담당했고 행용고는 구권(舊券, 混鈔)과 신권(新券, 新鈔)의 교환을 담당했는데, 두 기관 모두 제국 곳곳에 배치되어 원보초 가치의 유지에 크게 기여하였다. 특히 행용고는 동전과 다른 지폐의 속성상 반드시 필요한 관청이었으니, 지질(紙質) 손상으로 가치를 상실한 혼초(混鈔)를 신초(新鈔)로 바로 바꿔 주지 않을 경우 액면가격의 증발이 불가피했기 때문이다. 시중 원보초의 가치와 공신성을 유지하기 위해서는 지속적 환전이 필수불가결하였다.

이렇게 원제국 정부는 원보초 통용 정책의 중장기 존속을 위한 여러 기반을 확립하였다. 문제는 이러한 보초가 고려에도 들어왔는지의 여부인데, 원제국의 보초가 이 시기 실제로 한반도에 들어왔음은 분명하게 확인된다. 다만 그것이 얼마나 들어왔고, 얼마나 유통됐으며, 그 영향은 어떠했는지를 구체적으로 살필 필요가 있다.

원제국의 일본 정벌(1274·1281) 당시에는 고려의 소와 말을 구입하기 위한 대금으로, 이후에는 불교행사에 대한 후원금이나 황제의 하사금으로 보초가 고려 정부 및 왕실에 전달되었다. 경우에 따라 들어온 원보초의 양이 상당하기도 했으므로, 왕들이 그를 적립하거나 고려인들이 그를 수령해 생활에 활용했다면 고려에서 보초가 유통됐다고 볼 여지도 없지 않다.

그러나 그 유입량에 근본적인 한계가 있었다. 13세기 후반의 경우 삼별초 진압에 공을 세운 고려의 장수에게 제국 황제가 원보초를 하사하거나, 고려 정부가 국왕의 대원(對元) 입조(入朝) 경비 확보를 위해 은, 저포 등으로 보초를 구매한 '환전(換錢)' 사례 정도만 확인된다. 전자는 소액의 원보초가 고려에 유입되었을 가능성을 시사하고, 후자는 구입된 원보초가 왕 일행에 의해 제국 내에서 소비된 후 잔액 형태로 고려에 유입되었을 가능성을 보여준다. 다만 간혹 가다 개인에게 하사되었던 원보초의 고려 유입량이 많기는 어려웠을 것이다. 필요할 경우에만 진행됐을 환전을 통한 유입량도 제한적이기는 마찬가지였을 것으로 보인다.

1280년대에 접어들면 고려에 배치된 몽골 병력이 사용할 원보초, 또는 일본 정벌용 선박 건조에 필요한 비용["저강(楮繦) 3,000정(錠)"]을 원제국이 고려에 지급하는 경우가 눈에 띈다. 또 몽골군이 고려 각 역(驛)의 소와 말을 원보초를 지불하고(각기 1,000정과 800정을 지불) 구입하는 경우도 확인된다.[25] 이전에 비해 상대적으로 많은 원보초의 유입이 관찰되며, 사례별 유입 규모도 상당 수준이었음이 인정된다. 다만 일본 정벌이라는 특수 정세를 배경으로 나타난 '징발성' 교역사례들이자(제국이 필요로 하던 물건을 고려로 하여금 강제로 내놓게 한 후 그 댓가로 대신 보초를 안겨주었다는 점에서), 중국 강남 일부 지역에서 일본 정벌 준비를 위해 원보초를 활용한 전례가 준비를 분담하고 있던 고려에서도 비슷하게 나타난 사례들이었을 따름이다. 그리 일반적인 일은 아니었으며, 그나마 1280년대 중반 일본 정벌 사업의 사실상의 종료를 계기로 이런 유입도 부진해졌을 것으로 생각된다.

1290년대에는 고려가 삼베(14,000필)를 갖고 원제국에 가 저폐(楮幣)를 사 오거나, 원제국 황실에서 (고려 왕과 결혼한) 몽골 공주의 사망을 조문하기 위해 불교식 추도 행사에 소요될 비용으로 저폐를 보내온 경우만 발견되어, 앞서 살펴본 상황과 그리 다르지 않다. 이렇듯 13세기 후반의 원

....

25 이런 사례들에 등장하는 원보초의 유입량이 당시 원제국의 총 발행량을 고려할 때 매우 큰 것임을 지적한 연구도 없지 않다(김도연, 2004 「원간섭기 화폐 유통과 보초(寶鈔)」, 『한국사학보』 18). 필자도 그 점은 인정하나, 그런 사례들의 배경이 된 상황 자체가 단명(短命)했던 점, 즉 해당 상황이 매우 단기적인 것이었음 또한 고려할 필요가 있다고 생각한다.

보초 유입은 대부분 특수한 정세들을 배경으로 진행되었다고 하겠으며, 그런 탓에 그 전체적 유입량을 컸다고 평가하는 데에는 신중할 필요가 있다.

물론 14세기 전반에는 그에 비해 많은 양의 원보초가 고려에 꾸준히 유입되었다. 원제국 황제가 고려 국왕 및 신료들에게 원보초를 하사한 사례, 연회 비용이나 전경(轉經)·사경(寫經)·도량(道場) 설행 등의 불교 행사 경비로 원보초를 하사한 사례, 원측 인사들이 고려의 여러 사원에 중흥 비용으로 원보초를 시주[齎進]하거나 승려에게 초(鈔)를 제공한 사례 등이 발견된다. 유입 사례들의 빈도와 규모가 이전에 비해 분명 크게 늘었다. 아울러 환전이나 징발성 교역 등 '매매'의 형태로 유입되기보다, 일방적 하사와 공여를 통해 원보초가 유입되었다.

다만 이 시기 유입된 원보초의 파장과 관련해서는 당시 원보초 자체의 가치를 함께 고려할 필요가 있다. 당시 원보초의 가치는 14세기 초 이래 부침을 거듭하며 13세기 후반에 비해 현저히 하락하고 있던 상황이었다. 물론 14세기 전반 하락된 상태에서나마 상당 기간 안정세를 유지하기도 했지만, 14세기 중엽에는 그 가치가 속절 없이 폭락하였다. 1287년 지원초 발행 이래 원보초에 대한 절하(切下) 조치가 주기적으로 단행됐고, 그 실가치(實價值)도 그만큼 축소돼 갔다. 무종의 지대은초(至大銀鈔)가 1308년 발행됐지만 성공하지 못한 것도 그 때문이었다.

원보초 가치의 하락을 부채질한 것은 14세기 초 이래 불거진 통화 관련 비리 행위들이었다. 1310년대에는 주로 보초의 훼손("挑鈔") 및 위조("僞鈔") 문제가 제기되었다.[26] 1320년대에는 원제국 내 행용 행정이 불법

....

26 1320년대 간행된 『원전장』에 담긴 권20, 호부6, 도초(挑鈔), 「주유도초단례(侏儒挑鈔斷例, 1315)」; 「도보초범인죄명(挑補鈔犯人罪名, 1316)」; 속편(續編), 호부 초법(鈔法) 위초(僞鈔), 「조위초인가산미입관경혁(造僞鈔人家産未入官經革,

수수료 문제 및 관료들의 태만 등으로 문란해져, 혼초(混鈔)가 계속 시중에서 유통되며 원보초의 공신성을 훼손하였다.

이후 1350년대에는 설철독(偰哲篤) 등의 주도로 급기야 동전과의 병용이 결정되어 원보초의 유일 통화로서의 위상에 결정타를 가하였다. 이 조치로 인해 원보초의 실가치가 13세기 후반에 비해 턱없이 떨어졌고, 이 시기 고려에 유입되었던 원보초도 예외가 아니었다. 비록 그 명목액은 전에 비해 현저히 늘었으되, 실제 유입된 가치는 그에 턱없이 못 미치는 상황이었다. 이는 원보초가 고려에서 제대로 유통됐는지를 살피는 논의에서도 반드시 감안될 필요가 있다.

14세기 전반 원보초의 유입량이 13세기 후반에 비해 많았고, 원보초의 수령자(보유자)로 나타나는 국왕과 왕실, 그리고 사원 등이 당시의 경제적 기득권층이었던 점은 사실이다. 이들이 원보초의 고려내 소비를 주도했다면 14세기 전반 고려 내 원보초 유통량이 적지 않았을 수도 있다. 그런데 이들은 동시에 원제국 방문이나 체류가 잦았던, 즉 제국과의 교류가 많았던 이들이었고, 그들이 보유한 원보초 또한 제국에서의 물품 거래 또는 제국과의 무역에 쓰인 경우들이 많았다. 즉 이들이 보유했던 원보초는 국내에서 소비되기보다 이들의 고려 밖 활동에 투입되었을 가

1319)」; 「위초비정범우사혁발(僞鈔非正犯遇赦革撥, 1321)」; 「위초판미성우혁석방(僞鈔板未成遇革釋放, 1321)」 등의 법령이 당시 중국 내 보초의 위조와 훼손 세태를 담고 있다면, 1340년대에 반포된 『지정조격(至正條格)』에 담긴 법령들은 원제국의 행용(行用, 신지폐-구지폐 교환) 행정이 점차 해이해지고 있었음을 보여준다[권9, 단례(斷例) 구고(廄庫), 「결람소도(結攬小倒, 1322년 5월)」; 권23, 조격(條格) 창고(倉庫), 「관발초본취제공묵(關撥鈔本就除工墨, 1326년 10월)」; 「관방행용고(關防行用庫, 1330년 1월)」; 권9, 단례 구고, 「검갑혼초(檢閘昏鈔, 1330년 1월)」; 「도초작폐(倒鈔作弊, 1330년 6월)」; 「도환혼초(倒換昏鈔, 1330년 10월)」]. 상세한 내용은 이강한, 위논문 및 이강한, 2011 「고려 공민왕대 정부 주도 교역의 여건 및 특징」 『정신문화연구』 125(34-4) 참조.

능성이 높다.

> "(1342년 3월) 남궁신(南宮信)으로 하여금 포 2만필 및 금(金)·은(銀)·초(鈔)를 갖고 유연(幽·燕) 지역에서 무역하게 하였다."[27]
>
> "(1343년 9월) 충혜왕이 최안의(崔安義)에게 낙타 3두를 사오게 해 비단, 주옥으로 장식하고, 보초(寶鈔)를 실었다. [며칠 뒤] 밤에 상인[商賈]들더러 내고[內帑]의 물건을 갖고 원(元)에 가서 판매[行販]하게 하였다."[28]

위 두 기사는 원제국과의 무역으로 유명한 충혜왕의 대원(對元) 투자 기사이다. 그가 신하들을 무역 특사로 중국에 파견하면서 금, 은, 각종 수출품과 함께 원보초를 지참시켰음이 주목된다. 이 보초는 여비로서 갖고 간 것일 수도 있지만, 중국에서 수입해 올 물품의 구매 비용으로 쓰이기도 했을 것이다. 그런 점에서 여기에 등장하는 원보초 또한 고려인들의 중국 내 무역 활동에서 지출되게 될 원보초, 즉 고려 밖에서 쓰일 원보초였다고 하겠다. 바로 이런 경우들이 고려로 들어온 원보초가 외부로 재반출된 사례들에 해당한다. 고려의 지배층에게 하사된 원보초의 상당량이 유사한 모습으로 관료, 상인들의 대외활동을 통해 고려 밖으로 재유출됐을 것으로 생각된다.

즉 고려에 유입된 원보초는 매매를 통해 고려 내에서 실질적으로 유통되기보다는 환전이나 거래 등을 위해 그를 필요로 하던 주체들 간에 제한

----

27 『고려사』 권36, 세가36 충혜왕(忠惠王) 후3년(1342) 3월 병신, "遣南宮信齎布二萬匹及金銀鈔, 市于幽燕." 한편 이에 앞서 원에서 다량의 보초를 충혜왕에게 하사했음이 주목된다[3월 신사, "…부거(浮車) 15개, 초(鈔) 3천 정(錠), 단자(段子, 견직물) 100필…"].

28 『고려사』 권36, 세가36 충혜왕 후4년(1343) 9월 갑신, "王令崔安義買駱駝三頭, 來飾以錦繡珠玉, 載以寶鈔."; 병술, "夜以商賈齎內帑, 入元行販…"

적으로 순환하다 다시 고려 밖으로 나갔을 가능성이 높아 보인다. 은병(銀瓶), 포화(布貨) 등을 기반으로 운영돼 온 고려의 사회경제적 환경이 지폐를 갖고 무엇을 구입할 수 있는 여건이 못 되었던 상황에선 더욱 그렇다. 결국 고려 안에 집적된 원보초는 대원(對元) 교류와 민간 무역에 종사하던 정부 관료 및 상인들에게로 집중될 수밖에 없었다. 그리고는 그들의 입조·체재비 지출 또는 무역 등에 투입되는 와중에 대부분 국외 방출되었을 것으로 생각된다.

반면 국내에 잔류하던 보초 재고량은 시간이 흐르면서 점차 혼초화(混鈔化)하여 결국 시장에서 퇴장했을 가능성이 높다. 원제국의 평준고·행용고와 같은 관청이 고려에 설치된 바 없었고,[29] 고려가 그를 위한 기구를 자체적으로 설치하거나 기존 관청이 관련 업무를 겸했다는 기록도 없어, 설령 원보초가 다량 유입되었다 하더라도 그 가치를 일정 기간 이상 유지하기는 어려웠을 것이기 때문이다. 결국 도환(倒換) 행정이 따로 없던 고려에서 지질(紙質) 손상으로 인해 원보초의 가치가 증발하면서, 그나마 사회적으로 형성되고 있던 그에 대한 인지도 역시 무력화되었을 것으로 예상된다.[30] 원보초가 고려의 경제에 미쳤던 영향도 제한적이었을 것이다.

....

29 예를 들어 원제국 내 평준고 배치 현황을 담은 『원전장』의 교초고(交鈔庫) 분포 기록에도, 다른 행성(行省)들은 모두 교초고 설치 지역으로 열거된 반면 정동행성(征東行省)만은 이 기록에서 누락돼 있다.

30 중국 내의 다른 행성들이 모두 원보초를 사용하는 상황에서 정동행성이 설치돼 있던 한반도만은 원보초를 쓰지 않았던 것이 어색해 보일 수도 있겠으나, 앞서 1부에서 언급한 바와 같이 정동행성은 중국의 내지 행성들과 여러모로 달랐다. 정동행성 내 여러 부서[이문소(理問所), 좌우사(左右司), 유학제거사(儒學提擧司)] 등이 각기 다른 시기에 설치되었고, 성관(省官)들의 파견도 들쑥날쑥했으며, 무엇보다도 제국이 고려에 대해 정식 과세(課稅)를 하지 않아, '행성에서 중앙 정부로 납입한 세금 중 일부가 다시 행성으로 돌아와 행성관들의 녹봉으로 활용되는' 중국 내지(內地)의 메커니즘이 고려에서는 작동하지 않았

물론 원제국의 간섭이 시작되면서 은(銀)이 다량 고려 밖으로 유출되고, 종래 고려의 주축통화였던 은병(銀瓶)의 가치 또한 비슷한 시기 현저히 하락했음은 사실이다. 종래에는 원보초의 유입이 고려 은의 유출로 이어졌고, 그로 인한 은 부족 사태가 은병(銀瓶)의 제조단가 상승으로 이어져 결국 은병의 순도(純度) 하락을 유발했으므로, 결과적으로 원보초가 고려 통화체계의 대변동을 초래한 것이라 보기도 했다. 어떤 논자의 경우 심지어 원보초가 기존의 은병을 '대체'하기에 이르렀을 것이라고 보기도 했다.

그러나 은 유출, 은가(銀價) 앙등 등은 뒤에 살펴보겠지만 응방(鷹坊) 등을 통한 몽골 측의 고려산 금·은 징발, 그리고 앞서 인용한 충혜왕의 무역 투자 기사들에도 보이듯이 고려의 대외교역에서 비롯된 바가 더 컸다. 원보초의 고려 유입을 견인했을 고려측의 물자, 즉 원보초의 구입 과정에서 지출(소비)되었을 고려 물자로는 주로 직물(마포 등)이 확인될 뿐, '은을 주고 초를 가져오는' 거래는 거의 관찰되지 않기 때문이다. 그런 점에서 은 유출, 물가 앙등 등이 비록 원보초의 유입과 동시에 진행되긴 했지만, 유의미한 인과관계가 확인되지 않는 현재로서는 양자를 서로 별개로 전개된 현상들로 볼 필요가 있다. 원보초가 고려 은병을 대체해 고려의 통화로 거듭났다는 가설 역시, 1356년 공민왕의 통화제도 정비 논의에서 원보초가 일절 언급되지 않은 점을 감안하면 수용하기 어렵다.[31]

오히려 고려인들은 원보초의 가치가 붕괴하기 전에 자신들의 보유분을 처분하며 손해를 피했을 것으로 생각된다. 종래에는 원보초의 가치가

던 것이다. 그런 상황에서는 원제국 정부가 정동행성을 상대로 중국 내지 행성과 동일한 통화 유통 원칙을 강제할 수단이 마땅찮았을 것으로 생각된다.

31 『고려사』 권79, 지33 식화2, 화폐(貨幣), 공민왕5년(1356) 9월, "都堂令百司議幣, 諫官獻議曰…"

폭락하면서 고려내 원보초 소지자들의 동반 손실이 막대했을 것이라 추측하기도 했지만, 당시 고려인들이 원보초의 가치 변동 상황을 실시간으로 인지했고, 그 변동에도 민감하게 반응했음을 고려하면 그렇게 보긴 어렵다.

그와 관련해 어학교습서 『노걸대(老乞大)』에 등장하는 다음의 표현이 흥미롭다. 고려 상인들이 중국에서 거래를 하며 상대방으로부터 원보초 '신권(新券)'[만]을 받겠다는 언급을 자주 했던 것인데, 실상 고려 상인들에게 이를 강조한 것은 이 책을 간행한 고려 정부였다고 할 수 있다.

"찢어진 돈은 필요 없으니, 상등으로 쓸 수 있는 좋은 지폐를 주시오."[32]

14세기 전반 간행된 것으로 알려진 『노걸대』는 무역을 위해 원제국으로 들어가는 고려 상인들을 언어적으로 대비시킴은 물론, 그들에게 제국 내의 최신 정보 또한 제공하려는 목적으로 간행된 책이었다. 그런 자료에서 어떤 경우에든 '흠결 없는 저폐(楮幣, 보초)를 사용'할 것을 강력히 권고한 것은, 당연히 실질 가치를 결여한 명목 통화로서의 지폐가 갖는 위험성을 상인들에게 인지시킴으로써 고려 상인들이 제국에서 사기를 당하거나 손해를 보지 않게 하려 한 정부 나름의 의도와 배려를 보여준다. 힘들게 중국으로 갖고 간 고려 물자를 중국에서 판매하는 과정에서, 사용한 지 오래되어 헤져 버리거나 관인(官印)이 희미해지면서 식별이 어려워져 원제국 내에서 더 이상 정상적으로 거래될 수 없는 원보초를 판매대금으

....

32 '신권 보초(新寶鈔)', '관인(官印)이 선명한 상등 보초(寶鈔)'에 대한 고려인들의 강한 집착을 묘사한 부분인데(정광 역주·해제, 2004 『원본(原本) 노걸대』 김영사, 65화; 97화 등), 책을 발간한 고려 정부가 고려 상인들에게 원보초 사용과 관련한 주의를 강하게 당부한 것이라 할 수 있다.

로 덜컥 받고, 이후 그것으로 중국 물자를 구매하려 할 때 그 사용을 거부당하는 등 낭패와 봉변을 당하는 것을 미연에 방지하려 했던 것이다.

이렇듯 고려인들이 『노걸대』 등을 학습하며 제국 내 활동에서 예상해야 할 바를 인지하고, 다년간의 무역을 통해 원제국 내 각종 재화(지폐 포함)들의 가치 변동상도 실시간으로 목도하고 있었다면, 제국 내 원보초 가치가 최종 폭락하던 14세기 중엽에는 당연히 그 사용을 줄이거나 중지했을 것으로 생각된다. 실제로 『박통사(朴通事)』는 고려 상인들이 제국내 거래에 동전을 사용하는 모습을 보여 주는 바,[33] 그들이 폭망하는 보초를 계속 보유하다 끝내 손해를 보았을 것이라 볼 이유가 전혀 없다. 당연히 그 가치가 치명적으로 하락하기 전 처분했을 것으로 생각된다.[34]

....

33 "'고려(高麗)의 동전'을 얻으면 30년이 유쾌하다"는 표현(『朴通事諺解』 上30-2; 양오진, 1998 『노걸대(老乞大)·박통사(朴通事) 연구』 태학사, 79쪽 재인용-)이 나올 정도로, 당시 원제국 쪽 상인들이 고려인들과의 거래에서 동전 결제를 선호했을 가능성을 보여준다(여기서의 동전은 원제국 시기 발행된 동전일 수도 있지만, 남송대의 동전일 수도 있다). 『박통사』 역시 14세기 전·중반의 상황을 전하는 문헌으로 평가되고 있다.

34 그런 경우에 해당하는 노골적인 시도가 공민왕에게서 발견되는데, 가치가 붕괴돼 소용이 없어져 버린 원보초를 다양한 방식으로 처분한 사례가 그것이다. 공교롭게도 자신의 수하 고려인들을 대상으로 처분에 나선 점이 눈길을 끈다. 공민왕은 1354년 6월 원제국의 요청에 따라 중국으로 출정하던 고려 군인들에게 다량의 보초를 지급하고, 관원들에게서 마필을 사들일 때에도 원보초를 하사하였다. 이 원보초는 원제국에서 고려 국왕(또는 정부)에게 보내온 60,000정(錠)에서 출연된 것으로 보이는데, 당시 원제국내 보초의 가치가 심각하게 붕괴해 있었던 탓에 관료와 병졸들에게 지급된 보초의 실가치와 구매력이 그리 높지 않았을 것이라는 점에서, 공민왕으로서는 상당히 기만적인 하사이자 지급이었다고 하겠다. 병졸들의 임무 수행 또는 관료들의 말 진상 등에 대해 별도의 대금을 지급하거나 보상을 제공할 여력이 없는 상황에서, '명목상'의 대가를 투척함으로써 면피를 하고자 한 것으로 보인다. 동시에 그를 기화로 무용지물이 된 보초들을 청산하고자 한 의도도 엿보인다.

아울러 신흥 명나라가 새 지폐로서의 대명보초(大明寶鈔)를 건국과 동시에 발행하지 않고 대신 7년여의 유예기간을 두었던 점도 주목된다.[35] 이 기간 동안에는 비록 불리한 조건에서이긴 했지만 잔여 원보초의 추가처분(다른 통화로의 환전)이 가능했던 것이다. 이러한 유예기간은 물론 중국 내 경제주체들을 배려한 것이었지만, 고려인들 중에도 원제국 말기 환전에 실패해 손해를 본 자가 있었다면, 이런 기회를 통해 잉여분을 처분하면서 그나마 손실을 줄여 나갔을 것이다.

기왕의 연구에서는 원보초가 고려의 기존 통화질서에 끼친 영향을 과도하게 평가, 고려의 통화체계가 원제국 통화권에 포섭되거나 심지어 그와 공생하게 되었다고 보았지만,[36] 외래 통화가 종래의 토착 주축통화를

....

35 명나라는 왕조 개창 후 통화 질서 안정을 위해 '금(金) 1냥(兩) = 원초(元鈔) 400관(貫)'이라는 과도기적 절가를 설정, 8년의 유예기간을 두며 원제국이 발행한 보초의 환전 진행을 허용했던 것으로 보인다. 그리고 1375년[홍무(洪武) 8년]에 이르러서야 새로운 지폐 대명보초(大明寶鈔)를 발행하면서[『명태조실록(明太祖實錄)』권98, 홍무8년 3월 신유] 그 가치를 원초의 100배로 설정함으로써 원초(元鈔)를 1/100로 평가절하시켜 형해화시키기에 이른다(前田直典, 윗책 4장, 117쪽).

36 장동익은 '고려는 경제적으로도 원(元)의 보초법(寶鈔法) 통용권에 편입'되었고 '고려가 원제국 체제 내에 정착하게 되면서 원(元)에서 각종 경비에 지출하기 위해 보초를 고려에 보냈다'고 보았다(1994 『고려후기 외교사연구』 일조각). 김동철은 '고려에 유입된 보초는 처음에는 단순 군비의 성격을 띠었으나 일본정벌을 계기로 (고려와 원제국의: 필자) 공통화폐적 성격을 띠게 되었고', '고려는 정치적으로 뿐만 아니라 경제적으로도 원보초 통용권에 편입되게 되었다'고 언급하였다(1985 「고려말의 유통구조와 상인」, 『부대사학』 9). 위은숙은 '보초가 (한반도에: 필자) 다량 유입·유통되었으며, 보초 유통이야말로 고려경제를 원의 유통경제에 종속시키는 결과를 초래했을 것으로 생각된다'고 언급하였다(1993 「고려후기 직물수공업의 구조변경과 그 성격」, 『한국문화연구』 6. 위은숙의 이러한 입장은 이후 그의 2001 「원간섭기 보초(寶鈔)의 유통과 그 의미」 『한국중세사회의 제문제』 한국중세사학회에서 구체화되었다). 이경록은

대체해 이식되는 식의 통화질서 침해는 당시의 상황에서 확인되지 않는다. 은병이 여러 이유로 몰락하긴 했지만 그 자리를 고려의 또 다른 통화인 포화(布貨)가 새로이 점하게 된 것도, 유입 가치 및 국내 유통 정도가 제한적이었던 원보초가 고려의 경제구조에 별다른 영향을 끼치지 못했던 결과 중 하나라 하겠다. 그런 점에서 통화나 통화제도의 차원에서 고려와 원제국을 동일권역으로 묶거나, 그에서 한걸음 더 나아가 고려의 시장권과 제국의 상권이 연동돼 있었다고 보는 것은 적절치 않다고 생각한다. 오히려 두 상권은 통화의 차원에서도 분리돼 있었다고 보는 것이 자연스럽다. 제국 역시도 제국 통화권의 범위를 중국의 밖으로까지 확장시키고자 하는 의사를 실행에 옮긴 바 없었음을 고려하면 더욱 그렇다.[37]

2. 충돌하는 양국의 사법(司法) – 신분 법제 간 갈등

다음으로 살펴볼 것은 형정(刑政)과 사법의 영역이다. 경제 분야에서 확인되는 고려와 원제국 간의 격절(隔絶) 못지 않은 또 다른 분절(分節)이 포착된다.

13세기 후반 고려와 원제국 사이에는 민들의 신분(身分) 판정을 둘러

'원(元)에서 보초법(寶鈔法)의 반조(頒詔)를 통해 고려의 화폐제도를 아우르려 했다'고 언급하였다(1998 『고려시대 은폐(銀幣) 제도의 성립과 운용』 연세대학교 석사학위논문).

37 실제로 중국 대도(大都)에 거점을 두고 있던 원제국 정부가 중앙아시아 및 서아시아의 여러 칸국[汗國]들이나 동남아시아 등 제국의 인접 지역들에서 원보초 유통과 관련한 별다른 정책 의지를 보인 바가 관찰되지 않는다. 차가다이 칸국에서의 통용은 중앙 정부가 물리적으로 강제하는 데 한계가 있었고, 일칸국에서는 자체의 鈔(cau)를 운영한 것으로 전하고 있으며, 동남아시아 등지와의 교역 과정에서도 초는 제한적으로만 사용되었다.

싼 분쟁이 빈번하게 발생하였다. 이는 기본적으로 고려와 원제국의 신분 법제에 서로 충돌하는 바가 있었기 때문으로 보인다. 제국의 신분 법제가 일시적으로 고려인들 중 특수한 상황에서 태어난 이들의 신분 판정에 활용되거나 인용됐다가, 분란이 발생하자 얼마 안 가 철회되기도 하였다. 그런 충돌을 경험한 것 자체가 고려 정부에는 일종의 트라우마가 된 듯한데, 이후 고려 정부가 원제국 법제의 적용을 금기시·적대시하거나 아예 선제적 규제를 통해 그런 상황을 막으려 노력했음이 그를 잘 보여준다.

양측 간에 이런 맥락의 갈등이 (적어도 기록으로나마) 처음 출현하는 것은 1270년대이다. 그리고 그 갈등은 흥미롭게도, 고려의 신분제적 질서를 위협하던 양인(良人)과 천인(賤人) 사이의 교혼(交婚)이라는 사안에서 비롯되었다. 교혼 사례에서 발생하는 소생의 신분이 태생적으로 애매성을 내포하고 있었기 때문이다.

고려의 신분 제도는 양천(良賤)을 명확히 구분했지만, 양자의 경계는 때에 따라 유동적이기도 하였다. 천인의 양인화는 거의 불가능에 가까웠지만, 반대로 (권세가에 의한) 양인의 천인화는 자주 있는 일이었다. 정부는 후자의 경우는 제대로 막아내지 못하면서, 대신 전자의 경우는 행정적으로 확고하게 금지하였다. 세금을 낼 양인 인구야 많을수록 좋았지만, 천역(賤役)을 담당할 노비 인구의 규모도 유지해야 했기 때문이다. 천인이 양인이 되는 것을 용인할 경우 천인의 수가 부족해지는 것은 시간 문제였던 만큼, 고려 정부로서는 후자의 경우를 최소화하는 동시에 전자 또한 막아야 했던 것이다.

그런데 정부의 이러한 방침을 위협하는 것이 있었으니, 심심치 않게 발생하던 양인과 천인 간의 결혼('교혼')이 그것이었다. 신분을 넘어선 사랑으로 혼인한 사례도 있었겠지만, 천인 남성이 양인 여성을 강제로 범하는 경우도 있었고 양인 남성이 우월적 위치에서 천인 여성을 폭력적으로 납치하는 경우도 존재하였다. 더구나 농장(農莊)의 발달로 인한 노동력 수요 증대로 인해 교혼 사례도 증가했을 가능성이 있다. 이른바 '일천즉천 (一賤即賤)'의 원칙을 악용해 노비주가 자신의 노(奴)와 비(婢)를 양민과 혼인시켜 그 자손을 노비로 사역시켰을 수도 있어 보이기 때문이다. 남성 외거노비가 양인 여성과 혼인하는 사례들도 없지 않았다.

고려 정부는 이런 세태에 대해 원칙적으로 '양 - 천 간 교혼 금지' 방침으로 대응했지만,[38] 그런 사례들이 근본적으로 종식되긴 어려웠다. 아울러 그러한 부부에게서 소생이라도 발생하게 되면 그 신분을 결정하는 것이 매우 애매하였다. 어머니가 천인인 경우 그 소생도 천인으로 하는 이른바 '천자수모(賤子隨母)'의 방침은 그런 상황에 대비한 신분 결정의 기준을 제시하는 것이었지만, 아버지가 천인일 경우에도 대비하기 위해 부모 중 한 쪽이 천인이면 그 소생도 천인으로 만드는 '일천위천(一賤爲賤)' 방침도 함께 고수하였다.

이러한 방침은 기본적으로 교혼 부부의 저항을 야기할 수밖에 없었다. 의도했든 의도하지 않았든 소생을 맞은 교혼 부부의 경우 당연히 그 소생이 양인으로 판정될 법적 여지를 모색했을 것인데, 정부의 거듭된 일천즉천 방침 천명은 그를 원천적으로 봉쇄하는 것이었기 때문이다. 이에 고려 시대 정부를 대상으로 제기되었을 송사 중에는 교혼 가정의 소생 신분 판정에 관련된 것이 적지 않았을 것으로 짐작된다. 그러나 고려 정부가 방침을 바꾸지 않는 한, 그들이 희망하는 판정이 나올 리는 만무하였다.

그들의 희망이 성취되는 상황은, 사실 고려 정부를 넘어서는 권위나 권력이 출현하는 경우에나 기대해 볼 법한 것이었다. 그런데 역설적으로

---

38 『고려사』 형법지에 등장하는 '노취양녀혼' 유형의 양천교혼에 대한 금령이 그런 경우다[『고려사』 권85, 지39 형법2, 노비(奴婢), "奴娶良女, 主知情杖一百, 女家徒一年, 奴自娶一年半, 詐稱良人二年."].

몽골 원제국의 도래와 함께 그런 전망이 현실화될 여지가 발생하였다. 고려 왕이나 정부에 대한 민의 기대와 존중이 많이 약해진 상황에서, 막강한 군사력 및 광대한 강역으로 (고려 정부의 권위를 상회하는) 절정의 위세를 자랑하던 몽골 제국의 등장은 고려인들에게는 새로운 희망을 주는 일이었기 때문이다. 고려 정부에 호소해 보았자 안 들어줄 일을 만약 몽골에 호소하여 승인을 받는다면, 몽골이 고려 정부를 압박하여 민이 원하는 결과를 가능케 해 주리라는 기대가 성립할 상황이었던 것이다. 앞서 1부에서 살펴본 것처럼 활리길사(闊里吉思) 등의 정동행성 관료들이 고려의 형사(刑事) 제도에 시비를 걸고 내정에 간섭하는 상황에서는 더욱 그러하였다.

그런 상황에서 드디어 고려와 원 양측 간에 모종의 충돌이 발생한다. 1270년, 조석기(趙石奇)라는 인물의 '위량(爲良)' 시도가 촉발한 고려와 원 제국 정부 간의 외교 갈등이 그것이다.

> "이 때 활리길사(闊里吉思)가 [정동]행성의 평장정사가 되어 무릇 노비 중 그 부모 중 한쪽이 양인(良人)인 경우 (본인도) 양인이 됨을 허락하고자 하니, 재상 중에는 이를 중지시키는 자가 없었다. (오직) 김지숙(金之淑)이 말하기를, '세조황제께서 첩첩올(帖帖兀)을 보내와 국사(國事)를 감독케 하셨을 때, 조석기(趙石奇)라는 자가 있어 양인이 되기를 호소하니, 첩첩올이 상국의 법을 쓰고자 함을 [황제께] 보고드렸습니다. (그런데) 황제께서 조서를 내려 본국의 구속(舊俗)에 따르도록 하셨으니, 이런 예(例)가 있는 것을 변경하면 안됩니다.' 하니 활리길사(闊里吉思)가 감히 다시 말하지 못하였다."[39]

....

[39] 『고려사』 권108, 열전21 김지숙(金之淑), "時闊里吉思爲行省平章. 凡奴婢其父母一良者欲聽爲良, 宰相莫有止之者. 之淑謂曰, '世祖皇帝嘗遣帖帖兀來監國, 有趙石奇者訴良, 帖帖兀欲用上國法事聞. 世祖詔從本國舊俗, 此例具在不可變更.' 闊里吉思不敢復言."

위 기록 자체에는 조석기의 송사["訴"]가 발생한 시점이 언급되지 않았지만, 활리길사의 1299년 고려 제도 개변 시도에 대해 고려 정부가 1300년 11월 원에 항의차 올린 표문에는 이 사건이 '지원8년(1271) 발생한 일전의 유사 전례(前例)'로 거론돼 있다.[40] 따라서 조석기 송사(訟事)의 발생 시점은 1271년으로 보아도 무방하리라 생각된다.

더 나아가 사안의 성격을 교혼 소생의 신분 판정과 관련한 분쟁으로 규정해도 무방하리라 생각된다. 기사에는 단순한 '신분 판정' 송사로만 기록됐지만 사안 자체는 1299년 활리길사 개변 시도의 '유사례'로 언급된 만큼, 그저 단순한 양천 판정 사안이었다고 보긴 어렵기 때문이다. 실제로 당시 기록에도 "본국(本國, 고려) 다루가치[達魯花赤: 첩첩올을 이르는 것으로 보임]의 부서에서 [1270~1271년 당시] '(고려의) 본래 풍속과 체례'를 고치려 했다('本國達魯花赤衙門, 欲改本俗體例')"는 문장의 바로 앞에 '양천교혼 소생의 신분을 천인으로 만드는 것이 고려의 구례'였음이 명시돼 있다.[41] 따라서 조석기 송사 역시 활리길사 때와 다르지 않게 '양천교혼 소생의 신분 판정 문제'와 관련되었던 사안으로 보는 것이 적절하리라 생각된다.

물론 기사의 내용만 보면 조석기 본인이 양인이 되고 싶어했던 것인지, 또는 자신의 소생을 양인으로 만들고 싶었던 것인지가 분명치 않다. 다만 조석기가 성씨를 보유하고 있음을 감안할 때, 아무래도 양인이었던 조석기 본인이 천인과의 관계에서 낳은 소생을 양인으로 만들고 싶어했던 상황으로 다가온다. 당시 이 일이 양국 간에 상당한 파장을 일으킨 것

....

40 『고려사절요』 권22, 충렬왕26년(1300) 11월
41 『고려사』 권31, 세기31 충렬왕26년(1300) 11월, "照得本國舊例, 自來驅良種類各別, 若有良人嫁娶奴婢者, 其所生兒女俱作奴婢. 若有本主放許爲良, 所生兒女却還爲賤."

은 분명해 보인다. 다만 1299년의 기록을 보면 일단 고려의 제도를 바꾸지 않는 것으로 사안이 정리된 것으로 보인다.

이전의 연구에서도 이 사건에 주목한 바가 없지 않다. 우선, 조석기라는 민간인의 '위량을 요구하는' 송사를 기화로 원제국이 고려의 법제에 대한 간섭 및 지배를 강화하려 하자, 고려 정부가 권세가들의 이익을 보호하고 '일천즉천'의 관행도 보전하고자 원측의 '위량' 판결을 거부한 것으로 보는 시각이 있다.[42] 또는 원제국 측에서 고려의 노비 법제를 원의 노비 법제와 동일하게 조정하고자 조석기의 민원을 들어주려 한 것이라본 견해도 있다.[43] 두 입장 모두 원제국이 고려의 법을 바꾸려 했을 가능성을 전제로 하고 있다.

원제국의 의도가 그랬을 가능성도 있고, 그렇지 않았을 가능성도 있다. "고려의 풍속을 바꾸라고 하지 않겠다"고 한 쿠빌라이의 오랜 약속을("구제, 舊制) 떠올리면 과연 원제국의 의도가 고려 법의 강제적 개변에 있었을까 싶기도 하고, (후술하겠지만) "제국 법제가 고려에서 충분히 시행되지 못하고 있다"는 정동행성 이문(理問) 게이충(揭以忠)의 불만을 고려하면 반대로 그랬을 수도 있어 보인다. 따라서 원제국의 의도를 함부로 예단하는 것에는 신중할 필요가 있다. 대신 원제국이 진정 고려의 법제를 바꾸려고 했을 경우, 과연 제국의 어떤 법을 적용하려 했겠는지의 문제를 먼저 살펴볼 필요가 있다.

원제국에서도 '교혼 소생의 양천 판정'은 1260년대 제국 정부의 중요 관심사였고, 1260년대 말에 이르러 그 신분 판정과 관련한 주요 기준들이 마련되기 시작했다. 소생의 신분이 애매할 수밖에 없는 '교혼'의 영역에

....

42 배상현, 1991 「고려후기 농장노비(農莊奴婢)의 형성과 그 사회경제적 지위」 『경남사학』 5

43 김형수, 1996 「13세기 후반 고려의 노비변정과 성격」 『경북사학』 19

서 신분 판정의 원칙을 명확히 하는 것이 당시 중국을 다스리던 제국 정부로서도 대단히 중요한 과제였던 것이다.[44]

이에 다양한 양천 교혼을 상황을 염두에 둔 법제들이 여럿 반행되었다. 법적 분쟁들은 크게 남성이 천인인 경우와 여성이 천인인 경우로 나뉘어 진행되었고, 신분 판정 과정에서는 해당 혼인이 법적으로 온당한 것인지 또는 어느 한쪽의 기만으로 이뤄진 것인지 또한 검토되었다. 다시 말해 대략 네 가지 종류의 교혼 경우들을 대상으로, 그런 상황이 발생했을 경우 그를 금지할 것인지 또는 허용할 것인지의 여부가 논의되었다. 그 소생의 신분을 위천(爲賤)시킬 것인지 또는 위량(爲良)시킬 것인지의 여부도 함께 결정되었다.

우선 1269년 연초와 연말에 '양남천녀혼(良男賤女婚)'과 관련한 원칙들이 먼저 확정되었다. '정상혼'과 '절혼(竊婚)'의 두 가지 경우 모두 다루어졌다.[45] 우선 '양남 - 천녀 간 정상혼'과 관련한 법령인 「노비불가양인(奴婢不嫁良人)」이 1269년 초에 반행돼, '양천 간 교혼'을 원칙적으로 불허하되 당사자들이 정 원하는 경우 별도의 과정을 거쳐 허락하는 것으로 정리하였다.[46] 그리고는 1년여 뒤인 1271년 3월의 「호구조획(戶口條劃)」에 '[허

----

44 원제국 정부의 교혼 관련 법제 정비 과정을 포함, 이 절의 서술에 대한 자세한 내용과 관련해서는 이강한, 2010 「고려·원간 '교혼(交婚)' 법제의 충돌」 『동방학지』 150 참조.

45 여기서 '정상혼'은 '법적으로 허용된 혼인'보다는 '당사자 간의 합의로 성사된 혼인'을 지칭하는 개념으로 사용하였다. 여러 원제국 법령들의 내용에도 나타나듯이 '쌍방 합의'의 여부가 정상혼의 관건이 되는 경우가 많았기 때문이다. 한편 '절혼'은 도혼(盜婚)이나 도혼(逃婚), 사기혼(詐欺婚) 등 당사자 간의 정상적 합의 없이 한쪽의 '기만과 기망'으로 진행된 혼인을 이르는 개념으로 썼다. 실제로 제국 법령들에서 '竊·盜·逃·欺' 등의 수식을 붙여 형용한 혼인은 대개 쌍방 합의가 전제되지 않은 경우들이다.

46 『원전장』 권18, 호부4, 혼인(婚姻) 구량혼(驅良婚), 「노비불가양인(奴婢不嫁良人)」

가받은] 교혼의 경우 (남성이) 군적(軍籍)에 성명이 있으면 (그 소생을) 양인이 되게 한다'는 내용이 포함되어, "양남 - 천녀 간 정상혼"의 경우 그 소생을 '양인'으로 만드는 원칙이 성립되었다.[47]

반면 '양남 - 천녀 간 절혼(竊婚)'에 관련된 법령은 1269년 10월 반행된 「간생남녀(奸生男女)」를 통해 정리된 것으로 보인다.[48] 양남 - 천녀 간 '도혼(逃婚), 사기혼(詐欺婚)'의 경우 그 소생들은 신분적으로 '구노(驅奴)'가 되고, 소유권으로는 모친[驅婦]의 주인에게 귀속되는 판례가 만들어졌기 때문이다. 비정상혼으로서의 "양남 - 천녀 간 절혼"의 경우, 그 소생을 '천인'으로 만드는 원칙이 마련되었던 것이다.

한편 '천남양녀혼(賤男良女婚)'의 경우는 어떠했을까? 그 중 '절혼'과 관련된 원칙이 1271년 7월 「도구첩모양인위혼(逃驅妾冒良人爲婚)」을 통해 확정됐으며,[49] 그 소생은 '위량(爲良)'케 했음이 주목된다. 즉 "천남 - 양녀 간 절혼"이 발생한 경우 그 소생을 '양인'으로 만들었던 것이다. (반면 "천남 - 양녀 간 정상혼"에 대해서는 몇 년 이후에나 법령이 반행되었다.[50])

이렇듯 천남 - 양녀 간 정상혼을 제외한 나머지 세 경우를 다룰 법적 원칙(판례)들이 1270년대 초 모두 확정되었다. 그런데 조석기가 몽골 다루가치에게 민원을 제기한 시점(1271)이 공교롭게도 이 세 원칙들의 확립 시점과 맞물려 있다. 첩첩올이 조석기의 민원에 따른 송사 건을 처리함에 있어 적용하려고 했던 '상국(원제국)의 법'도 바로 위 법령들이었을 수 있다. 심지어 조석기가 그것을 노리고 송사를 제기한 것이었을 가능성도 없

<hr />

47 『원전장』권17, 호부3, 호계(戶計) 적책(籍冊), 「호구조획(戶口條畫)」

48 『통제조격(通制條格)』권4, 호령(戶令) 「간생남녀(奸生男女)」

49 『원전장』권18, 호부4, 혼인 구량혼, 「도구첩모양인위혼(逃驅妾冒良人爲婚)」

50 천남 - 양녀 간 정상혼에 대한 규정은 1277년 확인되며[교혼 소생은 '위천(爲賤)'], 후술한다.

지 않다.

다만 조석기의 양천 판정 소송은 위에 언급한 세 가지 경우 중 어느 것에 해당하는 것으로 간주됐을까? 조석기의 민원이 '양남 - 천녀 간 정상 혼'을 배경으로 하고 있었다면(또는 그런 경우로 간주됐다면), 첩첩올은 조석기를(또는 그의 소생을) 원제국의 판례 및 법제에 따라 '위량' 조치하려(즉 양인으로 만들려) 했을 것이다. 반면 조석기의 민원이 '양남 - 천녀 간 절혼'을 배경으로 하고 있는 것으로 간주됐다면, 첩첩올은 조석기 또는 그 소생을 역시 원제국 법령에 따라 '위천' 조치하려 했을 것이다. 후자의 경우 고려로서는 반대할 이유가 없었겠으나, 전자의 경우는 고려의 '일천즉천' 또는 '천자수모' 관행에 배치되는 판결이었으므로 고려가 그를 적극 반대했을 것으로 생각된다. 조석기의 민원이 '천남 - 양녀 간 절혼'과 관련된 것으로 간주됐을 경우도 마찬가지다. 이 경우 제국 측에서는 조석기 본인 또는 그 소생을 '위량' 시키려 했을 것이므로, 역시 고려 측으로서는 문제를 삼을 수밖에 없었을 것이다.

따라서 양국 간에 큰 파장을 일으킨 조석기 송사 사건은 '양남 - 천녀 간 정상혼' 또는 '천남 - 양녀 간 절혼' 두 가지 경우 중 하나에 해당했을 가능성이 크다. 그리고 조석기가 성씨(姓氏)까지 지닌 인물이었음을 감안하면, 조석기 송사는 위 2가지 경우 중 전자에 해당했을 가능성이 크다고 하겠다. 즉 조석기는 ① 양인 부친과 천인 모친의 소생으로서의 자신을, 또는 ② 양인인 자신이 천인 여성과 관계해 거둔 소생을, 제국 법령의 힘을 빌려 '위량'시키고자 한 것으로 보인다. 그러한 희망을 다루가치 첩첩올이 수용해 1269~1271년 사이 제국 내부에서 반행된 법령들을 근거로 '위량' 판정을 내리려 하자 고려가 그를 거부한 것이 바로 위 조석기 송사의 실체라 하겠다. 즉 1270년대 초 고려와 원제국 간의 외교적 갈등은, (조석기의 민원을 계기로) 양측이 '양남 - 천녀 간 정상혼'의 '소생 신분'

결정 원칙과 관련해 충돌한 결과였다고 할 것이다.

아울러 조석기가 원제국 판례들의 축적 과정을 인지하며 그에 맞춰 문제 제기를 한 것이었을 가능성마저 엿보인다는 점에서, 이 사건이 갖는 정치적 파장은 실로 컸다고 할 수 있다. 고려인이 자국의 법적 권위를 거부하고 대신 외국 법제의 적용을 받겠다고 나선 셈이었기 때문이다. 이는 어느 개인적 일탈과는 그 성격이 매우 다르다. 고려 정부의 법적 적용을 받아야 할 고려민이 그를 넘어서는 권위의 법 적용을 선호하고, 그를 적극 도모했던 경우이기 때문이다.

그런 점에서 조석기의 민원 및 뒤따른 송사는 고려의 강역 안에 복수의 법 권위가 존재할 수 있음을 대중에게 환기하는 동시에, 그를 선호하는 여론의 형성도 촉발함으로써 양국 간의 법적 경계를 약화시킬 잠재력이 큰 시도였다. 물론 동시에 고려의 입장을 원제국 측이 양해함으로써 조석기의 시도가 결국 실패로 돌아갔다는 점에서, 이 사건이 당시 양국의 법 체계 간 계선(界線)이 여전히 유지되고 있었음을 보여주는 바도 없지 않다.

어떤 경우든 당시의 이 분쟁은 교혼 소생의 신분 및 소유처에 대한 원제국 측의 법적 판례들이 언제든 고려에 강요, 강제될 수 있으리라는 위기의식을 고려 정부에 심어줬을 가능성이 크다. 그런 일이 재발할 경우 고려 정부의 대응 여하에 따라 양국 간의 법적 계선은 언제든 변할 여지가 있었던 셈이므로, 고려 정부 또한 더욱 첨예하게 제국 내의 관련 동향을 살폈을 것으로 생각된다.

이에 고려 정부는 지속적으로 교혼을 금지하고, 교혼 소생의 천인화 방침도 누차 강력히 표명하게 된다. 그와 관련해 주목되는 것이 다음의 조치이다.

"공노비와 사노비를 양인으로 만드는 것을 금지한다(1278)."[51]
"천인의 경우 판시 전후를 막론하고, 그 모친의 신분을 따라 그리 (천인으로) 하기로 한다(1283)."[52]

혼히 볼 수 있는 '천인의 위량 금지' 조치로 보이지만, 특정인에게 소유된 노비가 아무런 이유 없이 (정부의 금지 조치를 필요로 할 정도로) 많이 '방량(放良)'되는(양인으로 해방되는) 상황은 솔직히 상상하기 어렵다. 다시 말해 이 금칙은 '방량'이 상대적으로 용이하거나 빈번했던 경우들을 염두에 둔 금칙이라 추정된다. 결국 이 금칙은 현재는 천인이나 본래는 양인 출신이었던 경우, 또는 태생의 과정에서 '양'과 '천'의 혈통을 함께 갖고 태어났던 경우 등을 겨냥한 금칙이었을 가능성이 높다. 다시 말해 이 조치 역시 '양천 교혼 소생의 위량'에 대한 견제의 성격을 갖는 조치로 다가오는 바가 있다.

무엇보다도 이 조치가 단행된 시점이, 당시 진행 중이던 원제국 정부의 교혼 소생 신분 법제의 정비 추이와도 무관치 않았음이 눈길을 끈다. 공교롭게도 '양남 - 천녀 간 정상혼'과 관련된 또 다른 법령으로서의 「구녀유사가(駈女由使嫁)」가 마침 1275년 5월 반행되었다.[53] 1269년 이미 '양남 - 천녀 간 정상혼'의 처리와 관련된 법적 방침(소생은 양인화)이 법령으로 반포되었음에도 유사한 내용이 1275년 다시금 법령으로 반행됐던 것인데, 유사한 판결을 요하는 또 다른 사건이 발생했기 때문이었지만, 고려 정부로서는 그런 법령이 또 반행된 점 자체에 신경이 쓰일 법한 상황

....

51 『고려사』 권85, 지39 형법2, 노비, 충렬왕4년(1278), "禁公私奴婢放良." 이러한 조치는 고려 중기 인종대 이후 처음 나온 것이었다.
52 『고려사』 권85, 지39 형법2, 노비, 충렬왕9년(1283) 9월, "令賤者隨母, 無論判前後."
53 『통제조격』 권3, 호령(戶令)

이었다. 조석기 송사와 같은 상황이 재연될 것을 우려하지 않을 수 없었을 것이다.

　게다가 이전에 확정되지 않았던 '천남 - 양녀 간 정상혼'에 대한 법적 방침 또한 드디어 마련되었음이 주목된다. 1277년 「양천위혼(良賤爲婚)」이라는 법령이 반포됐는데,[54] 법령에 언급된 사례들에서 도혼, 기만혼 등의 정황이 관측되지 않아 '천남 - 양녀 간 정상혼' 사례를 다룬 법령이라 짐작된다. 이 경우 그 소생의 신분은 어떻게 되었을까? 우선 7월의 사례에서는 '구구(驅口)' 출신의 '노(奴)'가 양인(여성)을 '취(娶)'한 경우 그 소생 아들(兒男)을 (호적에) '양인'으로 기재케 함으로써 천남 - 양녀 간 정상혼의 소생을 '위량'시켰지만, 이는 특수한 사례를 배경으로 한 예외적 조치였던 것으로 추측된다. 이후 11월에는 '양인 집의 여성들이 다른 집 구구(驅口)의 아내가 될 수 없고, 그럴 경우 바로 노비(여성이므로 비)로 삼는다'는 방침이 확정됐기 때문이다. 천인 남성과 혼인한 양인 여성까지도 '비'로 삼게 되면서, (천인 남성과 천인 여성 사이에서 태어난 셈이 된) 소생 또한 당연히 '종천(從賤)'되었을 것으로 생각된다. "천남 - 양녀 간 정상혼"의 경우 그 소생을 '천인'으로 만든다는 법적 방침이 확립되었던 셈이다.

　'천남 - 양녀 간 정상혼의 소생은 위천시킨다'는 최종 결론만 놓고 보면, 고려가 이 법령으로부터 위기의식을 느꼈을 이유는 적어 보인다. 다만 원제국 정부가 적어도 7월에는 천남 - 양녀 간 정상혼 부부의 소생을 '위량'시키는 판례도 내놓았음이 고려의 당국자들을 긴장케 했을 가능성은 있다. 양천 교혼의 소생을 위량시킬 또 하나의 근거로서 고려측에 강제될 일말의 가능성을 우려하지 않을 수 없었을 것이기 때문이다.

....

54 『통제조격』 권3, 호령

고려 정부로서는 조석기 송사 당시 고려를 괴롭혔던 '양남 - 천녀 간 정상혼'의 소생 신분 관련 원칙이 1275년 새로운 법률을 통해 '재환기'되고, 그간 법적 방침이 모호했던 '천남 - 양녀 간 정상혼'과 관련해 1277년 그 소생이 위량되는 경우도 (일시적으로나마) 발생한 것에 크게 당황했을 것이다. 충렬왕 역시 이러한 원제국 내 법 정비의 추이를 지켜보다, 제국에서 다시금 그런 법제들을 고려에 적용하려 하거나 고려내 특정 세력이 조석기 류의 시도를 감행할 가능성에 대비해 1278년 돌연 '노비 해방 금지' 조치를 취한 것이 아닌가 한다. 즉 1275년과 1277년 진행된 원제국의 교혼 관련 신분 법제 정비가 1278년 충렬왕의 조치를 촉발한 것이라 하겠다. 게다가 그것만으로는 부족하다고 생각했던지, 1283년 '천자수모의 원칙'까지 재천명했던 것이다.[55]

그런 점에서 충렬왕의 1270~1280년대 조치들은 원제국내 관련 법제의 정비 및 그에 따른 고려 사회 내부의 동요가 고려의 법적 질서 및 권위에 끼칠 법한 영향에 적극 대응하는 맥락의 조치들이었다고 하겠다. 고려의 위정자들이 한반도와 원제국 간의 법적 경계 유지에 안간힘을 쓰고 있었음을 잘 보여준다.

다만 충렬왕의 이러한 노력에도 불구하고, 결국 조석기 송사와 같은 일이 재연되게 된다. 앞서 1부에서 잠시 살펴봤듯이, 1299년 정동행성 평장정사로 부임한 활리길사가 (고려 정부의 관점에서 봤을 때에는) 대형 사고를 쳤기 때문이었다.

고려의 양천 판정 관행에 대한 활리길사의 개변 시도가 『고려사』에 처음 언급된 것은 1300년 10월이다. 다음의 기사를 살펴보자.

....

55 『고려사』 권85, 지39 형법2, 노비

"성관(省官: 활리길사)이 처음으로 이 나라에 임하여 법을 만든[制法] 뜻(양인과 천인을 구분하고 천인을 종량하지 않는)을 살피지 않고 반드시 바꾸려 하므로, 신(臣: 충렬왕)이 일찍이 여름에 입근(入覲, 입조)했을 때 보고드려[表奏] 윤허(允許: 바꾸지 않도록)를 얻었는데, 이제 황제께서 명령하신 것을 보니 '양천사의(良賤事宜)'는 다시 사람을 보내 결정을 받게 하시니, 신은 이전의 말씀을 듣고 이미 귀국한 상황에서 이런 지(旨)를 받아 매우 놀랍고 두렵습니다. 생각해 보면 이미 조상(祖上)의 풍속은 시비(是非)를 묻지 말고 옛 법대로 할 것을 허락하셨는데, 어찌 천민 문제에 대해서는 다시 논의해 새로 바꾸라고 하십니까?"[56]

　　사료를 보면, '고려의 양천 구분 관행' 및 '천인을 방량(放良)하지 않는 고려의 원칙'을 훼손하려 한 활리길사의 시도는 이미 1300년 여름 이전 시작된 것으로 보인다. 다음 달인 11월 기사에도, 정동성관(征東省官: 활리길사)이 (고려의) 본속체례(本俗體例)를 (어느 시점엔가) 고치려 하자 충렬왕이 6월 친히 상도(上都)에 가 그 부당함을 보고하였고, 1달 뒤인 7월 8

----

56 『고려사』 권31, 세가31 충렬왕26년(1300) 10월, "是月, 闊里吉思欲革本國奴婢之法, 王上表曰, '昔我始祖垂誡于後嗣子孫云:〈凡此賤類其種有別, 愼勿使斯類從良. 若許從良, 後必通仕, 漸求要職, 謀亂國家. 若違此, 誠社稷危矣.〉由是, 小邦之法, 於其八世戶籍不干賤類然後, 乃得筮仕. 凡爲賤類, 若父若母一賤則賤縱, 其本主放許爲良, 於其所生子孫却還爲賤. 又其本主其繼嗣亦屬同宗, 所以然者不欲使終良也. 恐或有逃脫而爲良, 雖切防微而杜漸, 亦多乘隙而發奸, 或有因勢托功, 擅作威福, 謀亂國家而就滅者益, 知祖訓之難違, 猶恐奸情之莫禦. 況又若更此法, 非徒如治亂絲, 因失舊章, 不得僅存遺緒. 故於至元7年(1270), 小邦去水就陸之時, 先帝遣達魯花赤以治之, 于時因人告狀, 欲變此法, 確議聞斷俾從國俗, 衆奸絶窺竊之意, 得至于今. 玆者, <u>省官初蒞此邦, 不察制法之意, 必欲變更. 故臣, 於今夏入覲之時, 具悉表奏伏蒙愈允. 今奉聖旨良賤事宜, 更遣人受決, 臣旣承若彼之言而還, 有如斯之旨雖深惶懼, 又竊思惟旣許祖風, 無問是非而仍舊焉, 當賤類必論臧否以更新</u>…'" 기사의 내용이 상세하여 본문에 실은 번역에는 다소 의역을 가하였다.

일 원제국 중서성[都省]이 '노비에 대한 관리는 고려의 체례(體例)에 의하여 행하라'는 황제의 명령을 충렬왕에게 전했음이 언급돼 있다.[57] 즉 1300년 6월 이전 활리길사가 일을 벌였고, 그를 충렬왕이 6월 원 황제(성종)에게 보고해 7월에는 고려의 풍속 유지에 대한 허락을 받았다가, 원제국에서 (10월 이전의 어느 시점에) 다시금 입장을 번복해 풍속 변경 여부를 재논의하려 하자, 충렬왕이 분노에 차 다시 항의를 했던 것이다.

물론 활리길사가 정확히 어떤 방식으로 고려의 풍속을 변경하려 했는지는 위 기사에 나타나지 않는다. 대신 앞서 조석기와 관련해 살펴본 김지숙의 열전 기사에 모종의 단서가 등장하므로, 다시 한 번 소개한다.

> "이 때 활리길사(闊里吉思)가 정동행성의 평장정사가 되어, 무릇 노비 중 그 부모 한쪽이 양인(良人)인 경우 양인이 됨을 허락하려 하니, 재상 중에 이를 중지시키는 자가 없었다."

이 글에는 활리길사가 '부모 한쪽이 양인인 자는 양인이 되는 것을 허락하려 했다'고 되어 있다. 즉 여러 교혼 부부 중 남편과 부인 중 어느 한 쪽이 양인인 경우, 그 소생도 모두 양인으로 만들려 했다는 것이다. 그가 이른바 '일량위량(一良爲良)'의 방침을 판결에 적용한 것으로 해석되는 대목인데, 이는 고려의 '일천즉천(一賤則賤)' 원칙에 정면으로 배치되는 것이어서 고려 측에서는 그에 저항할 수밖에 없었을 것이다.[58] 종래의 연

....

57 『고려사』 권31, 세가31 충렬왕26년(1300) 11월, "今有征東省官欲改本俗體例爲此, 已於今年六月親赴上都, 上表聞奏, 於大德4年(1300)七月初八日都省就喚當職元引官員, 省會奏過事內一件奴婢的勾當, 依本國體例行者, 聖旨了也."

58 앞서 소개한 『고려사』 1300년 10월 형법지 기사(권85, 지39 형법2, 노비) 및 11월 세가 기사에는 "이전부터 양천[驪良]은 그 종류가 각기 달라 양인이 노비와 혼인하더라도[嫁娶] 그 소생 자녀[兒女]는 모두 노비(奴婢)로 만들며, 설

구에서도 활리길사가 원제국의 노비 제도에 근거해 고려의 노비제 및 신분 판정 방식을 수정하려 한 것이라 보곤 하였다.

그런데 이러한 해석에는 이상한 점이 있다. 앞서도 살펴보았듯이, 원제국의 양천 교혼 소생 신분 판정례들은 부부 중 천인인 자가 남성인지 여성인지, 그리고 그 혼인 자체가 정상혼이었는지 절혼이었는지의 여부 등에 따라 각기 달랐다. 그 소생이 양인이 되는 경우도 있고 천인이 되는 경우도 있었던 것으로, 그 소생을 항상 양인으로 만든 것은 아니었던 것이다. 활리길사로서는 '일량위량'을 시도할 법적 근거가 없었던 상황이라 하겠으며, 법적 근거가 없었다면 그가 '일량위량'을 시도했을 동기 또한 상정키 어렵게 된다. 그럼에도 당시 고려에서 이러한 시비가 발생한 이유가 무엇인지 자못 궁금해진다.

앞서 소개한 원제국의 법적 전례들로 돌아가 보면, 그 결과만 놓고 볼 때 원제국에서는 정상적 교혼의 경우 그 소생의 신분은 부친의 신분을 따르게 했던 반면, 비정상적 교혼의 경우 그 소생의 신분은 모친의 신분을 따르게 한 셈이었다. 전자의 경우 양남천녀혼 소생은 '위량', 천남양녀혼 소생은 '위천'하였고, 후자의 경우 양남천녀혼 소생은 '위천', 천남양녀혼 소생은 '위량'하였기 때문이다. 이런 방침을 따르면 '천인남성 - 양인여성 간 정상혼'의 경우와 '양인남성 - 천인여성 간 절혼'의 경우 그 소생이 '천인'이 되고, '양인남성 - 천인여성 간 정상혼'의 경우와 '천인남성 - 양인여성 간 절혼'의 경우에는 그 소생이 '양인'이 되게 된다. 고려 내 송사에서도, 앞의 두 사례가 등장한다면 문제가 되지 않았겠지만 뒤의 두 사례

....

령 주인이 허락해 양인이 된 자의 소생도 도리어 천인으로 만든다"는 고려의 오랜 관행이 서술돼 있다. 활리길사가 시도한 것이 진정 '일량위량'이었다면 그것은 고려의 전통에 정면으로 역행하는 판정이 아닐 수 없었다. (다만 그의 의도가 과연 그랬는지는, 후술하겠지만 논란의 여지가 있다.)

가 등장할 경우 큰 문제가 됐을 것이다.

활리길사가 실제로 어떤 상황들을 다루었고, 어떤 판결들을 양산했는지는 알기 어렵다. 그러나 고려의 국왕과 관료들이 보기에 대부분 '양인으로 만든다'고 했으니, 뒤의 경우들이 적지 않았던 모양이다. 실제로 후자의 사례(제국에서는 소생을 위량시켜야 할 경우)들이 재판에 올라올 경우, 활리길사가 달리 판결하기는 어려웠을 것이다. 정동행성의 평장사로서, 그런 사례들을 일률적으로 '위천'시켜 왔던 고려의 전통 관습을 존중하고 싶어도, 제국의 관료로서 제국의 판례와 전범들을 무시하거나 그에서 이탈하기는 어려웠을 것이기 때문이다.

정리하자면, "활리길사가 (제국의 방침에 따라) '일량위량'의 원칙 아래 고려내 양천교혼 부부 소생들의 신분을 일괄적으로 양인으로 판정(하려) 했다"는 충렬왕의 주장이나 후대의 이해에는, 제국의 법 판례들을 고려할 때 일종의 과장 또는 오해가 내포된 것으로 생각된다. 활리길사에게 '위량' 판정을 요청하던 이들의 처지 중 양인 남성이 천인 여성과 상호 합의에 혼인해 애를 낳은 경우나 양인 여성이 천인 남성에게 강제로 혼인을 당해 아이를 낳은 경우가 공교롭게도 적지 않았던 탓에, 그런 경우의 제국 판례에 따라 그 소생의 신분을 위량 판정한 활리길사의 판결 경향이, 결과적으로는 (의도했든, 의도하지 않았든) '일량위량'의 모양새를 띠게 된 것이 아닌가 한다.[59]

그러나 오해였든 아니든 간에, 활리길사의 이런 판정 추세가 낳은 파장은 컸다. 일단 종래 고려의 법제대로라면 '위천'되었어야 함에도 결과적으로 '위량'된 이들이 발생했으니, 이것만으로도 고려의 신분 법제 관련 원칙은 크게 훼손된 것이었다. 제국의 법제가 고려의 신분 관련 사안

....

59 이강한, 2007 「정동행성관 활리길사의 고려제도 개변 시도」 『한국사연구』 139

에 실제 적용된 격이 된 것으로, 이는 사실상 고려와 제국의 신분 법제 간에 유지돼 온 계선이 뚫렸음을 의미한다. 그리고 활리길사가 소환된 후[60] 그의 판정을 원상으로 복구하는 조치가 단행된 것은,[61] 반대로 양국 간의 법적 경계가 다시금 회복되었음을 보여준다.

이렇듯 13세기 후반 고려인들이 한반도에 온 원제국 관료들에게 제기한 송사가 고려와 원제국 간의 신분 법제를 둘러싼 힘겨루기로 비화되고, 그런 상황의 재발을 미연에 방지하기 위한 충렬왕의 노력이 무색하게도 13세기 말 사실상 동일한 상황이 이번에는 정동행성 관료에 의해 되풀이 됐으며, 조석기 때와는 달리 (고려의 전통 법제대로라면) 천인으로 판정 됐어야 할 고려인 일부가 양인이 되는 사태가 실제로 발생했던 것으로 보인다. 비록 고려 정부가 그런 판정들을 성공적으로 철회시켜 양측 간의 법적 경계가 복구되긴 했으나, 고려와 제국 간의 사법적 분절이 허물어졌 다는 선례 자체는 고려 정부가 그간 한반도의 유일한 위정 권력으로서 지녀 온 공신성과 법적 권위를 크게 손상시켰을 것으로 생각된다. 고려 사회에 대한 정부나 왕씨 일가의 법적 지배력에도 흠집이 났을 것임은 물론이며, 유사한 상황이 언제 되풀이될지 장담하거나 예측하는 것이 매우 어려웠던 점도 고려 정부를 더욱 곤혹스럽게 했을 것이다.

이에 14세기 초에는 더욱 강력한 조치가 내려지게 된다. 원제국의 법제정 추이를 면밀히 지켜보던 충숙왕이, 13세기 후반과 말엽에 준하는 분쟁의 재발 가능성을 원천 차단하기 위해 1325년 '노취양녀(奴娶良女) 교

....

60 『고려사』 권32, 세가32 충렬왕27년(1301) 3월 임인, "元以行省平章闊里吉思不 能和輯人民罷之, 闊里吉思率官屬還. 中郎將朴洪以通事, 爲闊里吉思腹心, 借威市 恩多受賄賂, 隨闊里吉思如元, 謀變國俗不遂而歸."

61 『고려사』 권32, 세가32 충렬왕28년(1302) 1월 무신, "命田民辨正都監, 籍闊里 吉思所斷奴婢爲良者, 歸之本主."

혼'에 대한 선제적 금지 조치를 선포했던 것이다.

> "관노(官奴)와 사노(私奴)의 자식이 스스로를 함부로 남반(南班)이라
> 칭하고 양가(良家)의 부녀(婦女)를 꼬드겨 혼인[婚嫁]하는 것을 법에 의
> 거하여 금지하라."[62]

충숙왕이 돌연 이러한 '교혼 금지' 조처를 꺼내든 이유는 무엇이었을
까? 이 역시 외부로부터의 변수, 즉 원제국 법제로부터의 영향을 우려한
조치로 다가온다.

1323년은 원제국 법제사에서 중요한 의미를 갖는 해인데, 『대원통제
(大元通制)』가 천하에 반행되었다는 점에서 그러하다. 아울러 고려로서는
정동행성의 개편이 논의되면서 갑자기 고려의 신분 제도가 화두로 떠오
르던 시점이기도 하였다. '정동성(征東省)을 파하고 삼한성(三韓省)을 세워
그 제식(制式)을 다른 행성처럼 하는' 이른바 "입성론(立省論)"이 황제 교
체기[영종(英宗)→태정제(泰定帝)]를 맞아 현실화되기 일보 직전인 상황에
서, 공교롭게도 당시의 입성(立省) 논의에서 고려의 세록제(世祿制)와 '노
비제(奴婢制)'가 주요 의제로 다뤄졌던 것이다.[63]

당시 원 대도(大都)에 억류돼 있던 충숙왕은, 과거 원종대와 충렬왕대
에 발생한 고려 – 원제국 간의 법적 갈등이, 제국 법령의 대규모 정비 및
정동행성의 새 행성으로의 전환 가능성 등을 계기로 양국 간에 '재연'될
가능성을 극도로 우려했던 것으로 보인다. 고려로 돌아오자마자 1325년
10월 개성부(開城府) 5부(部) 및 외방 주현에서 백성을 양반으로 또는 천인

---

62 『고려사』 권84, 지38 형법1, 공식(公式) 호혼(戶婚), "官私奴子妄稱南班, 引誘良
家婦女婚嫁, 據法禁理."

63 『고려사』 권110, 열전23 최유엄(崔有渰), "時元欲立省我國, 革世祿奴婢法. 有渰
詣中書省力請止之."

을 양민으로 조작하는 등의 호구 위조 행위를 단속한 것도 그 때문으로 보인다. 그런데 그것만으로는 충분치 않다고 여겼는지,[64] 더욱 강력한 신분제 단속 조치의 한 일환으로 (원제국의 판례로는 교혼 출생자가 위량될 수 있는 경우였던) '천남 - 양녀 간 절혼'의 경우를 콕 찍어 금지한 것이라 하겠다.[65]

이상에서 살펴본 바와 같이, 고려가 13세기 후반 및 14세기 초 원제국의 신분 법제 문제로 홍역을 치렀음이 여실히 확인된다. 그럼 이후의 상황은 어떠했을까?

신분 관련 법제가 민들의 일상사에 큰 영향을 미치는 변수로서 그들의 생활에서 가장 중요한(민감한) 법규 중 하나였음을 감안할 때, 그와 관련한 제국의 법제가 고려 한반도의 법적 지형에 착근(着根)하지 못했다는 점은, 결국 다른 법제들의 한반도 정착 또한 여의치 않았을 것임을 의미한다. 실제로 14세기 전반 양국의 관료 사이에 오간 대화 내용이 그를 잘 보여준다. 대화의 당사자는 당시 원제국과 고려 양쪽에서 왕성하게 활동하던 고려의 외교관이자 지식인이었던 가정(稼亭) 이곡(李穀)과, 정동행성 이문소(理問所)에서 1337년 이래 이문(理問) 직을 수행해 오던 형명학(刑名學)의 전문가 게이충(揭以忠)이었다.[66]

게이충은 우선 다음과 같이 말했다.

"정령이 나오는 문이 여러 개이면 백성이 피곤해져 감당을 못하니

....

64 『고려사』 권79, 지33 식화2, 호구

65 한편 원제국 판례에 따라 소생이 위량될 수 있었던 또 다른 교혼 유형으로서의 '양남 - 천녀 간 정상혼'의 경우 충숙왕이 왜 금지 대상으로 삼지 않았는지에 대해서는 좀 더 검토가 필요하다.

66 『가정집(稼亭集)』 권9, 서(序), 〈송게이문서(送揭理問序)〉

다. 현재 온 천하[四海]가 한 집안이 됐는데, 중국 조정의 법이 어째서 동국(東國)에서는 행해지지 않는 것입니까?"[67]

이 발언을 보면 게이충의 가장 큰 희망은 제국의 보편 법제가 한반도에서도 예외 없이 준용되는 것이었고, 그의 가장 큰 불만은 현실이 그렇지 못하다는 점이었다고 할 수 있다. 그런데 법이라는 것은 사실 인간의 실제 생활을 토대로 해야 하는 것이어서, 한 사회의 여러 법적 사안 처결에 그 나라의 법이 아닌 외국의 법을 적용하는 것은 어려운 일일 수밖에 없다. 현지 사정에 어울리거나 쉽사리 적용될 수 있는 법 조항이 아니라면 그러한 시도는 성공할 수 없기 마련이다. 게이충이 절감한 것도 그러한 상황이었던 모양으로, 정동행성에서 형정(刑政)을 담당하던 이문소의 관리로서, 즉 원제국의 법제를 한반도에도 연장 적용해야 했던 당사자로서 나름의 고충을 토로했던 셈이다.

이에 대한 이곡의 답변은 다음과 같았다.

"고려는 옛날 삼한의 땅이었던 곳으로, 풍속[風氣]과 언어가 중국과 다릅니다. 의관과 전례에 대한 나름의 법이 있어 왔으며, 진(秦)나라와 한(漢)나라 이래 중국의 어느 나라도 (고려를) 신하로 삼지 못했습니다. 제국[聖朝]의 시대인 지금도 친분으로는 구생(舅甥)의 사이요 은혜로 말하면 부자(父子)의 관계와 같아, 민사(民社)와 형정(刑政)을 모두 예전처럼 행하게 하고 제국 관리의 다스림[吏治]은 (고려에 함부로) 못 미치게 했습니다. 고려 일국을 지휘하고 정동행성의 권한을 전결(專決)한다고 해서 (고려 왕을) '국왕승상(國王丞相)'이라 부르는 것이니, (원 황제들께서) 사적으로 총애하는 은혜와 위임한 책임이 실로 막중합니다."[68]

. . . .

67 "揭君謂余曰, '政出多門, 民不堪命. 方今四海一家, 何中朝之法不行于東國乎?'"

68 "余應之曰, '高麗古三韓地, 風氣言語不同華夏, 而衣冠典禮自爲一法. 秦漢以降,

이곡은 우선 고려와 중국의 풍토와 문화 차이를 들고,[69] 원제국이 고려로 하여금 이전처럼 민사와 형정을 주관케 했음을 강조하였다. 아울러 고려 한반도는 "(승상을 겸하는) 고려왕이 고려국과 정동성 모두를 총괄하는 지역"이라는 점과, 원 황제나 제국 정부가 일찍이 중국 관리로 하여금 고려를 다스리게 한 바는 없었음을 환기하였다. 다시 말해 '고려의 형정은 원제국의 형정과 별개로 유지'하는 것이 양국 관계의 일종의 전제였음을 언급한 것으로, 원제국과 고려의 그러한 초기 합의를 존중한다면 중국과 한반도의 법적 분리와 경계는 몽골 원제국 시기에도 여전히 유지돼야 할 것임을 강조했던 셈이다.

양국 간의 법적 경계에 대한 이곡의 이러한 생각은 그의 다른 글에서도 등장한다. 병장기와 마필의 사용을 다시금 허락해 준 것에 대해 원제국에 감사를 표한 표문이 그런 사례다. 이곡은 이 글에서 "[일찍이 세조

....

未能臣之也. 今在聖朝, 親爲舅甥, 恩若父子, 民社刑政, 俾皆仍舊, 而吏治不及焉. 凡一國之命, 一省之權, 總而專之, 故稱國王丞相. 其寵綏之私, 委寄之重, 爲如何也.'" 한편 본서에서는 고려시대 문집 기록들의 원문을 표기함에 있어 한국고전번역원 홈페이지에서 제공하는 바를 사용했으며, 번역 또한 고전번역원에서 제공한 바를 참조하거나 활용했음을 밝혀둔다.

69 이곡은 공녀 징발을 중지해 달라는 호소문에서도 비슷한 언급을 한 바 있다. 고대의 성왕(聖王)들이 천하를 다스릴 때에는 일시동인(一視同仁)의 기조를 견지하면서도, 현지의 고유한 풍토와 문화까지도 중국과 동일한 모습으로 바꾸지는 않았음을 강조했던 것으로(〈대언관청파취동녀서(代言官請罷取童女書)〉, "竊聞古之聖王其治天下也, 一視而同仁, 雖人力所至, 文軌必同, 而其風土所宜, 人情所尙, 則不必變之… 高麗本在海外, 別作一國. 苟非中國有聖人, 邈然不與相通. 以唐太宗之威德, 再擧伐之, 無功而還. 國朝肇興, 首先臣服, 著勳王室. 世祖皇帝釐降公主, 仍賜詔書獎諭曰, '衣冠典禮, 無墜祖風, 故其俗至于今不變.' 方今天下, 有君臣有民社, 惟三韓而已…"), 변방의 풍속에 다 차이가 있기 마련인데 그를 획일적으로 대하는 것은 인정상 공감을 구하기 어렵고 형세상으로도 불가능하다고 본 것이다.

황제께서] '약속(約束)은 성제(聖制)를 따르더라도[遵] 전장(典章)은 조풍(祖風, 고려전통)을 버리지[墜] 말라' 하셨습니다."라는 표현을 사용하였다.[70] '약속'이라는 개념은 양국 간의 결속, 고려의 충성 등 양국 관계의 기본틀을 가리키는 것으로 보이는 반면, 뒤의 '전장'은 당연히 법·제도의 체계를 가리킨다. 그런 점에서 이곡의 이 언급은 선황제 쿠빌라이에게도 고려의 '법제'만큼은 건드릴 의사가 애당초 없었음을 강조한 것이라 할 수 있다. 세조가 '구제(舊制, 옛 약속)'를 통해 '불개(不改)'를 약조한 '토풍'은 고려의 '법체계'까지도 포함하는 개념이었다는 논리이다.

고려와 원제국 간의 법적 경계에 대한 이곡의 생각은 이렇듯 확고했던 것으로 보인다. 동시기 고려인들 중 원제국에서의 활동이 가장 두드러졌던 그가 이런 생각을 하고 있었던 것 자체가 당시 양측의 사법 질서 사이에 나름의 경계가 엄존했음을 보여준다.[71] 게다가 그는 다른 글에서도 한반도(또는 고려 왕조)를 중국과는 엄연히 구별되는 제도적·법적 공간으로 간주하는 인식을 노출하였다. '개경에 정동행성이 설치돼 있으나 고려 왕이 승상 신분으로 그를 독자 관할하고 있고, 내외 백사(百司) 모두 본국[고려]의 구례(舊例)에 따르고 있으니, 중원의 사대부들이 왕경에 올 이유가 없다'고 언급했던 것이다.[72]

---

70 『가정집』 권10, 표전(表箋), 〈사복궁병마필표(謝復弓兵馬匹表)〉, "…以小邦邈居 於東土, 而舊俗頗異於中原, 當太祖天造之時, 寔先歸附, 値世皇龍飛之際, 尤著勳 勞, 有錫馬三接之榮, 餘館甥貳室之慶. 約束雖遵於聖制, 典章無墜於祖風, 苟一日 而變更, 慮三韓之驚動…"

71 충숙왕이 충혜왕의 호례(胡禮)를 꾸짖는 등 고려와 원 '체례' 간에 경계를 두는 시각이 여전했다[『고려사』 권36, 세가36 충혜왕즉위년(1330) 윤7월 무자, "上王將如元, 至黃州, 王遠上胡跪迎謁, 上王曰, '汝之父皆高麗也, 何見我行胡禮? 且衣冠太侈, 何以示人. 可速更衣.' 訓戒嚴厲王涕泣而出."].

72 『가정집』 권9, 서, 〈송백운빈환도서(送白雲賓還都序)〉, "王京去京師才四千里,

다만 게이충과 이곡이 이런 대화를 나눈 것 자체는 당시 고려 안에서 법적 기준의 문제와 관련한 논란이 존재했고, 두 가지 주장이 충돌하고 있었음을 보여준다. 그런 정황은 결국 당시 고려 내에 복수의 법적 권위가 공존하고 있긴 했음을 드러내는 바가 있다.

> "근래 국가의 법이 점차 느슨해지고 백성의 풍속이 갈수록 경박해진 탓에, 자기들끼리 변란을 일으키고는 다투어 위에 고발하는 일이 벌어지고 있습니다. 이에 『지치통제』의 법을 집행하려는 정동행성 관리의 입장에서는 '하늘 아래 모든 곳이 왕의 땅'이라 하고, 옛 법을 그대로 유지하려는 고려국 신하의 입장에서는 '세조(世祖) 황제께서 토풍(土風)을 바꾸지 말라고 하셨다'고 하고 있습니다. … (제국 조정의) 법이 행해지지 않고 있는 것은 바로 이 때문이 아니겠습니까."[73]

이곡의 말처럼, 정동행성 관리들은 가장 최근에 반포된 지치(至治) 연간(1321~1323)의 『대원통제』를 고려의 현실에 적용하려 들었던 반면, 고려 관료들은 세조의 '토풍(土風) 유지' 약속을 거론하며 그에 반발하면서 대치 국면이 빈번하게 발생하고 있었던 것으로 보인다. 이런 상황은 분명 양측 관료들로서는 난감한 것이었을 텐데, 고려 정부의 권위에도 도움이 되지 못하고 원제국과의 관계도 불안정하게 하는 변수였을 것이기 때문이다.

....

又無道途危險梗澁之虞, 傳遽往來絡繹, 而商旅之行日夜不絶, 獨窟遊之士不至, 何哉? 本京雖置省, 惟國王丞相獨領之, 又其寮寀之命于朝者, 皆所自辟, 其餘內外百司, 竝依本國之舊, 中原士大夫無自而來也."

73 『가정집』 권9, 서, 〈송게이문서(送揭理問序)〉, "比來國法漸弛, 民風益薄, 自相變亂而爭告訐, 省吏之執通制者則曰, '普天之下莫非王土.' 國臣之持舊法者則曰, '世皇有訓不改土風.' 於是出彼入此, 趣輕舍重, 皆有所說, 莫可適從. 法之不行, 非由此歟?" 기사 중에 중의적으로 해석될 수 있는 부분이 있어 생략하고 번역하였다.

그러나 그런 상황을 해소할 뾰족한 수가 별달리 존재하는 것도 아니었다. 고려의 법 적용을 공식적으로 천명하기에는 제국 정부의 눈치가 보이고, 원제국 법의 사용을 용인하자니 고려 법 체계의 근간이 흔들릴 상황이었기 때문이다. 아울러 이곡이 양국 법질서 간의 분리의 필요성을 인정했다고 해서, 그가 제국 법제를 배척한 것도 아니었다. 그 역시 제국에서 봉직하던 인물로서, 제국 법제의 적용이나 준수가 중요한 일임을 잘 알고 있었다.

이에 이곡 또한 두리뭉실하게, '정치에서는 인치와 법치를 병행해야 한다'는 식의 절충론을 설파할 수밖에 없었다. 여기서 '법치'가 제국이 반포한 것으로서 이를테면 '모든 이들에게 공통적으로 적용되어야 할 기준'을 가리킨다면, '인치'는 법치가 적용되어야 할 지역의 고유한 현실 및 그로 인해 인정되어야 할 예외성을 감안하는 행정을 일컫는 것으로 생각된다. 두 개 중 어느 하나만을 취하고 나머지를 배척할 수는 없으니 결국 두 가지 모두 병행해야 할 것인데, '제국 통제(通制)'와 '고려 전통'을 동시에 추구한다는 표현의 민감성을 고려, '법치'와 '인치'라는 지극히 원론적 표현으로 갈음한 것이라 여겨진다.

게이충의 경우 일단 자신의 직무는 제국법에 근거한 법치에 있음을 분명히 하였지만("吾旣有所受, 惟知奉法而已."), 다행히도 그 역시 나름의 절충점을 찾았던 것으로 보인다. 이곡이 게이충의 '인치와 법치 병용'을 환기하고, '조정의 대체를 잃지 않으면서도 본국의 구속을 동요시키지 않았던' 점을 칭송하는 것으로 글을 마무리하였기 때문이다. 어느 한 쪽에만 의지하지 않고, 양자를 절충하여 최선의 결과를 낳았다는 점을 높이 평가했던 것이다.[74]

....

74 "…已而條理克明, 請謁不行, 吏絶其私, 民服其公. 要不失朝廷之大体, 而不撓本國之舊俗耳. 人法並用, 余於君見之."

그런 점에서 고려와 중국의 법적 경계의 경우, 일부 사안에서는 고려의 사안에 중국법이 적용되는 등 그 경계가 다소 허물어지는 경우가 아주 없진 않았으나, 정동행성 이문이 의아함을 호소할 정도로 중국 법의 고려 내 적용이 불발되는 경우도 많았음을 엿볼 수 있다. 당시 고려와 제국의 관료들이, 원칙과 명분으로 보자면 고려의 내부 사안에 제국 법전이 적용되어야 함에도 현실상 제국법이 사용될 수 없는 경우도 있음에 암묵적으로 동의했던 것이다. 예외성이 존재하는 상황에 제국법의 적용을 강제할 수 없다는 공감대야말로, 양국 사법 질서 간의 분리를 보여주는 정황이 아닐까 한다.

그렇다면 이후 우왕대에 접어들어 지방 송사의 처결에 『지정조격』을 참조케 한 조치는 어떻게 보아야 할까?[75] 제국이 이미 몰락한 상황에서 고려가 그것을 '제국의 법제'였다는 이유만으로 수용하고 준용해야 할 이유는 사실 없었다. 그보다는 제국법이 동북아시아에 출몰했던 과거(過去)의 여러 법적 유산(遺産) 중 하나로서, 고려 지방 형정의 체계화에 도움이 될 또 하나의 법적 자산 정도로 간주된 것이라 생각된다. 즉 우왕대의 사례는 고려와 제국의 법적 경계 문제와 무관하게, '생겨났다가 사라져 간' 제국의 과거 법문화를 고려가 필요에 따라 섭취한 정황 정도로 이해하면 되리라 생각한다.[76]

....

75 『고려사』 권133, 열전46 우왕(禑王) 3년(1377) 2월, "令中外決獄一遵至正條格."
76 유사한 경우는 또 있다. 정몽주가 『지정조격』, 『대명률』 등을 참고해 고려의 새 율[新律]을 찬정하기도 했던 것이다[권117, 열전30 정몽주(鄭夢周), 공양왕4년(1392), "夢周取大明律, 至正條格, 本朝法令, 參酌刪定, 撰新律以進."]. 『지정조격』은 사실 이후 조선시대에 들어가서도 다양하게 참고되고 준용됐는데, 그런 모습이 고려말 이미 시작된 것이라 하겠다.

2장. 고려와 원제국, 엇갈림과 반비례

원제국의 고려물자 징발은 한반도 침공 당시였던 1230년대 이미 시작되었고, 13세기 후반에도 (정규 징세가 아닌) 강압적 물자 요구의 형태로 계속되었다. 다만 1270년대 후반 몽골 원제국이 남송(南宋)을 몰락시킨 후에는 이런 정황이 서서히 변화하기 시작했고, 제국이 중국 강남 지역을 완전히 병합한 1280년대 후반에 접어들면 징발의 양과 빈도가 현저히 줄게 된다.

그런데 고려 물자의 징발이 아직 왕성하던 1270년대초, 몽골 원제국은 새로운 전략을 선보이기 시작했다. 고려 물자의 징발에 있어 '명분'을 내밀기 시작한 것이다. 일본 정벌 투입을 위해 한반도에 배치된 몽골·한인 병력에 고려 정부가 군량미를 조달하던 상황에서, '고려에 둔전(屯田)을 설치해 거기서 소출되는 양곡을 그들에게 제공하면 고려도 편하지 않겠느냐'며 '도움을 준다'는 식으로 생색을 냈고, 짐짓 고려 물자 징발과는 무관한 일인 양 '매가 필요해서 그런다'며, 매 사육용 단위로서의 응방(鷹坊)들을 고려에 다수 설치했던 것이다.

그렇게 한반도에 설치된 두 단위는 정작 설치 후에는 고려 물자의 수탈과 징발에 종사하였다. 거칠고 무차별적이었던 이전과 다른 좀 더 지능적인 접근이자, 상설 공간을 통한 지속적이고도 체계적인 적출이었다. 그결과 고려가 입은 피해는 오히려 전에 비해 커진 측면이 없지 않다. 둔전 운영의 부진으로 인해 고려의 군량미 조달 부담이 줄기는커녕 경작을 맡은 고려인들의 식량까지 고려 정부가 제공해야 했고, 매의 사육 및 대원(對元) 진상을 위해 설치된 응방들은 고려의 민간에서 매와는 무관한 은(銀)과 모시[苧布]까지도 징발했기 때문이다. 둔전은 심지어 홍씨 일가의 복수극에 활용되다가 막판에는 갈 곳 없던 남송군 집단수용소로까지 변용(변질)되면서 고려의 반발을 샀다.

상황이 이렇게 흐르자 고려인들도 둔전과 관련된 '제국의 배려'가 일종의 허위였음을 알아채고, 응방을 매개로 한 외국인들의 준동 또한 경계하기 시작했다. 다행히 둔전은 1270년대 말 효용성 부족으로 폐지되었고, 응방은 고려 충렬왕에 의해 역이용당할 처지에 놓이기도 하였다. 상충하는 이해관계를 그렇지 않은 것처럼 포장하려 했던 제국의 시도가 결국 실패했던 셈이다.

한편 고려와 원제국의 이해관계가 ('상충'하기보다는) '엇갈린' 정황이 수역(水驛)의 문제에서 관찰된다. 원제국은 한반도 연안에 수역을 설치하면서 고려 관료에게 강남 지역의 행성 고관직을 제안하는 등 고려인들을 회유하려는 모습을 보였다. 고려의 관료가 그를 수락했을 경우 고려 - 중국 간의 무역도 원활해질 수 있었겠지만, 당시 제국의 물자 징발에 시달리던 고려인들로서는 그런 제안을 쉽사리 수용하기 어려운 일이었다. 수역을 통해 요동(遼東)으로 전달되던 양곡 중 일부가 고려에 진휼미로 제공되긴 했어도, 고려 물자의 추가 징발 통로로 활용될 수도 있을 수역을 경계하지 않을 수 없었던 것이다.

이에 제안을 받은 정가신(鄭可臣)도 그를 거부하였고, 수역 노선은 이후 요양(遼陽) 지역의 정세가 안정되자 14세기 초 폐지되었다. 그런데 공교롭게도 그를 전후한 시기, 이미 이전부터 감소하고 있었으되 명맥만큼은 끊기지 않았던 중국 강남 상인들의 한반도 방문도 함께 종식되었다. 무역을 위한 도구이자 플랫폼으로서의 수역이 지녔을 잠재성을 고려할 때, 그를 고려가 활용하지 못한 것은 아쉬운 일이 아닐 수 없다. 당시 원제국을 기반으로 동 - 서 세계간 교역이 번성하면서 한반도도 덩달아 여러 외국인들의 방문을 받기 시작했지만, 이들의 고려 방문 시점이 실은 그들과 중국의 관계가 악화된 시기였던 경우가 많았고, 중국과의 교역이 이상 없이 진행될 때에는 그들이 한반도를 방문할 동기가 사실 적었다. 한반도와 중국 강남 지역 간의 교통 인프라는 그러한 제한성을 없앨 좋은 기회였는데, 그런 계기가 무산된 셈이었다.

이러한 정황들 모두 양국의 경제적 이해관계가 실상 합치되기 어려운 것이었음을 보여준다. 응방·둔전은 애초 고려에 도움이 될 수 없는 것이었는데 제국이 그를 옹색하게 포장하거나 위장하려 한 경우라면, 수역 문제는 외국 상인의 '중국 방문'과 '고려 방문'이 상호 반비례적인 속성을 내포하고 있었음을 환기해 주는 바가 있다.

1. 둔전(屯田)과 응방(鷹坊): 제국의 오·남용, 고려의 반격

1) 둔전의 문제

원제국의 둔전이 고려 한반도에 설치돼 본격적으로 운영된 것은 1270년대 초이다. 무신정권의 수장이던 임연(林衍)이 돌연 원종을 폐위시키고 안경공(安慶公) 왕창(王淐)을 옹립하자, 그를 진압하려 한 고려 세자(후의 충렬왕)의 호소에 따라 만여 명 이상의 대규모 몽골 병력이 한반도에 진입한 것이 그 계기였다. 둔전은 경상도와 전라도에도 잠시 설치됐지만, 봉주(鳳州), 황주(黃州), 염주(鹽州)와 백주(白州) 등 서해도 각지에서 가장 활발하게 운영되었다.[77]

흥미로운 점은, 원제국 둔전의 한반도 설치가 시기적으로 매우 빨랐다는 점이다. 당시 중국 내에서도 둔전 행정이 막 시작되었음을 고려하면

---

77 고려내 원 둔전의 설치, 운영 등에 대한 자세한 분석으로는 이강한, 2007 「고려후기 원 둔전(屯田)의 운영과 변화」『역사학보』196 참조. 필자의 논지에 대한 이견(異見)으로는 신소연, 2010 「고려 원종말·충렬왕초 원(元)의 둔전 치폐(置廢)와 여원(麗元) 관계」『역사교육』115 참조.

더욱 그렇다.[78] 원제국으로서는 일본 정벌은 물론 임박한 남송(南宋) 정벌을 위해서라도 이미 몽골이 통제권을 확보한 지역(화북, 요양, 한반도)에 가능한 한 서둘러 둔전을 구축해 병량미 조달에 활용해야 할 상황이었다. 그러던 차에 마침 고려에서 정란(政亂)이 발생한 것을 명분으로, 제국의 둔전이 고려에 조기 구축된 것으로 보인다.

흥미로운 점은, 원제국 정부가 고려에 원 둔전을 설치하면서 고려에 은혜를 베푸는 듯한 입장을 취했다는 점이다. 다음 기사를 살펴보자.

> "··· 이제 저들을 경략(經略)하고자 유사(有司)에게 명령하여 군사를 징발해 둔전 경작 및 진군에 대비하려 하는데, 차후 고려가 (곡량을) 운반[轉輸]하는 어려움을 면해 주기 위해 사신을 보내 요청의 뜻[招懷]을 보이는 것이니, 경(卿: 원종)은 그 마음과 생각을 다하여 일[경략]을 도움으로써 짐(朕: 쿠빌라이)의 뜻에 부응하도록 하라."[79]

고려의 부담을 줄여 준다는 명분으로 둔전 경작을 지시하고 있지만, 사실 공허한 배려에 불과하였다. 둔전으로 지정될 토지들은 고려 정부의 관리를 벗어나게 될 것이었고, 그럴 경우 고려는 그 지역들에서 징수하던 만큼의 미곡을 더 이상 징수할 수 없게 될 상황이었다. 그로 인해 고려가

---

78 고려 둔전 설치 전 원제국 치하 중국에 설치된 둔전으로는 1260년대 추밀원의 좌위둔전(左衛屯田), 중위둔전(中衛屯田), 우위둔전(右衛屯田), 그리고 남양부 민둔(南陽府 民屯) 정도가 있었을 따름이다. 앞의 세 둔전은 대도로(大都路)에, 그리고 마지막 남양부 둔전은 하남강북행성에 소재하였다. 원제국이 통제하던 극소수 지역에만 둔전이 설치된 상황에서 갑자기 고려에도 둔전이 설치됐던 것이다.

79 『고려사』권27, 세가27 원종12년(1271) 3월 병인, "朕嘗遣信使通諭日本, 不謂執迷固閉, 難以善言開諭, 此卿所知. 今將經略, 於彼勑有司, 發卒屯田用爲進取之計, 庶免爾國他日轉輸之弊, 仍復遣使持書先示招懷, 卿其悉心盡慮, 裨贊方略, 期於有成以稱朕意.."

보게 될 손해가 몽골군에게 병량을 제공하는 부담보다 적었다고 보긴 어렵다. 게다가 둔전 후보지로 선정된 지역들은 나름 곡창지대라는 이유로 선정됐을 가능성이 높은데, 그럴 경우 고려의 손해는 더욱 컸으리라 생각된다.

물론 고려 정부로서도 둔전의 설치로 인해 군량미 조달 부담이 다소 경감되는 것을 기대했을 수 있다. 서해도 곡창지대에 대한 과세 포기로 인해 그런 효과가 상당 부분 상쇄될 상황이긴 했지만, 그래도 몽골 부대들에 제공할 병량미 마련을 위해 전국 각지의 고려 민호들을 매번 괴롭힐 필요만큼은 전에 비해 상대적으로 줄어들 수도 있는 일이었기 때문이다.

그런데 고려에 설치된 원 둔전들은 원제국의 예상과 달리 그 기능을 제대로 수행하지 못했다. 무슨 이유에선지 둔전이 수립된 지 두세 해가 지났음에도 제대로 양곡을 산출하지 못했던 것이다. 이에 몽골은 둔전 설치 후에도 여전히 고려에 곡량을 요청하였고, 고려는 요구된 곡량을 조달하느라 고생할 수밖에 없었다. 둔전 운영으로 고려의 부담이 경감되기는커녕, 둔전 운영이 부진을 거듭하면서 고려가 일방적으로 손해만 보던 이전의 상황이 계속되었다.

둔전 운영이 실패한 원인은 분명치 않다. 기후 조건이 문제였는지, 경작자들의 태업(怠業)이 문제였는지 확인하기 어렵다. 그런 상황에서 고려 내 원(元) 둔전의 경작 인력으로 동원된 과거 삼별초의 병사 및 휘하 백성들의 식량 부족 문제가 심각해졌다. 이에 몽골측은 그들의 식량까지 고려 정부에 요구했으며, 결국 고려 정부는 둔전의 운영으로 군량미 조달 부담을 해소하기는커녕 추가적인 미곡조달 부담까지 덤으로 짊어지게 되었다.[80]

이러한 상황은 이후 시간이 좀 더 흘러 둔전의 경작 상황이 점차 호전

80 『고려사』 권27, 세가27 원종12년(1271) 4월 정사; 8월

된 이후에도 별반 달라지지 않았다. 지속되는 이중 부담을 견디기 어려워 고려가 별도의 양곡 조달을 중단하려 제국 정부와 협의를 시도해도 제국은 묵묵부답으로 일관하였다.[81]

> "간사한 자들이 망녕되게 둔전이 충재(蟲災), 수재(水災) 등으로 손해를 입었다고 거짓말하며…"[82]

위 기사는 둔전에서 수확이 일부 발생하고 있었음에도 원제국의 고려 미곡 징발이 계속되었음을 보여준다. 이렇듯 둔전의 존재에도 불구하고 원제국 정부의 고려 미곡 요구는 1270년대 후반까지 계속됐으며,[83] 몽골 침공으로 피폐해진 고려를 더욱 힘들게 하였다.

그런데 더 심각한 것은 이 둔전들이 몽골 측의 여러 정치·외교적 의도

----

81 둔전 운영 초기인 1272년 6월 고려 정부가 표문을 올려 둔전에서 대·소맥이 이미 수확되었고 곡식도 익어가고 있어 8월이면 대체로 수확할 만하니 가을 언제까지 양곡을 공급하면 될지에 대한 답을 요구했지만 원제국 정부로부터는 아예 응답이 없었고[『고려사』 권27, 세가27 원종13년(1272) 6월 임자], 1274년 2월에는 원이 봉주 지역 둔전군의 매달 식량 부족분 2천여 석을 내라고 요구하자 고려가 종전군(種田軍)의 첫 해 가을 양식 및 1272년 부족한 양식을 이미 지급했고 1273년의 경우 수확이 괜찮았는데도 다시금 공급을 요청하느냐며 이의를 제기하기도 하였다[원종13년(1274) 2월 갑자].

82 『고려사절요』 권19, 원종15년(1274) 2월

83 1277년 2월에도 원에서는 고려 정부에 1차 일본 정벌 당시의 수만큼 몽골 병사들에게 양곡을 지급하라고 요청해 왔는데, 그에 대해 고려는 "현재 합포진변군, 탐라방호군, 염주·백주 귀부군, 활단적 등에 나가는 1년 지출액이 18,629석 2두, 소와 말의 사료가 32,952석 6두에 달하는 상황에서 지금 다시 둔전군 3,200명 등의 식량을 어디서 구하겠는가?"라며 항의한 후, 1270년 이래 둔전에서 수확·축적된 바를 둔전군에게 지급하고, 염주·합포 군인들에게는 몽골 측에서 축적한 양곡을 제공할 것을 역으로 제안하였다[『고려사』 권28, 세가28 충렬왕3년(1277) 2월 정묘].

를 충족하는 장치로까지 오용, 남용되었다는 점이다. 애초 둔전 설치를 주창한 것이 고려 정부와 숙원(宿怨) 관계에 있던 요동의 홍씨(洪氏) 일가였던 점, 그리고 고려내 원 둔전이 중국 강남 정벌 또한 염두에 두고 설치되었던지라 몽골에 항복한 남송의 패잔병들이 그에 배치되게 된 점이 그를 잘 보여준다.

1270년 삼별초가 난을 일으킨 이래 홍다구(洪茶丘, 1244~1291)와 흔도(忻都) 등 일군의 몽골 장수들이 그 진압을 주도했는데, 이 중 홍다구는 일찍이 1230년대 몽골군에 투항하여 요양행성에 정착했던 고려 홍씨 가문의 일원이었다. 아버지 홍복원(洪福源, 1206~1258)에 이어 고려에 깊은 유감을 품고 있었던 그는 요심(遼瀋) 지역의 고려 군민(軍民) 세력을 기반으로 13세기 후반 기회가 있을 때마다 고려를 괴롭혔다. 14세기 초 충선왕의 심왕위(瀋王位)를 문제 삼아 결국 그가 고려 왕위와 심왕위 모두 내놓게 만들었던 홍중희(洪重喜) 역시 홍씨 가문의 일원이었다. 홍군상(洪君祥) 정도가 홍씨의 일가로서 고려 정부를 도왔던 경우일 뿐, 대부분은 고려 왕실과 거의 원수지간이었다고 할 수 있으며, 그 중에서도 홍다구는 고려에 대한 증오가 가장 심했던 경우이다.

이 홍다구가 둔전과 관련해서도 고려를 괴롭혔던 것인데, 원제국 정부가 1270년 고려에 둔전을 설치하면서 '홍다구가 다스리던 백성 2천', 또는 '왕준, 홍다구 등의 소관 고려호(高麗戶) 2,000인'으로 표현된 요동 지역의 고려 군민(軍民)을 동원한 것에서 그를 엿볼 수 있다. 고려 둔전 기반 인력의 1/3 가량이 요심 지역 홍씨 일가의 지휘 아래에 있던 고려민들이었던 것이다.[84]

....

84 여러 기록을 종합하면 고려내 원제국 둔전은 적어도 6천여 명 이상의 규모로 시작된 듯하다『원사』권208, 열전95 외이(外夷), 고려(高麗), 지원7년(1270) 11월; 권100, 지48 병(兵) 3, 둔전(屯田) 고려국입둔(高麗國入屯), 고려둔전(高

홍씨 일가가 이렇듯 고려 둔전 설치에 종사할 인력을 대규모로 내놓은 것은 당연히 원제국 정부의 지시 때문이었겠지만, 나름의 저의도 있었던 것으로 보인다. 1270년 겨울 고려에 전해진 원제국 둔전 설치 소식에 대해 원종이 제국 정부에 보낸 반대 서한에서 그 점이 잘 드러난다.

> "들으니 저희 나라[小邦]에 둔전(屯田)을 두기를 청하는 사람이 있다고 하니, 정말인지 모르겠습니다. 제국의 군대[王師]가 들어와 임연(林衍)의 모역[逆命]을 응징[問罪]한 이후, 불궤(不軌)한 사람들이 망령되게 스스로 의심하고 두려워하며 드디어 난(亂)을 일으켜 남하(南下)하였습니다. 그리고 고려에 숙감(宿憾)을 품은 자가 그 난을 기회로 여겨 고려가 개경으로 환도할 때 (강화도를) 크게 약탈해 안팎을 떠들썩하게 한 바 있습니다. 지금 역적을 마저 제거하지 못해 제국의 군대가 아직 남쪽에 있는 탓에 고려의 백성들은 역적 토벌은 물론 병마와 군량의 제공으로 힘든데, 축적해 둔 재화는 모두 작년에 역적이 침탈한 바 되어 간신히 개경으로 돌아온 신료와 백성들은 명맥 보존과 직무 수행도 벅찬 상황입니다. 이 자들의 이러한 요청('둔전 설치')은 대개 이전의 버릇에 젖어 동쪽으로 세력을 늘리려는 것으로, 둔전 경영을 명목으로 들고 있지만 실은 고려를 해치려 하는 것입니다. 그를 허락하면 그들의 침탈 자행이 이루 말할 바 없을 테니, 고려의 인민들은 모두 죽을 것입니다. 황제께서 이르신 바[詔旨, 諭示]를 받들어 자량(資糧)에 관한 일은 제가 이미 여러 도(道)에 권농사(勸農使)를 보내 힘껏 구하게 했으니, 바라건대 여러 재상[相公]들께서는 저의 주청을 좋게 여기셔서 간인(奸人)의 둔전 요청을 막아 주십시오."[85]

....

麗屯田)].

85 『고려사』 권27, 세가27 원종12년(1271) 1월 병자, "竊聞, 有人請於小邦置屯田, 未知信否. 小邦自林衍逆命王師問罪時, 有不軌之人妄自疑懼, 遂構亂而南下, 又有宿憾於小邦者, 幸其本國之有難, 因利乘便方小邦去水就陸之時, 放兵大掠, 由是中外嗷嗷愁怨. 今又因逆賊之未除, 王師猶在於南鄙, 小邦人民, 外則勞於逆賊攻討之事, 內則困於兵馬資粮之費, 而內外蓄積, 去年爲逆賊儡掠無遺, 粗得出居臣民, 其

여기서 원종은 두 가지 세력을 언급하고 있는데, '불궤한 자'라 함은 진도 및 탐라로 도망친 삼별초(三別抄) 세력을, 그리고 '숙감을 가진 자'들은 홍씨 일가를 가리킨다. 그리고 이 중 한반도에 둔전을 설치하자고 요청한 세력은 후자, 즉 홍씨 일가였다고 하겠다. 삼별초 세력의 경우 원제국과 대립하던 상황에서 제국 정부에 한반도 둔전의 설치를 요청했을 리 없으니, 원종이 언급한 '고려를 해치려 동쪽으로 진출하려는' 세력은 홍씨 일가였음이 분명하다. 요심 지역의 홍씨 일가 휘하 고려인 군민(軍民) 세력이 한반도에 자신의 세력을 확대하려는('東來') 나름의 정치적 목적으로 원제국 둔전의 한반도 설치를 주도했던 것으로, 삼별초난 토벌을 명분으로 한반도에 병력을 진입시키는 데 그치지 않고 아예 고려에 눌러앉고자, 제국 정부를 움직여 한반도 각지(결국은 북부의 서해도에 주로)의 둔전 설치를 주도하고 관철했던 것이다.

　다만 홍씨 일가의 세력이 고려 내에 지나치게 확산되는 것이 원제국 정부에도 그리 바람직한 일만은 아니어서, 제국 정부가 여러 단사관(斷事官), 다루가치[達魯花赤]들을 파견해 홍씨 세력을 견제하려 하게 된다. 홍다구와 함께 삼별초 토벌 및 둔전 구축을 관장하던 흔도(忻都)에게 '납치한 고려인들을 방면하라'고 압박한 다루가치 탈타아(脫朶兒)가 좋은 사례다. 그는 1271년 2월 '한반도 남부에 주둔 중인 몽골병들이 백성들을 힘들게 하고 있으니 사신을 보내 안무(安撫)할 것'을 고려왕에게 제안했던 인물로서, '삼별초의 잔당을 벌하되 진도(珍島)의 원 거주민이나 억지로 삼별초를 따른 자들은 방면하라'는 제국 중서성의 지시에도 불구하고 흔

　　　　　　　　　　　　　　　　　　　
將保喘供職難矣. 而此輩人有是請, 盖嘗狂于去年, 亦欲東來, 名爲屯田而實欲殘害. 乃以小邦之所難堪者多般. 乞請萬一朝廷聽從其言則彼必恣行侵害靡所不至, 小邦人民殆無孑遺矣. 小邦今已欽奉詔旨所諭資粮事, 已差遣諸道勸農使盡力措辦, 伏望諸相公善爲敷奏, 以遏奸人屯田之請."

도가 고려민들을 내놓지 않자, 고려의 관료들을 이끌고 흔도를 찾아가 고려인 일부를 풀어준 것으로 기록에 전하고 있다.[86]

이러한 일련의 상황들은 고려내 원 둔전이 홍씨 일가의 정치적 야욕에 종사했던 측면을 내포했음을 보여준다. 그런 의도를 가진 자들에 의해 관리되고 있던 원 둔전들이 정작 본연의 임무로서의 원활한 미곡 생산에는 부진했던 것도 결코 이상한 일이 아니었다고 하겠다.

그런데 둔전의 문제는 이에 그치지 않았다. 둔전이 홍씨 일가로서는 고려를 괴롭히는 데 매우 유용한 정치적 도구였다면, 원제국 정부에는 또다른 용도에 쓰일 수 있을 요긴한 존재였기 때문이다. 그럼 제국 정부는 과연 둔전을 어떻게 활용하려 한 것일까? 남송을 몰락시킨 후의 원제국 정부에게는 포로로 잡은 남송 병사들을 둘 곳이 마땅치 않다는 점이 큰 골칫거리였는데, 한반도의 둔전 지역들로 이들을 이주시킴으로써 스스로 해결해야 할 문제를 고려 정부에 떠넘겼음이 눈길을 끈다.

　　"고려 왕[원종]이 고려의 땅이 좁은 데다가 근래 흉년이 들었으므로, '생권군(生券軍)'을 [고려가 아닌] 동경(東京, 요동)에 주둔케 할 것

....

86 『고려사』 권27, 세가27 원종12년(1271) 2월 신해; 5월 무신, 8월, 9월 경오; 권123, 열전36 폐행(嬖幸) 1, 이분희(李汾禧). 1271년 5월 진도(珍島)의 삼별초가 토벌된 후 8월 원제국 중서성은 고려에 문서를 보내 수도가 강화도에 있을 당시 삼별초에게 잡혀간 백성은 가족과 상봉시키고, 진도의 백성들은 왕경 부근으로 이동시켜 생업에 집중토록 하라 했지만, 이들을 통제하고 있던 흔도는 이를 거부하였다. 이에 다음 달인 9월 다루가치 탈타아가 고려의 재상들과 더불어 흔도의 주둔 지역인 오산에 가서 역적 이외의 백성들을 방면할 것을 요청했는데, 흔도가 고집을 부리며 동조하지 않자 탈타아가 성지(聖旨)를 내세워 그를 꾸짖고는 일부 고려인들의 방면을 강제했던 것으로 전하고 있다. 흔도가 이들을 내놓지 않고 버텼던 것은, 그들을 각지 둔전에 배치해 경작 인력으로 활용하고자 했기 때문으로 추정된다.

을 [원제국 정부에] 호소해 왔다."[87]

남송(南宋) 시대의 병력 운용 방식에 대한 연구에 따르면, 남송의 군사들은 이른바 '구권(口劵)' 제도에 따라 병역 복무에 대한 보상을 받은 것으로 전하고 있다. 이들은 대개 '파견 근무자'("出戍": 출정해 싸우거나 주둔 지역을 방비)와 '후방 근무자'로 구분되었고, 그에 따라 '생권(生劵, 가봉)' 또는 '숙권(熟劵, 본봉)'을 지급 받았다. 생권을 지급받은 군사는 '생권군(生劵軍)', 숙권을 지급받은 군사는 '숙권군(熟劵軍)'으로 지칭되었다.

남송이 멸망하기 전 이들 남송 병력은 몽골군과 격하게 교전했지만, 결국에는 제국에 투항하였다(歸附·新附). 몽골은 이들을 '귀부군(歸附軍)·신부군(新附軍)' 등으로 지칭하며 수용했지만, 효과적 관리를 위해 송대의 구권제도 또한 계속 활용하였다. 그 결과 (귀부군·신부군을 가리키는) '생권군'·'숙권군' 등의 군목(軍目)이 원대 초기에도 존재하였다.[88] 위 기사에 등장하는 '생권군'도 구(舊) 남송군으로서 원제국에 귀부했던 신부군을 지칭하는데, 이 기사를 통해 원제국에 투항한 후에도 생권을 지급받던 구 남송 병력이 1273년 9월 이전 이미 고려에 들어와 있었음을 엿볼 수 있다.

문제는 원제국 치하 중국 각지의 여러 둔전 중 '신부군'이 배치된 둔전은 일부에 불과했다는 점이다. 즉 중국 내 둔전에는 배치되는 경우가 적었던 신부군이 유독 고려에는 배치되었던 것으로, 흥미롭게도 그 시기 역시 상당히 빨랐다.[89] 고려가 신부군을 배치하기에 적절한 지역으로 간주

---

87 『원사』 권8, 본기8 세조 지원10년(1273) 9월 임진, "中書省臣奏, '高麗王王禃屢
言小國地狹, 比歲荒歉, 其生劵軍乞駐東京.' 詔令營北京界, 仍敕東京路運米二萬
石, 以賑高麗."

88 이와 관련해서는 아베 다께오의 연구가 참고된다(安部健夫, 1972 「生熟劵支給
制度略考」 『元代史の研究』 創文社).

89 총 80~90여개에 이르는 원제국 내 둔전 단위들 중 『원사』 병지(兵志) 둔전조

되었음을 보여주는 대목이다.

신부군의 한반도 배치는 이후에도 계속되었다. 1275년 2월 원에서 만자군(蠻子軍) 1,400명을 보내와 해주·염주·백주에 분산 주둔토록 한 것이나,[90] 1277년 염주와 백주에 '귀부군(歸附軍, 新附軍, 남송군)'이 주둔했음이 그를 잘 보여준다.[91] 고려의 입장에서는 실로 반갑지 않은 손님들이었는데, 이들이 둔전 경영에 투입되더라도 본래 전투병이었던 이들의 참여로 둔전의 소출이 일약 증대하기를 기대하긴 어려웠고, 자칫 이들의 체재 비용까지 부담해야 할 것도 우려됐을 것이기 때문이다.

도대체 이들은 왜 한반도의 원제국 둔전에 돌연 배치됐던 것일까? 남송 출신의 귀부군(생·숙권군)들은 1281년의 2차 일본 정벌에 다수 동원되었다. 따라서 정벌에 투입되기에 앞서, 출정 준비가 한창이었던 고려에 전진 배치되었던 것일 수도 있다. 그러나 이들이 정작 일본 정벌군의 출발지였던 경상도로는 가지 않고 서해도에만 머물렀음을 기억할 필요가 있다. 전투에 동원되기 위해 한반도로 보내진 것이 아니었던 것이다.

그보다는 앞서 언급한 바와 같이, 강남 복속 이후 쏟아지는 귀부군들을 중국이 아닌 다른 지역에 수용하느라 바빴던 원제국 정부가 고려의 둔전을 그들의 임시 수용처로 활용코자 한 것이 아닌가 한다. 남송 출신 병사들을 중국 내에 그대로 두었다가는 반란 세력이 될 것이 뻔했으므로, 그들을 본래의 출신지 또는 활동 지역들로부터 철저히 분리하고자 중국 내지와는 격절돼 있던 고려 한반도로 옮긴 것이라 생각된다.

....

(屯田條)에 '신부군'이 배치된 것으로 언급된 둔전은 10여개가 조금 넘을 따름이며, 대부분 1280~90년대에 배치되었다. 자세한 사항은 이강한, 위논문 참조.
90 『고려사』 권28, 세가28 충렬왕원년(1275) 2월 경오. '만(蠻)'은 통상 몽골인들이 남송인들을 지칭하던 별칭이었다.
91 『고려사』 권28, 세가28 충렬왕3년(1277) 2월 정묘

이들의 고려 주둔은 실로 여러 문제를 야기하였다. 1276년 1월 기사가 참고된다.

> "소윤(少尹) 박서(朴瑞)가 안서도호부(安西都護府)로 가려 하는데, 재상들이 말하기를 '안서지역은 생권군(生券軍)들이 모인 곳이라 수령이 (그를 관리할) 적임자가 아니면 그들을 통제하기 어려울 것입니다. 소윤(少尹) 김감(金瑊)이 말재주도 있고, 일찍이 김방경의 삼별초 정벌[南征] 당시 참모를 지낸 경험이 있어 자못 몽골군(蒙軍)과 한군(漢軍)의 실정[情僞]을 잘 알고 있으므로, 청컨대 박서 대신 김감을 보내십시오.' 라 하였다."[92]

남송군들이 모여 있는 곳에는 그를 통제, 관리할 역량이 있는 지방관을 보내야 한다는 논리이다. 얼핏 보면 당연한 얘기여서, 외국 군사들을 겪어본 경험이 있는 관리가 (원래 부임하기로 돼 있던 다른 이의) 대안으로 추천된 것도 자연스러운 조정으로 보인다.

그런데 고려 정부가 생권군을 조심스레 다뤄야 할 존재로 간주했던 데에는 또 다른 이유도 있었던 것 같다. 1270년대 후반 원제국 정부는 생권군·숙권군 등 송 귀부군 전체를 재편성하고 있었는데, 전투력이 있는 경우 정벌에 내보낸 후 이전 관행에 따라 급여를 지불하고, 그것이 어려울 경우에는 해당 병력을 둔전 경영 업무로 돌렸던 것이다.[93] 이럴 경우 후자에게는 별다른 늠급(廩給, 보상 또는 급여)이 지급되지 않고, 둔전 경영을 통해 발생하는 소출 중 일부를 취식(取食)하게 했을 가능성이 있다. 1276

---

92 『고려사』 권28, 세가28 충렬왕2년(1276) 1월 경인, "少尹朴瑞將赴安西都護府. 宰樞言, '安西生券軍所聚, 守非其人恐不能制. 少尹金瑊有口辨, 且嘗爲金方慶南征佐幕, 頗識蒙漢軍情僞, 請以代瑞.' 從之."

93 『원사』 권98, 지46 병1, 병제, 지원14년(1277) 12월, "命左丞陳巖等, 分揀堪當軍役者, 收係充軍, 依舊例月支錢糧. 其生券不堪當軍者, 官給牛具糧食, 屯田種養."

년 10월 원제국 정부가 고려에 배치돼 있던 생권군에게 '스스로 경작해 먹고 살 것'을 지시한 것이 그를 잘 보여준다.[94]

이 조치로 인해, 고려에 배치돼 있던 남송 출신 귀부군들은 1276년 10월을 기점으로 원제국으로부터 급여('券')를 받지 못하게 되었을 가능성이 있다. 즉 고려 서해도에 주둔해 있던 귀부군으로서의 생권군들은 1276년 10월까지는 중국 강남에서 고려 한반도로 파견된 병력으로서 남송 시절의 생권 제도에 의거해 최소한의 지원을 원제국으로부터 받았지만, 위 조치가 발효된 이후에는 더 이상 제국 정부로부터 미곡을 지급받지 못하게 됨에 따라, 생계 부족분을 스스로 농사를 지어 조달해야 하는 처지에 놓였을 수 있는 것이다.

원제국 정부의 이러한 조치는 안 그래도 군량미는 물론 둔전 경작 인력의 식량 조달 등으로 힘겨워하던 고려 정부를 더욱 힘들게 했을 가능성이 높다. 원제국으로부터의 지원이 끊긴 생권군들이 고려 정부에 손을 내밀기 시작했을 수 있고, 고려로부터의 지원이 충분치 못하다고 느끼는 순간 생존을 위해 주변 지역을 약탈하고 나섰을 가능성도 높기 때문이다. 아울러 생존을 위한 그러한 시도들이 함께 주둔 중이던 몽·한군과의 충돌로 이어져 서해도 둔전 인근에서 각종 소란이 벌어졌을 가능성도 없지 않다. 1280년 10월, 원제국 정부에서 1278년에 만들어진 제국 추밀원(樞密院)의 조격(條格)을 인용하며 고려 주둔 병력을 효유(曉喩)한 글에 온갖 형태의 군중(軍中) 비리가 소개돼 있는데,[95] 그러한 비리와 갈등이 몽골군이나 한병 등 동일 종족 출신 병사·군관들 사이에서도 빈번히 발생하는 것이었다면, 다른 종족 출신의 병사·군관들 사이에는 그것이 얼마나 심각했

----

94 『고려사』 권28, 세가28 충렬왕2년(1276) 10월 갑자, "又令西海道歸附軍自耕而食."
95 『고려사』 권29, 세가29 충렬왕6년(1280) 10월 정유

을지 상상이 가고도 남는다. 바로 이것이 신부군 주둔지역에 몽·한군의 실정에 정통한 자가 부임해야 하는 이유가 아니었던가 한다.

이렇듯 원제국에서 고려에 잔류한 송 병력에게 늠급 지급을 중단하고는 그 관리의 부담을 고려에 전가시키면서, 고려는 몽골 병력 및 고려인 경작민에 더해 남송 출신 병력까지 지탱해야 하는 삼중고에 빠지게 되었다. 제국이 강남 지역을 병합한 이후 언제 저항군으로 돌변할지 모를 적성(敵性) 병력을 중국에 두지 않고 고려 한반도에 떠넘긴 상황에서, 영민한 지방관이 와야 이 지역을 통제할 수 있을 것이라 고려 정부가 우려한 것도 무리는 아니었다고 하겠다.

다행히 이 생권군의 고려내 존속기간은 그리 길지 않았다. 1277년 2월 홍다구가 황제에 의해 소환되고, 고려에 주둔하던 귀부군 500명을 끝으로 대부분의 남송 신부 생권군이 고려에서 떠났던 것으로 보인다. 당시 '나라 전체가 기뻐했다(擧國皆喜)'는 기록이야말로, 그들의 고려 체류 기간 동안 고려가 겪은 고뇌를 여실히 보여준다.[96]

이상에서 살펴본 바와 같이 고려에 온갖 문제들을 발생시켰던 원제국 둔전은 1278년 돌연 해체되었다.[97] 원제국 정부로서는 요심(遼瀋) 지역 고려군민(高麗軍民) 세력을 활용해 고려에 원 둔전을 구축했지만 기대했던 만큼의 효과를 보지 못했고, 강남 정벌의 수습 과정에서 섣불리 남송 생권군을 고려 둔전에 배치한 결과 온갖 소란마저 발생하자 모종의 결정을 내릴 필요성을 절감한 것으로 보인다. 1278년 7월 쿠빌라이가 홍다구 지휘 하의 군사, 종전군(種田軍), 함포 지역의 진수군(鎭戍軍) 등을 모두 철수시켰는데, 철군 과정에서 종전군·주둔군과 혼인을 했던 고려 여인 및 그

<hr>

96 『고려사』 권28, 세가28 충렬왕3년(1277) 2월 을해
97 『고려사』 권28, 세가28 충렬왕4년(1278) 7월 무술

가솔들의 처리 문제를 놓고 '데려가려는' 몽골군과 그들을 '붙잡으려는' 고려 정부 사이에 한바탕 소란이 벌어진 것에서도 둔전 경영이 완전히 종료되었음을 엿볼 수 있다.[98] 이후 둔전과 관련한 언급은 고려·원 양측 사료에 다시금 등장하지 않으며, 2차 일본 정벌 때에도 원 둔전에 대한 언급은 보이지 않는다.[99] 이렇듯 고려 내의 원제국 둔전은 '제국의 배려'가 얼마나 무의미하고 이중적인 것인지를 고려 정부와 백성들에게 적나라에게 각인시킨 채 설치 8년여만에 소멸하였다.

2) 응방의 문제

다음으로 응방(鷹坊)의 경우를 살펴보자. 응방은 둔전과는 또 다른 각도에서 역시 고려에 많은 피해를 끼쳤던 존재이다.[100]

응방은 1270년대 중반 충렬왕의 즉위 이후 고려에 설치되기 시작했다. 이미 몽골 침공 당시인 고종(高宗) 시대 이래 고려의 매[鷹, 鶻]가 여러 차례 원제국에 진헌되곤 했지만, 응방(鷹坊)이라는 단위가 고려에서 처음 확인되는 것은 1275년 5월이다. 응방 관계자 오숙부(吳淑富)의 폐단을 미워해 전라도 안찰사 등이 예대(禮待)를 하지 않았다가 파직된 사건에 대한

---

98 『고려사』 권28, 세가28 충렬왕4년(1278) 7월 정미, "遣金周鼎張舜龍于西海道, 趙仁規印侯于慶尙道, 郎將金天固于全羅道, 分揀人物命曰, '若諸軍挾帶人物, 除父母許嫁妻室外餘皆勿與.'"

99 앞서 언급한 원제국 추밀원의 1278년 효유를 옮겨놓은 1280년 10월의 고려측 기록을 보면 1278년 효유의 일부 조항이 삭제돼 있는데, 그 중 하나가 둔전 경영에 대한 추밀원의 당부였다. 1280년의 고려를 효유함에 있어 이 부분이 누락된 것이야말로, 당시 고려에서의 제국 둔전 경영이 중단된 상황이었음을 보여주는 바가 있다.

100 고려내 응방 설치 및 그 함의에 대한 상세 서술로는 이강한, 2009「1270~80년대 고려내 응방(鷹坊) 운영 및 대외무역」『한국사연구』146 참조.

기록에서다.[101]

고려에 설치된 제국 응방들은 일차적으로는 원 황제 쿠빌라이의 의지로 설치된 것으로 보인다. 쿠빌라이가 1276년 한 해에만 세 차례에 걸쳐 응방인(鷹坊人)을 고려로 들여보낸 점, 그리고 그들을 보내면서 '응방을 건드리지 말라'고 고려에 지시한 점에서 그를 엿볼 수 있다.[102] 다만 고려 내 응방 설치에는 충렬왕 및 그 측근들도 개입돼 있었던 것 같다. 위 기록들이 응방 관리자들의 파견 배경을 '충렬왕의 명에 따른 윤수(尹秀)의 요청'으로 설명한 대목이 그 점을 암시한다.[103]

이런 과정을 거쳐 고려에 설치된 응방의 총수는 『원사』 병지(兵志) 응방포렵조(鷹房捕獵條)에 따르면 '250호'(鷹房總管捕戶)로, 그리고 『고려사』의 1277년 기사에 따르면 '205호'로 확인되지만, 그 실제 수는 기록에 전하는 것보다 훨씬 많았을 것으로 추정된다. 아울러 원제국 치하 중국의 경우 응방들은 중서성(中書省) 소관 지역 및 하남강북행성(河南江北行省) 지역 등 이른바 화북(華北) 지역에만 집중 분포했을 뿐 양자강 이남(江南) 지역에는 거의 설치되지 않았는데, 중국 내지도 아닌 고려 한반도에 유독 수백호 이상이 설치되었음이 눈길을 끈다.[104]

....

101 『고려사절요』 권19, 충렬왕원년(1275) 5월

102 『고려사』 권123, 열전36 폐행1, 인후(印侯); 권124, 열전37 폐행2, 윤수(尹秀); 『고려사절요』 권19, 충렬왕2년(1276) 7월, "大將軍尹秀等自元還言, '帝遣鷹坊子五十人, 處之羅州, 凡屬鷹坊者, 勿使侵擾.' 且令朴義管鷹坊, 以秀等請之也."; 8월, "元遣鷹坊人迷剌里等七人來, 王賜宅及奴婢."; 11월, "元遣鷹坊子郎哥歹等二十二人來. 尹秀以王命請之也."

103 이렇게 보면 제국 응방의 고려 설치는 세조 쿠빌라이의 강력한 의지에 고려의 군신이 부응 또는 영합한 결과라고도 하겠는데, 한편으로 고려 국왕 충렬왕이 그런 상황을 역이용한 바 또한 있었음은 후술하도록 한다.

104 『원사』 권101, 지49 병4, 응방포렵(鷹房捕獵); 권58, 지10 지리1, 중서성 진녕로(晉寧路); 대동로(大同路); 기녕로(冀寧路); 상도로(上都路); 익도로(益都路);

"(국왕이) 명령[旨]을 내려 이르기를, '응방(鷹坊)에 속한 백성이 205 호(戶)인데 그 중에서 102호를 없애도록 하라.'고 하였다. 당시 백성들이 여러 징발에 시달린 끝에 앞다투어 응방(鷹坊)에 투신하는 것이 그 수를 헤아릴 수 없었으니, (그 수가) 205호라 하는 것은 턱도 없는 이야기다. 102호를 없앤 것도 아홉 마리의 소에서 털 한 올이 빠진 정도에 불과하였다[九牛一毛]."[105]

이미 전부터 고려의 대원(對元) 매 진상이 계속되고 있었던 만큼, 진상용 매를 키울 응방의 별도 설치는 최소한 진상용 매의 조달 경로를 일원화하는 효과를 발생시킴으로써 결과적으로는 고려의 부담을 다소 줄여줄 소지도 없지 않은 일이었다. 그러나 응방들이 설치된 후 고려 안에서 벌였던 활동을 보면 그들이 결코 고려에 도움이 될 존재들이 아니었음이 명확히 확인된다. 인근 지역의 호구를 편입하거나 미곡을 집적해 고려의 세정(稅政)을 위협한 것이 대표적인 사례인데, 다음의 기사를 살펴보자.

"응방(鷹坊)의 오숙부(吳淑富), 방문대(方文大) 등이 스스로 선전소식(宣傳消息) 세 통을 써서 이정(李貞)을 통해 왕에게 건의하기를, '나주(羅州), 장흥(長興) 관내(管內)의 여러 섬 주민들을 매잡이 담당부서[응방]에 소속[專屬]시키고, 홍주(洪州) 곡양촌의 백성도 모두 응방에 속하게 하며, 3도(道)의 유능한 매잡이들은 그 요역을 모두 면제해 주십시

....

제남로(濟南路); 반양부로(般陽府路); 동평로(東平路); 조주(曹州); 덕주(德州); 복주(濮州); 태안주(泰安州); 동창로(東昌路); 진정로(眞定路); 순덕로(順德路); 광평로(廣平路); 관주(冠州); 은주(恩州); 창덕로(彰德路); 위휘로(衛輝路); 대명로(大名路); 보정로(保定路); 하간로(河間路); 권59, 지11 지리2, 하남강북등처행중서성(河南江北等處行中書省), 회안로(淮安路); 양주로(揚州路)

105 『고려사』 권28, 세가28 충렬왕3년(1277) 7월 병신, "有旨曰, '民屬鷹坊者二百五戶, 其除一百二戶.' 時齊民苦於徵斂, 爭屬鷹坊莫記其數, 而云二百五戶者妄也. 除一百二戶如九牛去一毛耳."

오.'라 하니, 왕이 승선(承宣)에게 명하여 그렇게 하도록 하고는 모두
오숙부 등의 지휘를 듣게 하였다. 이에 최문본(崔文本)이 아뢰기를,
'오숙부 등이 이르는 곳마다 백성을 학대하고 탐욕을 부리지만 안찰
사와 수령들이 안전(安戩)과 신좌선(辛佐宣)의 일로 겁을 먹어 감히 말
을 하지 못합니다. 응방에 소속한 자들의 요역을 모두 면제해 주시면
국가가 어디서 (필요한 역을) 구하겠습니까[調發]? 청컨대 오숙부 등
을 보내지 마시옵소서. 신이 소식(消息)으로써 제도(諸道)의 안찰사(按
察使)에 유시하면 가히 그 일을 처리할 수 있습니다.'고 했으나 따르지
않았다."[106]

응방에 소속된 이들이 많아지면 많아질수록 고려 정부가 거둘 수 있는
역역(力役)은 감소할 것임을 잘 보여주는 사례이다. 아울러 위 기사의 요
역 종사자들 중 상당수가 고려에 전세(田稅)도 내야 하는 농민들이었던 점
까지 고려하면, 응방들의 고려 내 활동이 길어지면 길어질수록 고려의 정
상적인 징세 행정은 더욱 교란될 것임이 분명하였다.[107]

....

106 『고려사』 권99, 열전12 최문본(崔文本), "忠烈初拜承宣, 鷹坊吳淑富方文大等自
草宣傳消息三通, 因李貞以進曰, '羅州長興管內諸島民, 請專屬捕鷹, 又籍洪州曲
楊村民戶口悉屬鷹坊, 又三道內能捕鷹者, 勿限名數皆免徭役.' 王命承宣亟寫行
之, 令一聽淑富等指揮. 文本言, '淑富等所至虐民逞欲, 按察守令懲安戩辛佐宣之
事, 莫敢誰何, 且屬鷹坊者悉免徭役, 國家安所調發? 請勿遣淑富等, 臣以消息諭
諸道按察使, 亦可辦也.' 不從."

107 이 밖에 윤수 등이 각 도의 응방을 나누어 관리하면서 도망한 백성을 불러
모아 그를 이리간(伊里干, '聚落')이라 한 정황에서도 응방의 고려 민호 겸병
작태를 엿볼 수 있다(『고려사』 권124, 열전37 폐행2, 윤수). 또 1283년 1월 고
려인 유주(庾賙)가 황제에게 일본 정벌 준비와 관련한 고려측 부담을 늘리자
는 취지의 발언을 한 데 대해 김흔(金忻) 등이 항의하자, 유주가 '윤수·이정·
원경·박의(모두 응방담당자) 등이 갈취한 백성의 재산만으로도 일본 정벌군
에 지급할 군량이 확보된다'며 반박한 사실이 있는데, 응방 관련 고려 관리들
의 일탈이 실로 대규모였음을 보여준다[권104, 열전17 김흔(金忻)].

게다가 응방들은 고려의 노동력과 미곡을 전용할 뿐 아니라, 고려의 각종 희소 물자와 특산품까지도 흡수했던 것으로 보인다. 다음의 기사가 참조되는데, 매에게 먹일 고기를 구한다는 명목 아래 응방들이 사람들로부터 '은과 모시'를 징발하고 있었다는 황당한 기사이다.

"응방(鷹坊)이 은, 모시, 자리[葦], 포(布)를 사람들로부터 거두어 사적으로 나눠 가지니 당시 사람들이 말하기를, '매[鷹]에게 먹이는 것이 고기가 아니며, 은(銀)과 포(布)로 매들의 배를 가득 채우고 있네.'라고 하였다."[108]

매들이 은·포를 먹고 있다는 말이 나올 정도로 제국의 응방들이 고려 민간에서 은·포를 징렴함이 극심했던 셈인데, 이런 정황은 다른 기록에서도 확인된다. 1282년 8월 인물추고별감(人物推考別監) 이영주(李英柱)가 '대신·내관·응방·겁령구 등의 전장(田莊)이 범죄자들의 소굴이 돼 있으니, 그에서 은·포를 징수해 국가 비용에 충당'할 것을 건의한 바 있는데,[109] 당시 응방 등의 단위들이 은과 포(모시일 가능성이 높음)를 징발해 다량으로 집적하고 있었음을 다시 한 번 보여준다.

비슷한 상황은 양광도 가림현(嘉林縣) 등의 특정 지역에서도 나타난다. 당시 가림현 내의 여러 촌락들이 원성전(元成殿), 정화원(貞和院), 장군방

---

108 『고려사』 권28, 세가28 충렬왕3년(1277) 7월 병신, "鷹坊猶斂銀紵葦布於其人, 私自分之, 時人語曰, '飼鷹非肉, 銀布滿腹.'"

109 『고려사』 권123, 열전36 폐행1, 염승익(廉承益); 이영주(李英柱). 염승익의 열전에는 당시 응방(鷹坊), 겁령구(怯怜口), 내수천자(內竪賤者) 등이 전민(田民)을 겸병하고 있었음이 묘사돼 있고, 이영주의 열전에는 그가 대신·내료의 전장에서 은·포를 징발하자고 건의한 사실이 적혀 있다. 두 기사를 연결해 읽으면 당시 이영주가 (응방을 포함한) 권세가들의 전장(田莊, 농장) 운영을 견제하기 위한 일환으로 은·포 징수를 건의했음을 엿볼 수 있다.

(將軍房), 홀치[忽赤], 순군(巡軍)에 분속된 상태에서 오직 '금소(金所)' 1촌만이 남아 있었는데, 그마저 '응방 미자리(迷刺里)'에 흡수되게 되자 가림현 백성들이 그를 가림현에 남겨 줄 것을 다루가치에게 호소했던 것이다.[110] 응방이 지역의 금(金)·은(銀)을 징발해 들이고 있었음을 보여주는 또 다른 사례라 할 것이다.

이렇듯 1270년대 고려에 설치된 응방들은 여러 다양한 경로를 통해 고려의 특수 물자, 특히 은(銀)의 징렴에 관련돼 있었음을 확인할 수 있다. 매 사육이 본연의 임무였을 응방들이 이런 행태를 보인 것은 일견 의아한 일이 아닐 수 없다.

물론 몽골의 이익을 대변하며 고려의 물자를 징탈하던 원제국의 파견 단위로서 응방의 이런 모습이 당연한 것이었다고 볼 수도 있다. 그러나 응방의 이러한 엉뚱한 운영에는 사실 이유가 있었으니, 제국에서는 이미 응방들이 여러 경제 물자들을 수취하는 단위로 진화한 상태였기 때문이다. 그에 비추어 보면 고려 내 응방들의 행태도 결코 이상한 일이 아니었

....

110 『고려사』 권89, 열전2 후비2, 제국대장공주, "王及公主如元, 嘉林縣人告達魯花赤曰, '縣之村落分屬元成殿及貞和院將軍房忽赤巡軍, 唯金所一村在, 今鷹坊迷刺里又奪而有之, 我等何以獨供賦役?' 達魯花赤曰, '非獨汝縣, 若此者多矣. 將使巡審諸道, 以蠲其弊.' 請王遣人偕往, 宰樞令李之氏白王曰, '達魯花赤使人巡審諸道, 得其實以報朝廷, 非細事也. 乞收王旨與宮旨, 籍民歸本役.' 王從之, 公主不肯, 乃止." 후술하겠지만 응방이 금소(金所)에 눈독을 들인 것은 금소에서 채굴해 둔 금·은(金·銀) 자원을 유용하고자 해서였을 가능성이 높다. 이에 재상들이 그를 저지하려 한 것이었고 충렬왕도 그에 동의한 것이었는데, 제국대장공주가 그에 제동을 건 것이다. 그 이유는 미상이지만, 제국대장공주 스스로 고려의 자산을 외국에 내다 팔고 있었음을 감안하면 공주 또한 금소의 금·은에 관심이 많았던 탓에 위의 조치에 부정적이었던 것 같다. 게다가 이후 충렬왕이 회회인들을 활용하여 유사한 시도를 하려 하자 공주가 그 또한 막아선 바 있었음을 감안하면, 고려 내 금·은 자산을 기반으로 한 대외무역에서 충렬왕과 제국대장공주가 경쟁 관계에 있었을 가능성마저 느껴진다.

던 것으로, 제국 응방의 특수성을 알지 못했던 고려인들의 눈에는 당연히 그것이 이상하고 황당하게 비쳤겠지만 당시 제국 내 응방들은 매 사육 외에도 다양한 재화를 흡수하고 있었고 특히 은(銀)이 그 중 큰 비중을 점유하였다.

중국의 응방들이 처음부터 그랬던 것은 아니다. 당·송대 중국의 응방들은 유목지역으로부터 유입된 관습의 소산으로, 이름 그대로 사냥에 필요한 매를 사육하고 관리하는 단위였다. 그런데 몽골 원제국의 응방들은 특이하게도 매 뿐 아니라 다양한 동물들을 관리했고 다량의 재원도 운용했던 차이가 있다.

원제국에는 응인(鷹人=鷹師)으로서의 시파우치[昔寶赤] 및 포렵호(捕獵戶)들이 존재하였고, 매 공양(供養) 및 수렵 보조의 임무를 부여받은 응방호(鷹坊戶)들이 직역호의 형태로 다수 지역에 산재하였다. 아울러 각 지역의 응방을 [둔전(屯田), 민장(民匠) 등 다른 여러 재원들과 함께 묶어] 관리하던 제거사(提擧司), 총관부(摠管府)들이 존재하였다('응방민장총관부', '타포응방둔전제거사' 등).[111]

그런데 이런 응방들은 '착응(捉鷹)', 즉 매를 잡고 키우는 역할만 하진 않았다. 1284년 반란을 일으킨 자들의 가족을 '응방의 양호자(養虎者)'들에게 주었다는 기사,[112] 1312년 응방 관련자가 하남·호광 등지에 가서 공

....

111 이러한 단위들은 『원사』 권85, 지35 백관1, 병부(兵部) 조 및 권88, 지38 백관 4, 중정원(中政院) 조 등에서 발견된다. 전자가 대체로 정부의 응방 운영과 관련됐다면 후자는 황실의 응방 운영과 관련돼 있다. 이들은 개별적 존재로서의 '응방(鷹坊)'과 달리 '응방(鷹房)'으로 표기되기도 한다(고려 내 응방들의 경우 대체로 전자로 표기됐지만, 의미상 차이 없이 혼용된 듯도 하다). 김보광이 그 차이를 논한 바 있다(2012 「고려 충렬왕의 케시크제 도입과 그 의도」 『사학연구』 107 참조).

112 『원사』 권13, 본기13 세조 지원21년(1284) 2월 임진. 한편 고려의 응방에서도

작(孔雀)·진금(珍禽) 등의 고급 조류(鳥類)들을 취하려 했다는 기사 등이 그를 잘 보여준다.[113] 응방은 심지어 동물과 무관한 업무도 담당했던 것으로 보인다. 1307년 추밀원에서 군사 2,500명으로 하여금 상도(上都) 지역의 응방 및 여러 관청에서 '제련[繕冶]'을 하게 했다는 기록은 응방의 수공업적 활동을 보여주며,[114] 응방에 투탁한 대규모 인구집단들이 그러한 역할을 수행했을 것으로 생각된다.[115]

응방은 더 나아가 온갖 종류의 재화가 집적되는 공간이기도 했다. 1308년 무종이 황태자위 소속의 응방에 초(鈔) 20만정(錠)을 하사한 것은[116] 응방이 수집, 운용하던 재물의 규모가 컸음을 보여준다. 또 1310년 상서성에서 '이미 인조(印造)한 지대초본(至大鈔本) 100만정(錠)에 20만정을 추가 인조하여 동전과 겸용케 함으로써 시위(侍衛)와 응방(鷹坊)의 급히 소용되는 바에 대비하자'고 요청한 것에서는[117] 응방이 소장한 재화를 원제국 정부가 모처·모종의 용도에 투자하고 있었음 또한 엿볼 수 있다.

이렇듯 원제국의 응방은 단순한 매 수렵·사육기관으로서의 성격을 넘어 적극적인 경제 활동을 통해 지역 사회의 재화를 흡인, 집적하는 존재

'소 도축'을 금했다는 기사가 발견된다[『고려사』 권29, 세가29 충렬왕8년(1282) 7월]. 고려 내에 설치된 제국의 응방 역시 매잡이, 매 사육만 한 것은 아니었던 것이다.

113 『원사』 권24, 본기24 인종 황경(皇慶) 원년(1312) 12월 갑신

114 『원사』 권22, 본기22 성종 대덕11년(1307) 6월 갑진(무종즉위후)

115 『원사』 권21, 본기21 대덕 11년(1307) 12월(경신일)의 기록에서도["유리(流離)된 인호(人戶)들이 응방 등에 투속해 역(役)의 의무를 피하며 돈과 양곡을 함부로 요청하는 것을 금한다."], 당시 사람들의 응방 투탁(投托, 경제적 어려움 등으로 인해 스스로 응방에 귀속되는 것)이 잦았음을 확인할 수 있다.

116 『원사』 권22, 본기22 무종(武宗) 지대(至大) 원년(1308) 4월 무술

117 『원사』 권23, 본기23 지대3년(1310) 11월 신사

로 진화하고 있었다. 그리고 무엇보다도 은(銀)의 수집과 유통에 관련돼 있었던 것으로 보여 주목된다. 제왕(諸王) 휘하 엽호(獵戶, 응방호)들로부터 포은(包銀)을 거두는 것을 금지한 사례,[118] 응방들이 포은세(包銀稅)가 징수되던 황하 이북에만 집중적으로 설치돼 있었던 점[119] 등이 그런 가능성을 시사한다. 심지어 원제국이 고려에 응방을 설치한 1275년을 전후해 원제국 정부에서 고려 내 채금(금 또는 백금 채굴)을 시도하고 있었음이 눈길을 끈다.[120] 채굴의 성과가 시원찮자 제국 정부가 돌연 고려에 여러 응방들을 설치한 것도 단순한 우연의 일치로만 볼 일은 아닌 것 같다.

결론적으로 제국의 응방은 단순한 매 사육 단위가 아닌, 명실상부한 경제 단위이자 은을 비롯한 각종 물자를 징발하던 기구였다고 할 수 있다. 그런 응방들이 고려에서 은과 모시를 징발한 것도 본연의 임무에 충

....

118 『원사』 권5, 본기5 세조 중통(中統) 3년(1262) 12월 병진. 응방호 등의 수렵호(狩獵戶)들로부터 은(銀)을 거두는 관행이 몽골 제왕(諸王)들 사이에 유행해, 정부에서 그것을 금지해야 했던 당시의 상황을 보여주는 기사다.

119 사실 1230년대 이래 징수돼 온 포은세(包銀稅)가 쇠퇴하던 시점(13세기 중엽)과 세조의 응방 '제도화' 시기가 묘하게 겹치는 바가 있다. 원제국 정부가 13세기 후반 세조 즉위(1260) 후 전국 응방들의 성비('重定其籍')에 나선 것도, 포은세라는 정규 세목이 제대로 작동하지 못하는 상황에서 응방을 통한 은(銀) 징발로 최소한의 은 세입을 확보하려 한 고육책의 일환이었을 가능성을 시사하는 대목이다. 앞서 소개한 수렵호로부터의 은 징발 세태도 그러한 가능성을 뒷받침하는 정황이라 하겠는데, 이에 대해서는 이강한, 위논문 참조.

120 1273년 5월 고려가 원 사신과 함께 한반도 남부에서 금을 채굴하였고, 1276년 7월 원 사신이 또 채금(採金)을 시행했으며, 1277년 고려인 홍종로(洪宗老)가 다루가치에게 금이 생산되는 곳을 알고 있다고 보고하자 원에서 관리를 보내 홍주(洪州) 등지에서 채금을 진행하기도 하였다[『고려사』 권27, 세가27 원종14년(1273) 5월 기묘; 권28, 세가28 충렬왕2년(1276) 7월 병오; 충렬왕3년(1277) 4월 경진; "是歲" 참조]. 이렇게 채굴된 '금'에는 '백금(白金)', 즉 '은(銀)'도 포함되었을 것으로 생각된다.

실한 작태였던 셈이다. 1270년대 고려 응방들이 보인 모습이 상궤를 이탈한 특이한 것이 아니었고, 제국에서 수행하던 기능을 고려 지역을 대상으로로도 충실히 구현한 것이었을 따름이라는 얘기다.

이런 응방의 동태에 대해 고려의 지도자 충렬왕은 과연 어떤 입장이었을까?

앞서 살펴본 바와 같이, 고려에 설치된 제국의 응방들은 (중국 소재 제국 응방들이 거기서 보이던 행보와 매우 비슷한 모습으로) 고려 한반도의 중요 물자들을 흡수해 들이고 있었다. 고려 내 응방들의 그러한 전횡은 일국의 왕인 충렬왕으로서는 용납하기 어려운 일이었다. 황제의 질타가 부담스러워도 그 폐단을 최소화하기 위해 어떤 일이든 해야 했을 것이다.

그런데 흥미롭게도 충렬왕은 응방들을 적극 규제하기보다는, 그를 관리함에 있어 자신의 측근들을 활용하는 방식을 취했다. 1276년 응방 사람들이 세력을 믿고 백성을 학대하자 측근 원경(元卿) 등을 각 도에 보내 점검하게 하였고,[121] 1278년 경상도에 각역응방심검별감(各驛鷹坊審撿別監)을 설치했으며, 1279년에는 측근 윤수(尹秀)를 전라도 응방사(鷹坊使)로 임명하는 등[122] 응방 관리 사무에 자신의 측근들을 전방위적으로 배치하였다. 앞서 이미 언급한 바 있는 윤수는 일찍이 충렬왕이 원제국에서 숙위(宿衛)를 설 당시 매와 개[鷹犬]를 활용해 국왕의 총애를 얻고 그 측근까지 된 인물로서, 가속을 거느리고 심양(瀋陽)에서 귀국한 이래 고려 내 응방들의

----

121 『고려사』 권28, 세가28 충렬왕2년(1276) 3월 기묘, "以鷹坊人倚勢虐民, 遣中郎將元卿等于諸道, 糾治."
122 『고려사』 권28, 세가28 충렬왕4년(1278) 10월 갑자; 권29, 세가29 충렬왕5년(1279) 3월 기미. 한편 윤수를 전라도 응방사로 파견할 당시, 충렬왕은 응방에 관련되었던 또 다른 측근들인 원경(元卿), 이정(李貞), 박의(朴義)를 왕지사용별감(王旨使用別監)에 임명해 경상도, 충청도, 서해도에 파견하였다. 이들도 현지에 소재한 응방들을 관리하기 위해 파견된 것이었을 가능성이 높다.

관리까지 맡는 등 충렬왕의 응방 정책에 가장 깊숙이 간여했던 인물이다. 자연히 원제국과의 교감 아래 고려 응방들의 관리를 주도하고 있었다.[123]

충렬왕은 또 응방을 측근들에만 맡기지 않고, 직접 나서서 응방 관계 자들과 활발하게 교류하였다. 홀치[忽赤]들과 함께 응방 관련자들을 인솔 해 사냥에 나서거나 격구를 관람하기도 했고,[124] 응방들과 함께 연회도 자 주 가졌다.[125] 심지어 응방을 비판하는 세력을 박해하기까지 하였다.[126] 충 렬왕의 이러한 비호에 힘입어 응방의 권위는 더욱 강해졌는데, 응방의 폐 해를 안찰사나 지방[州·牧·郡] 수령들이 제어하지 못했다는 기록이 그를 잘 보여준다.[127]

고려의 세원(稅源)을 보호하고 그로부터 거둔 재화를 세입(稅入)으로

....

123 『고려사』 권28, 세가28 충렬왕원년(1275) 8월 신해, "元卿還自元, 帝禁忻都等 擅捕鷂子止, 令尹秀李貞元卿捕養以進王, 於是禁諸道捕鷂者."; 권124, 열전37 폐행2, 윤수

124 『고려사』 권28, 세가28 충렬왕2년(1276) 8월 갑술; 권29, 세가29 충렬왕8년 (1282) 5월 신유

125 『고려사』 권29, 세가29 충렬왕6년(1280) 2월 경진, "郎哥歹享王."; 임오, "鷹坊 享王, 哈八那郎哥歹等諸客使皆赴."; 『고려사절요』 권20, 충렬왕6년(1280) 3월; 『고려사』 권29, 세가29 충렬왕8년(1282) 1월 경진, "上將軍印侯張舜龍等, 與 鷹坊享王于竹坂宮."

126 1277년 8월 측근이 '매[鷂] 잡는 일로 안동을 지나다가 현지 사록(司錄)으로 부터 박대를 받았다'고 호소하자 충렬왕이 분노한 바 있었고, 1279년 5월 응 방과 결탁한 정랑 임정기(林貞杞)의 고신(告身)에 서명을 하지 않았다는 이유 로 충렬왕이 관료들을 섬에 귀양 보내기도 했으며, 앞서 언급한 바이지만 응 방 오숙부(吳淑富) 등의 전횡을 미워해 예(禮)를 갖추지 않은 관리들을 오숙부 가 음해하자 충렬왕이 그들을 섬에 유배시키려 했음이 그런 사례다. 『고려사』 권123, 열전36 폐행1, 이분희; 임정기; 권124, 열전37 폐행2, 윤수; 권106, 열 전19 안전(安戩) 참조

127 『고려사』 권124, 열전37 폐행2, 윤수

연결시켜 국가의 재정을 충분히 확보해야 했던 고려의 왕으로서, 응방을 철폐하지는 못할지언정 그를 적극 비호한 것은 대단히 의아한 일이었다. 몽골 황제의 응방에 대한 관심이 지극해 고려 왕으로서 신경을 써야 했던 수동적인 모습도 아닌, 스스로 응방들을 모종의 용도에 쓰려 한 것이 아닌가라는 의구심을 자아낼 정도의 적극적인 옹호였기 때문이다.[128]

그럼 충렬왕은 과연 어떤 방식으로 응방들을 활용하려 했던 것일까? 이와 관련해서는 중국에서 운영되고 있던 원제국 응방들의 면모를 다시 한 번 살펴볼 필요가 있다. 무엇보다도 원제국 정부의 응방 운영이 '해외무역'과도 모종의 연관을 가졌음이 여러 사례를 통해 확인돼 눈길을 끈다.

앞서 살펴보았듯이 제국의 응방에 집적, 적립된 재원들은 황제들에 의해 다양한 용처에 사용됐는데, 그 중 하나가 '무역자금'이었다. 황제가 무역에 필요한 자금을 응방들로부터 조달했던 것이다. 응방 관련 기구들의 진화 과정을 보면 그런 면모가 한층 두드러지게 확인된다. 세조 쿠빌라이나 무종(武宗) 카이샨 등 공격적인 무역정책을 선보였던 황제의 재위기간에 응방 관련기구들의 품급도 상승하고 위상도 강화되었기 때문이다. 무종대에는 심지어 응방총관부가 '인우원(仁虞院)'이라는 이름으로 확대 개편되기도 하였다.[129]

일찍이 쿠빌라이가 즉위한 직후 원제국에서는 '행상서성(行尙書省)'들이 '응방의 적(籍)을 다시 정비[重定]하여 확정된 제도[定制]로' 삼았는

....

128 '처음에는 윤수의 무리가 매로써 총애를 샀다고 생각했더니 이제 곧 왕이 스스로 깊이 좋아하는 것을 알았다'는 이습(李褶, 이분성)의 언급을 통해서도[『고려사』권123, 열전36 폐행1, 이분희(李汾禧)], 충렬왕의 측근들뿐만 아니라 충렬왕 스스로 매(鷹)와 응방의 문제에 깊이 개입해 있었음을 엿볼 수 있다.

129 『원사』권22, 본기22, 지대원년(1308) 2월 계사, "立鷹坊爲仁虞院, 秩正二品."

데,[130] 행상서성들의 모기관이었던 중앙의 상서성(尙書省)은 당시 재상 아흐마드[阿合馬]의 적극적 증세(增稅) 및 대외무역 정책을 뒷받침하던 최상층 재무기관이었다. 이 아흐마드가 집권해 있던 1270년대와 1280년대에 각 지역 응방 단위들의 설치가 빈번했으며,[131] 같은 시기 원제국의 무역정책 또한 본격적으로 정비되었다. 정부의 응방 지원책 및 대외무역 활성화 조치들이 이 시기 서로 맞물려 진행되었다는 점이야말로 재화 집적 단위로서의 응방이 당시 세제(稅制) 뿐 아니라 무역(貿易)에도 연동돼 있었을 가능성을 시사한다.

그런데 마지막 재무 재상이었던 셍게가 축출된 1291년 이후에는 회회인 재상들이 후원했던 오르탁(Ortaq, 斡脫) 무역을 견제·단속하는 조치들이 내려지기 시작했고, 응방에 대한 견제 조치도 함께 단행되었다.[132] 이런 분위기는 1294년 쿠빌라이 사망 이후 즉위한 성종대에도 지속되었다. 성종이 오르탁 무역 상인들의 활동을 강도 높게 제약하는 한편으로,[133] 응방 관련 단위들의 운영은 물론 매(鷹, 鶻, 鶻) 관련 업무 자체에 대해 매우 비판적이었던 데에서 그를 엿볼 수 있다.[134]

....

130 『원사』 권101, 지49 병4, 응방포렵(鷹房捕獵)

131 원제국 정부의 13세기 후반~14세기 전반 응방 정책에 대해서는 이강한, 위논문 참조.

132 『원사』 권17, 본기17 지원29년(1292) 7월 경신, "遣使檢覈竄名鷹坊受糧者."

133 성종은 조부 쿠빌라이 시대 이래 몽골 황실 및 고위 관료들의 대외무역 투자 업무를 관장해 오던 천부사(泉府司)를 공식적으로 폄하하고, 관련 업무에 종사하던 이들을 '용원(冗員)'이라 간주해 감축했으며, 각지의 행천부사(行泉府司)들을 혁파하는 동시에, 여러 제왕(諸王)들의 천부규영전(泉府規營錢) 운영도 제한하였다. 자세한 내용과 관련해서는 이강한, 2008 「고려 충선왕·원무종의 재정운용 및 '정책공유'」 『동방학지』 143 참조.

134 성종은 1295년 윤4월 수로민장타포응방납면등호총관부(隨路民匠打捕鷹房納綿等戶總管府)를 폐지하고 1297년 2월 동경로(東京路) 타포응방부(打捕鷹房

그러다가 무종이 즉위하면서(1307) 성종대의 상황이 역전되었다. 무종은 상서성을 부활시키는 등 적극적 증세(增稅) 의지를 보이는 한편으로 무역 물자 생산도 독려하는 등 해외를 겨냥한 오르탁 무역에 매우 적극적이었다. 1280년대 초 이래 황실의 오르탁 무역을 주관해 온 천부사(泉府司)를 천부원(泉府院)으로 증원 개편했음이 그를 잘 보여준다. 그런데 그는 응방 운영 기조에서도 이전 성종대와는 확연히 다른 모습을 보였으니, 천부원 개편 직전 앞서도 언급했듯이 정2품의 인우원(仁虞院)이라는 관청을 신설해 응방들을 관리케 했던 것이다.[135] 게다가 응방에 대한 물적 후원도 막대하였다.[136] 오르탁 무역과 응방 제도를 동시에 적극 후원했던 그의 이런 면모는 그 자체로 제국의 응방들이 대외무역에 밀접하게 연동돼 있었음을 다시 한 번 보여준다.

그리고 인종대(1311~1320)에 들어와 상황이 다시금 변화하였다. 인종은 즉위 후 오르탁 무역을 비판하는 등 무종대의 공격적인 시박(市舶, 무역) 정책을 철회했으며, 종래의 응방 운영도 원점으로 되돌렸다. 인우원을 혁파해 응방총관부로 환원시키는 등[137] 응방들을 강력히 규제하기 시작했

府)를 없앴으며, 5월에는 민간의 응요(鷹鷂) 포죽(捕鬻)을 금지하였다. 어사대에서 성종에게 시파우치[昔寶赤, 매잡이]들을 근시(近侍)로 기용하라고 건의하자 성종이 그를 거부하기도 하였다. 성종은 또 1302년초 매, 개, 말, 낙타[鷹·犬·馬·駝]를 기르는 자들이 백성들을 번거롭게 하는 것을 금지하고, 1303년에는 몇 차례에 걸쳐 응사(鷹師)들의 수렵 및 요민(擾民)을 금지하였다. 1304년 4월 황제에게의 응요(鷹鷂) 진상을 위해서는 정해진 호(戶: 鷹師)가 있으니, 응사가 아닌 자가 진상을 하면 처벌할 것임을 조정·제왕·부마에게 예고하기도 하였다.

135 『원사』 권22, 본기22 지대원년(1308) 2월 갑오; 계사
136 1309년 1월 매와 개(鷹犬)를 진헌한 자에게 해마다 폐백 1,000필, 초(鈔) 1,000정(錠)을 준 사례, 1310년 2월 응방 마속홀(馬速忽)에게 금 100냥, 은 500냥 등을 하사한 사례들이 그를 잘 보여준다.

던 것이다. 반면 1323년 즉위한 태정제는 회회인 측근 드라우트 샤[倒刺沙]와 함께 중매보화(中賣寶貨) 제도를 시행하는 등 동 - 서 교역에 적극적으로 나섰고, 응방 관련 지원 조치도 재개하였다.[138] 문종 역시 1328년 즉위 초엽에는 인종의 노선을 따랐다가, 1330년경 이래 응방총관부(諸色民匠打捕鷹坊都摠管府)의 품질을 올리고 잠시 후 그를 무종대와 같은 인우도총관부(仁虞都總管府)로 전환했으며,[139] 동시에 일칸국(Il Khanate)의 아부 사이드(Abû Sa'îd, 不賽因)를 비롯한 서역 제왕(諸王)들과의 교역도 재개하였다.[140]

개별 황제들의 응방 정책과 대외무역 노선이 반세기 넘게 보였던 이러한 '동궤성'은 결국 제국에서 응방이 황제와 정부의 무역 정책에 필수 불가결한 역할을 수행하였음을 보여주며, 응방의 중요 임무 중 하나가 결국 무역 물자의 조달이었음을 확인시켜 준다. 응방이라는 단위 자체가 그 속성상 지속적 투자 물자 공급을 필요로 하던 제국의 무역 정책에 활용되기에 적합한 속성을 지녔고, 그 결과 응방이 단순한 지역 물자 수탈 단위에 머물지 않고 무역 물자[은(銀)을 포함한]의 핵심 조달 주체로서 세조(쿠빌라이), 무종(카이샨), 태정제(예순 테무르), 문종(톡 테무르) 등이 재위하던 시기 제국 정부와 황실에 의해 꾸준히 관리되었던 것이라 하겠다.

---

137 『원사』 권24, 지대4년(1311) 2월(인종 즉위후) 정묘, "罷仁虞院, 復置鷹坊總管府."

138 태정제(泰定帝)는 응사(鷹師) 탈탈(脫脫)이 병이 들자 초(鈔) 1,000정을 하사하기도 하였다[『원사』 권30, 본기30 태정4년(1327) 1월 갑인]. 태정제의 무역정책에 대해서는 이강한, 2009 「고려 충숙왕의 전민변정 및 상인등용」 『역사와 현실』 72 참조.

139 『원사』 권34, 본기34 문종(文宗) 지순(至順) 원년(1330) 2월 갑오; 10월 을해. 응방을 총괄하는 단위의 품급을 정2품으로 설정한 것은 무종대 인우원의 창설 이래 처음이었다.

140 이강한, 윗책 참조.

    제국 응방의 이런 모습을 고려 내 응방들에 대입하면, 응방을 통해 집적된 고려의 은과 직물 역시 제국측 관련자들이 자신들의 무역자금으로 전용하고자 징발한 것이었을 가능성이 높아 보인다. 그럴 경우 징발된 고려 물자들은 고려 안에 오래 머무르지 못하고 얼마 지나지 않아 국외로 유출되었을 가능성이 높아 보인다. 상당량의 은과 모시들이 응방을 통해 거두어진 후, 원제국측 무역주체들의 무역자금이 되어 한반도 밖으로 반출됐을 수 있는 것이다.

    이 같은 사정은 충렬왕도 인지하고 있었던 것으로 보인다. 그러한 고려 국부(國富)의 유출에 그 또한 고민이 적지 않았을 것이다.

    이에 그는 모종의 결심을 한 것으로 보이는데, 그가 고려 내 응방에 집적된 물자들을 어떻게 활용하려 했는지와 관련해서는 아래의 기사가 단서를 제공한다.

    "대장군(大將軍) 인후(印侯)와 장군(將軍) 고천백(高天伯)이 탑납(塔納)과 함께 원제국에서 돌아오는데, 탑납이 절령(岊嶺)의 역참[站]에 이르자 옹진(甕津) 등 몇 개 현이 점심을 제공하였다. 혹자가 탑납에게 아뢰기를, '우리 고을의 백성은 모두 응방(鷹坊)에 예속됐으니, 몇 안 남은 가난한 백성들이 어찌 국가에 낼 세금을 감당하겠습니까. 주기(朱記)를 국가에 돌려드리고 죽음만 기다리고자 합니다.'고 하였다. 탑납이 조정에 이르러 재상(宰相)들을 꾸짖기를, '동방의 백성들은 천자(天子)의 적자(赤子)가 아니던가요? 백성들의 어려움이 이 지경인데도 구휼을 하지 않으니 제국 정부에서 사신을 보내와 묻는다면 무엇이라 대답할 건가요?'라 하자, 재상들이 왕에게 응방의 폐단을 제거할 것을 건의하였다. 그러자 왕이 노하여 회회인[回回人]으로서 황제에게 신임을 받는 자를 초빙하여 각 도의 응방을 나누어 관리케[分管] 하려 했으며, 재상들은 다시 말하지 못하게 하였다. 이에 조인규(趙仁規)가 간언을 올리고 공주 또한 불가하다고 하자 결국 (충렬왕이 그를) 중지하였다."[141]

1280년 3월 고려인들이 중국에서 온 몽골 관료(塔納)에게 점심을 대접하며 '고을 백성들이 모두 응방에 예속돼 몇 안 남은 빈민들로는 세금을 내기 어려워 죽을 지경'이라고 고통을 호소하자 몽골 관료가 고려의 재상들을 책망했고, 재상들이 돌아와 왕에게 응방의 폐해를 없앨 것을 간청하자, 이 얘기를 들은 충렬왕이 도리어 분노하며 '회회인(回回人)으로서 황제에게 신임을 받는 자'를 고려 내 응방의 관리자로 초빙하려 했다는 것이다.

충렬왕이 느닷없이 '회회인(回回人)', 특히 무역 상인이었을 가능성이 높아보이는 회회인을 유치해 응방의 관리를 맡기려 한 이유는 무엇이었을까?[142] 그 시도의 독특성도 눈길을 끄는 바이지만, 그는 과연 무엇을 노렸던 것일까?

생각해 보면, 충렬왕은 이미 이전부터 회회인들과 좋은 관계를 맺으려 부단히 노력하였다. 공주의 겁련구(怯憐口) 출신으로 이후 고려 왕의 측근이 된 회회인 출신 장순룡(張舜龍)을 신뢰한 것은 물론, 연회를 통해서도

....

141 『고려사』 권29, 세가29 충렬왕6년(1280) 3월 임인, "大將軍印侯將軍高天伯與塔納還自元. 塔納至岊嶺站, 瓮津等數縣當供晝食, 有人告塔納曰, '吾邑之民盡隸鷹坊, 子遺貧民何以供億? 欲還朱記於國家, 竢死而已.' 塔納來責宰相曰, '東民獨非天子之赤子乎?' 困苦至此而不之恤, 朝廷馳一使以問, 何辭以對?' 宰相白王, '請去鷹坊之弊.' 王怒, 欲請回回之見信於帝者, 以來分管諸道鷹坊, 抑令宰相不敢復言. 趙仁規力諫而公主亦言不可, 乃止."

142 물론 위 기사에는 회회인들의 '직종'이 명시돼 있지 않다. 다만 당시 중국 내 회회인들은 이슬람 신자, 상인, 그리고 이재(理財)에 밝은 재무 관료 등 다양한 모습으로 존재하였다. 충렬왕이 종교인을 응방 관리에 위촉하려 했을 가능성은 적고, 제국 정부에서 봉직하는 재무 관료를 초빙하는 것도 쉽지 않았을 것이므로, 결국 기사 속의 회회인은 실물 경제 거래에 익숙한 상인이었을 가능성이 크다. 더구나 이 기사의 회회인은 '황제로부터 총애받는 자'라는 수식어를 달고 있는데, 당시 세조가 즐겨 거래하던 회회 출신 대형 오르탁(Ortaq) 상인을 충렬왕이 섭외하려 했을 가능성을 보여준다.

회회인들과 자주 접촉하였다. 일군의 회회인들이 충렬왕에게 베푼 잔치(1279년 10월)가 좋은 사례다.[143]

물론 연회를 베푼 것은 회회인들이었으며, 그 목표는 고려 내부의 특정 물자를 획득해 해외에 내다 팔기에 앞서, 그 재화에 대한 접근권을 얻어내기 위해서였을 가능성이 높다. 그럴 경우 그들이 개최한 연회에서 대접을 받은 충렬왕이 그들의 청탁에 놀아나거나 이용당했다는 관측도 가능하다. 그러나 반대의 경우도 얼마든지 상정해 볼 수 있다. 즉 충렬왕이 고려의 재화를 해외 무역에 투자할 길을 찾던 차에, 국제무역에 익숙했던 회회인들의 조예를 빌리려 했을 가능성이 그것이다. 위 연회들이 고려 충렬왕으로서는 함께 일해 볼 만한 외국 상인들을 인터뷰하는 자리일 수도 있었다는 얘기다.

충렬왕의 당시 의도가 그러했다면, 이미 연회 등이 열리기 전부터도 '고려의 국왕이 다량의 자산을 서역 및 대외무역에 투자하려 하고 있는데, 그를 대행해 줄 전문가들을 찾고 있다'는 소문이 짧은 시간에 널리 퍼졌을 것이다. 그리고 그런 소문을 들은 여러 회회인들이 충렬왕으로부터 그런 사업권을 따내기 위한 로비(lobby)를 하고자 연회의 형태로 고려 왕에게 접근하려 했을 것이다. 반대로 충렬왕은 그런 기회를 통해 (앞서 언급한 바와 같이) 믿을 만한 사업 파트너를 물색할 수 있었을 것이다.

그렇게 해서 특정의 회회 상인이 고려 내 제국 응방들의 관리자로 초빙되었을 경우, 그들은 일차적으로 응방이 모아둔 다량의 은·모시를 관리하게 됐을 것이다. 그럴 경우 오르탁(Ortaq) 무역을 포함, 육·해상의 동-서 세계간 교역에 직·간접적으로 관련돼 있던 그들이 그러한 고급 재화들을 그대로 두었을 리 없다. 그들은 응방에 집적된 고려 물자들을 그들

---

143 『고려사』 권29, 세가29 충렬왕5년(1279) 10월 경자, "諸回回宴王于新殿."

의 무역 활동에 출자하거나, 관련 존재들에게 공급하려 했을 것이다. 그 경우 고려의 소중한 재화는 속절없이 해외로 유출됐을 것이며, 전술한 제국 응방들의 면모를 상기하면 피하기 어려운 귀결이었다고 할 수 있다.

그러나 그 유출이 최소한 '고려 국왕의 투자' 형태로 이뤄졌을 경우, 즉 국왕이 주체가 된 공적 무역 또는 국왕 세력이 주체가 된 사적 무역의 일환으로 이뤄졌을 경우 상황은 달랐을 수 있다. 당시 원제국 안팎에서 진행되던 오르탁 무역의 관행을 고려할 때, 충렬왕의 의뢰로 '고려에서 투자된' 물자의 해외 수출을 대행한 회회상인들은, 동북아시아 바깥에서의 교역을 통해 이윤을 발생시킨 후 '출자자'로서의 고려국왕 및 국왕 세력에게 원금과 이식을 상환할 책무(채무)를 지게 됐을 것이기 때문이다. 그럴 경우 고려의 은 등이 비록 해외로 유출되긴 했지만, 일방적으로 유실되는 대신 고려로 재유입되거나 최소한 다른 재화의 국내 유입을 가능케 하는 지렛대 역할을 했을 것으로 생각된다. 고려 국부(國富)의 일방적 해외유출이 아닌, 무역을 통한 새로운 이윤 창출이 가능해지는 것이다.

즉 충렬왕은 응방이 그간 축적해 둔 재화를 자신의 주도 아래 어떤 형태로든 활용해 수익을 내겠다는 심산에서, 1270년대 후반 이래 측근을 통해 응방을 직영(直營)해 오다, 1280년대 초에 이르러 드디어 국제무역상 인으로서의 회회인들을 일종의 대리상인으로 섭외하여 그간 시도하지 못했던 세련된 대외 투자를 시도했던 것으로 추정된다. 당시 원제국의 황실 인사 및 고위 관료들이 오르탁 무역에 뛰어들기 위해 회회 상인들의 기술, 조예, 거래망을 필요로 했듯이, 충렬왕도 응방을 통해 확보한 은을 (『원사』 등의 표현을 빌리자면) 일종의 '알탈관전(斡脫官錢, 정부 출연 오르탁 투자금)' 형태로 해외무역에 투자하기 위해서는 무역역량과 네트워크를 지녔던 그들을 필요로 했던 셈이다.

더구나 충렬왕의 위 시도가 있었던 1280년은, 쿠빌라이가 천부사(泉府

司)를 처음으로 설치해 자신을 비롯한 황실 인사들의 금은(金銀) 출납 업무(투자 업무)를 관장(대행)케 함으로써 몽골 최상층 인사들의 투자 손실을 최소화하고 민간의 오르탁 무역도 공공의 영역으로 적극 포섭하려 했던 해이기도 하다.[144] 충렬왕 또한 부마(駙馬)로서의 자신의 특수한 지위를 최대한 활용, 그러한 분위기에 편승해 새로운 이윤 확보를 추구한 것으로 짐작된다. 몽골 공주와의 혼인으로 황실의 일원이 된 그는 공주의 대(對)강남무역도 옆에서 지켜봤던 터라, 스스로 황실의 부마로서 천부사 등의 후원 아래 그런 무역에 직접 나서지 못할 것도 없겠다는 생각을 하게 된 것이 아닌가 한다.

이러한 정황을 감안하면, 충렬왕이 '응방을 없애자'는 관료들의 말에 분노한 것도 이해가 된다. 왕조 개창 이래 정부가 필요로 하는 은을 조달해 왔을 전국의 은소(銀所)들이 고려 중기를 거치면서 붕괴하는 바람에 해외에 투자할 고가(高價)의 물자들을 수집할 경로가 마땅치 않았던 상황에서, 마침 고려에 설치된 응방들을 통해 [은(銀) 수집과 물자 출연 등] 재화 집적 및 조달 단위로 기능하던 제국 응방의 실체를 알게 된 충렬왕이, 그 폐해를 어느 정도 묵인해 주면서까지 윤수 등의 측근들을 시켜 응방을 통해 비공식적으로 은을 수집한 후 해외 무역 투자까지도 시도하고 나선 것이었는데, 관료들이 그런 의도를 헤아리지 못하고 응방의 폐지를 건의함으로써 충렬왕의 시도를 근저에서 무산시키려 했던 격이기 때문이다.

다만 위 기사에도 나오듯이, 관료들과 공주의 만류로 인해 충렬왕의 이 시도는 결행에 옮겨지지 못한 것 같다.[145] 그리고 최측근 윤수가 1283

---

144 『원사』권11, 본기11 지원17년(1280) 11월 을사, "置泉府司, 掌領御位下及皇太子皇太后諸王出納金銀事." 충렬왕의 위 1280년 3월 조치 당시에는 천부사가 아직 설치되지 않은 상태였지만, 그 전신으로서의 알탈총관부 등이 유사한 기능을 이미 수행 중이었을 가능성이 높아 보인다.

년 3월 사망한 후에는 충렬왕이 응방과 관련한 일체의 시도를 중지했음이 눈길을 끈다. 또 다른 측근 원경, 박의 등이 이후에도 응방도감(1283년 7월 설치)을 통해 활동을 계속했지만, 윤수의 사망을 계기로 '측근의 통제 아래 응방을 관리하고 그를 통해 무역 물자를 확보'하고자 했던 충렬왕의 시도는 그 동력을 상실했을 가능성이 크다.[146] 실제로 이때 충렬왕이 응방 폐지를 시도했음이 주목되는데,[147] 당시 인후가 만류했기 때문에 응방은 결국 존속됐지만, 응방의 폐단이 계속되자 충렬왕은 이후 응방의 폐단을 다시 지적하였고,[148] 그 혁파도 재차 시도했음을 1288년 8월 응방의 일시 폐지에서 엿볼 수 있다.[149] 그리고 이후 충선왕이 응방을 집요하게 견제·탄압하면서,[150] 결국 고려 내 응방의 위세도 14세기 초를 기점으로 현저히

....

145 앞서도 언급한 바와 같이, 충렬왕의 시도가 공주의 활동과 경쟁 관계에 놓이거나 공주의 이해관계를 해칠 염려가 있었기 때문으로 추측된다.

146 이인재 또한 1283년 응방도감의 출범을 계기로 고려 내의 응방 운영이 이전과는 달라졌으며, 이 조치는 초기와 달리 응방의 직능을 본래의 역할(매 사육)로 국한시키는 차원의 조치였다고 보았다(2000 「고려후기 응방(鷹坊)의 설치와 운영」, 『한국사의 구조와 전개(하현강교수정년기념논총)』).

147 『고려사절요』 권20, 충렬왕9년(1283) 5월; 『고려사』 권123, 열전36 폐행1, 인후

148 『고려사』 권85, 지39 형법2, 금령(禁令), 충렬왕12년(1286) 3월 하지(下旨). 제원(諸院)·사사(寺社)·응방(鷹坊)·순마(巡馬)·양반(兩班) 등이 관리와 전전(殿前)·상수(上守)를 전장(田莊)으로 파견해 민을 모으고 아전을 꾀어 악행을 저지르고 있으니 금후에 엄하게 추궁하고 잡아서 개경으로 보내라는 지시이다.

149 『고려사』 권30, 세가30 충렬왕14년(1288) 8월 계해; 기사

150 충선왕은 즉위년에도 응방의 폐단을 비판했지만, 특히 복위년간에 접어들어 응방에 대단히 적대적인 모습을 보였다. 복위 다음 해인 1309년 응방을 바로 혁파하기도 했거니와, 수렵 등 매와 관련된 행위에 대한 단속도 강화하였다. 별감(別監)을 보내 매[鷂子]를 찾고 취하는 것이 백성들에게 피해가 되니 앞으로는 제찰사(提察使)들이 사람을 파견해 관련 업무를 보게 한 점, 그리고 재추들이 기은(祈恩)의 명목으로 강 밖에서 방응(放鷹)하는 것을 처벌케 한 점 등에서 그를 엿볼 수 있다. 이후 원제국에 자신의 치적을 과시할 때에는

약화됐을 것으로 생각된다.

이렇듯 응방은 1270년대 중반 고려에 설치되어 14세기 초까지 한 세대 간 상당한 위세를 떨쳤다. 고려에 큰 피해를 입혔고 더 큰 해악도 끼칠 수 있었지만, 충렬왕이 그를 용인하고 지원하며 어떻게든 활용해 보려 했던 대상이기도 하였다. 그러한 존재로서의 응방의 설치를, 애초 원제국 황제 쿠빌라이가 직접 지시한 것이었음을 다시 한 번 환기해 본다. '그저 매를 잡고 사육하는 단위'임을 표방하며 고려에 그를 설치하라고 지시했지만, 일단 고려에 응방이 설치된 후에는 그간 제국 정부가 중국 내 응방들을 활용해 왔던 것처럼 쿠빌라이 또한 고려내 응방들을 일종의 물자 징발 단위로 활용하려 했을 가능성이 높아 보인다. 이를테면 고려를 기만한 것이라고도 하겠는데, 제국 정부가 둔전을 설치하며 고려에 도움이 될 것처럼 생색을 냈던 모습과도 묘하게 겹쳐 보이는 바가 있다.

물론 고려 응방의 경우 고려 둔전과 달랐던 점도 없지 않다. 제국 정부가 둔전을 별도의 용도로 오·남용하는 와중에 고려의 반발을 샀다면, 고려인의 눈에 일견 이상하게 비쳤던 응방들의 일탈은 고려 왕에게는 오히려 역이용의 대상이 되었기 때문이다. 응방이 제국의 고려 물자 수탈 기구로 설치됐음을 꿰뚫어 보면서도 황제의 권위를 거역하지 못해 그를 폐지할 수는 없었던 충렬왕이, 어떻게든 고려에 도움이 되는 방향으로 그를 운용하려 했다는 점에서 그렇다.

이상 응방과 둔전의 문제는 고려와 원제국의 이해관계가 재화(財貨)의

응방 혁파를 자신의 성과 중 하나로 꼽기도 하였다[『고려사』 권77, 지31 백관 2, 제사도감각색(諸司都監各色), 응방(鷹坊); 『고려사절요』 권23, 충선왕복위 원년(1309) 4월; 『고려사』 권84, 지38 형법1, 공식 직제(職制), 충선왕복위3년 (1311) 3월 전지(傳旨); 6월 전지; 『고려사』 권34, 세가34 충숙왕원년(1314) 1 월 갑진].

측면에서는 근본적으로 상충할 수밖에 없는 것이었음을 드러낸다. 정책적 지향의 영역에서는 고려와 원제국이 같이 갈 수 있었어도, 실물 경제와 물화의 차원에서는 어디까지나 모순의 관계에 있었음을 노출했던 셈이다. 그리고 이와 비슷한 맥락을 보인 사안이 또 하나 있었으니, '외국 상인의 중국 및 한반도 방문'이 그것이었다. 당시 동북아시아를 방문하고 있던 여러 해외 상인들은 중국과 사이가 좋을 때에는 한반도에까지 올 필요를 못 느끼다가 막상 중국과의 관계가 악화되면 한반도에도 더러 오곤 했는데, 이런 점을 감안하면 고려와 원제국의 이해관계가 '반비례'의 함수관계를 지녔던 측면이 없지 않다. 그러한 정황을, 외국 상인들의 한반도 방문 증가에 중요한 계기가 될 수 있었던(그러나 결국 되지 못했던) 한반도 연안 원제국 수역(水驛) 노선의 치폐(置廢) 추이를 통해 다음 절에서 살펴보도록 한다.

2. 수역(水驛)과 외국 상인: 제국 정책과 한반도 무역의 함수관계

한반도는 주지하듯이 인구 규모가 작고 천연 자원도 적은 지역이었다. 그랬던 이 지역이 통일신라 말기 또는 고려시대 외국과 성공적으로 교역할 수 있었던 것은 그러한 약점을 보완할 강점들이 없지 않았기 때문이다. 수출할 만한 특산물의 존재, 그리고 반도(半島)로서 지녔던 교통 요충성 등이 그런 경우라 하겠으며, 그런 장점들이 고려 전·중기에는 송상(宋商)들의 활발한 고려 방문 및 고려 상인들의 왕성한 대송(對宋) 진출로 나타났던 것이다.

그에 비해 고려 후기의 경우, 전체적으로 볼 때 대외무역이 활발했지만 우여곡절도 적지 않았다. 특히 13세기에는 대외무역이 정상적으로 전개되는 것이 사실상 어려웠다. 몽골의 침공으로 한반도 전역이 전란에 휩

싸웠던 1230년대 이래 제국의 물자 징발이 극심했던 1280년대까지는 고려인들이 대중(對中) 교역을 재개할 엄두를 내지 못하였다.

그러나 13세기 말에는 상황이 바뀌어, 고려인들의 대중국 진출이 다시금 활성화되었다. 아울러 13세기 후반 한반도 방문이 끊기다시피 한 중국 강남 상인들을 대신하여, 위구르 및 무슬림 출신의 '회회인' 상인들이 고려를 방문함으로써 한반도의 대외교류에 활력을 불어넣었다. 그 결과 한반도의 대외무역은 다행히 고려 후기에도 전과 비슷하게 왕성하게 전개되었다. 게다가 일찍이 한반도를 찾은 바 없었던 지역들(인도·이란)의 새로운 방문으로 인해, 오히려 전에 비해 더욱 '확장된 외부'를 상대로 교역이 전개되었다고도 할 수 있다.

다만 한 가지 냉정하게 짚을 부분은 있다. 새로이 한반도에 출현한 외국 상인들의 방문들이 얼마나 지속적인 것이었는지의 문제가 하나라면, 그들이 한반도를 방문하게 된 배경과 동기의 문제가 또 하나라 할 것이다. 전자의 경우, 관련 기록들 및 국제 정세를 고려할 때 그들의 방문이 고려말~조선초에도 꾸준히 지속되었다고 보긴 어렵다. 그리고 후자의 경우, 이 사안을 여기서 논의하는 이유이기도 하지만, 해당 방문자들의 출신 지역과 제국 치하 중국 사이의 관계가 여러 변수로 인해 위협을 받고 악화(惡化)되었던 것이 그들의 한반도 방문을 추동한 가장 큰 변수였던 측면이 있다. 쉽게 얘기해서 해당 상인들의 한반도 방문 시기는 대체로 해당 지역과 중국 간 관계가 '나빴을' 때였다는 얘기다.[151]

이들 외국 상인들의 방문은 분명 한반도가 세계에 'Corea' 또는 'Kauli'라는 이름으로 알려지는 데 크게 기여했을 것이지만, 그들의 방문

....

151 Lee Kang Hahn, "Foreign merchants' visits to the Korean peninsula, and Koryo people's responses in the 13~14th centuries," *The Review of Korean Studies*, Vol.19-2 (Dec. 2016), Academy of Korean Studies

자체는 특수한 상황에서 촉발된 것으로서 꾸준히 이어지기는 어려운 것이었음을 직시할 필요가 있다. 강남 상인들의 13세기 후반 고려 방문 중단이 고려로서는 그만큼 아쉬운 일이었던 이유이기도 하다. 강남 출신 중국 상인들, 즉 '송상'들의 한반도 방문은 11세기 초 이래 매우 왕성하다가 12세기 중엽 이래 감소하기 시작하였다. 물론 그러한 방문이 13세기 중엽까지도 줄어든 상태로나마 이어지긴 했지만, 남송의 멸망을 계기로 급감하여 13세기 말~14세기 초 '강남 상객(商客)'으로 불린 이들의 한두 차례 파상적인 고려 방문 이후에는 더 이상의 방문이 관찰되지 않는다.

이러한 강남 상인들의 방문 중단은 당연히 몇 가지 이유에 기인하였다. 우선 남송의 멸망으로 인해 더 이상 그들이 '송상'으로서 활동하는 것이 가능하지 않았고, 송 왕조를 기반으로 하던 그들의 정체성이 변하면서 그 활동 자체가 일시적으로 위축되게 된다. 아울러 이미 몽골 도래 이전부터도 천주(泉州)와 명주(明州) 등지 중국 상인들의 활동이 동북아시아 내부보다는 서역(西域, 서아시아 무슬림세계)이나 남양(南洋, 동남아시아)과의 무역에 더 경도돼 있기도 하였다. 이런 점들을 감안하면 13세기 후반 강남 상인들의 한반도 방문이 중단된 것도 이상한 일은 아니었다.

그런데 한편으로, 강남 상인들의 방문이 1301년까지는 이어지기는 했음이 다시금 눈길을 끈다.[152] 이는 적절한 견인 요인이 있었을 경우, 강남

....

152 『고려사』 권32, 세가32 충렬왕27년(1301) 8월 무자, "江南商客享王于壽康宮." 이 방문을 끝으로 중국 상인들의 한반도 방문은 반세기 가까이 사라진다. 그러다가 1350년대에 접어들어 강남 상인들의 흔적이 한반도에서 다시금 확인된다. 중국 천주(泉州) 상인 손천부(孫天富)·진보생(陳寶生)의 출현이 그것인데, 이들의 고려 왕래는 왕이(王彝)의 「천주양의사전(泉州兩義士傳)」에 전하고 있다(장동익, 1994 『고려후기외교사연구』 일조각, 147쪽에서 재인용). 그들의 정확한 고려방문 시점은 미상이지만, 이 사실을 기록한 왕이의 행적이 1350년대 말에 확인됨을 감안하면[『원사』 권45, 본기45 순제 지정18년(1358)

출신 중국 상인들의 한반도 방문이 여전히 이어질 수도 있었을 개연성을 시사한다.

그와 관련하여, 그러한 역할을 할 수 있었을 존재들이 돌연 13세기 말 고려에 출현하여 주목된다. 1293년 2월 원 황제 쿠빌라이의 지시로 한반도 서해안, 즉 탐라에서 압록강 입구에 이르는 고려의 서쪽 해안선에 설치된 11곳의 '수역(水驛)'이 그것이었다.[153] 이 수역 노선은 고려 정부의 의지와 무관하게, 제국에서 나름의 필요로 인해(구체적으로는 강남과 요양 간 물류 지원을 위해) 구축했던 거대한 장거리 수역 노선의 일부였던 것으로 보인다. 다음 기사를 보도록 하자.

> "황제가 지시하여 연해에 수역을 설치하였다. 탐라에서 압록강 입구까지 11곳(所)을 설치했고, 홍군상(洪君祥)이 그를 감독하였다."[154]

원제국 정부가 관리하는 수역들이 한반도 연해에 설치된 것은, 13세기

....

10월 을유], 그들의 한반도 방문 시점도 비슷했을 것으로 생각된다.

153 그간 이 수역 노선에 대해서는 그 노선의 이른바 '끝 지점'에 대해 몇몇 견해가 제기되었고, 그 기능에 대해서는 대체로 1280년대 후반 이래 계속되던 강남미(江南米)의 요동 운송을 돕기 위해서였을 것으로 추정해 왔다. 관련 연구로는 모리히라 마사히코(森平雅彦), 2004「高麗における元の站赤 - route比定を中心に」『史淵』141, 九州大學大學院人文科學硏究院 및 정요근, 2007「고려 역로망 운영에 대한 원의 개입과 그 의미」『역사와현실』64를 참조할 수 있다. 두 연구자는 이른바 '양촌'과 '해구'를 중국 직고[直沽(천진)] 쪽으로 비정할 것인지 아니면 한반도 또는 요양행성 근처로 비정할 것인지를 두고 그 견해를 달리 하는 것으로 보인다.

154 『원사』권17, 본기17 세조 지원30년(1293) 2월 신해, "詔沿海置水驛, 自耽羅至鴨淥江口凡十一所, 令洪君祥董之." 이 수역들의 수는 13개로도 나오는데[권63, 지15 지리(地理) 6, 정동등처행중서성 고려국(高麗國)], 탐라 - 압록강 노선에 '양촌(楊村)'과 '해구(海口)'가 추가로 언급돼 있다.

후반~14세기 전반 고려와 원제국의 특수한 관계를 고려하더라도 대단히 이례적인 사건이었다. 응방과 둔전 등 고려의 물자를 체계적으로 징탈할 기반을 갖춘 데 이어, 그를 효과적으로 수송하는 구조까지 구축한 것으로도 볼 수 있겠다. 그런데 중요한 것은 이 수역이 1293년 이래 1303년경까지 10여년 간 운영되면서, 요양(遼陽) 지역으로 가는 중국 강남(江南)의 물자와 상인들을 한반도로도 인도하고 있었다는 사실이다. 즉 남송의 멸망 및 동 - 서 세계간 교역의 속성 등으로 인해 급감할 수밖에 없었던 '중국 상인의 한반도 방문'을 적어도 십여년간은 더 연장시킬 수 있었던(그리고 실제로 연장시킨) 기제였던 것이다.

따라서 이 수역이 과연 어느 정도나 오래 운영되었고, 그 결과 강남 상인들의 고려 방문이 유지된 정도는 어떠했으며, 고려인들이 이를 더 적극적으로 활용할 여지는 없었는지, 그리고 있었다면 실제로 그리 했는지 등을 살펴볼 필요가 있다.[155]

우선 이 수역 노선 설치의 가장 큰 배경이었을 원제국의 조운(漕運) 및 수역 체계 정비의 역사를 간략히 살펴보도록 하자. 원제국 정부는 1260년대 화북(華北) 지역 곳곳에 많은 수역을 세웠는데, 1267년 다속독(荼速禿) 지역 14곳, 하남강북행성 중흥로(中興路)에서 중서성 대동로(大同路) 동승주(東勝州)에 이르기까지의 10곳, 그리고 요동로 7곳 등이 그런 경우다. 1274~1275년에는 우전(于闐), 아아간(鴉兒看) 등지에 13곳, 중서성 소할 지역 내에 5곳을 세웠고, 1278~1279년에는 사천행성 및 하남강북행성을 연결하는 수역을 세운 후 1281년 그것을 19개 역의 노선으로 재정비했다. 이후 1291년에도 하남강북행성 근처 수참(水站)들을 정비하였다.[156]

....

155 이하 제국의 수참(水站) 정비 및 한반도 서해안 수역 노선에 대한 서술은 이 강한, 2012 「1293~1303년 고려 서해안 '원 수역(元 水驛)'의 치폐와 그 의미」 『한국중세사연구』 33을 토대로 하였다.

한편 강남(江南) 지역 수참의 건설은 1275년 경 논의되기 시작하였다.[157] 1280년 2월 강회(江淮)의 여러 로(路)에 수참(水站)을 설치했고[158] 1289년에는 천주에서 항주(杭州)까지 15곳의 해참(海站)을 세웠으며, 1290년에는 물길 불통을 이유로 강회행성의 역참들에 포마성지(鋪馬聖旨)를 추가로 지급하였다.[159]

이렇듯 강남과 화북 연해에서의 군사, 경제적 수요를 지원할 제국의 수역·수참 설치는 1260년대 이래 시작돼 1290년대초 어느 정도 마무리되었다. 그리고 그와 병행하여 제국의 조운(漕運) 행정도 정비되었다. 1280년대 중반까지는 강남의 유력 해운업자였던 주청(朱淸)과 장선(張瑄) 등이 그를 주도하였고, 1280년대 후반에는 재무 재상 셍게[桑哥]가 1287년 행천부사(行泉府司)를 출범시켜 해운을 담당하게 하였다.[160] 아울러 강남 지역의 세원(稅源) 파악 작업이 어느정도 마무리되면서 1289년부터 조운량이 급증했는데,[161] 주청·장선이 관계하던 해선만호부(海船萬戶府)에서 새로운 조운로를 제안하자[162] 해운의 규모가 더욱 확대되었다. 주청과 장선은 해운과 관련한 탁월한 전문성을 무기로 1280년대 초 이래 1290년대 후반까

156 『원사』 권6, 본기6 지원4년(1267) 1월 임인; 7월 병술; 12월 기묘; 권8, 본기8 지원11년(1274) 1월 병오; 지원12년(1275) 7월 정축; 권10, 본기10 지원15년(1278) 5월 을미; 지원16년(1279) 10월 신사; 권11, 본기11 지원18년(1281) 2월 기축; 권16, 본기16 지원28년(1291) 2월 계유

157 『원사』 권164, 열전51 곽수경(郭守敬)

158 『원사』 권101, 지49 병4, 참적(站赤), 지원17년(1280) 2월

159 『원사』 권15, 본기15 지원26년(1289) 2월 병인; 권101, 지49 병4, 참적, 지원27년(1290) 9월

160 『원사』 권93, 지42 식화1, 해운(海運)

161 1288년의 400,000석[도착량 397,655석]이 1289년 935,000석[도착량 919,943석]으로 증가하였다.

162 『원사』 권15, 본기15 지원26년(1289) 1월 임인

지 막대한 권력과 권위를 누렸는데, 그들의 주도 아래 수역 체계도 안정적으로 구축되어 왕성하게 운영됐다.

그러한 원제국의 수역 노선 체계가 한반도에도 연장된 결과 상기한 11개(또는 13개) 수역 노선이 한반도 연안에 설치된 셈이었다. 마침 일본 정벌 문제로 인하여 중국과 고려 간에 물자 운송 수요도 적지 않았다. 강남과 대도(大都) 간 조운망의 완성에 매진하던 주청과 장선은 1283년 4월 돌연 일본 정벌 준비에 투입됐는데, 그 과정에서 한반도 방면으로의 물자 운송에도 개입하게 되었다.[163] 제국 정부는 또 1285년 일본정벌을 위해 '강회(江淮)의 군량을 고려로 운송'하는 사안을 논의했는데,[164] 당시 강남의 운량초토사(運糧招討使)로서 만호부의 사무도 보고 있었던 주청·장선은 그에도 관여했을 가능성이 높다.[165] 즉 일본 정벌로 인해 '강남 미곡의 고려 운송' 수요가 발생한 결과, 그를 지원할 시설을 한반도 인근에 구축할 필요도 함께 부상한 상황이었다.

다만 당시 수역 노선이 바로 설치되지는 않았다. 기도했던 일본 정벌이 실행에 옮겨지지 못했기 때문이다. 1281년 2차 일본 정벌 이후 몇 번더 정벌 시도가 있었지만, 모두 끝내 무산되었다. 시의성을 잃어가던 일본 정벌만으로는 막대한 재원과 정치적 부담을 필요로 하는 수역의 설치를 제국으로서도 정당화하기 어려웠을 것이다.

수역노선이 실제로 설치되었던 것은 상기한 바와 같이 여러 해가 지난

....

163 『원사』 권12, 본기12 지원20년(1283) 4월 임진

164 『원사』 권13, 본기13 지원22년(1285) 11월 계사[강회(江淮) 지역의 쌀 100만석을 조운으로 옮겨 바다 건너 고려의 합포(合浦)에 저장하기로 하고, 동경(東京)과 고려에 각기 쌀 10만석을 비축하여 일본 원정에 대비하게 함]

165 『원사』 권12, 본기12 지원20년(1283) 12월 신축[해도운량초토사(海道運糧招討使) 주청을 중만호(中萬戶)로, 장선의 아들 장문호(張文虎)를 천호(千戶)로 삼음]

1293년이었다. 이 때에 이르러 수역 설치가 다시 시도되었던 이유는 과연 무엇이었을까? 그와 관련하여 1280년대 후반 요동(遼東) 지역에서 발생한 나얀[乃顏], 카다안[哈丹]의 난이 참조된다.

요동 지역은 쿠빌라이에게는 아주 오래된 은인이자 동시에 골칫거리에 해당하였다. 칭기즈칸의 형제들이 받은 분봉지(分封地)로 구성된 이른바 "동방(東方) 3왕가(王家)"는 오랜 세월 차기 황제를 뽑는 쿠릴타이에 참여해 킹메이커로서의 위상을 유감없이 뽐내었다. 자체적으로는 황제 후보를 낼 역량이 안 됐으나 유력한 후보자에게 힘을 실어주어 황제로 만들 능력은 있었던 것이다. 그리고는 그에 대한 대가로 요동에 대한 중앙 정부의 불간섭과 자유를 얻어내곤 하였다.[166] 그런 추세는 13세기 전반에 시작되어 후기로도 이어졌다.

1259년 뭉케 황제가 사망하자, 다음 황제를 선출하기 위한 쿠릴타이가 개최되었다. 뭉케의 막내 동생 아릭부케가 선제적으로 개최한 쿠릴타이를 지켜 볼 수밖에 없었던 쿠빌라이는, 결국 자신도 쿠릴타이를 열어 황제로 선출되고는 자신이 오히려 차기 황제임을 자처하였다. 이후 동생과 오랜 전쟁에 돌입할 수밖에 없었지만, 그래도 이 쿠릴타이가 이후 그의 즉위 정당성에 최종적 근거가 된다. 그리고 당시 그에게 결정적 도움을 준 것이 바로 동방3왕가 세력이었다. 쿠빌라이가 즉위 초기 이 지역을 건드리지 않고 놔둘 수밖에 없었던 이유도 여기에 있다.

그러나 제국의 문물 제도를 정비함에 있어 중앙집권성의 강화는 쿠빌라이로서도 절실한 문제였다. 이에 쿠빌라이는 요동의 현지 세력들을 겨냥한 일련의 조치들을 단행하였고, 그 결과 북경 대도(大都)와 요양행성 사이의 갈등도 심화되어 갔으니, 그것이 폭발한 것이 바로 1287년 나얀

---

166 동방3왕가의 역사와 상황에 대해서는 윤은숙의 상세한 연구를 참고할 수 있다(2010『몽골제국의 만주지배사』소나무).

[乃顔]의 난이었다. 요동 지역의 동방3왕가 세력이 대도 중앙정부의 간섭에 반발한 결과 발생한 변란으로, 원제국의 결속력을 크게 위협한 사건이었다.[167] 다만 쿠빌라이가 고령에도 불구하고 그에 신속히 대응하여 난을 진압하였고, 그 결과 나얀이 숙청되자 그 무리였던 카다안[哈丹]이 1289년 초 분기(奮起)하여 향후 3~4년간 요동지역과 한반도 북변을 휩쓸고 다니게 되었다. 그 위세는 1291년에 이르러서야 약화되었다.

이 난리로 정작 고려가 입은 피해가 컸다. 충렬왕이 개경을 떠나 피난길에 나서야 했을 정도였기 때문이다. 카다안 군은 1292년 진압될 때까지 2년여 동안 해양(海陽), 동계(東界), 쌍성(雙城), 화주(和州), 등주(登州) 등 한반도의 이북 지역은 물론 교주도 양근성(楊根城)과 원주(原州) 등 좀 더 깊숙한 내륙까지도 들어왔고, 1291년 4월에는 급기야 개경을 침범하기에 이르렀다. 다만 이 시점을 전후로 전세가 반전돼 다음 달 고려가 공세를 시작했고, 2달여 만에 적을 격퇴·추포하는 데 성공하였다. 1292년에는 제국 정부에서 카다안 난 관련자들을 고려에 유배 보내기도 하였다.[168]

그런데 바로 이 와중에 강남과 고려, 고려와 요동 사이에 다소 특이한 형태의 물류(物流)가 관찰되기 시작한다. 중국 강남을 출발하여 고려를 경유해 요동에 이르는 '미곡의 흐름'이 1290년대 전반 5~6년간 확인되는 것이다. 당시 원제국 정부로서는 카다안의 난을 시급히 진압하고, 가까운 시일 내 인근 지역도 안정시켜야 하는 상황이었다. 이에 병력과 양곡의 신

---

167 나얀, 카다안의 난과 요동의 상황에 대해서는 스기야마 마사아키(杉山正明) 저, 임대희·김장구·양영유 역, 1999『몽골세계제국』신서원 및 김한규, 2004 『요동사』문학과지성사 참조.

168 『고려사』권30, 세가30 충렬왕16년(1290) 5월 무신; 6월 갑술; 11월 정미; 12 월; 충렬왕17년(1291) 1월 기미; 4월 갑오; 5월 갑진; 6월 정묘; 충렬왕18년 (1292) 3월 무오; 4월 경오

속한 급파를 위해 중국의 강남 지역과 한반도 서해안, 그리고 요동 내륙을 잇는 교통망(상기한 11개 수역 노선)을 설치한 것이었고, 그 결과 여러 해선(海船)들이 미곡 등을 싣고 이 노선을 따라 이동하게 되었다.

'요양행 강남미 운송'에 고려의 역할이 처음으로 등장하는 것은 1288년초이다. 1288년 4월 원제국 정부에서 충렬왕에게 군사 5,000명 및 '군량'을 건주(建州, 요양성 대녕로)에 보내 줄 것을 요청한 것이다.[169] 고려는 일찍이 '군사를 내어 정벌을 돕겠다'고 자원했지만 군량 보조에는 부담을 느껴 양곡 제공을 최대한 늦추고 있었다. 마침 원제국 정부가 아직 여유가 있어, 자체적으로 1288년 몇 차례에 걸쳐 요양행성에 진휼미를 파견하였다.[170] 고려로서는 다행이었다.

그러나 원제국 정부의 미곡 요구는 1289년 1월 반복되었고, 이번에는 고려도 군량을 보내지 않을 수 없었다. 『원사』에는 미곡 징발의 명목이 '일본 정벌용' 군량 확보라 언급된 반면, 『고려사』에는 '요동 지역민 구휼용'으로 기록돼 있다.[171] 고려는 2월과 3월 사회 각층에서 걷은 미곡 64,000여석을 5월 개주(盖州, 遼寧 盖平縣)로 송부하였다.[172]

그리고 이후에는 양상이 또 조금 달라진다. 원제국이 미곡을 요구하고 고려가 제공하기보다, 중국 강남에서 출발한 미곡이 고려를 통과하여 한반도 북부의 요양 지역으로 가는 양상이 굳어졌던 것이다.

1291년 4월 충렬왕이 제국의 병력을 맞았을 당시 함께 온 제국 관료들

....

169 『고려사』 권30, 세가30 충렬왕14년(1288) 4월 경오

170 『원사』 권15, 본기15 지원25년(1288) 1월 기유; 2월 기묘; 8월 계축

171 『원사』 권15, 본기15 지원26년(1289) 1월 무신; 『고려사』 권30, 세가30 충렬왕15년(1289) 2월 병인

172 『고려사』 권79, 지33 식화2, 과렴(科斂); 권30, 세가30 충렬왕15년(1289) 3월 신묘; 5월 을유; 『원사』 권15, 본기15 지원26년(1289) 4월 기유; 10월 을축

에게 베푼 잔치에서, 설도간(薛闍干)이라는 인물이 왕에게 '강남(江南)에서 와야 할 군량이 아직 이르지 못했으니 어쩌하실 겁니까?'라 물은 바 있었다.[173] 그리고 2달 뒤인 6월, 돌연 '원(元)에서 강남 미곡 10만 석을 운송해 와 (고려민들을) 진휼했다'는 기록이 등장한다. 고려 측 사료에 따르면 이 진휼미 운송은 고려 세자의 호소에 화답한 조치였으며, 원에서 배 47척에 강남미 10만석을 싣고 와 고려의 굶주린 백성 및 7품 이하 관료와 권무관 등에 진휼미를 나눠준 것으로 되어 있다.[174] 『원사』에는 그로부터 4개월 뒤에도 "쌀[米] 200,000곡(斛)" 규모의 진휼이 고려 지역을 대상으로 추가로 단행된 것으로 적혀 있다.[175]

원제국 정부가 4월에는 고려에 군량을 요구해 놓고, 6월과 10월에는 거꾸로 고려에 진휼미를 보냈다는 것은 쉽게 납득하기 어려운 정황이다. 게다가 제공된 양곡의 규모도 일반 진휼미(대개 1~2만석)에 비해 너무 많다. 그런 점에서 이 미곡은 고려민 진휼용으로 고려에 온 것이라기보다는, 요동 지역에의 군량(또는 진휼미) 투입을 위해 고려를 경유하던 양곡이었을 가능성이 크다. '요양 지역의 여진인들이 굶주리자 고려의 속(粟)을 빌려 진휼했다'는 기사가 그런 가능성을 보여주는데,[176] 고려가 원제국의 진휼을 받는 와중에 고려의 곡식을 새로이 징발해 이 지역에 줬다는 것은 말이 되지 않으므로, 이미 고려에 도착해 쌓여 있던 강남 양곡의 일부를 이런 목적으로 전용한 것을 이런 식으로 표현한 것이라 생각된다. 결국 1291년의 미곡 운송 사례들은 강남을 떠나 요동으로 향하던 미곡의 일부

---

173 『고려사』 권30, 세가30 충렬왕17년(1291) 4월 신사
174 『고려사』 권30, 세가30 충렬왕17년(1291) 6월 갑신; 권80, 지34 식화3, 진휼 수한역려진대지제(水旱疫癘賑貸之制)
175 『원사』 권16, 본기16 지원28년(1291) 10월 계미
176 『원사』 권16, 본기16 지원28년(1291) 12월 을축

또는 대부분이 운송 과정에서 고려를 거쳐 갔을 가능성을 보여준다고 하겠으며, 유사한 흐름이 1295년까지 관찰된다.

1292년 윤6월, '고려 왕의 요청에 따라' 만호(萬戶) 서흥조(徐興祚)가 강남 미곡 10만 석을 운반해 와 고려의 굶주린 백성들을 진휼하려 했지만,[177] 운송 과정에서의 사고로 4,200석만 고려에 도착하였다.[178] 그런데 2달 뒤 한반도 북부의 쌍성(雙城)에서 기근을 보고하자, 이번에는 제국 정부가 고려 국왕에게 명령을 내려 '해운(海運)한 곡식'으로 그를 진휼하게 하였다.[179] '원(元)'의 진휼을 받고 있던 고려가 쌍성 진휼을 위한 미곡을 내기는 애초 어려운 일이었으므로, 당시 고려에 운송돼 온 강남 미곡 중 일부가 쌍성 지역으로 전달되었을 것으로 보인다. 1292년 여름 강남을 출발한 미곡 10만석의 용처 중 고려민 진휼은 극히 일부에 불과했던 셈이며, 원의 의도는 어디까지나 고려를 중개지(仲介地) 삼아 해운된 미곡의 일부를 그를 필요로 하던 지역들로 공수하는 것이었다고 하겠다.

1293년 6월에는 강남 천호(千戶) 진용(陳勇) 등이 선박 20척에 쌀을 싣고 왔다.[180] 이 미곡이 고려민 진휼용이었는지 아니면 요동 지역에 운송될 군량미였는지는 알 수 없지만, 원측 기록의 1293년 2월 기사에는 해운미 10만 석을 요양의 수병(戍兵)에게 주라고 한 황제의 지시가 기록돼 있어,[181] 2월 지시로 강남을 출발한 군량(또는 진휼미)이 6월에 고려에 들어왔다가 다시 요동으로 간 것 같다. 1294년 12월에는 '강남발 요동행' 미곡

....

177 『고려사』 권30, 세가30 충렬왕18년(1292) 윤6월 신묘; 『원사』 권17, 본기17
　　지원29년(1292) 윤6월 신해
178 『고려사』 권80, 지34 식화3, 진휼 수한역려진대지제
179 『원사』 권17, 본기17 지원29년(1292) 8월 무오
180 『고려사』 권30, 세가30 충렬왕19년(1293) 6월 기축
181 『원사』 권17, 본기17 지원30년(1293) 2월 정유

이 고려를 확실히 통과하였다. 원에서 '일본 정벌을 위해 (고려에) 운송해 강화도에 적립해 둔 강남미 10만 석 중 5만 석을 요심(遼瀋) 지역 진휼미로 쓰려고 하니 내놓으라'고 지시한 기사에서 그를 확인할 수 있다.[182] 1291년 이후 거의 매년 운송돼 오던 미곡 중 쓰고 남은 분량이 (차후 요동 지역의 필요에 따라 진휼미 또는 군량미로 지급될 목적으로) 강화도에 보관돼 있었던 것으로 보인다.[183]

이렇듯 강남의 재화가 한반도 서해안을 거쳐 요양행성으로 운송되는 정황이 1290년대 중반까지 이어졌음을 엿볼 수 있는데, 바로 이 물류를 지원하기 위해 1293년 제국 정부가 한반도 서해안에 수역을 설치했던 것이다. 아울러 그러한 물자 중 일부가 고려 경내로도 들어온 것은, 수역의 안정적 운영을 위한 고려인들의 협조를 얻어내고자 운송된 미곡 일부를 고려민 진휼미로 활용하는 것을 허용한 결과로 생각된다.

그런데 그런 과정에서 강남 상인들의 방문도 함께 계속됐을 것으로 생각된다. 이 점만 보면 수역은 위 응방, 둔전처럼 고려에 해(害)만 되었다기보다, 고려에 일부 도움이 될 수도 있었던 경우라 하겠다. 다만 전체적으로 보면 '양날의 칼'이기도 했음을, 원제국 정부가 협조 유도를 넘어서는 차원의 '회유'를 고려 관료를 대상으로 감행한 것에서도 엿볼 수 있다.

....

182 『고려사』권31, 세가31 충렬왕20년(1294) 12월 경인

183 고려는 1295년 3월 원의 지시에 따라 배 73척에 쌀 1만석을 실어 요양에 수송했지만, 4월에는 원에 조서를 보내 요양으로의 곡식 운송을 줄여 달라고 요청하였다. 원제국이 고려에 적립해 둔 강남미를 고려에서 임의로 소비했을 가능성을 암시하는 대목이다. 고려의 요청에 성종은 2만석의 감축을 허락했지만, 이 일을 계기로 원제국 정부는 고려에 가 있는 강남미(江南米)에 대한 관리의 필요성을 절감하게 된 것으로 보인다. 바로 다음 달인 동년 윤4월 고려에 저장된 양식을 핵실(覈實)하게 한 것도 그 때문으로 보인다. 『고려사』권31, 세가31 충렬왕21년(1295) 3월 정사; 4월 계묘; 기묘, 윤4월 계유; 무인; 『원사』권18, 본기18 성종 원정(元貞) 원년(1295) 윤4월 무진 참조.

세조 쿠빌라이는 1293년 이전으로 추정되는 시점에, '요동수정도(遼東水程圖)'라는 지도를 보면서 앞서 1부에서도 언급한 바 있었던 고려 관료 정가신(鄭可臣)에게 수역 설치 방침을 통보하며 그에 더하여 몇가지 사안을 의논하였다.[184] 대화의 내용은 다음과 같다.

"황제가 일찍이 요동수정도(遼東水程圖)를 보며 (고려에) 수역(水驛)을 설치하고자 할 때 정가신에게 말하기를, '너희 나라의 산물은 오직 쌀과 포(米布)인데(1), 육로(陸路)로 운수하려면 길은 멀고 물건이 무거워 수송한 물자가 그 비용을 대는 데 충분치 못할 것이다(2). 지금 그대에게 강남행성 좌승(江南行省左丞)을 제수하여 해운(海運)을 주관하게 하면(3) 해마다 약간의 곡필(斛匹)을 이룰 것이니, 어찌 국용(國用)만 도울 뿐이겠는가? 가히 고려인들이 연도(燕都)에 머무는[寓居] 비용[資糧]은 마련할 수 있을(供給) 것이다(4).'라 하였다. 이에 (정가신은) 대답하기를, '고려는 산천과 숲이 10분의 7이어서, 경작과 방직에 전력[勤勞]해도 겨우 먹고 살 정도에 불과합니다(5). 아울러 사람들이 바닷길에 익숙하지 못하니, 신의 좁은 견해[管見]로는 (황제의 의도가 고려인들에게) 혹 불편할까 두렵습니다(6).'라 하였다."

이 기사와 관련하여, 쿠빌라이가 더 많은 고려 물산을 징발하기 위해 수역의 설치 및 성관직(省官職) 제수를 제안하였고, 정가신은 고려 물자의 유출 가능성을 우려해 쿠빌라이의 제안을 거부했다는 것이 종래의 대체적인 관측이었다. 글 자체만 보면 대략 그런 내용으로 파악되며, 특히 정가신의 경우 쿠빌라이의 제안을 선뜻 수용하기 어려웠을 것이다. 다만 일

----

184 『고려사』 권105, 열전18 정가신(鄭可臣), "帝嘗觀遼東水程圖, 欲置水驛, 語可臣曰, '汝國所産唯米布, 若陸輸道遠物重, 所輸不償所費. 今欲授汝江南行省左丞, 使主海運, 歲可致若干斛匹, 豈唯補國用, 可給東人寓都之資.' 對曰, '高麗山川林藪居十之七, 耕織之勞, 僅支口體之奉, 況其人不習海道, 以臣管見, 恐或不便.' 帝然之."

화의 행간을 찬찬히 뜯어보면, 제안자 쿠빌라이에게는 또 다른 의중이 있었을 가능성도 느껴진다. 아울러 정가신도 쿠빌라이의 그런 의중을 간파했던 것 같다.

(1)에서 쿠빌라이가 미곡을 포함한 고려의 물산을 언급하고 있지만, 앞서 살펴본 바와 같이 여기서 언급된 '고려의 미곡'은 중국 강남에서 출발해 고려에 적립된 중국산 미곡을 포함한 것일 수 있다. 또 (2)는 상기한 강남 - 한반도 - 요양 간 물류가 육로에서는 사실상 계속되기 어려운 점(비효율성)에 대한 지적으로, 사실상 수역을 세우려고 하는 이유를 제시한 대목이다. (3)은 한반도를 경유하는 물류에 있어 고려 측이 좀 더 확대된 역할을 하기를 당부하는 부분으로 짐작되며, (4)는 황제의 이런 당부에 고려가 협조할 경우 '수혜'를 할 여지가 있음을 언급한 대목이다.

정가신 역시 쿠빌라이의 그러한 의도를 어느정도 눈치챈 것으로 보인다. 다만 고려가 현재 생산(5)과 운송(6) 두 측면 모두에서 어려움을 겪고 있음을 강조함으로써, 한반도와 중국을 연결하는 수역 체계가 고려물자의 중국행 유출 증가로 이어질 가능성을 미리 차단한 것으로 보인다.

쿠빌라이는 한반도와 중국 강남 지역 간 물류의 강화를 절실히 필요로 하고 있었고, 그를 위해 수역 체제를 구축한 후 그 한 쪽 끝인 중국 강남에 고려의 관료를 앉힘으로써 또 다른 한 쪽 끝인 한반도와의 원활한 연결을 추구한 것으로 생각된다. 반면 정가신은 쿠빌라이의 그런 의중을 간파하고, 양 지역 간 연계성이 현실화할 경우 그간 고려를 괴롭혔던 물류의 일방향성(고려→원)이 재연될 것을 우려한 것으로 보인다.

그런데 앞서 1292~1293년 강남 만호와 천호들의 한반도 방문에서도 엿볼 수 있었듯이, 수역의 활성화가 고려 물자의 원제국으로의 유출만 증가시킬 요인은 아니었다. 한반도를 방문하는 중국 강남인들의 수, 그리고 한반도로 들어오는 중국 물자의 양 또한 늘릴 수 있는 변수였음이 확인되기 때문이다. 따라서 당시 정가신이 어떤 선택을 하는 것이 고려의 대외교류와 교역에 가장 적절한 일이었을지 짚어볼 필요가 있다.

당시는 13세기 말이었고, 제국의 무자비한 징발은 물론 둔전과 응방을 통한 더욱 은밀하고도 체계적인 수탈을 겪은 지 얼마 안 되는 시점이었다. 따라서 정가신이 원제국 치하 중국과의 물류 증대에 부정적으로 반응한 것도 결코 무리는 아니었다. 다만 14세기 전반에는 양국 간 교역이 활성화되었고 그것이 고려의 대외교류 확대에도 크게 기여했음을 알고 있는 후대인들로서는 정가신의 우려가 일면 과해 보이는 측면도 없지 않다. 당시 한반도와 강남 간 교통 인프라가 강화됐다면 고려의 대외무역 역시 더욱 신장됐을 수 있으며, 강남 상인들의 방문이 이어졌을 경우 고려 상인들로서도 더 많은 기회를 누릴 수 있었을 것이기 때문이다.[185]

주지하는 바와 같이 당시 적지 않은 외국 상인들이 한반도를 방문하고 있었다. 제국이 주축이 되어 동북아시아와 서아시아를 해상과 육로로 연결하면서 형성시킨 동–서 세계 간 교역 네트워크를 통해, 이전에는 한반도를 찾은 적이 없던 이들이 새삼 고려를 방문했던 것이다. 회회인[回回人, 회골인(回鶻人, 위구르인)], 인도인(Mabar), 이란인(Il Khanate)들이 그런 사례라 하겠는데, 그런 점에서 고려가 원제국의 무역 네트워크로부터 수혜를 한 부분이 있음을 부정하기 어렵다.

다만 그러한 새로운 외국인 방문 사례들이, 그들과 제국 사이의 관계가 안 좋았을 때 주로 많이 발견된다는 점을 기억할 필요가 있다. 제국을

---

185 물론 돈 많은 고려 상인들이 성공하는 와중에 가난한 고려 백성들의 희생이 가중됐을 수도 있으므로, 위의 논의는 총량 차원의 가능성으로 제기해 볼 따름이다. 이런 관점의 위험성에 대해서는 일찍이 위은숙 선생께서 지적해 주신 바 있다(2014 「여원 교역사의 지평을 넓히다 – 이강한 지음, 고려와 원제국의 교역의 역사(창비, 2013)」 『한국중세사연구』 38).

찾는 외국 상인들의 증감과 한반도에 들리는 외국 상인들의 증감 사이에 일종의 반비례 관계가 존재했던 것이다. 이는 인도 마바르(Mabar, 馬八兒)국의 재상 출신으로 중국에 망명해 천주에 머물고 있던 베이하일리[字哈里(Beihaili), 不阿里(Bohali)]가 1298년 충선왕에게 사신을 보내 접촉한 사례나, 이란 지역 일칸국(Il Khanate)의 술탄 아부 사이드(Abû Sa'îd, 不賽因)가 다이두[大都]에 파견했던 사절이 1331년 충혜왕을 예방한 사례 등에서 잘 드러난다.[186] 모두 중국과의 관계 악화나 교류 경색을 경험하고 있던 외국 무역세력들이 중국 대신 (일종의 소규모 대안 시장으로서의) 한반도를 찾은 전형적인 사례였다고 하겠다.

아울러 원제국 정부는 황제대별로 다양한 무역정책을 보이며 특정 황제의 재위 기간에는 '규제와 단속' 위주의 정책을 보이기도 하였는데, 이런 경우에도 중국을 오가던 상인들의 한반도 방문 사례가 늘곤 하였다. 1290년대와 1310년대에 한반도를 방문하던 회회인들이 그런 경우다. 회회인들이 1290년대 고려에 들어와 있었음을 보여주는 사례에서는 그들의 고려 입경(入境)이 채권자(債權者) 원제국 정부로부터의 채무 추심(推尋)을 피하기 위해서였음이 암시돼 있고, 1310년대 고려에 기항(寄港)하고 있던 회회인들은 원제국 정부에서 금하는 고리대금업 등을 통해 몽골인들을 노비로 만들어 중국 밖으로 반출시키고 있던 불법 노예 상인들이었기 때문이다.[187] 전자는 제국 정부의 채무 이행 요구를 견디지 못한 이들이 한반도로 온 경우였고, 후자는 서역 상선들이 제국의 금지를 뚫고 몽골 노예들을 인도, 이란 등지로 납송(拉送)하는 과정에서 잠시 한반도에 정박했던 경우이다. 두 사례 모두 회회 상인들이 제국 정부의 박해를 받을 경우

....

186 이강한, 2013 『고려와 원제국의 교역의 역사』 창비 참조.
187 이강한, 윗책 참조

추가로 운신할 공간을 삼고자 들른 곳이 한반도였음을 보여준다. 제국의 무역 정책으로 인해 외국 상인들이 불편을 겪는 상황으로 인해 고려가 오히려 이득(외국 상인 유치)을 보는 묘한 상황이 연출되었던 것이다.

이 시기 한반도를 찾던 외국인 상인들의 방문 횟수가 적지 않았고 그들의 방문이 고려를 세계에 알리는 데에도 기여한 것은 사실이다. 그러나 한반도에 비해 압도적으로 넓은 중국 시장에서 외국 상인들이 모든 필요를 충족할 수 있었던 상황에서, 그들로서는 중국 왕래가 용이한 시기에는 한반도에 직접 올 동기가 그만큼 적었을 것임을 부인하기 어렵다. 그 점을 감안하면 당시 고려를 찾던 외국인들의 방문 추세에는 엄연한 한계 또한 존재했던 셈이다.[188]

이런 상황에서 한반도 서해안의 원제국 수역 노선과 같은 한반도 - 강남 간 직통 물류로가 상당 기간 유지됐다면, 남송의 쇠퇴와 멸망 이후 급감했던 강남 출신 상인들의 한반도 방문이 좀 더 지속되었을 수 있다. 아울러 중국을 왕래하던 외국 상인들 역시 수역 체계가 제공하는 교통 편의성을 활용하여, 중국과의 왕성한 교류를 유지하면서 동시에 고려에도 더 자주 왔을 수 있어 보인다. 상기한 '반비례 관계'가 '비례 관계'로 전환되었을 수도 있는 일인 것이다.

....

188 다만 일본의 한반도 방문은 일종의 예외로 보이는데, 일본과 원제국과의 교류가 진행된 1300년대, 1320년대, 1340년대 등의 시기에 일본 선박의 한반도 연안 접근도 함께 발견되기 때문이다. 신안선과 유사한 성격의 선박들이었던 것으로 간주되는 이른바 '사사조영료당선(寺社造營料唐船)'들의 출항 시점은 대체로 1300년대(1회), 1320년대(2~3회), 1340년대(1회)로 추정되는데, '왜인 약탈선' 및 '왜박 상선'의 고려 해안 출현 시점인 1323~1324년이 이와 겹치는 바가 있다. 물론 사례가 워낙 적어 유의미한 논의를 하긴 어렵다. 관련 사항들에 대해서는 이강한, 2008 「'원 - 일본간' 교역선의 고려 방문 양상 검토」 『해양문화재』 1, 국립해양유물전시관(현 국립해양문화재연구소) 참조.

그러나 쿠빌라이의 시도는 고려의 우려로 인해 불발되었고, 상기한 '11개 수역'은 1300년대 초 폐지되었다.[189] 요양의 카다안 세력이 진압되고 지역 안정이 복구되면서, 한반도 서해안의 수역노선도 그를 유지할 필요성이 적어져 결국 해체되었던 것이다.

카다안의 세력은 1292년경을 전후하여 거의 소멸했지만, 요동의 정세가 이후 원상으로 완전히 회복된 것은 아니었다. 동방3왕가 세력을 위시한 이 지역의 여러 세력은 원제국 정부에게 여전히 잠재적인 위협이어서, 원 황제로서도 견제의 고삐를 늦출 수 없는 상황이었다. 이러한 상황은 최소한 1300년대초까지는 지속된 것으로 보이는데, 1301년 초 요동지역 내 병력 및 미곡 운송 정황이 심상치 않았음에서도 그를 엿볼 수 있다.[190] 그러다가 카다안의 손자 토곤(脫歡)이 1301년 7월 대도 정부에 항복함으로써,[191] 1287년 나얀의 난으로 인해 시작된 요동 지역의 불안정한 정세가 15년 여만에 드디어 해소되게 된다. 그리고 요동 지역의 정세가 안정되면서 물자 운송의 필요성도 그만큼 줄어들어, 원제국 정부로서도 적지 않은 경비와 인력을 들여 한반도 서안의 수역 노선을 유지할 필요를 더 이상 느끼지 않게 된 것으로 보인다.[192]

이처럼, 원제국 황제가 중국 강남과 한반도 간의 연결을 강화하기 위해 고려 관료에게 중책을 제안하면서까지 공을 들였던 한반도 서해안 수역 노선은 설치된 지 10여년 만에 철거되었다. 결과론적 해석일 수도 있

....

189 『원사』 권178, 열전65 왕약(王約), "…罷非道水驛十三, 免耽羅貢非土産物, 東民大喜."

190 『원사』 권20, 본기20 성종 대덕5년(1301) 3월 기사; 5월 기유; 7월 을사

191 『원사』 권20, 본기20 대덕5년(1301) 7월 계해

192 이러한 비용의 문제 외에도 원제국 해운 세력의 몰락, 그리고 제국 정부의 동남아시아 초유(招誘)가 어느정도 마무리된 것 역시 한반도 서해안 수역 노선 폐지의 또 다른 원인이었다(이강한, 위논문, 『한국중세사연구』 33 참조).

겠지만, 이 수역 노선의 가동은 강남 상인들의 '고려 방문 완전 중단' 시점을 일정 정도 늦추는 데 기여했다고 생각된다. 상인에 준하는 존재였던 것으로 보이는 상기한 '강남 천호(江南千戶)'들이 그런 가능성을 보여준다.

진용(陳勇)이라는 이름의 강남 천호는 "앵무(鸚鵡) 한 쌍(雙)과 상당량의 토산물('又獻鸚鵡一雙其他土物甚多')"을 고려 왕에게 바친 것으로 사료에 나타나는데, 고려 전·중기 고려 궁정을 방문했던 송 상인들이 보였던 모습을 연상시킨다. 11~12세기 고려를 방문하던 송상(宋商)들이 '선물을 진상(進上)한다'는 명목으로 무역품을 고려 왕에게 팔고, 고려 왕에게서 하사(下賜)를 받는 형식으로 판매대금을 정산 받곤 하던 것과 실로 비슷한 모습이기 때문이다.

고려 후기 수역을 통해 고려로 오던 군인들이 이런 모습을 보인 것은 일견 특이한 일이지만, 앞서 언급한 주청·장선 등의 사례를 감안하면 이들은 비록 군직(軍職, 만호·천호)을 띄고 있었어도 본래 상인들이었을 가능성이 높다. 즉 강남에서 활동하던 상인들이 군직을 제수받고 강남 - 고려 - 요양 간 미곡 운송을 전담하던 와중에, 한반도에 오는 길에 강남의 다른 재화도 갖고 와 고려 정부를 상대로 무역도 하고 있었던 셈이다. 그런 점에서 상기한 11개 수역의 존재를 중국 강남 상인들의 한반도 방문 기간을 연장시킨(방문중단 시점을 늦췄던) 기제로 평가할 여지가 분명 존재한다고 생각한다. 수역이 존재하지 않았을 경우 한반도에 올 일이 없었을 중국 강남 상인들이 수역의 운용 탓에 한반도로도 왔던 셈이기 때문이다.

그러다가 수역 노선이 폐지되면서, 강남 지역의 상인들은 더 이상 고려에 왕래할 동기를 느끼지 못하게 됐을 가능성이 높다. 공교롭게도 강남 상객의 고려 왕 예방 기사가 앞서 소개한 1301년 8월 사례를 끝으로 더 이상 관찰되지 않는다. 물론 강남 상인들의 방문 중단에는 다른 이유도 작용했을 수 있겠으나, 수역 노선의 해체와 그것이 시기적으로 맞물린 점을 단순한 우연의 일치로만 보긴 어렵다.

이 모든 것을 감안하면, 정가신의 선택을 우리는 과연 어떻게 평가해야 할까? 고려의 피해를 막기 위해, 고려 물자의 추가 수탈 및 징발로도 이어질 수 있었을 수역 노선의 확대 및 강남 성관직 제안을 정가신이 단호히 거부한 것은 그 자체로는 분명 정당한 선택이었을 수 있다. 그러나 해당 수역노선 자체가 셧다운되면서, 안 그래도 13세기 후반 송의 멸망 및 오르탁 무역의 성황으로 인해 현저히 줄어 있던 중국 강남 상인들의 한반도 방문이 다시금 증가할 여지가 봉쇄된 것은 실로 안타까운 역설이었다고 하겠다.

정가신이 쿠빌라이의 제안을 받아 강남 지역에서 시박 업무를 맡고 수역 노선도 적극 관리했다면, 14세기 전반의 상황은 우리가 아는 것에 비해 달라졌을 수도 있다. 중국 강남 상인들의 지속적 고려 방문에 힘입어 회회, 인도, 아랍 상인들 역시 본국과 중국의 관계가 안 좋을 때에만 한반도에 오지 않고 관계가 좋았을 때에도 한반도에 옴으로써, 그 방문 회수 및 지참 재화의 가치 총량이 대폭 늘었을 가능성이 없지 않은 것이다. 당시 '외국 상인의 동북아시아 방문'에서 고려와 원제국 사이에 존재했던 반비례성이 비례성으로 전환되었다면 그것만으로도 고려와 중국의 해상 무역은 새로운 전기를 맞았을 수 있다. 그런 점을 감안하면, 수역 노선 및 강남 성관직 제안에 고려가 좀 더 전향적으로 나서는 것도 바람직하지 않았을까 한다. 물론 후대인의 결과론적 가설에 불과할 수도 있겠으나, 당시의 상황을 바라보는 데 이런 방향의 관점도 필요할 것 같아 제시하여 보았다.

3장. 이보다 무관할 수 없다: 고려와 제국의 내부 정치

이상에서 고려와 원제국 간의 경제적·사법적 '분리성', 이해관계의 '불일치성', 그리고 무역의 영역에서 관찰되는 양측간 이해관계의 '엇갈림'을 살펴보았다. 고려 위정자들의 정체성 및 대외인식이 바뀜에 따라 고려와 원제국 정부 사이에 정책 간 연동성과 상관성이 높아진 것과는 별개로, 양측의 질서 간에 여전히 분절성이 강하게 존재했음을 확인할 수 있었다.

그런데 당시의 이러한 측면들에 더해, 고려와 원제국 사이에 아예 이해관계가 존재하지 않았던, 다시 말해 철저히 '무관'했던 영역도 있었음이 주목된다. 그리고 공교롭게도 그 영역이 정작 고려가 외부의 입김에서 자유롭지 못한 측면이 적지 않았던 '정치' 분야, 구체적으로는 '백관제도(百官制度)'와 '인사(人事)'의 영역이었음이 흥미롭다. 여기서는 전자와 관련하여 정부 조직으로서의 '관제(官制)'와 관료 개인의 위상을 표식하던 '관계(官階)'의 문제를 검토하고, 후자와 관련해서는 고려의 독특한 재추 전직(宰樞 轉職) 및 복수 관직 겸임(兼任) 관행을 살펴보고자 한다. 결론부터 말하자면, 두 영역 모두 원제국과는 무관하게 굴러간 것으로 관찰된다.

그럴 수밖에 없었던 것이, 정부 구조의 개편이나 관료에게의 신분 부여, 그리고 관청·관직의 구체적 운영 등은 동서고금을 막론하고 철저히 내부적·내지적(內地的) 필요에 따라 전개되는 것이 중세 왕정의 생리였기 때문이다. 다른 나라의 입김이 작용하기도 어렵고, 외부에서 입김을 불어봤자 변하는 것도 별로 없는 영역으로서, 후기의 고려 또한 예외가 아니었다. 원제국이 고려를 간섭하고 통제하는 상황이긴 했지만, 제국 정부가 고려 정부의 모든 것에 일일이 간여하고 참견할 수는 없는 노릇이었다. 제국으로서는 그럴 능력도, 여유도, 필요도 없었던 고려만의 영역이 바로 백관의 인사였다.

물론 고려의 관제(官制)와 관계(官階)가 고려 - 원제국 간 관계(關係)의 초창기에 큰 홍역을 겪었던 것은 사실이다. 앞서 살핀 바와 같이 원제국 정부가 1275년 갓 즉위한 충렬왕을 압박하여 고려의 관제(官制)를 뒤흔들었고, 그에 시달린 충렬왕이 고려 관료들의 관계[官階, 산계(散階)] 구조까지도 바꿔 버렸기 때문이다. 당시 기존의 관청명·관직명들이 모두 개변되고 관청별 품급도 일부 조정됐으며, 문산계(文散階)도 이전과는 완전히 달라지게 되었다. 고유의 전통 명칭들과 전통 위계가 뒤집히면서 정부 안에 극심한 혼란이 발생하고, 관료들은 자신의 처우가 어떻게 바뀌는지에 촉각을 곤두세우게 되었다.

다만 제국의 간여로 인해(또는 그를 계기로) 고려가 관제(官制)와 관계(官階)를 일신(一新)함으로써, 그 모습이 결국 국초의 모습(중국의 제도를 모방했던)과 완전히 달라지게 된 측면도 엄연히 존재하였다. 실제로 충렬왕대와 충선왕 복위년간을 거치면서 고려의 관제와 관계는 이전의 체제에서 완전히 탈각하였다. 고려가 적어도 이들 제도에 있어서는 제국의 제도는 물론 중국 고제(古制)로부터도 탈출하는 데 성공했던 셈이다.

아울러 그렇게 바뀐 관제와 관계 제도를 향후(예컨대 충숙왕대나 공민왕대) 추가로 개편함에 있어서, 그리고 여러 관청·관직들을 "전직(轉職)"이나 "겸임(兼任)" 등의 다양한 방식으로 운용해 나감에 있어서도, 고려가 제국의 정계(政界)로부터 별다른 영향을 받은 정황은 관찰되지 않는다. 충선왕 등의 국왕들이 원제국의 정책지향과 방법론으로부터 많은 영향을 받았고 그에 따라 고려의 여러 제도를 개변했지만, 13~14세기 고려 정부의 관제(官制) 및 관계(官階) 개편은 고려의 필요에 따라서만 단행되었고, 전직(轉職) 및 겸임(兼任) 제도 역시 제국과는 무관한 고려의 정치 수요(需要)에 부응하는 방향으로 운영되었다. 백관제도[官制]는 고려의 내·외부 상황에 따라, 문산계 제도는 고려의 과거와 현재에서 비롯된 문제들을 고치고자 주기적으로 개편됐고, 고려에만 존재했던 고유하고도 독특한 관행들로서의 재신(宰臣) - 추밀(樞密) 간 '전직(轉職)'이나 재추들의 실무 관직(6부·어사대·삼사의 관직) 겸임['겸직(兼職)']은 원제국과 상관없이 계속되었다. 고려의 정치적 일상만큼은 본질적으로 원제국과 무관했음을 잘 보여준다.

1. 관제(官制)와 관계(官階) 개편: 고려의 내적 필요를 구현할 따름

관제가 여러 관청과 관직들의 명칭과 위격(位格)을 규정한 제도라면, 관계는 개별 관료가 어떤 관직을 제수받을 수 있을지 그 수위를 규정하는 제도였다. 고려의 경우 두 제도 모두 고려가 국초(10세기 초) 중국의 당·송(唐·宋) 제도를 받아들여 나름의 백관제도 정비를 시작한 이래 11세기 후반인 문종대에 이르러 확립된 바 있다. 그런데 원제국이 들어서면서 과거 송은 한 번도 하지 않았던 지적("왜 우리와 같은 제도를 쓰느냐?")을 하기 시작하자, 충렬왕이 1275년 관제와 관계를 전격 개편하면서 큰 변화가 시작되었다. 먼저 관제의 변화를 살펴보고, 다음으로 관계의 변화를 살펴보도록 한다.

1) 관제(官制)의 문제

고려 후기 관제 개편의 역사에서 가장 눈에 띄는 점은, 원제국의 간섭과 개입으로 인해 역설적으로 고려 정부의 모든 관청명, 관직명이 이전과는 완전히 달라졌다는 점이다. 그 결과 고려의 관제가 국초 이래 중국 관제와 '공유'했던 모습에서 완전히 벗어났음이 몹시도 흥미롭다.

고려의 기존 관제는 주지하듯이 당·송대 형성·정착된 중국의 전통 관제를 거의 그대로 차용한 것이었다. 300여년 간 고려가 써 왔던 관제가 바로 중국의 관제였던 것이다. 결과적으로 고려가 독자적 관제를 개발하지는 못했던 것이라 하겠는데, 동북아시아에서의 중국 문명의 위상을 고려하면 이를 모방 또는 예속의 정황으로 보긴 어렵다. 그래도 고려 관제의 중국 관제 대비 차별성이 현저히 낮았음은 부인하기 어렵다.

비상한 계기, 또는 중차대한 사유가 없었다면 아마 고려는 왕조가 멸망할 때까지도 그런 관제를 바꾸지 않았을 것으로 생각된다. 그런 점에서 원제국의 부당한 간섭이 역사적으로 묘한 아이러니에 해당하는 바가 있다. 원제국의 강요로 인해 고려는 기존의 관제를 포기해야 했지만, 그 결과 고려의 새 관제가 중국과 전혀 달라지는(무관해지는), 그리고 그로 인해 의도치 않게나마 고려 관제가 중국 전통 관제로부터 일말의 '독립성'을 확보하는 역설을 경험하게 되었기 때문이다. 충렬왕대 고려 관제의 개변은 원제국이 고려의 내정을 간섭한 사건임이 분명했지만, 그로 인해 고려와 원제국 양측의 백관제도 간 '이질성'은 확보되었던 것이다.[193]

물론 이는 고려의 의지에 반하여 진행된 상황이었으므로, 상기한 정황을 원제국 정부의 선의나 시혜로 인해 한-중 관제 간 동질성이 일거에 청산된 경우로 볼 일은 절대 아니다. 원제국 정부의 입장은 어디까지나 '고려가 이전(중국 전통) 관제를 쓰는 것은 참람(僭濫)하다'는 것이었을 뿐, 어떤 우호적 배려에서 비롯된 것이 결코 아니었기 때문이다. 고려로 하여금 기존 관제를 포기하게 한 원제국의 압박은 그저 역학 관계 상 우월적인 견지에서 자행된 오만한 공세에 불과했다. '종왕국(宗王國), 제후국(諸侯國)의 백관 제도가 제국 중앙정부의 관제와 동일한 것은 불가하다'는 맹목적 차별화 의식에 기반한 부질없는 지시였을 따름이다.

....

193 물론 명칭만 달라졌을 뿐 관청·관직의 운용 방식 자체는 이전과 비슷하였다. 여기서는 '관제 명칭'의 이질성에 초점을 맞춰 논지를 전개했음을 일러둔다.

고려는 제국의 그런 요구를 수용할 수밖에 없었고, 익숙한 이전 관제를 포기하는 과정에서 숱한 불편과 정치적 혼란을 감수해야 했다. 다만 이내 흥미로운 명칭들로 가득찬 새로운 관제를 자체적으로 창출하게 된다.

원제국의 간섭과 강제로 인한 충렬왕의 관제 개편은 1275년 10월 단행되었다.[194] 당시 고려의 중서문하성(中書門下省)과 중추원(中樞院)이 각기 '첨의부(僉議府)'와 '밀직사(密直司)'로 강등 개편되었고,[195] 최고위 재상이었던 시중이 '중찬(中贊)'으로 바뀌었으며,[196] 6부(이·호·예·병·형·공부)와 어사대의 이름이 전리사(典理司)·군부사(軍簿司)·판도사(版圖司)·전법사(典法司) 및 감찰사(監察史) 등으로 바뀌었다(6부는 4사로 축소 개편). 초기의 혼란과 부작용은 당연히 이루 말할 수 없었다.[197] 다만 고려 관청들의 직급은 이후 서서히 이전 수준을 회복하였고, 새 명칭들은 나름 고려만의 특이한 개성으로 남았다.

충선왕대의 관제(정확히는 복위년간 관제)는 그에서 심지어 한 걸음 더 나갔다. 그는 부친 충렬왕의 관제가 '전통 구제에서 크게 이탈'했다는 판단 아래, 즉위했을 당시에는(1298) 고려 국초의 관제 일부를 복구하였다.[198] 그러나 그에 따른 분란 등으로 인해 예기치 못하게 퇴위를 당하였

---

194 『고려사』 권28, 세가28 충렬왕원년(1275) 10월 임술, "改定官制."
195 『고려사』 권76, 지30 백관1, 문하부(門下府), 충렬왕원년(1275) "(중서문하성에) 倂尙書省爲僉議府."; 백관1, 밀직사(密直司), 충렬왕원년(1275), "(추밀원을) 改密直司."
196 『고려사』 권76, 지30 백관1, 시중(侍中), 충렬왕원년(1275), "改僉議中贊置左右各一人." 이 밖에 평장사는 찬성사(贊成事), 참지정사는 참리(參理), 정당문학은 참문학사(參文學事), 지문하성사는 지첨의부사(知僉議府事)로 바뀌었고, 밀직들도 모두 직함명에 '추밀' 대신 '밀직'을 쓰게 되었다.
197 이익주, 1996 『고려·원 관계의 구조와 고려후기 정치체제』 서울대학교 박사학위논문에 이에 대한 상세한 분석이 있다.
198 이에 대해서는 이어지는 3부에서 논의하도록 한다. 심지어 충선왕 복위년간

고 그래서 복위(1308) 이후에는 전혀 다른 선택을 했으니, 이전과는 완전히 다른 관제를 탄생시킨 것이다.『고려사』백관지를 보더라도 충선왕 복위년간 관제는 그야말로 일찍이 보지 못한 신(新) 관제이다. 충렬왕대 고려 관제와 중국 관제(제국 관제) 사이에 중대한 차이가 처음으로 발생했다면, 충선왕은 복위년 그런 차이를 더욱 확장함으로써 양국 관제의 차이를 극대화시킨 셈이다. 지면 관계상 당시의 관청명, 관직명들을 모두 열거하지 못함이 아쉬울 따름이다.[199]

이렇듯 충선왕대를 기점으로 고려는 '이전에 썼던 전통 관제'에 더하여 '이전과는 전혀 다른 관제'라는 새로운 옵션(optional governmental structure)까지 보유하게 되었다. 고려로서는 외국 관제와는 전혀 다른 고려만의 관제를 구축했던 동시에, 필요할 경우 양 관제 중 하나를 골라 쓸

....

관제도 일부 지점에서는 고려 전기 문종대 및 국초 태조대의 관제를 지향하는 모습을 노출했는데, 역시 3부에서 논의하도록 한다.

199 한 가지 첨언할 것은, 과연 학계가 그간 충선왕대의 관제에 적절한 의미를 부여해 왔는가라는 질문이다. 무슨 이유에서인지 충선왕대의 관제는 즉위년(1298)의 것이든 복위년간(1308~)의 것이든 '고려 후기에 성립된 고려왕조의 또 다른 관제'로 온전히 인정받지 못하고, '갑자기 등장한 후 얼마 못 가 폐지된' 일종의 임시·변종 관제로만 치부돼 온 느낌이 짙다. 충선왕 관제의 경우 비록 즉위년 관제는 8개월 밖에 존속하지 못했지만, 1308년 복위 후 도입한 관제는 사실 상당히 오랜 기간 존속하였다. 충숙왕14년(1327)을 전후하여 고려 관제의 일부가 충렬왕대 관제로 회귀했지만, 충선왕의 관제도 남아 혼용되었다. 아울러 공민왕5년(1356) 문종 관제가 부활했지만, 공민왕 재위기간 23년 중 문종 관제를 쓴 것은 1356~61년, 1369~72년 등 사실상 10여 년이 채 못 되었던 반면, 그 외의 기간에는 충렬왕과 충선왕의 관제가 함께 사용되었다. 게다가 1372년 마지막 개편 때 충선왕(복위년간) 관제가 최종적으로 채택되어 고려 말까지 이어졌음을 감안하면, 충선왕 복위년간의 관제는 14세기 초인 1308년 등장한 이래 14세기 말까지 100여년 가까운 기간 사용된 관제임을 적극적으로 인식하고 평가할 필요가 있다.

수 있는 운용상의 유연성까지 확보한 셈이었다.

그와 관련하여 주목되는 것이 바로 14세기 중·후반 전개된 공민왕대 (1352~1374)의 관제 개편이다. 고려 왕조의 관제 개편이 제국의 강요로 인해 또는 제국을 의식해서 전개된 것만은 아니었으며, 고려 나름의 내적·외적 필요에 따라 자의지(自意志)로 이뤄지기도 했음을 보여주기 때문이다.[200]

이른바 '반원군주(反元君主)'라는 별명을 지닌 공민왕은 일반적으로 원 제국 정부와 적대적 관계에 있었던 것으로 알려져 있다. 실제로 즉위 전에는 원제국 황제의 선택으로 의해 충목왕(忠穆王), 충정왕(忠定王) 등 두 명의 조카에게 연속으로 밀려 고려왕 즉위가 늦어지는 불편을 겪었고, 즉위 후인 1356년 기철(奇轍)을 제거하는 과정에서는 원 황실과 갈등하기도 했다. 그러한 정치적 상황·사건들에서 파생된 이미지가 워낙 강해, 노련한 행정가로서의 그의 면모는 거의 알려져 있지 않다. 그런 그의 행정가적 면모를 가장 잘 보여주는 것이 바로 그가 재위기간 동안 단행했던 총 4차례의 관제개편이다.

이 네 차례의 관제 개편에 대해서는, 공민왕이 문종대의 관제를 2번 (1356·1369), 충렬왕대의 관제를 2번(1362·1372) 채용한 것으로 흔히 알려져 있다. 전자는 국초(고려 전기)의 전통을 지향한 결과로, 후자는 그에서 퇴행한 소치로 여겨져 왔다. 그런데 이러한 전통적 이해는 사실『고려사』찬자의 설명을 너무 믿은 결과로서, 매우 심각한 오해에 해당한다.

1275년 이래 사용된 충렬왕대 관제의 경우, 일부 관청(주로 중·상위 관청)에서만 개편이 이뤄진 것이었다. 나머지 부분은 고려 전기 문종 관제와 사실상 동일하였다. 이에 문종 관제의 사용을 중지하려 할 경우에도

....

200 아래의 서술은 이강한, 2009「공민왕대 관제개편의 내용 및 의미」『역사학보』 201을 기반으로 하였음을 밝혀둔다.

(1362, 1372), 충렬왕 관제로는 그를 온전히 대체하기 어려웠다. 이에 공민왕은 2차(1362)와 4차(1372) 개편에서 충렬왕의 관제를 복구할 당시 나머지 빈 부분들은 사실상 '충선왕(복위년간)'의 관제로 채워 넣을 수밖에 없었다. 아울러 문종 관제를 재채택한 것으로 알려진 1차(1356)와 3차(1369) 개편에서도 문종대 관제가 그대로 복구된 것은 아니었다. 흥미롭게도 충선왕 복위년간 관제가 그에 일부 섞여 있었다.[201]

더욱 중요한 것은, 그가 관제를 이렇듯 여러 번 개편한 이유이다. 공민왕의 잦은 관제 개편은 대체로 문종대를 추구하다가도 그에서 퇴보하는 등 변덕을 부리거나 자주성을 포기한 형태로 치부돼 왔다.[202] 그러나 관제 개편을 전후한 국내·외의 상황을 검토하면, 네 차례 개편 모두 그때마다의 국내 정치 상황 및 대외 여건을 종합 고려한 위에 최대한의 정치·외교적 효과를 발산하게끔 설계한, 그야말로 심도 있는 고민의 산물이었음을

....

201 2차·4차 개편의 지향이 통념과는 달리 1차·3차 개편의 지향과 일부 중첩되는 것이라 하겠는데, 그 중 '과거에 대한 지향'은 3부에서 자세히 살피도록 한다.

202 종래 변태섭, 김성준, 김광철 등의 연구에서는 공민왕이 5년 개편에서는 '반원(反元)' 및 '고려구제(高麗舊制) 복원'의 의지를 드러내며 고려 전기의 관제를 되살렸다가, 11년 개편에서는 원과의 관계 회복을 위해 '반원'을 포기하고 충렬왕 원년 관제로 회귀함으로써 원제국의 지배체제 하로 돌아갔다고 보았다. 5년 관제를 '반원적 맥락을 띤 자주적·개혁적 관제'로 평가한 반면, 11년 관제는 '대외관계를 고려한 실용적(외교 관계상), 퇴행적(반원노선 포기) 관제'로 간주한 것이다. 아울러 공민왕이 18년 개편에서 문종대의 관제로 복귀한 것에 대해 '(원제국에 의해) 격하된 관제가 원래의 모습으로 복구된 것은 거스를 수 없는 (독립의) 추세'였다고 보았으며, 21년 개편에 대해서는 공민왕이 자주의식을 상실하고 개혁에서도 후퇴한 결과 11년 관제로 돌아갔던 것이라 평가하였다. 이러한 평가는 공민왕대의 관제 개편이 '자주적 원형 복구'와 '원(元)'을 의식한 격하'를 오가는 '난맥상'을 보였다는 인식으로 이어지게 되는데, 네 차례의 개편, 특히 2차 및 3차 개편 관제를 자세히 분석할 경우 그렇게 보기는 매우 어렵다고 하겠다.

엿볼 수 있다. 원제국의 강제로 인한 것도 아니었고 원제국의 눈치를 본 것도 아닌, 고려 왕조의 내·외부 국정에 있어 필요한 바를 좇아 자체적 전략과 고려(考慮) 아래 진행한 개편들이었던 것이다.

앞서 언급한 바와 같이, 공민왕은 1356년 1차 개편에서 고려 전기의 관제, 구체적으로는 문종대의 관제를 전면 부활시켰다. 『고려사』 백관지에 기록된 공민왕5년의 개편 사항을 관청별로 살펴보면, 거의 모든 관청, 관직의 명칭과 품질에서 문종대의 제도가 회복됐음이 확인된다.

"문종의 옛 제도를 복구하였다."[203]

흔히 '반원(反元) 관제'라고도 인식되는 공민왕5년(1356) 관제(1차 개편 관제)는, 내정 차원에서 요구된 '복고(復古)'의 명분과, 외교 차원에서 가능해진 '탈원(脫元)'의 전망이 결합해 탄생한 관제였던 측면을 분명히 드러낸다. 워낙 잘 알려진 부분이어서 더 상론(詳論)이 필요할 것 같지 않다.

그러나 1356년 관제를 그렇게만 보는 것은 다소 낭만적인 시각이 아닐까 한다. 관청명, 관직명 별로 포착되는 몇 가지 미세한 차이에서도 암시되듯이, 공민왕이 5년 개편에서 문종대의 관제를 완벽히 복원한 것은 아니었기 때문이다. 관청들이 그간 겪었던 위상 변화로 인해 문종대의 관제 복원이 현실적으로 어려웠기 때문이기도 하지만, 무엇보다도 충선왕 관제(특히 즉위년 관제)가 일부 채택되기도 했음이 눈길을 끈다.[204] 그런

---

203 『고려사』 권76, 지30 백관1, 찬성사(贊成事), 공민왕5년(1356), "復文宗舊制."
204 당시 개편에서 문종대의 전중성(殿中省) 또는 충렬왕대의 전중시(殿中寺) 대신 충선왕 즉위년의 종정시(宗正寺)를 채택하거나, 고려 전기의 한림원을 복구하되 충선왕 즉위년 신설된 대제(待制) 직을 유지한 것, 충선왕대의 성균관(成均館)을 문종대의 국자감(國子監)으로 복구하면서도 충선왕 즉위년 성균관 내에 새로 설치된 명경박사(明經博士) 등을 유지한 것 등이 그런 사례들이다.

점에서 1차 개편 관제의 경우 '정치적 지향'은 명확했지만("고려 전기 문종대의 관제 복원"), 그 내부 구성에서는 시의(時宜)와 필요에 따라 '또 다른 관제(충선왕 즉위년 관제)'와의 연속성을 일부 추구한 측면도 내포했던 셈이다.

그런 '연속성'의 필요성에 대한 고려(考慮)는 다음 관제에서 본격화된다. 공민왕11년인 1362년 3월 단행된, 공민왕의 2차 개편 관제에서 그 점이 잘 확인된다.[205]

기철(奇轍) 세력 척결에 이어 단행됐던 1356년 1차 개편 이래, 공민왕은 개선된 정치 환경에서 국정을 운영해 왔다. 그러나 1350년대 말 홍건적(紅巾賊)이라는 복병을 만나게 된다. 고려에게는 1280년대 말 카다안 군의 침공 이래 최대 악재인 셈이었던 홍건적의 고려 침공은 1359년말 시작되어 1363년 상반기까지 3~4년에 걸쳐 계속되었다. 결국 공민왕도 1361년 말 피난길에 올랐으며, 이 때 개경도 폐허로 변하게 된다. 2차 관제 개편은 공민왕의 몽진 직후(즉 몽진 와중에) 단행되었다.

2차 개편은 일반적으로 문종대 제도의 복구를 '철회'하고, '충렬왕원년(1275) 관제'를 복원한 개편으로 알려져 있다. 『고려사』 백관지의 관청·관직별 기록에 '복개(復改)'라는 표현이 등장하고, 다수의 사례에서 충렬왕대 관제가 외형상 복원되었기 때문이다. 다만 앞서 언급했듯이 충렬왕원년의 관제 개편은 대단히 제한적인 범위에서 이뤄졌던 바, '문종대의 관제를 전면 철회하고 충렬왕의 관제를 전면 복원하는' 식의 개편은 애초 가능하지 않았다. 그래서 대안으로 충선왕대의 관제 또한 활용할 수밖에 없었음을 앞서 이미 언급한 바 있다.

그런데 충선왕대의 관제가 단순히 충렬왕 관제의 빈 틈을 채워 넣을

....

205 『고려사』 권40, 세가40 공민왕11년(1362) 3월 갑자

재료로 쓰인 것만은 아니었다. 당시 공민왕의 상황과, 그로 인해 (1356년에 비해) 달라진 국정 지향을 감안하면 충선왕 관제, 특히 복위년 관제가 공민왕에게는 매우 유용한 바가 있어 활용된 것으로 보인다.

당시 홍건적의 침공은 고려 왕의 피난을 촉발했을 정도의 국난(國難)이었지만, 정작 공민왕을 더욱 괴롭힌 것은 그 침공이 마무리되어 가던 단계에서 터진 이른바 3원수, 즉 안우(安祐)·이방실(李芳實)·김득배(金得培)의 역모 사건이었다. 김용(金鏞)의 음모로 시작된 이 사건은 결국 홍건적 격퇴에 공이 컸고 공민왕도 깊이 신뢰했던 3원수의 척살로 이어졌고, 공민왕은 깊은 상실감에 휩싸이게 된다.[206]

다음의 기사가 공민왕의 심리상태를 잘 보여준다.

"뜻밖에 안우(安祐) 등이 공(功)을 믿고 기만·방자하여 정세운(鄭世雲)과 틈을 일으켜 엄중한 법[大法]을 두려워하지 않고 한 때의 분(憤)을 풀었다[快]. 총병관(摠兵官: 정세운)은 나를 대신해 권한을 행사하는 자였거늘 (안우 등이 그의) 수하임에도 감히 마음대로 그를 죽였으니, 이는 나를 전혀 신경쓰지 않은 작태다. 위를 능멸한 죄보다 큰 죄가 있겠는가? 돌이켜 생각하건대 안우 등은 나라의 큰 기둥으로서[爪牙] 전장에서 수년간 피 흘려 싸우며 큰 공로를 세웠는데, 한 순간의 잘못된 생각으로 이전의 공을 모두 없던 것으로 만들었으니 진실로 슬픈 노릇이다. 그러나 적을 무찌르는 공은 언제든 세울 수 있어도 임금을 무시한 죄는 만세(萬世)에 용납될 수 없는 것이다. (전공보다는 능멸

206 당시의 상황에 대해서는 이강한, 2019 「고려말기 안우(安祐)의 비극: 피살의 정치적 배경에 대한 검토」『문충공 안우: 고려말 국난극복의 영웅』선인 참조. 이 글에서는 "세 장수가 김용의 모략에 의해 억울한 죽음을 당했다"는 종래의 관점을 넘어, 세 장수의 피살에는 (물론 김용의 음해도 작용했지만) 무장들의 노고에도 불구하고 공민왕의 몽진을 강행함으로써 결과적으로 왕을 오도한 책임을 공유했던 중신들의 의도적 침묵 또한 적지 않은 역할을 했을 가능성을 살펴보았다.

죄가) 분명 무거우니 이를 벌하지 않으면 후세(後世)에 무슨 모범이 되겠는가."[207]

공민왕으로서는 안 그래도 홍건적 격퇴를 계기로 조정의 기강을 다시 세워야 했던 때에 믿었던 무신들마저 자신의 권위를 짓밟은 격이 되자, 조정의 분위기를 일신하는 상징적 조처가 절실했을 것으로 생각된다. 3원수 관련 세력들에 대한 응징 방침을 천명한 위 교서(정미일)가 반포된 지 며칠 안 된 갑자일에 관제가 돌연 개편되었음에서 그를 엿볼 수 있다.

그런데 한편으로, 이 갑작스러운 관제 개편은 당시 새로운 국면으로 접어들고 있던 공민왕과 기황후의 적대적 관계를 부분적으로나마 해소하려는 의도에서 단행되었던 것같기도 하다. 이 해(1362) 말 돌연 '원제국 정부에서 덕흥군을 고려왕으로 책봉하려 한다'는 소문이 전해진 데 이어,[208] 다음 해인 1363년 5월에는 제국에서 그를 공식화하는 등 공민왕의 왕위에 대한 제국의 견제가 본격화되고 있었기 때문이다.

"황제가 덕흥군(德興君)으로 국왕(國王)을 삼고 기삼보노(奇三寶奴)로 원자(元子, 세자)를 삼아 요양(遼陽)의 병력을 (고려로) 보냈습니다."[209]

....

207 『고려사』 권40, 세가40 공민왕11년(1362) 3월 정미, "…·不期祐等恃功驕恣, 構釁世雲, 不畏大法, 以快一朝之憤. 摠兵官代予行事而居下者敢擅殺之, 是不有我也, 陵上干犯罪孰大焉? 顧惟祐等爲國爪牙, 血戰數年, 頗著勞効而一念之謬前功盡棄, 予實悼焉. 雖然破賊之功一時之所或有, 無君之罪萬世之所不容, 輕重灼然有不相掩者釋, 此不誅何以示後?"

208 『고려사』 권40, 세가40 공민왕11년(1362) 12월 계유, "王聞元立德興君塔思帖木兒爲國王, 疑朝臣有貳, 遣吏部尙書洪師範爲西北面體覆使, 審察情僞."

209 『고려사』 권40, 세가40 공민왕12년(1363) 5월 임진, "譯語李得春還自元言, '帝以德興君爲國王, 奇三寶奴爲元子, 發遼陽兵以送.'"

이 사건은 주지하듯이 공민왕의 기철 주살(誅殺)에 대한 기황후의 역습의 한 일환이었지만, 덕흥군 책봉의 주체는 당연히 황제일 수밖에 없었다. 1356년 개혁 당시에는 공민왕이 기황후만 겨냥했고 원제국 정부와의 갈등은 최소화했지만, 1362년에는 공민왕이 기황후뿐 아니라 황제의 결정에도 맞서야 하는 매우 어려운 상황에 처하게 된 셈이었다.

기록상으로는 위의 정황들이 1362년 2차 관제 개편 '이후'에 본격화된 것으로 나오지만, 짐작컨대 원제국 내에서는 이미 1350년대 말 이래 몇년간 준비돼 온 상황이었을 가능성이 높다. 1356년 기황후의 형제 기철을 제거한 공민왕도 당연히 원제국 내부의 동태를 지켜봐 왔겠지만, 별달리 대응할 방안은 사실 마땅치 않았을 것이다. 그런 상황에서 터져 나온 원제국의 이런 노골적인 도발은 결국 공민왕의 정치적 입지를 약화시킴과 동시에 국정 동력도 빼앗는 악재였다. 공민왕으로서도 1356년과는 달리, 기황후와의 정치적 관계 개선이 필요해진 상황이었다.

그를 위한 선제적 조치 중 하나가 바로 충렬왕 관제 및 충선왕 복위년간 관제의 도입으로 요약되는 2차 관제 개편이 아니었던가 한다. 3원수 사건으로 인해 헝클어진 조정 분위기를 일신하기 위해 기존 '고려 구제 복원' 노선의 보류(또는 철회)를 상징적으로 표방하는 것이 필요해진 상황에서, '고려는 원제국 정부 및 황실과의 관계 개선을 희망한다'는 외교적 시그널까지도 띄우기 위해서는, '제국 관제를 회피하라'는 원제국의 요구를 수용하여 창안된 셈인 위 두 관제가 매우 실효적이었을 것이기 때문이다.

이렇듯 공민왕은 복수(複數)의 목적을 성취하기 위해 5년 개편 당시 복원됐던 문종 관제를 철회한 것이라 하겠다. 그를 대신할 새 관제로는 일찍이 원제국의 요구와 압박으로 새로 형성된 관제이자 당시의 외교적 필요에도 부응하는 측면이 있었던 충렬왕 관제를 일차적으로 채택했다. 그런데 충렬왕 관제는 앞서도 언급했듯이 중·상위 관제의 일부만 개변된 결과물이었던지라 그 온전성과 완결도에 문제가 적지 않았다. 결국 그에 비해 상대적으로 완성도가 높았던 충선왕대 관제(복위년간 관제)가 함께 채택돼 활용되었다.

그런데 충선왕 복위년간 관제가 충렬왕 관제의 단순한 '보조 관제'로만 쓰인 것은 결코 아니었다. 충선왕 복위년간 관제가 충렬왕 관제보다 우선시된 경우들이 그를 잘 보여준다. 후자를 쓸 수 있는 상황에서도 그를 무시하고 전자를 쓴 경우가 적지 않았던 것이다.[210]

예문관이 그런 경우 중 하나인데, 문종대의 한림원이 충렬왕대 문한서(文翰署)로 바뀌었다가 1298년 사림원(詞林院) 및 1308년 예문춘추관(藝文春秋館)을 거치며 공민왕5년 다시 한림원(翰林院)으로 복구됐으나, 공민왕11년의 개편에서는 충렬왕대의 문한서 대신 충선왕 복위년의 '예문관'이 복구됐기 때문이다. 공민왕5년의 국자감(國子監) 역시 공민왕11년 개편에서 충렬왕대의 국학(國學)으로 회귀하기보다 충선왕 복위년의 성균관(成均館)으로 복구됐다. 공민왕은 또 5년 관제의 참지정사를 11년에는 첨의평리로 바꿨는데, 충렬왕대의 참리(參理) 대신 충선왕복위년의 평리(評理)를 취했음이 눈길을 끈다.[211]

이렇듯 2차 개편에서는 충렬왕 관제 뿐 아니라 충선왕 복위년간 관제가 대폭 원용되었다. 1362년을 전후한 시기 공민왕의 조정된 지향에 부합

<hr />

210 아울러 당시 공민왕이 충선왕 즉위년 관제보다 복위년간 관제를 더 많이 채택한 것은 당연히 전자가 원제국의 충선왕 퇴위 조치와도 무관치 않았던 점을 고려한 결과였다. 이후 3부에서도 논하겠지만, 즉위년 관제는 복위년간 관제에 비해 상대적으로 문종대 관제와 유사한 모습을 많이 노정하고 있어 당시 공민왕의 조정된 지향과도 맞지 않는 부분이 있었다.

211 『고려사』 권76, 지30 백관1, 예문관(藝文館); 성균관(成均館); 평리(評理)

하고 고려의 국정 수요도 가장 잘 충족시켜 줄 수 있는 관제를 선택한 결과가 '충렬왕+충선왕복위년간 관제'의 귀환이었던 것이다.

한편 2차 개편 이후 시간이 경과하면서, 고려 내·외의 사정도 다시금 변화하였다. 내부적으로는 1365년 이래 신돈(辛旽)이 집권하여 정부 내 권력 구도가 재편되었고, 그의 권력이 공민왕의 위상까지 위협하고 있었다. 또 외부적으로는 원제국의 위세가 급속도로 약화되어 고려 정부로서는 원제국 뿐 아니라 신흥 명나라와의 관계 정립도 모색해야 하는 상황이었다.

나라 안팎의 여건이 급변하다 보니, 공민왕 역시 자신의 국정 기조와 노선을 또 한 번 재고(再考)할 수밖에 없었다. 재위 18년째였던 1369년 6월 세 번째로 단행된 관제 개편도 그와 무관하지 않았다.[212] 일반적으로 이때 문종대 관제가 다시금 복구된 것으로 평가되는데, 당시 일부 관청의 변개(變改) 기록에 아래와 같은 언급이 나오기 때문이다.

"공민왕 5년의 관제를 다시 썼다."[213]

실제로도 많은 관청·관직명들이 공민왕 5년(1356)의 관제(1차 개편 관제)이자 궁극적으로는 문종대 관제의 모습으로 복구되었다. 그 이유는 과연 무엇이었을까?

신돈은 공민왕이 기존의 정치 질서에 환멸을 느껴 조정에 들인 자였지만, 그의 전횡이 사실상의 '하극상'으로 이어지자 공민왕은 '상-하 간의 위계질서'라는 화두를 고민하기 시작하였다. 1367년 7월 반포된 교서의 내용이 그를 잘 보여준다.

....

212 『고려사』 권41, 세가41 공민왕18년(1369) 6월 기사(己巳)
213 『고려사』 권76, 지30 백관1, 전교시(典校寺), 공민왕18년(1369), "復用五年官制."

"우리 나라 여러 신료들의 관복(冠服)은 이미 토풍(土風)에 맞도록 제정되어 상하의 구분(上下之辨)을 지녔으니 바꿀 수 있는 것이 아니다. 그런데 최근 가벼이 바꾼 결과 존비(尊卑)가 뒤섞였다[混淆]."[214]

(원문의 나머지 부분에 나오듯이) 직급과 관직별로 착용할 수 있는(착용해야 할) 흑립(黑笠) 정자(頂子)의 규격을 적시한 이 교서는, 당시 조정의 위계 질서를 복식(服飾)을 통해 정비하려는 공민왕의 노력을 보여준다. 신돈의 전횡에 따른 공민왕 나름의 화두 선점이자, 그의 준동을 효과적으로 제어할 논리를 마련하려 한 노력으로 다가온다. 그런데 그런 취지로 내려진 교서에서 공민왕이 '토풍'의 문제를 거론했음이 주목된다. '위계질서'의 확립을 위해 '전통질서'의 복구가 필요하다는 논법이 감지되기 때문이다. 고려 전기의 제도·문물 복원이 '상하에 분별이 있던[有上下之辨]' 이전의 상황을 회복하는 데 기여할 유효한 방법이라는 결론을 공민왕이 내렸음을 엿보게 한다.

그런데 당시 고려의 현행 관제는 고려 후기 신흥관제로서의 충렬·충선왕대 관제였고, 정작 고려 전기의 것이 아닌 상황이었다. 그런 상황에서는 '온전한 토풍'(고려 전기의 전통) 복원의 필요성을 적극 설파하는 것이 무색했을 것이며, 그런 관제를 고치지 않고서는 정부의 기강 복원을 위한 후속 조치들을 취할 명분도 확보하기 어려웠을 것으로 생각된다. 공민왕이 고려 전기 관제로서의 문종 관제 복구를 진지하게 고려하게 된 것도

----

214 『고려사』 권72, 지26 여복(輿服), 관복(冠服) 관복통제(冠服通制), 공민왕16년 (1367) 7월, "敎曰, '我國群臣冠服, 旣以土風所宜制定, 有上下之辨, 不可易也, 近來, 輕改便, 尊卑混淆. 今後, 諸君·宰樞·代言·判書·上大護軍·判通禮門·三司左右尹·知通禮門, 黑笠白玉頂子, 三親從·諸摠郎·三司副使·八備身·前陪後殿護軍, 黑笠靑玉頂子, 諸正佐郎, 黑笠水精頂子, 省臺·成均典校·知製敎員及外方各官員, 黑笠隨品頂子, 縣令·監務, 黑笠無臺水精頂子.'"

그 때문이라 여겨진다.[215]

아울러 당시 급변하고 있던 동북아시아 정세도 고려할 필요가 있었다. 마침 고려가 신경을 써야 할 대상으로서의 원제국의 권위가 이전 같지 않은 상황이었다. 강남 군웅(軍雄)들의 준동으로 중국의 혼란상이 심화되고 있었으며, 이후 명(明) 건설의 기반이 될 지방 세력들도 등장하고 있었다. 이에 공민왕은 1362년 2차 개편 당시 원제국과의 관계 개선 등을 목적으로 도입했던 '충렬왕/충선왕복위년간 관제'를 더 이상 유지할 필요를 느끼지 않게 된 것으로 보이며, 그 대안으로는 1차 개편 때 복구했던 문종대 관제를 (당시 고려의 내정 차원에서 요망되고 있던) '토풍 복원을 통한 상하 기강 회복'의 명분 아래 재활용하기로 결심한 것으로 보인다. 한반도를 둘러싼 내·외부 환경 변화를 감안하여, 고려의 이익에 최대한 기여하는 방향으로 관제를 재개편했던 것이다.[216]

·······················

215 일찍이 1357년에도 군신(君臣) 백성(百姓)의 의복 및 관개(冠蓋) 정비 필요성이 제기돼 문무백관들이 모두 흑의(黑衣), 청립(靑笠)을 착용하게 되었는데[『고려사』 권72, 지26 여복, 관복 관복통제, 공민왕6년(1357) 윤9월], 그 논의가 제기된 것이 문종 관제가 1차 복구된 1356년으로부터 얼마 지나지 않은 시점이었다는 점(즉 1차 개편 당시에도 복식문제와 구제복원이 연동되었던 점) 또한, 1367년의 조치 역시 '구제(토풍) 복원'의 맥락을 내포하고 있었음을 방증하는 바가 있다.

216 다만 공민왕은 이때(3차 개편)에도 충선왕 복위년간 관제 역시 부분적으로 활용함으로써 2차와 3차 관제 사이에 다시금 최소한의 연속성을 유지하였다. 문종 관제를 복구하는 와중에도 6부·사헌부·고공사·도관 등의 경우에서 충선왕(특히 복위년간) 관제의 면모를 유지했던 것인데, 이런 부분 중 일부가 공교롭게도 충선왕이 고려 국초 태조대의 관제를 복구한 것에 해당한 사례들이었음이 주목된다. 이후 3부에서 서술하겠지만, 선부(選部)와 민부(民部), 사헌부(司憲府) 등 태조대의 존재[선관(選官), 민관(民官), 사헌대(司憲臺)]들을 연상시키는 관청명, 그리고 문산계 조직 속 '대광(大匡)' 등 문종 관제에 '선행'하는 '고려 국초'의 제도로부터 영향을 받은 듯한 존재들이 그런 경우다. 공민

그리고 공민왕은 마지막으로 자신의 재위 21년째였던 1372년 6월, 4번째이자 마지막 관제 개편을 단행하였다.[217] 이 개편을 통해 대부분의 관청에서 공민왕11년(1362)의 관제가 복구되었다.

왜 공민왕은 이 시점(1372)에서 10년 전(에 고안하고 불과 3년 전에 철회한 관제)인 1362년 관제(2차 개편 관제)를 다시금 부활시켰던 것일까? 명이 강성해지면서 원제국을 대신해 새로운 중국의 종주로 떠오른 상황이 결정적인 변수였다. 아울러 1371년(공민왕20년) 이후 고려를 대하는 명의 자세가 대단히 고압적으로 변한 것도 그에 한몫을 한 것으로 보인다.[218]

당시 고려 - 명 양국의 관계는 정치·경제적으로뿐만 아니라 문화적으로도 심화되고 있었다. 1370년 명나라가 이례적으로 몇몇 문화적 사안에서 고려를 도발하게 되는데, 4월 고려의 산천(山川)을 명의 산천 제사 범위에 포섭하려 한 것이나,[219] 5월 고려 불교계의 문제나 성곽 사용 등에 대해 시비를 건 것이 그를 잘 보여준다.[220] 반면 이러한 적대적 접근 외에

왕이 이들을 충선왕 복위년간 관제로부터 발굴해 자신의 18년 개편에 접목시켰던 것은 당시 그가 문종대 관제를 복구하는 데 멈추지 않고 고려 전기를 넘어서는 시기, 즉 국초의 제도·문물 복원까지도 의도하고 있었음을 보여주는 바가 있다. 충선왕 복위년간 관제가 1360년대 말 공민왕의 내적 필요(조정 내 기강 회복), 외적 필요(원 - 명 교체에 대한 대응)에 유용했을 뿐만 아니라, 공민왕의 '국초 지향'에도 도움이 되는 관제였음을 보여준다.

217 『고려사』 권43, 세가43 공민왕21년(1372) 6월 을유

218 요동 지역에 대한 지배권 주장이나 막대한 수의 공마(貢馬) 요구 등이 그를 잘 보여준다(김순자, 1995 「고려말 대중국관계의 변화와 신흥유신 사대론」 『역사와현실』 15; 김순자, 2007 『한국중세한중관계사』 혜안).

219 『고려사』 권42, 세가42 공민왕19년(1370) 4월 경진; 6월 을해; 7월 임인. 도사 서사호(徐師昊)를 보내와 고려의 산천(山川)에 제사를 지내고, 한반도의 오악(五嶽), 오진(五鎭), 사해(四海), 사독(四瀆) 및 각처 성황(城隍)에게 신호(神號)를 내리는 식이었다.

220 『고려사』 권42, 세가42 공민왕19년(1370) 5월 갑인

명의 고려 회유(懷柔) 시도 또한 관찰되는데, 명 정부에서 고려에 명나라의 '과거정식(科擧程式)'을 알려 온 것이 그런 사례다.[221] 이런 명측의 접근에 대해 공민왕 또한 부정적으로 대응하는 대신, 명의 문화적 영향을 전면 수용하는 입장을 보였음이 흥미롭다. 동년 7월 명 태조가 고려 국왕에게 법복·아악·경적·사서 등을 내린 것에 사의(謝意)를 표하면서, 분야별하사에 일일이 의미를 부여하고 있음이 그를 잘 보여준다.

"선조(先祖)의 유업(遺業)을 물려받아 남은 생애 세월만 즐기고 있던 차에, 뜻밖에 아름다운 가르침[睿訓]이 내려와 고려의 부족한 곳에까지 미치니 (황제께서) 가까이 계신 듯하여 부끄럽기 짝이 없습니다. 큰 산 같이 막중한 은혜에 힘입어 스스로를 새로이 할 수 있게 되었음을 기뻐합니다. 하물며 법복(法服)은 상하(上下)를 분변(分辨)하는 것이고 아악(雅樂)은 왕조의 신령들[神祇]을 섬기는 것이며, 경적(經籍)은 도덕(道德)의 정미(精微)를 상고케 하고 사서(史書)는 고금(古今)의 흥망[興替]를 캐내게 하는 것이어서 더욱 그렇습니다."[222]

이후 1372년 3월에는 고려가 명 교육기관 입학을 요청하는 등,[223] 양국 사이의 문물 교류가 더욱 활발해졌다. 그런 상황에서 공민왕이 다시금 관제를 개편한 이유는 과연 무엇이었을까?

....

221 『고려사』 권42, 세가42 공민왕19년(1370) 6월 신사
222 『고려사』 권42, 세가42 공민왕19년(1370) 7월 갑진, "遣三司左使姜師贊如京師, 謝冊命及璽書, 幷納前元所降金印, 仍計稟耽羅事…謝璽書表曰, '….臣學問之無本也, 不足以誠心, 政事之乖方也, 不足以治國. 蒙先祖之遺業, 玩歲月於餘生. 何圖睿訓之丁寧, 乃及小邦之闕失, 威不違於咫尺, 難施有覥之顏, 恩莫重於丘山, 猶喜自新之路. 況法服所以辨上下, 而雅樂所以事神祇, 經稽道德之精微, 史覈古今之興替. 頒正朔以廣聲教, 釋俘虜以示懷柔….'"
223 『고려사』 권43, 세가43 공민왕21년(1372) 3월 갑인

1371년 6월 신돈의 세력을 숙청하고 내정의 분위기를 쇄신해야 하는 상황에서, 공민왕에게는 대규모 정부 혁신 조치가 필요하였다. 아울러 그는 상기한 바와 같이 명의 제도(法·樂·經·史)를 활용한 문물 정비도 본격적으로 추진하고 있었다. 이런 상황에서는 구제 복원 노선에 기초한 3차(공민왕18년, 1369) 개편 관제의 시효성이 떨어질 수밖에 없었던 바, 공민왕은 3차 개편 당시 채택했던 문종 관제를 결국 다시 내리게 된다. 대신 새로 중국의 주인이 된 명의 고려에 대한 정치·경제적 압박 및 문화적 영향이 심해지는 상황에서, '대국(大國, 제국)'과의 관계에서 운영된 바 있던 2차 관제(1362, 충렬왕/충선왕복위년간 관제)를 재복원하는 것이 적절하고 안전하리라 판단한 것으로 여겨진다.[224]

이렇듯 공민왕대의 네 차례 관제 개편은 내치와 외교의 필요에 따라 전략적으로 가용(可用)할 만한 관제들을 선별 채택한 결과였다고 할 수 있다. 고려의 내·외부적 필요성 때문에 전개된 것이었을 뿐, 동시기 원제국의 관제 운용 양상이나 제국의 국정 지향과는 무관한 것이었다. 아울러 관제 차원의 연속성 확보를 위해 직전 관제로서의 충선왕[복위년간] 관제를 4차례의 개편 모두에서 두루 원용함으로써, 고려의 백관 제도가 중국의 그것과 완전히 달라진 13세기 말 이래의 상황도 어느 정도 견지했음이 주목된다.

그 점을 보면, 고려와 원제국이 공존하던 시기 정책 및 제도 분야에서 양국 간 '혼효'와 '유사화' 현상이 진행됐음에도 불구하고(1부에서 살핀 것처럼), 고려 후기의 백관제도(관제) 만큼은 그와는 정반대의 흐름을 보

---

224 아울러 내정(內政)의 차원에서도, 충선왕 복위년간 관제는 ①3원수(元帥)의 '군주 능멸(陵君)'을 사유로 단행된 2차 개편(1362)과 ②국왕에 버금가는 위상을 누리던 신돈 척살(1371) 후 단행된 4차 개편(1372)에서 공히 사용된 공통점을 보인다.

였다는 평가가 가능하다. 양국 관제 간에 차이와 이질성이 강화됐고, 여러 관제의 취사선택은 제국의 의지와 무관하게 전개되었다는 점에서 그렇다.

2) 관계(官階)의 문제

이상에서, 고려 후기 관제 개편의 역사에서 관찰되는 고려와 원제국 관제의 '이질성' 및 '무관성(無關性)'을 살펴보았다. 다음으로는 고려의 관계(官階), 특히 문산계(文散階)의 문제를 살펴보고자 한다. 고려의 문산계 역시 고려 후기 충렬왕대를 기점으로 관제와 비슷한 과정을 거쳐 변화하였다. 그리고 그 과정에서 제국 문산계와의 이질성이 강화됐음은 물론, 향후의 문산계 개편 역시 고려의 자체적 필요에 따라 제국과 무관하게 전개되었다.

1275년의 상황으로 돌아가 보자. 원제국의 강요에 의해 고려 관청과 관직들의 이름을 모두 바꿔야 할 상황이 되자, 충렬왕은 관계(官階) 제도 역시 이전과 완전히 다른 모습으로 바꾸지 않으면 안 될 것이라 판단한 듯하다. 관계와 관제는 어차피 같이 가기 마련인 자매 격의 제도였고, 금자광록대부(金紫光祿大夫)로 시작되는 고려의 문산계(文散階) 역시 송대 문산계는 물론 원제국의 현행 문산계와 거의 동일한 것이었으므로, 그냥 둘 경우 원제국의 추가적인 질타를 들을 것이 확실했기 때문이다.

이에 충렬왕은 고려의 전통 문산계를 폐지하고, 새로운 문산계를 만들었다. 그 결과 고려의 문산계가 원제국의 문산계와는 완전히 달라졌으니, 고려의 관제와 동일한 경우라 할 수 있다. 변화의 원인은 제국이 제공했지만, 그 결과 제국과 전혀 다른 모습의 문산계가 고려에 등장함으로써 양국의 문산계가 서로 극적으로 이질화되었다는 점에서 그렇다.

충렬왕대 문산계의 경우, 상위 두 관계가 금자광록대부와 은청광록대부에서 각기 광정대부(匡靖大夫)와 봉익대부(奉翊大夫)로 바뀐 점만 전하고 있다.[225] 세부 관계들이 『고려사』 기록에 누락돼 있어 개별 관계들의 명칭은 미상인 상황이다. 다만 당시의 고려 관료들이 재직기간 동안 하사받은 여러 문산계들이 다행히도 고려 묘지명(墓誌銘) 자료에는 풍부하게 남아 있다. 물론 관계 구조의 전체상은 안타깝게도 여전히 파악하기 어렵다.[226]

그런데 충렬왕대의 문산계 개편에서는 종전에 비해 한 가지 중요한 변화가 감지된다. 종래 고려 문산계 운용상의 오랜 고질 증상이었던 "(개인이 보유한) 관계 – 관직 간 품급 차"가 '축소'되기 시작했음이 관찰되는 것이다. 고려 전·중기의 경우, 개인이 동시기 보유했던 관계와 관직의 품급 차가 대체로 2품 정도에서 많게는 3품, 4품으로 나타나는데(관계가 관직보다 낮았다), 충렬왕대에는 그런 차이가 1품 정도로 줄어들었던 것이다.[227]

....

225 『고려사』 권77, 지31 백관2, 문산계(文散階), "忠烈王元年, 改金紫光祿爲匡靖, 銀靑光祿爲中奉[봉익(奉翊)의 오류임: 필자], 其餘擬上國者悉改之."

226 이에 충렬왕대의 문산계를 재구성하려는 노력이 그간 박용운(1997 『고려시대 관계관직연구』 고려대출판부), 이강한(2012 「고려후기 '충렬왕대 문산계(文散階)'의 구조와 운용 – 대부계(大夫階)에 대한 검토를 중심으로」 『진단학보』 116), 이정훈(2016 「충렬왕대 문산계(文散階)의 복원과 운영」 『역사와실학』 59) 등에 의해 다양하게 시도되었다. 그 결과 비록 완전하지는 못하지만(그리고 연구자들 간에 여전히 이견도 없지 않지만), 대략의 얼개는 파악된 상황이다.

227 필자의 이전 검토에 따르면, 현재 광정대부, 봉익대부 외에 그 품급을 어느 정도 추정할 수 있는 경우로는 광정·봉익대부의 '바로 아래' 관계였던 서열 3위 '정헌대부(正憲大夫)'와, 충렬왕대 문산계의 '최하위' 관계였던 것으로 보이는 '조현대부(朝顯大夫)'가 있다. 정헌대부는 문종대 문산계의 '광록대부'(光祿大夫, 종3품)나 '정의대부'(正議大夫, 정4품 상), '통의대부'(通議大夫, 정4품 하)에 준하는 관계였던 듯하고, 조현대부는 문종대 문산계의 최하위 대부인 '조산대부'(朝散大夫, 종5품 하)와 비교해 볼 수 있다. 이 관계들을 그를 보유했던 자들이 동시기 갖고 있던 관직과 비교하면, 충렬왕대 "정헌대부 보유자"들의 관계(官階) 및 관직(官職) 간 품급 차가 고려 전·중기 "광록·정의·통의대부 보유자"들의 관계(광록·정의·통의) 및 동시기 보유했던 관직 간 품급

충렬왕대의 이러한 변화는 후술하겠지만 충선왕대 이르러 개별 관료가 보유한 관직과 관계 간 품급 차가 '거의 없는' 상황이[228] 조성되는 토대가 되게 된다. 종전의 부적절한 문산계 운용을 해소하고 그를 정상화하려 했던 두 국왕의 의도나 노력의 결과라 생각되며, 아울러 원제국의 간섭이나 요구와는 아무런 관계가 없었던, 고려 문산계 운영 관행의 자체적 개선이었음이 주목된다.[229]

그렇다면 충선왕의 문산계 개편은 어떤 모습으로 전개됐을까? 충선왕은 충렬왕의 개편으로 이미 중국 문산계와 달라진 고려 문산계를 즉위 당시 부분 개편하고, 복위년간에 한 번 더 개편하였다. 즉위년 개편에서는 문종대의 문산계 일부를 존치했지만, 복위년간 개편에서는 모든 관계들의 명칭을 문종대 문산계와는 전혀 다르게 바꾸었다. 그가 단행한 관제 개편 조치가 즉위년에는 국초 관제를 일부 되살렸다가, 복위년간에는 고려의 관제를 이전과는 전혀 다른 새 명칭들로 구성하는 방식으로 진행된 것과 흡사했던 조치였다. 그 결과 충선왕의 복위를 기점으로 고려초의 문산계는 물론이고 충렬왕대 문산계와도 다르며, 중국의 역대 왕조(송·금·원대)에서도 유사 전례를 찾아 보기 어려운, 전혀 새로운 고려 문산계가 탄생하였다.

대부계(大夫階)만 봐도 그를 쉽게 알 수 있다. 아래의 [표 1]을 참조하도록 하자.[230]

차에 비해 '적고', 충렬왕대 "조현대부 보유자"들의 관계 및 관직 간 품급 차가 고려 전·중기 "조산대부 보유자"들의 관계 및 관직 간 품급 차에 비해 역시 '적었음'을 확인할 수 있다.

228 박용운, 윗책; 이정훈, 2010 「고려전기 문산계 운영에 대한 재검토」 『동방학지』 150; 이강한, 위논문 등 참조.

229 이하의 서술은 이강한, 2022 「고려 충선왕대의 문산계 개편 및 이후의 변화」 『대동문화연구』 117에 기반하였음을 밝힌다.

[표 1] 고려 역대 문산계 관계명 비교 (1품–4품 관계)

	문종	충렬왕	충선왕 즉위년	충선왕 복위년	충선왕 복위2년	공민왕 5년	공민왕 11년	공민왕 18년
정1-상				三重大匡	三重大匡	開府儀同三司	壁上三韓三重大匡	特進輔國三重大匡
정1-하						儀同三司	三重大匡	特進三重大匡
종1-상	開府儀同三司		崇祿大夫	重大匡	重大匡	金紫光祿大夫	重大匡	三重大匡
종1-하						金紫崇祿大夫		重大匡
정2-상	特進		興祿大夫	匡靖大夫	大匡	銀青光祿大夫	匡靖大夫	光祿大夫
정2-하					正匡	銀青榮祿大夫		崇祿大夫
종2-상	金紫光祿大夫	匡靖	正奉大夫	通憲大夫	匡靖大夫	光祿大夫	奉翊大夫	榮祿大夫
종2-하					奉翊大夫	榮祿大夫		資德大夫
정3-상	銀青光祿大夫	中奉(奉翊)	正議大夫	正順大夫	正順大夫	正議大夫	正順大夫	正議大夫
정3-하				奉順大夫	奉順大夫	通議大夫	奉順大夫	通議大夫
종3-상	光祿大夫	이하미상	通議大夫	中正大夫	中正大夫	大中大夫	中正大夫	大中大夫
종3-하				中顯大夫	中顯大夫	中大夫	中顯大夫	中正大夫
정4-상	正議大夫		大中大夫	奉常大夫	奉常大夫	中散大夫	奉常大夫	中散大夫
정4-하	通議大夫							中議大夫
종4-상	大中大夫		中大夫	奉善大夫	奉善大夫	朝散大夫	奉善大夫	朝散大夫
종4-하	中大夫							朝列大夫

　　그런데 충선왕 문산계에는 이 밖에도 주목할 부분이 하나 더 있다. 앞서 고려 전·중기 문산계의 오래된 특징, 즉 관직 - 관계 품급 불일치가 충선왕대에 들어와 완전히 해소됐음을 언급한 바 있다. 문제는 충선왕이 그

230 충선왕대의 문산계는 충렬왕대 문산계는 물론 중국의 여러 문산계와 비교해도 일치하는 명칭이 매우 적고, 여러 사적(史籍)을 찾아봐도 그 존재나 연원이 확인되지 않는다. 다만 개별 관계명(官階名) 내의 각 글자들은 중국과 한반도 관계 명칭들에 흔히 등장하는 것이어서, 현재로서는 충선왕이 동북아시아 여러 관계명들의 글자들을 새로이 조합하여 나름의 문산계를 창안한 것으로 추정된다.

를 성취한 '방법'이다. 당사자의 관계와 품급이 같은 관직을 부여하는 원칙을 정착시키기 위해 먼저 대부계(大夫階)의 하한을 기존의 5품에서 '4품'으로 끌어올리고, 그에서 발생하는 문제를 해소하기 위해 문산계 자체의 시작점 또한 '정1품'으로 끌어올렸음이 주목된다.

먼저 전자를 살펴보자. 충선왕 즉위년까지는 대부계의 하한이 5품이었다가, 충선왕 복위년부터는 그것이 4품으로 상향 조정되었다. 그 결과 5품은 '대부계'가 아닌 '낭계(郎階)'가 되었다([표 2] 참조).

[표 2] 고려 역대 문산계의 5품 관계

	문종	충렬왕	충선왕 즉위년	충선왕 복위년	충선왕 복위2년	공민왕 5년	공민왕 11년	공민왕 18년
정5-상	中散大夫		中散大夫	通直郎	通直郎	朝議郎	通直郎	朝議郎
정5-하	朝議大夫		朝議大夫					
종5-상	朝請大夫		朝請大夫		朝奉郎	朝奉郎	朝奉郎	朝奉郎
종5-하	朝散大夫		朝散大夫					

다음 후자를 살펴보자. 고려의 문종대 문산계나 중국의 송·금대 문산계가 '종1품'에서 시작한 것과 달리, 충선왕 복위년간 문산계는 '정1품'(삼중대광)에서 시작하게끔 설계되었다. 그 결과 이전에 없던 정1품 관계가 고려 문산계에 새로이 도입돼 관료들에게 부여되었다([표 3] 참조).[231]

....

231 〈홍규(洪奎) 묘지명(1316)〉, "庚戌年(1310), 以三重大匡·守僉議[政]丞·上護軍·行漢陽府尹益城君."; 〈김심(金深) 묘지명(1339)〉, "(지대)4年(1311), 加⋯三重大匡·密直使·領會議都監事上護軍化平軍."

[표 3] 중국 및 고려 역대 문산계의 1품 관계

	중국			고려			
	송	금	원	문종	충선왕 즉위년	충선왕 복위년	충선왕 복위2년
정1			개부의동삼사, 의동삼사, 특진, 숭진, 금자광록대부, 은청영록대부			삼중대광	삼중대광
종1	개부의 동삼사	개부의 동삼사	광록대부	개부의 동삼사	숭록대부	중대광	중대광
		의동삼사	영록대부				
		숭진					

그런데 [표 3]에서도 보이듯이 원제국의 문산계 역시 '정1품'에서 시작됐음을 감안하면,[232] 충선왕의 이 조치는 다소의 의아함을 자아낸다. 고려의 기존 제도와 원제국의 문물을 결합시키는 데 관심이 많았던 충선왕의 조치로는 자연스러워 보이지만, 원제국 정부로서는 충선왕의 이런 조치가 그리 달갑지 않았을 수 있기 때문이다. 일찍이 원제국 정부가 고려의 백관제도를 놓고 '과거 송의 제도나 현행 원제국 제도와 비슷하니 참람하다'고 비판하며 고려 관제의 개변·격하를 요구했고, 국초의 관제를 일부 복구한 충선왕을 즉위한 지 얼마 안 돼 퇴위시켰음을 상기하면 더욱 그렇다.

따라서 충선왕이 이렇게 한 이유가 몹시 궁금해진다. 그렇게 해도 무방하다는 자신감이 있어서였는지, 또는 원제국의 예상되는 비판에 대해 무심했거나 다시 퇴위를 당해도 할 수 없다는 신념이 있었던 것인지, 그도 아니면 고려의 문산계 역시 정1품에서 시작 못할 것 없다는 오기의

---

232 고려 전·후기 문산계 및 중국 송·금·원대 문산계를 통틀어 정1품에서 시작되는 문산계로는 충선왕 문산계와 원대 문산계가 유일하다.

발로였는지 가늠하기 어렵다.[233] 어떤 경우였든 간에 충선왕은 고려 문산 계의 제도적 문제를 해소하기 위해 원제국 제도의 외양을 참칭(僭稱)하는 정치적 부담을 감수한 격이었다.

그럼 정1품 관계의 설정은 고려 문산계의 제도적 문제 해결에 어떤 도움이 되었을까?

전술한 바와 같이, 충선왕이 새 문산계의 상한을 정1품으로 설정한 것은 대부계를 1~5품에서 1~4품으로 축소하면서 발생할 문제에 대응하기 위한 조치였다. 그리고 대부계의 하한을 기존 5품에서 4품으로 올린 것은, 관계 - 관직을 일치화시키는 과정에서 정부내 위계질서가 흔들리는 것을 막기 위한 조치로 추정된다. 좀 더 상세히 설명하면 다음과 같다.

충렬왕 이전에는 한 관료가 보유했던 관계와 관직의 품급 차가 2품까지 벌어지곤 했지만, 이런 격차가 충렬왕대 접어들어서는 1품 정도로 줄어들었고, 그에 따라 4품 직을 받은 이의 관계는 5품, 5품 직을 받은 이의 관계는 6품 정도인 상황이 정착되었다. 5품 관계를 보유한 이들이 (이전에는 3품직을 받았다면 충렬왕대에는) 4품 정도의 관직을 받고, 6품 관계를 보유한 이들이 (이전에는 4품직을 받았다면 충렬왕대에는) 5품 정도의 관직을 받게 된 것이다. 그런데 이러한 새로운 관계 - 관직 간 조합을 기존 문산계의 '대부/낭' 구조에 대입해 보면, 4품 관직을 받은 이들까지는 '대부계'를 받고(충선왕 이전에는 대부계가 1품에서 5품까지였으므로), 5품 관직을 받은 이들부터는 (6품부터 시작되었던) 낭계를 받았을 것이라

....

233 "고려와 원제국은 하나('一視同仁')"였다는 신념 아래 제도도 일체화시키고자 했던 것이라 보기에는 관계의 명칭들이 모두 제국과 달랐음을 기억할 필요가 있다. 아울러 [표 3]에도 나타나듯이 원제국 문산계의 경우 개부의동삼사부터 은청영록대부까지 총 6개의 관계가 모두 정1품에 몰려 있는 기형적 모습을 보이지만, 충선왕 복위년간 문산계는 그렇지 않았던 점 또한 양자 간의 차이다.

추정해 볼 수 있다. 이전에는 3품 관직을 보유한 이들까지만 문산계 상의 '대부'로 행세할 수 있었다면, 충렬왕대에 접어들어서는 4품 관직을 보유한 이들도 '대부'로 행세할 수 있게 된 것이었다.

다시 말해 문산계 상으로 '대부'의 위상을 가질 수 있는 관료군의 범위가 기존의 3품직 보유자에서 4품직 보유자들로까지 확대된 것이 13세기 말~14세기 초의 새로운 현실이었다. 반면 5품직 보유자들은 여전히 6품급 문산계 보유자로서 '대부의 위상을 갖기에는 이른 존재'들로 남아 있었다.

그런데 충선왕의 문산계 개편(관직 - 관계 품급의 일치화)이 바로 이 지점에서 새로운 문제를 발생시켰다. 충선왕이 의도한 것처럼 모든 관료들에게 동일 품급의 관직과 관계를 수여할 경우, 4품 이상 관직 보유자들은 물론 5품 관직 보유자들까지도 문산계로는 새로이 대부직을 제수받게 될 판이었던 것이다. 정부 운영의 관행상 4품직과 5품직의 계선이 엄존하는 상황에서,[234] 4품직 보유자뿐만 아니라 5품직 보유자까지도 대부로 행세하는 것은 고려의 정치질서 상 허용되기 어려운 일이었다.

충렬왕대 이전 대부의 위상을 인정받은 관직군은 재신과 밀직 등의 재상, 첨의부와 밀직사의 '비재상(非宰相)' 관직(비재신·비밀직), 6부의 상서(尙書), 어사대의 대부(大夫) 및 2인자[집의(執義)·중승(中丞)] 등 3품급 이상 관료들 뿐이었다. 그러다가 충렬왕대에 접어들면 4품직 보유자들까지도 대부의 위상을 갖게 되면서, 6부로서는 상서뿐 아니라 지사(知事)와 시

....

234 고려의 관직 질서를 보면 고려 전·중기 이래 4품 관직과 5품 관직 사이에 위신상의 차별이 존재했음이 확인된다. 4품 관직 보유자가 5품 관직 보유자에 비해 갖는 몇몇 특권적 위상이 그를 잘 보여준다. 예를 들어 4품 이상 관직자의 아들에게만 음직(蔭職)을 주거나 4품 이상 관료에게만 '부모에 더하여 처(妻)까지 봉작이 가능한 혜택'을 주었고, 중요 사안에 대한 회의 참여나 각종 현안에 대한 의견 진달도 4품 이상에게만 요구됐던 것인데, 이런 추세는 12세기는 물론 13세기로도 이어졌다.

랑(侍郎)까지, 그리고 어사대(사헌부)로서는 서열 3위 장령(掌令)까지도 대부의 위상을 지닐 수 있게 되었다. 기존의 대부계 보유자들에게는 당연히 마뜩찮은 상황이었다.

그런데 충선왕의 복위년 문산계 개편 및 새로운 운용방침(관계 - 관직 일치화) 도입으로 인해, 대부의 위상을 누릴 수 있는 이들의 범위가 5품직 보유자로까지 확대될 상황이었다. 5품 관직 보유자까지 대부의 위상을 누리게 될 경우, 6부로서는 낭중[郎中, 고려 후기에는 정랑(正郎) 또는 직랑(直郎)], 어사대로서는 지평(持平)과 시어사(侍御史)까지도 대부의 위상을 누리게 될 상황이었다. 이는 '대부계'가 갖는 상징적 의미가 사실상 해체됨을 의미하는 것으로, 대부의 위상을 독점하던 재추와 여러 비재신·비밀직들은 물론, 6부와 어사대 등 핵심 부서의 서열 1, 2위 관직자들이 지켜온 지배적 위상을 크게 손상시킬 수 있었던 변화였다. 그리고 그런 변화는 다시금 조정 내 기강 문제로 이어졌을 가능성이 높다.

당시 원에 체류하던 충선왕으로서는, 국내의 이러한 정치적 혼란을 가급적 피해야 할 일이었다. 이에 5품 관직자들이 새로운 문산계 운용으로 인해 엉겁결에 대부의 위상을 획득하는 상황을 막기 위해(즉 그들을 '낭'의 위상으로 묶어 두고자), 부득이하게 대부계를 1~5품에서 1~4품으로 축소한 것이 아닌가 한다. 충렬왕대의 추세를 이어받아 고려 전·중기로부터 이어져 온 오래된 문제를 해결하고자 '보유 관계의 품급과 동일한 품급의 관직'을 관료들에게 제수하려 한 충선왕으로서는, 그러한 제도 개혁이 또다른 혼선을 낳는 것은 막아야 했기 때문이다. 관직 - 관계 품급 일치화 원칙의 전격 도입으로 인해 새로운 수혜 계층이 발생할 여지가 생기면서 관료 사회 내부의 혼란과 불만이 고조될 낌새가 연출되자, 그를 미리 차단하기 위해 대부계 축소를 단행했던 셈이다.[235] 그리고 대부계 관계의 수를 줄이는 과정에서 특정 대부계에 관직자들이 몰릴 우려 또는 부작용이 발생하자, 기존에는 활용한 바 없었던 정1품 문산계를 새로이 도입함으로 써 그러한 몰림 현상을 해소하려 한 것이라 하겠다.[236]

즉 충선왕은 고려의 고질적 관직 – 관계 품급 차 문제를 해소하기 위해, 관료에게 관직을 수여함에 있어 반드시 보유한 관계와 동일한 품급의 관직을 수여하는 원칙을 정립하고, 그런 과정에서 발생할 것으로 예상된 특권층(대부계 보유자)의 지나친 확대를 막기 위해 대부계를 5등급에서 4등급으로 축소했으며, 그로 인한 또 다른 혼란을 피하기 위해서는 대부계의 상한을 정1품으로 상향조정함으로써, 종전의 문제가 해소된 새로운 문산계 질서를 창출했던 셈이다.[237]

이러한 충선왕의 문산계 개편 역시, 지극히 국내적인 사유로(내부 제도상의 문제로) 단행된 것이라 할 수 있다. 나름의 운영 원칙을 확립하면

....

235 충선왕의 이러한 조치는 고려 관직 – 관계 제도의 또 다른 문제를 해결하는 효과를 내기도 하였다. 앞서 살펴봤듯이 4품/5품 관직 보유자들 사이에 처우 상의 차별이 존재하는 상황에서, 그 동반자 격이었던 '관계'의 경우 '대부계' 와 '낭계'의 경계가 "4품과 5품 사이"가 아닌 "5품과 6품 사이"에 설정돼 있었던 것은 사실 매우 어색한 일이었다. 그런 점에서 충선왕이 문산계 대부계 의 하한을 5품에서 4품으로 올린 것은 '관직 체계' 및 '관계 체계' 모두 4 품~5품 사이에 계선을 갖게 한 조치로서, '관직 체계의 내부 위계'와 '관계 체 계의 내부 위계'를 동일하게 만드는 의미도 지녔던 것이라 하겠다.

236 아울러 충선왕 복위년간 문산계의 3품급에 "정/종" 구분은 물론 "상/하"의 구 분까지 두어 하나의 품급을 총 4등분한 것 역시, '몰림' 현상 해소를 위한 추 가 대책이었던 것 같다.

237 한편 충선왕은 복위년(1308) 문산계의 5품 관계가 일반적 '정/종' 구분도 없이 단품[單品, 통직랑(通直郎)]으로만 설정돼 있던 것을 2년 뒤인 1310년 '정5 품'(통직랑)과 '종5품'[조봉랑(朝奉郎)]으로 세분하였고, 복위년에는 '광정대부 (匡靖大夫, 정2) – 통헌대부(通憲大夫, 종2)'로 구성했던 2품 문산계를 복위2년 에 조정했는데[정2품 관계에 대광(大匡, 정2품 상)과 정광(正匡, 정2품 하)을 새로이 도입하고, 광정대부는 종2품 상으로 내렸으며, 종2품 하 관계로 봉익 대부를 신설], 이에 대해서는 이강한, 위논문 참조.

서 동시에 그로 인한 또 다른 문제들의 발생을 미연에 방지하기 위해 '대부계 축소' 및 '최고위 관계의 상향 조정' 등의 해법을 동원했지만, 그 전(全) 과정에서 제국의 정책 기조로부터 영향을 받은 자취나 제국 문산계 운영과 어떤 관련을 맺은 정황은 하등 찾아 볼 수 없기 때문이다. 문산계의 시작점만큼은 원제국의 제도를 원용한 셈이 되었지만 그를 의도한 것은 결코 아니었다. 충선왕의 문산계 개편은 어디까지나 고려의 필요에 따라, 그리고 고려 나름의 해법으로, 제국과는 무관하게 전개된 개편이었을 따름이다.

그리고 이러한 양상은 이후 충숙왕과 공민왕대에도 관찰된다.

충숙왕은 우선 충선왕대 삼중대광이었던 정1품 관계를 '벽상삼한삼중대광'과 '삼중대광'으로 세분하였다. 같은 고위급 재신, 예컨대 제1재신직(시중, 정승 등) 보유자라 하더라도 그 1재신직이 실직(實職)일 경우, 또는 수직(守職)이나 검교직(檢校職)일 경우, 그리고 치사직(致仕職)이나 증직(贈職)일 경우에 따라 관계의 차등 부여가 필요했기 때문으로 보인다. 아울러 충숙왕은 심왕 옹립 세력과 갈등하는 와중에 '통헌대부(通憲大夫)'를 '봉익대부'로 개명하기도 하였다. 통헌대부의 바로 윗 관계인 광정대부가 (충선왕대 문산계가 아닌) 충렬왕대 문산계에서 처음 등장한 것이었으므로, 그 바로 밑 관계의 이름도 (충선왕대의) 통헌대부보다 (충렬왕대의) 봉익대부가 적절할 것이라 판단한 것으로 짐작된다. 즉 충숙왕은 충선왕대 문산계의 제도적 미비점을 보완하는 동시에, 일부 문산계의 명칭은 국내 정치적인 이유로 조정하였다. 당시 제국 문산계의 변동 추이(변동이 있었다면)로부터 영향을 받은 바는 관찰되지 않는다.

반면 공민왕은 또 다른 각도에서 충선왕대의 문산계를 조정하였다. 관료들의 사기를 진작하고 관계 - 관직 품급 동일화 방침 또한 더욱 강화하는 차원에서, 고위 관계는 전에 비해 더 많은 관료들에게 부여하고(중·하위 재상들로 수여 확대), 중급 관계 보유자들에게는 이전보다 높은 관직들을 부여했던 것이다. 그런 와중에 고려 문산계의 위상은 다소 하락했지만, 수혜층은 오히려 늘게 되었다. 충숙왕대의 문산계 조정이 그랬듯이, 공민왕대의 조정 역시 원활한 정사를 위해 고려 문산계 자체의 운영을 더욱 정교화한 것이었을 뿐이었다. 동시기 원제국의 문산계 정비방향을 참조하려는 시도는 포착되지 않는다.

이상에서 살펴본 바와 같이, 원제국의 강요로 인해 고려 정부는 그 관제(官制) 및 관계(官階)를 개편할 수밖에 없었지만, 그 결과 고려의 백관제도 및 문산계 모두 고려 국초나 중국의 역대 제도와 완전히 무관한, 그리고 원제국 제도로부터의 독립성 또한 강화된 제도로 거듭나게 되었다. 아울러 향후 전개된 관제 개편이나 문산계 운영방식의 변경 또한, 원제국의 간섭이나 제도 변동 추이와 무관하게, 고려만의 내적 필요에 종사하는 방향으로 전개되었다. 고려와 원제국의 정치질서가 정책 노선이나 지향 등에 있어서는 연동성을 보였던 것과는 정반대의 모습으로, 고려의 정부구조 및 운용방식 개선 노력은 기본적으로 원제국과 무관하게 흘러갔던 것이라 하겠다.

2. 고려 국왕의 인사(人事): 어디까지나 고려의 현실에 따라

앞 절에서 필자는 고려의 관제(官制) 및 관계(官階) 문제를 논의하며, 그것이 철저히 고려 왕조의 내·외부적 필요와 수요에 따라 개편되고 개선되었음을 살펴보았다. 여기서는 원제국과 격절된 채 존재했던 고려 정치의 또 다른 분야로서 고려 국왕의 '인사'를 살펴보고자 한다. 특히 재상[재추(宰樞)]들과 관련된 인사 관행을 살펴보고자 하는데, 충렬왕대로부터 공민왕대까지 고려의 국왕들이 재추들을 어떻게 서로 간에 '전직(轉職)'시

컸고, 재상들에게 각 부서 실무직은 어떻게 '겸임(兼任)'시켰는지를 통해 그를 살펴보도록 한다.

두 제도 모두 독자들에게는 생경하게 들리겠지만, '재추 간 전직'과 '재추의 실무직 겸임' 등은 엄연히 고려의 고유한 정치 전통의 일부였다. '재추 간 전직'이란 5명의 재신과 7명의 밀직 등 총 12명의 재상이 각기 '재신 트랙'과 '밀직 트랙' 내부에서 승급(昇級)하는 데 그치지 않고 양 트랙 사이를 오가면서 보였던 인사 관행을 가리킨다. 반면 상기한 '겸임'이란 국왕이 한 명의 관료에게 동일 시점에 두 개 이상의 관직을 보유케 했던 인사 관행을 지칭하는데, "재상직의 각 부서 실무직 겸임"이 가장 보편적인 형태였다.

고려 전·중기 이래 운영돼 온 이 두 제도적 관행들은 고려 후기 들어서는 특정한 목적 아래 운용되기도 했다. 전자의 경우, 재신과 밀직들 간 역관계(力關係)를 적절히 조율하는 동시에 최고위 추밀(밀직)이 최하위 재신으로 가는 등의 극단적 경우들을 통제하려는 노력이 관찰된다. 반면 후자의 경우, 재상들과 6부(六部), 어사대(御史臺), 삼사(三司) 관직 간에 가장 이상적인 조합을 도출하려는 노력이 발견된다. 고려의 근래 인사 기조가 노출했던 문제를 해결하거나, 관청과 관직들을 국왕 및 정부의 국정기조에 맞춰 운용하는 과정에서 전개된 노력이었다.[238]

----

238 고려만의 독특한 이러한 제도들은 역대 중국이나 원제국에는 없었던 것들인지라 어차피 중국 측 지향이나 추세로부터 영향을 받기 어려웠지만, 무엇보다도 고려 국왕의 인사 노선 자체가 고려 군신(君臣) 간(또는 고려 관료 간)의 현실적 역관계를 반영해야 하는 것이었다는 점이 이런 제도들과 원제국 지향 사이의 연동을 불가능하게 만든 것 같다.

1) 재신-밀직 간 전직(轉職)의 문제

고려의 관직 질서에서, 재신들은 추밀(고려 후기에는 '밀직')들에 비해 전통적으로 그 품급이 높았다.[239] 같은 재상이었음에도 추밀들이 재신들에 비해 상대적 열위에 있었던 것이다. 재추가 회동할 때 재신과 추밀들의 자리 배치에 위·아래가 있었던 것도 그를 잘 보여준다.[240] 다만 이는 재신과 추밀 양자의 '집단' 간의 문제였고, 재신 직을 맡은 개인과 추밀 직을 맡은 개인 간에는 다양한 전직 양상 또한 존재하였다. 고위 재신이 하위 추밀로 가기도 하고, 반대의 경우도 발견된다.[241]

....

239 문종 관제를 기준으로 재신과 추밀의 품급을 비교해 보면, 재신의 경우 시중(侍中)은 종1품, 평장사(平章事)는 정2품, 그리고 참지정사(參知政事)·정당문학(政堂文學)·지문하성사(知門下省事) 등이 종2품이었던 데 비해, 추밀의 경우 가장 높은 판사[判中樞院事]를 비롯한 원사[中樞院事]·지원사[知中樞院事]·동지원사[同知中樞院事] 등이 종2품으로서 재신의 품급 중 가장 낮은 품급에 해당했으며, 그 아래의 부사[中樞院副使], 첨서원사[簽書中樞院事], 직학사[中樞院直學士] 등은 정3품으로 그에 비해서도 낮았다.

240 『고려사』 권68, 지22 예(禮), 가례(嘉禮), "兩府宰樞合坐儀, … 知僉議以上至, 則密直下庭, 東向北上立, 俯首低手, 僉議, 立于其上 …"

241 아래의 서술에는 '3재신', '4재신', '1밀직', '2밀직' 등의 표현이 등장하는데, [제1~5재신]은 각기 중찬[中贊, 또는 정승(政丞): 시중의 후신), 찬성사(贊成事: 평장사의 후신), 평리[評理, 또는 참리(參理): 참지정사의 후신], 참문학사(參文學事: 정당문학의 후신), 지문하부사(知門下府事: 지문하성사의 후신)를, 그리고 [제1~7밀직]은 판밀직사사(判密直司事: 판중추원사의 후신), 밀직사사(密直司使: 중추원사의 후신), 지밀직사사(知密直司事), 동지밀직사사(同知密直司事), 밀직부사(密直副使), 첨서밀직사사(簽書密直司事), 밀직제학(密直提學)을 이른다. 아울러 필자는 편의상 '고위·중급·하위' 등의 표현도 사용했는데, 고위 재추는 1·2재추를, 중급 재추는 3·4재신과 3·4·5밀직을, 그리고 하위 재추는 5재신과 6·7밀직을 의미한다. 반면 '비재신'은 다섯 재신 아래의 간의대부[諫議大夫, 또는 후대의 사의대부(司議大夫)], 산기상시[散騎常侍, 또는 후대의 상시(常侍)] 등을 가리키고, '비밀직'은 일곱 밀직 아래의 지신사

그런데 충렬왕대의 경우 돌연 '이상한' 사례들이 등장하기 시작한다. 최고위 밀직(제1밀직, 판밀직사사)이 최하위 재신(제5재신, 지첨의부사/지문하부사)으로 이동하는 극단적인 경우들이 출현하고, 심지어 최고위급 밀직이 '비재신'으로 전직하는 사례마저도 발견된다. 재신과 밀직이 모두 동일한 재상이었음에도 밀직이 재신에 비해 터무니 없는 푸대접을 받았던 셈으로,[242] 이러한 전직 양상은 인사권자가 의도했든 의도하지 않았든 밀직과 재신 간의 '수직적 우열관계'를 외형상으로, 그리고 실체적으로도 강화하는 것일 수밖에 없었다. '재추 간의 극단적인 힘의 불균형'을 고착시켜 버릴 수 있는 양상이었던 것이다.

이런 극단적 사례 외에도 '고위' 밀직이나 '중급' 밀직이 '하위' 재신으로 옮기는 경우 또한 적지 않았다. 당시 밀직들의 재신 대비 위상이 상당히 '낮았음'을 보여주는 추가적인 정황에 해당한다. 이런 상황은 충렬왕이 퇴위당했던 1298년 이전에는 물론이고 그가 복위한 후에도 계속되었다. 즉 충렬왕대 30여년간 밀직들의 재신 대비 위상은 일단 외견상 매우 저열했다고 할 수 있다.

고려의 재추 전직 추세가 충렬왕대 이런 모습을 보이게 된 연유는 분명치 않다. 중서문하성의 후신으로 충렬왕 때 등장한 첨의부(僉議府)는 고려 정부 내에서는 여전히 최고위 기관에 해당했지만 원제국의 압박으로 강등됨에 따라 그 품급은 고작 4품에 불과했으므로, 바뀐 상황에서도 첨의부의 과거 위상을 유지시켜 주기 위해 일부러 이런 극단적인 전직 노선을 썼던 것일 가능성도 없지 않다. 그러나 첨의부의 품급은 이후 점진적으로 개선되었던지라(1279년 정4품, 1281년 종3품, 1293년 종2품), 그리

....

(知申事), 승지(承旨) 등을 지칭한다.

242 아래의 서술은 이강한, 2019 「고려 충렬 – 충정왕대의 밀직 – 재신 간 전직 양상 검토」『한국사학보』 76 참조.

할 이유나 그래야 할 필요는 사실 매우 적었다.

　다만 최고위 부처인 첨의부가 기존의 1품에서 앞서 언급한 바와 같이 4품으로 강등되면서, 그로 인해 다섯 재신 사이의 관계가 교란되었을 가능성은 상정해 볼 수 있다. 이 시기 일부 재신[예를 들어 제4재신 정당문학(충렬왕대에는 참문학사)]들이 임명되지 않게 되었음이 그를 보여주는 바가 있다. 4재신 임명 사례가 사라지면서 결과적으로 최하위 재신(제5재신 지문하성사: 이 시기에는 지문하부사)의 위상이 상대적으로 제고됐으며, 고위 밀직이 재신으로 전직하는 과정에서 기존의 4재신 대신 위상이 높아진 제5재신으로 전직한 결과, 이런 이상한 구도가 생겨난 것일 수도 있어 보인다.

　당시의 인사 기록을 살펴보더라도, 4재신 참문학사(과거의 정당문학)의 임명이 부진한 상황에서 "지도첨의사"가 그를 대신해 참지정사의 전직(前職)으로 등장하고 있을 뿐 아니라,243 어떤 경우 참지정사를 우회해 찬성사, 중찬 등으로까지 바로 승진하는 모습도 관찰된다.244 심지어 '[제3재

....

243 이런 경우로는 다음의 사례들이 발견된다. ① 송분: 지도첨의사 임명 3년 뒤 첨의참리로 등장[『고려사』 권30, 세가30 충렬왕13년(1287) 2월 경신, "以宋玢知都僉議事."; 16년(1290) 1월 무진, "以僉議叅理宋玢爲忠淸道都指揮使."] ② 김지숙: 지도첨의사사에 임명된 후 2년이 채 못돼 첨의참리에 임명[권31, 세가31 충렬왕22년(1296) 2월 갑진, "以金之淑知都僉議司事."; 23년(1297) 12월 임인, "以金之淑爲僉議叅理世子貳師."]

244 ① 조인규: 지도첨의사사 임명 2달 뒤 첨의찬성사에 임명[『고려사』 권30, 세가30 충렬왕13년(1287) 12월 정묘, "以趙仁規知都僉議司事."; 14년(1288) 1월 경인, "趙仁規爲僉議贊成事."] ② 인후: 지도첨의 사임 5개월 뒤 첨의찬성사가 됨[권30, 세가30 충렬왕14년(1288) 1월 경인, "知都僉議廉承益辭, 以印侯代之."; 갑인, "知都僉議印侯辭."; 6월 경오, "僉議贊成事韓康致仕, 復以印侯代之."] ③ 한희유: 지도첨의사사 신분으로 유배된 후 3년 뒤 찬성사에 임명[권30, 세가30 충렬왕18년(1292) 윤6월 신해, "韓希愈知僉議府事世子貳保."; 권31, 세가31 충렬왕21년(1295) 8월 임술, "流萬戶知都僉議司事韓希愈于祖月

신인] 참리·평리에서 지도첨의사사로' (역진) 승격한 경우도 발견되어,[245] 제5재신이었던 지도첨의사가 거꾸로 제3재신의 위에 있기도 했음을 보여 준다. 이런 상황에서는 지도첨의사(지문하성사)가 이전에 가졌던 최하위 (제5) 재신의 처지를 넘어, 그 위의 제4재신(정당문학, 참문학사)은 물론 제3재신(참지정사)의 위상까지도 위협하게 됐을 가능성이 높다.

원제국의 강요로 1품 중서문하성이 4품 첨의부로 격하되고 최고위 재신의 품급이 하향 조정되는 와중에 일부 중간 재신들이 공석으로 남으면서 엉겁결에 최하위 재신의 위상이 상향 조정됐던 셈인데, 이런 상황은 당연히 재신과 밀직 간 전직 관행에도 영향을 미쳤을 것이다. 대개 고위 밀직들을 중간급 재신인 3재신이나 그 아래 4재신으로 이동시키던 것이 기존의 관례였다면, 이제는 (재신직들 간의 달라진 역학 관계를 고려할 때) 고위 밀직들의 차기 재신 직을 (명목적으로는 최하위 재신이지만 이

....

島.”; 24년(1298) 11월 경술, “韓希愈爲贊成事判版圖司事.”] ④ 왕유소: 지도첨의사사 임명 4개월 뒤인 6월 찬성사에 임명[권32, 세가32 충렬왕31년(1305) 2월 무인, “王惟紹知都僉議司事.”; 6월 신축, “王惟紹爲贊成事.”] ⑤ 송분: '지도첨의사사'에 이어 '우중찬'으로 등장[권31, 세가31 충렬왕25년(1299) 11월 경신, “知都僉議司事宋玢乞退.”; 26년(1300) 7월 무술, “賜右中贊宋玢推誠贊化安社功臣之號.”]

245 ① 염승익: 한 달 새 첨의평리에 이어 지도첨의사사에 임명[『고려사』 권30, 세가30 충렬왕13년(1287) 12월 병인, “以廉承益爲僉議評理.”; 계미, “趙仁規廉承益並知都僉議司事.”] ② 민훤: 도첨의참리 임명 1년 후 지도첨의사사로 등장[권31, 세가31 충렬왕26년(1300) 4월, “以閔萱都僉議叅理.”; 권32, 세가32 충렬왕27년(1301) 5월 경술, “遣知都僉議司事閔萱如元.”] 사례들을 둘러싼 정황을 고려하면 당사자들이 강등된 것은 결코 아니었음에 유의할 필요가 있다. 한편, 이 '지도첨의사사'의 이름에 “도(都)”가 포함된 점으로 미루어 이를 충선왕대 '도첨의시중(都僉議侍中, 1재신)'에 준하는 존재로 간주해야 한다는 견해도 제기될 수 있어 보이지만, 『고려사』 백관지의 권76, 지30 백관1, 지문하부사(知門下府事) 조 기록을 고려하면 그렇게 보긴 어렵다고 생각된다.

전에 비해서는 상대적으로 위상이 높아진) 5재신 지도첨의사(지첨의부사)로 하는 것이 오히려 적절한(또는 보기에 자연스러운) 상황이 된 것이다.

이런 사례들이 중서문하성이 첨의부로 강등된 1275년 직후 나타나기 시작한다는 점에서, 이런 변화의 유발 요인은 결국 원제국의 고려 관제 개변 강요였다고 생각된다. 다시 말해 충렬왕대의 "1밀직→5재신" 추세는 '첨의부 강등'이라는 원제국이 촉발한 새로운 상황과 '고려 내부'의 종전 관행 등이 묘하게 혼합된 결과라 할 만하다. 아울러 그 정치적 함의를 고려할 때 결코 바람직한 추세가 아니었다. 안 그래도 첨의부보다는 상대적으로 열위에 있던 밀직사의 위상을 지나치게 추락시키는 일이었기 때문이다. 이에 고려의 인사권자(왕) 또한 그를 조정할 필요성을 느끼게 된 것으로 보이는데, 충선왕이 그런 경우다. 위 유형의 사례들이 충선왕 복위 년간에는 현저하게 줄어들어 고려 전·중기의 모습으로 돌아간 느낌마저 주기 때문이다.

우선 최고위 밀직이 최하위 재신으로 전직하는 (충렬왕대의) 극단적인 경우들이 이 시기에는 크게 감소하였다. 전직(前職) 밀직과 차직(次職) 재신 간 위상차가 큰 경우도 많이 사라졌다. 반면 제1밀직에서 제2재신으로 이동하거나 제2밀직에서 제3재신으로 이동하는 경우 등 전직(轉職) 전후 밀직 직과 재신 직의 위상이 서로 엇비슷한 경우들이 전에 비해 상당히 많이 발견된다. 동일한 등급의 재추끼리 전직한 사례들도 발견되며(제3밀직에서 제3재신으로 옮긴 경우, 제2재신에서 제2밀직으로 이동한 경우 등), 심지어 '하위 밀직'이 '고위 재신'으로 가거나 '중급 재신'이 (된 이후에나) '하위 밀직'으로 이동하는 경우도 자주 출현하기 시작한다. 고려 전·중기의 관행이 복구되었던 동시에, 밀직의 재신 대비 위상도 적지 않게 개선된 것으로 보인다.

이런 추세는 충숙왕, 충혜왕대로도 이어진다. 좀 더 균형 잡힌 밀직 –

재신 간 전직 사례들이 충숙왕대 접어들어 더욱 늘어났으며, 공민왕대에 이르면 충렬왕대의 문제적 관행이 거의 불식되었다. 원제국의 간섭 아래 진행된 강압적 관제 개편으로 첨의부와 밀직사 간에 조성된 비정상적 역관계(불균형성)가 고려 정부의 노력으로 어느 정도 해소된 경우이다. 고려 내부의 문제를 제국의 체례를 지향(또는 모방)하여 개선해 보려 한 것이 아니라, 원제국의 간여로 발생한 문제를 고려 내부의 관례 회복으로 극복한 사례라 할 것이다.

2) 재상의 부서 실무직 겸임(兼任, 겸직)의 문제

한편 고려의 독특한 '겸임' 제도는 재추 간 전직 문제와는 또 다른 경우였다. 원제국과는 아예 상관없이, 즉 별다른 간섭을 받은 바 없이 이전과 같은 모습으로 계속되었기 때문이다. 충렬왕, 충선왕, 충숙왕, 공민왕 등이 특정 관직들을 서로 조합한 양상을 살펴보면 그 왕대 나름의 지향과 특징들이 발견된다. 아울러 원제국과는 엄연히 별개였던 고려 나름의 정치질서도 엿볼 수 있다.[246]

....

246 본직(本職)·겸직(兼職) 또는 '중복직(重複職)'에 대한 논의로는 이진한, 1999 「고려전기 추밀의 반차와 녹봉」『한국학보』25-3; 박용운, 2007 「고려시기의 겸직과 중복직에 대한 논의와 권력구조」『한국사연구』136; 박재우, 2000 「고려시대의 재추 겸직제 연구」『국사관논총』92; 권영국, 2010 「고려전기 상서 6부의 판사·지사제」『역사와 현실』76; 류주희, 2010 「고려전기 상서 6부의 겸직운영」『역사와 현실』76; 박재우, 2010 「고려전기 대관의 겸직 운영과 성격」『역사와 현실』76 등의 연구 참조. 필자는 이와 관련한 논쟁에서 어느 한 쪽 편을 지지하는 입장은 아니나, 본서에서는 일단 '중복직'보다는 '본직 - 겸직' 개념을 수용하여 논의를 전개하였다. 한편 6부, 어사대 등 실무부서의 관직은 본직, 재추직은 겸직으로 간주하는 관점이 있지만, 본서에서는 반드시 그렇게 보기보다 전-후자를 막론하고 한 직의 보유자가 다른 직을 동시 보유하는 상황은 '겸임'으로 표현하였다.

고려는 국초 이래 특이하게도 한 관료가 동시에 복수의 관직을 보유할 수 있었고, 녹봉 등의 중복 지급을 피하기 위해 한 관직은 본직(本職)으로, 한 관직은 겸직(兼職)으로 맡곤 하였다. 대체로 재상이 실무직을 겸하는 경우들이 많았는데, '최고위급 관료의 의사결정권'이라는 '권능'과 '관직·관청의 담당업무 수행권한'이라는 '직능'을 결합하기 위한 방식으로 이해된다. 겸임 관행의 취지가 그랬던지라, 국왕별로 이 제도를 어떻게 활용했는지를 살펴보면 그 국왕 나름의 국정 색깔도 엿볼 수 있다.

예컨대 6부 중 특정 관청의 업무에 힘을 실어줄 필요가 있거나, 어사대 등 감찰·사정 기구의 위상을 높여주고 싶거나, 삼사 등 재정 부서의 발언권을 강화하는 것이 필요할 경우 국왕은 재추(宰樞)와 해당 부서의 관직을 '연동'시키곤 하였다. 재신과 추밀(밀직) 등의 재상들로 하여금 해당 부서의 관직을 겸임케 했던 것이다. 반대로 특정 기구의 권위를 낮추거나, 속된 말로 힘을 빼고 싶으면 재상의 해당 관청직 겸임을 지양하는 방식으로 재상과 해당 관청 간 접촉면을 의도적으로 축소하곤 하였다. 지면 관계상 여기서는 재추와 6부의 관계, 그리고 재추와 어사대의 관계 등 두 측면만을 매개로 그런 양상을 간략히 살펴보고자 한다.[247]

먼저 충렬왕대의 재상(재추직)들이 6부와 어사대의 관직들을 겸임한 양상을 살펴보자.

우선 재상의 6부 관직 겸임의 경우이다. 충렬왕은 고려의 12재상 중 최고위 재신(1재신)에게만 판사(判事)로서 4사(4司, 이전의 이·호·예·병·

---

247 아래의 서술은 다음의 연구들을 기반으로 하였음을 밝힌다. 이강한, 2019 「고려 충선왕대의 관직운용 양상 연구 - 충렬왕대와의 비교 검토」 『역사와현실』 113; 이강한, 2019 「고려 충숙왕대 인사정책 연구: 재추의 관직겸임 양상을 중심으로」 『역사학보』 244; 이강한, 2020 「공민왕대 인사정책 연구 - 재위전반기(~1365), 재추의 겸직 및 전직 양상에 대한 검토를 중심으로」 『한국중세사연구』 62.

형·공 6부)를 총괄 지휘할 권한을 주고, 중·하위 밀직들에 한해 4사의 상서[尙書, 고려 후기에는 판서(判書, 판사와는 다름)] 직을 겸임하게 하였다. 아울러 중급, 하위 밀직의 경우 1298년 이전에는 하위 밀직만이 상서 직을 겸하다가 이후에는 중급 밀직도 상서를 겸하게 되었는데, 재신의 밀직 대비 위상이 과도하게 높았던 상황을 완화시킬 필요가 있어 충렬왕이 재위기간 중반을 넘어서며 4사의 판서를 겸임할 수 있는 밀직 군을 확대한 것이라 추정된다.

다만 문제가 없지 않았다. 최고위 재신을 제외한 중급 이하의 재신들은 4사(6부)에 대한 지휘에 참여할 여지가 전혀 없었고, (중하위 밀직의 상급자였던) 고위 밀직 또한 정작 4사의 운영에 간여할 여지가 거의 없었다. 중급 재신과 고위 밀직이 공히 4사 운영에서 배제당하는 상황에서, 4사들이 재추를 통해 그 발언권을 높이고 권능을 확대해 가는 데 상당한 제약을 느꼈을 법한 구도였다.

다음은 재상의 어사대 관직 겸임의 경우이다. 충렬왕은 고위 재신으로 하여금 어사대[감찰사]의 판사를 맡고, 모든 밀직들이 어사대부[감찰대부]를 맡을 수 있게 했다. 밀직과 감찰대부 직 간에 보이는 이런 긴밀한 관계는 비밀직과 감찰사 내 여타직 사이에서도 발견된다. 이후에는 하위 재신도 감찰대부를 맡게 되었다.

형정과 감찰을 본령으로 하는 어사대[감찰사]의 업무를 감안할 때, 고위 재신이 판사를 겸임하고 무엇보다도 모든 밀직이 감찰대부를 겸임하는 이런 상황이 최상의 선택인지는 사실 의문이다. 권력으로부터 독립적이어야 할 감찰사의 중립성이 작동하기 어려운 상황이 연출됐을 수도 있기 때문이다. 특히 밀직도 아닌 비밀직이 감찰사의 지사, 심지어 감찰대부를 겸임할 수 있게 한 것은 더욱 그랬다. 규찰 주체로서의 감찰사를 첨의부와 [특히] 밀직사에 사실상 예속시키는 일이었다는 점에서 그렇다.[248]

이상에서 충렬왕이 재상들로 하여금 6부와 어사대 두 관청의 관직을 겸임케 한 양상을 살펴보았다. 취지가 이해되는 한편으로, 해결해야 문제들도 더러 있어 보인다. 마침 뒤이어 즉위한 충선왕은 부왕 충렬왕과는 사뭇 다른 겸임 방침을 선보였는데, 그런 문제들을 해결하려 한 것으로 짐작된다.

먼저 충선왕대 재상의 6부 관직 겸임의 경우이다.[249] 충선왕은 우선 종래 판사 직을 독식하던 최고위 재신뿐 아니라 중·하위 재신 및 비재신 또한 6부의 판사·상서 및 여타 관직들을 맡게 함으로써, 재신이 6부 운영에 개입할 여지를 확대하였다. 그리고 종래 중·하위 밀직들만 맡았던 6부의 상서 직을 최고위급 밀직도 맡을 수 있게 하는 등, 6부에 대한 밀직 쪽 재상들의 제어력도 강화하였다.

얼핏 보면 재신이든 밀직이든 재상의 권위만 대폭 강화된 것으로 보이지만, 더 많은 재상들을 수장으로 갖게 된 6부의 위상 또한 신장됐을 수 있다. 재추와 6부 사이의 접촉면 확대로 인해 6부의 자율성은 상대적으로 감소했을 수 있지만, 동시에 재추 모두 6부의 업무에 간여하는 과정에서 재상들 간 상호 견제도 늘었을 것으로 생각되며, 그 와중에 6부의 상서들이 이전에 비해 재신, 밀직을 겸임할 기회를 더 많이 부여받음으로써, 6부 자체의 발언권과 위상도 커졌을 수 있기 때문이다.

다만 밀직과 6부 사이의 관계가 재신과 6부의 관계에 비해 상대적으로

....

248 실제로 충렬왕대 1301년 비밀직(非密直: 밀직제학 아래의 밀직사 관원), 1302년 지밀직사(知密直事) 등의 신분으로 어사대부를 겸임한 이와 하위 재신으로 어사대부(1302)를 겸임한 이 모두 공교롭게도 동일 인물로서, 다름 아닌 충렬왕의 측근 오기[吳祁, 오잠(吳潛)]였다.

249 당시 충선왕의 6부 통폐합으로 인해 부(部)의 숫자는 3개 또는 4개로 다양하였다.

과하게 밀접해진 느낌은 든다. 왕권이 밀직을 통해 부의 운용에 지나치게 개입하는 문제, 즉 국왕의 자의적 6부 운용이 심화됐을 수도 있다.[250] 이에 충선왕은 1308년 복위한 후에는 그러한 인사 노선을 다소 완화하기도 하였다.

다음은 같은 시기 재상의 어사대 관직 겸임의 경우이다. 충선왕은 어사대와 관련해서는 재추들의 어사대부 겸임을 자제시킴으로써, 감찰기구 어사대의 자율성을 제고하려 하였다. 우선 재신의 감찰사 '판사직' 겸임은 용인하되 '상설 실무직'으로서의 감찰대부 직 겸임은 지양했는데, 규찰기구 감찰사의 독립성 제고를 위한 조치로 생각된다. 아울러 밀직 중에서도 하위 밀직, 비밀직은 가급적 감찰대부[또는 대사헌]를 겸임하지 못하게 함으로써 밀직사와 감찰대부[대사헌] 간 접촉면도 축소해 갔다. 재추와 감찰사[사헌부] 수장 직 간의 접촉면을 줄여나간 이런 노력은, 감찰사[사헌부]의 독자성을 강화함으로써(즉 감찰 주체와 감찰 대상을 철저히 분리함으로써) 정부 운용의 공신성과 건실성을 제고하려 한 노력으로 평가된다.

다만 모든 조치에는 장·단점이 있었으니, 이런 노력에도 문제가 없지는 않았다. 규찰·감찰 기구였던 감찰사의 권위는 감찰사에 일정한 권력이 존재할 때에나 가능했을 텐데, 재상과 감찰사를 완전히 분리하는 이러한 구도는 감찰사[사헌부]에게는 '운신의 폭은 열어주되 그 권위는 제약하는' 딜레마를 발생시켰을 것이기 때문이다. 충렬왕대의 경우 밀직사의 전방위적인 감찰사 장악이 감찰사의 독립성을 무력화하면서도 적어도 감찰

<hr />

250 기왕의 연구에서는 추밀에게 국왕 측근적 요소가 있다고 보았으며, 추밀이 재신에 비해 상대적으로 국왕과 더 긴밀한 관계에 있었다고도 보았다(박재우, 1997 「고려전기 재추의 운영원리와 권력구조」 『역사와 현실』 26; 박재우, 2004 「고려전기 재추의 임용 방식과 성격」 『한국사연구』 125).

기관으로서의 위세는 보장해주는 것이었을 수 있다. 그에 비해 충선왕의 시도는 반대로 사헌부의 독립성을 제고하는 와중에 의도치 않게 그 위세를 박탈할 결과를 초래할 위험을 내포하였다.

충선왕이 재신 및 하위 밀직의 어사대부(대사헌) 겸임은 불허하면서도 고위·중급 밀직들의 겸임까지 금지하지는 못했던 것은 그러한 딜레마 때문이었던 것으로 보인다. 대부[대사헌] 직 수행에 필요한 최소한의 권능 발휘는 가능케 하려 한 고육지책으로 여겨진다.[251]

이상에서 충렬왕대와 충선왕대의 재상들이 6부와 어사대의 관직들을 겸임한 양상을 살펴보고, 그에서 유추되는 두 왕의 의도 또한 살펴보았다. 그럼 다음 국왕인 충숙왕은 어떤 인사 노선을 펼쳤을까? 충렬왕대만큼이나 길었던 충숙왕 시대의 정치적 지형은 앞선 두 왕의 시대에 비해 훨씬 복잡했던 것으로 보인다. 자연히 그의 겸임 정책 또한 선대와는 다른 양상으로 전개되었다.

충숙왕의 재위기간(1313~1330; 1332~1339)은 정방(政房)의 부활, '흑책(黑冊) 정사' 일화 등으로 인해 흔히 정치적으로 문란했던 시기로 기억된다. 그러나 그의 인사에도 일정한 지향과 원칙은 있었으니, 그 하나가 이른바 '충렬왕대 관제로의 회귀'였다.

"충숙왕14년(1327), 충렬왕대의 관제를 복구하였다."[252]

....

251 물론 국왕과 긴밀한 관계에 있는 밀직들이 어사대부를 겸임하는 것 역시 어사대(사헌부)의 독립성을 침해할 수 있는 일이었다. 게다가 충선왕은 '비밀직과 어사대 집의' 간의 결합을 용인하기도 했는데, 민적·이백겸·유돈 등이 그러한 사례이다. 재신과 어사대는 분리하되 밀직과 어사대의 결합은 일정 정도 유지시킨 데에서 충선왕의 고뇌가 엿보인다.

252 〈김태현(金台鉉) 묘지명(1330)〉 및 『광산김씨문간공파세보(光山金氏文簡公派世譜)』의 "丁卯(1327), 復忠烈時官制."라는 기사이다. 김태현의 또 다른 묘지

실제로 충숙왕대 전반기까지 사용되던 충선왕(복위년간)의 관제는 이
해를 기점으로 충렬왕대 관제로 대체되기 시작한 것 같다. 1327년의 인사
를 보면 충선왕대의 '정승', '전서'와 충렬왕대의 '참리', '판서'가 동시에
등장하고,[253] 충선왕의 '사헌부'는 1325년 10월의 기록까지만 등장하는 반
면 1328년 12월부터는 충렬왕대의 '감찰대부'가 출현하기 때문이다.[254] 당
시 상왕(부왕) 충선왕의 측근 일부가 벌인 심왕(瀋王) 옹립 운동에 시달릴
대로 시달렸던 충숙왕이,[255] 충선왕대의 국정 유산을 탈피하고자 이 같은
조치를 취한 것으로 짐작된다.[256]

....
　　명에도 '관호를 바꾸었다'는 표현이 등장한다(〈김태현묘지명(졸고천백[拙藁千
　　百] 소재)〉, "丁卯(1327), 更革官號."].

253 『고려사』 권35, 세가35 충숙왕14년(1327) 11월 무자, "參理 安文凱·李恭·崔
　　瀋, 軍簿判書 李那海…"; "僉議政丞 尹碩, 民部尙書 權謙·鄭順…" 『고려사』
　　백관지에는 충선왕대의 참리가 1330년 충혜왕 즉위 당시에나 평리로 바뀐 것
　　으로 기록됐지만[『고려사』 권76, 지30 백관1, 평리(評理), "忠肅王十七年, 復
　　改僉理."], 실은 1327년경 이미 바뀌어 있었던 셈이다.

254 『고려사』 권35, 세가35 충숙왕12년(1325) 10월 을미, "教…"; 권84, 지38 형법
　　1, 공식(公式) 직제(職制), 1325년 10월; 충숙왕15년(1328) 11월 경인, "遣監察
　　大夫李淩幹如元, 賀卽位改元…"

255 이른바 심왕옹립운동에 대해서는 김혜원, 1999 『고려후기 심왕(瀋王) 연구』
　　이화여자대학교 박사학위논문 참조.

256 이익주의 경우 충선왕대의 예문춘추관이 1325년 예문관과 춘추관으로 나뉜
　　것을 근거로, 백관지에 "충선왕 복위년 이후" 부활될 것으로 기록된 충렬왕대
　　의 다른 관직명들도 1325년 모두 복구된 것으로 추정하였고(이익주, 위논문),
　　이정훈 역시 충선왕 복위년 관제(및 그 운영원리)가 충숙왕대에 들어와 충렬
　　왕 원년 관제로 대체되었다고 보았다(2012, 「충선왕대 관제 개혁과 관청간의
　　통속(統屬) 관계」 『한국중세사연구』 32). 전자의 경우 충숙왕이 [충렬왕대에
　　구축된] '세조구제' 체제의 회복을 추구한 결과라 진단했지만, 충선왕이 그의
　　재위기간 동안 세조구제를 부정했다고 보긴 어렵기에 그러한 진단에는 아쉬
　　운 점이 있고, 후자의 경우 앞서 언급한 바와 같이 충렬왕 원년 관제가 온전

다만 이는 관청, 관직명의 차원에서 관찰되는 모습일 뿐, 실제 인사에서는 당연히 충숙왕 나름의 정치적 고려(考慮)들이 작동하였다. 무엇보다도 충선왕의 측근들이 득세하던 와중에 즉위한 그로서는, 충선왕의 인사노선으로 권한이 강화된 재추들을 견제할 필요가 있었다.

먼저 충숙왕대 재상들의 6부 관직 겸임 양상을 살펴보자. 충숙왕은 충선왕의 노선을 일부 조정해 상서직을 겸임하는 재신의 수를 줄이고, 비재신의 상서직 겸임은 아예 없앴다. 위에서 언급한 충선왕 측근들에 대한 견제의 한 일환으로 보인다. 반면 하위 밀직뿐 아니라 중급 밀직(특히 4밀직) 및 비밀직도 상서를 겸임케 하는 등, 밀직사와 6부의 접촉은 강화하였다(그러면서 충선왕대와는 달리 최고위 제1밀직은 상서를 겸하지 못하게 함으로써 균형도 유지하려 하였다).

앞서 언급한 것처럼 충렬왕이 '고위 재신은 6부 판사'를 맡고 '중하위 밀직은 6부 상서'를 맡게 하는 방식의 운영을 보인 데 비해, 충선왕은 재신과 밀직의 6부 접촉면을 공히 확장하였다. 그에 비해 충숙왕은 재위 전반부(1327년 이전)에는 밀직·비밀직 - 6부의 연결은 강화하면서도 재신 - 6부의 접촉면을 축소함으로써 재신의 6부 간여를 상당 정도 제한하였다. 그리고 재위 후반부(1327년 이후)에는 밀직의 6부 접촉면마저 축소함

한 것이 아니었기에, 그것이 충선왕 복위년 관제를 완전히 대체할 수는 없었을 것임을 고려할 필요가 있다. 한편 이때 복원된 충렬왕 관제가 과연 언제까지 사용되었는지도 사실은 미상인데, 어떤 이는 공민왕5년(1356) 문종 관제가 복구될 때까지 사용되었을 것이라 추정하기도 하지만, 충렬왕 관제의 감찰사는 공민왕대까지도 확인되는 반면, 충선왕 관제의 정승은 공민왕 이전 어느 시점에 복구됐음이 주목된다[『고려사』 권76, 지30 백관1, 시중(侍中), "忠肅十七年忠惠王復改中贊, 後復改右左政丞."]. 즉 1327~1356년 사이의 고려 관제는 ①충렬왕 관제가 다시금 시행되는 와중에 ②충선왕 관제의 요소들이 부분적으로 잔류하고, 동시에 ③충숙왕, 충혜왕 등의 필요에 따라 새로운 요소들이 도입되는 등, 연원이 다른 관제 요소들이 혼재했던 상황이 아닌가 한다.

으로써, 결과적으로 재추와 6부의 연계성을 공히 현저하게 약화시켰다.

이런 변화가 공교롭게도 충렬왕 관제가 복구된 1327년을 전후하여 전개된 측면이 있어, 충숙왕의 재위 후반부 겸임제도 운영 방침이 충렬왕대의 것을 되살린 것은 아닌지 확인할 필요가 있다. 그런데 앞서 살펴본 충렬왕의 겸임제도 운영 방침과 바로 위에서 살펴본 충숙왕의 후반부 겸임제도 운영방침은 그 의도나 결과가 서로 전혀 달랐다. 충숙왕이 자신의 현실적 필요에 따라 이전 충선왕의 노선에서 이탈한 것이었을 뿐, 충렬왕대의 '지향'으로까지 회귀한 것은 아니었던 것이다. 그저 자신만의 인사 노선을 선보였을 따름이었다.

충숙왕이 구상한 재상들과 감찰사(사헌부)의 관계도 같은 경우다. 충선왕대의 재추 - 감찰사(사헌부) 운영이 규찰 기구 감찰사(사헌부)의 독립성 강화에 기여하는 것이었음은 사실이지만, 전술한 바와 같이 문제도 없지 않았다. 재추와 감찰 주체가 격절되면서 감찰 주체의 권위가 약화된 문제도 있었지만, 최고 재신의 판사 겸임 외에는 여러 재신들의 판사·대부직 겸임이 봉쇄된 반면 고위·중급 밀직들은 여전히 감찰대부(대사헌) 직을 겸임할 수 있었던 것도 문제라면 문제였다. 재신과 밀직 중 후자가 감찰 기구들에 대해 더 강한 영향력을 미치는 편중된 상황인 셈이었기 때문이다.

이에 충숙왕은 나름의 변화를 도모하였다. 밀직과 감찰사(사헌부) 고위직 간의 연결은 유지됐지만, 충선왕대(특히 복위년간)의 특징이라 할 '제1밀직'의 어사대부 겸임 사례가 사라졌던 것이다. 밀직과 6부의 접촉면을 줄여나가려는 노력이었다고 할 것이다. 이 또한 충렬왕대의 방침과는 다른 것이었다고 할 수 있다.

이상에서 충렬·충선·충숙왕의 겸임제도 운영 방침을 살펴보았다. 마지막으로 공민왕이 남았는데, 그 또한 여러 흥미로운 모습을 보였다. 충숙왕이 1327년을 기점으로 모종의 변화를 보였다면, 공민왕은 기철 세력 척결(1356) 이전과 이후, 1360년대초, 그리고 1360년대 중반 이후 등 여러 국면에서 변화무쌍한 겸임제도 운영 방침을 보여주었다. 앞서 살펴본 그의 네 차례 관제개편을 연상시키는 대목이기도 하다.

1352년 즉위한 그는, 1356년 기철 세력 척결 이전에는 재신에게 '감찰과 관련된 권력'을 부여하고 밀직들에게는 6부를 통해 '행정 실무 권력'을 제공하는 구도를 조성하였다. 재신들이 '대부 직을 매개로 감찰사(어사대)와 밀착'하고, 밀직들은 '상서직을 매개로 6부와 밀접'한 관계를 갖게 된 것이었다. 그 이유는 과연 무엇이었을까?

공민왕이 전왕들과 달리 첨의부와 감찰 권력의 밀착을 용인함으로써 감찰사의 재신 감찰이 무력화할 위험을 자초한 이유는 분명치 않다. 다만 공민왕의 의도는 당시 감찰사 수장을 맡은 관료들의 이력에서 엿보이는 바가 있다. 그들 모두 공민왕의 '연저(燕邸)' 시절[공민왕이 원제국 대도(大都)에서 숙위(宿衛)를 하던 시절]로부터의 최측근이었음을 감안하면, 공민왕의 그런 선택은 집권초 통치 기반의 강화 차원에서 단행된 것으로 짐작된다. 가형(家兄)인 충혜왕의 사후 두 차례나 고려 왕으로 즉위할 뻔했다가 결국 조카들에게 밀려났던 그로서는 불가피한 선택이었다고 하겠다.

한편 공민왕이 밀직들과 6부를 결합시킨 이유는 무엇이었을까? 이와 관련해서는 그가 1354년 밀직사의 양 극단인 '제1밀직(판사)'과 '비밀직(지신사, 대언)'을 모두 '녹관(祿官)'으로 전환시킴으로써 그들의 6부 상서직 겸임 가능성을 봉쇄하되,[257] 동시에 6부의 상서 직은 대폭 증원하여[258]

....

257 『고려사』 권76, 지30 백관1, 밀직사, 공민왕3년(1354), "判司事知申事四代言皆爲祿官."

258 같은 해 6월 정조(政曹, 이부의 후신)를 제외한 모든 부의 상서[判書]와 시랑[摠郞] 직을 배로 늘린 것이다. 『고려사』 권75, 지29 선거3, 전주(銓注) 첨설직(添設職), 공민왕3년(1354) 6월, "六部判書·摠郞, 除政曹外, 皆倍數添設, 各司

비녹관(非祿官, 녹봉을 받지 않는 관료)으로 남은 여타 밀직들이 겸임할 수 있는 6부 직의 수가 늘어날 여건을 마련했음이 주목된다. 당시 밀직으로서 상서직을 겸임한 이들이 대체로 공민왕과 가까운 인물들이었음을 보면, 공민왕이 신뢰하던 인물들로 하여금 6부 상서 직을 매개로 강력한 행정 권력을 행사케 한 셈이었다.

그러나 이런 구도도 결과적으로는 기씨 세력의 준동을 제어하는 데에는 역부족이었던 것같다. 이에 공민왕도 인사 노선을 조정할 수밖에 없었던 것으로 보이는데, 실제로 기철 세력을 척결한 후 5~6년간은 재신과 밀직의 '권능'을 공히 약화시키려는 노력이 눈에 띈다.

공민왕의 즉위 이래, 인사 때마다 이어진 여러 제2·3재신 임명으로 인해 재신의 정원이 크게 늘어 있던 상황이었다. 이에 공민왕은 3재신 자체를 '분할 임명'함으로써,[259] 재신의 수를 늘리고 내부 경쟁을 유발하였다. 임명된 이들이 공민왕과 특별한 관계를 가진 자들도 아니어서, 그가 측근

....

三四品, 亦皆添設, 又於四十二都府, 每領, 添設中郞將·郞將, 各二人, 別將·散員 各三人, 以授之, 謂之賞軍政, 添設之職, 始此." 물론 이 조치의 최대 수혜자가 된 것은 군직(軍職) 보유자들이었겠지만, 일부는 실직(實職)으로서 밀직들이 겸임하게 됐을 가능성을 상정해 본다.

259 제3재신이 보인 분화상은 1356년 11월의 '참지문하정사(參知門下政事)'와 '참지중서정사(參知中書政事)', 그리고 1358년 2월 '지문하정사(知門下政事)'의 존재에서 엿보인다. 앞의 두 직함은 그 명칭상 참지정사의 변형임이 확실하다. '지문하정사' 역시, 당시 이 직에 임명된 경천흥이 '평장사'로 임명된 자와 두 '참지정사' 임명자의 사이에 기록되었고 1358년 6월에는 '참지정사'로 언급된 사실도 감안하면, 3재신급의 또 다른 한 종류였음이 확실하다. 즉 1356년 말을 전후한 시점에 참지정사가 지문하정사, 참지문하정사와 참지중서정사 직 등으로 분기한 셈이라 하겠다. 게다가 참지정사가 '문하'와 '중서'로 세분된 점까지 감안하면, 지문하정사에도 '지중서정사'라는 짝이 있었을 수 있다. 즉 종래 단일직이었던 참지정사가 '지문하정사·지중서정사·참지문하정사·참지중서정사' 등 총 4개의 세부 직으로 분화했을 가능성도 배제할 수 없다.

들을 위한 자리 만들기에 나선 것은 아니었음을 알 수 있다.

공민왕은 또 밀직과 국왕의 거리도 늘려놓았다. 공민왕은 1356년 9월 내시부(內侍府)라는 관청을 두었는데, 이 '내시부'는 판사·지사·동지사·동첨사·승직·부승직 등으로 구성되어 기존 밀직사[密直司, 이전의 중추원(中樞院)으로서 밀직들이 소속된 관청]의 내부 구조와 흡사하였다. 내시부가 그런 존재였다면 그 출범으로 인해 기존 밀직들이 적지 않은 영향을 받았을 가능성이 높다. 이전의 밀직들처럼 국왕과 밀착된 존재로서 종래의 권능을 행사하는 데에 여러 지장이 발생했을 것이기 때문이다.

이렇듯 1356년 이후의 공민왕은 '재신은 왕과 권력을 공유하고 밀직은 왕을 보좌하는' 종래의 구도를 폐기하고, 몇 년간 아예 재추 모두의 힘을 빼놓는 편을 택했던 것 같다. 기철 세력이라는 전형적 반왕(反王) 세력을 제거한 후 조정 내부의 역학 관계를 재정비함에 있어, 경쟁세력이든 지지세력이든 잠재적 국정 견제자로 간주하고, 그들과 일정한 거리를 유지하는 것이 자신의 국정에도 필요했다고 본 것이 아닌가 한다.

다만 1350년대 말 홍건적의 침공, 그리고 1360년대 초 기황후 세력의 도발 등은 공민왕에게 또 다른 도전을 안겨 주었다. 그 결과 공민왕은 '권능'을 가진 권력직(재추)들의 '직능'까지도 강화되는 것이 맞다는, 직전 시기와는 매우 다른 판단을 하게 된 것으로 보인다. 실제로 1360년대에 접어들면 재신과 밀직의 6부 상서·판사, 어사대 대부·판사, 삼사사 및 판사 겸임이 고루 활발해진다. 공민왕이 재추들에게 실로 전방위적인 권한과 직능을 부여했던 셈이다.

그리고 1365년을 기점으로 마지막 변화가 찾아온다. 1360년대 초 이래의 양상과는 정반대로, 재추의 상서, 대부, 삼사사 직 겸임 사례가 기록에서 감쪽같이 사라지는 것이다. 공민왕의 직전 방침에 비하면 가히 '180도'급 노선 전환으로도 다가오는데, 몇 년 간 계속된 '실험'에도 불구하고 별다른 국정 성과가 없었던 탓이 아닌가 한다. 실제로 당시 관료 사회에 대한 공민왕의 뿌리 깊은 불신이 그가 털어놓은 속내에서 확인되는 바가 있다.

"세신(世臣) 대족(大族)은 친당(親黨)들이 뿌리부터 이어져 서로 엄폐(掩蔽)해 주고, 초야(草野)의 신진(新進)은 감정을 숨기고 행동은 꾸며 명예를 탐하다가 귀해지고 현달하면 출신 가문[門地]의 한미(寒微)함을 부끄럽게 여겨 대족(大族)과 혼인하고는 그 초심을 내팽개치며, 유생(儒生)은 유약하여 강직함이 적고 또 '문생(門生)'이니 '좌주(座主)'니 '동년(同年)'이니 들먹이며 서로 무리를 만들어[黨比] 정실[情]에 순종하니, 세 부류 모두 쓸 데가 없다."[260]

'세신대족'에 대해서는 '친당을 만들어 서로 허물을 덮어주는 무리'로, '초야신진'에 대해서는 '대족들과 인척을 맺기 바쁜 무리'로, 그리고 '유생'들은 '유약한 데다 문생 - 좌주끼리 당을 만드는 무리'로 혹평한 것이 무척이나 흥미롭다. 자연히 그런 존재들에게 타 부서 직 겸임을 매개로 우월한 직능을 부여하거나, 더 높은 재추 직에 신속히 기용함으로써 그 권능을 키워줄 수는 없는 노릇이었다. 즉 공민왕의 시각에서는 그들의 권한을 오히려 '축소'시켜야 할 상황이었던 바, 이 시기 겸임 사례가 급감했던 것도 그 때문이 아니었던가 싶다.

....

260 『고려사』 권132, 열전45 반역(叛逆) 6, 신돈(辛旽), "…初王在位久, 宰相多不稱志, 嘗以爲 '世臣大族親黨根連互爲掩蔽, 草野新進矯情飾行以釣名及貴顯恥門地單寒連姻大族盡弃其初, 儒生柔懦少剛又稱門生座主同年黨比徇情. 三者皆不足用.'" 유자에 대한 공민왕의 이러한 시각은 신돈도 공유하던 것이었다. 『고려사절요』 권28, 1368년 2월, "幸九齋, 賜李詹等七人及第. 初, 王之寵辛旽也, 李齊賢白王曰, '臣嘗一見旽, 其骨法類古之凶人, 請上勿近.' 旽深銜之, 毁之百端, 以其老不得加害, 乃謂王曰, '儒者稱座主門生, 布列中外, 互相干謁, 恣其所欲, 如李齊賢門生門下見門生, 遂爲滿國之盜, 儒者之有害如此.' 時, 藝文館再以三館員少, 請行科擧, 王重違旽意, 不許. 至是, 乃行親試."

다만 겸임 관행을 중지시키고 재추들의 직능도 일거에 제한할 경우, 상당한 혼란이 발생할 것은 물론이고 재추들의 반발도 격화될 것이 분명했다. 바로 이 시점에 신돈(辛旽)이 중히 등용된 것도 그 점을 고려한 때문이라 생각된다. 기성 관료 세력과 전혀 연고가 없어 그런 정국의 관리에 요긴했을 인물이었기 때문이다. 결과적으로 공민왕의 마지막 겸임정책 노선은 증조부 충렬왕이나 조부 충선왕의 '겸임에 대한 선별적 제한'에서 부친 충숙왕의 '겸임에 대한 추가적 제한'을 거쳐, "겸임을 완전히 중지하는" 새로운 선택을 보였던 것이라 할 수 있다.

이상에서 살펴본 바와 같이, 고려의 국왕들은 반세기 동안 '재상 간 전직' 및 '재상들의 실무직 겸임' 등을 고리로 여러 다양한 인사 추세를 선보였다. 재신과 밀직의 균형을 추구했다는 점에서는 공통된 지향을 보였지만, 선호했던 재상-실무직 겸직 구도는 서로 달라 겸임제도 운영 방식이 다양하였다. 전자와 관련해서는 비정상적인 전직 관행을 해소하는 데 노력하는 한편으로, 후자와 관련해서는 재추와 6부, 재추와 어사대의 적절한 관계를 다양한 각도에서 실험하였다. 충숙왕과 공민왕대에는 노골적인 현왕(現王) 반대 세력[심왕(瀋王) 세력, 기철 세력]에 대적해야 하는 상황이 왕의 인사 노선에 적지 않은 영향을 미치기도 했다.

그리고 이 모든 노력들은 기본적으로 원제국과는 무관하게 전개되었다. 당시의 모든 국왕들은 어디까지나 자신들의 국정 신념 및 정치적 이익에 종사할 수 있는 방향으로 재상들 간의 관계를 설정하고 관청·관직들을 다양하게 결합시켜 운영했을 뿐, 원제국의 전직 관행이나 겸직 제도는 전혀 고려하지 않았다. 적어도 '인사'의 영역에 있어서만큼은 중국의 유사 제도(counterparts)들이 고려인들의 시선 위에 존재하지 않았던 셈이다. 고려의 일상적 정치 질서가 내포했던 독자성, 그리고 제국과의 분리성을 보여주는 대목이라 할 것이다.

이러한 당시의 상황은, 사실 인사(人事)라는 것의 속성을 감안할 때 지극히 자연스러운 것이기도 하였다. 인사는 본질적으로 더 많은 역량과 권한을 가지려는 욕구, 더 적은 의무만을 지려는 계산, 맡은 임무를 더 잘 수행하려는 의욕 등이 교차하는 임명권자와 피임명권자 간의 권력 게임이기 때문이다. 고려의 경우도 마찬가지여서, 국내의 정치적 필요(중앙과 지방의 상황, 업무별 현안 등)에 따라, 그리고 임면권자 고려 왕의 관료에 대한 평가와 기대치에 기반하여, 고려의 국익에 가장 크게 기여할 수 있는 방향으로, 또는 국왕의 입장에 최대한 부응하는 방향으로 전개될 수밖에 없었던 분야가 바로 '고려 정부의 인사'였다. 고려의 인사 질서가 원제국과는 거리를 둔 채, 본질적으로 한반도의 테두리 안에서 전개된 것도 당연한 일이었다고 하겠다.

이상에서 고려와 원제국 간의 관계에 경제 권역의 분리, 법질서 간의 상충, 대외무역에서의 엇갈린 이해관계, 그리고 고려만의 독자적 정치 질서 등 여러 '격절'의 맥락이 깃들어 있었음을 살펴보았다. 그보다 앞서 살펴본 양상, 즉 군신(君臣) 정체성의 변동에 따른 양국 간 경계의 동요, 고려와 제국 간 개혁 노선의 동궤성, 그리고 정책 방법론의 유사성 등과는 실로 반대되는 면모였다고 하겠다. 이렇듯 고려와 원제국이 공존하는 상황에서 서로 모순된 정황들이 동시에 존재했던 셈인데, 그런 와중에 당시 고려에 또 다른 맥락의 바람도 함께 불었음이 주목된다. 고려 전통 문물의 복구가 바로 그것으로, 이어지는 3부에서 살펴보도록 한다.

3부

——

얼떨결에 살아나는
과거(過去)의 유산

이상의 검토에서, 일찍이 한반도와 중국 간에 존재했던 전통적 계선들 중 일부가 원제국의 도래로 인해 흐려졌던 한편으로, 사람들의 일상생활을 좌우하는 기층적 경계나 내적 질서들은 유지되었음을 살펴보았다. 위정자들의 정체성과 인식이 바뀌면서 고려와 원제국의 국정 노선, 지향, 정책 및 방법론 사이에 상관성, 연동성, 유사성 등이 제고된 반면, 양측의 경제권, 사법 질서, 인사 관행 등은 서로 무관한 채로 남았으며 그러한 분리를 허물려 하는 시도는 상당한 저항에 직면해 무산되곤 했음을 살펴보았다.

이렇듯 양국 질서 간의 '계선'과 관련해 두 가지 서로 모순된 듯한 양상들이 공존하던 상황에서 고려 사회는 또 다른 제3의 양상도 보이게 되었으니, 원제국의 영향력이 막중한 상황에서도 고려의 전통 '구제(舊制)'들이 일부 되살아난 것이 그것이었다. 그간의 통념에 비춰 봤을 때 당시인들로서도 기대하기 어려웠을 모습인데, 제국의 눈치를 보아야 하는 상황에서 의식적으로 고려의 전통 구제를 복구하려 노력하는 것이 결코 쉽지 않았을 것이기 때문이다.

그러나 13세기 후반 이래 14세기 전반까지의 고려에서는 '전통 구제'의 부활이 꾸준히 확인된다. 제국의 존재도 아랑곳하지 않고 고려의 토착 문화를 현창하며 과거의 대국(大國) 지향을 복구하는 경우(충렬왕), 중국의 구제(舊制) 지향에 편승해 고려의 이전 제도를 복원하거나 외래 신제(新制)와 고려 전통을 결합시키면서 나름의 균형을 모색하는 경우(충선왕), 그리고 제국 제도와의 연동으로 손상된 고려 전통 제도를 복구하거나 고려의 과거 전통으로부터 상징적 인물을 찾아내 추숭하는 경우(충숙왕) 등이 다양하게 확인된다.

충렬왕의 경우 현재의 상황 타개에 기여할 한반도의 토착문화에 주목하고 고려의 이전 '지향'들도 재발굴했던 경우다. 그의 음악 정책이 전형적인 사례에 해당하는데, 한반도의 전통 향악[鄕樂, 속악(俗樂)]에 주목하거나 당악(唐樂)을 매개로 고려 중기 의종(毅宗, 재위 1147~1170) 시대의 지향['태평(太平)', '대국(大國)']을 되살리려 노력했기 때문이다. 전자의 경우 원제국에서는 아악(雅樂)이 정비되는 와중에 이루어져 고려가 정반대로 향악을 택한 바가 궁금해지는 바가 있으며, 후자의 경우 제국인들의 눈에 천자국·황제국을 지향한 것으로 비쳤을 소지가 있어 충렬왕이 그런 위험을 무릅쓰며 이런 지향을 보인 이유를 살펴볼 가치가 있다.

충선왕 역시 일반적으로 알려져 있는 것과는 달리 고려의 구제(舊制)를 사랑하고 일부 분야에서는 그 복구를 추구했던 경우인데, 그는 오히려 중국 구제에 대한 존숭을 기반으로 그리 한 경우였다는 점이 눈길을 끈다. 아울러 중국의 제도를 수용하되, 균형을 맞추는 차원에서 국초의 문물적 요소 또한 보전하려 한 점도 흥미롭다. 그의 '고려 전기 관제 복구' 노력이 전자에 해당했다면, 그의 고려 태묘(太廟) 복원 방식은 후자의 사례라 할 만하다. 중국의 제도와 지향을 수용하는 위에 전개된 이러한 전통 복구 노력들은, 충렬왕과는 태생과 성향이 많이 달랐던 충선왕이 선보였을 법한 것이었다.

마지막으로 충숙왕은 또 다른 노력을 선보였다. 원제국과의 공존 상황에서 선대 고려왕(이 경우 충선왕)이 제국의 문물에 경도되어 단행했던 일련의 제도 개변이 고려의 구제(이 경우 과거 및 교육제도)를 손상시킨 경우 그를 복구하거나, 원제국의 문물 정비책과 동궤(同軌)의 문물 혁신 작업을 고려 내에서 벌이면서도 중국의 문화 상징 대신 '고려의 문화 상징[기자(箕子)]'을 그 소재로 삼았다는 점에서 그러하다. 이 두 사례가 하필 충렬·충숙왕을 계승한 충숙왕대에 등장한다는 점 역시 매우 흥미로운데, 아버지 충선왕보다는 조부 충렬왕과 좀 더 가까웠던 그의 성향을 보여주는 한편으로, 원제국의 국정 노선에 민감했던 아버지 충선왕의 지향 또한 어느 정도 계승했던 그였기 때문이다.

1장. 전통과 과거를 바라보는 군신(君臣)의 시각

충렬왕은 고려 후기의 역사에서도 독특한 위치를 점하는 인물이다. 순수 고려 혈통의 국왕으로서는 마지막 사례였지만, 원제국 황제의 사위가 된 것으로는 최초의 사례였기 때문이다. 그 결과 의도치 않게 양국 간의 경계선에 위치하여 고려인들에게는 고난이 될 결단도 종종 내려야 하는 상황에 처하곤 하였다. 그러한 딜레마의 해소가 그에게는 절실한 과제였을 것인데, "음악"의 문제에 깊이 착목한 것도 바로 그 때문이 아니었던가 한다.

흐트러진 왕조를 수습하기 위해 충렬왕은 각종 개혁을 시도했지만, 제국과의 관계가 비로소 형성되던 급박한 전환기에 그에게 허용된 운신의 폭은 매우 좁았다. 부마로서의 지위에 힘입어 그의 제국 내 외교력은 제고됐지만 국내에서의 정치적 위상은 여전히 유동적이었기 때문이다. 정치 개혁을 시행하기에는 무신집권기의 유산이 여전하였고, 경제·사회적 개선책들을 쓰기에는 기득권층의 저항이 너무 강했다. 근본적 개혁을 시도하기에는 여건이 매우 나빴고, 기득권을 타파하기에는 속된 말로 그에게 '힘'이 너무 없었다.

이에 충렬왕은 힘보다는 예악(禮樂)을 통한 국면 전환을 시도했던 것으로 보인다. 전통 속악(俗樂)으로서의 향악(鄕樂)으로 불안한 사회를 치유하고, 과거 의종대를 풍미했던 당악(唐樂) 전통 및 '태평(太平)' 지향을 발굴해 환기함으로써, 고려사회의 앞으로의 전진(前進)을 추구하며 그를 대중에게도 종용했던 것이다. 음악을 통한 국정은 그에 대한 이해가 적었던 몽골 공주의 조롱을 듣기도 했고 아악(雅樂)을 존중하는 국내 법관(法官)들의 비판을 사기도 했지만, 이에 대한 충렬왕의 신념은 확고하였다. 그가 1270년대 후반 이래 1290년대 말까지 음악이라는 도구를 놓지 않고 향악과 당악에 초점에 맞춘 행보를 이어나갔음에서 그를 엿볼 수 있다.

충렬왕의 이런 모습은, 당시 과거를 바라보던 여러 고려인들이 공유했던 시각으로 보인다. 13세기 후반 이래 14세기 중엽까지 몽골 원제국과 공존했던 고려인들이, 과거사를 바라보는 과정에서 여러 갈래의 시각을 노출하면서도 과거에 대한 애정만큼은 유지했기 때문이다.

13세기 말 고려가 겪었던 여러 아픔에 대한 기억은, 매우 의아하게도 불과 반세기가 지났을 따름인 14세기 전반으로 제대로 이어지지 못한 것 같다. 당시인들의 울분을 담은 13세기 말 기록의 분위기와, 13세기 말의 그런 상황에 대한 14세기 전반 후손들의 입장을 담은 기록의 분위기가 서로 너무나 다르기 때문이다. 시간의 흐름이 빚어낸 자연스러운 결과라기엔 과거에 대한 기억이 너무 달라져 혼란스러울 지경이다. 다만 과거사를 잊은 채 제국의 제도·문물을 존숭하게 된 그들이 한반도의 과거(過去) 문화까지도 '비루'한 것으로만 보게 된 것은 결코 아니었다. 과거 고려가 입은 정치·외교적 피해들을 선조들과는 사뭇 다른 맥락에서 평가하던 14세기 전반의 지식인들도, 고려의 국체(國體)를 소중히 여기면서 그 전통문화에 대해서도 강력한 자부심을 드러내었기 때문이다.

이런 분위기와 정서야말로, 고려의 여러 전통 구제들이 14세기 전반 복구되는 토양이 되었던 것으로 생각된다. 구체적 복구 사례들은 2장과

3장에서 검토하도록 하고, 1장에서는 그 모든 것의 시작이었던 충렬왕대의 상황을 먼저 검토해 보며, 그 뒤를 이어 고려 관료들의 관점 또한 살펴보도록 한다.

1. 충렬왕, 한반도 고유의 음악을 소환하다

충렬왕의 경우 앞서 언급한 바와 같이 음악에 관심이 많았던 국왕이다. 고려 후기 통틀어 그의 재위 기간에만 확인되는 '열악(閱樂)' 행위에서 그를 엿볼 수 있다.[1] 아울러 그는 고려 왕으로서는 매우 오랜만에 교방(教坊)의 연주자를 증원하였다. '교방'은 일찍이 문종대 이래 가무(歌舞)의 기획을 담당하며 〈포구락(抛毬樂)〉 등의 '당악(唐樂)'을 연주하였고, 의종대에도 여러 전례(典禮)에 누차 등장하는 등 고려 전·중기 음악 정비에 꾸준히 기여하였던 관청이다. 그런데 무신집권기와 고종~원종대에는 등장하는 바 없다가, 충렬왕대 오랜만에 '충원'의 경사(?)를 누리게 된 것이다.

그런데 충렬왕은 음악에 대해 예술 차원의 관심을 갖는 것에 그치지 않고, 음악을 국정의 중요 수단으로도 활용하려 했던 것으로 보인다.

---

1 『고려사』 권28, 세가28 충렬왕2년(1276) 2월 을사, "閱樂於宮門, 王與公主觀之, 賜銀布." 일찍이 1116년(예종11) "예의사가 제향 주관을 겸하고 있어 열악(閱樂)이 불편하므로 새로 열악원(閱樂院)을 세운" 바 있었는데[물론 이것은 서경의 경우임: 권77, 지31 백관2, 외직(外職) 서경유수관(西京留守官)], 그러한 '열악' 행위가 고려 후기에서는 유일하게 충렬왕대에만 발견됨이 흥미롭다. 한편 '열악'과 유사한 행위로서 '관악(觀樂)'이라는 용례도 더러 관찰되지만, 1313년 충숙왕 즉위 직후 왕의 비빈이 '관악'을 했다거나 어린 충목왕이 팔관회 때 '관악'을 했다는 기록 정도가 확인될 따름이어서[권34, 세가34 충숙왕즉위년(1313) 11월 경자; 권37, 세가37 충목왕2년(1346) 11월 정사] 충렬왕의 '열악' 행위와 비교하긴 어렵다. 물론 1368년 공민왕의 '관악'은 향후 추가 검토의 여지가 있다[권41, 세가41 공민왕17년(1368) 11월 기유].

1285년 '일찍이 음률(音律)에 뜻을 두어 온' 충렬왕이 악공들에게 풍악을 연주케 하자, 제국대장공주가 "음악으로 나라를 잘 다스렸다는 말은 듣지 못했다"며 면박을 주었다는 일화가 그를 잘 보여준다.[2] 물론 그가 직접 악곡을 지어 관료들에게 돌린 것은 아니었다. 그러나 특정 악곡에 대한 그의 관심, 그리고 관료들의 그에 대한 선제적 호응이 결합하는 모습들이 그의 재위 기간 내내 연출된다.[3]

음악에 대한 그의 이러한 관심은, 비슷한 시기 원제국 정부에서도 예악(禮樂) 정비를 본격화하고 있었다는 점에서 눈길을 끄는 바가 있다. 제국의 제도와 문물을 집대성했다고 평가되는 쿠빌라이의 시대에서 그러한 노력을 관찰할 수 있다.

원제국 정부는 1260년 이래 악인(樂人)들을 모아 악기를 만들었고 새로 제정한 아악을 조종 제사에 사용하였다. 1261년 동평(東平) 지역의 악공들에게 '대악(大樂)'을 교습시켰고 1266년 처음으로 태묘(太廟)에서 궁현(宮縣), 등가(登歌), 문무이무(文武二舞)를 사용했으며, 태묘 8실의 악장(樂章)도 제작하였다. 1267년에는 궁현악에 '대성(大成)'이라는 이름을 붙이기도 하였다. 1270년의 궁궐 행사에서는 교방사(敎坊司)를 비롯해 운화서(雲和署), 홍화서(興和署), 상화서(祥和署), 의봉사(儀鳳司) 등 다수의 음악 관련 부서들이 등장한다. 1274년에는 내정(內庭)에서 진설할 곡무(曲舞)를 짓는 한편 교방사에 800명의 악공을 충원하였다. 1276년 강남 복속을 계기로 악기도 계속 수집하고, 1279년에도 악공을 보충하였다.[4]

....

2 『고려사』 권89, 열전2 후비2, 제국대장공주, "王留意音律, 嘗使內竪與伶人鼓樂, 公主遣人告王曰, '以絲竹而理國家, 非所聞也.' 遂罷之."

3 이 절의 서술은 이강한, 2014「충렬왕대의 시대상황과 음악정책」『한국사학보』 55를 기반으로 하였음을 밝힌다.

4 『원사』 권68, 지19 예악(禮樂) 2, 제악시말(制樂始末), 중통(中統) 원년(1260) 1월;

즉 원제국의 '아악(雅樂)' 정비가 본격화되는 시점에 충렬왕 또한 교방 충원 조치를 단행했던 것인데, 그런 점에서 충렬왕의 음악정책이 원제국 정부의 음악 정비와 맞물려 진행된 것은 아닌가 하는 느낌마저 받게 된다. 제국 정부의 교방 정비 등에 영감을 받아 충렬왕도 유사한 시도를 한 것이 아닌가 싶은 것으로, 그럴 경우 1270년대 말 충렬왕의 음악 정책이 원제국 정부의 제도 정비 추세에 편승하여 시작된 것이라는 관측도 가능해진다.

다만 충렬왕이 음악과 관련해 목표했던 바는, 정작 원제국의 지향과는 매우 달랐던 것 같다.

고려는 국초 이래 송과의 교류를 통해 이미 대성악(大晟樂)을 받아들인 바 있었다. 따라서 제국 치하 중국에서의 음악 정비는 고려 한반도로서는 그리 새로운 일이 아니었다. 물론 원제국 정부와의 관계 설정에 고심하던 충렬왕이 제국의 문물 정비 추이에 무심할 수는 없었지만, 이미 송으로부터 아악을 들여오는 과정에서도 진통이 적지 않았던 고려로서는 신중할 필요도 없지 않았다.[5] 따라서 충렬왕이 원제국의 아악 정비 노력을 전후하여 교방에 악인을 충원했다고 해서, 반드시 그를 고려 아악 정비책의

2년(1261) 9월; 12월; 권67, 지18 예악1, 지원3년(1266); 권6, 본기6 지원14년 (1267) 3월 정사; 권77, 지27 하(下) 제사(祭祀) 6, 국속구례(國俗舊禮), 지원7년 (1270); 제악시말, 지원11년(1274) 8월; 본기8, 지원11년(1274) 11월 임인; 본기 9, 지원13년(1276) 3월 정묘; 제악시말, 지원16년(1279) 10월

5 중국 아악의 경우 고려에는 예종대 처음 도입됐지만, 예종의 손자 의종의 경우 조부와는 중국 아악에 대한 입장이 달랐던 것 같다. 의종이 무신정변으로 물러난 뒤, 명종대의 사관(史官)이 의종대의 음악 정책을 비판하는 장면에서 그 점이 잘 확인된다[『고려사』 권70, 지24 악(樂) 2, 아악(雅樂), 헌가악 독주절 도(軒架樂獨奏節度)]. 다만 필자의 이런 견해는 음악학계의 견해(송혜진, 2001 「고려시대 아악의 변천과 지속」, 『한국중세사회의 음악문화 - 고려시대편(고려 시대편)』 민속원)와는 다른 것임을 밝혀둔다.

일환으로 볼 필요는 없다. 충렬왕과 그 신하들이 고려 교방에서 악인(樂人)들에게 가르치거나 왕조 행사에서 연주케 했던 노래들이 결코 아악류의 음악이 아니었음을 고려하면 더욱 그렇다.

그렇다면 이 시기 충렬왕이 정비하거나 보급하려 한 음악은 과연 어떤 음악이었을까? 아악보다는 오히려 '향악(鄕樂)'과 '당악(唐樂)'이었을 가능성이 높다. 뒤에 차례대로 살펴보겠지만, 그의 재위 기간 등장한 악곡들이 모두 『고려사』 악지(樂志)의 '속악(俗樂)' 조와 '당악(唐樂)' 조에 등장하는 노래들이었기 때문이다. 그런 점에서 충렬왕이 1270년대 이래 1290년대까지 음악 정책을 통해 현창한 악곡들은 대체로 고려의 전통, 한반도의 과거에 바탕을 둔 것이었다고 할 수 있다. 음악의 효용 또는 국정에서의 가치에 대해서는 외부(제국)의 음악 정비 노력(제국의 경우는 아악 정비 노력)에서 새삼 영감을 얻되, 정비할 대상으로서의 악곡은 고려의 내부 전통에서 취했던 셈이었다.

먼저 1270년대의 상황부터 살펴보도록 하자. 충렬왕은 1278년 원제국에 들어가 쿠빌라이 황제 및 제국 관료들과 협상을 벌인 결과 몽골군을 철수시키고 둔전을 혁파하는 등 몇 가지 외교 성과를 거두게 된다.[6] 그 결과 모처럼 '내치(內治)'에 눈을 돌릴 여건이 마련됐는데, 그 후 얼마 지나지 않아 충렬왕이 앞서 언급한 교방 악인 충원 조치를 단행하였다. 충원 조치의 구체적 내용은 다음 기사에 드러나 있다.

> "각 지역의 창기(倡妓)로 색예(色藝)가 있는 자들을 교방(敎坊)에 충원하였다."[7]

....

6 『고려사』 권28, 세가28 충렬왕4년(1278) 7월 갑신; 임진; 무술

7 『고려사』 권29, 세가29 충렬왕5년(1279) 11월 임신, "命選州郡倡妓有色藝者, 充敎坊."

이 조치는 충렬왕의 측근 오잠(吳潛)[8] 및 또 다른 관료 김원상(金元祥)[9] 등이 주도한 것으로 보이는데, 오잠의 열전에서 조금 더 상세한 내용을 확인할 수 있다. 관현방, 대악서 등에 음악을 연주할 수 있는 인력['재인(才人)']이 부족해 각 도의 용모와 재주 있는 자들을 수색하고, 서울의 무당 및 관비(官婢)로서 가무(歌舞)에 능한 자들까지 확보해 궁중에 등록하였다는 것이다.[10]

그런데 이런 상황에서 충렬왕은 한 가지 흥미로운 선택을 하게 된다.

> "나기(羅綺)를 입히고 마미립(馬尾笠)을 씌워 별도의 1대(隊)를 꾸린 후, '남장(男粧)'이라고 이르며 '신성(新聲)'을 가르쳤다."[11]

이 '새로운 소리'라는 것은 과연 무엇이었을까? 이어지는 기록이 단서를 제공한다.

....

8 오잠은 오기(吳祁)라고도 불리며, 충렬왕대 말기에는 석천보(石天補) 등과 함께 국정을 농단한 인물이다. 1320년대에는 유청신과 함께 입성(立省) 논의, 심왕(瀋王) 옹립 운동 등을 주도했던 대표적인 권신(權臣)이다.

9 김원상은 1302년 6월 '국학박사(國學博士)들에게 시험을 치르게 하여 6경(經)에 능통한 자의 질(秩)을 높여 줄 것'을 요청하는 등 유학적 소양이 상당했던 인물로 전한다. 『고려사』 열전에는 그가 '간신(奸臣)'으로 분류돼 있지만(권125, 열전38 간신1), 필자는 그를 다른 각도에서 볼 필요가 있다고 생각한다. 오잠과도 초기에는 함께 등장하지만 이후에는 행보를 달리 했는데, 후술하도록 한다.

10 『고려사』 권125, 열전38 간신1, 오잠(吳潛), "管絃坊大樂才人不足, 分遣倖臣, 選諸道妓有色藝者, 又選京都巫及官婢善歌舞者, 籍置宮中."

11 『고려사』 권125, 열전38 간신1, 오잠, "…衣羅綺戴馬尾笠, 別作一隊, 稱男粧敎以新聲." 다만 이런 복식을 입히고 훈련시킨 대상이 "개경에서 확보된 무당과 관비" 뿐이었는지, 아니면 "전국에서 물색된 색예자들"까지 포함한 것이었는지는 문형상 확실치 않다.

"그 가사에 이르기를, '삼장사(三藏寺) 안에 등불을 밝혔는데 마침 사주(社主)가 나의 손을 잡았다. 만약 이 말이 절 밖으로 샌다면 상좌(上座)님께서 지어내신 말이라 할 것이다.'고 하였고, 또 이르기를, '용의 꼬리를 문 뱀이 대산(大山)을 지나간다는 말이 있다. 만인(萬人)의 말이 서로 다르니, 두 마음(兩心, 뱀과 용)을 모두 고려해야 할 것이다.'라 했는데, 고저(高低)와 완급(緩急)이 모두 곡조에 맞았다."[12]

이른바 '삼장(三藏)'과 '사룡(蛇龍)'은 『고려사』악지(樂志)의 속악조(俗樂條)에 등재돼 있어, 향악(鄉樂)에 해당하는 악곡임이 확인된다.[13] 그런데 두 노래 중 앞의 '삼장'이 우리가 익히 아는 〈쌍화점(雙花店)〉의 내용 중 일부이기도 해 눈길을 끈다. 쌍화점의 내용이 바로 충렬왕대 궁정에서 악인들에게 가르쳤던 '신성(新聲)', 즉 새로운 소리의 하나였던 것으로, 1270년대 말 충렬왕의 궁정에서 왕의 측근들이 악공들에게 쌍화점을 비롯한 향악을 가르쳤던 셈이다.[14] 충렬왕의 음악정책에 '토착성'과 '종래성'에

....

12 『고려사』권125, 열전38 간신1, 오잠, "····其詞云: '三藏寺裏點燈去, 有社主兮執吾手, 儻此言兮出寺外, 謂上座兮是汝語.' 又云: '有蛇含龍尾, 聞過大山岑, 萬人各一語, 斟酌在兩心.' 高低緩急, 皆中節簇."

13 『고려사』권71, 지25 악(樂) 2, 속악(俗樂) 삼장(三藏), "三藏寺裏點燈去, 有社主兮執吾手, 此言兮出寺外, 謂上座兮是汝語; 有蛇含龍尾, 聞過太山岑, 萬人各一語, 斟酌在兩心····" 이런 속악의 원형은 당시 유행하던 민요였을 것으로 국문학계는 추정하고 있다. 충렬왕의 측근들이 항간의 민요들을 채집하여 곡조를 정비하고 가사를 다듬은 후 악인들에게 가르치고 연주도 하게 한 것으로 짐작된다.

14 한편 『고려사절요』기록에 이와(아울러 앞서 인용한 오잠 열전의 기록과) 거의 동일한 기사("幸壽康宮. 王狎昵群小嗜好宴樂, 倖臣吳祁·金元祥, 內僚石天補·天卿等務以聲色容悅, 謂管絃坊大樂才人猶爲不足, 分遣倖臣諸道, 選官妓有色藝者(①), 又選城中官婢及巫善歌舞者, 籍置宮中(②), 衣羅綺戴馬尾笠別作一隊, 稱爲男粧, 教以新聲, 其歌云, '三藏寺裏點燈去, 有社主兮執吾手, 儻此言兮出寺外, 謂上座兮是汝語.' 又云, '有蛇含龍尾, 聞過太山岑, 萬人各一語, 斟酌在兩心.' 其高低緩急, 無不中節.")가 충렬왕25년(1299) 5월 조에 기록돼 있다는 이유로,

대한 추구가 내재해 있었음을 보여주는 대목이다.

사실 충렬왕의 전통 중시 면모는 음악 이외에도 여러 분야에서 확인된다. 그는 1278년 평양에 사신을 보내 태조(太祖), 동명(東明), 목멱묘(木覓廟) 등에 제향케 한 바 있었고,[15] 고려 후기 국왕으로서는 처음으로 성황(城隍)에 덕호(德號)를 가하기도 하였다.[16] 그의 즉위 초 관심 및 지향점이

"재인(才人)들의 충원 및 쌍화점의 첫 연주"가 이뤄진 시점을 1270년대 말이 아닌 '1299년경'으로 보는 견해도 있다(박노준, 1990 「쌍화점의 재조명」 『고려가요의 연구』 새문사). 『고려사』의 열전 기록이 가끔 연월을 누락하고 있어 경우에 따라 『고려사절요』를 토대로 그 정확한 시점을 특정할 필요도 없지 않지만, 위 기사의 내용 중 연도가 명시되지 않은 ②(관비와 무당 소집)와 달리 ①(색예를 갖춘 관기의 선발)은 1279년의 일로 세가에 명시돼 있어, 위 기사의 내용(재인 충원 및 쌍화점 연주) 전부를 1299년의 일로 보긴 어렵다. 아울러 다음과 같은 가능성도 고려할 필요가 있다. 위 기사에는 오기(오잠)와 김원상이 석씨 등과 함께 행동한 것으로 나와 있는데, 14세기 초 김원상과 오기는 사실 정치적으로 결별한 상태였다. 홍자번 등이 1303년 오기의 죄를 중국에서 온 제국 관료들에게 고발할 당시 김원상도 그 고발 대열에 동참했음이 그를 잘 보여준다[『고려사』 권32, 세가32 충렬왕29년(1303) 7월 신사, "元冲甲等五十人及洪子藩尹萬庇等三十人, 以書數吳祁罪告于帖木兒不花李學士."; 권125, 열전38 간신1, 김원상(金元祥), "…遷知申事, 與洪子藩等數吳潛罪告元使帖木兒不花…"]. 그랬던 두 사람이 그 직전에 해당하는 1290년대 말 충렬왕 앞에서 함께 〈쌍화점〉 공연 등을 진행했다고 보는 것은 여러모로 어색한 바가 있다. 따라서 '관비, 무당의 소집(②)'은 '색예를 겸비한 관기 선발(①)'과 함께 모두 1279년 경 (두 사람이 아직 정치적 행보를 같이 하던 당시) 함께 이뤄진 것으로 보는 것이 좀 더 개연성을 가진 추정일 것이라 생각된다. 실제로 두 기사가 '우(又)'로 바로 연결돼 있다. 즉 이 경우는 『고려사절요』가 ②부분을 1299년조에 잘못 배치한 것이었을 가능성이 높은 경우라 하겠는데, 그 이유는 별도로 해명될 필요가 있다.

15 『고려사』 권63, 지17 예5, 길례소사(吉禮小祀) 잡사(雜祀), 충렬왕4년(1278) 9월 신묘, "遣使于平壤, 享太祖東明木覓廟." 이런 노력은 1290년대 초까지도 이어졌다[권30, 세가30 충렬왕19년(1293) 10월, "王至西京, 謁聖容殿, 分遣人祭平壤君祠東明王及木覓廟."].

'과거'와 '전통'을 가리키고 있었음을 보여주는 사례들이다.

무엇보다도 관료 심양(沈暘)과의 갈등이 충렬왕의 음악적 지향을 더욱 분명히 보여준다. 특히 충렬왕이 그를 처벌하면서 보였던 모습을 통해, 그의 음악 정책 이면에 깔린 지향이 당시 원제국의 아악 정비 노력과는 전혀 다른 것이었음을 다시 한 번 엿볼 수 있다.

심양은 주술과 미신을 철저히 배격했던 성향의 소유자로 전하는 인물인데, 그랬던 그가 1280년 초 충렬왕을 상대로 매우 도발적인 진언을 했음이 눈길을 끈다. "위항(委巷)의 이음[俚音, 속음(俗音)]"을 멀리하고 "교방(敎坊)의 법곡(法曲)"을 받아들일 것을 제안한 것이다.[17] 앞서 언급했듯이 충렬왕의 음악 정책은 이미 교방을 공간으로 진행되고 있었지만,[18] 그 내용은 '(고려의) 속악'을 기반으로 하는 것이었다. 심양은 이를 콕 찍어 비판했던 셈이다.

그럼 심양이 주장한 '교방의 법곡'은 어떤 음악이었을까? 마침 같은 해 원제국에서 궁정 아악의 정비가 어느 정도 완료됐음을 감안하면,[19] 그가 가리킨 것은 당연히 '아악(雅樂)'이었을 것으로 생각된다. 즉 심양은 충렬왕에게 원제국 정부 음악 정책의 핵심인 '아악의 육성'에 더욱 충실할 것을 요구한 셈이었다. 그에 대한 응답은 충렬왕의 가혹한 징벌이었지만,

....

16 『고려사』 권29, 세가29 충렬왕7년(1281) 1월 병오, "中外城隍名山大川載祀典者, 皆加德號."

17 『고려사』 권106, 열전19 심양(沈暘), "聲樂則斥委巷之俚音, 進教坊之法曲, 此一國之望也." 여기서의 교방은 물론 고려의 교방이 아닌 중국의 교방을 이르는 것이거나, 유교적 아악을 주무하던 부서에 대한 통칭, 예칭(譽稱)으로 보인다.

18 오잠의 열전에는 이것이 '관현방과 대악서'로 표현돼 있다.

19 『원사』 권10, 본기10 지원16년(1279) 10월 을유[대악서령(大樂署令) 완안춘(完顔椿) 등에게 문무악(文武樂)을 익히게 함]; 권11, 본기11 지원17년(1280) 4월 을유[송나라의 태상악(太常樂)을 태상시(太常寺)에 관장시킴]

그것이 단순한 역정의 발로는 아니었다. "간쟁(諫諍)은 성랑(省郞)의 임무인데, 심양은 법리(法吏)이므로 간쟁은 그의 임무가 아니라"고 일갈한 부분이 그를 잘 보여준다. 충렬왕은 법과 체례의 적절성을 따지는 것이 주요 임무였던 법관(法官)이 국왕의 국정 방향을 시비하는 월권적 '정치 간쟁'을 한 것에 진노했던 것이다.

앞서 언급한 바와 같이 음악을 활용한 충렬왕의 정책 방향은 적어도 이 시점에서는 '향악의 육성'이었다. 비록 시기적으로는 원제국의 교방 및 아악 정비가 이뤄지던 때에 그런 추세에 조응하여 고려 교방의 강화에 나섰지만, 그 지향점만큼은 아악이 아닌 '속악(향악)'이었던 것이다. 그가 원제국의 '문·무 아악 위주의 정비 노선'을 수용하지 않은 것은 자신의 국정 목표 성취에 '아악' 보다는 다른 음악, 이 경우는 속악 즉 향악이 더 유효할 것이라 판단했음을 의미한다. 왕의 그러한 입장 및 의지는 어디까지나 정책적·정무적(政務的) 결단의 영역에 속하는 것으로서 간쟁의 대상이라 보긴 어려우므로, 그 점을 감안하면 충렬왕의 분노도 이해가 된다. 심양을 견책하면서 대부분의 대간을 교체해 버렸을 정도로[20] 충렬왕은 속악 위주의 음악 정책 견지에 의지를 불태우고 있었다.

그렇다면 그가 속악 위주의 음악 정책을 통해 성취하려 한 국정 목표는 과연 무엇이었을까?

1270년대 말은 충렬왕의 집권 초기로서 그가 부마가 되어 '정동(征東)'의 일을 맡아 보게 된 직후이자, 고려의 신료와 백성들로서는 한반도에 몰려들던 몽골인, 회회인(回回人), 색목인(色目人), 한인(漢人)들로부터 적지

---

20 『고려사』 권29, 세가29 충렬왕6년(1280) 3월 을묘, "監察司上言論時事, 王大怒, 鞫侍史沈暘于崇文館, 流雜端陳侗侍史文應于海島, 罷殿中侍史李承休, 以將軍金鎰爲侍丞, 郎將禹天錫爲雜端, 佐郎閔萱爲侍史, 前廣州判官李仁挺祗候閔漬爲殿中侍史."

않은 위기감을 느끼던 시기이다. 고려 사회 내 외국인들의 거주 비중이 현저히 증가하면서 고려인들의 일상이 크게 변했던 시기이기도 하다.

무엇보다도 그들의 도래와 함께 쇄도하던 외국의 각종 문물과 풍습들이 고려인들에게는 특히 생경하고 부담스러웠을 것으로 생각된다. 원의 칭량(稱量) 제도가 고려에 도입되고 공문 규례(規例) 및 역법(曆法)이 제국 정부로부터 내려오는 등 고려 사회의 여러 분야에 제국의 제도가 덧입혀지고 있어, 고려인들의 불안감과 긴장감이 커질 수밖에 없었을 것이기 때문이다. 충렬왕의 오지랖으로 인해 온 백성이 변발(辮髮)과 호복(胡服)을 강제 착용하게 된 상황에서는 더욱 그랬을 것이다.

이에 고려의 국왕과 정부로서는 고려인들을 달래고 안심시키는 것이 그 무엇보다도 절실한 상황이었다. 그를 위해 충렬왕은 우선, 제국의 문물을 적극 수용하면서도 일정한 제한 또한 두고자 하였다. 태사국(太史局)에서 고려인들의 몽골식 백색 의복 착용을 금할 것을 건의하자 그를 가납하였고,[21] 조성도감(造成都監)의 제국식 고층건물 건축 시도에 관후서가 〈도선밀기(道詵密記)〉를 들어 반대하자 그를 수용해 공사를 중단시키기도 하였다.[22] 비록 원의 지시에 앞서 호복과 변발을 전격적으로 수용했던 충렬왕이지만, 전통 질서의 교란 및 전통적 금기(禁忌)의 반복적 부정은 민간의 안정을 위해서라도 용납하기 어려웠던 것이다.

그러나 그것으로는 부족하다고 생각했는지, 좀 더 적극적이고 선제적인 설득과 위안을 위해 충렬왕이 동원한 방책이 바로 '음악'이었던 것으로 보인다. 충렬왕이 1280년 10월 궁인(宮人)으로 하여금 악기를 연주하게 했는데, '생소(笙簫), 가취(歌吹)의 소리를 궁 밖에까지 나도록 했다'는 기

....

21 『고려사』 권85, 지39 형법2, 금령(禁令), 충렬왕원년(1275) 6월
22 『고려사』 권28, 세가28 충렬왕3년(1277) 7월 병신

록이 그를 잘 보여준다.[23] 충렬왕의 이러한 행위는 일본 정벌 등으로 어수선했던 당시의 상황을 감안하면 일견 납득하기 어려운 일임이 사실이다. 그러나 한편으로, 위의 연회가 오히려 백성들에게 '지금은 두려워할 시국이 아님'을 짐짓 강조하고 환기하는 성격의 퍼포먼스였을 가능성도 고려해 볼 만하다고 생각한다.

만약 충렬왕의 의도가 그랬다면, 이 연회에서는 백성들이 익숙히 여기고 있던 음악, 즉 전통 향악이 연주됐을 가능성이 높다. 그리고 바로 전해(1279)의 가무재인(歌舞才人) 확보 및 교방 충원 조치를 감안하면, 김원상과 오잠 등이 수집해 정리했을 〈쌍화점("삼장")〉 등이 이 연회의 연주 대상에 포함됐을 가능성도 매우 높아 보인다.[24] 그런 점에서 위 1280년 10월 일화는 충렬왕이 당시 고려 사회의 긴장 완화에 〈쌍화점〉 등의 내용이 도움이 된다고 판단했을 가능성을 시사한다. 민심 위무 차원에서 〈쌍화점〉을 비롯한 음악을 연주하고, 그러한 의도를 궁 밖에 노출·과시하려 한 것이었을 가능성이 상정되는 것이다.

그렇다면 그렇게 강행된 시연(示演)에서 표출된 〈쌍화점〉 등의 음악이, 과연 어떤 점에서 민심을 어루만지고 그 긴장감을 해소시켜 줄 수 있는

....

23 『고려사』 권29, 세가29 충렬왕6년(1280) 10월 무자, "令宮人奏樂笙簫歌吹之聲 聞於外. 國人以東征故皆有蹙額之嗟."

24 〈쌍화점〉 등의 '신성'이 '고저완급(高低緩急)에 있어 모두 곡조에 맞았다'는 평가를 들을 정도로 완성도가 높은 악곡이었음을 감안하면, 그 원형은 민요에서 채집됐을지언정 악곡 자체는 김원상과 오잠 등에 의해 한 차례 가공을 거친 후 궁정에서 연주되었을 가능성이 높아 보인다. 그리고 가공 과정에서는 당시 원제국 치하 중국에서 유행하던 이른바 "원곡(元曲)"도 참조되지 않았을까 싶다. 실제로 〈쌍화점〉이 형태적 차원에서 볼 때 〈원곡(元曲)〉과 깊은 관련성을 지닌다는 평가가 주목된다(김명준, 2006「쌍화점 형성에 관여한 외래적 요소」『동서비교문학저널』14). 고려의 민간에서 채취한 전통 노래를 원형으로 삼되, 외국의 악곡을 활용해 가공한 결과가 〈쌍화점〉이었을 수 있는 것이다.

것이었을까? 주지하다시피 〈쌍화점〉은 당시 민중들이 흔히 드나들던 일상의 공간들(시장, 사찰, 우물가, 술집 등)을 그 배경으로 하고 있다. 내용에 있어서도 연정(戀情)이나 비밀스러운 사랑 등 흡인력 있는 소재를 담고 있다. 다시 말해 일상성과 선정성을 토대로 한 구성 및 내용이 익숙하면서도 매력적이어서, 백성들이 거부감이나 부담 없이 즐길 수 있는 작품이었다고 하겠다.

그러나 그것만으로는 충렬왕이 그를 공개 연주케 한 이유가 충분히 설명되지 않는다. 이에 그를 넘어 주목해야 할 것이, 쌍화점의 공간적 배경으로서의 네 지점 중 한 곳이 하필 '외국인(회회아비)이 운영하는 가게'로 설정되었다는 점이다. 그 연유는 미상이지만, 몇 가지 가능성이 있다. 당시 외국 상인이 주인 노릇을 하는 가게들이 이미 (고려인들이 일상적으로 왕래할 정도로) 흔한 것이었기에 민요 단계에서부터 그러한 공간 설정이 노래 내에 포함돼 있었을 수 있다. 한편 좀 더 적극적인 가설도 상정해 봄직하다. '(제국의 치하에서) 이런 외국인 가게들이 앞으로 고려에 더욱 많아질 것이니 이상하게 볼 필요가 없다'는 점을 계도하기 위해, 정부가 '비밀스러운 연애'라는 모티브를 노래할 공간 배경들을 설정하며 '외국인이 운영하는 가게'를 군이 새로 첨가했을 가능성이 그것이다. 고려 사회 속 외국인의 존재가 이제 더 이상 생경하거나 이질적이거나 돌발적인 일이 아니며 새로운 일상의 일부가 될 것임을 백성들에게 주지시키고자,[25] 익숙한 향악의 멜로디에 당시의 변화하는 '시의(時宜)'를 '무대(stage)'의 형태로 첨입한 것일 수 있는 것이다.

결국 충렬왕은 토속적이고도 서민적인 민속요들을 중심으로 '신성(新

25 '회회인'에 대한 언급이 담긴 〈쌍화점〉의 내용이 당시 고려 사회의 다원성 심화 및 인구 구성의 다양화 전망 등을 고려민들에게 일깨우는 데 기여할 수 있었을 것이라는 견해는 일찍이 윤은숙 선생께서 토론을 통해 제안해 주셨다.

聲)'을 구성, 정부와 민의 거리를 좁히는 동시에 외국인들이 몰려오는 새로운 상황에서 사회적 안정도 도모했던 것이라 할 수 있다. 충렬왕의 의도가 그랬다면, 그가 재위 초반 음악 정책을 펼침에 있어 고상한 법곡, 아악 위주로 가지 않은 것도 당연한 일이었다고 하겠다. 원제국에 맞서 고려의 전통과 과거를 가능한 한 보전하는 것이 절실한 상황에서, 앞으로 달라질 고려 사회의 모습(인적 구성의 다양화)을 대중에게 인지시킴으로써 왕조의 안정을 도모하려 한 것이 충렬왕의 이 시기 음악 정책의 진정한 의도였던 것이라 하겠다.

이상에서 1270년대 말 충렬왕의 음악정책을 살펴보았다. 개인적으로는 당시의 상황에서 가장 적절한 지향의 음악 정책이었다고 생각된다. 그러나 이후 고려를 둘러싼 국내·외 상황이 바뀌면서, 국정의 여러 정책도 조정되어야 했고 음악 정책 역시 예외가 아니었다. 충렬왕이 이후 향악과는 다른 종류의 악곡에 주목하기 시작한 것이 그를 잘 보여준다.

그럼 새로이 충렬왕의 선택을 받은 악곡은 과연 무엇이었을까? 비록 한반도의 토속악이라고는 할 수 없으나, 고려 개창 이래 정부에 의해 꾸준히 사랑받아 온 (송대 이전 음악으로서의) '당악(唐樂)'이 바로 그것이었다.

1270년대 말까지 향악에 열중하던 충렬왕은 1290년대 중반 돌연 당악에 각별한 관심을 피력하고 나섰다. 그 시작은 (1270년대 말부터 그의 음악 정책을 보좌해 온) 김원상이 지은 '당악곡' 한 편이 한 기생을 통해 충렬왕에게 전달되면서였다. 기존의 향악 위주 음악 정책에서 당악 추구로의 노선 전환이 일어날 것임을 예고하는 장면이었다. 후술하겠지만 고려의 현왕(現王)으로서 선왕(先王, 선대 고려 왕)들의 음악 지향을 재조명하는 행보이기도 했다.[26]

....

26 충렬왕의 1270년대 말 향악(鄕樂, 〈쌍화점〉 등) 활용이 그 콘텐츠의 성격, 즉 토속성 등의 효용에 대한 주목에서 비롯된 것이었다면, 1290년대 중반의 당악

1290년대는 1270년대의 혼란, 1280년대의 긴장을 넘어 이전과는 다른 상황이 전개된 시기였다. 원제국과 고려의 관계도 어느 정도 정착되어, 몽골 재침(再侵)의 위기는 사라지고 국왕의 새로운 위상도 확립되었다. 고려와 제국의 관계는 두려움과 우려에 기반한 것이 아닌, 공존을 전제로 한 관계로 서서히 전환되었다. 백성들이 제국발 돌발 상황을 우려해야 할 필요는 적어졌으며, 고려는 고려대로 정치·경제·사회·문화 등 여러 영역에서 국정 정상화를 기해야 할 상황이었다. 고려 정부로서도 내실을 기하며 문물의 정비를 계속하면 될 일이었다.

이러한 노력은 이미 1280년대 중엽 시작된 것으로 보인다. 충렬왕은 1285년 8월 선조들이 망월대에서 노니는 꿈을 꾸었고,[27] 바로 다음 달인 9월 앞서 언급한 것처럼 공주로부터 음악으로 정사를 하려 한다는 힐난을 들은 바 있다. 그리고 그로부터 3년 후인 1288년 4월, 충렬왕은 전리사(典理司)와 국학의 관료였던 민지(閔漬)와 조간(趙簡) 등에게 "신곡(新曲)"을 제작할 것을 명령하였다. 당시 안향(安珦)이 함께 시를 지어 바친 것으로 전하는데,[28] 이때 진상된 신곡의 성격은 안향이나 조간[29] 등의 성향을 감

(唐樂, 〈태평곡〉 등)에 대한 주목은 그에 주목했던 과거 선왕(先王)들의 행적에 대한 주목이기도 했다는 점에서 일면 메타(meta)적인 맥락을 지니는 바가 있다.

27 『고려사』 권30, 세가30, 충렬왕11년(1285) 8월 을묘, "王夢先祖遊望月臺, 及命奏樂于臺."

28 『고려사』 권30, 세가30 충렬왕14년(1288) 4월 무인, "宮花盛開宴群臣于香閣酒酣, 王命典理正郎閔漬國學直講趙簡製新曲, 左副承旨安珦亦製詩以進."

29 조간은 김원상이 1302년 6월 국학박사 시험을 건의할 때 출제자로 참여했으며 [『고려사』 권32, 세가32 충렬왕28년(1302) 6월 을해, "金元祥建白, 請試國學博士, 能通六經者遷秩. 命趙簡鄭僖方于宣薛超等試之, 試者纔通一二經, 故皆不得敍."], 1314년 6월에는 이진, 권한공 등과 함께 성균관에서 제국으로부터 새로 구입돼 온 유학 서적들을 고열했던 인물이다[권34, 세가34 충숙왕원년(1314) 6월 경인, "贊成事權溥, 商議會議都監事李瑱, 三司使權漢功, 評理趙簡, 知密直安

안하면 아악에 준하는 것이었을 가능성이 높다. 그것이 충렬왕의 의도에
는 부합하지 않았기 때문인지, 진상된 곡에 대한 충렬왕의 반응이 사료에
별달리 기록된 바가 없다.

그러다가 몇 년이 더 흐른 1296년, 충렬왕이 잔치를 벌이며 당(唐) 현
종(玄宗)의 고사를 거론하는 등 돌연 '당제(唐制)'에 대한 관심을 드러냈음
이 눈길을 끈다. [후술하겠지만 '상화연(賞花宴)'의 공간이었던] 향각(香閣)
에서 잔치를 벌이며 밤까지 '기교음기(奇巧淫伎)'를 즐기던 당시, 충렬왕이
벽에 걸려 있던 "당현종야연도(唐玄宗夜宴圖)"를 보며 한 말이다.

> "과인이 비록 작은 나라의 임금이지만 연희를 즐김[遊宴]에 있어서
> 는 어찌 명황(明皇)에 미치지 못하겠는가?"[30]

원제국이 버티고 있는 상황에서 고려의 국왕이 돌연 당 황제 현종을
언급한 것이 이채롭기도 하지만, 자신의 행보가 황제의 것에 버금갈 수
있다는 자신감을 피력한 것이 더욱 놀랍다. 그리고 불과 두 달도 채 지나
지 않은 같은 해 7월 그의 국정에 돌연 (앞서 언급한 것처럼) 당악이 등장
하게 되었으니, 바로 〈태평곡(太平曲)〉이라는 악곡이 그것이었다. 충렬왕
이 총애하던 기녀(妓女) 적선래(謫仙來)가 김원상이 지은 〈태평곡〉을 충렬
왕에게 알린 것인데, 이에 대한 충렬왕의 반응이 예사롭지 않았다.

> "글에 능한 자가 아니면 능히 짓지 못할 곡이다."[31]

....

于器等, 會成均館, 考閱新購書籍且試經學."].

30 『고려사』 권31, 세가31 충렬왕22년(1296) 5월 경오, "夜宴于香閣, 王見壁上唐
玄宗夜宴圖, 謂左右曰, '寡人雖君小國, 其於遊宴安可不及明皇?' 自是夜以繼日奇
巧淫伎, 無所不至."

31 『고려사』 권125, 열전38 간신1, 김원상; 『고려사절요』 권21, 충렬왕22년(1296)

〈태평곡〉의 구체적 내용에 대해서는 현재 알려진 바가 거의 없지만, 대체로 당악적 성격의 악곡으로 분류된다.[32] 당나라 현종(玄宗) 연간에 창작돼 당상악(堂上樂)으로 지정된 '신성 법곡' 중 하나로 특정되기도 하였다.[33] 이러한 당악조 악곡의 작품성에 대해, 비록 문장에서 충분히 느껴지지는 않지만 충렬왕이 놀란 것만큼은 분명해 보인다. 창작자 김원상과 박윤재(朴允材) 등을 새삼 요직에 기용한 것에서도 그(당악)에 대한 충렬왕의 강렬한 관심을 엿볼 수 있다.

김원상은 왜 이 곡조를 만들었을까? 1279년부터 충렬왕의 향악(속악) 위주 음악정책을 지원해 온 그로서는, 1290년대 중반 바뀌는 사회 상황을 지켜보며 충렬왕의 국정 목표도 조정되어야 할 것이라는 결론에 도달했던 것 같다. 이에 그를 종용하고 견인하기 위해 당악으로서의 〈태평곡〉을 제작해 왕에게 전달되게끔 한 것이 아닌가 한다.

그러한 김원상의 이니셔티브에 충렬왕이 강렬하게 호응했던 것으로, 이 일을 계기로 충렬왕은 음악 정책의 초점을 향악에서 당악으로 전환한 것으로 보인다. 먼 훗날인 조선 태종대의 기록에도 충렬왕대 당악의 유행

....

7월, "元祥製新調大平曲, 令妓習. 一日內宴歌之, 王妠且變色曰, '此非能文者不能. 誰所爲耶?' 對曰, '妾兄弟元祥允材所製.' 王喜曰, '有才如此不可不用.' 以元祥爲通禮門祗候, 允材爲權務."

32 허남춘이 김원상의 〈태평곡〉 또한 당악류, 한시 계통의 노래였을 것이라 추정한 바 있다(1976 「고려시대의 소악부」『한국한문학연구』 1).

33 임주탁은 황제 등극 전 현종이 다양한 속악을 수용해 제작한 가악 레퍼토리 중 하나가 오방사자무를 추며 연행하는 태평악이었다고 보았다. 아울러 충렬왕이 당 현종의 고사(故事) 재현을 꿈꾼 것 역시 그가 평왕(平王)으로서 황제가 되기를 꿈꾼 것이며, 현종처럼 호악(胡樂)을 포괄할 수 있는["합악(合樂)"] 신성 법곡을 제작하려 한 것이라 보았다(2004 「삼장(三藏), 사룡(蛇龍)의 생성 문맥과 함의」『한국시가연구』 16). 현종과 충렬왕의 음악정책이 유사한 측면을 공유했음을 지적한 견해로 이해된다.

이 언급돼 있다.[34] 충렬왕은 같은 해인 1296년 말에도(11월), 충선왕의 혼인 문제로 중국에 들어갔을 때 열린 제국 연회에 고려 악관들을 참석시켜 〈감황은조(感皇恩調)〉라는 당악곡을 노래케 한 바 있다.[35]

충렬왕이 이렇듯 갑자기 당악에 주목하게 된 이유는 무엇이고, 그가 당악을 자신의 음악 정책 및 국정의 전면에 등장시킴으로써 달성하고자 한 목표는 과연 무엇이었을까? 이와 관련해서는 1290년대 본격화한 그의 새로운 지향이 고려 중기 의종(毅宗, 재위 1146~1170)의 그것을 연상시킨다는 점이 눈길을 끈다.

의종은 1161년 '예악을 상정(詳定)'하기 위해 조종(祖宗)의 헌장(憲章)을 모으고 "당(唐)의 제도" 또한 채택해 〈고금례(故今禮)〉 50권을 간행한 바 있다. 당시 왕의 면복(冕服), 여로(輿輅), 의장(儀仗), 노부(鹵簿), 백관 관복 등 고려의 예악 제도를 완비한 것으로 평가되는데,[36] 그러한 작업에 당제

....

34 『태종실록(太宗實錄)』 권22, 11년(1411) 12월 15일[고려왕 광종(光宗)이 청해 받아들인 당(唐) 악기와 악공을 충렬왕대 김여영(金呂英)이 계승하고 충숙왕대에는 그 손자 김득우(金得雨)가 계승했다는 내용; 신대철, 2001 「고려의 외래음악 수용」 『한국중세사회의 음악문화(고려시대편)』 민속원에서 재인용]. 한편 충렬왕의 이러한 지향을 손자 충숙왕이 공유했다는 것이 흥미로운데, 이는 다른 지점에서도 관찰된다. 충렬왕이 당 현종을 사모한 것과 비슷하게, 충숙왕도 1318년 1월 요안도(姚安道)의 〈현종타구도시(玄宗打毬圖詩)〉를 음미한 바 있다[『고려사』 권34, 세가34 충숙왕5년(1318) 1월 병인, "王及公主宴于延慶宮, 還宮, 王於馬上記姚安道所賦玄宗打毬圖詩: '金殿千門白晝開, 三郎沈醉打毬回, 九齡已老韓休死, 明日應無諫疏來!' 沈吟久之. 翌日夜, 贊成事崔誠之享王. 王召權漢功尹莘傑等賦詩, 懽甚, 又久吟打毬圖詩."].

35 『고려사』 권31, 세가31 충렬왕22년(1296) 11월 임진, "王與公主詣闕, 世子以白馬納幣于帝, 尙晉王之女. 是日宴, 皆用本國油蜜果. 諸王公主及諸大臣皆侍宴, 至晚酒酣, 令本國樂官奏感皇恩之調. 旣罷, 王與公主詣隆福宮, 太后設氈帳置酒, 入夜乃罷."

36 『고려사』 권59, 지13 예(禮) 1, 서문; 권95, 열전8 최충(崔冲) 부(附) 최윤의(崔

(唐制)를 깊이 참고했던 셈이다. 의종은 아울러 몇 년 뒤인 1167년의 행사에서 〈포구락(抛毬樂)〉이나 〈헌선도(獻仙桃)〉 등을 연주하는 등[37] 당악에 대한 지향도 강하게 드러냈다. 그러고 보면, 충렬왕의 당 현종 고사에 대한 찬탄, 당악 〈태평곡〉에 대한 주목 또한 그로서는 선조(先祖)였던 의종의 면모와 비슷한 것이었다고 할 수 있다. 1285년 8월 충렬왕이 꿈에서 본, 망월대에서 노닐던 '선대 국왕[先祖]'이 실은 의종이었을 수도 있다.

의종은 또한 태평정(太平亭) 등 그가 지은 정자에서 관료들과 함께 '상화(賞花)' 행위에 몰입하곤 했는데,[38] 이 또한 '당악에 대한 지향'과 무관하지 않았다. '상화'의 경우 '꽃을 감상'하는 지극히 일반적인 행위이기도 했지만, 『고려사』 악지 당악조의 〈화심동(花心動)〉에 '상화'가 등장하고,[39] '자연(自然) 완상(玩賞)'이라는 행위 자체가 여러 음악 계열 중에서는 (송아악이나 고려 향악에 비해) 그나마 당악과 모티브적 속성을 공유하는 측면이 있다. 아울러 '당악'과 모종의 연관성을 지녔던 문화 행위로서의 의종대의 이 '상화'가 종교적으로는 도교(道敎)에도 연결되었던 것으로 보여 흥미롭다. 상화 행사의 공간 노릇을 한 상춘정에서[40] 예종대와 의종대에

....

允儀); 『동사강목』 1161년 기사
37 『고려사』 권71, 지25 악2, 당악(唐樂), 헌선도(獻仙桃); 타구악(抛毬樂)
38 의종의 '이화(異花) 완상(玩賞)' 행위는 1156년부터 1160년까지 집중적으로 등장한다. 1156년의 경우 의종이 관료들을 불러 양성정[養性亭: '괴석(怪石)과 명화(名花)'를 진열한 것으로 전해짐]과 어원(御苑)의 '초화(花草)'를 두루 구경시켰고, 1157년에는 민가(民家) 50여 채를 헐어 태평정을 만든 후 '유명한 꽃[名花]과 기이한 과일나무[異果]'들을 심기도 했다. 1160년에는 양부 재추와 시신들을 불러 어원 화초의 '상완(賞玩: 감상)'을 허락했고, 새로 건조된 장당(藏堂)의 후원에 행차하여 국화를 '완상(玩賞)'하기도 하였다. 조금 시간이 흘러 1167년 현화사에 이어(移御)할 당시에는, 연복정(延福亭)이라는 정자를 짓고 '기화이목(奇花異木)'을 네 모퉁이에 심었다.
39 『고려사』 권71, 지25 악2, 당악 화심동(花心動)

도교 초재(醮齋, 醮禮)가 자주 열리곤 했기 때문이다.[41]

이러한 의종의 여러 면모들을 충렬왕은 고스란히 재현하고 있었다. 우선 그는 고려 후기 국왕들 중 유독 도교 초재를 자주 지내는 등 도교에 대한 열의를 강하게 드러냈던 인물이다.[42] 아울러 무신집권기 및 대몽항쟁기에는 일체 확인되지 않던 '상화'의 관행도 오랜만에 복구했다.[43] 처음

40 『고려사』 권11, 세가11 숙종(肅宗) 2년(1097) 4월 병술, "御賞春亭, 宣示御製禁亭賞花詩."

41 『고려사』 권13, 세가13 예종(睿宗) 4년(1109) 3월 무신, "親醮三淸於賞春亭."; 권18, 세가18 의종12년(1158) 4월 을사, "命平章事崔允儀知門下省事申淑同知樞密院事金永夫醮于賞春亭, 禱雨."; 권19, 세가19 의종24년(1170) 4월 을사, "以…平章事許洪材醮于賞春亭."

42 충렬왕대의 초재(醮齋)는 1276년 10월, 1277년 2월, 1278년 2월, 1279년 3월, 1280년 3월, 1281년 3월, 1282년 3월과 9월, 1284년 3월과 10월, 1285년 3월, 1286년 3월, 1287년 3월, 1288년 2월과 10월, 1292년 4월, 1295년 2월 등 1270년대 중엽 이래 1290년대 중엽까지 꾸준히(1280년대 후반까지는 거의 매년) 본궐 또는 강안전(康安殿), 구요당(九曜堂) 등처에서 삼계(三界), 십일요(十一曜) 등을 대상으로 설행되었다. 그러다가 1290년대 후반 들어 뜸해지며 이후 거의 확인되지 않는데, 마침 그때 당악 〈태평곡〉이 등장한 것이 결코 우연의 일치만은 아닌 것 같다(충렬왕의 관점에서는 '도교 초재' 및 '당악'을 "서로 속성 또는 용도를 공유하는" 복수의 문화 자산으로 간주했을 가능성이 있다는 얘기이다). 한편 충렬왕은 태자 시절인 1265년 안경공(安慶公) 왕창(王淐)을 맞이하는 자리에서도 밤새 음악을 연주했는데, 이 또한 도가(道家)의 설에 근거한 '수경신(守庚申)'이라는 고려 국속["시속(時俗)"으로 표현됨]을 따른 것으로 전해진다[『고려사』 권26, 세가26 원종2년(1265) 4월 경신].

43 충렬왕은 1295년 4월 향각(香閣)에서 상화연을 열었고, 1296년에도 향각에서 상화연을 베풀었다. 상화연은 1304년과 1305년에도 수녕궁(壽寧宮) 등에서 개최됐으며, 충렬왕의 사망 직전인 1308년에도 열렸다[『고려사』 권31, 세가31 충렬왕21년(1295) 4월 갑오, "設賞花宴于香閣, 閣後別開帳殿, 大張女樂, 中郎將文萬壽引水爲戱, 剪靑蠟絹作芭蕉王喜賜白金三斤."; 충렬왕22년(1296) 4월 경술, "還宮設賞花宴于香閣, 大學士鄭可臣製詩以賀."; 을축, "命都僉議郞舍禁內六官及學官和鄭可臣賞花內宴詩, 各賜米二十石."; 권32, 세가32 충렬왕30년(1304) 4월

으로 상화를 행한 1295년은 당악 〈태평곡〉이 그에게 헌상된 1296년의 불과 1년 전이기도 하였다.

이렇듯 도교 초제의 설행, 상화 관행의 재개, 그리고 당악에 대한 주목 등으로 수렴되는 충렬왕의 일련의 행적은 고려 중기 의종의 그것과 매우 유사하였다. 그가 고려 중기 의종대의 유산에 깊이 주목하고, 그 재연(再演)에 나섰던 것이라 보아도 무방할 정도이다.

그렇다면 그가 주목했던 '의종대의 유산', 즉 그가 현창하고자 했던 의종대 국정의 가치는 과연 무엇이었을까? 당대(唐代) 여러 황제들의 치적으로 상징되고, 자연과 평화와 양생(養生)을 추구하는 도교적 선풍(仙風)과도 무관치 않았던 "태평의 상태"가 바로 그였던 것으로 생각된다.

> "정사를 펼침에, 인(仁)과 은(恩)이 삼한(三韓)을 적셔[洽] 태평을 이루었다."[44]

앞서 언급한 바와 같이 의종은 1157년 '태평정(太平亭)'을 지었는데,[45] 그에 그치지 않고 스스로 자신의 재위 기간에 '태평성세'를 이뤘다고 자부했음이 위 문장에 그대로 드러난다. 게다가 그는 신료들이 자신에게 올릴 하표(賀表)를 스스로 짓기도 하였다. "[요(堯) 임금의] 성철(聖哲)보다 무겁고 순(舜) 임금의 총명(聰明)보다 낫다"는 표현이 하표의 문장에 담겨 있는데,[46] 요·순 황제의 태평시대보다 자신의 치세가 낫다는 표현이다.

....

병술, "王置酒壽寧宮賞花戊子亦如之."; 31년(1305) 4월 병술, "設賞花宴于壽寧宮."; 34년(1308) 4월 경술, "設賞花宴于壽寧宮."].

44 『고려사』 권18, 세가18 의종22년(1168) 1월 계사, "王以夢中所製詩示群臣. 其末聯云: '布政仁恩, 洽三韓致大[太]平.' 臣僚稱賀."

45 『고려사』 권18, 세가18 의종11년(1157) 4월 병신

46 『고려사』 권19, 세가19 의종24년(1170) 1월 임자, "恭惟, 陛下重高之聖哲, 疊舜

그런데 공교롭게도 충렬왕대에서도 유사한 정황들이 발견된다. 1287
년 5월 임정기(林貞杞)라는 인물이 율부(律賦) 문제에서 "[당(唐)] 태종(太
宗)이 요순(堯舜)의 도(道)를 좋아하기를 고기가 물을 의지해 잠시라도 그
에서 떨어질 수 없을 듯했던 것처럼, (우리도) 요순의 도를 끊임없이 좋아
해야 한다"는 내용의 문제를 출제하는 등,[47] '요순의 성스러운 정치'를 고
려 내에 확산하는 것의 필요성에 대해 고려 정부가 주목하는 듯한 모습이
관찰되는 것이다. 충렬왕이 일찍이 즉위 직후에는 원제국의 눈치를 보며
제일 먼저 금오산 편액의 '성수만세(聖壽萬歲)' 네 글자를 '경력천추(慶曆千
秋)'로, '만세'는 '천세'로 바꿨으며, '천하', '태평' 등의 용어도 수정했음
을 감안하면[48] 실로 괄목할 만한 변화라 하겠다.

그렇다면 '태평'이라는 화두를 지향함으로써 충렬왕은 과연 무엇을 성
취하려 했던 것일까?

〈쌍화점〉 등 속악, 향악에 기반한 음악정책은 고려의 전통 보호와 사
회 통합, 그리고 백성 위무(慰撫) 등이 시급하고 절실했던 1270년대의 시
대 상황에서 배태된 것이었다. 그에 비해 나라 안팎의 상황이 상대적으로
안정화된 1290년대에는 다른 정책이 요망되었다. 제국과의 공존이 기정
사실이 되고 군사적 위협도 줄어든 상황에서, 이제는 문화를 비롯한 고려

之聰明." 문맥상 '고(高)'는 요임금을 지칭하는 것으로 생각되며, '중(重)'과 '첩
(疊)'의 해석이 조금 애매하긴 한다. 한편 이 하표에는 '玉帛爭來萬邦預駿奔之
列', '梯航畢集四方無後至之人', '自北使上壽而致辭日域獻寶而稱帝' 등 이른바
'황제국의 정서'를 노출하는 문장들도 적지 않게 보이는데, 후술하도록 한다
(일본에서 [고려왕을] 황제라 칭했다는 대목도 들어 있다).

47 『고려사』 권74, 지28 선거2, 과목(科目) 국자시시원(國子試試員), 충렬왕13년(1287)
   5월

48 『고려사』 권69, 지23 예11, 가례잡의(嘉禮雜儀) 중동팔관회의(仲冬八關會儀),
   충렬왕원년(1275) 11월 경진

국정의 제면모를 '일신'하는 것이 새로운 국정 목표로 떠올랐음직하다. 토속성에 따른 익숙성으로 백성을 위로하거나 사회적 이질성이 증대할 것에 대한 예고로 미래를 대비하는 데 기여할 음악은 더 이상 필요하지 않았다. 대신 문물 정비의 궁극적 목표를 제시하고 그를 위한 매진을 독려하는 데 방점과 초점이 찍힌 음악이 필요하였다. 속악 위주의 '보호적' 음악정책에서 벗어나 고려 사회의 본격적 재정비를 꾀해야 하는 상황에 걸맞는 악곡이 절실했던 것이다. 이에 충렬왕 또한 음악 정책의 무게 중심을 향악에서 당악으로 옮겼던 것이라 생각된다.

돌이켜 보면, 충렬왕의 정사에서 시기적으로 가장 먼저 등장하는 것은 도교 초재들이다. 재위 전반부는 거의 초재로 점철돼 있다시피 하다.[49] 그러다가 재위 중반인 1290년대 중반에 접어들어 앞서 언급한 바와 같이 상화 관행이 재개되고, 당악에 대한 주목도 시작되었다. 도교에 대한 관심이 고려 중기 의종의 행보와 지향에 대한 착목(着目)으로 이어지고, 그러한 착목이 의종의 '상화' 행적에 대한 관심 및 그의 당(唐) 문화[악곡, 예제(禮制), 황제의 국정 등] 사랑에 대한 발견으로 이어진 것 같다. 그리고 그러한 관심과 발견에 힘입어 충렬왕이 급기야 의종의 '태평' 개념에 매료된 것이 아닌가 한다. 이런 짐작이 수용될 수 있다면, 충렬왕이 1296년 〈태평곡〉의 진상에 화들짝 놀란 것도 무리는 아니었다고 하겠다. 심중을 들킨 느낌이었을 것이다.

이렇듯 충렬왕은 1290년대에는 당악을 위주로 자신의 음악 정책을 구성했던 것으로 보인다. 당시의 시대 상황을 감안하면 향악 위주 음악 정책으로부터의 적절한 전환이었던 것으로 다가온다. 다만 안타깝게도 그가 한 가지 간과한 것이 있었으니, 이러한 의종의 유산이 충렬왕이 공식적으

....

49 충렬왕대를 포함한 고려시대의 초재와 관련해서는 김철웅, 2017 『고려시대의 도교』 경인문화사 참조.

로 지향·추구하기에는 위태로운 것이기도 했다는 점이 그것이다. 예를 들어 의종은 일찍이 상춘정 초재를 거행했던 1158년 '북로(北虜: 여진 금나라) 정복까지도 가능케 할' 궁궐 후보지를 선정하면서 그 궁궐의 이름을 '중흥(中興)'으로 삼은 바 있었는데, 이 일이 사실 '부마'의 처지에 있던 충렬왕이 대놓고 계승할 유산은 못되었다. 게다가 의종은 태묘의 실수(室數)를 7개로 늘리는 등 황제국 체제를 지향한 군주로서, 왕실 행사에서 '이국인(異國人)이 공헌하는 모습'을 연출하기도 하는 등 다분히 고려 중심의 세계관을 보여주었던 인물이다.[50] 13세기 말 고려에서 적극적으로 현창하기는 어려운 인물이었던 셈이다.

즉 의종이 추구했던 고려 한반도의 위상은 원제국의 절대적 영향권 아래에 놓인 13세기 후반 고려의 상황과는 합치되기 어려운 것이었다. 충렬왕의 그에 대한 추구(나 당 현종 전통에 대한 추구) 역시, 원에 알려질 경우 제국이 그를 용인하기는 어려운 성격의 것이었다. 그럼에도 충렬왕은 그를 밀어붙였던 것으로, 그로서는 위험한 선택이 아닐 수 없었다. 1290년대 후반의 상황이 충렬왕에게 불리하게 돌아가고 있던 상황에서는 더욱 그랬다.[51]

결국 충렬왕은 1298년 초 퇴위를 당하였고, 1298년 9월 그가 복위한 후에는 별다른 음악 관련 정책이 확인되지 않는다. 1300년 6월 충렬왕이 원제국에 들어가 부두연(扶頭宴)을 베풀 당시 황제가 "고려가(高麗歌)"를 부르라고 하자 충렬왕은 송방영(宋邦英) 등 자신의 측근들로 하여금 '쌍연

---

50 고려 전·중기 한반도인들의 이러한 인식에 대해서는 추명엽, 2022 『8~11세기 해동천하의 형성과 전개』 서울대학교 박사학위논문 참조.
51 충렬왕 본인이 원제국의 새 황제 성종(成宗)과 그다지 좋은 관계를 갖지 못한 상황에서 세자(충선왕)의 위상이 점차 강화되었고, 무엇보다도 충렬왕의 가장 강력한 정치적 후원자였던 제국대장공주가 1297년 5월 사망하였다.

곡(雙燕曲)'이라는 노래를 부르게 했지만,[52] 이 노래의 의미는 미상이다.[53]

필자는 일찍이 이 〈쌍연곡〉이 대제국이 된 원제국과 공존하게 된 고려가 그러한 상황에 맞추어 스스로의 위상을 재조정해야 한다는 상황 인식을 담은 노래였을 것으로 추정한 바 있다.[54] 그러나 가사에 '비로 인해 날씨가 차니 새 보루를 만들지는 말라'는 내용도 담겨 있어, 원제국에 대한 경계심을 드러낸 선곡(選曲)이었다는 해석도 가능하다. 쿠빌라이의 외손 충선왕이 배석한 자리에서 아버지 충렬왕이 신하들에게 그런 노래를 부르게 한 것이 과연 적절했을지 의문이지만, 제국에 의해 퇴위당했던 충렬왕에게 서운한 감정이 남아 있었을 수도 있고, 당시 충렬왕과 충선왕의 갈등도 심했으니 그랬을 수도 있겠다 싶다.

그런 상황에서, 고려의 전통적 음악 요소들이 안타깝게도 고려의 국정에서 모두 사라져 간다. 1288년만 해도 국왕이 참석하는 연회나 행사에서 관찰되곤 하던 잡희(雜戲) 등이 국왕의 교육 기관 방문 행사 등에서 더 이상 발견되지 않고,[55] 의종대 '상정예문' 상의 중요 요소였던 이른바 '무

---

52 『고려사』 권31, 세가31 충렬왕26년(1300) 6월 기사, "又詣闕設扶頭宴帝命唱高麗歌, 王令大將軍宋邦英宋英等歌雙燕曲, 前王執檀板王起舞獻壽帝與后悦."

53 〈쌍연곡〉의 내용에 대해서는 김명준이 〈대동운부군옥〉 권6에 기록된 '원문'을 소개한 바 있다["강남과 강북의 풀이 비단 같으니, 봄 제비 쌍으로 날아 옥 난간에 이르네. 향기로운 진흙 가져다 새로 보루를 쌓지 마라. 발 너머 성긴 비에 살구꽃이 차구나." (江南江北草女紉, 春燕雙飛到玉欄, 休把香泥新築壘, 一簾疎雨杏花寒)]. 김명준, 2008 『고려속요집성(개정판)』 도서출판 다운샘 참조.

54 이강한, 위논문

55 『고려사』 권30, 세가30 충렬왕14년(1288) 1월 계묘, "王及公主幸妙蓮寺, 宦者將軍崔世延金義光等設彩棚, 張雜戲."; 임자, "王以世子生日宴群臣, 上將軍鄭仁卿爲侏儒戲, 將軍簡弘爲倡優戲, 王亦拍手起舞." 이상의 두 기사에서는 고려의 대표적인 전통이었던 잡희가 관찰되지만, 이후 왕이 국학을 방문했을 때에는 가요 진상만 있었을 뿐 잡희에 대한 언급이 없다[권32, 세가32 충렬왕30년

도·경필'도 1301년 폐지되었다.[56] 반면 1303년 (안향의 주문을 받은) 김문정(金文鼎)이 중국으로부터 선성십철(宣聖十哲)의 상(像) 및 문묘제기(文廟祭器)를 원으로부터 갖고 올 당시 악기도 함께 수입되었고[57] 비슷한 시기 정동성관 야율희일(耶律希逸)의 주문으로 문묘(文廟)도 신축된 것을 보면,[58] '당악 위주의 음악정책'이 '아악적 성향이 강화된 음악정책'으로 전환되고 있었던 것으로 생각된다. 급기야 충선왕이 고려 전통 '백희(百戲)'의 핵심 요소인 '산대(山臺)'를 금지하고,[59] 성균관(成均館)에 악정(樂正)을 설치하며 전악서(典樂署) 수장의 품급을 승격시키는 등 아악에 좀 더 기울어진 조치들을 취하면서[60] 향악과 당악에 기반했던 충렬왕의 음악 정책 노선(향악·당악 기반)이 사실상 폐기된 것으로 보인다. 향악과 당악에 기반한 충렬왕의 음악정책이 좌절되면서 그 자리를 아악 정비 노선에 넘겨 준 결과라 하겠다.

....

(1304) 6월 병술, "王詣國學忽憐林元從之. 七管諸生具冠服迎謁於道獻謳謠. 王入大成殿, 謁聖命, 密直使李混作入學頌, 林元作愛日箴, 以示諸生."].

56 『고려사』 권72, 지26 여복(輿服), 의위(儀衛) 법가위장(法駕衛仗), 충렬왕27년(1301) 5월, "黃傘, 僭擬上國, 以紅傘代之, 遂除舞蹈警蹕之禮."

57 『고려사』 권32, 세가32 충렬왕29년(1303) 윤5월 무인, "國學學正金文鼎以宣聖十哲像及文廟祭器還自元." 정화순도 김문정의 이 일화를 아악기(雅樂器)의 유입 사례로 제시하였다(2000 「고려사 악지(樂志) 소재 아악(雅樂)과 송악의 비교 검토」 『한국음악연구』 28).

58 『고려사』 권32, 세가32 충렬왕27년(1301) 5월 갑진

59 『고려사』 권85, 지39 형법2, 금령(禁令), 충선왕복위2년(1310), "傳旨: '迎駕山臺已有禁令, 毋復爲之. 公私宴油蜜果絲花竝, 皆禁之, 違者痛治.'"

60 『고려사』 권76, 지30 백관1, 성균관, 충렬왕34년(1308), "忠宣改成均館刪定員吏置: 祭酒一人從三品; 樂正一人從四品…" 전악서의 경우 그 수장은 종래의 종7품에서 정7품으로 올리되, 새로 설치한 자운방에 편입시켰다[권77, 지31 백관2, 전악서(典樂署), 충렬왕34년(1308), "忠宣改爲典樂署, 屬紫雲坊, 改定員吏置: 令二人正七品…"].

그러나 그러한 귀결이, 고려 안팎의 상황을 고려해 1270년대에는 '백성 위무', 그리고 1290년대에는 '태평 지향' 등의 목표의식 아래 그 성취에 가장 적절한 악곡을 선정해 구사했던 충렬왕의 열정과 성취를 무의미하게 만들지는 않는다. 충렬왕의 음악 정책은 원제국과의 공존기에도 고려 나름의 필요를 위한 전통 부활이 가능했으며, 복구된 전통이 현실적 유용성도 지녔음을 잘 보여준다.[61]

2. 고려의 전통에 대한 여러 입장들: 애정, 자부심, 그리고 '다름'의 강조

이상 충렬왕의 13세기 후반 음악 정책에서 그가 과거의 전통과 관행을 소환, 호출했음을 살펴보았다. 최고 의사결정권자로서의 국왕이 '과거 고려의 문화'를 국정에 활용한 경우였는데, 그런 노력은 당연히 과거의 전통 문물에 대한 애착의 발로였을 것이다. 그리고 비슷한 모습들이 14세기 전반에 이르기까지 여러 관료와 문인들에게서도 발견된다.

흥미로운 것은, 고려의 과거에 대한 애정을 드러낸 이들이 역설적으로 원제국과의 교류가 잦거나 제국에서 왕성하게 활약하던 이들이었다는 점이다. 고려를 제국의 일부로 간주하고 자신을 과거의 고려로부터 분리해 인식했을 법한 이들이 오히려 고려의 옛 문화를 그리워하고 한반도를 (원제국과는 분리된) 나름의 독자적 공간으로 규정한 모습들이 관찰되는 것이다.

그와 관련해 첫 번째로 소개할 유형은 평생 국제 무대에서 활동했음에

....

61 이후 공민왕대에 이르러 향악과 당악이 다시금 부각된 것이 그런 사례에 해당한다.

도 고려의 과거(過去) 영광에 대한 애착을 강하게 드러낸 경우이다. 그와 관련해서는 13세기 말 조인규(趙仁奎)의 사례를 살펴볼 수 있다.

조인규의 경우 역관(譯官)으로 입신해 재상의 지위에까지 오른 인물로서 고려인들의 '변화하는 대원(對元) 관념'을 선도했을 법한 존재이다. 통역 업무의 성격상 생각부터 행동까지 모든 것이 고려인들과는 달랐을 몽골인들과 수시로 조우하며 고려의 이익을 관철해야 하는 협상에 간여했고, 그렇게 원제국 정부 관료들과 오랜 기간 접촉하고 교류했던 탓에 고려 관료들 중에서는 세계관의 확장이 가장 빨랐을 인물이기 때문이다. 자연히 그의 아들과 손자, 그리고 몇 대 이후의 후손들까지도 원제국 중심 질서에 편입된 정도가 다른 고려인들에 비해 훨씬 강했는데, 실제로 자손들 중 다수가 원제국의 문·무산계를 받았음이 확인된다.[62] 원제국에 활짝 열려 있던 조인규의 삶이 빚어낸 결과라 할 것이다.

그런데 이렇듯 고려인으로서는 가장 자주 원제국을 방문했고 제국인들과의 교류 빈도도 압도적으로 높았던 그에게 의외의 면모가 존재했음이 눈길을 끈다. 그가 사망한 후의 기록이긴 하지만, 그의 일생을 기록한 묘지명(墓誌銘)에 그가 평생 역임한 관직들이 모두 당시의 명칭이 아닌, 고려 전기 문종대의 명칭들로 기록되었던 것이다.

"병술년(1286)에 어사대부 태자빈객(御史大夫 太子賓客)으로 승진하였

....

62 장남 조서(趙瑞)가 회원대장군(懷遠大將軍) 고려 부도원수(高麗副都元帥) 삼사사(三司使)에 제수되고, 차남 조연(趙璉)은 중의대부(中議大夫) 왕부단사관(王府斷事官) 첨의찬성사(僉議贊成事)에 이르렀으며, 삼남 조연수(趙延壽)는 소용대장군(昭勇大將軍) 관군만호(管軍萬戶) 삼사사(三司使)에 제수된 것으로 기록돼 있다. 조연의 차남 조덕유(趙德裕)가 봉훈대부(奉訓大夫) 왕부단사관(王府斷事官) 판전의시사(判典儀寺事)로, 그리고 조연수의 장남 조충신(趙忠臣)은 선무장군(宣武將軍) 관군만호(管軍萬戶) 삼사좌윤(三司左尹)으로 기록되었다.

다. 정해년(1287)에 금자광록대부 지문하성사(金紫光祿大夫 知門下省事)
로 승진하였다. 경인년(1290)에 문하시랑평장사(門下侍郞平章事)가 되
고… 신묘년(1291)에 판병부사(判兵部事), 임진년(1292)에 문하시중 판
이부사가 되었다."[63]

　　조인규의 관직 생활이 본격적으로 시작된 것은 1275년 원제국 정부의
압박으로 고려의 관제가 이전과는 다른 새 관제로 바뀐 후였으므로, 그의
관력을 정리한 글에는 필연적으로 충렬왕대의 관직명들이 나열돼야 할
일이었다. 그럼에도 불구하고 그의 묘지명에는 그가 생전에 역임했던 관
직명들이 모두 해당 직함들의 문종 시절 명칭으로 기록돼 있다.[64] 심지어
그가 보유했던 최고위 관계인 '광정대부(匡靖大夫)' 또한 고려 전기 문산계
의 최고 관계였던 '금자광록대부(金紫光祿大夫)'로 기록돼 있다. 누가 보면
조인규는 충렬왕대 이전, 또는 고려 전·중기 사람이었던 것으로 오해할
정도이다.

　　그의 관력은 도대체 왜 이런 식으로 기술되었던 것일까? 조인규 본인
의 의중이었는지, 묘지명 찬자(撰者)의 선택이었는지는 확인하기 어렵다.
그러나 누군가는 조인규의 관력을 고려의 전통 관제로 기술하는 것이 적
절하거나 필요하다고 판단했던 셈이며, 그러한 판단은 판단자가 고려의
전통 제도에 대한 존중과 중시를 지녔을 때에나 가능했을 것이다. 물론
그런 판단을 조인규도 공유했는지의 여부는 알 수 없으나, 조인규의 성향
은 전혀 그렇지 않았는데 찬자가 멋대로 그렇게 썼을 것이라 보긴 사실

....

63 〈조인규(趙仁規) 묘지명(1308)〉
64 그가 역임한 것으로 기록된 관직들, 예를 들어 지합문사(知閤門事), 어사중승
　　(御史中丞), 좌승선(左承宣), 추밀원부사(樞密院副使), 어사대부(御史大夫), 태자
　　빈객(太子賓客), 지문하성사(知門下省事), 시랑평장사(侍郞平章事) 등이 모두
　　고려 전기(前期)의 관제이다.

어렵다. 망자 조인규의 유훈이나 희망을 받들어 찬자가 그리 기술한 것이라 보는 것이 자연스러운 일이라 생각된다.

그렇게 짐작해 보는 것은, 무엇보다도 묘지명이나 기문(記文)에 소개된 조인규의 공적(功績) 내용 때문이다. 이러한 사적(私的) 기록에 소개된 망자의 삶은 결국 망자나 망자의 유족, 또는 친지(親知)들이 망자의 인생에서 주요하게 드러내고 싶어하는 사안들을 중심으로 기술되기 마련이다.[65] 그런데 조인규의 묘지명이나 기문은 그가 "고려의 전통 질서와 강역 수호에 헌신"한 것에 대한 칭송으로 가득 차 있다.

묘지명의 경우 (조인규가) '중국에 갈 때마다 나라를 구한 공이 있었다'는 언급을 필두로 그의 여러 공적을 열거하였다. 그가 몽골 관료들의 고려 습속(習俗) 개정 시도를 황제에게 아뢰어 막아내고 몽골군의 철수도 견인한 점, 고려 왕이 행성의 승상이 되게 하고 첨의부(僉議府)를 2품 아문(衙門)으로 회복시킨 점, "남쪽의 섬(탐라)과 북쪽의 변방[동녕부(東寧府)를 이르는 것으로 보임]"을 다시금 고려의 강토로 되돌린 점 등을 두루 언급하였다.[66] 기문의 경우는 한층 더 소상한데, '도읍을 회복해 나라를 안정'시키고 '탐라와 평양이 중국의 내군(內郡)으로 직속(直屬)됐을 때 주둔하던 외국 장수들을 떠나게' 했으며, '요동과 심양에 억류된 백성들을 귀국시키는' 동시에 '일본 정벌 의논마저도 중단시켰음'을 골자로 삼고 있다.[67]

....

65 묘지명은 개인의 기록으로서, 지극히 개인적인 입장 및 과거 기억을 반영하는 자료라 할 수 있다(이미지, 2014 「13세기 초 고려의 국제 환경 변화와 생애 기록: 고려 묘지(墓誌)를 중심으로」 『한국사학보』 55).

66 〈조인규(趙仁規) 묘지명(1308)〉, "…自微官至今出入中朝凡三十餘度, 動有匡救之効, 越乙亥年中朝所遣頭目黑的, 與我國蓄憾, 欲改國俗, 往訴于天陛, 業已成矣, 無如之何, 公單騎朝天, 親奏情狀, 無不允兪, 乃至達魯花赤種田軍一皆罷還, 此則萬世之功也. 抑又主上爲八字功臣, 陞加行省丞相, 僉議府爲二品衙門, 領降兩臺銀印, 與夫南洲北鄙之還屬我彊等事, 皆公之力也…"

평생을 고려와 원제국의 외교에 종사한 그의 인생에 대한 서술이, '원제국과의 관계 정립'이나 '제국에서의 활동'에 대한 부각보다 '고려의 이익을 지켜낸 데 대한 칭송'으로 일관하고 있음이 무척이나 흥미롭다.

이렇듯 조인규의 생애에 대한 여러 사사로운 기록들은 한결같이 고려의 안위를 위한 그의 평생에 걸친 노력, 고려의 기존 질서에 대한 찬자의 향수, 그리고 독자적 이해관계를 가진 공간으로서의 고려의 특수성에 대한 강조를 담고 있다. 조인규 같은 '세계인'마저도(또는 그런 세계인에 대한 기록에서도) 이런 모습을 보였음이 대단히 이채롭다.[68]

....

67 『가정집(稼亭集)』 권3, 기(記), 〈조정숙공사당기(趙貞肅公祠堂記)〉, "…至元己巳, <u>忠烈王以世子入覲, 公實從之.</u> 甲戌, 釐降帝女, 令襲王位, 其入對冕旒, 歷陳利害, 出負羈紲, 備嘗艱險. 誅權姦以正名, <u>復都邑以定國</u>, 使海隅蒼生, 熙熙奠枕, 迄至于今. 繄公之功居多焉. 初, 朝廷所遣黑的, 畜憾飾詞, 欲事紛更, 已誤天聽, <u>耽羅平壤之人, 直隷內郡, 反吠其主, 與夫留屯將率之耗害者, 尋皆罷去, 其後流民及被掠爲遼瀋所敝者</u>, 悉使歸國. 曁佞臣倡議再征日本, 欲因軍興, <u>盜賊我邦, 事得中止</u>, 皆由公汗馬專對之力也…" 한편 본서에서 인용한 『가정집』, 『졸고천백』, 『익재집』의 여러 원문 기록들은 한국고전번역원 홈페이지에서 확보한 것임을 일러둔다. 아울러 한국고전번역원 측의 표점 및 번역도 그대로 활용하거나 참고하였다. 번역자를 일일이 인용하지 못한 데 대해서는 당사자의 양해를 정중히 구한다.

68 다만 한편으로, 원제국 전문가로서 중국의 문물에 경도되었을 가능성이 높은 그의 묘지명이 보이는 이러한 특징들은 어쩌면 지금까지 필자가 논한 바와는 다소 결이 다른 연유에서 비롯되었을 수도 있다. 앞서 언급한, 그의 관력에 언급된 관직명들이 그런 경우다. 문종대의 관직명들은 고려 전기의 관직명들이기도 했지만, 동시에 중국 왕조들의 관직명이기도 하였다. 고려 전기 관제가 국초 당·송 관제에 기반해(또는 그를 모방해서) 만들어졌기 때문이다. 바로 다음 장에서 언급하겠지만 충선왕은 "중국 구제에 대한 중시 차원에서 고려 전기 관제의 복구를 시도한" 바 있다(즉위년 관제 개편 당시). 조인규나 그의 묘지명의 찬자가 조인규의 관력을 묘사함에 있어 비슷한 이유로 충렬왕 관제보다는 (일찍이 중국 구제를 차용해 만들어진) 문종 관제를 택한 것일 가능성을 배제할 수는 없겠다.

한편 이와 '다르면서도 비슷한' 사례도 있었으니, 두번째로 소개할 유형이 그것이다. '근과거(近過去)'의 역사는 다분히 '제국 중심적' 시선에서 바라보면서도, '원과거(遠過去)' 속 고려의 문물에 대해서는 강렬한 자부심을 견지했던 경우이다. 14세기 전반의 최해(崔瀣, 1287~1340)가 대표적인 사례라 할 수 있다. 고려의 전통적 정치제도에 대해 '부정적 인식'을 드러 냈다는 점에서 13세기 말의 조인규와는 정반대의 경우였지만, 고려인들의 전통 문화에 대한 애정만큼은 조인규 못지않았던 경우이다.

최해는 고려의 옛 제도를 야만시하는 관점과, 고려의 문화 예술에 대한 자긍심을 동시에 가졌던 매우 독특한 인물이다. 전자가 1299년 활리길사(闊里吉思)의 개혁에 대한 그의 생각에서 드러난다면, 후자는 그가 편찬한 신라와 고려시대 한반도의 명문장(名文章) 컬렉션인『동인지문(東人之文)』의 서문에 잘 담겨 있다.

잘 알려진 바와 같이 최해는 원제국의 과거(科擧, 制科) 시험에 급제한 후 제국 정부에서 하사한 지방 관직을 제수받아 복무하다가, 지방관 생활이 뜻에 맞지 않아 그를 미련 없이 버리고 돌아왔던 인물이다. 고향으로 조기 귀국한 이유가 무엇인지는 알려져 있지 않지만, 부모를 돌보아야 하는 사정 또는 원제국 생활에 대한 실망 등이 이유였을 것으로 짐작된다.

그런데 그가 원제국에 비판적이거나, 일종의 반원(反元) 감정을 지니고 있었던 것은 결코 아니었다. 다음의 언급을 살펴보자.

"배신(陪臣)이 사적으로는 왕을 일컬어 '성상(聖上)'이라 부르기도 하고 '황상(皇上)'이라 부르기도 하며, 위로는 요순(堯舜) 시대를 그리 고 아래로는 한당(漢唐) 시대를 (고려에) 빗대기도 하였다. 국왕(國王) 은 자신을 일컬어 '짐(朕)'이라 부르고 (자신의) 명령(命令)은 '조(詔)' 나 '제(制)'라 불렸으며, 나라 안의 죄수를 사면하면서 '천하에 대사면 을 시행한다[大赦天下]'고 하였다. 부서의 설치와 관원의 명칭 모두 중국 조정을 모방했으니 이와 같은 것들은 크게 참람(僭濫)한 일로서 실로 놀라운 일이지만, 중국에서는 이를 나라 밖 일로 대해 다행히 큰 부끄러움은 없었다."[69]

신하가 국왕을 '성상·황상(聖上·皇上)'으로 부르고 국왕은 스스로를 짐(朕)으로 부르며, 국왕의 명령은 조·제(詔·制)라 하는 동시에 부서와 관명까지도 모두 중국 조정과 동일했던 고려 전기의 관제(官制)를 '매우 참람된 일'이라고 표현한 데에서도 드러나듯이, 최해는 고려의 과거(過去) 제도를 극히 부정적으로 인식하였다. 반면, 원제국의 개입에 대해서는 정반대의 논조를 보였다.

"원제국[皇元]에 귀부(歸附)한 후에는 (제국에서 고려를) 일가로 여겨주시니 (그에 부응하고자) 성(省), 원(院), 대(臺), 부(部) 등의 호칭은 일찌감치 없애버렸으나, 세상 사람들이 구습에 젖어 다른 여러 병폐들은 여전했는데, 대덕(大德) 연간에 제국 정부에서 평장사(平章事) 활리길사(闊里吉思)를 파견하여 그를 바로잡은 뒤에야, (이런 병폐들이) 확실하게 고쳐져 감히 그를 답습하는 사람들이 없게 되었다."[70]

고려가 원제국에 귀부한 후(1275) [제국과 동일한] 관청 명칭들을 모두 없앴지만 그 병폐가 완전히 없어지진 않다가, 대덕(大德) 연간(1297~

....

69 『졸고천백(拙藁千百)』 권2, 〈동인사륙서문(東人四六序文)〉, "後至元戊寅夏, 予集定東文四六訖成, 竊審國祖已受冊中朝, 奕世相承, 莫不畏天事大, 盡忠遜之禮. 是其章表得體也. 然陪臣私謂王, 曰聖上, 曰皇上, 上引堯舜. 下譬漢唐, 而王或自稱朕予一人, 命令曰詔制, 宥境內曰大赦天下, 署置官屬, 皆倣天朝, 若此等類, 大涉譖踰, 實駭觀聽, 其在中國, 固待以度外, 其何嫌之有也."
70 『졸고천백』 권2, 〈동인사륙서문〉, "逮附皇元, 視同一家. 如省院臺部等號早去, 而俗安舊習, 玆病尚在, 大德間, 朝廷遣平章闊里吉思釐正, 然後渙然一革, 無敢有踏襲之者."

1307) 원제국 정부에서 평장[정]사(平章政事) 활리길사를 고려에 보내온 후[1299]에나 고려의 제도가 올바로 바뀌었다는 언급이다.[71] 후대인으로서는 선뜻 이해되지 않는 평가, 공감하기 어려운 인식이라 할 수 있다.

앞서 살펴본 바와 같이, 활리길사의 개변은 고려 정부에 일대 풍파를 일으킨 사건이었다. 의도는 나름 개혁적이었으되 일의 추진은 매우 갑작스럽게 이뤄졌고, '양천(良賤)의 일'은 고려의 민감한 부분을 잘못 건드린 탓에 결국 그가 고려에서 축출돼 제국으로 소환되는 것으로 귀결됐기 때문이다. 당시 고려 왕과 관료들이 여과 없이 노출한 강력한 격분과 반발은 사료에도 절절히 드러나 있다. 그러한 기록을 접하는 우리 같은 후대인들은 당연히 당시인들의 후세대(後世代) 또한 선왕과 선배들의 분노를 이해하고 공유했으리라 예상하기 마련이다.

그런데 당시로부터 반세기가 채 지나지 않은 시절을 살았던 최해가 그런 부분에 대해 일언반구의 언급도 하지 않은 점이 눈길을 끈다. 그런 대소동이 발생한 바 있었음을 혹 알지도 못했던 것은 아닌지 의심스러울 정도다. 과거의 그런 사건에 대한 인지가 전혀 없었다면 문인 관료로서는 역사 지식이 박약했다고 할 수 있고, 알고도 이런 입장을 개진한 것이라면 일종의 수정주의적 역사관에 경도된 편향된 자세라 할 만하다. 어떤 경우든 13세기 말 활리길사의 고려 제도 개변 당시 고려민들이 보였던 민감한 반응이나 첨예한 저항과는 완전히 다른 평가라 할 것이며, 30여

....

71 비슷한 시각이 14세기 전반을 넘어 14세기 말에도 확인된다. 1391년의 낭사(郎舍) 상소(上疏)에서 확인되는, '활리길사(闊里吉思)가 고려의 의제(儀制)를 혁정(革正)했다'는 평가가 그것이다. 그런데 이 기록에는 심지어 (최해는 언급하지 않은) "[활리길사가] 전민(田民) 쟁송(爭訟)을 모두 추구·검핵하여 밝게 정했다"는 표현도 들어 있다[『고려사』 권85, 지39 형법2, 소송(訴訟), 공양왕(恭讓王) 3년(1391) 10월]. '달라진 기억'이 아닌, '왜곡된 기억' 수준의 과거 인식이라 할 수 있다.

년의 시간이 경과하면서 고려인들의 당시에 대한 기억이 완전히 달라져 있었을 가능성을 보여준다.

사실 고려 전기 관제에 대한 가혹한 매도만 놓고 보면, 최해의 입장은 냉정히 평가할 때 (고려의 전통 관제를 되살리려 노력했던[후술]) '혼혈 국왕' 충선왕에 비해서도 퇴보한 것이라 할 수 있다. 동 시기에 활동한 익재(益齋) 이제현(李齊賢, 1287~1367), 가정(稼亭) 이곡(李穀, 1298~1351)에 게서도 찾아보기 어려운 다분히 일방향적 원제(元制) 수용 지지론이기도 하다.[72]

그럼 최해는 도대체 왜 이런 사고를 하게 됐을까? 몽골과의 전쟁이 고려인들에게 남긴 트라우마가 그렇게도 빨리 사라진 것이었을까? 반세기 전의 일이라고, 자신은 그것을 직접 겪지 않았다고, 최해는 정녕 13세기 후반 이래 반세기 넘게 이어진 몽골제국의 간섭이 고려인들에게 아무런 상처도 남기지 않았을 것이라고 본 것일까? 그토록 무감한 사람이었던 것일까?

물론 시간의 경과가 여러 상처를 아물게 하고 기억에도 영향을 미치며, 후대인들의 뇌리 속에 실제와는 전혀 다른 과거상을 심어주기도 한다. 시간이 흐르면 부정적 사건들에 대한 기억도 희석되고, 과거에 대한 전향적 관용이 필요하다는 생각도 고개를 들 수 있다. 내가 아닌 남이 겪었던

....

72 물론 그가 제국에 보내는 글(제국인들이 읽을 글)에서 제국을 나쁘게 말하거 나 비판하기가 쉽지 않아, 반세기 전의 일을 미화해서 말한 것일 뿐 그것을 진정 '다행'스럽고도 '필요'했던 일로 인식한 것은 아니었을 수도 있다. 그러 나 제국에 대한 이의 제기나 항의가 더욱 어렵고 두려웠을 13세기 후반에도 충렬왕과 관료들이 당당하게(그리고 여과 없이) 이견(異見)을 표명했다면, 원 제국과의 관계가 안정기에 접어든 시절의 최해가 원제국이 두려워 자신의 본 의에 역행하면서까지 과거의 부조리를 미화하고 칭찬했을 가능성은 적다고 생각된다.

사건에 대해서는 임의적인 판단을 범하기도 쉽다. 고려 군신(君臣)들의 격렬한 반발을 샀던 1299년 활리길사의 개변을 반세기 뒤 매우 아름다웠던 기억으로 회상한 최해도 결국 그런 경우가 아니었던가 한다. 그가 특별히 무감했던 사람이 아니라, 그의 인식이 14세기 전반 고려 사회 분위기의 산물이었을 수 있다는 얘기다.

이렇게 그를 옹호해 보는 것은, 그가 한반도의 옛 문장(文章), 즉 고려 선현(先賢)들의 문학 작품들에 대해서는 자부심이 무척이나 강했던 인물이기 때문이다. 위 글에서도 보이듯이 원제국을 통한 고려의 문명 개화를 지지하고 제국의 문물과 방침을 '존숭'했지만, 한편으로는 고려의 전통 문화, 특히 문장의 우수성에 대한 애정과 자부심이 매우 깊었던 것이다.

그는 우선 신라와 고려의 문장에 대한 자부심을 노출하였다. 삼국시대 이래 한반도인들의 중국 문명에 대한 관심과 학습 열기가 유려한 문장 실력의 획득으로 이어졌음을 강조하고 있다.

> "신라가 번성할 당시 젊은이들은 꼭 당나라에 보냈고, 숙위원(宿衛院)을 설치해 그 업무를 보게 하였다. 당나라 진사시(進士試)에 빈공과(賓貢科)가 있는데, 그 합격자 명단에 (신라인의) 이름이 빠진 적이 없었다. 신성왕(神聖王, 태조)께서 나라를 건국해 삼한(三韓)을 통일한 후에도 의관(衣冠)과 전례(典禮)는 신라의 옛 제도를 따랐으며, 16~17명의 왕들 모두 대대로 인과 의(仁義)를 닦으며 중국의 문화를 더욱 사모하였다. 서쪽으로는 송나라에 조회하고 북쪽으로는 요나라와 금나라를 섬기며 그 영향을 점차 받으니, 인재가 날로 번성하고 그들의 찬란한 문장(文章)도 모두 자못 볼 만하였다."[73]

....

73 『졸고천백』 권2, 〈동인지문서문(東人之文序文)〉, "在昔新羅全盛時, 恒遣子弟于唐, 置宿衛院以隸業焉. 故唐進士有賓貢科, 牓無闕名. 以逮神聖開國, 三韓故一, 衣冠典禮, 寔襲新羅之舊, 傳之十六七王, 世修仁義, 益慕華風. 西朝于宋, 北事遼金, 薰陶漸漬, 人才日盛, 粲然文章, 咸有可觀者焉."

최해는 이어 그러한 아름다운 문장들을 모은 문집·전적들이 하나 같이 세월의 경과, 무신(武臣)들의 집권, 그리고 전쟁이 초래한 병화(兵火) 등으로 인해 유실되었음을 개탄하였다.[74] 그로 인해 문인들이 자신들에게 가르침을 준 스승, 자신들과 교제하는 동료들(의 문장)의 유래를 모르게 되었고, 중국과도 교류가 제한된 상황에서 문장의 수준도 하락한 점을 대단히 안타까워하였다.

"이후 학자들은 스승과 교우의 유래를 모르게 되었고 중국과도 통하지 못했으므로 모두 점차 견문이 부족해져 야하고 망령된 풍조가 나타났다. 당시 어찌 문필가가 없었겠는가마는, 태평 시대의 작가(作者)들에 비하면 그 수가 훨씬 적었다."[75]

무엇보다도 고려의 문장에 관심을 가지는 제국인들에게 보여줄 책 한 권이 없는 것이 그에게는 큰 부끄러움이자 아쉬움이었다. 원제국 지식인들과 교류하는 고려 학자들이 많아진 상황에서 앞으로도 고려의 문장을 보여달라는 요청들이 많을 텐데, 그럼에도 불구하고 그간 한반도인들이 지은 여러 아름다운 문장들을 보여주지 못하는 속절없는 현실이 안타까웠던 것이다.

"나같이 가볍고 얕은 재능으로도 일찍이 과거에 합격해 금방(金牓)에 이름을 내고 중원(中原)의 뛰어난 선비들과도 접촉하였다. 그런데

....

74 『졸고천백』 권2, 〈동인지문서문〉, "然而俗尙惇厖, 凡有家集, 多自手寫, 少以板行, 愈久愈失, 難於傳廣. 而又中葉失御武人, 變起所忽, 昆岡玉石, 遽及俱焚之禍, 尒後三四世, 雖號中興, 禮文不足因. 而繼有權臣擅國, 脅君惘民, 曠棄城居, 竄匿島嶼, 不暇相保, 國家書籍, 委諸泥塗, 無能收之."

75 『졸고천백』 권2, 〈동인지문서문〉, "由玆已降, 學者失其師友淵源. 又與中國絶不相通, 皆泥寡聞, 流于浮妄. 當時豈曰無秉筆者, 其視承平作者, 規模盖不相侔矣."

우리나라 사람들의 문장을 보고 싶어 하는 사람들이 더러 있었고, 나로서는 응대할 책 하나 엮은 바가 없으니 물러나 부끄러워할 따름이었다.”[76]

이에 최해는 신라시대 최치원의 문장으로부터 충렬왕대까지의 유명 작가들이 남긴 작품들을 수집하고, 시(詩)는 ‘오칠(五七)’, 문(文)은 ‘천백(千百)’, 변려문(騈儷文)은 ‘사륙(四六)’이라는 제목 아래 분류한 후, 책의 전체 제목은 『동인지문(東人之文)』이라 명명했음을 밝혔다. 한반도의 여러 아름다운 시문 중 빠진 것들이 많아 그를 집대성한 책이라 할 수는 없음을 아쉬워하면서도, ‘동방의 문장’을 보기에는 다른 어떤 책보다 나을 것이라 자평하였다.[77]

이상에서 살펴본 그의 여러 언급들에서는 우선 한반도의 문장에 대한 자부심이 엿보이고, 그를 제대로 보이거나 알리지 못한다는 좌절감과 초

....

76 『졸고천백』 권2, 〈동인지문서문〉, “幸遇天啓皇元, 列聖繼作, 天下文明, 設科取士已七擧矣. 德化丕冒, 文軌不異, 顧以予之踈淺, 亦嘗濫竊, 掛名金牓, 而與中原俊士得相接也. 間有求見東人文字者, 予直以未有成書對, 退且恥焉.”

77 『졸고천백』 권2, 〈동인지문서문〉, “於是始有撰類書集之志, 東歸十年, 未嘗忘也. 今則搜出家藏文集, 其所無者, 偏從人借, 裒會採掇, 校厥異同. 起於新羅崔孤雲, 以至忠烈王時凡名家者, 得詩若干首, 題曰‘五七’, 文若干首, 題曰‘千百’, 騈儷之文若干首, 題曰‘四六’, 摠而題其目曰‘東人之文’. 於戲, 是編本自得之兵塵煨燼之末, 蠹簡抄錄之餘, 未敢自謂集成之書, 然欲觀東方作文體製, 不可捨此而他求也.” 한편 최해의 『동인지문』 외에 김태현 또한 고려 문장(文章) 모음집을 편찬했던 듯하고[『목은문고(牧隱文藁)』 권9, 서(序), 〈증김경숙비서시서(贈金敬叔秘書詩序)〉, “우리 삼한(三韓)의 경우 근세에 들어와 쾌헌(快軒) 문정공[文正公, 김태현(金台鉉)]이 걸출했고 그 문인 계림(雞林)의 최졸옹(崔拙翁, 최해)이 그 다음인데, 자료를 풍부하게 모아 편집한 것으로는 쾌헌을, 간추려 뽑아서 선택한 것으로는 졸옹을 일컫는다.”], 고문(古文)을 수집한 김지(金祉)의 『선수집(選粹集)』도 당시 편찬된 것으로 전하고 있다.

조감도 느껴진다. 제국인들에게 한반도의 문장을 보여줘야겠다는 의지나 다급함은 물론이고, 그것을 할 수 있는 사람은 자신밖에 없다는 오만함도 감지된다. 그런데 그 모든 복잡 미묘한 감정들을 넘어, 최해는 매우 흥미로운 경쟁 심리를 추가로 선보인다.

"나는 일찍이 '언어(言語)는 입에서 나와 문장(文章)을 이루기 마련이다. 중국인들의 학문은 그들이 본래 쓰던 바[언어]를 통해 이뤄지는 것이니, 정신을 많이 쓰지 않고도 특출한 인재가 쉽게 나올 수 있다. 우리의 경우 언어가 중국과 다르니, 천부적으로 자질이 총명해도 천 배, 백 배 노력을 하지 않는다면 그 학문을 과연 성취할 수 있겠는가. 그러나 일심(一心)의 오묘함이란 천지 사방을 통틀어 동일하고 터럭 같은 차이도 없다. 마음 먹기 나름이니, 어찌 스스로 저들보다 못하다는 마음을 먹는 데 그칠 것인가.'라고 말한 적이 있다. 이 책을 보는 사람은 우선 이 점을 유념해야 할 것이다."[78]

고려인들이 자국어가 아닌 한문을 갖고 글을 써야 하는 불리한 처지에 놓여 있지만, 본성의 현묘함은 중국인과 고려인이 다를 바 없으니 고려의 문장가들이 중국의 문장가들에게 굽히고 들어갈 필요가 없다는 최해의 언급 취지가 실로 심금을 울리는 바가 있다. 머리와 뇌는 돌아가는 것이 사람마다 다르지 않으므로, 한반도인들에게는 중국어와 한문으로 문학적 재능을 표현해야 할 부담이 추가로 존재할 뿐, 열심히 하면 고려인이라 해서 제국인들과 같은 탁월한 문장을 쓰지 못하라는 법이 없다는 궁극의 자신감을 표출한 격이기 때문이다.

....

78 『졸고천백』 권2, 〈동인지문서문〉, "又嘗語之曰, '言出乎口而成其文. 華人之學, 因其固有而進之, 不至多費精神, 而其高世之才, 可坐數也. 若吾東人, 言語旣有華夷之別, 天資苟非明銳而致力千百, 其於學也, 胡得有成乎? 尙賴一心之妙通乎天地四方, 無毫末之差. 至其得意, 尙何自屈而多讓乎彼哉?' 觀此書者先知其如是而已."

이렇듯 최해에게는 '고려의 옛 제도에 대한 가혹한 평가'와 '고려의 전통문화에 대한 무한한 애정'이 공존하였다. 몽골의 침공과 간섭을 직접 겪지는 못했던 후손으로서, 원제국에 대한 존숭과 고려 과거 전통에 대한 애정을 내적으로 절충한 결과라 여겨진다.[79] 수정주의적 과거 인식과 과거 전통에 대한 자부심은 서로 양립할 수 없는 공존 불가의 정서가 아니었던 것으로, 고려의 종전 제도와 체례(體例)에 교정돼야 할 측면들이 존재했음을 강조하되 동시에 한반도 문화의 우수성에도 주목하는 관점이 14세기 전반에 존재했음을 최해의 사례가 보여주는 셈이다.

한편 마지막으로 소개할 유형은, 고려와 원제국의 긴밀한 관계를 강조하면서도 은연중에 고려의 '특수성', 또는 (중국과의) '다름'을 강조했던 경우이다. 이곡과 이제현이 그런 사례라 할 수 있다.

이 시기 수 많은 고려인들이 원제국 치하 중국에 건너가 새로운 삶을 살고 있었는데, 이들 중에는 원제국에서 개척한 새 삶을 영위하는 한편으로 고려와의 연고도 유지하는 등, 양쪽 모두를 오가는 행보를 보였던 인물이 적지 않았다. 이들의 생애는 양국의 연계성을 상징하는 한편으로, 공교롭게도 양측의 분절 또한 동시에 드러냈음이 눈길을 끈다.

가정 이곡의 경우 제국에서 활동한 다른 고려인들과 달리 제국 중앙

---

79 종래의 연구에서도 "원제국의 개입으로 인해 고려의 제도와 체례가 교정, 개선되었다"는 입장과, "전통 문물과 문화의 우수성에 대한 추숭"의 입장이 당시 고려 사회에 병존하였다고 본 바 있다. 이른바 '통제론(通制論)'과 '국속론(國俗論)'에 대한 김형수의 연구가 대표적인 경우이다(2001 『원간섭기(元干涉期) 고려의 정치세력과 정국동향』 경북대학교 박사학위논문). 다만 이 연구에서는 이러한 일견 모순된 정서들이 한 사회뿐 아니라 한 세력 내에, 심지어 일개인의 문제의식 속에 공존할 수 있었던 점에 대해서는 주목한 바 적었는데, 최해는 한 지식인이 두 계열의 시각을 모두 가진 전형적인 경우라 할 것이다. 한편 이종서도 당시 두 가지 지향이 공존했음에 주목한 바 있다(2015 「고려후기 상반된 질서의 공존과 그 역사적 의미」 『한국문화』 72).

정부의 문한(文翰) 요직을 역임하였고,[80] 가끔 정동행성 관원으로 부임해 고려에 들어오기도 하였다. 고려 관료들의 요청으로 '문한(文翰) 6국(局: 翰林·史館·秘書·寶文·同文·留院)'의 중건 당시 기문(記文)을 써 주는 등[81] 고려와 원제국 양쪽 모두에서 활동했던 대표적 인물이다. 행적 자체로도 당시 고려와 원제국의 긴밀한 관계는 물론, 양국 정부 사이에 존재했던 '높은 연동성'을 상징하는 존재였다.

다음의 글이 그 점을 잘 보여준다. 고려의 재상들에게 보낸 장문의 국정 건의문이다.

"생각건대 우리 삼한(三韓)이 나라다운 나라이지 못한 지 오래되었습니다. 풍속은 무너지고 형정(刑政)은 문란해져 백성들이 도탄에 빠진 채 무엇 하나 믿고 살 수가 없는 상황입니다.…

오늘날 본국의 습속을 살펴보건대, 재물이 있으면 능력이 있는 것이고 권세가 있으면 똑똑하다고 합니다. 반면 조복(朝服)과 유관(儒冠)은 배우의 잡극 도구 정도로 간주하고 직언과 정론은 민간의 허튼소리 정도로나 여기니 나라가 나라답지 못하게 된 것도 당연한 일입니다. 내가 친척과 이별하고 고향을 떠나 오래도록 객지 생활을 하게 된 것도 바로 이 때문이라 할 것입니다.…

요즈음 여러 공(公)들께서 정치를 보좌하며 개혁한다고 하시지만, 이전과 별로 다를 바가 없는 것 같습니다. 겉으로는 원로를 공경한다면서도 실제로는 어린 자가 권력을 장악하고, 청렴을 숭상한다면서도

80 1334년 4월 여러 원제국 유자(儒者)들이 가정 이곡에게 보낸 송시(送詩)들을 보면[『가정집』 잡록(雜錄), 〈송이중부사정동행성서(送李中父使征東行省序)〉], 송본(宋本)이 "이번에 급제하고 돌아가는 '동국[고려] 출신으로 등과한 여섯 번째 인사[이곡]'는 원 황제의 총애가 막중"함이 거론돼 있다("聞說三韓學李唐, 白袍歲歲集科場, 中朝高選歸家看, 別樣蟾宮桂子香…東國登科第六人, 芳蹤獨占禁林春, 好將元統君恩重, 說向高堂鶴髮親.").

81 『가정집』 권2, 기(記), 〈금내청사중흥기(禁內廳事重興記)〉

탐욕스러운 자가 권세를 휘두르고 있습니다. 소악(小惡)을 물리쳤다
해도 대악(大惡)은 여전히 고쳐지지 않았으며, 구신(舊臣)을 교체했다
지만 신참들이 거꾸로 구신에게 빌붙고 있습니다. …(원) 조정에서 이
런 일을 듣는다면, '안 되겠다'고 생각하지 않겠습니까?"[82]

내용인즉슨 모두 옳은 얘기이지만, 고려의 중신들이 듣기에는 귀가 따
가워지는 상당히 신랄한 비판이다. 불필요할 정도로 외람되거나 노골적으
로 오만한 언사도 적지 않게 섞여 있다. '나라가 나라답지 못해 내가 고국
을 떠나 있다'는 하소연 아닌 하소연은 상대방을 기분 나쁘게 만들기에
충분한 언사이며, 위 글의 원문 말미에 등장하는 '(제국) 조정과 천자에게
진달하겠다'는 말은 제국의 관료가 아니었으면 감행하지 못할 일종의 협

....

82 『가정집』권8, 서(書), 〈우본국재상서(寓本國宰相書)〉, "穀頓首再拜寓書諸相公
閣下. 僕病不能造左右, 面陳所懷. 若終不言則不惟僕之心常怏怏不平. 鬱而不泄,
且諸公必以僕爲無知, 而不以人待之. 故不能緘嘿, 吐出一言, 惟諸公之幸聽之. 維
吾三韓, 國之不國, 亦已久矣. 風俗敗壞, 刑政紊亂, 民不聊生, 如在塗炭. 幸今國王
丞相受命之國, 民之望之若大旱之望甘澍然. 國王丞相以春秋之富, 謙恭沖默, 一國
之政, 聽於諸公, 則其社稷安危, 人民利病, 士君子之進退, 皆出於諸公. 夫進君子
則社稷安, 退君子則人民病, 此古今之常理也. 然則用人又爲政之本也. 盖用人則
易, 知人則難, 不問邪正, 不論高下, 惟貨是視, 惟勢是依, 附我者雖姦諂而進之, 異
己者雖廉謹而退之, 則其用人不旣易乎, 用人易, 故政日亂, 政亂故國家隨以危亡,
此不待遠求諸古, 實目前之明鑑也. 古之人知其然, 於一進退人之際, 而必察其所行
所從來, 惟恐瀆于貨而奪于勢也. 然猶朱紫相奪, 玉石相混, 其知人不旣難乎? 卽今
本國之俗, 以有財爲有能, 有勢爲有智. 至以朝衣儒冠, 爲倡優雜劇之戲, 直言正論,
爲閭里狂妄之談. 宜乎國之不國也. 穀之所以離親戚去鄕國, 久客於韲鹽之下者, 正
爲此耳. 比聞諸公所以輔政更化者, 與前日甚不相遠, 名雖尙老, 而少者宲主其柄,
名雖尙廉, 而貪者宲執其權. 旣斥惡小, 而大者不悛其惡, 旣改舊臣, 而新者反附其
舊. 知人不難, 用人甚易, 似非國王丞相委任之意, 朝廷聞之, 得無不可乎? 或曰,
'不必寓書諸公. 徒見其怒, 而無所益也.' 穀應之曰, '社稷苟安, 人民苟利, 將具本
末, 言之朝廷, 達之天子, 豈以諸公之怒而便緘默耶?' 是用敢貢狂瞽之說. 惟諸公
垂察焉."

박이기도 하다. 일반 고려 관료로서는 도저히 못할 건의이며, 필자를 몰랐다면 중국 출신 원제국 관료가 쓴 글로 봐도 손색이 없을 정도이다. 고려 출신이었던 그가 제국의 관료로서 자국 정부에 위와 같은 제안을 할 수 있었던 것 자체가 분명 고려와 원제국 양 정부 간의 경계가 일부 모호해졌음을 드러내는 바가 있다. '고려 출신 제국 관료'였던 이곡의 이 같은 행보에서 양국 간 연동성도 다시 한번 상정된다.

그런데 한편으로, 그의 다른 글에서는 조금 다른 문제의식도 엿보인다. 제국 정부를 향해 공녀(貢女) 차출의 중단을 호소한 것이 그를 잘 보여준다.[83]

그는 우선 고려국의 '특수한 성격'을 강조하였다. 제국의 황제가 고려의 의관(衣冠)과 전례(典禮)를 보전하라고 하여 지금까지 변함 없이 유지하고 있으며, (제국 치하의 나라로서) 군신(君臣)과 인민, 사직(社稷)을 유지하는 곳은 고려가 유일하다는 언급도 곁들였다.[84] 다음으로 고려로부터의 부녀자 차출이 원제국의 인정 또는 묵인 아래 진행되는 상황은 결국 제국에도 누가 되는 일임을 지적하였다. 그리고 마지막으로, 고려인들이 겪고 있는 큰 고통을 절절히 묘사하며 그 배후에 있는 자들을 '엄단(嚴斷)'할 것을 종용하였다.

....

83 이곡의 이 상소가 있었던 1335년, 이곡의 상소에 앞서 원 어사대에서 먼저 문제를 제기했고(3월) 이후 이곡이 상소를 올린 측면이 있음을 이개석이 지적한 바 있다(2013 『고려대원관계연구』 지식산업사, 258쪽). 원제국 정부 내에서 관련 논의가 진행되자 이곡이 그런 상황을 활용해 이 문제를 본격 거론한 것으로 여겨진다.

84 『가정집』 권8, 서(書), 〈대언관청파취동녀서(代言官請罷取童女書)〉, "高麗本在海外, 別作一國. 苟非中國有聖人, 邈然不與相通, 以唐太宗之威德, 再擧伐之, 無功而還. 國朝肇興, 首先臣服, 著勳王室, 世祖皇帝釐降公主, 仍賜詔書奬諭曰, '衣冠典禮, 無墜祖風.' 故其俗至于今不變. 方今天下, 有君臣有民社, 惟三韓而已, 爲高麗計者."

"군리(軍吏)들이 사방으로 나가 가호를 돌아다니며 수색하는데, 혹시라도 숨길 경우 그 이웃마을 사람들을 잡아 가두고 친족들은 밧줄로 동여매 치고 때리며 숨겨 놓은 딸을 내놓은 뒤에야 그만두곤 하니, 한 번 사신의 행차가 뜨면 온 나라가 소란스러워져 개와 닭도 조용히 지내지 못합니다. (중략) 이 같은 일이 한 해에 두 번씩 일어나기도 하고 데려가는 동녀의 숫자가 한 번에 많을 경우 40~50명에 이르기도 합니다. 일단 선발되면 부모와 가족이 서로 모여 통곡하므로 밤낮으로 곡성이 끊이지 않고, 급기야 국문(國門)에서 (딸을) 떠나보낼 적에는 옷자락을 부여잡고 땅에 엎어지거나 길을 막아선 채 울부짖기도 합니다. 비통하고 분개한 심정에 우물에 몸을 던져 죽기도 하고, 목을 매어 자결하는 자도 나오며, 근심과 걱정에 혼절하여 쓰러지는 자도 있고, 피눈물을 쏟다가 실명(失明)하기도 합니다… (중략) 국가에는 아무 이익도 없고 먼 지방 사람들에게 원망만 사는 일로서, 그 폐단이 결코 적지 않은 일이라면 더 말해 무엇 하겠습니까. 감히 내지(內旨)를 사칭하며 위로 성청(聖聽)을 모독하고 아래로 자신의 이익을 꾀하여 동녀를 취하는 자, 그리고 그 나라[고려]에 사신으로 가서 처첩(妻妾)을 취하는 자가 있다면 그를 금지하는 법률 조목을 명시하여 앞으로는 그들의 기대하는 마음을 아예 끊어 버리도록 하소서."[85]

이 글을 읽고 나면, 과연 이곡이 고려와 원제국을 서로 연동된 존재로 보고 있었던 것이 맞긴 한지 의구심이 느껴진다. 고려 또는 고려인들에 대한 이곡의 지칭과 표현을 볼 때 그렇다.

....

85 『가정집』 권8, 서, 〈대언관청파취동녀서〉, "軍吏四出, 家搜戶探, 若或匿之, 則係累其隣里, 縛束其親族, 鞭撻困苦, 見而後已, 一遇使臣, 國中騷然, 雖雞犬不得寧焉. … 如此者歲再焉, 或一焉間歲焉, 其數多者至四五十, 旣在其選, 則父母宗族相聚哭泣, 日夜聲不絶, 及送于國門, 牽衣頓仆, 攔道呼泣, 悲慟憤懣, 有投井而死者, 有自縊者, 有憂愁絶倒者, 有血泣喪明者, 如此之類, 不可殫紀, 其取爲妻妾者, 雖不若此, 逆其情取其怨則無不同也. … 況無益於國家, 取怨於遠人, 而其爲弊不小者哉? 伏望渙發德音, 敢有冐于內旨, 上瀆聖聽, 下爲己利而取童女者, 及使于其國而取妻妾者, 明示條禁, 絶其後望…"

위 인용문에는 없지만, 이곡은 위 글의 서두에서 공녀 문제과 관련한 책임을 먼저 고려에 돌리는 듯한 표현을 썼다.[86] 명백히 제국 측에 귀속되어야 할 과책(過責)을 엉뚱하게도 피해자인 고려에 물었던 셈이지만, 한편으로는 공녀 사태의 책임이 (원제국과는 별개로) 고려에도 '일부 있음'을 환기시키는 표현이어서 흥미롭다. 고려가 원제국의 진정한 일부였다면, 그리고 이곡도 그렇게 보고 있었다면, 그로서는 공녀 사태의 책임을 오롯이 원제국 정부와 황제에게 돌려야 했을 것이다. 그러나 이곡은 오히려 고려 정부가 공녀 문제의 책임을 원제국 정부와 '분담'해야 한다는 관점을 드러냈다. 이런 관점은 양자 간의 분리성을 전제로 한 것으로, 고려를 사태의 책임 주체 중 하나로 띄운 이곡의 화법이 역설적으로 고려 정부의 독자성을 부각시킨 측면이 있다.

이곡은 또 고려 출신 부녀자들 중 후비(后妃)의 반열에 오르거나 귀인(貴人)의 배필이 된 사례들이 매우 '이례적인 경우'이며, 그럼에도 그것이 동녀 차출의 명분으로 악용되고 있음을 개탄하였다.[87] 이 표현도 그 자체로 고려가 중국의 일부가 아님을 드러내는 효과가 있다. 고려 출신 후비

....

86 『가정집』 권8, 서, 〈내언관청파취동녀서〉, "고려인들이[婦寺] 중국의 위세를 뒷배 삼아 세력을 키우고 황제의 은총을 빌미로 도리어 본국을 뒤흔들면서 내지(內旨)를 사칭해 매년 동녀(童女)가 실려가는 상황을 만들기도 하였다. 남의 딸을 빼앗아 윗사람에게 아첨하며 자기의 이익을 도모하게 된 이 상황도 결국 고려가 자초한 일이라 할 것이다('…而乃使其婦寺之流, 根據中國, 寔繁有徒, 怙恩特寵, 反撓本國, 至有冐于內旨, 爭馳傳遽, 歲取童女, 絡繹輦來, 夫其取人之女以媚于上, 爲己之利, 此雖高麗自取之也.')."

87 『가정집』 권8, 서, 〈대언관청파취동녀서〉, "旣稱有旨, 豈不爲國朝之累乎? 古昔帝王, 發一號施一令, 天下顒顒, 望其德澤, 故稱詔旨曰德音, 今屢降特旨, 奪人室女, 甚爲不可."; "今高麗婦女在后妃之列, 配王侯之貴, 而公卿大臣, 多出於高麗外甥者, 此其本國王族及閭閻豪富之家特蒙詔旨, 或情願自來, 且有媒聘之禮焉. 固非常事, 而好利者援以爲例."

및 원(元) 고관 부인의 '희소성'에 대한 강조 자체가 고려인들을 '이국인(異國人)'으로 자리매김하는 논법이기 때문이다. 게다가 이곡은 고려인들을 "먼 지방 사람들['원인(遠人)']"로 표현하였다. 중국의 변방인들도 이렇게 지칭된 경우가 없지 않지만, 이러한 표현은 대체로 중국 '밖'의 오랑캐들, 즉 중국과는 별개로 존재한 외부의 종족들을 가리키는 데 사용되곤 하였다. 고려를 중국과 분리된 존재로 묘사한 또 다른 표현이라 할 것이다.

당시 고려와 원제국의 관계가 그 이전의 어떤 한 - 중 관계에 비해서도 가까워져 있긴 했지만, 그러한 '근접성'에는 엄연히 한도가 있었으며 상호 간 분절의 맥락도 그에 일부 내포돼 있었음을 이곡의 화법과 표현에서 엿볼 수 있는 것이라 하겠다.[88] 그의 활동이 당시 양국 간 경계의 약화를 견인하는(즉 양국 관계의 긴밀도를 높이는) 측면을 지녔던 한편으로, 양국 사회의 개별성을 시시각각 당대인들에게 환기하는 역할도 했을 가능성이 위의 언행들에서 상정되는 것이다.[89]

그런 점에서는 이제현의 사례도 이곡과 비슷한 경우라 할 수 있다.

....

88 한편, '고려 정부가 고려 출신 제국 관료에게 지적질을 당하는 상황'(고려 출신자가 제국의 관료라는 이유만으로 이토록 용감하게 고국의 선배 관료들을 질타할 수 있는 상황), 그리고 '고려 출신 제국 관료가 양국 간 현안을 환기하며 양쪽 모두를 비판하는 상황'(고려 출신자가 여타 고려인들은 제기하지 못할 수위 높은 비판을 원제국 정부에 제기하는 상황) 등의 사례가 현존 문집들을 통틀어 이곡의 『가정집』 정도에서만 발견된다는 점 또한, 가정 이곡이 그만큼 독특하고도 이례적인 존재였음을 보여준다. 고려와 원제국 사이에 여전히 높은 수준의 분절이 존재했음을 그의 사례가 반증하는 셈이다. 고려와 원제국이 진정 하나였다면(또는 고려가 원제국의 일부에 불과했다면), 가정 이곡이라는 이른바 '세계인'의 존재가치와 희소성이 이렇게 부각될 필요도 없었을(다시 말해, 별로 특이할 것도 없는 사례였을) 것이라는 점에서 그렇다.

89 고려의 관료들이 이곡에게 문헌6국 신청사(新廳舍)의 기문을 요청한 것도 원제국에서 그 정도로 현달한 고려인이 매우 드물었기 때문이었다. 고려와 제국 간 '융합과 편입'의 양상 뒤에 숨은 '실질적 분절과 간극'의 존재를 보여준다.

이제현은 고려와 원제국의 관계를 언급함에 있어 양국의 '친밀함'을 무척이나 자주 언급하였다. 원 황제와 고려 왕들 사이의 관계를 지칭하는 '생구(甥舅)'라는 표현, 고려 왕자들의 원제국 정부 내 숙위(宿衛) 활동에 대한 회고, 원제국 연회에서 고려 왕이 보장받은 좌차(座次, 좌석 순서, 황제로부터의 거리 등)에 대한 언급 등이 그를 잘 보여준다. 그는 또 기황후의 최근 책봉을 축하하며, 고려가 원제국으로서는 '이성(異姓)'이 아닌 '세척(世戚)'임을 강변하기도 하였다.[90] 이곡의 행동이 보여준 양국 간 '연동성'과도 맥이 닿는, 양국 간 관계의 '긴밀성'에 대한 남다른 강조였다고 하겠다.

그런데 한편으로, 그는 한 가지 색다른 요청을 제국 정부에 제기하기도 하였다. 그의 이른바 〈걸비색목표(乞比色目表)〉가 그를 잘 보여준다.

"일찍이 옥엽(玉葉, 元朝)의 인척[聯芳]이 되었고, 선원(璿源)에서는 육경(毓慶: 황태자 탄생)을 맞게 되었습니다. 이미 이렇듯 근본과 가지(本支)의 관계가 맺어졌으니, 어찌 [고려를] 색목(色目)과 동등하게 대하지 않을 수 있겠습니까?"[91]

....

90 『익재난고(益齋亂稿)』 권8, 표(表)·전(牋), 〈진정표(陳情表)〉 "… ① 陳情云云. 欽覩至正五年月日頒降詔書條畫內一款. 今後漢人高麗人南人等. 投充怯薛者並在此限. 伏讀已還. 悄惶隕越. 不能自已. 仰瞻天聽者… ② 由是講甥舅之親. 而委以保釐之位. 徵子弟之質. 而備於宿衛之行. 坐得次於雄吉剌台. 飲亦參於闍于也速. 況今坤元配德. 豈惟萬國之榮觀… ③ 與諸異姓而不倫. 伏望勿遺旣往之忠勤. 亦念難遭之緣幸. 俾同世戚. 免貽沙汰之嫌…"

91 『익재난고』 권8, 표·전, 〈걸비색목표(乞比色目表)〉, "…迎世皇北上之師, 遂蒙釐降之榮, 獲守藩宣之寄, 洎子孫而相繼, 講甥舅之至懽, 及際休明, 益深緣幸, 元良載誕, 允孚四海之情, 寡昧自矜, 私謂三韓之福. 因念曾忝聯芳於玉葉, 更逢毓慶於璿源, 旣然得附於本支, 何乃未同於色目. 肆歷由中之懇, 佇霑無外之恩, 伏望賜以兪音, 順其景慕, 臣謹當感聖化於桑域, 庶臻魯一變之期, 湊忠誠於葵宸, 永貢嵩三呼之祝."

얼핏 보면 이해가 되지 않는 요청이다. 이제현도 다른 글에서는 고려의 독자성을 누차 강조한 바 있는데, 정작 이 글에서는 몽골 원제국의 한 부류일 따름인 색목인(色目人)들과 동등한 대접을 받고 싶다고 주장한 격이었기 때문이다. 경우에 따라서는 이제현이 원제국 정부더러 고려와 고려인을 '몽골의 수하'이자 '제국의 진정한 일원'으로 취급해 달라는 굴욕적인 요청을 한 것으로 해석될 수도 있는 표현이다. 과연 이제현이 그런 의도에서 위의 발언을 했던 것일까?

그의 발언 취지를 헤아리기 위해서는, 원제국 내부에 존재하던 여러 종족들이 각기 어떤 위상을 점하고 있었는지를 확인할 필요가 있다. 당시 제국 치하 중국의 인구는 거칠게나마 몽골인, 서아시아·중앙아시아 출신의 색목인, 화북 지역의 한인(漢人) 및 강남 지역의 남인(南人)들로 구성돼 있었다. 색목인들이 원제국 내에서 서열 2위의 위상을 지녔고 한인과 남인이 그 뒤를 잇고 있었다. 그 점을 감안하면, 이제현의 주장은 앞서 언급한 것과는 정반대의 취지를 함축하고 있었다고 할 수 있다. 고려에 대한 '상당한 수준의 처우'를 제국에 요구한 셈이었기 때문이다.[92]

게다가 당시 색목인이 제국에서 지녔던 의미에 비추어 보면, 이 요구는 우리가 생각지 못했던 더욱 중요한 함의도 내포한다. 중국 본토의 원주민(原住民)이었던 한인·남인과는 달리, 몽골인과 색목인은 기본적으로 중국에 새로 유입된 이주민(移住民)이었기 때문이다. 몽골인들과 같은 대우까지는 차마 요구하기 어려운 상황에서, 고려가 제국 정부에 '적어도

---

92 최근 연구에서도 이러한 요청이, 1340년대 원제국의 지나친 고려 내정 간섭을 막기 위해 '애초 고려는 남인·한인과 비교될 대상이 아니었으며', 따라서 '자율성을 인정받는 색목인에 준하는 대접을 받아야 할 위치에 있음'을 천명하는 것이었다고 본 바 있다(김호동, 2008 「고려 후기 "색목인론(色目人論)"의 배경과 의의」, 『역사학보』 200).

색목인과는 동격의 대우를 해 달라'고 요청한 것은 결국 고려를 '중국 본토 원주민과는 기본적으로 다른' 존재로 대해 달라고 요청한 것이나 다름없는 일이었다. 이제현의 요구는 '원제국과 고려의 일체화'를 종용한 것이라기보다, 정반대로 고려를 '중국과는 다른 공간', '중국 밖의 공간'으로 공인(公認)해 달라는 요구였던 셈이다.

결국 이제현이 제기한 '색목인 수준의 대우 요구'는 '고려 지역만의 특수성과 독자성'을 인정받기 위한 일종의 방편에 불과했음을 알 수 있다. 고려가 특별 대접을 받아야 할 근거들로 고려와 원(元) 사이의 '특수한 인연'들을 제시했지만, 그에 그치지 않고 (매우 완곡한 표현으로나마) 고려가 진정 원했던 것을 요구했던 것이다. 이제현의 위 요청은 당시 고려인들이 원제국 정부의 직접 통치를 받고 있던 화북(한인)과 강남(남인) 지역 중국인들과 동급에 놓이는 것을 극도로 꺼리고 있었음을 보여주며, 그런 점에서 고려인들이 원제국 치하의 중국과 고려를 '별개시'하고 있었음을 보여주는 전형적인 사례라 하겠다.

이상에서 조인규와 최해, 이곡과 이제현의 사례들을 살펴보며 13세기 후반~14세기 전반 한반도인들이 '고려'라는 왕조의 옛 제도·전통을 어떻게 바라봤고 원제국과 고려 한반도의 관계는 어떻게 인식했는지를 살펴보았다. 당시 고려인들의 왕조 전통에 대한 애정과 자부심, 그리고 그 '다름'에 대한 인지가 각별했음을 엿볼 수 있다. 문인 관료들의 이러한 정서를 토대로 "전통"을 복구하거나 그 유용성을 국정에 활용하려는 국왕들의 시도 역시 계속됐을 것으로 보인다. 다음의 두 장에서 충선왕과 충숙왕의 사례들을 차례대로 살펴보도록 하자.

2장. 전통과 외제(外制)의 '이상적 비율' 찾기

이상 앞 장의 검토를 통해, 고려인들이 원제국과 공존하던 시기에도 이전의 전통, 역대의 문물에 대한 관심과 애정을 놓지 않았음을 확인할 수 있었다. 이러한 인식과 정서에 힘입어 고려 전기나 중기의 다양한 문화 원형들이 후기에도 종종 재등장했을 것으로 생각된다. 정부 또한 그에 대한 사회와 대중의 관심에 무감하긴 어려웠을 것이다. 그런 점에서 이 시기 고려 정부의 정책과 조치가 고려의 전통 복원으로 이어진 사례들을 살펴볼 필요가 있다.

실제로 14세기 전반 그런 경우들이 적지 않게 발견된다. 충선왕대에는 관제 개편 와중에 국초의 관청명, 관직명들이 일부 부활하였고, 그의 재위 기간 중 복구된 고려의 태묘(太廟)에는 제국의 새 제도가 담기는 한편으로 왕조 초기의 전통적 모습들도 일부 온존되었다. 충숙왕대에는 고려의 전형적 과거제도 및 교육제도가 부활했으며, 고려 중기인 숙종대 시작되었다가 중단된 기자사(箕子祠) 제사도 재개되었다. 이 시기의 고려 위정자들이 과거 문물의 복구에 관심이 많았음을 두루 보여주는 사례들이다.

다만 사례들의 맥락과 배경은 충선왕과 충숙왕이 서로 조금 달랐다. 이 장에서는 우선 충선왕대의 사례들을 살펴본다.

이 시기의 고려 왕들이 국초의 제도나 문물에 대한 애정을 서로 공유했음은 앞서 언급한 바 있으며, 최초의 고려 - 몽골 혼혈 태생이었던 충선왕도 예외가 아니었다. 그런데 충선왕의 경우, 그런 모습을 보이게 된 경위에 (다른 국왕들에게서는 보이지 않던) 또 다른 결이 깃들어 있었다. 고려의 전통 구제를 '중국 고제(古制)'의 연장선상에서 비롯된 문물로 보고, 중국 구제를 현창하는 차원에서 고려 국초의 문물을 복구해야 한다고 생각했던 것이다. 원제국에 저항하거나 그를 비판하기 위해 고려의 구제를 추구하거나, 원제국 문물의 고려 진입을 경계하며 그를 방지하기 위해 수세적으로 고려의 유산을 되살린 것이 아니라, 어디까지나 원제국 정부의 지향을 수용하는 차원에서 고려의 구제도 함께 되살리려 했던 것이다.

충선왕의 즉위년 관제 속 국초 관직들이 바로 그런 지향의 결과 중 하나다. 고려가 당·송 제도를 골간으로 자국의 제도를 만들었던 만큼, 고려의 관제 전통에는 중국의 구제가 함축돼 있었다. 고려의 과거(過去)에 대한 지향과 중국의 과거에 대한 지향의 종착점이 같을 수 있었던 분야 중 하나가 바로 관제였던 것으로, 원제국 정부의 구제 복구 및 현창 노선에 편승하는 것이 고려 구제(흔히 '국속'으로 표현되지만 실은 토착 문물과 외래 문물의 결합)의 복원, 그 중에서도 고려 초 관제의 (잠시나마의) 재등장으로 이어질 수 있었던 것도 그 때문이라 하겠다.

아울러 충선왕의 국정에서는 원제국의 제도를 받아들이는 한편으로 고려의 과거(過去) 문물적 요소 또한 잊지 않고 되살려 함께 활용하는 사례가 발견된다. 몽골 침공으로 파괴된 후 쉽사리 복구되지 못하다가 충선왕대에 이르러서 복원된 고려의 새 태묘(太廟)가 그런 사례다. 고려 후기의 이 신축 태묘에서는 신제(新制)와 구제(舊制), 외제(外制)와 전통(傳統)의 절묘한 균형이 발견된다. 물론 새 태묘에 남아 있는 이러한 국초의 모습을 '외국 제도를 전면 수용하면서 구색 맞추기용으로 잔류시킨' 과거의 흔적일 따름으로 치부해 버릴 수도 있겠지만, 태묘는 고려 왕실로서는 그 어떤 존재보다도 신성한 공간이었고, 절반이 고려 혈통이었던 충선왕도 그를 익히 알고 있었다. 자신의 측근 일부가 촉발했던 입성론(立省論)이 무산됐을 때 선조 왕들께 제사를 지내며 감사의 마음을 피력했을 정도로 고려 왕으로서의 자신의 역할을 중시했던 그로서는,[93] 고려 왕실의 중요

93 『고려사』권35, 세가35 충숙왕12년(1325) 윤1월 경신, "上王以朝廷寢立省之議, 遣人祭告高慶二陵."

공간에서 국초의 전통적 형상이 사라진다는 것을 용납하기 어려웠을 것이다. 이에 원제국의 신규 제도를 대폭 도입하여 고려의 태묘를 복구하되, 고려의 전통 요소도 당연히 남겨야 한다는 문제의식을 관철하기 위해 제국에서 논의되던 '협실(夾室)'을 전향적으로 활용했던 것으로 보인다.

1. 고려 전기 관제의 흔적을 되살리다: 충선왕의 즉·복위년 관제 개편

충선왕은 일반적으로 '통제(通制)', 즉 '원제국의 제도'를 선호하고 수용하는 것에 경도되었던 인물로 알려져 있지만, 그러한 통념과 달리 그는 고려의 과거(過去)에도 관심이 많았던 인물이다. 역대 사적(史籍)에 대한 학습을 통해서였는지 고려의 역사에 대한 이해도 상당하였다. 비록 몽골 혼혈이긴 했으나 엄연히 고려인이기도 했던 그가 고려의 구제(舊制)나 전기의 관행을 숙지하고 있었던 것은 어찌 보면 결코 이상한 일이 아니었다. 그의 국정 여러 곳에서 발견되는 과거(過去) 고려 제도들의 복원 또한 고려의 과거 문물에 대한 지식에 힘입어 가능했던 것이라 하겠다.

다만 당시 원제국의 압도적 존재감을 고려할 때, 그의 몽골 혈통은 그의 고려 문물에 대한 관심을 약화시킬 만한 변수이긴 하였다. 따라서 그가 스스로의 태생적 혼종성(混種性)에도 불구하고 고려의 문화와 전통에 대해 각별한 관심을 가질 수 있었던 배경에 대해서는 별도의 검토가 필요하다. 그와 관련하여, 고려의 구제(舊制)에 깊은 관심을 보였던 그의 성향이 '고려의 과거(過去)에 대한 애정' 뿐 아니라 '구제(舊制)' 그 자체에 대한 주목에서 비롯되었을 가능성이 눈길을 끈다. 당시 몽골족이 세운 원제국에서도 동북아시아의 '고제(古制)'에 대한 지향이 강력하게 나타났던 만큼, 충선왕 또한 그에 영향을 받았을 가능성이 농후하기 때문이다.

앞서 1부에서도 살펴봤지만, 충선왕은 원제국 정부의 정책 노선으로부터 받은 영감을 그의 국정에 주요하게 활용하였다. 원제국 정부의 정치 개혁 노선과 재정 세입 증대 지향, 중국의 지방 제도 개편 방법 및 군호제 운영 방식 모두 그가 중하게 참고했던 대상들이다. 그랬던 그에게 원제국 정부에서 운위되던 '구제(舊制)의 중요성' 또한 예사롭게 넘길 화두가 결코 아니었을 것이다. 원제국 정부의 동북아시아 구제에 대한 현창이 충선왕으로 하여금 (고려의 전통이든 중국 고래의 구법이든) 이른바 '구제'라는 것을 강력히 추구하게 한 원인이었을 수 있다는 얘기다. 당시 고려의 국속(國俗)이라는 것도 고려 초 당·송(唐宋) 제도에 기반해 형성된 바 적지 않았음을 고려하면 더욱 그렇다.[94]

"구제·고제"의 복구나 부활은 물론 동아시아 문화권 내 역대 왕조 대부분이 표방해 온 바로서, 사실 새로운 현상은 아니었다. 원제국 시기의 구제 복구 지향도 이전부터 있어 왔던 추세가 지속된 것이었다. 그런데 이 시기의 중국이 이전과 달랐던 부분도 없지 않았다. 13세기 전반 중국에 막 진입한 몽골인들의 중국 제도에 대한 이해가 매우 박약했다는 점이 그것이었다.

광대한 중국을 통치해야 하는 상황에 직면한 몽골 지배층은 처음에는 자신들의 제한된 한지(漢地) 이해로 인해 매우 난감했을 것으로 생각된다. 이에 국정의 많은 분야에서 화북과 강남의 유자(儒者) 지식인들에게 의존

---

94 앞서 소개한 김형수의 연구는 고려에 '국속(國俗)을 보전하려는 지향'과 '통제(通制)를 추구하는 지향'이 생겨났음을 지적했으나, 국속과 통제의 개념을 분명히 규정하지 않았다는 아쉬움을 남겼다. '통제'는 주로 성리학으로 치환되어 설명되고 '국속'은 '독자적 전통(보전)' 정도로만 규정됐을 뿐, 고려의 국속이 10세기 이래의 토착 문물과 당·송 제도가 결합한 결과였던 탓에 이른바 '고려의 전통 구제(舊制)'에 중국 구제(舊制)가 이미 깃들어 있었음은 충분히 검토되지 못한 느낌이 있다.

할 수밖에 없었다. 반면 이들의 자문 요청을 받은 중국의 전통 유자들은, 이를테면 '폭압적 몽골 위정자들을 어떻게든 순화시키고자' 그들에게 중국의 구제와 고제를 주입시키는 데 주력하게 되었다. 그 결과 제국 시기의 중국에서 '구제의 복구'라는 화두가 그 어떤 역대 왕조에 비해서도 더욱 강조되며 강력히 추구되는 흥미로운 현상이 발생하였고,[95] 당시 원 조정에 입시해 있던 충선왕도 그를 여과 없이 받아들인 것이다.[96]

일반적으로 세조 쿠빌라이의 재위기간(1260~1294)은 원제국의 정치·경제·문물 등 모든 제도가 집대성된 시기로 알려져 있다. 이에는 13세기 후반에 활동했던 여러 관료와 유학자들이 기여한 바 컸는데, 이들은 기본적으로 중국의 '구례(舊例)', '구제(舊制)' 등을 근거로 국정 제도의 정비에 일조하였다. 앞서 언급한 허형은 물론 유병충(劉秉忠), 장문겸(張文謙), 두묵(竇默), 왕반(王磐), 요추(姚樞), 진우(陳祐), 왕약(王約), 상문(尙文), 위초(魏初) 등이 그런 사례로, 이들은 자신들의 유학적 소양 및 지향을 기반으로 당송(唐宋)의 제도 등 중국의 구제를 전범(典範)으로 거론하며 많은 건의사항을 개진하였다.

특히 노재(魯齋) 허형(許衡, 1209~1281)은 유학적 가치와 전통에 근거해 전개되었던 당시의 제도 정비 과정에서 반드시 주목해야 할 인물이다.[97] 그는 중국 고대의 '가언선정(嘉言善政)'을 모아 세조에게 진달했고,

<hr />

95 13세기 후반 아흐마드[阿合馬]나 셍게[桑哥] 등 외국인 재무(財務) 재상들의 정사가 길어지면서(1260년대 초 이래 1290년대 초까지), 중국의 전통 가치들이 훼손되었다는 비판적 문제의식이 심화되었다. 이에 1290년대 초 그들이 축출된 후 다분히 한법(漢法)적인 개혁이 원제국 정부 내에서 전개됐는데, 그 과정에서 '구제 복구'라는 명제가 원제국 치하 중국에서 부각되게 되었다.

96 아래의 서술과 관련해서는 이강한, 2008 「고려 충선왕의 국정과 '구제(舊制)' 복원」 『진단학보』 105 참조.

97 허형은 1263년 4월과 1265년 8월 두 차례에 걸쳐 세조의 부름을 받았고, 1267

1265년에는 세조 쿠빌라이에게 〈시무(時務) 5사(事)〉를 제시하며[98] '예로 부터 나라를 세울 때 모두 규모(規模)가 있었으니 반드시 한법(漢法)을 써 야 오래갈 수 있음'을 강조했으며, 이후 쿠빌라이의 지시로 국정의 기본 틀을 설계하기도 하였다.[99] 그의 영향은 그의 사후에도 계속됐으니, 후배 관료들이 그의 노력을 계승하는 과정에서 '중국 구제 추구'의 경향 또한 원제국 정부 내에 지속되었다.[100] 앞서 언급한 〈지원신격(至元新格)〉(1291)

년에 국자제주(國子祭酒)가 되었다. 제국 초기 수십 년 동안 여러 학자와 고위 관료들이 그의 문하에서 배출되었다. 세조 쿠빌라이는 1271년 허형을 집현대 학사 겸 국자제주로 삼고 친히 몽골인 자제를 뽑아 가르치게 했으며, 허형이 전국에서 자신의 제자 12명(王梓·劉季偉·韓思永·耶律有尙·呂端善·姚燧·高凝· 白棟·蘇郁·姚燉·孫安·劉安中)을 반독(伴讀)으로 불러 각 재(各齋)의 장[齋長] 으로 삼으면서 이른바 노재학풍(魯齋學風)이 원제국 치하 중국의 사상계(思想 界)를 지배하게 된다. 그는 몽골족 고유의 통치율 대신 '중국의 한법(漢法)을 사용해 한지(漢地)를 다스리는' 정국 운영상의 대변환을 이끌어 냈고(주채혁, 1989 「몽골·고려사연구의 재검토: 몽골·고려사의 성격 문제」 『국사관논총』 8), 한유(韓愈) - 주렴계(周廉溪) - 정이천(程伊川)으로 전해져 온 공자 이래의 도통 계승을 자부함으로써 세조 쿠빌라이 시대의 다스림[治]을 뒷받침했으며 (이익주, 위논문), 원제국이 명실상부한 천자국(문명국)으로 전환하는 데 중요 한 기여를 한 인물로 평가된다(도현철, 1999 『고려말 사대부의 정치사상연구』 일조각).

98 『원사』 권158, 열전45 허형(許衡)

99 세조는 1269년 허형에게 서세융(徐世隆)과 더불어 조의(朝儀)를 정하라고 하 였고, 유병충(劉秉忠), 장문겸(張文謙)과 더불어 관제(官制)를 정하게 하였다. 이에 허형은 고금의 제도를 살펴 불필요한 것[權攝·增置·冗長·側置]을 제거 하고, 성부(省府)·원대(院臺)·군현(郡縣)·후비(后妃)·제번(儲藩)·백사(百司)의 제도와 체계를 정하게 된다.

100 1273년 허형이 '권신(權臣)들이 누차 한법(漢法)을 훼손'하는 것에 반발해 사 퇴하자 남은 자들이 '허형의 규구(規矩)를 지키자'고 건의한 것이나, 아흐마드 [阿合馬]의 숙청 이후 화례적손(和禮霍孫)이 '아흐마드가 정사를 전담할 때 아 문(衙門)은 크게 허황해지고[太冗, 불필요한 것이 많아지고] 녹봉(祿俸)을 허

이 그 산 증거인 셈이다.

허형 사단(?)의 활약에 힘입어 쿠빌라이 시대의 정사는 기존 중국의 고제(古制), 구제(舊制), 구례(舊例), 조종지법(祖宗之法), 선왕지제(先王之制) 등을 대폭 수용한 모습으로 거듭나게 된다. 당대의 대표적 유학자 오징(吳澄)이 '쿠빌라이께서 천하를 혼일(混一)하셨는데, 실로 고제(古制)를 살펴 그리 행한 것'이라 말한 점이나, '세조의 중서성 설치 및 다스림'이 '당나라 정관 연간의 성대함(貞觀之盛)에 견줄 만하다'고 한 왕수(王壽)의 평가 등이 그를 잘 보여준다.[101]

13세기 말 원 대도(大都)에 체류하고 있던 충선왕은 이렇듯 중국 구제에 기반했던 문물 정비작업의 성과를 근거리에서 고스란히 목도하였고, 그 결과 '구제의 회복'이라는 화두에도 당연히 큰 관심을 갖게 됐을 것으로 생각된다. 특히 충선왕은 '중국 구제'와 '고려 구제' 모두에 관심을 갖게 된 것으로 보인다. 어린 시절의 그가 중국에서 외조부 쿠빌라이와 함께 『통감(通鑑)』을 읽으며 (중국) 역대 제왕의 현부를 논하는 한편으로, 고려 역대의 '다스려지거나 혼란했던 일들(理亂之蹟)' 또한 논의했음에서 그를 엿볼 수 있다.[102]

....

비했으니 의당 유병충(劉秉忠)과 허형(許衡)이 정한 바에 의거해 합치고 줄이는[倂省] 것이 편할 것'이라 건의한 것에서, 허형이 제시한 국정의 내용 및 형태들이 후대의 관료들에 의해 '준수해야 할 가치'로 중시되고 있었음을 엿볼 수 있다.

101 『원사』 권171, 열전58 오징(吳澄); 권176, 열전63 왕수(王壽)

102 『고려사절요』 권21, 충렬왕18년(1292) 10월; 충렬왕16년(1290) 11월. 아울러 후대의 일이긴 하지만 충선왕이 '고려의 역대 실록'을 중국으로 갖고 오게 한 일이 있었다[『고려사』 권32, 세가32 충렬왕33년(1307) 11월 병술, "以前王命, 遣直史館尹頎, 奉先代實錄一百八十五冊如元, 時人皆不可曰, '祖宗實錄不宜出之他國.'"]. 이 조치는 일반적으로, 당시 원제국 정부에서 제국의 선대 사적(先代史蹟) 정리를 위해 한반도를 비롯한 인근 지역의 사료를 수집하고 있던 것

이렇게 형성된 충선왕의 구제 지향은 그의 재위기간 내내 유지되었던 것으로 보이며, 심지어 그가 고려의 왕위를 최종적으로 내려놓은 이후에도 계속되었다. 1313년 충숙왕에게 양위한 후 만권당(萬卷堂)에서 그가 왕구(王構), 염복(閻復), 요수(姚燧), 소석(蕭奭), 조맹부(趙孟頫), 우집(虞集) 등 중국의 명유들과 더불어 학문할 당시, 자신의 '호고(好古)하던 바를 상론(尙論)'하곤 했다는 기록이 그를 잘 보여준다.[103]

이렇듯 (이전 국왕들에 비해 원과의 접촉이 많고 그와의 유대 또한 강했던) 충선왕이 한법적 구제를 복원하고 있던 원제국의 정사를 직접 목도한 것이, 그의 '고려 역대 제도'에 대한 추구를 가능케 한 중요한 자산이 된 것으로 보인다. '중국 고제의 복원'이라는 원제국 내부의 화두로부터 영향과 영감을 받은 고려의 왕이, 귀국해서 각종 정책을 구사하는 과정에서 결국 '고려의 구제'를 복원하는 흥미로운 결과가 도출된 것이라 하겠다.

그렇다면 가장 대표적인 사례로는 무엇을 꼽을 수 있을까? 충선왕의 경우 1298년 즉위 직후 관제 개편을 단행했는데, 이 개편에서 앞서 언급한 바와 같이 그가 고려 전·중기의 관제를 일부 되살렸음이 주목된다.[104]

....

에 충선왕이 호응한 결과로 이해되고 있는데, 필자는 (그러한 이유와 함께) 충선왕이 그것을 옆에 두고 학습하기 위해 고려 실록을 자신에게 보내오게 한 것은 아니었을까 상상해 본다.

103 『고려사』 권2, 세가2 태조찬기(太祖贊記) [이제현 찬], "忠宣聰明好古, 中原博雅之士如王構閻復姚燧蕭奭趙孟頫虞集, 皆遊其門, 盖嘗與之尙論也."

104 충선왕 즉위년 관제 개편의 경우, 일반적으로 충렬왕 관제의 기형성을 극복하고 원제국 관제와의 중복을 피하며, 그러면서도 동시에 원제국 제도를 참조한 관제로 평가된다. 당송(唐宋) 제도에는 없지만 원제국 관제에서는 핵심 단위였던 원(院)에 준하는 존재로서 광정원·사림원·자정원을 설치한 것, 일부 관청 내에 판사가 없어지고 그 외 원속의 품질들이 일제히 상승한 것 등은 원 제도의 영향을 반영한 사례들로 평가된다(이익주, 서울대 박사학위논문;

충선왕이 1298년 즉위해 고려의 관제를 개편한 것은, 일반적으로는 그가 충렬왕의 개정 관제(1275)에 비판적이었기 때문으로 알려져 있다. 그런데 당시 그가 내놓은 언설들을 살펴보면, 그가 충렬왕의 개편 중 정확히 어떤 점에 비판적이었고 어떤 점에는 그렇지 않았는지를 가려볼 필요를 느끼게 된다.

충선왕은 우선 자신이 원제국에서 '선황제 쿠빌라이의 훈언(訓言)을 몸소 받들고 대도(大都)의 제도를 상세히 보았음'을 술회한 후, 다음과 같이 언급하였다.

> 언급 1: "무거운 책임[重寄]을 외람되게 받들게 돼 모든 시폐(時弊)를 일소했으나, 오직 재상[宰執]의 수가 '고제(古制)'에 비해 배(培)나 되어 논의가 관청[公家]마다 달라지고 일도 지체되므로, 마땅히 줄여야 할 것이다."[105]

당시 고려 정부 내 재상의 수가 이전에 비해 곱절 수준으로 많으니, 논의가 공전하거나 사무가 지연되는 것을 막기 위해서라도 감축이 필요함을 언급한 것으로 이해된다. '적절한 재상의 수'를 화두(1)로 제시한 것이라 여겨진다.

다음으로 아래와 같은 언급도 덧붙였다.

....

박재우, 위논문『한국사론』29). 두 연구는 이러한 즉위년 관제가 충렬왕 관제로 인한 혼란을 수습하는 동시에, 재상 수 감축 및 참지기무 신설 등을 통해 왕권을 강화하려는 충선왕의 정치적 목적에 봉사하였다고 평가하였다. 필자도 그에 전반적으로 동의하지만, 그에 더하여 충선왕대 관제가 '(중국, 고려의) 구제(舊制)를 복원'한 양상에 좀 더 주목해 보았다.

105 『고려사』 권33, 세가33 충선왕즉위년(1298) 5월 신묘, "及叨重寄, 凡諸時弊一皆蠲罷. 惟宰執之數倍於古制, 公家議論多少異同, 事事稽滯, 宜當減省."

언급 2: "최근 원제국의 제도와 같은 것을 피해야 해서 백관(百官)
의 명칭을 고쳤으나, (가) 혹 같아도 고치지 않은 것이 있
고 같지 않아도 고친 것이 있으며, (나) 고친 이름[號]이 또
한 옛 제도(고제)를 본받지['事古'] 않아 맞지 않음이 더러
있도다."[106]

충렬왕이 관제 개편을 통해 원제국의 관청명과 동일한 고려 관청명들
을 제거한 바 있었는데, (가) '동일해도 고치지 않은 사례' 및 '동일하지
않음에도 고친 사례'들이 섞여 있었고, (나) 고친 이름들이 '옛 제도를 본
받지 않아' 적절치 않은 경우도 있었다는 지적이다. 위의 '재상 수' 화두
와는 달리 여기에서는 '고려 관청명의 적절성'이 화두(2)로 제시되었다.
비교 대상으로는 '제국의 관청명' 및 '중국의 역대 고제(상의 관청명들)'
이 거론되었다. (아울러 따라야 할 대상으로는 후자가 제시되었다.)

홍미로운 것은 (가)과 (나)를 대하는 충선왕의 입장 차이다. (나)에 대
해서는 '옛 제도를 본받지 않았다'며 명확히 부정적인 인식을 내비친 반
면, (가)에 대해서는 사실 관계만을 중립적으로 언급한 느낌이기 때문이
다. 다시 말해 충선왕은 부왕 충렬왕이 고려의 관청명들을 제국의 관청명
들로부터 완벽히 탈피시키지 않은 것에 대해서는 별다른 불만을 노출하
지 않은 반면, 충렬왕이 도입한 새 고려 관청명들이 (중국의 역대) 옛날
제도를 반영하지 않은 것은 선명하게 비판하였다. 충선왕이 자신의 관제
개편에서 무엇을 중시할 것인지를 예고하는 대목이다.

실제로 충선왕은 마지막으로 다음과 같은 관제 개편 원칙을 제시하였다.

....

106 『고려사』 권33, 세가33 충선왕즉위년(1298) 5월 신묘, "又頃者, 因避上朝之制,
百官名號早曾改之, 然或有同而不改者, 有不同而改之者. 所更之號, 亦不師古, 容
有未稱."

언급 3: "역대(歷代)의 관직(官職)을 참고하여 원나라의 관직명에 걸리지 않는 것이라도 바꾸고, 중요하지 않은 관청들은 폐지해 하나로 합치면 관원의 수도 줄고 일은 처리하기 쉬워질 것이다."[107]

여기서는 두 가지 화두가 제시됐는데, 뒷부분의 화두는 '적절한 정부 구조'의 문제로서 충선왕이 1308년 복위한 후 업무 효율성 제고를 위해 강행하게 될 관청 통폐합 조치 및 통솔 체계 구축을 예고한 부분에 해당한다(화두3). 반면 앞부분의 화두는 앞서 이미 등장한 '적절한 관청명(화두2)'의 반복이었다. 고려의 관제를 개편함에 있어 '역대 (중국의) 관직'을 주요 기준으로 삼을 것이라는 마지막 환기였다고 하겠다.

이상에서 살핀 바와 같이, 충선왕은 1298년 5월 관제 개편 당시 몇 가지 화두를 제시하였다. 한편으로는 '적절한 재상 수(1)'와 '관청 간 통합 필요성(3)' 등 관청의 '운용'에 관련한 문제를 제기하고, 다른 한편으로는 '적절한 관청명(2)'의 문제를 제기하였다. 그리고 후자와 관련해서는 충렬왕원년(1275)의 관제를 비판하되, 충렬왕 관제가 '원제국의 관청명들을 포함'하고 있음을 비판하기보다는 '역대 중국 제도와 다른 모습들을 내포'하고 있음을 비판하였다.

그의 비판 지점이 전자보다는 후자에 있었음은, 충선왕이 즉위년(1298) 내놓은 관제가 고려 역대 관제의 모습을 다수 되살린 것이었음에서도 드러난다. 만약 1298년 관제 개편의 배경이 '충렬왕 관제가 〈원제국 관청명들을 포함〉한 것에 대한 비판의식'에서 비롯된 것이었다면, 충선왕은 1298년 관제를 원제국의 관제는 물론, 일찍이 충렬왕 당시 '제국 관제를

---

107 『고려사』 권33, 세가33 충선왕즉위년(1298) 5월 신묘, "載按歷代官職, 不涉上朝官號者而易置之. 或罷不急之司, 合於一局. 庶幾官省而事易理也."

닮아 있어' 문제가 됐던 고려의 전통 관제와도 완전히 다른 모습으로 설계했을 것이다. 그러나 앞서 그가 '원제국의 관직명에 저촉되지 않은 경우라도 (필요하면) 바꾼다'고 한 것에서도 감지되듯이, 즉위년 관제를 통해 충선왕이 달성하려 했던 목적은 '제국의 관제를 피하는' 것이 아니었다. (제국의 관제와도 일부 겹치는) 고려 역대 관제 상의 명칭들도 즉위년 관제 개편에서 일부 되살아났기 때문이다.

이 점을 감안하면, 충선왕의 관제 개편 동기는 어디까지나 "충렬왕 관제가 〈역대 중국 제도에서 이탈〉한 것에 대한 비판의식"에서 비롯된 것으로 보아야 할 것이다.[108] 즉위년 관제의 목적은 어디까지나 '역대 관제'를 궁극적 모범으로 삼고, '그에 충실한 관제'를 창출하는 것이었던 셈이다.

그런데 고려는 사실, 이미 오래 전 그런 관제를 구축한 바 있었다. '문종(文宗) 관제'로 대변되는 고려 전기의 관제가 그것으로, 이 관제야말로 당·송의 제도 즉 '(중국의) 역대 관제에 기반한 관제'였다고 할 수 있다.[109] 결국 '역대 제도에 충실한 관제를 만들겠다'는 충선왕의 5월 신묘일 일성은, 사실상 "고려의 이전 관제(이전 관청명들)"를 되살릴 것을 선언한 것에 다름 아니었던 것이다.

그럼 구체적으로 충선왕의 즉위년 관제에서 문종 관제를 포함해 고려 전기의 관제들이 어떻게 살아났는지를 살펴보도록 하자.

충선왕은 충렬왕대의 첨의부를 문종대의 중서성으로 바꾸지는 않았다.

....

108 "언급 2"의 (가)는 그저 충렬왕 관제에 일관성이 없었음을 지적한 부분으로 보아야 할 것이다.

109 관청들의 세부 기능이나 역할 분담에서는 고려와 중국 제도가 적지 않은 차이도 보였지만, 적어도 관청들의 명칭만큼은 고려가 대부분 중국 제도를 수용했음을 부인하기 어렵다.

대신, 첨의부의 제1재신인 중찬(僉議中贊)을 '첨의시중'으로 바꿈으로써 고려 과거 관제 상의 '시중'을 부활시켰다. 아울러 문종대 상서성에 있던 좌·우복야를 첨의부 아래에 설치하고, 좌우사의 낭중·원외랑·도사 등 문종대 상서성의 내부 관직들도 복구하였다. 이외에 성종(成宗)·문종대의 사인 및 목종·문종대의 녹사 또한 각기 '도첨의사인'과 '도첨의녹사'의 형태로 부활시켰고, 문종대의 급사중이 이후 중사(中事)로 개칭된 것을 다시 급사중으로 복원했으며, 충렬왕의 통례문을 목종·문종대의 각문으로 복원하면서 그 내부 구조도 문종 당시로 환원시켰다. 아울러 목종대의 좌우산기상시 및 목종·문종대의 간의대부, 그리고 예종대의 (좌우)사간도 복원하였다.[110]

'6부'와 관련된 부분들도 다수 복구되었다. 충렬왕이 종래 6부 중 이부와 예부를 합쳐 전리사(典理司)를 만든 것을 충선왕은 즉위 후 다시 분리했는데, 그 과정에서 '전조(銓曹)'가 탄생하였다. 관청명으로서의 이부(吏部)는 비록 부활되지 못했지만, 그 내부 원속(員屬)의 관직명은 문종대의 형태로 복구되었다. 문종대의 상서·시랑·낭중·원외랑을 충렬왕원년 관제에서 판서(判書)·총랑(摠郎)·정랑(正郎)·좌랑(佐郎)으로 바꾸었던 것을 충선왕이 다시 상서·시랑·낭중·원외랑으로 복구했던 것이다. 비슷한 모습들은 다른 부(部)에서도 발견된다. 충렬왕이 문종대의 호부를 판도사(版圖司)로 바꾼 것을 충선왕이 비록 호부로 복구하진 못했지만 (국초의 '민관[民官]'을 연상시키는) '민조(民曹)'로 개편했고, 예부의 경우 [고려전기의 예의사(禮儀司)를 감안한 듯] '의조(儀曹)'라는 새 이름으로 바꾸었으며, 두 관청의 관직명도 모두 문종대로 되돌렸다. 충렬왕대의 군부사(軍簿司)와 전법사(典法司)는 문종대 원속을 복구하면서 관부 이름까지도 문종대의

110 『고려사』권76, 지30 백관1, 상서성(尙書省); 시중(侍中); 사인(舍人); 급사중(給事中); 통례문(通禮門); 상시(常侍); 사의대부(司議大夫); 헌납(獻納)

병부와 형부를 감안해 '병조'와 '형조'로 복구했으며, 공조(工曹, 공부) 또한 예외가 아니었다. 결국 문종대 관제의 6부가 지녔던 모습이 상당 부분 복원된 셈이었다.[111]

6부에서의 이러한 모습은 다른 관청의 개편에서도 나타났다. 도관(都官)의 원속 역시 충렬왕대의 정랑·좌랑이 충선왕 즉위년 개편에서는 낭중·원외랑 등 문종대로 돌아갔다. 충렬왕대의 감찰사는 [성종 이래의 어사대 대신] 국초의 사헌대로부터 영향받은 것으로 보이는 '사헌부'로 복구하면서, 동시에 고려 전기의 원속으로서 성종, 현종(顯宗) 대에는 존재하다가 문종대 없어졌던 대부(大夫), 중승(中丞) 등을 복구하였다.[112] 충렬왕대에 국학으로 바뀐 고려 전기의 국자감도, 충선왕이 그 이름을 문종대와 무관한 성균감으로 개명하면서도 문종대의 제주(祭酒)와 사업(司業)은 그 안에 복구하였다. 그는 또 문산계를 고치면서 정5품 이하의 경우 문종대의 문산계를 복원하기도 하였다.

이상에서 살핀 바와 같이 충선왕은 즉위년 개편에서 문종대의 관제를 적지 않게 부활시키면서, 그에 더하여 그 전 시기였던 성종·목종·현종대의 관제는 물론 심지어 국초 태조대의 관제까지 일부 되살리는 등, 고려 역대(전기)의 관제를 상당한 규모로 복원하였다. 원제국의 요구로 마련된 충렬왕 관제를 노골적으로 부정할 수 없어 일부 관청의 명칭이나 품급은 충렬왕대 관제상의 모습대로 놓아 두되, '원속의 명칭(관직명)' 등 좀 더 기층적인 부분에서 고려 구제를 복원한 결과, 첨의부, 측근기구, 간쟁직, 6부 및 경제부서, 학문기관, 감찰기구 등 많은 부분에서 과거의 흔적들이

....

111 『고려사』 권76, 지30 백관1, 이조(吏曹); 민조(民曹); 예조(禮曹); 병조(兵曹); 형조(刑曹); 공조(工曹)

112 『고려사』 권76, 지30 백관1, 도관(都官); 성균관(成均館); 사헌부(司憲府); 권77, 지31 백관2, 문산계(文散階)

되살아나게 되었다. 충선왕으로서는 당연히 중국 구제와 고려 고제의 온전한 부활을 원했겠지만,[113] 형세상 그러기 어려워 절충을 취한 것으로 보인다.

그런데 충선왕의 이러한 개편은 뜻밖에도 그의 퇴위의 한 사유가 되었던 것같다. 기록에 그것이 명시돼 있지는 않지만,[114] 충선왕이 복구한 것이 결국 고려의 구제이자 중국의 구제였고, 중국의 구제를 당시 원제국 정부도 사용하고 있었기에, 충선왕의 그런 복구가 참월(僭越)한 행위로 낙인찍힐 소지는 있었음이 사실이기 때문이다. 충선왕이 원제국 정부의 구제 추구 지향에 충실하고자 고려의 구제 및 중국 구제를 복구했다가 오히려 원제국으로부터 징계를 받은, 다분히 역설적인 상황이었다고 하겠다.

그럼 이후 충선왕은 복위년간의 관제 개편에서는 과연 어떤 선택을 했을까?[115] 흥미롭게도 구제 복구의 지향을 놓지 않았음이 관찰된다.

....

113 이렇듯 충선왕의 문종 관제 복구 노력은 중국 구제를 추구하는 과정에서 전개된 것임을 부인하기 어렵다. 그러나 그랬다고 해서, 충선왕의 노력을 고려 구제에 대한 애착이 결여된, 중국 제도에 대한 애정의 부수적 산물로만 치부할 필요까지는 없다고 생각한다. 본문에 언급한 바와 같이 충선왕 즉위년 관제에는 문종대 뿐 아니라 국초, 성종, 목종, 현종, 문종, 예종대의 관제 요소가 골고루 포함되었고, 그 중에는 중국 구제와 무관한 경우도 없지 않았을 것이기 때문이다. 즉 충선왕의 고려 전기 관제 복구는 '중국 구제에 대한 지향' 및 '고려 구제에 대한 애정'이 복합적으로 작동한 결과로 보는 것이 적절할 것으로 생각된다.

114 원제국의 2품 이상 관청을 모방해 설치한 도첨의사사, 광정원, 자정원, 사헌부, 사림원 등 종2품 이상의 관청들이 고려 관제에 포함된 것이 문제시된 것이라는 평가도 있긴 하다(이익주, 위논문; 박재우, 위논문).

115 충선왕 복위년 관제 개편과 관련하여, 기왕의 연구에서는 충선왕이 (도첨의사사를 제외하고는) 원에서 2품 이상 아문으로 운용되던 관직들을 사용치 않았고, 중국의 전통적 사·감 체제 대신 제국의 체제를 모방하여 중급 관청들을 '시(寺)/사(司)' 체제로 개편했으며, 원제국 제도를 참조해 창고(倉庫) 류의 관

충선왕이 1298년 8월 임기 1년을 채 못 채우고 퇴위된 후, 고려의 관제는 다시 충렬왕대로 돌아가 충선왕이 1308년 복위하기까지 10여년간 그 상태를 유지하였다. 그러다가 충선왕 복위후 단행된 관제 개편에서 많은 것이 바뀌었는데, 앞서 2부에서 살펴본 바와 같이 충선왕은 복위년간 개편에서 즉위년 개편과는 거의 정반대의 노선을 취하였다. 십여년 전 퇴위를 당한 데 따른 트라우마 때문이기도 했겠지만, 대부분의 관청명과 관직명에서 문종대 관제(또는 중국 구제)에서 이탈했던 것이다. 충선왕이 즉위년 개편 당시 문종대로 되돌렸던 각 관청의 원속 또한 예외가 아니었다.

충선왕이 고려 전기의 '시중(侍中)'으로 돌렸다가 충렬왕 복위 후 재등장한 중찬(中贊)은 충선왕 복위년 개편에서 '정승(政丞)'이라는 전혀 새로운 이름으로 개명되었다. 6부도 많은 것이 바뀌었다. 충선왕은 복위년 관제 개편에서 종래의 이부·병부·예부를 한데 합친 선부(選部)라는 새 관부를 구성함으로써 문종대 구제에서 벗어났고, 병조도 복위년 개편에서 선부에 병합했다가 다시 총부(摠部)로 바꾸는 등 문종대와 무관한 방향으로의 수정을 거듭하였다. 즉위년에 도입한 민조도 복위년에는 민부(民部)로 수정하여(후술) 문종대의 호부와는 여전히 거리를 유지했고, 무엇보다도 삼사(三司)·군기시(軍器寺)·도염원(都鹽院) 등을 그에 새로 병합시켰다. 문

....

청들을 정비하는 동시에, 하급 관청들까지 광범위한 개명(改名)을 단행하는 등 제국 관제에 저촉될 가능성을 더욱 줄이면서도, 그에 대한 참조와 모방의 정도는 더욱 강해진 모습을 보인 것으로 평가하였다. 아울러 중·하급 관청들을 대거 상위 관청에 병합시켜 업무 효율성을 제고하고, 밀직사 및 삼사를 폐지해 도첨의사사를 유일한 재부로 남김으로써 재상의 수 및 권한을 약화시켰으며, 상층 의사결정 구조를 단순하게 정리해 의사결정 과정의 효율성을 증진하였다는 특징도 자주 거론된다(이익주, 위논문; 박재우, 위논문). 필자 역시 이런 평가를 존중하면서, 한 걸음 더 나아가 "구제가 복원된 양상" 또한 환기해 보려 한다.

종대의 형부를 모방했던 즉위년 형조도 복위년에는 언부(讞部)로 수정되었고 감전색(監傳色)·도관·전옥서(典獄署) 등이 그에 병합되었다.[116] 즉위년의 의조(儀曹)도 복위년 선부에 병합되면서 문종대 제도에서 이탈하였고, 공조는 복위년에 별다른 기록이 없다. 아울러 복위년 개편에서는 6부의 관청명은 물론이고 내부의 관직들도 완전히 바뀌었는데, 문종대의 상서·시랑·낭중·원외랑은 물론 충렬왕대의 판서·총랑·정랑·좌랑과도 다른, '전서(典書)·의랑(議郎)·직랑(直郎)·산랑(散郎)'이라는 새 이름들이 출현했던 것이다.[117]

즉 충선왕은 즉위년 당시에는 (고려와 중국) 구제의 준수를 강력 표방하고 그 과정에서 문종 관제를 포함한 고려 전기 관제를 상당 부분 복구했던 반면, 복위 후에는 그러한 원칙을 사실상 철회한 셈이었다. 즉위년 개편의 후폭풍(퇴위)에 대한 기억으로 원제국과의 관계를 의식할 수밖에 없는 상황에서, '중국 및 고려 구제의 추구'라는 의제는 뒤로 밀린 것이

....

116 이런 부분들이 앞서 1부에서 논한 바 있는, "6부와 하위관청 간 통속관계 확립"의 과정이기도 했다.

117 이런 모습은 다른 관청에서도 확인된다. 충선왕은 도관(都官)도 복위년 언부(讞部)에 통합했다가 다시 복구하는 등 문종대와 다른 모습을 보였다. 국학(國學)의 이름은 즉위년에 이어 복위년에도 성균관(成均館)으로 유지됐지만, 그 내부에는 순유박사(諄諭博士)·진덕박사(進德博士) 등 새로운 직임들이 등장하였다. 즉위년 관제 개편 당시 문종대의 각문(閣門)을 부활시켰던 것과 달리 복위년에는 그를 중문(中門)이라는 다른 이름으로 고쳤고, 즉위 당시 복원했던 문종대의 급사중(給事中)을 복위년에는 혁파했으며, 즉위년 개편 당시 성종대의 제도를 복구한 비서감(秘書監)은 복위년에는 강등해 전교서(典校署)로 삼은 후 예문관의 관할 아래로 배치함으로써 문종대의 구제에서 이탈하였다. 즉위년 복구한 예종대의 좌·우사간(左·右司諫)은 복위년에는 '헌납(獻納)'이라는 새 명칭으로 바뀌었다. 이 밖에 재상직이었던 정당문학(政堂文學) 및 지문하부사(知門下府事)의 폐지, 관청 중 전옥서(典獄署)의 폐지 역시 문종 관제에서의 이탈이었다(이강한, 위논문 참조).

아닌가 한다. 그 결과 남은 것은 이전의 고려 역대 관제(문종 관제 등)와
도, 그리고 중국의 역대(당·송 관제) 및 현행 관제(제국 관제)와도 모두
다른 전혀 새로운 관제였다. 앞서 2부 3장에서 논한 바와 같이, 제국 관제
와의 완전 분리는 성취되었던 셈이다.

다만 한편으로, 복위년 개편에서 고려의 이전 관제의 모습이 완전히
실종됐던 것은 아니다. 특히 '고려 초'의 모습이 더러 발견되어 눈길을 끈
다. 앞서 2부에서 공민왕의 관제 개편을 다루며 잠시 살펴본 바 있지만,
복위년 개편에 등장하는 선부(選部)와 민부(民部), 그리고 사헌부(司憲府) 및
대광(大匡)을 비롯한 문산계의 일부 관계(官階) 등이 실은 문종대를 넘어 고
려 초기의 제도와 문물로부터 영향을 받은 듯한 느낌을 주기 때문이다.

선부와 민부는 각기 태조대의 '선관' 및 국초의 '민관'을 연상시키며,
사헌부도 어사대가 생겨나기 전인 국초의 존재(사헌대)를 모델로 한 듯하
다. 아울러 1308년과 1310년 두 차례에 걸쳐 문산계를 수정하면서 태조대
의 대광·정광(正匡) 등을 그 직제 내에 결합시켰다.[118] 고려 초기의 관계
(官階)인 원윤(元尹), 정윤(正尹)과 관련해서도 충선왕은 1310년 '이들은 고
대의 고작(高爵)이므로, 이제부터 종친으로 (이에) 제수된 자는 정승 위에
있게 하고 일반 관료[異姓]는 본품(本品)의 열(列)에 해당케 하라'고 지시하
기도 하였다.[119] 양위 직후에는 자신이 혁파한 충렬왕대의 보문서 대신 예
종대의 보문각을 복구하기도 하였다.[120]

....

118 『고려사』 권77, 지31 백관2, 문산계
119 『고려사』 권77, 지31 백관2, 종실제군(宗室諸君)
120 『고려사』 권76, 지30 백관1, 보문각(寶文閣), "忠肅王元年(1314), 藩王鈞旨, 復
  置寶文閣." 그런데 이 부서의 충렬왕 관제상 이름이 '보문서(寶文署)'였음을
  보면, 이 관청은 충선왕뿐 아니라 충렬왕도 고려 구제의 끈을 안 놓았던 경우
  로 다가오는 바가 있다.

위의 사례들은 사실 '고려 구제의 일부'이면서 동시에 '중국 구제와는 별다른 관련이 없는' 사례들이었다. 그런 점에서 충선왕이 중국 구제에 대한 집착은 놓으면서도, 고려 구제에 대한 애정은 계속 잡고 있었던 것이라는 관측도 가능하다. 그 결과 복위년간 사실상 새로운 목표 아래 관제개편을 추진하면서도, 제한된 영역에서나마 '고려 초기와 전기'의 모습이 관제에 잔류했던 것이라 하겠다. 충선왕의 (고려) 구제 추구 지향은 복위년 개편 당시에도 살아 있었던 셈이다.

즉위년 개편의 경우 고려 구제와 중국 구제를 동시에 추구한 경우였다면(즉 중국 구제에 대한 지향을 토대로 고려 구제를 복구하려 한 경우였다면), 복위년 개편의 경우 중국 구제는 포기하되 문종대를 넘어서는 국초 구제에 대한 애착만큼은 여전히 제한적으로나마 드러냈던 경우라 할 수 있다. 고려왕조의 후기(後期)에 전개된 전기(前期) 관제의 복구 작업이 중국 구제에 대한 존숭(원제국 정책노선으로부터의 영향)으로 시작되었으되 이후에는 중국과는 별개의 고려초 관제에 대한 지향 또한 노정하게 된 것이라 하겠다.

최초의 몽골 혼혈 국왕으로서 외제(外制) 선호가 심했던 충선왕의 관제개편조차 고려 전기 관제의 대량 복구(즉위년 관제), 또는 그를 넘어선 국초 관제의 부분 복구(복위년간 관제)로 이어졌음이 흥미롭게 다가온다. 몽골인일 뿐 아니라 고려인이기도 했던 그로서는 이런 행보가 사실 당연한 일이기도 했던 측면이 없지 않다. 그 점을 다시 한 번 보여주는 것이 고려 태묘(太廟)의 문제인데, 다음 절에서 살펴보도록 한다.

2. 충선왕의 태묘(太廟) 재건: 고려 전통과 제국 제도의 공존 구현

고려의 태묘(太廟)는 13세기 전반 몽골의 한반도 침공 과정에서 파괴되었고, 13세기 말까지도 복구되지 못했다. 그러다가 충선왕대에 이르러서야 복원됐는데, 복원된 태묘는 이전의 태묘와는 그 모습이 매우 달랐다. 원제국의 권위로 인해 이전의 고려 태묘가 지녔던 모습들을 유지하지 못했고, 원제국 정부에서 논의되던 최신 제국 제도 또한 반영해야 했기 때문이다. 결국 고려의 전통 구제를 완전히 회복하지 못한 채 일부를 되살리는 데에 만족할 수밖에 없었다.

그런데 한편으로는 이 새 태묘가 고려의 전통과 외부의 새 제도들을 묘하게 절충한 경우라는 점이 눈길을 끈다. 새 태묘의 내부 구조 설계에 고려 태묘의 이전 모습과 당시 원제국에서 거론되던 새로운 문물 요소들이 골고루 반영되었다는 점에서 그러하다. 서로 이질적인 두 문물 조류 간에 균형을 찾았다는 평가도 가능하다. 왕조의 종묘라는 것이 신위 배치 등에 있어 학문적 고려 외에 정치적 변수들로부터도 적지 않은 영향을 받은 공간이었음을 감안하면, 설계자 충선왕의 여러 정치적·예적(禮的) 고려가 돋보이는 사례이다.

고려의 태묘는 일찍이 고려 전기 성종대에 처음 설립되었고, 덕종(德宗)과 정종(靖宗) 대에 이르러 "태조(太祖)·2소(昭)·2목(穆)"으로 구성된 〈5묘제(五廟制)〉 및 신주(신위)를 중심으로 한 〈9실제(九室制)〉가 마련되었다.[121] 그러다가 고려 중기 의종대에 이르러 이 '5묘 9실제'가 〈7묘 9실제〉로 재편되었다.[122] 이 체제는 이후에도 유지됐지만, 무신집권기 당시

....

121 고려 전·중기의 태묘(太廟) 제도 정비와 관련해서는 이범직, 1991 『한국중세예사상연구』 일조각; 최순권, 1998 「고려전기 오묘제(五廟制)의 운영」 『역사교육』 66; 김철웅, 2005 「고려시대 태묘(太廟)와 원묘(原廟)의 운영」 『국사관논총』 106; 조욱진, 2021 「고려전기 태묘의 구성과 묘제(廟制) 변화의 의미」 『한국중세사연구』 66 등 참조.

122 『고려사』 권61, 지15 예3, 길례대사(吉禮大祀) 제릉(諸陵), 의종(毅宗); 권70, 지24 악2, 아악(雅樂), 의종; 권22, 세가22 고종2년(1215) 10월 을미

일부 교란되기도 하였다. 또 몽골군의 침공으로 태묘·별묘 체제가 붕괴되면서, 태묘에 22릉의 신주를 한 열로 모시는 형태가 임시로 등장하기도 하였다.[123]

태묘가 오랜 기간 복구되지 못한 것은 고려 정부가 다른 일로 바빴기 때문이기도 하지만, 앞서 언급한 바와 같이 원제국과의 공존이 시작된 상황에서, 그것을 어떤 모습으로 재건할 것인지가 매우 고민스러운 일이었던 점도 그에 한몫 한 것으로 보인다. 태묘는 고려 왕실의 상징적 존재였던 만큼 고려로서는 마땅히 그를 이전의 모습대로 복구되는 것이 바람직했겠으나, '제후국(諸侯國)'의 위상을 갖게 된 고려로서 7묘 9실 체제를 함부로 복원하는 것은 매우 위험한 일이기도 했기 때문이다. 안 그래도 고려의 관제가 원제국 관제와 닮았다고 고려를 못 살게 군 바 있었던 원제국 정부였던 만큼, 태묘까지도 종전의 체제로 복구할 경우 제국의 가차없는 지적을 들을 것이 분명한 상황이었다. 그렇다고 제국의 눈치를 보아 축소된 모습으로 태묘를 재건할 경우, 고려로서는 가장 신성한 공간인 태묘를 이전에 비해 옹색하게 복원하게 되는 것이어서 선뜻 그리 하기도 어려운 일이었다.

다만 그러한 사정에도 불구하고, 태묘의 복원을 더 지체할 수는 없는 노릇이었다. 결국 충선왕대에 이르러 태묘의 재건이 진행됐는데,[124] 충선왕이 의전(儀典)의 정비에 깊은 관심을 지니고 있었기 때문에 가능했던 일이기도 했다. 그는 즉위 이래 꾸준히 제사(祭祀) 주무 부서들을 정비해 왔

---

123 『고려사』 권61, 지15 예3, 길례대사 제릉, 공민왕6년(1357) 8월, "二十二陵, 盖自江都, 去水而陸, 倉卒所置, 其制, 一堂五室, 而二十二陵神主, 一行而列…"

124 아래의 서술은 이강한, 2008 「고려 충선왕의 국정과 '구제(舊制)' 복원」 『진단학보』 105; 이강한, 2010 「14세기 고려 태묘(太廟)의 혁신과 변천」 『진단학보』 109를 기반으로 하였다.

으며,[125] 복위 후에는 전의시(典儀寺)를 출범시키고 침원·분묘 정비에 그를 활용하였다.[126] 1314년 원제국 정부에 올린 글에도 자신이 '침원(寢園)과 영전(靈殿)의 쇠락'을 목도한 후, '이전의 기초(基礎)에 준하여 운영하고자 다섯 개의 실(室)을 세우고 선조[祖先]를 봉안했으며, 각종 기물(籩豆尊罍·帳帷傘盖) 또한 옛 제도대로 복원했다'고 자부하였다.[127] 태묘나 침원 관련 헌작례(獻爵禮)의 정비를 모두 충선왕이 주도하였다는 기록도 있다.[128]

복원된 태묘에 대한 구체적인 기록은 1310년 9월 등장한다.

"태묘(太廟) 5실(五室)에 동·서(東西)로 협실(夾室)을 두고, 혜종과 현

....

125 충선왕은 제사(祭祀)·증시(贈諡)를 관장하던 문종대의 대상부(大常府)를 즉위년 개편 당시 봉상시(奉常寺)로 바꾸고 경(卿) 2인(정3품)을 설치했으며, 소경(少卿, 정4품), 승(丞, 정5품) 각 1인을 둠으로써, 3품관이 겸하던 사 아래 5품 부사 1인만 두던 종래의 형태를 확대하는 동시에 그 기능도 크게 강화시켰다. 복위년 개편에서는 이 부서를 다시금 전의시(典儀寺)로 고치고 영사(領事) 2인을 두는 동시에 경(卿)은 영(令)으로 고치고 1인을 줄였지만, 대신 소경(少卿)을 부령(副令)으로 만든 후 2인으로 늘렸다. 충선왕은 또 복위년 관제 개편 당시 문종대의 대묘서(大廟署)를 침원서(寢園署)로 바꾼 후 전의시에 귀속시켰고, 제릉서(諸陵署)·전구서(典廐署)도 전의시의 관할 아래 두었으며, 사의서(司儀署)의 영(令)을 2인으로 늘리고 대신 종8품으로 내려 전의시의 업무를 보조케 하였다[『고려사』 권77, 지31 백관2, 침원서(寢園署); 제릉서(諸陵署); 전구서(典廐署); 사의서(司儀署)].

126 그는 복위 당시의 하교에서 '침원(寢園)과 조종 분묘(祖宗墳墓)는 힘써 숭앙하고 존경해야[崇敬] 하는 것인데, 근래 관리들이 태만하여 (전각이) 기울어지고 허물어졌으니, 전의시(典儀寺)를 특별히 설치하여 임무를 전담케 할 것이며, 침원(寢園)은 건물[營構]을 새로 정비하고[一新] 모든 분묘 또한 다시금 정비하라'고 지시하였다[『고려사』 권33, 세가33 충선왕복위년(1308) 11월 신미].

127 『고려사』 권34, 세가34 충숙왕원년(1314) 1월 갑진

128 『고려사』 권64, 지18 예6, 흉례(凶禮) 국휼(國恤), 충선왕2년(1310) 9월 정축, "祔于寢園…樂作, 太尉, 洗爵初獻, 司徒亞獻, 典儀終獻, 其禮, 實王之所制也."

종[惠顯] 2분[二宗]을 서실(西室)에 봉안(奉安)하고 문종과 명종[文明] 2분을 동실(東室)에 봉안하였다."[129]

글에 나오듯이, 충선왕은 우선 태묘에 5실(室)을 두고 양 옆인 동쪽과 서쪽에 '협실(夾室)'이라는 것을 설치하였다. 5실에는 태조 및 자신의 직계 4대 선조들이었던 강종·고종·원종·충렬왕의 신위를 봉안한 후, 협실(夾室)에는 별도로 선정된 네 국왕(惠宗·顯宗·文宗·明宗)의 신주를 모셨다. 혜종과 현종은 서협실(西夾室)에, 문종과 명종은 동협실(東夾室)에 봉안되었다.[130]

충선왕대 태묘제 정비의 내용은 일견 단순해 보인다. 원제국과의 관계를 고려하여 종래의 7묘제 대신 제후국에게 용납된 '태조 - 2소(昭) - 2목(穆)'의 5묘(五廟) 체제를 선택하고, 무신집권기 마땅히 부묘됐어야 했으나

....

129 『고려사』권61, 지15 예3, 길례대사 제릉, 충선왕2년(1310) 9월 정축, "太廟五室, 東西置夾室, 安惠·顯二宗于西室, 文·明二宗于東室."

130 한편 제릉(諸陵) 조 기록과 달리, 국휼(國恤) 조 기록에서는 문종 대신 '인종(仁宗)'이 부묘된 것으로 언급돼 있어 주목된다. 1310년 9월 충선왕이 침원에서 부제(祔祭)를 지낼 당시 태조(太祖)를 알현하고, 다음 혜종(惠宗)과 현종(顯宗) 두 분을 알현했으며, 그 다음으로 '인종(仁宗)'과 명종(明宗)을 알현했다는 기록이 그것이다[『고려사』권64, 지18 예6, 흉례 국휼, 충선왕2년(1310) 9월 정축, "…先見太祖, 次見惠·顯二祖, 次見仁·明二祖訖…"]. 아마도 1310년에는 문종이 부묘되고, 이후 어느 시점에 동실에서 문종이 천묘(遷廟)되고 인종이 대신 부묘되었던 듯한데, "(동실의) 인종을 옮기고 강종을 동실로 임시 이동시켰다"는 충혜왕 즉위년 기사가 그 점을 뒷받침한다[『고려사』권36, 세가36 충혜왕즉위년(충숙왕17년, 1330) 6월 정미, "遷仁宗主, 權安康宗主于東夾室."]. 필자가 보기에 1310년 9월 협실을 처음 둘 때에는 동실에 "문종과 명종"이 봉안됐다가, 이후 1330년 '이전'의 어느 시점에 동실의 문종이 인종으로 교체됐으며, 이후 『고려사』에 고려 후기 국휼 관련 사례들이 수록되는 과정에서, [1310~1330년 사이의 상황인] "인종·명종의 동실 배치"가 충선왕복위2년(1310)의 상황으로 오기재(誤記載)된 것이 아닌가 한다.

그렇지 못했던 충선왕의 직계 선조 명종을 부묘한 것 정도가 눈에 띄기 때문이다. 묘수가 7개에서 5개로 줄어들고, 이전에 없던 협실이 4개 생긴 것이 새롭다면 새로운 모습이었다.

고려의 새 태묘가 이런 모습으로 설계된 이유는 과연 무엇이었을까? 이에는 원제국의 태묘 제도가 적지 않은 영향을 준 것으로 보인다.

원제국 태묘 제도의 정비는 다른 여러 분야들처럼 쿠빌라이의 재위 기간에 시작되었다. 1263년 연경에 태묘가 설치됐고, 1264년 그 내부에 7실(室)이 조성되었다.[131] 1266년에는 종묘에서 연주될 악장(樂章)을 확정하고 관련 제도도 논의했으며,[132] 이후 태묘 내부의 실(室) 수도 8실로 늘게 된다.[133] 아울러 1260년대의 제국 태묘는 아직 '서상(西上)' 원칙이 준수되는 이른바 동당이실(同堂異室) 제도를 채용하고 있었던 것으로 보인다.[134]

그런데 쿠빌라이는 1277년 대도(大都)에 새로운 태묘를 건설할 것을 지시하였고, 새 태묘의 내부 구조를 설계하는 과정에서 이른바 '도궁별전

----

131 『원사』 권74, 지25 제사(祭祀) 3, 종묘(宗廟)/상(上), 지원(至元) 원년(1264) 10월

132 『원사』 권79, 지19 예악(禮樂) 2, 제악시말(制樂始末), 지원3년(1266), "初用宮縣, 登歌樂, 文武二舞于太廟."; 권6, 본기6 세조 지원3년(1266) 10월 정축, "祖宗世數, 尊諡廟號, 增祀四世, 各廟神主, 配享功臣, 法服祭器."

133 『원사』 권74, 지25 제사3, 종묘/상, 지원3년(1266) 9월, "始作八室神主, 設祏室. 冬十月, 太廟成."

134 『원사』 권74, 지25 제사3, 종묘/상, 지원원년(1264) 10월, "奉安神主于太廟, 初定太廟七室之制…凡室以西爲上, 以次而東." 한대[漢代: '서한(西漢)', '후한(後漢)'] (검약을 위해) 동당이실제를 시행한 이래 계속돼 온 관행에 따른 것이라 하겠는데[종묘/상, 지원14년(1277) 8월 을축, "詔建太廟于大都. 博士言, '古者廟制率都宮別殿, 西漢亦以中興崇儉, 故七室同堂, 後世遂不能革.'"; "後漢明帝遵儉自抑, 遺詔無起寢廟, 但藏其主于光武廟中更衣別室…"], 이 '서상(西上)' 배치는 1280년 새 제국 태묘의 낙성과 함께 사라졌을 것으로 보인다(물론 조금 더 남아 있었을 수도 있는데, 후술하도록 한다).

(都宮別殿)'이라는 새 제도가 논의되었다.[135] 이어진 논의에서도, 별도의 묘실(廟室) 없이 모든 신위를 한 군데에 모시는 '동당이실' 제도가 '존비(尊卑)의 구분을 결여'하고 있는 반면 '소와 목을 구분해 서로 보지 못하게' 하는 '도궁별전' 제도가 '예(禮)에 더 가깝다'는 결론이 도출되었다.[136]

이에 1280년 12월 대도에 낙성된 태묘는 도궁별전 제도에 따라 건설되었다. 새 태묘는 '행례(行禮)' 공간과 '신주 봉안' 공간이 분리된 도궁별전 제도상의 '전묘후침(前廟後寢)' 구조를 갖게 되었고(남북 5칸, 동서 7

....

135 '도궁별전' 제도가 '묘(廟)와 침(寢)의 구분' 또는 '부자(父子)·조예(祖禰)의 이궁(異宮)·이묘(異廟) 배치' 등 신위의 격절과 분리를 중시하는 제도라면, '동당이실' 제도는 그런 구분을 중시하기보다 '동당(同堂)' 즉 동세(同世)에 해당하는[같은 소(昭) 또는 같은 목(穆)에 해당하는] 신주들을 별도의 실에 하나씩 배치할 따름인 제도라고 할 수 있다. 1277년(지원14년) 논의에서 '도궁별전(都宮別殿)' 제도는 "옛 제도['古者']"로 제시되었던 반면, '동당이실(同堂異室)' 제도는 '숭검(崇儉)'의 풍조에서 나온 것으로 (이후 혁파됐어야 하는데 혁파되지 않았던) "최근 제도['後世']"로 폄하되었다. 이후 1281년(지원18년) 논의에서도 '검약을 숭상하기 위해서는 동당이실제를 따라야 하고, 조종을 존숭하기 위해서는 마땅히 도궁별전제를 따라야 한다'고 정리되었다("欲尊祖宗, 當從都宮別殿之制; 欲崇儉約, 當從同堂異室之制.").

136 『원사』 권74, 지25 제사3, 종묘/상. 당시 박사들은 도궁별전 제도의 '전묘후침(前廟後寢)' 구조를 소개하며 "태조는 북쪽에[太祖在北], 소는 왼쪽, 목은 오른쪽에[左昭右穆], 순서대로 남쪽으로 배치하는['以次而南是也']" 형상을 거론하였고, 이 제도가 "아버지와 아들을 다른 궁에['父子異宮'], 그리고 조상과 후손을 다른 묘에['祖禰異廟']" 있게 함으로써 "망자를 생전과 같은 예로 섬긴다('所以盡事亡如事存之義')"는 명분에 충실한 제도라는 장점도 언급하였다. 반대로 동당이실 제도는 "전묘후침(前廟後寢)을 세우지 않고('無起寢廟') 신위들은 창업주[여기서는 후한(後漢) 광무제(光武帝)]의 묘에 실만 달리하여 배치('但藏其主於光武廟中更衣別室')한 것에서 비롯된" 제도로 소개했으며, "[일찍이 주희도 언급했듯이] 태조의 위치를 아래 자손들의 그것과 같은 반열에 놓아 7묘의 존엄을 보일 수 없는 제도"라 비판하였다('先儒朱熹以謂至使太祖之位, 下同孫子, 而更僻處於一隅, 無以見爲七廟之尊.').

칸), 태묘 내부는 7실로 구성되었다.[137] 정전은 1284년 완성됐고 태묘에서 연주할 음악의 악기들도 1286년 구비되었다.[138] 새 태묘의 악장은 이후에 도 여러 차례 정비되었다.[139]

한편 이러한 노력은 다음 황제인 성종(成宗)을 넘어 무종(武宗)의 시대 로도 이어졌다. 무종은 1307년 태종·정종·헌종을 묘에서 옮기고[遷墓] 성 종 및 자신의 부친 순종 등을 새로이 부묘(祔廟)했으며,[140] 삼헌(三獻)의 의 례를 개시하였다.[141] 1309년에는 태묘늠희서(太廟廩犧署)를 세우고[142] 태조 와 예종에게 시호를 더하였다.[143] 1310년에는 황제로서는 처음으로 태묘 친사(親祀)를 실행하기도 하였다.[144]

흥미로운 것은 제국 태묘의 정비에 열심이었던 무종이 고려의 태묘에 도 큰 영향을 미칠 수 있는 조치를 취했다는 점이다. 1310년 7월 고려 충선왕의 세 선조인 고종(高宗), 원종(元宗), 충렬왕(忠烈王)에게 각기 '충헌

137 『원사』 권74, 지25 제사3, 종묘/상, 묘제(廟制), 지원17년(1280), "新作于大都. 前廟後寢. 正殿東西七間, 南北五間, 內分七室."

138 『원사』 권13, 본기13 세조 지원21년(1284) 3월 정묘; 권74, 지25 제사3, 종묘/ 상, 지원21년(1284) 3월 정묘, "太廟正殿成, 奉安神主."; 9월, "廟室掛銕網釘墼 籠門告成."; 권68, 지19 예악2, 제악시말(制樂始末), 지원23년(1286), "忽都于思 又奏: '太廟樂器, 編鐘, 笙匏, 歲久就壞, 音律不協.' 遂補鑄編鐘八十有一, 合律 者五十, 造笙匏三十有四."

139 『원사』 권69, 지20 예악3, 종묘악장(宗廟樂章), "世祖中統四年至至元三年七室 樂章; 世祖至元三年, 八室時享, 文舞武定文綏之舞, 降神, 來成之曲九成."

140 『원사』 권22, 본기22 성종 대덕11년(1307) 6월 정유

141 『원사』 권73, 지24 제사2, 교사(郊祀) 하(下), 제고삼헌의(祭告三獻儀), "祭告三 獻儀, 大德11年(1307)所定. 告前三日, 三獻官, 諸執事官. 具公服赴中書省受誓戒."

142 『원사』 권23, 본기23 무종 지대(至大) 2년(1309) 10월 신유

143 『원사』 권74, 지25 제사3, 종묘/상, 지대2년(1309) 10월

144 『원사』 권74, 지25 제사3, 종묘/상, 지대2년(1310) 1월 을미, "以受尊號, 恭謝 太廟, 爲親祀之始."

(忠憲)’, ‘충경(忠敬)’, 그리고 ‘충렬’이라는 시호를 내린 것이다.[145]

안 그래도 원제국의 정책을 면밀히 주시하고 있던 충선왕으로서는 무종의 이러한 조치를 전후하여 이제 고려 태묘의 정비를 서두를 때가 되었음을 절감했을 가능성이 있다. 이에 13세기 후반 원제국 태묘 제도로 공식 결정된 도궁별전 체제를 포함, 원제국의 최신 추세를 반영한 새 고려 태묘의 설계 및 건립에 나선 것이 아닌가 한다.[146]

그런데 원제국의 도궁별전 제도를 수용한다는 것은, 태조의 위치가 종

....

145 『고려사』 권33, 세가33 충선왕복위2년(1310) 7월 을미

146 충선왕의 이러한 태묘제 설계에 대한 저항이었는지, 이후 유독 관료들의 실책과 태만 사례들이 기록에 자주 등장한다. 1311년 정월 침원(寢園)에서 춘향(春享)을 앞두고 서계(誓戒)를 설행할 예정이었는데, 제사 7일 전에 서계하는 것이 상례임에도 불구하고 3일 전까지도 향관(享官)들 중 태위(太尉) 이하가 모두 참석하지 않자 규정(糾正)이 참석한 향관 7명과 의논해 서계 없이 행사를 파한 일이 있었다. 또 2월에는 석전(釋奠)에 제주(祭酒)와 사업(司業)이 모두 불참하자 박사(博士)가 삼헌(三獻)을 겸하였고, 10월에는 침원 섭사(攝事)에 소를 준비하지 않는 파행도 발생했다. 이런 폐단들이 갑자기 속출했던 이유는 과연 무엇이었을까? 그와 관련하여, 원제국 정부가 1307년 제고삼헌의(祭告三獻儀), 서계(誓戒), 희생(犧牲) 관련 제도 및 삼헌관(三獻官) 이하 여러 집사관(執事官)들이 입을 법복(法服) 등을 확정했음이 주목된다. 이 제도들은 충선왕에 의해 고려에도 도입됐을 가능성이 높은데, 위의 ‘착오’나 ‘파행’들이 공교롭게도 상기 제도들과 무관치 않은 것이었음이 주목된다. ‘외국제도에 근거한 태묘 제의의 급격한 변화’가 당시 상당한 혼란을 야기했거나, 고려인들의 저항감을 샀을 가능성을 엿보게 하는 대목이다『고려사』 권61, 지15 예3, 길례대사 제릉, 충선왕; 권62, 지16 예4, 길례중사(吉禮中祀) 문선왕묘(文宣王廟), 충선왕; 권65, 지19 예7, 빈례(賓禮) 영대명무조사의(迎大明無詔使儀), 충선3년(1311) 10월 을축, “順正君璹奉御香還自元, 故事迎香不用禮服, 璹遣人强之, 百官用禮服.”]. 물론 그 외에 또 다른 가능성도 없지는 않다. 충선왕이 워낙 이 부분들을 중시했던 터라, 국왕이 직접 관련 업무를 챙기는 과정에서 많은 적발이 발생한 결과, 관련 사실들이 사료에도 그만큼 많이 기록된 것일 수도 있겠다.

래의 '서쪽'에서 '가운데'로 이동하는 중차대한 변화를 수반하는 것이었
다. 아울러 고려와 원제국의 우열 관계가 분명한 상황에서, 제국이 승인할
수 있는 수위 내에서 고려의 태묘를 정비한다는 것은 결국 이전의 태묘에
비해 줄어든 묘(廟) 수(7묘→5묘)를 감내해야 함을 의미했다.

태조 신위의 위치는 결코 경미한 사안이 아니었다. 동당이실(同堂異室)
제도를 채택했던 고려 전·중기의 태묘에서는 '서상(西上)'의 원칙 아래 태
조의 신위가 가장 좌측에 있었지만, 원제국 정부에서 새로이 채택한 도궁
별전(都宮別殿) 제도에 따를 경우[147] 고려도 태조 왕건의 신위를 가운데로
모셔야 할 판이었다.[148] 원제국 정부의 제도·지향·노선을 적극 섭취했던

....

147 『원사』 권74, 지25 제사3 종묘/상, 대덕11년(1307), "武宗卽位, 追尊皇考爲皇
帝, 廟號順宗. 太祖室居中, 睿宗西第一室, 世祖西第二室, 裕宗西第三室, 順宗東
第一室, 成宗東第二室." 태조의 신위를 중앙에 모시는 이러한 구조는 1280년
대 초 도궁별전 제도 채택 당시 이미 등장했을 것으로 생각되지만, 1280년 12
월의 기록에는 그것이 명시돼 있지 않아, 도궁별전 제도 채택 이후에도 몽골
태조 칭기스칸의 신위 자체는 한동안 서쪽에 머물렀을 가능성도 없지 않다.
그럴 경우 위 1307년 기록은, 태조의 신위가 무종대에 이르러서야 비로소 가
운데로 이동했을 가능성을 보여주는 것일 수도 있다.

148 물론 일각에서는 충선왕이 건립한 새 태묘에서도 태조 왕건의 신주가 여전히
가장 서쪽에 놓였을 것으로 보기도 한다(정기철, 「고려시대 종묘(宗廟)의 건
축형식연구」, 『대한건축학회논문집』 계획계 제17권 제11호, 2001, 146쪽 그
림11. '충선왕2년 태묘개작과 신주봉안 서차 추정도'). 그러나 협실이 침묘의
동쪽과 서쪽 등 양단(兩端)에 존재하는 상황에서 태조의 신위만 침원의 5묘
중 가장 서쪽에 놓는 것은 매우 불균형한 형상이라 하겠다. 아울러 충선왕의
태묘 재건 결단을 견인한 셈이었던 원제국의 무종이 바로 위 각주에서 살펴
보았듯이 태조 칭기스칸의 신위를 중실, 즉 태묘의 중앙에 놓았다면(또는
1280년 이래의 그러한 배치 구도를 자신의 재위기간에도 견지하고 있었다면),
충선왕이 그를 무시하고 고려의 경우만큼은 태조 왕건의 신위를 여전히 서쪽
(좌측)에 두었을 것이라 보긴 매우 어렵다. 그런 점에서 고려 또한 충선왕대
를 기점으로 태조 왕건의 신위가 중앙으로 이동한 것으로 보는 것이 자연스
럽다고 하겠다. 충선왕으로서는 '태조 신위 서쪽 배치'라는 종래의 관행을 포

충선왕으로서도, 고려의 태묘 안에 전통적으로 보전돼 온 핵심 특징 중 하나로서의 '서상(西上)' 원칙을 폐기하는 것은 큰 부담이었을 것이다. 앞서 살펴본 것처럼 전통 구제에 대한 애착이 강했던 그로서는 더욱 그랬을 것이다.[149]

더 큰 문제는 묘(廟) 수의 감축이었다. 기존의 7묘제를 포기하고 대신 5묘제를 취할 경우 태묘에 모실[祔廟] 수 있는 선대 왕의 신위 수는 그만큼 줄어들 수밖에 없었다. 그로 인한 현창 대상의 감소가 고려 태묘 재건의 의미를 무색케 할 소지도 없지 않았다. 이에 고려로서는 5묘제를 수용하면서도 모실 수 있는 신위의 수를 늘릴 방안이 필요했지만, 한 묘에 복수의 신위를 모실 여지는 동당이실 제도의 폐기와 함께 사라진 상태였다. 새로운 도궁별전 체제 아래에서 최대한 많은 신위를 모실 공간을 확보하는 데 나서야 할 상황이었다.

그럼 충선왕은 과연 이 두 문제를 어떻게 해결하려 했을까? 역시 중국의 태묘 관련 고제(古制)에서 해법을 찾은 듯하다. 고대 중국에서도 일찍

....

기하는 것이 매우 부담스러운 일이었겠지만, 어쩔 수 없었을 것이라 추측해 본다.

149 물론 '도궁별전' 제도가 동당이실 제도를 앞섰던, 즉 이를테면 궁극의 구제(舊制)로 언급되고 있었으니, 앞 절에서도 살펴본 바와 같이 중국 구제 복원에 관심이 많았던 충선왕이 그를 도입하여 고려 태묘의 오랜 모습을 고치는 것에 의외로 거부감이 없었을 수도 있다. 그러나 '동당이실' 제도 역시 앞서 살펴본 바와 같이, 한대(漢代) 이래 중국에서 사용돼 온, 즉 도궁별전 제도 못지 않은 중국의 구제 중 하나였다. 충선왕의 관점에서는 그 역시 보전을 위해 노력해야 할 대상으로 느껴졌을 수 있다. (다만, 원제국의 입장을 고려하지 않을 수 없었던 충선왕의 입장에서는 동당이실의 '서상' 원칙을 수호하는 데에도 한계가 있을 수밖에 없었을 것이므로, 필자로서는 충선왕이 '태조 신위의 위치' 문제보다는 '불천지주 신위의 위치' 문제에서 '서상' 원칙을 보전하는 선에서 만족한 것으로 보고 있다.)

이 운용된 바 있고, 이후 원제국의 태묘 관련 최신 논의에도 포함된 '협실(夾室)'이 바로 그것이었다. 원제국에서는 이후 이를 일종의 '가안지처(假安之處)'로 활용하게 되는데,[150] 그러기도 전에 충선왕이 이를 다른 용도의 공간으로 고려 태묘에 접목시켰던 것이다.[151] 바로 이 협실이 위의 두 가지 문제를 한꺼번에 해결하는 데 크게 기여하게 된다.

우선 충선왕이 새로 정비된 5묘(5실)에 4개의 협실을 추가함으로써, 태묘 내에 신위를 모실 '실'의 수가 이전의 "9개"를 유지할 수 있게 되었음이 눈에 띈다. 의종대의 '7묘' 체제는 포기했지만, 고려 전기 덕종(德宗) 이래 존재해 온 고려 고유의 "9실" 체제는 지켜냄으로써 총 9명의 국왕 신위를 모실 공간을 확보했던 것이다. 아울러 동쪽과 서쪽에 각기 2실씩 총 4개가 확보된 협실에 선대왕의 신위를 모심에 있어, 불천지주(不遷之

....

150 흥미로운 것은 이 협실에 대한 제국 측의 구체적 논의가 정작 (충선왕 복위년 간에 해당하는) 무종대(1308~1311)는 커녕 그 후임 황제인 인종대(1311~1320)나 영종대(1321~1323)에 이르기까지도 아직 본격화되지 않았다는 점이다. 1323~1324년을 전후해서야 협실 제도의 정비 미비나 소목(昭穆)의 불분명성 등이 논란이 되기 시작했으며, 예경(禮經)과의 합치 여부도 논의되었다. 그결과 이전 태묘에 대전(大殿) 15칸을 새로 건립, 가운데 3칸을 개통해 1실로하고, 나머지 10칸을 각기 1실씩으로 삼으며, 동서 양방 제장(際牆)에 각기 1칸씩을 남겨 협실로 삼는(1-5-3-5-1) 새로운 태묘제가 정착되었다[『원사』 권74, 지25 제사3, 종묘/상 묘제(廟制)]. 즉 충선왕은 1310년 태묘 복원 당시, 원제국에서도 아직 시행되지 않고 있던 중국 고대의 협실 제도를 고려의 필요를 위해 선제적으로 수용했던 셈이다. 그가 원제국 태묘제 논의에 대한 정보를 넘어, 중국의 전통적 태묘 제도에 대해 적지 않은 견식과 조예를 지녔음을 보여준다.

151 이 협실이 고려 정종(靖宗) 시대의 세실(世室)을 복구한 것이라는 견해도 있지만(김철웅, 위논문), 정종대의 세실은 천묘되게 된 국왕들의 신주를 따로 모시기 위해 설정된 공간이었던 반면, 충선왕대의 협실은 불천지주(不遷之主) 및 재부묘(再祔廟)가 필요했던 국왕의 신주를 모시는 장소의 기능을 했던 차이가 있다.

主)에 해당하는 혜종과 현종을 '서협실'에 모심으로써, 전통적 '서상(西上)'의 지향을 교묘하게 신 태묘에 접목한 점도 눈길을 끈다.[152] 태조 신위의 중앙 배치로 인해 훼손된 고려 구제(舊制)를 부분적으로나마 새 태묘 내에 잔류시킨 셈이었다.[153]

이렇듯 충선왕은 제국의 태묘 관련 논의를 감안하여 여러 새로운 요소들을 고려 태묘에 도입하되, 한편으로는 고려 태묘 내에 전통적으로 존재해 온 양상을 일부 보전하는 데에도 많은 노력을 기울였다. 이러한 노력에 힘입어 고려 왕실로서는 가장 신성한 공간으로서의 태묘 안에 (고려 전기로부터의) 관습[전통]과 (고려 후기 새로이 도래한) 제국 문물[외제]이 공존하는 독특한 상황이 조성되었다. 침원(寢園) 5묘에는 중국(원제국)의 선진적 태묘 논의가 적용된 한편으로, 협실 만큼은 '고려 고유의 필요가 충족되는 방식으로' 운영되게 된 셈이었기 때문이다. 태묘 내에 조성된 2개의 영역, 즉 '5묘'와 '협실'이 각기 다른 원칙 아래 운영되는 '이원적' 운용 양상이 정립되면서 가능해진 상황이었다고 하겠다.

....

152 아울러 앞서도 언급한 바와 같이 한대(漢代) 이래의 중국은 물론 원제국 초기 태묘에서도 '동당이실' 제도에 따라 신주의 배열에 있어 '서상'의 원칙을 지켜 왔음을 고려하면, "동당이실 제도의 서상 원칙"은 '고려의 구제'인 동시에 그를 넘어 '중국 구제'의 일부였다고도 하겠다. 즉 충선왕의 (협실 운영에서의) '서상 원칙 존치'는 '고려 구제를 보전'하려는 노력인 동시에 '중국(의 또 다른) 구제(동당이실제)'를 추구한 소치로도 평가할 여지가 있다. 앞 절에서 살펴본 그의 즉위년 관제 개편을 떠올리게 하는 대목이다.

153 충선왕이 '동협실'에 명종과 함께 문종을 모신 것은, 고려 전기의 문물을 현창하려는 의식의 소산으로 생각된다. '이상적인 정치는 태조의 유훈(遺訓)을 따르고 문종의 구전(舊典)을 지키는 것'이라는 고려 관료 임완(林完)의 언급 [『고려사절요』 권10, 인종(仁宗) 12년(1134) 5월]에서도 확인되듯이, 고려인들은 불천지주(태조·혜종·현종) 관념과는 별개로 문물(文物)의 문제에서는 태조와 문종을 특히 숭앙하고 있었다. 충선왕의 인식도 그와 다르지 않았음을 엿볼 수 있다.

원제국의 최신 논의를 수용하면서도 한편으로 고려 태묘의 전통적 양상 또한 온존함으로써 고려의 새 태묘에 두 가지 문물 조류를 동시에 접목시킨 충선왕의 해법은 결국 당시 고려의 문물과 제국의 제도 간 결합을 상징하는 사건이었다고 할 수 있다. 충선왕은 중국 역대 태묘제에 대한 지식을 적절히 활용해 원제국을 자극하지 않으면서도, 고려초 성종, 정종대 이래의 전통을 복원하는 정치적·제도적 묘(妙)를 발휘한 것이라 여겨진다.

그리고 충선왕의 이러한 설계는 충숙왕대에도 이어졌다. 그것을 고치자는 견해가 한때 제기됐으나, 충숙왕은 완강한 반대 입장을 견지하였다.

1325년 5월 원에서 사망한 충선왕의 유해는 반년 뒤인 11월 덕릉(德陵)에 안장되었고, 그의 신위 봉안을 계기로 고려 태묘 정비 논의도 재개되었다. 그런데 충선왕의 침원 부제(祔祭)가 거행된 시점, 즉 그의 신위가 태묘에 봉안된 시점은 그의 사망으로부터 무려 5년이 지난 충숙왕17년(1330) 6월이었으며, 그것도 충숙왕이 자신의 아들 충혜왕에게 같은 해 초 양위를 한 이후였다. 봉안의 지연에 비상한 사유가 있었을 가능성을 시사하는 대목인데, 충선왕의 신위 봉안에 앞서 태묘 내부의 구조에 대한 논란이 있었기 때문으로 보인다.

실제로 당시 태묘 내의 방위 배치 및 '소목(昭穆)'에 관련한 논의가 고려 정부 내부에서 제기되었음이 주목된다. 문제를 제기한 사람은 전리사의 좌랑[典理佐郎]이었던 조렴(趙廉)이었는데, 우선 그가 언급한 내용을 살펴보자.

> "고려의 소목(昭穆) 서차(序次)가 고제(古制)에 어긋남이 있습니다. 태조(太祖)는 중실(中室)에 모시고 고종(高宗)은 1소(昭), 원종(元宗)은 1목(穆), 충렬왕(忠烈王)은 2소(昭), 충선왕(忠宣王)은 2목이 돼야 합니다. 혜왕(惠王, 혜종)과 명왕(明王, 명종)께서 동쪽 협실(夾室)에 계셔야 함

은 주(周)나라 제도에 무왕(武王)께서 동북(東北) 협실에 계신 예(例)와 같고, 현왕(顯王, 현종)과 강왕(康王, 강종)께서 서쪽 협실(夾室)에 계셔야 함은 주나라 문왕(文王)께서 서북(西北) 협실에 계신 예와 같습니다. 이같이 하면 혜종, 현종 두 분의 신주는 동서(東西) 양쪽으로 나뉘어 불천지주(不遷之主)로 모셔질 것이고, 명종 - 강종 부자(父子) 또한 동서(東西)로 '임시 봉안[假安]'될 것이니, 예(禮)도 지켜지고 소목 차례도 또한 옛 제도[古制]에 맞게 될 것입니다.”[154]

위 제안에 담긴 조렴의 주장은 대체로 다음과 같이 요약된다.

그는 우선 '고려의 소목(昭穆) 순서가 고제(古制)와 다르다'며, 태조(太祖)를 중실(中室)에 거하게 하고, 고종을 제1소(昭), 원종을 제1목(穆), 충렬왕은 제2소, 충선왕은 제2목으로 삼자고 하였다. 그리고 '협실'과 관련해서는 “혜종과 명종을 동협실에 배치해 '동북협실(東北夾室)에 주무왕(周武王)을 모신' 전례에 맞추고, 현종과 강종은 서협실에 모서 '서북협실(西北夾室)에 주문왕(周文王)을 모신' 전례에 맞출 것”을 제안하였다.

충선왕의 태묘 정비 당시 이미 태조 신위가 중앙에 배치됐을 가능성이 높음을 감안하면, 그의 앞 제안은 그저 태조의 신위가 중앙에 있는 기존의 상황을 재확인하고, 그에 더하여 기존 '강종 - 고종 - 원종 - 충렬왕' 부묘 상황을 '고종 - 원종 - 충렬왕 - 충선왕'으로 재편하자는 언급이었을 따름으로 여겨진다.[155] 지극히 당연한 언급으로, 충선왕의 부묘가 늦춰질 사

---

154 『고려사』 권61, 지15 예3, 길례대사 제릉, 충숙왕17년(1330) 6월 정미, “初, 典理佐郎趙廉言, '本國昭穆之序, 有乖古制. 宜以太祖居中室, 高宗爲第一昭, 元宗爲第一穆, 忠烈王爲第二昭, 忠宣王爲第二穆, 惠王明王居東夾室, 如周制武王居東北夾室之例, 顯王康王居西夾室, 如周制文王居西北夾室之例, 如是, 則惠顯二主分居東西爲不遷之主, 明康父子亦分東西爲假安之位, 於禮便而昭穆之序亦合古制'. 不從.”

155 물론 이 기사를 근거로, 앞서 소개한 정기철의 견해처럼 충선왕이 새 태묘를

유는 아니었다고 할 수 있다.

문제는 '협실의 배치'와 관련해 발생한 것으로 보인다. 조렴의 협실 관련 건의는 크게 세 가지로 요약되는데, 협실을 '천묘될 국왕을 임시로 모시는 시설'로 활용하자는 것과, 불천지주 혜종을 '동실'에 모시자는 것, 그리고 강종을 동실이 아닌 '서실'에 모시자는 것이 그것이었다. 그런데 그렇게 했다가는 충선왕의 신 태묘 설계 취지가 교란될 소지가 다분하였다. 바로 그것이 문제가 된 것이 아닌가 한다.

첫 번째 건의의 경우, 충선왕대 태묘제 정비에서 미흡했던 부분을 지적한 의미가 없지 않다. 충선왕은 '불천지주 부묘', '고려 전기 문물 선양' 등 중국과는 다른 용도로 협실을 활용하였다. 다시 말해 국왕의 의도를 구현할 수 있는 공간으로 운용했던 것으로, 그런 점에서 차후 국왕의 성향이나 지향에 따라 임의적으로 활용될 소지가 있는 공간이 바로 고려 신 태묘의 협실이었다. 그런데 조렴의 건의는 그러한 고려 신 태묘의 협실을 '천묘대상 국왕을 임시로 모시는 시설[가안지처(假安之處)]'로 활용할 것을 건의한 것으로, 그 용도를 분명히 하자는 맥락을 내포했다는 점에서 나름의 타당성을 지닌 제안이었다. 실제로도 그의 제안에 따라 충선왕의 부묘로 천묘되게 된 강종의 신위가 5묘에서 빠져 바로 협실에 배치되었다('權安'). 고려 협실의 기능에 '도주(祧主) 수용'이 추가된 셈이었다.

그러나 두 번째와 세 번째 건의 사항은 사실 충숙왕이 수용하기 어려

....

낙성할 당시에는 태조의 신위가 중앙이 아닌 서쪽에 배치됐고, 이 때에 이르러 조렴이 '(태조의 신위를 이제 그만) 가운데로 옮기자'고 요구한 것으로 당시의 상황을 재구성해 볼 소지도 없지 않다. 필자는 기본적으로 그렇게 보지 않지만(앞서 언급한 바와 같이 좌우에 협실이 추가된 고려 신 태묘의 구도적 형세 상, 그리고 충선왕과 동시기였던 무종대 원제국의 태묘가 이미 칭기스칸의 신위를 가운데에 두고 있었음을 근거로), 만약 당시 상황이 정말 이랬다면 그 또한 충선왕 신위 부묘 지연의 한 사유가 됐을 수는 있겠다.

운 것이었다.

일찍이 고려 중기였던 희종2년, 혜종과 현종의 신주가 태묘에 동반(同班)으로 모셔진 일이 있었다. 최충헌이 신종(神宗)을 태묘에 모시면서 태조는 서쪽에 좌정해 동쪽을 향하게[東向] 하고, 혜종과 현종을 함께 제1소(昭), 선종과 숙종을 2소, 인종을 3소로 삼고, 문종과 예종, 그리고 신종을 각기 1·2·3목(穆)으로 삼았던 것이다.[156] 나름의 이유가 없진 않았겠지만, 1소인 혜종에 대응해 1목으로 배치되었어야 할 현종을 함께 1소로 설정한 것은 '소목의 서'를 크게 문란시킨 조치였다. 이후 오랫동안 비판의 대상이 되게 된다.

충선왕의 경우 '서상' 원칙을 구현할 도구로서 협실을 도입했던 만큼, 불천지주 2인을 함께 서협실에 모셨다. 그가 희종대 이래의 논란을 몰랐던 것은 아니겠지만, 협실에 모시는 신위에는 소목 부여가 불필요하다는 점을 감안한 것으로 추정된다. 그런데 조렴이 바로 이 지점을 파고들었던 것으로, '주(周)나라의 제도'를 거론하며 '동소서목(東昭西穆)'의 원칙에 따라 (현종보다는 어른인) 혜종의 신주는 동협실로 보내자고 한 것이다. 이역시 부당한 지적은 아니었다. 실제로 1320년대 초 원제국 정부에서는 주제(周制) 상의 소목의 방위, 즉 천자 7묘(天子七廟)의 3소·3목을 배치함에 있어 '소(昭)는 동쪽에 처하게' 하고 '목(穆)은 서쪽에 처하게' 한다는 방침을 적극 논의하고 있었다.[157] 이를 인지하고 있었을 조렴의 관점에서는,

....

156 『고려사』 권61, 지15 예3, 길례대사 제릉, 희종2년(1206) 2월

157 『원사』 권74, 지25 제사3, 종묘/상, 지치(至治) 3년(1323) 3월 무신, "博士劉致建議曰, '周制, 天子七廟, 三昭三穆, 昭處於東, 穆處於西, 所以別父子親疏之序, 而使不亂也… 昭之后居左, 穆之后居右, 西以左爲上, 東以右爲上也.'" 다만 조렴이 주 무왕과 문왕의 고사를 언급하면서, '무왕은 동북협실', 그리고 (무왕의 부친이었던) '문왕은 서북협실'에 배치되었다고 한 것은 이상한 부분이다. '부소자목(父昭子穆)'의 원칙으로 볼 때 '문왕'이 동북협실, '무왕'이 서북협실

혜종과 현종이 서로 주나라 문왕 - 무왕에 비견되는 관계로서 각기 따로 모셔져야 할 인물들임에도 불구하고 한 협실에 함께 배치된 것이 큰 문제였고, '아버지(父)'에 해당하는 '소(昭)'가 위치해야 할 '동쪽'에 정작 혜종, 현종보다 후대인 왕(문종, 인종, 명종 등)들이 배치돼 온 것도 문제였다. 이에 혜종을 '소'가 위치해야 할 올바른 처소인 '동실'로 보내고, 동실의 강종은 서실로 보내자고 주장했던 것이다. 조렴의 건의에도 타당한 사유는 있었던 것이다.[158]

그러나 조렴의 건의는 결국 채택되지 않았다. 1330년 6월 충선왕을 부묘할 당시, 인종(仁宗)의 신주는 내보냈지만 강종(康宗)의 신주는 '동쪽' 협실에 봉안되었기 때문이다.[159]

충숙왕이 조렴의 건의를 묵살한 이유는 과연 무엇이었을까? 조렴이 당·송(唐·宋)의 제도도 아닌 고대 주나라의 제도를 인용했기 때문이었을까? 그런데 비록 고려 제도의 형성에 직접적 영향을 끼치지는 않았더라도, 주나라 제도 또한 중국 제도의 원형 중 하나로 간주되는 태고의 제도였다. 그에 근거한 건의를 충숙왕이 거부하기 위해서는 거부의 사유가 분명해야 하였다. 아울러 주제(周制) 외에도 여러 정치적 고려를 하지 않을 수

....

에 배치되었다고 보는 것이 자연스럽기 때문이다. 아무래도 『고려사』의 오기로 보이는데, 다만 중국에서도 문왕·무왕의 소목에 대해서는 논란이 있었던 것 같다. 공민왕대 이제현의 논의를 통해 그를 엿볼 수 있다[『고려사』 권61, 지15 예3, 길례대사 제릉, 공민왕6년(1357) 8월, "春秋左氏傳, 有太王之昭, 王季之穆, 文之昭, 武之穆之文, 而尙書, 謂文王曰穆考, 謂武王曰昭考…"].

158 물론 조렴의 건의대로 가더라도 문제는 남는다. 불천지주 현종은 서협실에, 그리고 그보다 훨씬 후대의 왕이었던 명종이 오히려 동협실에 모셔졌을 것이기 때문이다.

159 『고려사』 권61, 지15 례3, 길례대사 제릉, 충숙왕17년(1330) 6월 정미, "忠宣王于寢園, 遷仁王主, 權安康王主于東夾室."

없었던 상황도 작용했을 것으로 짐작된다.

당시 고려의 태묘에서 태조 다음으로 위상이 높았던 혜종의 신위를 동협실로 옮기는 것은, 결국 충선왕이 간신히 (일부나마) 지켜 놓은 '서상' 원칙을 완전 폐기하는 것에 다름 아니었다. 조렴의 제안 중 '협실의 용도 조정'은 고려 신 태묘 내에 확보된 실(室)의 수에 영향을 미치는 일도 아니었고 협실의 사용례를 확장하는 것에 불과했으니 충숙왕이 그를 수용하지 않을 이유가 없었다. 그러나 '혜종 신주의 위치'를 바꾸는 것은 고려 태묘의 협실 도입 취지 두 가지[충분한 실(室) 수 확보 및 서상(西上) 구현 공간 확보] 중 중요한 한 축을 허무는 일이었다. 충선왕이 어려움을 무릅쓰고 '서상 원칙' 온존을 위해 고려의 신 태묘를 이원적으로 설계하면서까지 협실을 도입한 취지를 모르지 않았을 충숙왕이, 그러한 개변에 동의하기는 어려운 일이었다.[160]

그 결과 충선왕대 이래 확립된 고려 신(新) 태묘의 모습은 다행히 충숙왕대에도 보전되었다. 충숙왕이 부왕의 협실 운용에서 임의성이 잔류하던

---

160 이 밖에 충숙왕이 조렴의 제안을 불수용할 또 다른 사유도 존재했으니, 1320년대 초 제국 정부의 협실 논의가 그야말로 갈팡질팡하고 있었던 점이 그것이다. 1321년 논의에서는 송대의 협실이 도주(祧主)를 모시는 공간으로 활용됐음이 언급되었고("東西夾室各一間, 以藏祧主"), 1323년에는 전대 묘실(廟室)의 제도가 일정치 않다는 지적("太廟夾室, 未有制度…")과 함께 (협실 논의에 일정한 결론을 내리기 어려우니) 일단 '권도(權道)로 가자'는 결론이 내려지기도 했다("今廟制皆不合古, 權宜一時."). 민간의 상황도 별반 다르지 않았다. 제국의 태묘는 이미 1280년대 초 도궁별전 제도로 전환했지만, 조정 중신들의 가묘(家廟)에는 여전히 동당이실 제도의 유산이 남아 있었다[『원사』 권76, 지27 상(上) 제사5, 대신가묘(大臣家廟), "大臣家廟, 惟至治初右丞相拜住得立五廟, 同堂異室, 而牲器儀式未聞."]. 이렇듯 제국의 태묘 내 협실 관련 규범들이 여전히 유동적인 상황에서, 충숙왕이 군이 '동소서목'의 원칙을 태묘의 본공간 뿐 아니라 새로이 협실로까지 확대 적용함으로써 충선왕이 간신히 남겨놓은 '서상' 원칙 등을 전면 폐기할 이유는 없었던 것이라고 하겠다.

영역은 조렴의 건의를 받아들여 부분적으로 수정하면서도, 새로 논의되고 있던 원제국 태묘 내부의 소목(昭穆) 배치('東昭西穆')를 협실 내 신위 배치에까지 전면 적용해 고려의 협실 운용 방침을 뜯어고치는 개변은 거부했던 것이다. 그로써 충숙왕은 충선왕의 애초 취지 및 고려 태묘의 독특성을 보호한 것이라 하겠는데, 고려의 신 태묘가 원제국 내부의 태묘 논의 및 고려 태묘제 나름의 고유성 모두를 구현해야 한다는 충선왕의 치열한 고민의 소산이었음을 상기하면, 그 모습이 지켜진 것은 유의미한 성과였다고 하겠다.

3장. 고려의 과거(過去) 문물과 상징 복원

이상에서 충선왕대에 단행된 두 가지 고려 구제(舊制) 복원 사례를 살펴보았다. 중국의 구제를 토대로 마련된 고려 국초의 제도를 '보편 구제의 추구'를 지향하며 복구한 경우(관제), 그리고 중국 제도를 도입해 고려의 제도를 복구하는 과정에서 기존 전통 및 외부 영향이 조화롭고도 균형감 있게 공존할 수 있도록 각별히 유의한 경우(태묘)가 관찰되었다.

그런데 충숙왕대에는 또 다른 흥미로운 사례들이 발견된다. 우선 선왕이 파괴해 놓은 고려의 구제를 후임 왕이 되살린 경우가 관찰되는데, 충선왕이 망가뜨린 고려의 과거(科擧) 및 교육 제도를 아들 충숙왕이 복구한 사례가 그런 경우다. 다음으로 원제국의 지향을 따르거나 참조한 것이 오히려 고려 구제의 복구 및 강화로 이어진 역설적인 경우도 관찰된다. 충선왕대에서는 관제 개편이 그런 사례였다면, 충숙왕대에는 기자(箕子) 현창의 재개가 그런 경우였다고 하겠다.

충숙왕의 이런 노력에는 사실 나름의 명확한 목적이 있었다. 전자의 경우 맹목적 전통 회복이 아닌, 관료 선발 제도의 실효성 회복 및 고려의 공·사(公私) 교육 체계 재건을 위해 고려의 옛 제도를 소환한 경우였다. 반면 후자는 원제국 정부의 문화 개혁 지향을 수용하되, 그 대상으로는 고려의 전통 문화 속 상징적인 인물을 선취함으로써 한반도 고대의 문화 상징을 복구한 경우라 할 수 있다. 양자 모두, 과거의 전통을 회복하는 것이 정치적·문화적으로 필요했기에 추진된 노력이었다.

아울러 두 사례 모두 충숙왕과 부왕 충선왕 간의 곡절 많았던 관계를 묘하게 보여준다는 점에서 적지않이 공교롭다. 주지하는 바와 같이 충선왕 - 충숙왕 부자의 관계는 '원만'과는 거리가 멀었다. 충렬왕 - 충선왕 부자처럼 상호 적대감이 극단으로 치달은 경우는 아니었지만, 경쟁 심리와 상호 불만으로 점철된 매우 불안정한 관계였다고 할 수 있다.

충선왕이 조카 왕고(王暠, 또는 왕호)에게 심왕(瀋王)의 자리를 물려 주자, 다수의 고려 관료들은 약속이나 한 것처럼 그를 충숙왕 대신 고려왕으로 옹립하려 들었다. 그리고 그 와중에 충선왕의 또 다른 측근들은 입성(立省) 논의를 주도하며 충숙왕을 끊임없이 괴롭혔다. 궁지에 몰린 충숙왕은 대도(大都)에서의 억류가 해제돼 1325년 귀국한 후에도 자신에게 충절을 지킨 관료들을 포상할 수 없었고, 1327년에는 심왕파의 도발에 시달린 끝에 양위를 고민하기도 했다.

이 모든 곤경의 단초를 제공한 아버지 충선왕을 충숙왕은 원망하지 않을 수 없었고, 그래서인지 그는 부왕의 정책에도 동의하지 않는 경우가 많았다. 강력한 재정 세입 증대책을 썼던 충선왕과 달리 부왕의 각염제를 비판하고 세금 징수도 완화했던 것이 그런 사례다. 그랬던 그가 충선왕의 과거제도 개변에 비판적이었던 것도 매우 자연스러운 일이었다. 그리고 그런 문제의식 아래 과거제와 교육 제도의 복구에 착수, 이전과는 다른 현실적 시의(時宜)까지 반영해 더욱 개선된 모습으로 부활시켰던 것이다.

그러나 한편으로, 충숙왕에게 아버지 충선왕의 모습이 전무했던 것은 아니다. 충숙왕 역시 부왕처럼 제국 정부의 지향에 매우 수용적인 태도를 견지하였다. 인종(仁宗) 황제의 유민(遊民) 관리 노선을 받아들여 재위 전 반부에는 찰리변위도감(察理辨違都監)을 통한 전민변정(田民辨正)에 노력했 지만, 이후 즉위한 태정제(泰定帝)가 인종과는 정반대로 대서역(對西域) 무 역에 적극적으로 뛰어들자 충숙왕도 재위 후반부에는 국내·외 상인들을 조정에 불러들이고 상인의 아들을 재상으로 임명하며 심지어 색목인에게 봉작도 내렸던 것이다.[161]

그런 상황에서 원제국에서 '선성(宣聖, 공자)' 및 '고삼황(古三皇)'을 추 존하는 분위기를 드러내자, 충숙왕도 그에 영향을 받아 1325년 이른바 〈역속이풍(易俗移風)〉을 천명하였다. 다만 그가 제국처럼 중국 고황제나 공자에 대한 제사를 강화하려 한 것은 아니었다. 충숙왕의 선택은, 중국 출신이지만 이미 고려 문물의 상징이 된 '기자(箕子)'에 대한 현창이었다.

1. 충선왕이 교란한 것의 복구:
충숙왕의 과거(科擧)·교육(敎育) 제도 개혁

원제국에서는 13세기 말까지만 하더라도 과거(科擧) 제도를 운영하지 않았다. 충선왕의 조언이 있은 이후에나 제국의 과거 제도가 1314년 비로 소 출범하였고,[162] 원제국에서도 과거 시행에 즈음해 고려에 조서를 보내 고려인들의 제국 과거 응시를 권유하였다.[163] 당시 원의 황제는 인종(仁宗)

....

161 이강한, 2009 「고려 충숙왕의 전민변정 및 상인등용」 『역사와현실』 72
162 『원사』 권24, 본기24 인종(仁宗) 황경(皇慶) 2년(1313) 11월 갑진
163 『고려사』 권34, 세가34 충숙왕원년(1314) 1월 병오; 권74, 지28 선거2, 과목 (科目) 2 제과(制科), 충숙왕원년(1314) 1월, "元頒科擧詔, 令選合格者三人, 貢

이었는데, 충선왕이 퇴위 후 복위 전까지 중국에서 10여년간 생활할 당시 바로 이 인종 및 그 형 무종(武宗)과 오랜 세월 동거한 바 있다. 1310년대에 들어가 무종(1308~1311)에 이어 인종도 제국의 황제로 즉위했기에 (1311), 충선왕이 쿠빌라이의 외손 자격으로 그에게 과거제의 시행을 건의했던 것이다. 양국 관계의 특수성을 보여주는 흥미로운 일화이다.

다만 충선왕이 원제국의 과거를 출범시킨 후 자국 고려의 과거 제도에 대해 취했던 조치는 결코 유쾌한 것이 못 되었다. 멀쩡히 잘 있던 고려의 과거 제도를 새로 부활한 중국 과거 제도의 사전(事前) 관문(關門) 격의 부속적인 제도로 변질시켰기 때문이었다.

고려의 과거·교육 제도와 중국의 동 제도 간에 상호 접점이 있었던 것이 이 때가 처음은 아니었다. 고려 전·중기에도 비슷한 사례들이 없지 않았는데, 고려 정부가 관료 자제들의 대송(對宋) 유학을 권장하곤 한 것이 그런 경우다. 예종(睿宗, 재위 1105~1122)이 송의 국학(國學)에 고려 학생들을 입학시키고자 송의 허락을 구한 바 있었으며, 그 목적은 대체로 유학생들을 통한 선진 문물의 학습이었다. 다만 이런 경우에도 고려인들을 송의 교육 기관에 진출시키거나 그 중 일부의 송 과거 응시를 희망하는 것에 그쳤을 뿐, 그를 넘어서는 시도는 관찰되지 않는다. 송의 과거제에 고려의 과거 제도를 끼워 맞추는 취지의 개편도 감행된 바 없었다. 과거 제도는 기본적으로 그 나라에서 일할 관료들을 뽑는 시험으로 운영하면 되는 제도였을 뿐, 서로 다른 정치적 환경을 지닌 두 나라가 군이 양측의 과거 제도를 연동시켜야 할 필요는 애초 존재하지 않았던 것이다.

그런데 제국 황제의 외손이었던 충선왕은 생각이 달랐던 것 같다. 고려의 과거 제도를 고려 관료를 선발하는 시험으로만 보아온 종래의 시각

赴會試."

에서 벗어나, 고려의 과거 제도를 '제국의 과거 시험에 응시할 사람들을 선발하는 용도'로 활용하고자 한 것이다.

고려 과거 시험의 공식 명칭은 예부시(禮部試)였는데, 이는 예부에서 주관하던 시험이었기 때문이다. 예부의 별칭인 '동당(東堂)'에서 치르는 시험이라는 의미로 '동당시(東堂試)'로도 불렸다. 그런데 충선왕은 충숙왕에게 양위한 지 2년 만에 그 명칭을 '응거시(應擧試)'라는 전혀 새로운 이름으로 바꾸었다.[164] 말 그대로 "(원제국 과거에) 응시할 사람들을 선발하는 시험"이라는 의미였는데, 고려인들의 제국 과거 응시를[165] 언급한 기록들이 그러한 응시행위를 '응거(應擧)'로 표현했음에서 그를 엿볼 수 있다.[166] 충선왕은 고려 과거제 운영의 가장 큰 목표를 '고려 정부에 복무할

....

164 『고려사』 권73, 지27 선거1, 과목1, 충숙왕2년(1315) 1월, "藩王改東堂, 爲應擧試."

165 원제국은 11개 행성 및 2개의 선위사, 그리고 직할 지역 단위들 내 총 17개 지역에서 향시(鄕試)를 실시하였고, 거기서 선발된 300명의 합격자를 회시(會試)에 응시하게 했으며, 그 중 몽골인·색목인·한인·남인 각 25명씩 총 100명을 선발하였다. 향시 합격자 정원 300명은 각 종족에 75명씩 배정되었고, 지역별로도 다시금 인원이 할당 배정되었다. 고려에서도 정동행성(征東行省) 향시를 실시했으며, 힙격 정원으로는 몽골인, 색목인, 힌인(남인 없음) 등 각 1명씩 총 3명이 배정됐는데(고려인은 한인의 범주에 포함), 대체로 3명 모두 고려인으로 선발된 것으로 보인다. 고려 정부가 고려인 3명씩을 제과에 응시케 한 기록들이 많은 반면, 고려에 소재하던 몽골인, 색목인이 정동행성 향시에 응시했다는 기록은 보이지 않기 때문이다. 고려는 원제국에서 실시한 총 16회의 과거 중 11회에 걸쳐 모두 26명의 응시자를 보낸 것으로 파악되는데, 9회의 과거에서 모두 9명의 급제자를 배출하였다. 원제국 과거 시험에 대한 연구로는 유호석, 1987 「고려시대의 제과응시와 그 성격」『송준호교수정년기념논총』 및 고혜령, 1991 「고려 사대부와 원 제과」『국사관논총』 24 등 참조

166 『고려사』 권74, 지28 선거2, 과목2 제과, 충숙왕2년(1315) 1월, "遣朴仁幹等三人, 應擧, 皆不第."; 충숙왕4년(1317) 12월, "遣安震, 應擧." 뒤에 소개할 1320년 7월 충숙왕의 교서에서도 동일한 표현('응거')이 등장한다.

관료 후보자'가 아닌, '제국 과거에 응시할 고려인' 선발에 두었던 것이다.

인종이 충선왕의 제안을 받아들임으로써, 원제국 제과의 세 단계로서의 향시(鄕試)와 회시(會試), 그리고 황제 앞에서 치는 시험인 전시(展試)가 개시되었다. 그 중 향시는 한반도의 정동행성(征東行省)을 포함한 제국의 여러 행성(行省)들에서 치러졌다. 응거시로 개명된 고려의 과거시험 예부시는 사실상 향시의 역할을 하는 것으로 격하됐거나, 향시에 응모할 사람을 뽑는 더 낮은 단계의 시험으로 변질된 것으로 추정된다. 그리고 이 모든 계획은 충선왕이 1314년 인종 황제에게 제국 과거제의 출범을 권유할 당시 이미 서 있었던 것으로 보인다. 이전 송대까지 유지돼 온 중국 과거 제도의 전통을 제국 치하에 복구시켜 놓고, 그에 화답하는 형태로 고려의 과거 제도 또한 제과 절차의 일부분으로 개조해 양측의 과거 제도를 연동시키려 한 것이 아닌가 한다.

그럼 그러한 연동을 추진한 충선왕의 의도는 과연 무엇이었을까?

충선왕의 이런 조치에는 우선 그가 고려의 과거 제도에 대해 갖고 있던 불신이 한 몫을 한 것 같다. 충선왕은 사림원, 예문춘추관 등을 통해 전선(銓選, 문·무 관료 인사) 개혁에 상당한 공을 들이면서도, 관료 선발의 첫 관문에 해당하는 과거 제도 보다는 천거(薦擧) 제도나 음서(蔭敍) 제도 등을 적극 정비하였다. 세가(世家)의 자제들만이 주로 등용되던 당시의 세태에 문제를 느끼고, 향촌에 퇴거해 있는 '재능 있고 덕 있는[茂才碩德]', 그리고 '효성스럽고 청렴하며 바른[孝廉方正]' 선비들을 지방관들더러 천거하게 한 조치 등이 그를 잘 보여준다.[167] 그는 아울러 고려의 과거 제도가 그간 양산해 온 특수한 인간 관계로서의 이른바 '좌주(座主) - 문생(門生) 관계'에도 매우 비판적이었던 것으로 보인다. 과거 시험관인 좌주와

167 『고려사』 권75, 지29 선거3, 전주(銓注) 천거지제(薦擧之制)

합격생인 문생 간에 형성된 인맥(人脈)은 고려시대 정계 인사들이 서로 독점적이고도 배타적인 이해관계를 쌓는 기반이 되었는데, 오늘날의 관점에서 볼 때 그리 바람직해 보이지 않는다. 충선왕이 1315년 지공거(知貢擧)라는 명칭을 금지하고 대신 고시관(考試官)이라 부르게 한 것 역시,[168] 그가 과거제를 기반으로 한 기성의 인적 관계를 새로운 인재 확보의 장애물로 간주했을 가능성을 보여준다.[169]

다시 말해 충선왕은 고려의 과거 제도가 적정한 '고려 관료 충원 통로'로서의 효용을 상실했다는 판단 아래, 다른 제도로써 그를 대체하고 대신 과거제 자체는 다른 용도(원제국 제과의 하위 장치)로 쓰려 한 것으로 보

....

168 『고려사』 권74, 지28 선거2, 과목 시관(試官). '고시관'이라는 용어는 『원사』에는 등장하지 않지만, 『원전장』 권31, 예부(禮部) 4, 학교(學校) 1, 유학(儒學), 「과거정식조목(科擧程式條目)」에 "선고시관(選考試官: '고시관의 선정')"이라는 항목이 등장한다. 이 기록을 통해 고려 종래의 지공거(知貢擧) 제도를 고시관 제도로 대체했던 충선왕의 의도가 원제국 제과와 고려 과거제도 간의 연동성 강화에 있었을 가능성을 한 번 더 확인할 수 있다. [한편 『고려사』의 선거지 기사 자체에는 이 '지공거→고시관' 조치를 충선왕이 주도했음이 명기돼 있지는 않지만, 바로 전 해인 1314년 충선왕의 조력으로 원제국 과거가 시작되었고 고려인들의 응시 열기도 고조되었으며, 충숙왕 초기의 정책·조치 중 상당수는 충선왕의 의지에 따라 난행된 것이었음을 고려할 때, 그 다음 해인 1315년의 이 조치 역시 충선왕이 주도한 것으로 간주하는 것이 적절하리라 생각된다. 같은 해 단행된, 기존 예부시의 응거시 변환 조치도 앞서 살펴본 바와 같이 충선왕("瀋王")이 단행했음을 감안하면 더욱 그렇다.]

169 고시관 제도는 1330년에나 원래의 지공거 제도로 회귀했는데, 그 '복구'를 전하는 기사에 '오랜 국속(國俗)'으로서의 좌주 - 문생 관계'가 자세히 기술돼 있다. 특히 "국속(國俗)에 시험을 관장하는 자를 학사(學士)라 이르고 문생(門生)은 이를 칭하여 은문(恩門)이라 하였으며, 문생과 좌주(座主)의 예(禮)가 심히 중했다."는 대목은 [『고려사』 권74, 지28 선거2, 과목 시관, 충숙왕17년(1330), "復稱知貢擧·同知貢擧, 國俗, 掌試者謂之學士, 門生稱之則曰恩門, 門生座主之禮, 甚重…"] 애초 고시관 제도가 기존의 좌주 - 문생 관계를 견제·개혁하려는 차원에서 도입된 것이었을 가능성을 강하게 시사한다.

인다. 그러한 새 용도의 이면에는 과연 어떤 의도가 있었을까? 더 많은 고려인들로 하여금 자유로이 제국 과거에 응시하고 제국에서 관료 생활도 하게 하려 한 것이 아닌가 한다.

고려의 과거 제도는 고려 관료들의 정체성을 구축하는 첫 번째 단계이자, 관료로서의 그들의 행동 범위를 규정하는 궁극의 제도였다. 고려인들이 고려 정부의 관료가 되기 위해 응시했던 시험으로서, 그에 합격하고 정부에 등용되면 고려 관료로서의 관력(官歷)이 개시되는 것이었다. 게다가 고려에서는 과거를 관장하던 지공거(知貢擧)라는 감독관과 그 시험에서 합격한 자 사이에 특수한 인간 관계마저 형성되었다. 이런 관계들은 해당 관료의 정부 내 인간 관계에까지 영향을 미쳤고, 학파(學派)나 정파(政派) 등의 2차적 인간 관계를 형성하는 발판으로도 기능했다.

그런 점에서 고려의 과거 제도는 고려 관료의 행동 반경을 처음부터 끝까지 규정하는 제도이자, 냉소적으로 보자면 그들의 활동 범위를 제약하고 구속하는 장치였던 셈이다. 당시 고려인들의 제국 내 활동을 늘려나가고자 했던, 그리고 그들이 중국 현지에서 진정한 '제국인'으로 거듭나기를 희망했을 충선왕으로서는 고려의 과거 제도야말로 고려인들의 중국으로의 진출을 막는 마지막 남은 굴레였던 셈이다. 이에 고려의 기존 과거 제도를 뒤엎고, 제국과 한반도의 과거제도를 연동시켜 고려 - 중국 간에 새로운 인재 흐름의 통로를 엶으로써, 고려 관료들의 실력 및 활동 공간이 이전에 비해 확장, 만개(滿開)할 새로운 환경을 조성하고자 했던 것이라 생각된다.

이러한 그의 문제의식을 '적절했다'거나, 반대로 '잘못됐다'는 식으로 어느 한 쪽으로 평가하기는 어려울 듯하다. 세계인을 육성하려 했던 그의 의도 역시 개방성의 차원에서는 칭찬해 줄 만하다. 그러나 중국으로 가는 유능한 인재들이 많아지면 많아질수록 고려에 남을 인재들이 적어지는 것도 사실이었다. 글로벌 인재 육성은 필요한 일이었지만, 인재의 해외 진출을 과도하게 조장하는 것은 고려의 내정(內政)에는 손해일 수 있었다.

무엇보다도 급작스럽고도 과격한 과거제 개편의 와중에, 그와 연동돼 있던 고려의 또 다른 전통 제도들이 함께 폐지된 것이 가장 큰 문제였다. 교육(敎育) 제도와 관련된 과거제의 전통적 장치들이 새 체제에서는 불필요짐에 따라 형해화되고 급기야 폐지되는 과정에서, 정부의 공교육(公敎育) 장려 정책까지 무력화된 것이다.

인재 선발 시험이었던 고려 왕조의 과거 제도는 당연히 관학(官學) 등 정부가 운영하는 교육 제도와 함께 운영되고 있었다. 국자감시(國子監試)와 고예시(考藝試)가 그를 잘 보여준다.

고려시대의 국자감시는 덕종대에 시작됐으며,[170] 흔히 국자감 입학시험으로 간주된다. 부(賦)와 육운시(六韻詩) 및 십운시(十韻詩)로 시험을 치르게 하는 등 시부(詩賦), 사장(詞章) 위주로 운용된 시험이었다.[171] 이후 세 가지 중 6운시와 10운시만을 시험 보게 하거나 부와 10운시만을 보게 하는 등의 변화는 있었으나,[172] 기본적으로 시·부 위주의 시험 경향은 유지되었다.[173] 국자감시는 후기에 접어들어 고종대, 원종대, 충렬왕대에도

170 『고려사』 권74, 지28 선거2, 과목2 국자시지액(國子試之額), "凡國子試之額, 無定制, 德宗初年, 命右拾遺廉顯, 取鄭功志等六十人."

171 『고려사』 권74, 지28 선거2, 과목2 국자감시(國子監試), "國子監試, 進士試, 德宗始置, 試以賦及六韻十韻詩, 厥後, 或稱成均試, 或稱南省試…"

172 『고려사』 권74, 지28 선거2, 과목2 국자감시, 문종25년(1071), "只試六韻十韻詩."; 의종2년(1148), "試以賦及十韻詩."

173 고종대 이후에는 시·부에 명경이 추가되기도 하는 변화를 보이는데, 이는 경학(經學) 중시 경향이 점진적으로 강화된 결과로 보인다[『고려사』 권74, 지28 선거2, 과목2 국자시지액, 고종원년(1214) 4월, "左諫議大夫朴玄圭, 取詩賦尹得之等二十五人, 十韻詩張貂等六十二人, 明經十人."; 2년(1215) 4월, "大司成任永, 取金文老等八十六人, 明經六人."]. 이런 경향은 원종대 이후에도 보인다[원

꾸준히 시행되었다.

그런데 기록을 보면, 또 다른 종류의 국자감시도 당시 함께 존재했던 것 같다. 국자감 입학시험으로서의 국자감시 외에, 국자감생의 '과거시험 응시 자격'을 묻는 [국자]감시(監試)도 있었던 것으로 보이기 때문이다.[174] 이른바 '사학(私學)'에 다니고 있던 생도들은 누리지 못했을 기회라는 점에서, 관학생들만이 누리던 특전이었다고 할 만하다. 아울러 우수 학생들의 관학 입학을 독려할 수 있는 제도였다는 점에서, 고려의 과거제와 교육제도가 서로 연동되어 있었음을 보여주는 대표적인 사례라 할 수 있다.

고예시도 비슷한 경우이다. 고예시는 예부시 응시 전 치르는 일종의 예비시험으로서, 이에 응시하여 좋은 점수를 얻으면 예부시의 3개 장(場), 즉 초장·중장·종장 중 일부 단계를 건너뛰고 다음 단계로 곧장 갈 수 있는 '직부(直赴)'의 특전을 준다는 방침 아래 운영된 시험이었기 때문이다. 일찍이 12세기 초인 예종대에 고려 정부가 북송(北宋) 태학(太學) 제도의 상사제(上舍制)를 도입한 후 상사생(上舍生) 선발을 위해 행예시(行藝試), 월시계고(月試季考), 월서계고(月書季考) 등의 제도를 도입한 것이 고려의 고예시로 정착했고,[175] 고예시가 학생들의 면학 정진에 일종의 인센티브로

종원년(1260) 5월, "許澄, 取詩賦吳漢卿等八十人, 十韻詩金得鈞等二十五人, 明經一人."]. 그러나 명경으로 뽑은 합격자의 수는 시·부, 10운시 등으로 뽑은 합격자 수에 비해 극히 적어, 시부·사장 위주의 시험 성격은 여전히 유지되었음을 엿볼 수 있다.

174 유호석, 1990「고려시대의 국자감시에 대한 재검토」『역사학보』 103

175 이와 관련해서는 이중효, 2009「고려시대 국자감의 기능 강화와 사학(私學)의 침체」『역사학연구』 36; 신천식, 1983『고려교육제도사연구』 형설출판사; 박찬수, 2001『고려시대 교육제도사연구』 경인문화사; 정수아, 1999『고려중기 개혁정치와 북송(北宋) 신법(新法)의 수용』서강대학교 박사학위논문 등의 연구 참조.

작동할 수 있게 한 제도적 장치로서의 '직부(直赴)' 원칙은 인종대(재위 1122~1147)에 들어가 정형화되었다. 그런 점에서 고예시 또한 위의 국자 감시와 비슷하게 관학생들에게 또 하나의 특혜를 제공하는 장치였으며, 국학(관학)을 진흥시키는 효과가 상당했을 것으로 생각된다.

고려 전·중기 이래 사학(私學)의 성행으로 종종 위기에 빠지곤 했던 관학을 지원하고 육성하기 위해 운영된 격이었던 이 두 제도는, 충렬왕대까지 여러 부침을 겪으면서도 유지되었다. 그런데 충선왕이 예부시를 응거시로 전환하면서, 동시에 이 두 시험을 돌연 폐지하였다. 국자감시의 폐지를 전하는 기사에 이어,[176] '근래 상국(上國, 원제국)에 응거(應擧)할 수재(秀才)들을 선발하는 와중에 고예시(考藝試)가 폐지되었다'는 1320년 7월 충숙왕의 언급을 통해 고예시의 폐지도 확인할 수 있다.[177] 두 제도가 폐지되면서 고려의 관학은 우수 학생을 유치하는 데 큰 어려움을 겪게 되었을 것으로 생각된다. 관학에 다닐 주요한 동기가 사라지면서, 과거 제도를 뒷받침해야 할 배후 제도로서의 국가 교육 제도가 큰 타격을 입은 셈이었다.

충선왕은 왜 이 두 제도를 과감히 청산했던 것일까? 당시 원제국의 과거는 사장(詞章)보다는 명경(明經), 책문(策問) 등을 중시했던 것으로 보이는 바,[178] 제과에 응시할 학생들은 그에 주력해야 했을 것이며 따라서 충선왕으로서도 그간 시부(詩賦)를 주된 응시과목으로 삼아 온 국자감시를 유지할 필요가 적어졌다고 판단했을 수 있다. 아울러 제국 과거에 응시하고 무엇보다도 합격을 하는 것이 고려 과거제 운영의 궁극적 목표가 된 상황에서, 초 - 중 - 종장 중 일부 단계의 응시에 혜택을 주기 위해 치러져 온 고예시 등 고려 전통 과거 제도의 부속 장치 유지에도 충선왕은 별

176 『고려사』 권74, 지28 선거2, 과목2 국자감시, "忠宣王廢之."
177 『고려사』 권73, 지27 선거1, 과목1, 충숙왕7년(1320) 7월 (원문은 뒤에 소개)
178 『원사』 권81, 지31 선거1, 과목1

관심이 없었을 것 같다. 그 결과 충선왕이 각기 덕종대와 예종대 이래 존재해 온 두 제도를 '제국 과거에 응시할 인재의 확보와 훈련에 별 효용이 없다'는 생각에서 폐기처분했던 것이 아닌가 한다. 폐지 시 발생할 부작용을 생각하지 못한 채 일을 서두른 결과 국학생 유치에 장애를 초래하고 관학 또한 크게 위축시킨 것은 섣부른 행정이었다고밖에 할 수 없을 것이다.

다행히 그의 아들 충숙왕이, 충선왕이 폐지한 교육 관련 과거제 부속 제도들을 복구하고, 고려의 과거 제도도 이전의 모습으로 되돌리게 된다.[179] 그는 먼저 국자감시를 복구하고, 몇 년 뒤 고예시와 직부 관행을 복구하였다. 충숙왕이 이런 작업에 적극 나선 이면에는 교육에 대한 그의 깊은 관심이 있었던 것으로 보인다. 원제국에서 회시(會試) 개최와 관련한 조서가 온 당일(1314년 1월 병오일), 충숙왕 본인도 고려 내부에 교서를 내려 '백성을 교화하고 아름다운 풍속을 낳는(化民成俗)' 근원으로서의 "학교(學校)"의 역할을 강조한 것에서 그를 엿볼 수 있다.[180]

충숙왕은 우선, 과거 응시생들을 정부 차원에서 교육시키는 체계의 회복에 먼저 나섰다. 재위 3년만인 1317년, 일찍이 충선왕의 웅거시 도입으로 사라진 국자감시를 부활시킨 것이다.

....

179 이 절의 서술은 이강한, 2010 「고려 충숙왕대 과거제(科擧制) 정비의 내용과 의미」『대동문화연구』 71을 기반으로 하였다.

180 『고려사』 권34, 세가34 충숙왕원년(1314) 1월 병오, "元以行科擧遣使頒詔. 教曰, '化民成俗必由學校. 邇來成均館不勤教誨, 諸生皆棄其業. 至於朔望之奠, 二丁之祭, 辭以他故而不與焉, 有乖先王之典. 其令祭酒每行奠謁務崇修潔, 諸生不與者徵白金一斤, 以充養賢庫.'" 한편 충숙왕대 고려 정부가 교육 문제에 적극적인 관심을 갖고 있었을 가능성은 고려 말기 향교(鄕校) 기록 중 다수가 충숙왕대를 배경으로 등장한다는 점에서도 확인할 수 있다. 영주, 단성 등의 향교는 충선왕대를 배경으로 하고 있지만, 강릉, 경산, 제주(提州), 양양, 김해향교 등 다수의 경우는 충숙왕대 연간을 배경으로 하고 있다(박찬수, 1983 「고려시대의 향교」『한국사연구』 42 참조).

그런데 충숙왕이 그를 추진하는 과정에서 고려의 관학 뿐만 아니라 사학(私學)에도 관심을 가졌음이 주목된다. 사학 역시 (그 정체성에도 불구하고) 정부 차원의 지원을 필요로 하고 있었음에 착목했던 것이다. 1317년 국자감시를 원래의 모습 그대로 복원하지 않고, '구재삭시(九齋朔試)'라는 시험을 출범시켜 자매 격의 국자감시와 격회(隔回)로 운영한 것에서 그를 엿볼 수 있다.

> "1317년 [국자감시를] 구재삭시(九齋朔試)로 대신하고, 1320년에는 거자시(擧子試)라 칭하였다."[181]

구재삭시와 거자시 모두 『고려사』 선거지(選擧志)의 국자감시 관련 기록에 등장하므로, 두 시험 모두 국자감시에 해당하거나 그에 준하는 시험이었음은 확실하다. 그런데 왜 상기한 바와 같은 방식과 이름으로 시행됐을까?

우선 1317년 처음으로 시행된 구재삭시를 살펴보자.[182] '구재(九齋)'는 주지하듯이 고려 전기 문종대 최충(崔沖)이 세웠던 대표적 사학(私學)인 문헌공도(文憲公徒) 속의 아홉 교실을 이르는 별칭이었다. 아울러 최충의 문헌공도에다 문헌공도의 뒤를 따라 개설된 11개 사학을 합친 명칭이 "12

....

181 『고려사』 권74, 지28 선거2, 과목2 국자감시, 충숙왕4년(1317), "以九齋朔試, 代之."; 7년(1320), "稱擧子試." 이 기사를 '구재삭시의 이름을 거자시로 바꾸었다'고 해석하기 쉬운데, 기사의 목적어격인 '국자감시'를 감안하면, '1317년에는 (국자감시의 한 유형으로 우선) 구재삭시를 시행'하고, '1320년에는 (국자감시의 또 다른 유형으로서의) 거자시를 시행'한 것으로 해석할 필요가 있다. 그 이유는 뒤에 서술토록 한다.

182 『고려사절요』 권24, 충숙왕4년(1317) 8월, "設九齋朔試, 時監試廢已久, 始以朔試代之."

도(徒)"였던 것도 잘 알려진 사실이다. 최충의 문헌공도는 당시 존재하던 사학 12도 중 가장 성행했고, 이에 문헌공도 내 '9재'라는 용어가 '12도'라는 용어와 함께 사학을 대변하는 보편 명사로 정착하였다.

한편 '삭시(朔試)'는 삭일에 보는 시험, 즉 월시(月試) 또는 '정기 시험'의 의미를 지니는 용어였다. 최충이 장유(長幼) 간의 질서를 강조하며 사학 내에서 유지하게 했던 시부회(詩賦會),[183] 또는 하과(夏課)·도회(都會) 등의 '회동'과 '시험'을 가리킨다.

'구재'와 '삭시' 두 개념이 모두 사학(私學)과 관련된 것이니, 구재삭시는 당연히 사학 생도들을 위한 시험이었다고 할 수 있다. 기존의 국자감시가 국자감생의 예부시 응시 자격을 가늠하는 시험, 즉 관학생들을 위한 시험으로 운영됐다면, 충숙왕은 그에 준하는 시험으로 사학 생도들을 위한 구재삭시를 시행했던 것이다. 충선왕이 없앤 국자감시를 복구하면서도, 사학생도의 예부시 응시자격을 묻는 시험을 먼저 치른 것이 이채롭다. 관학과 사학 지원이 동시에 필요했던 당시의 상황을 고려의 교육 제도 운영에 반영하려 한 것으로 여겨진다.[184]

물론 정부 차원의 사학 지원책이 이 때가 처음이었던 것은 아니다. 고려 중기 고예시 정책 등으로 인해 상대적으로 불리한 여건에 놓인 사학 생도들이 스승과의 의리를 지키지 않고 예부시 응시에 도움이 되는 곳을 찾아 12도 내에서 이리저리 옮겨 다니는 폐단이 발생하자, 그를 해결하기

....

183 권오영, 1998 「최충의 구재와 유학사상」 『사학지』 31

184 이러한 추세를 '사학의 관학화'로 간주하는 관점이 있고, 국자감의 기능이 강화되면서 사학이 점차 국자감에 포섭되어 간 결과로 보기도 하지만, 필자는 관·사학의 동반 성장, 정부의 포괄적인 관·사학 육성 노력 등에 좀 더 주목해 보았다. 이러한 관점은 필자가 새로이 제기하는 것이 아니며, 본 절에서 인용한 여러 연구가 이미 선창한 것임을 일러둔다.

위해 사학 생도들에게 국자감생들이 받던 혜택에 준하는 혜택을 제공한 것이 바로 '사학도회'의 시행이었으며, 인종이 1139년 국자감으로 하여금 '사학도생'들의 도회를 주관케 한 것이 그 시작이었기 때문이다.[185] 인종대의 이 전통은 이후 고종대와 충렬왕대로도 이어졌는데,[186] 충숙왕 또한 인종대의 정책을 되살린 것이라 하겠다.

결국 충숙왕은 구재삭시 시행을 통해 국학생들이 보통 고예시를 통해 받던 특혜에 상응하는 혜택을 사학생도들에게도 제공함으로써,[187] 사학의 진흥을 도모한 것으로 생각된다. 40여년 뒤인 1357년, 한림원에서 "하과(夏課)가 끝나면 여러 학생들의 능부(能否)를 살피는 것이 종래의 전통"이라면서 그 복구를 요청하자 공민왕이 바로 다음 해(1358) '12도(徒) 삭시'

....

185 이와 관련해서는 이중효, 1991 「고려 인종대 국자감 운영을 둘러싼 정치세력들의 입장」 『진단학보』 92; 2009 「고려시대 국자감의 기능 강화와 사학(私學)의 침체」 『역사학연구』 36 등 참조. 이중효는 종래 사학생도들이 과거 응시를 전후해 자체적으로 열던 정기 모임으로서의 사학도회를 고려 정부가 국자감더러 주관케 한 사실과 관련하여, 그것이 사학생도들에게는 일종의 압박이 되기도 했겠지만 동시에 관학이 사학생도들에게 기회를 제공한 측면 또한 있음을 지적하였다. 인종이 사학도회를 통해 학생들의 습업(習業) 결과를 '평가'하고자 한 것도, 행예시를 통해 국자감생에게 부여되던 혜택에 준하는 혜택을 사학 출신 학생들에게도 제공하려는 발상에서 비롯됐을 가능성이 있다는 것이다.

186 고종은 1244년 강화도 갑주진 내 연미정에서 9재의 생도들을 모아 놓고 하과를 실시해 55인을 선발한 바 있었다[『신증동국여지승람(新增東國輿地勝覽)』 권12, 강화부(江華府) 누정조(樓亭條)]. 충렬왕 역시 1285년 귀산사에 행차하여 '구재(九齋)의 하과(夏課)'를 보고 학생들을 격려했으며[『고려사』 권30, 세가30 충렬왕11년(1285) 6월 을축], 1305년에는 경덕재생에게 급제를 하사하는 등 정부의 학생 관리 체계를 사학 생도들로 연장하려는 노력을 계속하였다[권32, 세가32 충렬왕31년(1305) 5월 기유].

187 박용운, 1990 「고려시대 과거의 고시와 체계에 대한 검토」 『고려시대 음서제와 과거제연구』 일지사; 이중효, 위논문 『역사학연구』 36

를 실시한 것에서도,[188] 충숙왕대의 구재삭시가 지녔던 사학진흥책으로서의 성격을 다시 한 번 확인할 수 있다.

그런데 충숙왕이 이처럼 사학 진흥을 위한 구재삭시를 시행하는 한편으로, 이전의 국자감시는 정작 복구되지 못했던 것일까? 충숙왕4년(1317) 기록을 보면 일단 그 해에는 국자감시가 치러지지 않았다. 자칫 충숙왕이 사학 진흥에만 노력했다고 볼 여지도 없지 않다.

다행히 그렇지는 않았던 것으로 보인다. 이와 관련해서는 1317년 이래 치러진 네 차례 시험들의 면모를 함께 살필 필요가 있다.

충렬왕4년(1317)의 구재삭시 시행 기사(박효수 주관, 김현구 등 선발)에는 시험과목과 합격자 수가 명시돼 있지 않다.[189] 반면 3년 뒤 동왕7년(1320) 8월에 치러진 시험('거자시'라 표현된)의 결과는 다른 방식으로 기술돼 있다. 허부(許富)의 주관 아래 치러졌으며, 응시생들이 고부(古賦) 및 10운시 등 전형적인 국자감시 응시과목에 응시한 것으로 기록돼 있다.[190] 합격자(取)의 수도 80여명으로 기록돼 국자감시 결과에 대한 『고려사』의 통상적 기술 형태와 동일한 모습을 보인다. 이런 기록으로 볼 때, 1317년에는 구재삭시를 치르고, 그 다음인 1320년에는 고려 정부가 종래 운영해온 전통적 국자감시를 치른 것으로 추정된다.

그리고 같은 모습이 충숙왕13년(1326)과 17년(1330)에도 반복된다. 13

....

188 『고려사』 권74, 지28 선거2, 학교(學校) 사학(私學), 공민왕6년(1357) 7월, "翰林院言, '前者, 夏課之終, 必使知制誥, 爲試員, 以考諸生能否, 近來廢不行, 請復之.'"; 7년(1358) 6월, "十二徒, 朔試." 이중효가 위 연구에서 이미 6년의 하과(도회)와 7년의 12도 삭시를 연계된 것으로 본 바 있다.

189 『고려사』 권74, 지28 선거2, 과목2 국자시지액, 충숙왕4년(1317), "朴孝修掌九齋朔試, 取金玄具等." 『고려사절요』에 따르면 8월에 시행되었다.

190 『고려사』 권74, 지28 선거2, 과목2 국자시지액, 충숙왕7년(1320) 8월, "右代言許富, 取古賦鄭乙輔·十韻詩裴仲輔等八十餘人."

년(1326)의 경우 '아무개 등을 취했다'고만 기록이 돼 있을 뿐 시험과목 및 합격자에 대한 언급이 없다.[191] 반면 충숙왕이 충혜왕에게 양위한 직후인 17년(1330) 기사의 경우 합격자 수가 99명이나 된다.[192] 13년 기사는 4년(1317) 기사와, 17년 기사는 7년(1320) 기사와 동일한 구조를 보이는 것이다. 13년(1326년)에는 구재삭시를, 17년(1330)에는 전통 국자감시를 치른 것이다.[193]

결국 위 기사에 등장하는 '거자시(擧子試)'가 바로 전통 국자감시를 가리키는 이름이었던 셈이다. 1330년의 다른 기록에도 "율시사운(律詩四韻) 100수를 짓고 소학(小學) 및 오성자운(五聲字韻)에 능통한 '거자(擧子)'들에게만 과거 응시를 허용했다"고 적고 있다.[194] 전통적 국자감시의 응시자가 당시 '거자'로 지칭되었음을 전해주는 기록으로, 거자시가 전통 국자감시의 또 다른 이름이 되었음을 보여준다.

이로 볼 때, 충숙왕대에는 2가지 종류의 시험, 즉 구재삭시(1317년,

....

191 『고려사』 권74, 지28 선거2, 과목2 국자시지액, 충숙왕13년(1326, 월 미상), "辛藏, 取李達中等." 몇월에 치러진 시험인지에 대한 명시가 (세가에) 없다는 점에서도 1317년과 1326년 기록이 서로 닮아 있다. (1326년의 경우 『고려사 절요』에 1년치 기록이 통째로 결손돼 있어, 1317년의 경우와는 달리 개최 월의 확인이 불가능하다.).

192 『고려사』 권74, 지28 선거2, 과목2 국자시지액, 충숙왕17년(1330) 9월, "代言尹之賢, 取孫光嗣等九十九人."

193 충숙왕4년(1317)과 충숙왕13년(1326년) 시험(구재삭시)의 경우, 정부가 그 시행을 지원했으되 운영 자체는 사학에서 담당했던 결과 세부 내용이 정부 측 기록에 남지 않았고, 『고려사』에도 수록되지 못한 것으로 추측된다.

194 『고려사』 권73, 지27 선거1, 과목1, 충숙왕17년(1330) 12월, "始令擧子, 誦律詩四韻一百首, 通小學五聲字韻, 乃許赴試." 과목1에 실린 기사들은 대부분 '예부시'에 대한 것이지만, 이 기사의 경우 부시(赴試)하려는 조정 '거자'들에게 제시한 '응시 조건'을 담고 있어, 예부시가 아닌 그 전단계의 시험, 즉 국자감시에 관련된 기사로 해석해 보았다.

1326년)와 ['거자시'라는 이름의] 국자감시(1320년, 1330년)가 번갈아 시행되었을 가능성이 높다고 하겠다. 충숙왕이 사학 생도를 대상으로 하는 구재삭시만 부활시킨 것이 아니라 관학생을 대상으로 한 국자감시도 부활시켜, 두 시험을 공히 국자감의 관할 아래 배치한 뒤 각기 2차례 이상 시행한 셈이라 하겠다.[195] 두 종류의 시험을 교차 시행함으로써 관학과 사학을 모두 지원하려 했던 것이다.

이렇게 교육 제도를 손본 충숙왕은, 두 번째 조치로 고려 과거 제도의 전통 부속 장치들을 복구하게 된다. 응거시 합격자들이 원제국 제과에 응시하러 갔다가 탈락하는 경우가 빈발하고, 이에 기존 관료들이 대신 원제과에 응시하곤 하는 상황이 반복되는 등 충선왕이 도입한 응거시가 그본연의 목적인 제국 과거 응시자 선발 기능조차 제대로 수행하지 못하게 되자,[196] 충숙왕이 그 수술에 나선 것이다.

....

195 한편 거자시라는 용례가 다른 자료에서는 이미 1317년부터 발견되고 있어 ["충숙왕4년 이곡이 '거자과(擧子科)'에 합격하였다(박용운, 위논문).")], '관학생을 위한' 거자시가 1320년에 비로소 시행된 것이 아니라, '사학생도를 위한' 구재삭시가 시행되었던 1317년 이미 구재삭시와 동반으로 시행됐을 가능성도 배제할 수 없는 상황이다. 향후 추가 검토를 요한다.

196 1315년 충선왕의 측근 박인간(朴仁幹)이 급제를 하사받고 연이어 원에 가 제과에 응했다가 탈락했고, 1317년 홍의손(洪義孫) 등이 급제를 받았지만 3개월 뒤 원 제과에 응시하러 간 것은 예문검열 안진(安震)이었으며, 1320년 최용갑(崔龍甲) 등이 급제했음에도 1달 뒤 원 제과 응시차 파견된 것은 안축(安軸), 최해(崔瀣), 이연종(李衍宗) 등이었다. 응거시 급제자가 제과에 탈락하고, 급기야 응거시 급제자 대신 기존 관료들이 원 제과에 응시하던 당시 상황은, 결국 응거시 급제가 원 제과 응시에 필요한 실력을 보장하지 못하고 있다는 판단이 내려졌기 때문으로 보인다[『고려사』 권34, 세가34 충숙왕2년(1315) 1월 신유; 권74, 지28 선거2, 과목2 제과, 충숙왕2년(1315) 1월, "遣朴仁幹等三人, 應擧, 皆不第."; 권34, 세가34 충숙왕4년(1317) 9월 경오; 12월 무술; 권35, 세가35 충숙왕7년(1320) 9월 계미; 10월 정사].

1320년 7월 교서에서, 충숙왕은 드디어 고예시의 부활을 예고하게 된다.

"근래 상국[제국](의 제과)에 응시[應擧]할 수재(秀才)를 선발하는 과정에서 고예시(考藝試)를 폐지하여 성균(成均) 7관(官) 학생들이 모두 초장(初場)부터 시험을 치니 고제(古制)에 부합하지 않는다. 구제(舊制)에 따라 모두 고예시(考藝試)를 치게[赴] 하고, 그 분수(分數)를 정하여 [충족하거든] 중장(中場)에 직부(直赴)케 하라."[197]

주목되는 것은, 충숙왕이 표방한 "중장(中場) 직부" 방침이다. 이전 인종대에는 '중장 및 종장(終場)에의 직부'가, 그리고 의종대에는 '종장 직부'가 규정되었던 것과 달리,[198] 충숙왕대에는 '종장 직부'도 아닌 '중장 직부'만 규정되었기 때문이다.

직부 제도의 경우, 중장 또는 종장으로 직행하는 과정에서 면제받는 단계(초장, 또는 초장과 중장)의 시험 과목이 오히려 당시 중시된 과목이 무엇이었는지를 보여주는 바가 있다.[199] 그리고 당시 고려 과거의 초장이

....

197 『고려사』 권73, 지27 선거1, 과목1, 충숙왕7년(1320) 7월, "教曰, '近以選上國 應擧秀才, 而廢考藝試, 成均七館諸生, 皆赴初場, 未合古制. 其令依舊皆赴考藝 試, 定其分數, 直赴中場.'"

198 인종은 1136년 국학제생을 '행예(行藝)'로 평가한 후 성적이 14분 이상인 자는 제3장(종장)에 바로 응시케 하고, 13분 이하 4분 이상의 성적을 보인 응시자들은 시부장(문맥상 '중장')에 직접 응시케 하였다. 한편 의종은 1154년 국학생을 '6행(六行)'으로 평가하여 '14분 이상자의 종장 직부'를 허락하였다 [『고려사』 권74, 지28 선거2, 학교 관학(官學), 인종(仁宗) 13년(1135), "判, 國 學諸生, 四季私試, 通考分數, 直赴科場, 大寒大熱, 兩朔免試."; 권73, 지27 선거 1, 과목1, 인종14년(1136), "中書門下奏, '國學諸生, 行藝分數, 十四分以上, 直 赴第三場, 十三分以下, 四分以上, 赴詩·賦場."; 의종8년(1154) 5월, "更定: 初場 迭試論策, 中場試經義, 終場試詩賦. 又國學生考以六行, 積十四分以上者, 許直 赴終場, 不拘其額, 仍除三場連卷法."].

'논·책(論策)'이었을 가능성이 높음을 감안하면,[200] 충숙왕대의 군신(君臣)들이 중시한 것은 결국 '논·책 교육'이었던 것으로 보인다.[201] '논·책'이 대체로 당시의 세태나 현안의 해결 방식 등을 주로 묻곤 했던 시험이었음을 고려하면, 충숙왕은 학생들의 시무(時務) 의식을 진작하는 것이 필요하다는 인식 아래 논·책 학습을 강화하려 하고 있었고, 그런 취지에서 종장 직부가 아닌 중장 직부를 지시한 것이라 짐작된다.

아울러 당시 제국의 과거에서도 논책이 중시되고 있었던 사실이 새삼 눈길을 끈다.[202] 이는 충숙왕이 학생들의 논책 학습을 독려하고자 했을 또

....

199 직부 제도는 말 그대로 수험생들에게 특정의 과목에 직행할 수 있는 절차상의 혜택을 제공한 시험이다. 외견상 직행 대상이 되었던 과목, 예컨대 중장 또는 종장에 배치된 과목을 좀 더 중시하고, 반면 건너뛴 과목은 상대적으로 경시(輕視)하는 제도로 비치는 바도 없지 않다. 그러나 필자가 보기에 직부 제도는 그와 정반대되는 맥락을 내포한 제도였던 것 같다. 조정에서 중시하는 특정의 과목을 초장 또는 중장에 배치하되, 그 과목에 대한 사전시험을 치러 좋은 점수를 받을 경우 해당 과목을 시험 당일에는 면제받게 배려함으로써, 역으로 그에 대한 '사전' 학습, '평소' 학습을 유도·강화하는 취지를 담고 있었을 가능성이 높아 보이기 때문이다. 그런 점에서 필자는 고려 정부가 '직부'의 운용을 통해 특정 과목(면제되는 과목)에 대한 학습을 '유도'하였을 가능성을 제시해 보았다(이강한, 위논문 참조).

200 고려시대 과거 시험의 과목 및 순서는 매우 자주 바뀌었던 편이지만, 논책 시험의 경우 의종8년 '논(論)과 책(策)이 초장(初場)에 배치되었다'는 기사가 등장한 이래 그것이 바뀌었다는 기사가 발견되지 않아, 여기서는 일단 논책 과목의 초장 배치 관행이 12세기 중엽 이래 14세기 초까지 이어졌을 가능성을 염두에 두어 보았다.

201 중장 직부 원칙 부활 한 달 전이었던 1320년 6월 이제현 등이 '책문을 통한 합격생 선발' 원칙을 천명한 것도 그럴 가능성을 뒷받침한다[『고려사』 권73, 지 27 선거1, 과목1, 충숙왕7년(1320) 6월, "李齊賢·朴孝修典擧, 革詩·賦, 用策問."].

202 원제국의 제과(制科) 제도를 보면, 몽골인, 색목인, 한인, 남인 등 종족을 막론하고 각 종족을 위한 향시(鄕試)에 '책문(策問)'이 항상 종장에 배치돼 있었음이 눈길을 끈다. 고려와 달리 직부 제도가 없었던 원제국의 과거에서는 최종

다른 이유였을 수 있다. 예비 고려 관료로서의 관학생들의 예부시 준비를 독려하기 위해 고예시를 부활시켰던 충숙왕은 일차적으로는 그들의 현실 감각 제고를 위해 논책 학습을 강조했지만, 한편으로는 그들이 외국의 과거 시험에서도 좋은 결과를 획득할 여지 또한 확보하려 한 것이라 생각된다. 그가 부친 충선왕의 과거제 개변이 야기한 부작용들을 제거하고 고려의 전통 교육·과거 제도를 되살리면서도, '학생들의 제국 과거 응시 준비'도 지원하는 등 국제적 시각은 견지했음에 놀라게 된다.

이상의 검토를 통해, 충숙왕이 충선왕의 응거시 도입 및 국자감시·고예시 폐지를 철회하고, 고려의 과거제와 교육 제도를 회복했음을 살펴보았다. 1317년을 시작으로 종래의 사학도회와 국자감시를 각각 '구재삭시'와 '거자시'로 개편해 부활시킴으로써 사학과 관학 학생들 모두를 지원했고, 1320년 고예시를 부활시켜 관학을 추가로 강화하는 동시에 중장 직부 방침을 통해 논책 학습도 독려함으로써 고려에서의 관료 생활은 물론 제국의 과거에도 대비케 했던 것이다. 충선왕의 과격한 전통 부정(국자감시·고예시 폐지 등 극단적인 과거제 개변[203])을 원점화시키고 그가 폐지한 고려 과거제 내의 여러 핵심 전통들을 부활시키는 한편으로, 그에 그치지 않고 '동반자 관계'에 있던 관학과 사학을 함께 활성화시키는 동시

....

단계(종장)에 배치된 '책문'이 가장 중요하게 인식되는 과목이었을 것이라 간주해도 무방할 것이다. 게다가 고려의 하과·도회 등 사학생용 시험에 해당하는 것으로 판단되는 '원제국 사시(私試)'의 경우에도, 책문의 중요성이 가장 크게 간주되고 있었음이 확인된다[『원사』 권81, 지31 선거(選擧) 1, 학교(學校)].

203 전통 구제에 대한 애정이 강했던 충선왕마저도 과거제 정비 과정에서 이런 모습(전통을 폐기하는 모습)을 보인 것이야말로, 당시인들이 전통과 외부 문물을 대하는 관점이 사안별로 다양했으며, 같은 사람이 '이 분야에서는 구제 보호'를, '저 분야에서는 구제 폐기'를 추구할 수도 있었음을 보여준다. 오늘날 우리도 예외가 아님을 상기하면, 이는 무척이나 자연스러운 모습이라 하겠다.

에 원 제과 응시자들을 위한 교육도 강화하고자 한 셈이다. 고려의 전통 구제를 그저 맹목적으로 복구한 것이 아니라, 시의(時宜)를 반영하여 이전의 제도를 더욱 발전적인 모습으로 복원한 것이라 하겠다.

2. 충숙왕대 기자(箕子) 추숭의 재개: 한반도 문화상징의 호출과 강화

예상치 못한 충선왕의 양위로 일찍 즉위하게 된 1313년 여름, 충숙왕은 여전히 부왕 충선왕의 강력한 영향 아래에 있었다. 충선왕은 당시 고려 왕위와 심왕위(瀋王位)를 동시에 보유하고 있었고, 그에 대한 요양 홍씨 일가의 정치적 공격이 극심해 어느 한쪽을 포기하는 것을 고려하던 차였다. 고민 끝에 양쪽을 다 포기하되 하나는 아들 충숙왕에게, 하나는 조카 심왕(瀋王) 왕고(王暠)에게 주기로 결심했던 것인데, 그러면서도 내심 자신은 중국을 무대로 막후에서 두 사람 모두에 강력한 영향력을 행사하며, 한반도와 원제국 양쪽에서 위상을 유지하려 했던 것 같다. 충선왕의 의도가 그랬던 만큼 충숙왕은 즉위 후에도 고려의 내정을 주도하기 어려운 상황에 놓여 있었다.

그러다가 충선왕이 원제국에서 정치적 위세를 잃어가던 1310년대 말에나 충숙왕은 자신의 정책을 펼칠 수 있게 되었고, 충선왕이 1320년대초 티벳으로 유배를 떠난 뒤에는 정치적 홀로서기를 할 수 있게 되었다. 그런데 안타깝게도 또 다른 사고가 터지고 말았다. 1320년대 초 제국에 입조(入朝)하러 들어갔다가, 충선왕 측근들의 농간으로 원제국의 수도 다이두[大都]에 억류돼 5년여간 귀국을 하지 못하게 되었던 것이다. 모처럼 마련된 국정 주도의 기회를 제대로 펼쳐 보기도 전에 말이다.

이러한 억류는 일찍이 다른 고려 국왕들은 겪어 보지 못한 악재였다.

충선왕의 경우 30여년 넘게 중국에 머물렀지만 어디까지나 자의에 따라 체류한 것이었고, 다이두뿐 아니라 강남(江南) 등지도 자유롭게 주유(周遊)하였다. 반면 심왕(瀋王) 옹립 세력의 음해 및 이른바 '입성(立省, 정동행성을 대체할 새 행성의 건립)' 지지론자들의 공격을 받아 다이두에 발이 묶인 충숙왕은 사실상 죄수의 처지였다. 게다가 고려를 떠나 있는 기간이 길어질수록 왕의 정국 장악력은 훼손될 수밖에 없었고, 자신의 중국 체류를 위해 물자를 고려에서 중국으로 운송시키는 것이 다시금 심왕의 정치 공세에 빌미를 제공하는 등 여러 부수적 문제들이 엎친 데 덮친 격으로 그를 괴롭히고 있었다. 난감함과 억울함을 갑절로 느낄 수밖에 없는 상황이었다.

다만 한편으로, 이 억류가 새옹지마(塞翁之馬) 격의 결과를 낳은 측면도 없지 않다. 이 기간 동안 충숙왕이 원제국의 각종 정책들을 지근 거리에서 목도하며, 고려의 내정, 특히 '문화와 풍속에 대한 개혁'의 복안을 짤 수 있었기 때문이다.

1325년 5월, 충숙왕은 마침내 4~5년에 걸친 장기간의 억류에서 벗어나 고려로 귀환하였다.[204] 그리곤 정적(政敵)들의 공세에도 불구하고 국정의 면모를 일신하고자 하였다. 5달 뒤인 10월 반포한 장문의 교서도 그한 일환이었다. 여러 다양한 내용을 담은 교서였지만, 가장 주목되는 것은 다음의 문구이다.

"습속을 바꾸고 풍조를 옮긴다면 (국정이) 더욱 새로워지는 변화가 열릴 것이다."[205]

......

204 충숙왕의 귀국시점에 대한 『고려사』의 기록에 오류가 있다. 5월에 돌아왔다는 기록(권35, 세가35) 앞에 '왕이 연등회 참석을 위해 봉은사에 행차했다(2월 갑오)'는 기사가 나오기 때문이다.

"습속을 바꾸고 풍조를 옮긴다"는 〈역속이풍(易俗移風)〉은, 쉽게 풀어 보자면 풍속을 조정하고 바꾼다는 의미이다. 어찌 보면 어떤 왕이든 추구 하기 마련인 의제, 누구든 어렵지 않게 입에 담을 수 있는 얘기로 들리기 도 한다. 그러나 실제 고려에서 이를 언급한 국왕은 손에 꼽힐 정도이다. 이른바 화풍(華風)의 도입에 적극적이었던 성종(成宗, 재위 981~997)이 이 러한 역속(易俗)과 이풍(移風)에 힘쓴 것으로 이제현이 묘사한 바 있고,[206] 송(宋)의 '신법(新法)' 및 예악(禮樂) 도입을 적극 추진했던 예종이 그러한 표현을 썼을 따름이었다.[207]

충숙왕 이전에 이 개념을 화두로 삼은 두 국왕이 공교롭게도 외국 제 도의 도입 및 그를 기반으로 한 국정 혁신에 관심이 많았던 왕들이었음이 흥미롭다. 〈역속이풍〉을 단순한 풍속 교정이 아닌, '외국의 새로운 풍속으 로 내부의 기존 문화를 바꾸는' 맥락을 내포한 특정의 문화 개혁(풍속 개 화) 지향으로 보게 하는 정황이라 하겠다. 돌이켜 보면 이러한 지향의 전 형을 선보였던 충선왕이 정작 의아하게도 이 개념은 입에 담은 바 없었음 이 이채롭다. 반면 충선왕과 여러 모로 갈등이 심했던 충숙왕이 이렇듯 전향적인 외국 제도 참고 노력을 공식화한 점이 눈길을 끈다.

....

205 『고려사』 권35, 세가35 충숙왕12년(1325) 10월 을미, "易俗移風, 庶啓維新之化."

206 『고려사』 권3, 세가3 성종(成宗) 4년(997), "李齊賢贊曰, '每下手扎詞旨懇惻而 以移風易俗爲務.'"

207 『고려사』 권14, 세가14 예종(睿宗) 13년(1118) 8월 무오, "不惟傳子以及孫, 勸 勉一方, 期致移風而易俗, 以玆薄效, 永苔殊私." [예종이 후대 왕들에게 '전(傳)' 하겠다고 한 것은 송 황제의 조서] 아울러 송에서 고려에 대성악을 하사할 당 시, 송 황제가 '풍속을 바꾸는 데에는 음악만 한 것이 없음'을 강조하기도 하 였다[권70, 지24 악2, 아악(雅樂) 유사섭사등가헌가(有司攝事登歌軒架), "古之 諸侯, 敎尊德盛, 賞之以樂, 肆頒軒, 以作爾祉, 夫移風易俗, 莫若於此…"]. 한편 태조 왕건도 이런 표현을 쓴 바 있지만, 왕조 개창 당시의 일성이었고 성종·예 종과는 다른 상황에서 나온 언급이어서 여기서는 따로 살피지 않았다.

이렇듯 충숙왕은 1325년의 교서를 통해 "고려 풍속의 개변·개화"에 나설 것임을 천명하는 동시에, 그러한 개혁을 위해 "외국의 체례와 제도"를 참조·채용할 방침임을 암시한 셈이었다. 그렇다면 당시 충숙왕은 고려의 풍속을 어떻게 수정·보완하려 했고, 그를 위해 외국의 어떤 제도를 어떤 방식으로 수용하고자 했던 것일까?

위 교서에서 그가 언급한 개혁 현안은 매우 많지만, 대개 고려의 내정에 관련된 부분으로서 딱히 외국의 유사 사례나 전례(前例)를 해법으로 동원할 필요까지는 없어 보이는 경우가 대부분이다. 아울러 많은 조항들이 당시의 사회경제적 문제들에 관련된 것으로서, 해법에 대한 언급도 그런 부분들에 많이 할애돼 있다. '문화'와 직결된 내용은 실로 찾아보기 어려운데, 제사(祭祀)와 능묘(陵墓) 정비, 공자(孔子)와 그의 제자들에 대한 현창, 최치원(崔致遠)과 설총(薛聰)에 대한 추모 등이 언급됐지만 대부분 과거 국왕의 교서들에도 반복적으로 등장하던 내용이다.

그런데 이전에는 거의 언급되지 않다가, 충숙왕의 교서에서 매우 오랜만에 등장하는 부분이 눈길을 끈다. '기자(箕子)를 위한 제사'에 대한 언급이 그것이다.

> "기자(箕子)가 본국(本國: 고려)에 처음 책봉된[始封] 이후 비로소 예악(禮樂)과 교화(教化)가 행해지게 되었으니, 마땅히 평양부(平壤府)로 하여금 사당을 세워 제사를 올리게 하라."[208]

단군이 한민족의 시초로서 충렬왕대를 전후하여 각종 사서(史書)에 부

----

[208] 『고려사』 권35, 세가35 충숙왕12년(1325) 10월 을미, "箕子始封本國, 禮樂教化自此而行. 宜令平壤府立祠以祭." 이 조치는 다른 기록에도 등장한다[권63, 지17 예5, 길례소사(吉禮小祀) 잡사(雜祀), 충숙왕12년(1325) 10월, "令平壤府, 立箕子祠以祭."].

각되기 시작했다면,[209] 한반도의 문명(文明)을 열었다고 흔히 얘기되는 기자(箕子)가 충숙왕대에 접어들어 돌연 (다시금) 현창의 대상으로 거론된 것이다. 왜였을까? 우선 고려에서의 기자 추숭의 역사를 잠시 살펴보자.[210]

기자는 주지하다시피 일찍이 주(周) 문왕(文王)에게 책봉되어 한반도에 왔던 인물로서, 민족의 효시인 단군(檀君)과는 또 달리 한반도에 중국의 선진(先進) 문물을 전파한 선각자적 인물로 널리 알려져 있다. 그런 기자를 고려인들은 이미 왕조 전기 이래 인지하고 있었는데, 문종대 고려 정부가 요나라 동경(東京) 지역의 유수(留守)에게 서한을 보내 '고려는 기자(箕子)의 나라를 승습(承襲)하여 압록강으로 경계선을 삼았다'고 한 것에서 그를 엿볼 수 있다.[211] 다만 이를 제외하고는 별다른 언급이 발견되지 않다가, 고려 후기에 이르러 기자에 대한 인식이 다시금 되살아난 것으로 보인다. 〈제왕운기(帝王韻紀)〉 등에 기자의 사적이 명시된 것이 그런 사례다.[212]

한편 왕의 외교적 수사(修辭)나 문인의 역사 기록을 넘어, 정부 차원에서 공식적으로 기자를 추숭(追崇)하는 작업은 숙종대(재위 1095~1105)에 비로소 시작되었다. 1102년 10월 예부(禮部)에서 '고려의 교화(敎化)와 예의(禮義)는 기자(箕子)로부터 시작되었음에도 정작 사전(祀典)에는 등재되지 못했으니, 그 무덤[墳塋]을 찾아 사당[祠]을 세우고 제사를 지낼 것'을

---

209 당시인들의 단군에 대한 주목과 관련한 연구로는 이익주, 2003 「고려후기 단군신화 기록의 시대적 배경」『문명연지』 4-2; 최봉준, 2016 「이승휴의 단군 중심의 역사관과 다원문화론」『한국사상사학』 52 참조.

210 아래의 서술은 이강한, 2010 「1325년 기자사(箕子祠) 제사 재개의 배경 및 의미」『한국문화』 50에 기반하였다.

211 『고려사』 권7, 세가7 문종9년(1055) 7월 정사

212 변동명, 1990 「이승휴의 제왕운기 찬술과 그 사서로서의 성격」『진단학보』 70. 한편 고려시대 기자에 대한 인식을 고려 초부터 말기까지 살핀 연구로는 조원진, 2015 「고려시대의 기자 인식」『한국사학사학보』 32 참조.

건의하자, 숙종이 그를 따른 것이다.²¹³ 예악 정비가 왕성하던 고려 중기에 접어들어, 한반도 문명의 상징이었던 기자의 존재가 새삼 관심의 대상이 된 결과가 아닌가 한다.

다만 '기자사 제사'에 대한 정부의 관심은 이 기사를 끝으로 일단 끊어진다. 기자를 받드는 제사도 이후 한동안 기록에 등장하지 않아 제사 자체가 계속되지 못하고 중단된 것으로 보인다. 그런 상황에서 충숙왕이 1325년 기자사 제사를 오랜만에 재개했던 것이다.

그렇다면 충숙왕은 과연 어떤 생각으로 갑자기 그를 재개했던 것일까?

여러 정황을 감안하면, 〈역속이풍〉의 '목적'과 '수단'은 어느 정도 짐작되는 바가 있다. 일단 그 궁극의 목적은 '고려 풍속의 개화'였을 테고, '기자사 제사'가 거론된 만큼 그를 위한 수단으로는 '국가 제사[王朝 祭祀]의 정비'가 선택된 것으로 보인다. 그리고 국가 제사의 기능 중 하나가 '과거(過去)에 대한 현창'이었음을 감안하면, 충숙왕은 '국가 제사를 통한 풍속 개화'의 각론으로 '기자 제사의 활성화'를 선택, 고려의 과거(過去)를 현창하려 한 것이라 할 수 있다.

기자의 어떤 면모가 과연 고려의 과거 현창에 도움이 되는 것이었을까? 이를 확인하기 위해서는, '문물의 전수자'라는 점 외에 정확히 기자의

....

213 『고려사』 권63, 지17 예5, 길례소사 잡사, 숙종(肅宗) 7년(1102) 10월 임자, "禮部奏, '我國敎化禮義, 自箕子始, 而不載祀典, 乞求其墳塋, 立祠以祭.' 從之." 한편 이 '기자사(箕子祠)'는 『고려사』 세가 1366년 12월 기록에는 '기자묘(箕子廟),' 지리지(地理志)에는 '기자묘(箕子墓)'로 언급됐으며, 그 위치는 평양부성(平壤府城)의 북쪽에 소재한 토산(兎山) 위였던 것으로 보인다[권58, 지12 지리(地理) 3, 북계(北界) - 서경유수관(西京留守官) 평양부(平壤府)]. "기자가 고조선에 봉해지자 서경 백성들이 예양(禮讓)을 배워 '존군친상(尊君親上)'의 의(義, 의리)를 알았다"는 당시의 평가에서도 엿볼 수 있듯이, 기자묘와 서경[西京, 평양] 사이의 연고는 깊었다[권71, 지25 악(樂) 2, 속악(俗樂) 서경(西京)].

어떤 면모가 고려의 그런 노력에 도움이 됐을지를 구체적으로 살필 필요가 있다. 다행히 앞서 언급한 충숙왕의 행보가 중요한 단서가 된다. 〈역속이풍〉이라는 것이 단순한 문화 개혁이 아니라 '외국의 문물을 활용한 문화 개혁'이었으므로 충숙왕이 고려의 〈역속이풍〉에 참고한 '외국의 선진 체례'가 있었을 것인데,[214] 바로 그것이 당시 고려인들이 바라본 '기자의 효용'을 역으로 알려주는 바가 있기 때문이다.

충숙왕이 당시 참고했던 '외국의 선진 체례'는 과연 무엇이었을까? 그와 관련하여, 당시 원제국에서 전개되고 있던 사전(祀典) 정비 노력을 참조해 볼 수 있다.[215]

당시 원제국은 예제(禮制) 정비의 한 일환으로 고제·삼황(古帝三皇) 및 선성(宣聖: 공자)에 대한 추숭을 강화하고 있었다. 성종대와 무종대에도 이런 노력은 존재했지만, 인종(仁宗, 1311~1320)의 재위 기간에 이런 노력이 더욱 강화되어 그 아들 영종(英宗, 재위 1321~1323) 시대로도 이어졌다. 그런데 충숙왕이 제국 수도에 억류되었던 기간(1321~1325)이 인종의 재위기간 직후이자 영종의 시대와 일부 중첩된다. 따라서 충숙왕도 이 시기 원제국에서 진행된 전례 정비의 추이를 바로 옆에서 지켜보았을 것으

....

214 이미 원 황제 인종이 1314년 과거(科擧) 제도를 출범시킬 당시 "진유(眞儒)를 얻어 '풍이속역(風移俗易)'할 것"임을 천명한 바 있다[『원사』 권81, 지31 선거 1, 과목, "於戲, 經明行修, 庶得眞儒之用; 風移俗易, 益臻至治之隆. 咨爾多方, 體予至意."]. 충숙왕의 '역속이풍(易俗移風)'도 인종의 '풍이속역(風移俗易)'에서 당연히 영향을 받았을 것이며, 그 영향의 내용은 후술하도록 한다.

215 '기자에 대한 추숭'은 앞서 숙종대 그것이 처음 시작될 당시에도 '외국 체제의 수용' 문제와 무관하지 않았던 의제로 보인다. 숙종대 예부에서 기자 제사를 건의할 당시 그 핵심 건의자 중 하나였던 정문(鄭文)이 송나라의 문물과 의전을 받아들이는 데에도 상당한 노력을 기울였던 인물임에서 그를 확인할 수 있다[『고려사』 권95, 열전8 정문(鄭文), "嘗扈駕西京, 請立箕子祠, 奉使入宋, 所賜金帛, 分與從者, 餘悉買書籍以歸."].

로 생각된다.

원 황제 인종의 제사[祀典] 제도 정비는 여러 각도에서 진행됐지만,[216] 다음의 두 분야에서도 전개되었다. 공자(孔子)의 사당인 선성묘(宣聖廟)에 대한 제사의 정비와, 중국의 고삼황(古三皇)에 대한 제사의 정비가 그것이었다.

먼저 전자를 살펴보도록 하자. 중앙과 지방의 선성묘 제사 정비는 사실 이미 제국 초기에 시작된 바 있다. 대도(大都)의 선성묘는 칭기스칸 생전에 연경(燕京)에 설치됐고, 세조10년(1273) 춘추 석전(釋奠)의 규범이 정해졌다.[217] 이후 성종이 수도의 선성묘를 건립[중건 추정]하기로 하여 10여년 이후 낙성했으며,[218] 선성묘의 악장도 확정하였다.[219] 지방 선성묘에 대한 정비 역시 세조 쿠빌라이의 즉위 초기 시작됐고, 다음 황제 성종이 지방 묘학(廟學)을 정비하였다.[220] 이후 즉위한 무종은 선성묘에 호를 더하

....

216 예컨대 어용(御容) 제사의 봄·가을 2번 개최 원칙을 확립하고, 등가악(登歌樂)을 사용해 삼헌례(三獻禮)를 올리도록 했으며[『원사』 권75, 지26 제사(祭祀) 4, 신어전(神御殿), 지대4년(1311); 인종(仁宗) 연우(延祐) 4년(1317)], 풍우뇌사(風雨雷師) 등 중요한 제사 대상에 대한 제례를 정비하였다[권76, 지27/상(上) 제사5, 풍우뇌사(風雨雷師), 인종 연우5년(1318), "乃卽二郊定立壇壝之制, 其儀注闕."].

217 『원사』 권76, 지27/상 제사5, 선성(宣聖), "宣聖廟, 太祖始置于燕京. 至元10年(1273) 3月, 中書省命春秋釋奠, 執事官各公服如其品, 陪位諸儒襴帶唐巾行禮."

218 『원사』 권76, 지27/상 제사5, 선성, "成宗始命建宣聖廟于京師. 大德10年(1306) 秋, 廟成."

219 『원사』 권67, 지18 예악1, 서언, "成宗大德間, 製郊廟曲舞, 復撰宣聖廟樂章."; 권68, 지19 예악2, 제악시말, (대덕)10년(1306), "命江浙行省製造宣聖廟樂器, 以宋舊樂工施德仲審較應律, 運至京師. 秋8月, 用于廟祀宣聖. 先令翰林新譔樂章, 命樂工翕之. 降送神曰凝安之曲, 初獻, 盥洗, 升殿, 降殿, 望瘞皆同安之曲, 奠幣曰明安之曲, 奉俎曰豐安之曲, 酌獻曰成安之曲, 亞終獻曰文安之曲, 徹豆曰娛安之曲. 蓋舊曲也, 新樂章不果用."

고 공자의 51대손으로 하여금 공자에 대한 제사를 대신케 했으며('代祠之
禮'), 곡부선성묘에서 연주할 등가악(曲阜宣聖廟登歌樂)도 마련하였다.[221]

인종은 이러한 선황제들의 노력을 이어받으면서도 더욱 적극적인 모
습을 보였다. 그의 유학 중시 성향은 행성(行省) 유학제거사(儒學提擧司)의
증설에서도 확인되는데,[222] 그런 면모에 걸맞게 인종은 공자묘에 종사, 배
향할 인물들까지 구체적으로 지정함으로써 유교의 발전을 상징하는 인물
들을 집중적으로 선창하기 시작했다.[223] 또 각로(各路) 선성묘에 아악(雅樂)
을 설치하고,[224] 공자의 후손에게 공자 제사를 위임한 무종대의 방침을 철

....

220 『원사』 권76, 지27/상 제사5, 군현선성묘(郡縣宣聖廟), 중통(中統) 2년(1261) 6
    월; 성종 즉위년(1294)

221 『원사』 권76, 지27/상 제사5, 선성, 지대원년(1308) 7월, "詔加號先聖曰大成至
    聖文宣王."; "闕里之廟, 始自太宗九年, 令先聖五十一代孫襲封衍聖公元措修之,
    官給其費. 而代祠之禮, 則始於武宗. 牲用太牢, 禮物別給白金一百五十兩, 綵幣表
    裏各十有三匹."; 권68, 지19 예악2, 제악시말

222 세조 쿠빌라이 시대의 유학제거사는 중국 강남과 고려 등지에만 설치돼 있었
    는데, 인종은 요양행성, 사천행성, 감숙행성 등지에 유학제거사들을 차례로
    증설하였다[『원사』 권14, 본기14 세조 지원24년(1287) 윤2월 신미, "江南各道
    儒學提擧司"; 권15, 본기15 세조 지원26년(1289) 9월 기묘, "高麗國儒學提擧
    司"; 권24, 본기24 인종 황경2년(1313) 1월 기미, "遼陽行省儒學提擧司"; 7월
    신축, "四川等處儒學提擧司"; 권25, 본기25 인종 연우3년(1316) 5월 경오, "甘
    肅儒學提擧司"].

223 허형(許衡)을 (문묘에) 종사(從祀)케 한 후 주돈이(周敦頤) 이하 다수의 명유
    (名儒), 선유(先儒)들 역시 선성묘에 겸사(謙祀)케 했으며, 선성(先聖)을 위한
    춘추석존(春秋釋奠)에 안자(顔子), 증자(曾子), 자사(子思), 맹자(孟子)를 배향
    (配享)케 하였다[『원사』 권76, 지27/상 제사5, 선성, 황경(皇慶) 2년(1313) 6월,
    "以許衡從祀, 又以先儒周惇頤, 程顥, 程頤, 張載, 邵雍, 司馬光, 朱熹, 張栻, 呂
    祖謙從祀."; 연우3년(1316) 7월, "詔春秋釋奠于先聖, 以顔子, 曾子, 子思, 孟子
    配享. 封孟子父爲邾國公, 母爲邾國宣獻夫人."].

224 『원사』 권68, 지19 예악2, 제악시말, 연우5년(1318), "命各路府宣聖廟置雅樂,

회한 후 다시 정부에서 그를 관리케 하기도 하였다.[225]

한편 후자는 어떠했던가? 몽골인들의 '고제왕(古帝王)' 선양 역시 이미 앞서 시작됐는데, 제국 형성 초기부터 '예악(禮樂)이 흥한 시기'로서 요순(堯舜)의 시대를 중시했음이 그를 잘 보여준다.[226] 세조 쿠빌라이는 요제와 순제에 이어 1264년 우묘(禹廟)도 건립하였고, 1272년 역대 성제(聖帝) 및 명왕(明王)들의 사적이 위치한 지역들로 하여금 제사를 설행케 했으며, 1275년 복희(伏羲), 여왜(女媧), 순(舜), 탕(湯) 등의 묘를 건립해 제사를 시작하는 한편으로, 1287년에는 요제묘(堯帝廟) 제사를 위한 시기 또한 결정하였다.[227] 이후 성종이 1295년 태호복희씨(太皥伏羲氏), 염제신농씨(炎帝神農氏), 헌원황제씨(軒轅黃帝氏)에 대한 군현(郡縣) 제사를 지시하였고,[228] 1296년 '삼황(三皇)' 제사의 비용 문제를 논의하였다.[229] 1299년에는 "〈당회요(唐會要)〉에 기록된 삼황(三皇)의 공적('創物垂範')과 업적('候言藻鑑')을 존숭하고, 그 묘의 모습[廟貌]과 봄, 가을 제사를 백세토록 유지하여 (삼황이) 업('開天建極, 立法作則')을 이룬 의(義)를 기릴 것"임을 천명하였다.[230]

選擇習古樂師敎肄生徒, 以供春秋祭祀."

225 『원사』 권76, 지27/상 제사5, 선성, "闕里之廟…(至大)4年(1311) 冬, 復遣祭酒 劉賡往祀, 牲禮如舊."

226 『원사』 권68, 지19 예악2, 제악시말

227 『원사』 권76, 지27/상 제사5, 고제왕묘(古帝王廟), 지원원년(1264), "龍門禹廟成, 命侍臣持香致敬, 有祝文."; 지원12년(1275) 2월, "立伏羲, 女媧, 舜, 湯等廟于河中解州, 洪洞, 趙城."; 지원15년(1278) 4월, "修會川縣盤古王祠, 祀之."; 지원24년(1287) 윤2월, "敕春秋二仲丙日, 祀帝堯廟.";『원전장』 권30, 예부(禮部) 3 제사(祭祀),「제사전신지(祭祀典神祇)」

228 『원사』 권76, 지27/상 제사5, 군현삼황묘(郡縣三皇廟), 원정(元貞) 원년(1295), "初命郡縣通祀三皇, 如宣聖釋奠禮. 太皥伏羲氏以勾芒氏之神配, 炎帝神農氏以祝融氏之神配, 軒轅黃帝氏以風后氏, 力牧氏之神配."

229 『원전장』 권30, 예부3, 예제(禮制) 3 제사(祭祀),「제사삼황전수(祭祀三皇錢數)」

무종 또한 1309년 삼황의 업적('開天立極, 澤流萬歲')에 대한 숭앙과 철저한 제사 설행을 다시 한 번 강조하였다.[231]

그리고 이후에는 인종이 이전 황제들이 표방한 '초월적 존재로서의 삼황 추숭' 방침을 실천에 옮기기 위한 또다른 후속 조치들을 단행하였다. 삼황묘에 악(樂)을 설치할 것을 도모하고,[232] '삼황, 선성, 사직, 풍우뇌사' 등에 대한 제사 비용을 일제히 증액하였다.[233]

결국 원 황제 인종의 사전(祀典) 정비 정책이 보였던 여러 큰 물줄기들 중 하나가 '공자 제사 및 고삼황 제사'에 대한 정비·강화 노선이었다고 할 수 있겠다. 인종대 제사 정책의 주요 의제가 '유교 문화의 정비' 및 '문물 창달자의 현창'에 있었음을 보여주는 대목이기도 하다.

1321년부터 대도에 억류됐던 충숙왕은, 이전부터 전개돼 오던 원제국 의 사전 정비 정책이 정착하고 실행되는 것을 5년여 체류 기간 내내 남김 없이 목도했을 터이다. 그 과정에서 공자에 대한 추숭, 고황제(古皇帝)들에 대한 현창 노력으로부터 상당한 감명과 영감을 받았을 가능성이 높다. 그 랬던 그가 1325년 귀국 직후 〈역속이풍(易俗移風)〉을 천명하고, 고려 한반 도의 과거(過去) 속 존재에 대한 제사의 정비와 강화에 나선 것을 우연의 일치라 보긴 어렵다. 그의 〈역속이풍〉이 참고한 외국의 선진 체례는 바로 상기한 바와 같은 맥락의 원제국 사전 정비 노력이었던 것이다.

....

230 『원전장』 권30, 예부3, 예제3 제사, 「배향삼황체례(配享三皇體例)」

231 『원전장』 권30, 예부3, 예제3 제사, 「삼황배향(三皇配享)」

232 『원사』 권68, 지19 예악2, 제악시말, 연우6년(1319) 8月, "議置三皇廟樂, 不果行."

233 『원전장』 권30, 예부3, 예제3 제사, 「첨제사전(添祭祀錢)」. 성종대의 「제사삼 황전수(祭祀三皇錢數)」와는 또 달리, 이 조항에는 삼황, 선성, 사직, 풍우뇌사 등 제사 대상별 춘추 제사에 투입되는 비용을 얼마씩 증액할 것인지에 대한 방침이 구체적으로 담겨 있다. 이러한 내용의 법령이 반포된 것은 원제국 정 부로서는 인종대가 처음이자 유일했던 것으로 보인다.

다만 인종대의 "공자 및 고삼황 현창"으로 요약되는 사전 정비 및 풍속 교화 노력에 영감을 받아 고려에서도 유사한 시도(풍속의 개화)를 하려 했던 충숙왕이, 왜 하필 기자를 선택했던 것일까? 기자에 대한 추숭과 현창이 고려의 풍속 변화에 어떤 점에서 기여할 것이라 기대했던 것인지 궁금한 일이 아닐 수 없다. 그런데 기자의 역사적 면모를 살펴보면 그(기자)가 크게 두 가지 측면에서, 예컨대 '유교 문화의 진흥' 및 '우수한 한반도 문물 부각'이라는 두 측면을 통해 고려 풍속의 정비라는 목적에 기능할 수 있었을 것 같다. 그러고 보니 기자가 지닌 정체성의 두 축이기도 했던 그런 면모들이, 유교의 상징 공자, 그리고 중국 문명의 상징 고삼황의 그것과 묘하게 겹치는 바가 있다.

우선 '유교 문화의 전수자'로서의 기자의 이미지를 살펴보자.

일찍이 김부식(金富軾, 1075~1151)이 『삼국사기』에서 "기자는 현토·낙랑의 조선 땅에 봉해진 이후… 인현(仁賢)의 교화를 이루었으며, 그 때문에 공자가 와서 살고 싶다는 말을 할 정도였다."고 기술한 것에서도 보이듯이, 고려인들은 기자를 '공자마저도 초월하는' 성현으로 인식하고 있었던 것 같다. 충숙왕의 1325년 교서에서도 기자사(箕子祠) 제사 지시 뒤에 '문선왕(文宣王) 및 10철(哲)·70자(子)'에 대한 언급이 따라 나온 것 역시 충숙왕이 기자와 유학[공자]을 연관시켜 생각하고 있었으며 동시에 전자를 우선시했음을 은연중에 드러낸다. 이런 인식은 조선시대로도 이어져 15세기 『동국통감(東國通鑑)』에서 기자를 '은태사(殷太師)'로 호칭하고 '은(殷) 나라의 세 어진 자(三仁事)' 중 하나로 그를 기록한 바 있다.[234] 16세기

....

234 공자는 은(殷)의 '3인(三仁)'으로 미자(微子), 비천(比干), 기자(箕子) 등 세 사람을 일컬은 바 있었으며, 그들을 통해 '어짊으로써 국가에 충성하는 세 가지 방도'를 설명하였다고 전해지는데(박광용, 1980 「기자조선(箕子朝鮮)에 대한 인식의 변천 - 고려부터 한말(韓末)까지의 사서(史書)를 중심으로」『한국사론』

조선인들 역시 기자를 도학(道學) 정치의 핵심인 '왕도 및 명분 의리'를 체득한 인격자이자, 조선에 존재했던 유일하고도 실제적인 삼대지치(三代之治)의 구현자로까지 인식하였다.[235]

위의 사례들은 기자의 이미지가 이미 고려시대에도 '공자와 유교'에 밀접히 연동돼 있었으며, 여말선초에는 기자가 도학적 명분과 의리의 구현자로까지 인식되고 있었음을 보여준다. 당시 기자에 대한 인식이 그러했다면, '기자의 현창'은 그 자체로 고려 내 유교 문화의 진흥 노력에 기여할 여지가 충분했다고 할 것이며,[236] 마침 원제국을 통해 한반도로 성리학이 유입되던 상황에서는 기자를 기릴 필요나 가치가 더욱 컸을 것이라 생각된다. 이에 충숙왕으로서도 그를 염두에 두고 기자를 현창하려 한 것이 아닌가 한다. 원제국에서 인종, 영종대까지 이어지던 공자 추숭 및 선성묘 제사 강화 노력을 지켜 본 충숙왕이, 고려에서도 유사한 방식으로 고려 내 성리학(性理學) 진흥에 나설 필요를 느꼈으며, 그를 위해 기자에 주목하게 됐을 가능성이 있는 것이다.

무엇보다도 충숙왕이, 그런 의도를 실행에 옮김에 있어서는 당시 원제국에서 하던 것과는 방식을 달리하였음에 유의할 필요가 있다. 원제국 정부의 경우 공자를 포함한 일군의 명유(名儒)들을 현창하고 선성묘를 정비하는 방식을 취했지만, 고려 충숙왕은 그런 방식보다는 자국 고려의 역사

....

6), 『동국통감』에서 이러한 정황을 소개, 거론한 것은 명분과 의리 등의 '유교적 원칙'들과 '기자'라는 존재를 연계시키고 있던 당시의 사고를 반영한 것이라 할 수 있다.

235 한영우, 1980 「16세기 사림의 역사서술과 역사인식」 『동양학』 10

236 한편 이명미는 당시 심왕옹립운동, 입성론 등 이전과는 차원을 달리하는 하극상의 상황에서, 충숙왕이 기자(箕子)를 통해 유교적 명분과 의리를 강조함으로써 당대의 정치적 상황을 수습하려 했던 것으로 보기도 했다(2013 「충숙왕대 국왕위(國王位) 관련 논의와 국왕 위상」 『한국중세사연구』 36).

(조선·삼한)에서 유교 문화의 상징으로 추앙할 만한 인물을 발굴해 현창했던 셈이기 때문이다. 공자에 견주어질 정도로 유교적 성현의 이미지를 가졌던 기자를 선택함으로써, 원제국이 했던 방식을 맹목적으로 답습해 고려도 공자 추숭 등에 매진하기보다 한반도(삼한)의 역사 속에서 그에 필적할 만한 인물을 드러내어 현창하는 '변용'을 택한 것이라 하겠다.

한편 기자의 또 다른 이미지, 즉 한반도에 우수한 문물을 전해 준 인물로서의 이미지는 어떤 맥락에서 부각되었던 것일까? 그 단서와 관련하여 다시 한 번 김부식의 『삼국사기』에 주목해 볼 수 있다.

『삼국사기』에는 '기자는 현토·낙랑의 조선 땅에 봉해진 이후 예의(禮義), 전잠(田蠶), 직작(織作)을 가르쳤고, 팔조금법(八條禁法)을 실시해 인현(仁賢)의 교화를 이루었다'는 기술이 나온다. 고려인들이 기자를 (고려를 넘어) '조선', '삼한' 문물의 창시자, 형성자, 최초 전달자 등으로 인식했음을 엿보게 하는 대목이다. 그러한 인식은 고려 후기로도 이어진 것으로 보이는데, 충숙왕이 '예악교화(禮樂敎化)가 기자의 전래 이래 행해졌음'을 언급한 것이나, 1352년 공민왕이 '기자(箕子)가 이 땅에 봉함을 받아 교화예악(敎化禮樂)의 유택(遺澤)이 지금에 이르렀음'을 이유로 아버지 충숙왕을 이어 평양부(平壤府) 기자사우(箕子祠宇)의 수리 및 봉제사를 다시금 지시한 것이 그를 잘 보여준다.[237]

고려말에는 그런 인식이 고려 국왕 뿐 아니라 고려와 중국의 관료들에게서도 관찰된다. 고려 관료 윤소종(尹紹宗)이 '우리 동방은 기자(箕子)가 교화를 펼친 땅이어서 한나라 때에는 인현(仁賢)의 교화가 있었고 당대(唐代)에는 군자의 나라로 일컬어졌다'고 한 점이나,[238] 명 사신 곽영석(郭永

---

237 『고려사』 권38, 세가38 공민왕원년(1352) 2월 병자, "令平壤府, 修營箕子祠宇, 以時致祭."; 권63, 지17 예5, 길례소사 잡사, 공민왕20년(1371) 12월, "命平壤府, 修箕子祠宇, 以時祭之."

錫)이 평양부(平壤府)에 이르러 기자사(箕子廟)에서 시(詩)를 짓기 전 고려의 관료에게 '고려에는 산수의 기이함과 기자(箕子)의 풍이 여전하다는 말을 들었으니, 지도·관제·예악을 보여 달라'고 요청한 점 등에서 그를 엿볼 수 있다.[239] 고려시대의 기자(箕子)는 결국 '문물 전수자,' '문물 창시자'의 이미지를 강하게 지닌 존재였던 것으로, 그러한 '기자를 현창하는' 행위는 한반도 문물 전수·창시의 역사를 환기하는 동시에, 조선·삼한·고려 문화의 우수성을 칭송하는 행위일 수 있었다고 하겠다.

충숙왕은 '창물(創物)·수범(垂範)·개천(開天)·건극(建極)·입법(立法)·작칙(作則)' 등에 공헌했던 중국 고황(古皇)들에 대한 원 황제 인종 시대까지의 추숭 노력을 보며, 이러한 '태초의 존재'들에 대한 현창이 풍속 개화에 유효한 방안임을 절감하게 됐을 것이다. 그러나 그런 노력을 고려 안에서 전개함에 있어 제국이 현창하던 중국의 태고적 존재들을 고려인들에게 들이미는 대신, 조선·삼한의 문물을 창시하여 고려 문화의 원형을 만든 것으로 믿어지던 '한반도 고유의 선현(또는 한반도와 연고가 깊었던 선현)'에 대한 현창이 오히려 더 적절할 것으로 판단한 것이 아닌가 한다. 사실 중국의 고대 황제들이 동북아시아 문화권에서는 중요한 상징들이었지만, 그들을 언설로 칭송·찬양하는 것이 고려 한반도의 풍속 개화에 얼

---

238 『고려사절요』 권28, 공민왕15년(1366) 4월, "史臣尹紹宗曰, '我東方, 箕子所教之地, 在漢有仁賢之化, 在唐爲君子之國.'"

239 『고려사』 권41, 세가41 공민왕15년(1366) 12월 기미, "郭永錫還至平壤府題箕子廟詩曰…"; 권71, 지25 악(樂) 2, 용속악절도(用俗樂節度), 공민왕15년(1366) 12월 갑인, "宰樞享河南王使郭永錫, 奏鄉唐樂, 以請觀我樂也."; 권111, 열전24 임박(林樸), "永錫曰, '嘗聞高麗山水之異, 尙有箕子之風. 願觀地圖禮樂官制.' 樸曰, '欲知我國山.'" 한편 중국측의 이러한 인식이 원제국과 상대하던 고려 후기 관료들에 의해 중국측 인사들에게 전해진 것이라 보는 견해도 있다(정동훈, 2022 「고구려인가 기자인가 - 몽골제국에서 고려 역사상의 경합」『역사와 현실』 125).

마나 기여할 수 있을지는 불확실한 일이었다. 이에 그보다는 원제국에서 현창하던 고삼황의 업적에 '필적할 만한' 성취를 거둔 인물이면서, 동시에 중국 고삼황보다는 고려인들에게 더 친근했을 기자를 현창하는 것이 오히려 자신의 의도 구현에 기여하는 접근법이 될 것으로 충숙왕은 본 것이다. 기자가 원제국에서도 헌원씨(軒轅氏), 고양씨(高陽氏), 하후씨(夏后氏)에 준하는 역할을 한 것으로 평가받고 있던 상황에서는 더욱 그랬을 것이다.[240] 그에 대한 현창을 강화함으로써 조선·삼한 문물의 성숙함을 드러내고, 자국인들의 역사의식이나 전통문화에 대한 자부심 등을 더욱 고취하려 했던 것이다.[241]

....

240 『원사』권50, 지3/상(上) 오행(五行) 1, 서언(序言), "故軒轅氏治五氣, 高陽氏建五官, 夏后氏修六府, 自身而推之於國, 莫不有政焉. 其後箕子因之, 以衍九疇, 其言天人之際備矣." 기자의 업적을 '공자에 선행한' 것으로 적극 평가한 조선시대 이정귀 등의 견해는, 한반도에서의 기자의 업적을 '삼대(三代) 성인(聖人)들이 고대 중국에서 현인 군주로 이룬 업적'과 동일 선상의 것으로 끌어올리는 견인차 역할을 했다는 견해도 있다(이정일, 2009 「조선 후기 기자인식에 나타난 유교 문명과 보편성」, 『한국사학보』 37).

241 게다가 기자가 실제로 은(殷)·주(周) 시대의 중국과 직접적 연고를 가졌던 '동시대인'이기도 했다는 점 역시 충숙왕의 선택을 도왔을 것으로 생각된다. 『삼국사기(三國史記)』 연표의 서문에 따르면 기자가 주 왕실의 책봉을 받은 것이 해동(海東) 국가의 시작이었고, 『삼국유사(三國遺事)』에는 '주호왕(周虎王)이 즉위하여 기자를 조선에 봉하자 단군은 이에 장당경(藏唐京)으로 옮겨갔다'는 기록이 들어 있다[『삼국사기』 연표서문(年表序文); 『삼국유사』 권1, 기이(奇異) 2 고조선(古朝鮮)]. 『고려사』에도 '본국은 요(堯) 임금과 함께(같은 시기에) 나라를 세웠으며, 주무왕(周武王)이 기자를 조선(朝鮮)에 봉하고 서쪽으로 요하(遼河)에 이르기까지 땅을 주어 대대로 강역을 지키게 했다'는 언급이 있다[『고려사』 권114, 열전27 지용수(池龍壽); 권58, 지12 지리3, 북계 서경유수관 평양부, "周武王克商封箕子于朝鮮, 是爲後朝鮮."]. 안정복은 기자가 기원전 1175년에 출생해 기원전 1083년 93세로 사망했으며, 생존 시기나 나이가 주무왕과 비슷한 것으로 보기도 했는데, 그 점에서도 기자는 충숙왕이 선택할 수밖에 없는 존재였다고 하겠다. 이상의 내용과 관련해서는 김문식, 2000 「18

이상에서 살핀 기자의 두 가지 이미지를 고려하면, 기자야말로 충숙왕이 원제국의 사전(祀典) 정비 및 풍속 교화 노력에서 영감을 받아 고려에서도 유사한 시도를 전개함에 있어 일종의 '대체재', 즉 (공자나 고삼황의) 대안으로 삼을 최적의 인물이었다고 하겠다. 중국에서 숭모하던 고삼황과 공자가 각기 표상했던 측면들을 사실상 한 몸에 지녔던 인물이기 때문이다. 행적과 업적으로 볼 때 유교 시조로서의 '공자' 및 중국 문물 개창자로서의 '삼황'에 견주어도 손색이 없었던 존재로서, 공자·삼황에 준하는 인물들을 고려의 과거 역사에서 찾아 현창함으로써 '역속이풍'을 도모하려 하고 있던 충숙왕의 국정 의제를 더할 나위 없이 충족시키는 인물이 바로 기자였다. 이에 충숙왕도 국정 분위기의 일신이 절실하던 상황에서, '한반도 유교 문화의 전수자'이자 '조선·삼한 문물의 창시자'로서의 면모를 지닌 기자의 현창을 적극 추진했던 것이다.[242]

충숙왕이 원제국 사전(祀典) 정책에서 추진했던 격인 '문화상징(공자·삼황) 강화' 노선에 원론적으로는 동의를 하되, 중국의 공자 및 고삼황에 초점을 맞춘 원제국의 정책 '각론'은 수용하지 않고, 대신 한반도의 역사·문화 속 유명 인물인 기자를 선취한 것이 갖는 의미는 작지 않다. 한반도 고유의 문화적 인물을 '역속이풍' 노선의 핵심으로 제시함으로써 정책 효과를 극대화할 수 있었음은 물론,[243] 그런 과정을 거쳐 제도화된 기자의

....

세기 후반 순암(順菴) 안정복(安鼎福)의 기자(箕子) 인식」『한국실학연구』 2 등 참조.

242 최봉준의 경우 이곡(李穀)의 '기자(箕子) 중심 국사관'을 거론하며, 14세기 성리학자들이 기자를 국사(國史)의 시점으로 본 것은 기자가 중국과의 사대관계를 상징함과 동시에 (한반도의) 역사적 독립성 또한 상징했기 때문이라 보았다(2013「이곡(李穀)의 기자(箕子) 중심의 국사관과 고려·원 전장조화론(典章調和論)」『한국중세사연구』 36).

243 중국의 『사기』와 『상서』에서 기자를 은(殷)의 순신(純臣)으로 강조한 것과 달

이미지가 이후 조선시대로도 이어졌기 때문이다. '외국 문물(이 경우 제국의 사전 정비 정책)'에 대한 적극적 수용과 참조가 맹목적 차용이나 모방('공자·고황 추모 방식'을 그대로 수용했다면) 대신 자국 문화의 강조(기자 현창)라는 일종의 '변용(變用)'으로 전개된 결과, 한반도로서는 또하나의 강력한 문화상징을 갖게 되었던 것이다. 고려 후기 원제국과 공존하던 시기 전개된 고려 '국속(國俗)'의 복구가 실로 다양한 배경에서 진행된 결과였음을 다시 한번 상기시키는 장면이기도 하다.

이상의 검토에서, 이 시기에도 고려의 전통 구제는 면면히 이어졌으며, 없어졌던 것들까지도 새록새록 부활하고 있었음을 살펴보았다. 충렬왕대 이래 충선왕대를 거쳐 충숙왕대와 공민왕대에 이르는 한 세기 가까운 긴 시간 동안, 원제국이 도래하기 전 고려가 지녀온 모습들이 여러 분야에서 다양한 배경 아래 속속 복구됐던 것이다. 앞서 1부에서 사회지도층 인사들의 정체성 변화로 인한 고려 - 원 양측 간 경계의 형해화를 살펴보았고,

----

리,『삼국유사』와『제왕운기』등 고려 사서(史書)의 경우 기자의 국적을 분명히 밝히지 않은 점이 주목된다(박광용, 위논문). 기자는 엄밀히 말해 외국에서 온 사람이었지만, 고려시대의 기자 인식에서는 그 국적에 방점을 찍거나, 그를 강조하거나 중시하지는 않았던 셈이다. 이미 고구려 때부터 기자는 단군, 주몽, 해모수 등과 함께 한반도 시조신 중의 하나로 여겨졌고(한영우, 1982「고려 - 조선전기의 기자(箕子) 인식」,『한국문화』3), 김부식도 앞서 언급한 바와 같이 해동국가의 시작을 '기자(箕子)'로 보았으며, 요동 지방이 기자에게 책봉된 이래 조선의 옛 영토로 유지돼 왔다는 의식이 고려말 정착된 것도 그와 무관하지 않다[『태조실록(太祖實錄)』권1, 공민왕 18년 8월조]. 아울러 기자의 책봉으로 백성들이 예의와 의리를 알게 되었음을 칭송하는 악곡 〈서경〉이나 〈대동강〉 등이『고려사』에 〈속악(俗樂)〉으로 분류돼 있다는 점 역시 [『고려사』권71, 지25 악2, 속악 서경; 대동강(大同江)], 한반도 문화의 일부로서의 기자(또는 기자 숭배)의 성격, 또는 그 캐릭터의 '토속성, 토착성'을 잘 보여준다.

2부에서는 반대로 양측 간에 사회·경제·법제적 경계와 격절이 유지된 양상을 살펴봤다면, 이상 3부에서는 그와는 또 다른 양상으로서의 "고려 구제·국속의 재등장"을 여러 사례를 통해 엿본 셈이라 하겠다.

물론 낭만적 견지에서 '원제국의 간섭에도 불구하고 고려의 전통 구제가 보전되었다'는 얘기를 하려는 것은 아니다. 위에서 살펴본 구제 복원 사례들이 제국의 제도를 배격하며 이뤄진 것도 아니었고, 오히려 원제국의 노선이 영감을 준 바도 적지 않았으며, 심지어 원제국의 정책 지향을 따르려다 결과적으로 고려의 전통이 복구된 경우도 있었기 때문이다. 그런 점에서 고려의 구제 복원을 원제국의 압박에도 불구하고 거둬진 성과, 또는 원제국의 간섭에 맞섰던 노력의 결과로 보는 것은 그리 솔직한 일이 아닐 수 있다. 오히려 원제국과의 공존 과정에서 여러 다양한 동기로 진행된 노력들의 산물들이라 보는 것이 적절하리라 생각된다.

고려는 원제국과의 공존 과정에서 필요할 경우 원제국의 지향을 참고하여 고려의 제도를 바꾸었고, 그것이 불필요한 분야에서는 그를 받아들이지 않고 원래의 질서를 유지했으며, 필요하거나 희망할 경우 과거의 전통 및 토착 문물 또한 되살리곤 했을 따름이었다. 이상으로 이 세 가지 양상을 확인했으니, 이어서 마지막으로 한 가지 모습을 더 살펴보고자 한다. 고려가 원의 권위를 '역이용'해 내치와 외교의 필요성을 충족하거나, 외국의 제도를 기존 제도의 '대용'으로 활용했던 양상이 그것이다.

4부
—

힘들면 힘든 대로,
앞에 놓인 재료를 갖고

이상에서 살펴본 바와 같이, 원제국과 공존하며 겪게 된 여러 상황에 고려 역시 다양한 방식으로 대응하였다. 위정자들의 의식구조 전환으로 양국 간 연동성이 강화되면서 한반도와 제국(또는 중국) 간에 존재했던 경계 중 일부는 약해졌지만, 일부 분야에서는 강고한 분리성이 양국 간에 여전히 존재했고 이해관계도 엇갈렸음이 여실히 확인된다. 그런 와중에 고려의 전통 문물까지 복원됐으니, 이 시기 고려의 현실은 실로 다이내믹했다고 할 것이다.

이런 복합적인 상황은 당시 고려인들의 지향이 여러 갈래의 맥락을 내포했음을 보여주며, 그러한 복합성은 결국 '이 시기를 어떻게 보아야 할 것인가'라는 질문으로 우리를 다시금 이끌게 된다. 한반도의 역사에서 비슷한 경우를 찾아보기 어려웠던 특수한 시기인지, 아니면 비상한 경험에 처한 공동체로서 지극히 자연스러운 방식으로 대응했던 시기일 따름인지 자문(自問)케 되는 것이다.

그에 대한 필자의 입장은 물론 '후자'이지만, 그렇다면 '당시 고려인들이 궁극적으로 원했던 것은 무엇일까'라는 새로운 질문이 뇌리를 스칠 수밖에 없다. 당시가 전자에 해당하는 시기였다면 사실 이런 어려운 질문은 불필요하다. 창졸간에 닥쳐온 몽골발 특수 곤경의 조속한 종식을 100년 내내 희망했을 것이라 치부해 버릴 수 있기 때문이다. 그러나 후자로 보이는 시기였던 만큼, 위의 질문에 대한 대답도 좀 더 복잡해진다. 필자 역시 아직 답을 갖고 있지 못하지만, 이 시대가 다른 시대와 그리 다를 바 없는 시대였다면 이 시대 사람들도 결국 다른 시대 사람들과 그리 다르지 않았을 것이라는 짐작은 가능하다. 자신의 삶을 개선하고, 그를 위해 모든 가용 자산을 활용했을 것으로 예상된다.

이에 본서의 마지막 챕터인 4부에서는 그런 부분들을 살피고자 한다. 고려인들이 제국의 지향과 방법론을 참고하거나, 필요할 경우 수세적으로 자신을 지켜내거나, 현재에 도움을 주고자 과거(過去)에 주목한 모습들을 앞서 1·2·3부에서 살펴봤다면, 여기 4부에서는 공세(offense)로 전환한 고려인들의 모습을 살피려 한다. 원제국의 언명과 권위를 고려 나름의 정치적 목표에 '역이용'한 고려인들, 그리고 고려의 전통 제도가 사라졌다면 깔끔히 포기하고 대신 제국의 유사 제도를 '통째로' 가져와 운용했던 고려인들의 모습을 말이다. 고려 왕조가 진정 필요로 하던 개혁을 위해 원제국의 권위와 제도를 적극적, 공격적으로 활용했던 사례들에 대한 검토가 될 것이다.

공교롭게도 원제국의 권위를 활용한 경우가 두 건, 원제국의 제도를 활용한 경우가 두 건 확인된다. 전자로는 정동행성과 만호부 견제를 위해 고려 정부가 원제국 전·현(前·現) 황제들의 지지(支持)와 유훈(遺訓)을 활용한 사례, 그리고 제국의 권위를 일종의 외피(外皮, shield) 삼아 지방 제도의 개선이라는 내정(內政) 목표를 관철한 사례가 발견된다. 한편 후자로는 충선왕과 충혜왕이 나름의 무역정책을 준비하며 중국과 서역의 '직조(織造) 시스템'을 선택적으로 도입한 정황, 그리고 제국 만호부들을 배척했던 공민왕이 몇 년도 안 돼 그를 스스로 재도입한 정황이 관찰된다. 앞서 1~3부를 통해 살펴본 이 시기의 여러 모습들과 비슷하면서도 다른 양상이었는데, 고려인들의 당시 존재상(存在相, existence)이라는 하나의 거대 퍼즐의 마지막 조각으로서 살펴보고자 한다.

1장. 이제는 반전(反轉)이다: 제국의 권위를 활용한 사례들

충선왕은 어린 나이에 제국으로 떠나 오랜 세월을 중국에서 살았고, 복위년간 5년도 한반도 밖에서 보냈으며, 양위 직후에는 신속히 중국으로 돌아갔다. 그럼에도 그는 재위 전, 재위한 동안, 심지어 왕위를 내려놓은 후에도 강도 높은 개혁을 여러 분야에 걸쳐 두루 추진할 수 있었다. 그 원동력은 과연 무엇이었을까?

고려의 전통 제도에 대한 깊은 이해 덕분이었을 수도 있고, 정치적 기획력이나 과단성 때문이었을 수도 있다. 그러나 그 못지않게 중요했던 또 다른 배경은 사실 그의 위상이었다. 어디로 튈지 모르는 고려 최초의 혼혈국왕이자 쿠빌라이의 외손으로, 고려의 관료들에게는 그야말로 생경한 존재가 바로 충선왕이었다고 하겠다. 개혁에 반발하는 관료와 권세가들도 '이 개혁은 원 황제가 승인하고 제국에서도 전개돼 온 개혁'이라는 충선왕의 설득과 강제 앞에서는 매우 무력했을 것으로 생각된다.

충선왕의 여러 개혁들이 이런 연유로 성공을 거두면서, 그를 목도한 고려의 다른 정치 주체들도 원제국의 권위를 활용하거나 그에 편승할 방안들을 강구하게 됐을 것으로 생각된다. 그 전형적인 사례에 해당하는 것이 바로 1340년대 중반 정치도감(整治都監)의 개혁, 그리고 공민왕의 1356년 개혁이다. 14세기 중엽 고려의 정치인들이 원제국을 상대로 나름의 개혁을 시도함에 있어 제국의 현(現) 황제(순제, 順帝)나 과거 황제(쿠빌라이)의 입장과 언명을 활용해 원제국 정부로부터 필요한 양허들을 얻어내고 끌어낸 경우들이었다는 점에서 그러하다. 양국의 역관계(力關係) 상 절대적 우위에 있던 원제국 정부로서는 고려의 부탁이 거슬릴 경우 그를 거부하면 됐겠지만, '이전의 황제'나 '지금의 황제'를 걸고 넘어지는 고려의 전략에는 난감했을 것이다. 결국 그런 딱지가 붙은 고려의 요청들은 대개 원제국 정부에 의해 허락되거나 수용됐으며, 고려 내부의 정치적, 군사적 현실 개선으로 이어지게 되었다.

한편 조금 다른 경우들도 있었다. 상기한 1340~50년대의 두 개혁은 단기적으로 전개된, 그러면서도 그 효과가 매우 폭발적인 개혁이었다. 전·현직 황제들의 언명을 하나의 정치 담론으로까지 끌어올려 거론 효과를 극대화한 결과 고려 - 원제국의 관계가 불가역적으로 바뀐 측면도 없지 않다. 그러나 이런 식의 극단적 방식을 매번 쓸 수는 없는 일이었고, 계속 쓸 경우 극적인 결과도 기대하기 어려웠다. 이에 좀 더 중장기적으로 전개된 노력도 있었으니, 황제나 중서성 등의 최고위 권력보다는 원제국에서의 활동이나 연고로 명망이 높았던 고려인들의 위상이 대신 활용된 경우도 적지 않았음이 흥미롭다. 정치·외교·군사 보다는 내정에 해당하는 사안에서 이런 경우들이 발견되는데, 지방 제도 개선 노력이 좋은 사례다. 국초 이래 기초 단위의 수를 늘리는 데 고심해 왔던 고려 정부는, 마침 이 시기에 접어들어 여러 사회적 명망가들의 '출신지'라는 명목으로 그간 지방관이 없었던 지역에 지방관을 파견하거나 지방관이 있는 지역을 더 높은 단위로 승격시키고 있었다. 그런데 그러한 노력에 일반적 고려 위인 (爲人) 뿐 아니라 원제국과 인연이 깊었던 인물들의 명성도 적극 활용했던 것이다.

앞서 언급한 충선왕의 개혁 역시 원제국의 권위를 활용해 개혁의 성공을 도모한 사례지만, 충선왕의 사례는 고려인(정확히는 고려 - 몽골 혼혈인) 스스로 그런 권위를 자신의 일신(一身)에 보유하고 있었던 어찌 보면 이례적인 사례이다. 그에 비해 정치도감의 관료들이나 공민왕 본인,[1] 그리

---

1 공민왕의 경우도 부왕 충숙왕으로부터 몽골 혈통을 물려받긴 했으나, 모후가 고려인이었던 점이 조부 충선왕과는 달랐다.

고 고려의 지방제도 개선에 노력한(또는 그에 동원된) 일반 고려인들의 경우, 자신에게는 없는 권위를 원제국 내부에서(그것도 황제 등의 최고위 권력에서) 호출해 자신들의 개혁에 활용한 경우였다는 점이 충선왕의 사례와는 사뭇 달랐다고 하겠다.

1. 정치도감의 부상과 정동행성의 몰락: 원제국 황제들의 권위 역이용

앞서 1부에서 살펴본 바 있지만, 정동행성(征東行省)은 고려에는 매우 양면적인 존재였다. 13세기 후반 일본정벌 당시에는 한반도에 큰 고통을 입혔음이 사실이고, 13세기 말 평장정사가 임명되면서 양국 간에 큰 파장이 일기도 했다. 이후에는 또 다른 상황이 전개되었다. 행성의 내부에 좌우사(左右司), 이문소(理問司), 유학제거사(儒學提擧司) 등 여러 부서가 설치되고 제국인·고려인 성관(省官)의 수도 증가하였다. 반면 정동행성 자체의 권위는 오히려 '입성(立省)' 논의로 인해 흔들리기 시작했고, 고려 정부 역시 새 행성을 거부하기 위해 정동행성의 존치를 요청했을 정도였다. 정동행성을 통한 제국의 고려 내정 간섭이 이전보다는 약해졌음을 보여주는 대목들이다.

14세기 중반에 접어들면 그에 또 하나의 상황이 추가로 얹어진다. 정동행성 내 '고려인 성관'들의 비중이 높아졌을 뿐 아니라, 이들이 행성 내에 둥지를 트고 온갖 정치적 악행, 경제적 비위를 범하기 시작했던 것이다. 여러 파벌들이 관찰되지만, 가장 대표적인 것이 바로 기철(奇轍) 세력이었다. 기철 세력은 부정부패를 자행했을 뿐 아니라, 제국이 설치한 정동행성의 관직을 갖고 [사법 및 행정을 담당한] 이문소나 좌우사를 통해 권력을 행사했던 탓에 고려 정부로서도 다루기 쉽지 않은 경우였다. 기철 세력은 심지어 기황후의 후광을 업은 채 고려 왕실을 직접적으로 겨냥하고 있었다.[2] 고려 정부로서는 그를 용납할 수 없었고, 이에 정동행성에 대한 조치를 서둘러야 할 상황이었다.

그러한 노력은 충혜왕의 아들이자 공민왕의 조카였던 충목왕대(忠穆王, 재위 1344~1348)에 시작되었다. 물론 그가 아직 매우 어렸던지라, 이 시기 고려 정부의 노력은 임금보다는 관료들이 주도하였다. 아울러 고려인들의 그런 노력이 시작될 수 있는 중요한 계기를 원제국에서 먼저 제공했음이 눈길을 끈다. 1343년 폐위당하고 원으로 끌려가다가 사망했던 충혜왕의 생전 '폭정'(사실은 과격한 재정 및 무역정책)으로 어지러워진 고려 국내를 수습하라고 원제국의 황제가 고려에 '국가의 정비[정치(整治)]'를 지시했는데, 고려에서 이를 바로 받아 '정치도감(整治都監)'이라는 관청을 출범시키고는 적폐 청산에 나섰던 것이다.

우선 그 시작부터 살펴보도록 하자. 고려의 내정에 대한 원 황제의 '정치' 요구는 다음의 기사에서 확인된다. 1344년 4월 원에서 보내온 조서의 일부이다.

"보타시리(寶塔實里: 충혜왕)가 행한 학정(虐政)을 모두 없애거나 바꾸고[釐革], 산 속으로 도피한 백성들 모두 서둘러 찾아내 안정시키며, 권농(勸農)과 흥학(興學)에도 매진하도록 하라. 마땅히 〈정치(整治)〉해야 할 일들을 모두 '성제(成制)'에 따라 행하고 그대의 백성들로 하여금 생업을 보전케 하며 평안한 즐거움을 함께 하게 되면, 그 어찌 볼

2 기황후의 부친 기자오(奇子敖)의 작호가 기존의 '영안왕(榮安王)'에서 "경왕(敬王)"으로 승격된 것이 대표적인 경우였다[『고려사』 권39, 세가39 공민왕5년 (1356) 5월 무자].

만한[偉] 일이 아니겠는가. 만약 내 명령을 저버린다면[荒弃] 나라에 일정한 법규(常憲)가 있으니 두려워해야 할 것이다."[3]

위 인용문은 충혜왕이 무도·방자했으므로 그를 퇴위시킨 후 충목왕더러 자리를 잇게 했음을 환기한 후, '후속 대책'을 고려에 종용한 대목에 해당한다. 원 황제 순제(順帝)가 고려 관료들에게 '고려의 정치(整治)'를 강하게 요구했던 것이다. 그 '정치'의 맥락은 과연 무엇이었을까?

1330년대 원제국에서는 두 권신(權臣) 엔테무르[엘 테무르, 燕鐵木兒]와 바얀[伯顏]이 서로 날카롭게 대립하였다. 그러다가 엔테무르가 먼저 사망하고 바얀도 순제(順帝)의 즉위 직후 축출됐으며, 이후 바얀의 조카 톡토[脫脫]가 집권하여 1340년대 초 일련의 개혁을 단행하였다. 자연히 1340년대 전반 원제국 정부의 정책 노선에 권신들의 권력 암투를 종식하고 그 식리(殖利)의 유산 또한 해체하려는 맥락이 깃들게 되었는데, 그 불똥이 엉뚱하게 고려로 튀었다. 두 권신과 애증(愛·憎)의 관계에 있던 충혜왕이[4] 과격한 재정정책 및 왕성한 무역노선으로 고려 내에서 잡음을 일으키자,[5]

....

3 『고려사』권37, 세가37 충목왕즉위년(1344) 4월 병술, "…其寶塔實里所行虐政並從蠲革, 人民逃避山林, 亟令有司剋日招撫, 勸農興學, 凡合整治事宜悉遵成制, 俾爾有衆各保生業, 共玆昇平之樂, 豈不偉哉. 其或荒弃朕命, 邦有常憲, 寧不知懼?" 다만 원제국 정부 또는 황제의 이러한 입장("정치" 권유)은 이미 한참 전부터 시작된 것으로 보이는데, '정치(整治)'라는 용례가 충혜왕대 및 충숙왕대에도 등장함에서 그를 엿볼 수 있다. 1343년 말 제국 사신 타적(朶赤) 등이 고용보(高龍普)와 더불어 충혜왕을 체포하면서 고용보에게 '국사(國事)를 정치(整治)하라'고 한 바 있고[권36, 세가36 충혜왕 후4년(1343) 11월 갑신], 그 전에는 원제국 정부에서 충숙왕에게 "[쿠빌라이의] 성훈(聖訓)과 [고려의] 구장(舊章)을 따라 나라를 정치(整治)하라"고 한 적이 있다[권35, 세가35 충숙왕 후4년(1335) 8월 신해].

4 잘 알려진 바와 같이 엔테무르는 충혜왕을 총애하고 성원했던 반면, 바얀은 그를 몹시 혐오하고 견제하였다.

5 이강한, 2009「고려 충혜왕대 무역정책의 내용 및 의미」『한국중세사연구』27

원제국 정부에서 돌연 그를 퇴위시킨 후 당시 제국 정부 내부의 분위기에 따라 고려에도 '정치'를 요구한 것으로 이해된다. 고려 정부도 당연히 원 황제의 당부를 따를 수밖에 없었다.

그렇다면 정치도감의 개혁은 구체적으로 어떻게 전개됐을까? 원제국 황제의 종용으로 시작된 정치도감이 과연 누구를 겨냥했고 어느 분야의 개혁에 나섰는지를 살펴보도록 하자.

'정치도감'은 왕후(王煦), 김영돈(金永旽), 안축(安軸), 김광철(金光轍) 등의 여러 관료 및 정연(鄭珚)을 비롯한 33인의 중하위 관리들로 구성되어 출범하였다. 유교적 소양을 지닌 동시에 공정·합리·개혁적인 성향을 지녔으며, 과거를 통해 입사한 후 대간과 법관 경험을 고루 갖춘 관료들로 구성되었다는 평가를 받는다.[6]

정치도감의 활동 시작 시점에 대해서는 1345년 설과 1347년 설 두 가지가 존재한다. 정치도감의 설치 시점은 『고려사』 세가에 1347년으로 명기됐지만,[7] 같은 책의 병지(兵志)와 형법지(刑法志) 등에는 1345년에 작성되었다는 '정리도감(整理都監) 장(狀)'이라는 문서가 등장하기 때문이다.[8]

....

참조.

6 민현구, 1980 「정치도감(整治都監)의 성격」 『동방학지』 23·24. 정치도감의 설치를 둘러싼 고려 내·외의 여러 정치적 동향과 관련해서는 이정란, 2005 「정치도감 활동에서 드러난 가(家) 속의 개인과 그의 행동방식」 『한국사학보』 21; 신은제, 2009 「14세기 전반 원의 정국동향과 고려의 정치도감」 『한국중세사연구』 26 등 참조.

7 『고려사』 권37, 세가37 충목왕3년(1347) 2월 기축

8 고병익은 '정리도감(整理都監)'과 '정치도감(整治都監)'을 동일한 존재로 간주하고, 『고려사』 형법지(刑法志) 등에서 확인되는 "정리도감장(整理都監狀)"의 보고 시점이 '충목왕원년'(1345)으로 표기됐음을 근거로 정치도감의 활동 시작 시점을 충목왕 원년으로 보았다(1962·1963 「여대(麗代) 정동행성(征東行省)의 연구」 『역사학보』 14·19). 반면 민현구는 두 단위가 동일함은 인정하면서도,

필자가 보기에는 원제국 황제의 정치 권유가 1343년 처음으로 하달된 후, 정리도감이 우선 1345년 활동을 개시하고 2년 후인 1347년에는 그것이 정치도감으로 재출범한 것 같다. 그리고 해체될 때까지의 구체적 활동 내용은 '정리도감 장' 기록을 통해 엿볼 수 있는데, 크게 정치 개혁과 경제 개혁으로 나누어 볼 수 있다.

정치 개혁과 관련한 정리도감(정치도감)의 노력은 당시 고려 정부의 '선법(選法) 개혁'을 방해하고 있던 강윤충(康允忠)의 행적(에 대한 정치도감의 대응)을 통해 확인되는 바가 있다.

1340년대 전반 고려 정부의 선법 정비 노력은, 당시 전선(銓選)을 독점하고 있던 정방(政房)에 대한 개혁 시도의 모습으로 전개되었다. 일찍이 충선왕대에 폐지됐다가 충숙왕대에 복구된 정방은 충혜왕이 잠시 즉위했던 1330년 전부사(典符司)에 통합되기도 했으나,[9] 이후 다시 살아났던 것으로 보인다. 이에 이제현이 1344년 5월 정방을 혁파하고 전주권(銓注權)을 전리사(典理司) 및 군부사(軍簿司)에 돌릴 것을 건의했고, 왕후가 집권하

....

『고려사』 세가(世家) 기사에 근거해 정치도감의 활동 시작 시점을 충목왕3년(1347) 2월로 보았다(위논문: 1345년 표기는 오류로 간주하였다). 필자가 보기에 이런 관점들에는 보완의 여지가 있는데, 우선 두 관청의 이름이 각기 달리 표기된 것에 대한 해명이 필요하다. 아울러 순제의 '정치' 당부가 이미 1343년 이래 관찰되고 1344년에도 재등장했음을 보면, 정치도감이든 정리도감이든 그 것이 가동되기 시작한 시점을 굳이 충목왕이 사망하기 직전이었던 1347년으로 늦춰 비정할 필요는 적어 보인다. 각기 다른 이름이 등장한 데 대해서는 필자도 별다른 설명을 제시하기 어렵지만, 적어도 1345년의 정리도감장 기록은 1347년 정치도감의 '전신' 격이었을 수도 있는 정리도감이 당시 이미 활동 중이었음을 보여주는 것으로, 그리고 1347년 기록은 정리도감이 2년 후인 1347년 정치도감으로 '재정비'되어 활동을 하게 되었기 때문으로 이해함이 어떨까 한다. 즉 고려 내부의 정치(整治) 노력은 1343년 제국의 당부로 시작되어 1345년 본격화되었으며 1347년 한 차례 전기를 맞았던 것이 아닌가 한다.

9 김창현, 1998『고려후기 정방(政房) 연구』고려대학교 민족문화연구원

여 선법을 전리사와 군부사에 재귀속시켰다.[10] 같은 해 11월 전리사·군부사에 명령하여 5품 이하의 승급 추천자를 보고하게 했고, 12월에는 드디어 정방이 혁파되기에 이른다.[11]

그러나 정방은 1345년 1월 불사조같이 부활했으니, 정방이 혁파된 후 왕후, 김륜이 인사를 주도하며 충혜왕의 폐행들을 숙청하자 충목왕의 모후였던 충혜왕비 덕녕공주(德寧公主)가 왕후 등의 전주권(銓注權)을 박탈하고 정방을 부활시킨 것이었다.[12] 그리고 그렇게 부활한 정방에서 전횡을 했던 인물 중 하나가 바로 강윤충이다.

정리도감과 강윤충 간의 갈등은 1345년 시점에서는 아직 드러나지 않는다. 그러나 1346년이 되자 조득구(趙得球)가 왕후에게 강윤충을 '폐정의 화근'으로 지목하였고, 김륜·이제현·박충좌 또한 그를 '정치(整治)를 그르친 인물'로 비난한 것이 확인된다.[13] 그리고 1347년 정치도감의 등장을 계기로 개혁파 관원들과 강윤충이 본격적으로 대립하게 된다. 강윤충이 자신의 심복을 정치도감에 심어 자신을 향한 공격을 무력화하려 했기 때문이었다.[14] '전민(田民) 송사를 제대로 판정하기 위해서는 선법을 [정치]하

---

10 『고려사』 권110, 열전23 이제현(李齊賢); 왕후(王煦)

11 『고려사』 권120, 지75 선거3, 전주(銓注) 선법(選法); 『고려사절요』 권25, 충목왕즉위년(1344) 12월

12 김창현, 윗책; 이익주, 서울대 박사학위논문

13 『고려사』 권124, 열전37 폐행(嬖幸) 2, 강윤충(康允忠)

14 강윤충은 또 1347년 11월 왕후의 영도첨의(領都僉議)로의 영전을 주도해 그를 정치도감 활동 현장에서 이탈시키려 하기도 하였다. 한편 정치도감관(整治都監官) 중 한 명이었던 김영돈이 당시 정방 제조(政房 提調)에 임명된 것과 관련, 김창현은 제국 정부가 정치도감 개혁의 원활한 진행을 위해 김영돈을 정방 제조에 임명하였다고 본 반면, 이익주는 김영돈 등의 개혁 추진 세력이 정방 혁파보다는 정방을 이용하여 인사권 장악을 도모했다는 점에서 개혁상의 후퇴를 자초했다고 평가하였다.

어 중앙과 지방의 관직에 옳은 사람을 얻어야 하고 감찰 부서들은 관료들의 비행과 위법을 탄핵케 해야 하는데, 정방의 제조(提調)인 강윤충이 자신과 가까운 안자유(安子由) 등 민사(民事)를 모르는 자들을 정치도감관으로 삼았다'는 조정 중신들의 비난이 그를 잘 보여준다.[15]

한편 정리도감(정치도감)이 경제적, 사회적 개혁에 투입했던 노력은 『고려사』 병지·형법지의 상기 '정리도감장(整理都監狀)' 기록에서 찾아진다. 이에 따르면 정리도감(정치도감)은 당대 고려 사회의 여러 고질적인 문제들, 예컨대 권력자들의 전민(田民) 침탈, 고리대(高利貸)를 통한 약자들의 재물 횡령, 가혹하고 잦은 징세, 국역 회피 등의 도덕적 해이 등 모든 유형의 사회 부조리들을 개혁하고자 했던 것 같다. 국왕 측근 및 정부 관료를 비롯한 사회 기득권층의 부당한 역마(驛馬) 사용을 환기하고,[16] 외방 관리들의 비위 행위나 정동행성의 부적절한 지방 접촉(침탈)을 지적하는 한편으로,[17] 토지와 인민의 불법 강점, 문서 위조를 통한 고리대, 관리들의 국역 회피 등으로 얼룩진 세태를 거론하며 변정(辨正) 위주의 활동에 주력했던 것으로 보인다.[18]

....

15 『고려사』 권124, 열전37 폐행2, 강윤충

16 『고려사』 권82, 지36 병2, 참역(站驛), "忠穆王元年(1345) 整理都監狀: '①行省·巡軍·忽赤等, 以不緊公事乘馹橫行者, 收鋪馬文字, 職名傳報. ②品官及僧俗·雜類等, 多騎私馬以私事受公券村驛橫行者, 叅上囚從人, 叅外囚當身, 收所持私馬, 各驛定屬.'"

17 『고려사』 권84, 지38 형법1, 공식(公式) 직제(職制), "忠穆王元年(1345) 整理都監狀: '①外方官吏貪婪不公擾害百姓者, 令存撫·按察使糾理體察, 不能者科罪. ②行省行移外方公事報都評議使, 使移文存撫按廉使施行例也, 近年以來, 行省令宣使·螺匠等授牌字發送搔擾民間, 今後稱宣使·螺匠作弊者, 械送于京.'"

18 『고려사』 권85, 지39 형법2, 금령(禁令), "忠穆王元年(1345) 整理都監狀: '①宦官族屬及權勢之家, 於田地沃饒處爭設農莊, 奸吏因緣用事奪占人田, 劫取牛馬, 今後推考痛懲. ②又招引流移人吏及官寺奴婢驛子, 群聚作黨, 長利稱名借貸平民, 倒

이러한 노력은 민의 생활 여건을 개선하기 위해 충혜왕의 재정 기반을 해체해 국가로 흡수하는 작업의 연장선상에 있기도 하였다. 충혜왕의 체포 직후인 1344년 윤2월 고려 정부가 충혜왕의 측근 폐행들을 유배시키고 판전민도감사(判田民都監事)를 임명한 것이 그를 잘 보여준다.[19]

이렇듯 1345년의 정리도감 및 1347년의 정치도감의 개혁 노력은 1340년대 전반 충혜왕의 퇴위 후, 크게 정치와 경제 두 영역에서 전개되었다고 하겠다. 정부의 인사 운영을 교란하고 사회경제 질서를 문란시키는 각종 비리·비위 행위에 대한 단속과 징벌이 그 활동의 본령이었으며, 개혁은 상당히 의욕적이고도 공세적으로 진행된 것으로 보인다.

그런데 그 개혁 대상 중 하나가 바로 원제국이 고려에 설치한 정동행성(征東行省)이었음이 주목된다. 원제국 황제의 지시로 개설된 고려 관청 정치도감의 활동으로서는 매우 이례적인 일이었다.

위 기사들에 언급된 내용만 보면, '정리도감장'에 묘사된 정동행성의 폐단은 대략 세 가지로 정리된다(물론 실제로는 더 많았을 것이다). 행성의 순군(巡軍), 홀치[忽赤] 등이 급하지 않은 일로 역마를 타고 횡행하는 경우, 행성의 선사(宣使), 라장(螺匠) 등이 패자(牌子)를 지참하고 지역에서 백성들을 어지럽히는[擾民] 경우, 그리고 행성의 홀치, 순군, 파오적(波吾赤) 등이 작당해 횡행하는 경우 등이 그런 사례다. 당시 정동행성이 지역

....

換文契利中生利, 今後將所納物色還其本主, 收文契, 依例決罪. 又憑依宿債, 怯良人爲奴婢使喚者, 依前判賤口役價一年五升布三十二匹半例計徵還償, 悉皆免役. ③ 行省三所·忽只·巡軍·波吾赤投屬成黨橫行者, 推考收取差帖, 還本定役. ④各衙門公廨田收取人等非處橫行作弊者, 收馬匹各驛定屬. 國制, 內乘鷹坊投屬人並皆革罷, 令各縣別抄及貢戶定役, 今忽只等冒受賜牌遣無賴人將在逃人陳荒田, 計年徵之, 其弊莫甚, 今後禁之. ⑤田地收租人等, 每年一田四五度徵斂使百姓失業流移者頗多, 今後窮推械送于京.'"

19『고려사』권37, 세가37 충목왕즉위년(1344) 윤2월 병인

비리 및 민간침탈의 주범 중 하나였음을 보여주며, 정리도감(정치도감)이 그를 통렬히 지적한 것은 결국 정리도감(정치도감)이 정동행성을 주요 개혁 대상으로 간주하고 있었음을 의미한다.

이러한 구도는 이후 기씨 문중의 일원인 기삼만(奇三萬)이 정치도감에 체포돼 심문을 받다가 사망하자 정치[도감]관들이 정동행성 관원들에게 체포되었던 국면에서도 다시 한 번 확인된다. 왕후와 김영돈은 이 일이 발생한 직후 자국 정부인 고려 첨의부에 글을 올려 "우리가 황제의 명을 친히 받들어 본국을 '정치'하고 있음에도, 지금 행성 이문소가 (기)삼만 사망의 허물을 (정치)도감에 돌려 정치관들을 가두었다"고 호소하였다.[20] 정동행성 및 그 안의 이문소를 개혁의 걸림돌로 지적한 정치도감의 이 주장에서, 당시 개혁을 둘러싼 대립 전선이 정치도감 및 정동행성 사이에 그어져 있었음을 다시금 엿볼 수 있다.

그렇다면 당시 정동행성을 근거지 삼아 비리를 범하고 있던 고려인 세력으로는 어떤 인물들이 있었을까? 기철 세력이 가장 대표적인 경우라 하겠는데, 기철이 고려인 정동성관으로서는 처음으로 참지정사직을 수여받았고, 기삼만의 처벌 및 옥사에 대해 정동행성 이문소가 즉각적인 반응을 보인 점도 그를 잘 보여준다.[21] 다만 정동행성에는 기씨 문중과는 별개의

---

20 『고려사』 권110, 열전23 왕후(王煦), "我等親奉帝命, 整治本國, 今行省理問所以 三萬之死, 歸咎都監囚浩祿生." 한편 같은 시기에 '호강(豪强)'들의 전장을 접수했다'는 이유로 정동행성 이문소가 몇몇 지역의 지방관들을 잡아들였던 것도 [권37, 세가37 충목왕3년(1347) 10월 임신, "理問所以撤宦者及豪强田莊, 囚密城 副使李孫慶·驪興副使李蒙正·西州副使趙冬暉."], 정치도감이 주도하(고 지방관들이 호응하)던 개혁에 대한 정동행성 이문소의 반발을 보여주는 바가 있다.

21 『고려사』 권131, 열전44 반역(叛逆) 5, 기철(奇轍). 기철은 충혜왕이 원에 잡혀 갈 당시 홍빈(洪彬)과 더불어 정동행성의 사무를 임시로 주관했고["권성(權省)"을 맡음], 충목왕 사후에도 덕녕공주(德寧公主)의 지시로 왕후(王煦)와 함께 다시금 권성(權省)을 맡을 정도로 정동행성에 대한 영향력이 강했다. '권서

계파도 존재했던 것 같다. 기씨들과는 불편한 관계에 있었던 강윤충(정동행성 원외랑 역임)[22] 및 하유원(河有源) 등이 정동행성 내에 존재했던 또 다른 고려인 비리 세력이라 할 만하다.[23]

다시 말해 당시의 정동행성에는 충혜왕대로부터의 구신(舊臣)으로서 정치적 사익을 위해 고려 정부의 선법 개혁을 저지한 강윤충 등의 인사들과, 충혜왕과 각종 이권을 놓고 갈등하다가 그의 퇴위 이후 신흥 세력으로 등장한 기씨 문중 등, 서로 노선을 같이 하지 않는 최소 두 개 이상의 고려인 세력이 포진하고 있었던 것으로 보인다. 정동행성이 더 이상 제국의 지방 지배기구가 아닌, 사실상 고려인 토착세력의 부정과 비리 온상으로 변질돼 있었음을 보여준다. 원제국의 '정치' 권유로 1340년대 고려에 설치된 (고려 정부의 관청) 정치도감이, 원제국이 일찍이 13세기 후반 고려에 설치했던 정동행성을 공격하고 나선 것도 무리는 아니었다고 하겠다.

다만, 그 점이 오히려 정치도감 관료들의 과욕을 불렀을 수 있어 보인다. 발족한 지 한 달이 채 못돼 앞서 언급한 바와 같이 기황후의 족제(族弟) 기삼만이 취조 중 사망한 사실이 그런 가능성을 시사한다. 이 사건은

....

정동행성사(權署征東行省事)'에 대해서는 김보광, 2019 「고려후기 '국왕부재' 상황과 권서정동행성사의 등장」 『한국중세사연구』 58 참조.

22 1342년 6월 조적(曹頔)의 난 진압 공로로 책봉된 공신 중 한 명이었던 강윤충은[『고려사』 권36, 세가36 충혜왕 후3년(1342) 6월 경자], 1343년 9월에는 윤환·전윤장 등과 함께 지방관으로 파견되고 양광·전라·경상도 문민질고사의 직도 역임하는 등[후4년(1343) 9월 정묘] 충혜왕의 대표적인 측근 노릇을 하였다.

23 강윤충 등이 기씨 문중 인사들과 사이가 안 좋았음은, 고용보가 충목왕대 초 고려를 방문했을 당시 권겸(權謙), 이수산(李壽山) 등 기철 계열로 분류되는 인사들이 고용보에게 강윤충과 배전(裵佺) 등의 악행을 고발하고, '강윤충이 하유원과 더불어 정치도감의 활동을 저해하고 있다'고 언급한 것에서 잘 드러난다[『고려사』 권131, 열전44 반역5, 권겸(權謙); 권114, 열전27 이수산(李壽山); 권124, 열전37 폐행2, 강윤충].

당연히 당시 제국의 최대 실력자였던 기황후의 분노를 촉발하였고, 정치 도감관들은 하옥과 석방을 되풀이하는 홍역을 겪게 되었다. 이후 활동상이 드러나지 않는 것으로 보아 정치도감은 결국 '정치'에 실패하고, 오래 못 가 폐지된 것으로 보인다.[24]

그럼에도 이런 소동이 낳은 결과만큼은 고려에게 매우 중요한 것이었다. 원제국 황제의 후광을 명분으로 고려가 설치한 관청이, 일찍이 세조쿠빌라이의 재위 당시 한반도에 설치된 '제국의 조직' 정동행성을 '부패했다'는 이유로 공격하는 전례(前例)가 만들어졌기 때문이다.

무엇보다도 기삼만의 사망으로 정치도감관들에 대한 징계가 진행된 후 원 순제가 보였던 태도가 당시 상황의 의미를 잘 보여준다. 1348년 2월 원 중서성에서 보내온 자문에 순제의 그러한 입장이 담겨 있는데, 기삼만이 사망한 것은 1347년 3월이고, 황제가 고려내 '정치' 현황을 묻기 위해 사신을 보내고 이어 기삼만 사건을 조사할 관원을 보낸 것이 1347년 10월이었다. 이 자문은 그 후에 고려에 도착한 것이며, 내용은 다음과 같다.

> "한 사람[보타시리(不答失里, 충혜왕)]이 고려의 백성을 해친다고 해서 그를 처벌하여 강남지역으로 보냈고, 그가 세력을 믿고 법도를 어기며 행해 온 것을 처리하기 위해 그 상황[事勢]을 잘 알고 있는 왕탈환(王脫懽, 왕후)과 김나해(金那海, 김영돈)에게 명령해 정리(正理, 整治)를 하게 한 것인데, 내가 독촉함이 너무 급했으니 제대로 일을 할 수 있었겠는가. 이제 팔마타아적(八麻朵兒赤, 충목왕)과 왕후 등으로 하여금 명망(德望) 있고 사건 처리를 잘하는 사람들과 함께 세력을 믿고 백성을 기만·억압하는 자, 민간 사리에 맞지 않는 일 등을 잘 정리(正理)하여 보고하게 하노라."[25]

....

24 『고려사』 권37, 세가37 충목왕3년(1347) 3월 무진; 10월 갑오; 4년(1348) 2월 을미; 충정왕원년(1349) 8월 갑진

순제는 우선 정치도감의 발족이 충혜왕으로 인해 발생한 피해를 처리하기 위해서였음을 밝히고, 왕후·김영돈 등으로 하여금 (폐정을) 정리(正理=整理=整治)하라 했지만 기간이 너무 짧아 업무를 제대로 보기 어려웠을 것이라 언급함으로써 정치도감을 옹호하였다. 그리고 충목왕과 왕후에게 다시금 일 잘하는 자들과 함께 부조리한 사람과 사안들을 잘 처리해 보고할 것을 종용함으로써, 정치도감에 대한 자신의 신뢰에 (최소한 공식적으로나마) 변함이 없음을 분명히 하고 있다. 정치도감이 개혁 대상으로 공격하고 있던 것이 정동행성이었음을 모를 리 없었음에도 불구하고,[26] 그에 대해서는 일절 언급을 하지 않은 채 정치도감의 활동을 거듭 독려했던 것이다. 황후의 친정이었던 기씨 문종의 구성원이 사망했음에도 불구하고, 원 황제 순제는 고려 정부의 '정치'를 계속 지지했던 것이다.[27]

....

25 『고려사』 권37, 세가37 충목왕4년(1348) 2월 을미, "…昨前知道, 不荅失里將那百姓好生殘害的上明知道, 一介人害高麗百姓應道, 將不荅失里罰去池南地面, 爲他依勢力不依法度行來的勾當, 已嘗命諳知彼中事體王脫懽金那海, 教正理去來. 時下促急便怎生, 正理的有如? 今交八麻朶兒赤和·王脫懽等, 與省得的勾當的好人, 一同不揀, 是誰依勢力欺壓百姓的幷民間不事理, 好生正理, 奏將來者."

26 이와 관련해 기황후가 '나의 친척은 세를 믿고 남의 땅과 백성을 빼앗지 말라. 이를 어김[違異]이 있거든 빈드시 죄를 줄 것이며, 법사(法司)가 알고도 그것을 방치하는 경우에도 마땅히 죄를 줄 것'이라는 내용의 의지(懿旨)를 고려에 보내왔음이 주목된다[『고려사』 권37, 세가37 충목왕즉위년(1344) 8월 병오]. 기황후의 이러한 편지는 역설적으로 기황후 본인이 고려 내 자기 일족들의 정치·경제적 비위 및 치부 실태를 잘 알고 있었음을 보여준다. 기황후가 아는 것을 황제가 몰랐을 리는 없다고 생각되며, 황제가 그 때문에라도 고려의 정치(整治)를 지지했던 것이 아닌가 한다.

27 자정원을 기반으로 한 기황후의 공격적 세력 확장으로 그녀의 측근들과 제국 정부의 관료들이 갈등하고 있었고, 기황후 본인도 아들의 선위(禪位) 문제를 놓고 남편인 황제 순제와 갈등하고 있었다. 그런 상황에서는 순제로서도, 한반도에서 전횡하던 황후의 치족(妻族)들이 고려 정부의 징벌을 받는 것을 굳이 말릴 동기가 없었을 것이라 생각된다. 다만 이는 어디까지나 필자의 견해이

전 황제 쿠빌라이가 설치했던 제국의 정동행성과, 현 황제 순제의 지시로 설치된 고려의 정치도감 간 갈등은 원제국 정부로서는 실로 난감한 것이 아닐 수 없었지만, 원 황제가 수세에 몰린 정동행성은 모른 척 한 채 오히려 망설임 없이 정치도감을 일방적으로 지지했던 것이 갖는 의미는 실로 크다. 원제국 황제가 고려 정부에 '정치'의 전권을 부여하고, 비위 행위의 온상이 되고 있던 정동행성에 대한 구치(拘治)를 공식적으로 허락한 것이나 마찬가지였기 때문이다. 그 결과 원제국의 국정 지향을 고려 내에서 구현할 임무('정치')는 고려의 정부 기관인 정치도감에 주어지고, 원제국의 한반도 파출 기관이었던 정동행성이 오히려 '정치'의 대상으로 낙인찍혀 버린 것이다.

그런 점에서 정치도감의 개혁 유산은 이후 공민왕의 정동행성 개혁이 성공하는 중요한 기반이 되었다고 생각된다. 7~8년 뒤인 1356년 공민왕의 개혁으로 정동행성 이문소(理問所)가 마침내 철폐되는데, 그를 추진하는 과정에서 또 다른 권위가 소환됐지만(세조구제, 世祖舊制), 그를 시작할 동력만큼은 정치도감의 개혁에서 제공됐음이 분명하기 때문이다. 1340년대 후반 정동행성의 위상 변질이 1356년 개혁의 중요한 명분이 되었음을 감안하면, 정리도감(정치도감) 개혁의 역사적 의미는 자못 컸다고 할 것이다.[28] 아울러 앞서 이 장의 서문에서도 언급했듯이, 정치도감의 이러한 개혁 자체가 원 황제의 지시를 근거로 고려인들이 내정 개혁을 시도한 사

며, 위 인용문을 둘러싼 상황에 대한 검토를 토대로 당시 정치도감 활동에 대한 순제의 관심이 오히려 '저하'되고 있었음을 엿볼 수 있다는 판단도 있다[권용철, 2019 「『고려사』에 기록된 원대(元代) 케식문서사료(文書史料)의 분석」 『한국중세사연구』 58].

28 이상의 서술은 이강한, 2008 「정치도감(整治都監) 운영의 제양상에 대한 재검토」 『역사와현실』 67을 기반으로 하였다.

례, 제국 현(現) 황제의 권위를 빌어 개혁 동력을 확보한 사례이기도 했음을 다시금 거론해 본다.

그럼 다음으로, 1340년대 정치도감 개혁의 여세를 이어 공민왕이 1356년 어떤 개혁을 시도하고 성공했는지를 살펴보도록 하자. 정치도감 개혁이 살아 있는 당시 황제 순제의 지지를 명분으로 삼아 진행됐다면, 공민왕의 개혁은 이미 사망한 지 오래였으나 원제국에서는 가장 숭앙받던 존재인 옛 황제 세조 쿠빌라이의 오래 전 약속을 호출함으로써 원하는 바를 달성한 경우였음이 눈길을 끈다.[29]

주지하듯이 공민왕은 1356년 기철 세력을 척결한 후 네 가지 요구를 원제국 정부에 전달하였다. ①정동행성 성관(省官)에 대한 고려 국왕의 '보거권(保擧權)', 즉 천거권(薦擧權, 추천권)을 회복해 줄 것과 ②고려 한반도 내 여러 지역에 설치된 제국의 만호부(萬戶府)들을 폐지해 줄 것, 그리고 ③제국 정부의 고려 물자 징발을 중단하며 ④1230년대 이래 고려의 영토를 벗어나 제국의 영역이 돼 있던 쌍성총관부(雙城摠管府)를 이제는 반환해 줄 것 등을 요구했던 것이다. 이런 요구사항을 접수한 원제국 정부는, 그를 들어줄 이유가 사실상 없었음에도 불구하고 결국 상당수 요청을 수락했던 것으로 파악된다. 그 이유가 자못 궁금해지는데, 공민왕이 위의 요구들을 제기하며 근거로 내세운 논리들을 눈여겨 볼 필요가 있다.

우선 첫 번째 요구사항이었던 정동행성 성관 보거권 회복의 경우, 공민왕은 그것이 세조 쿠빌라이가 일찍이 '부마 고려국왕'에게 허용했던 권한임을 강조하였다.[30]

....

29 이하의 서술은 이강한, 2009 「공민왕 5년(1356) '반원개혁(反元改革)'의 재검토」 『대동문화연구』 65를 기반으로 하였다. 공민왕의 1356년 개혁과 관련해서는 지난 몇 년간 다양하게 발표된 김경록(2007), 최종석(2010), 이명미(2011), 이익주(2015), 최윤정(2018) 등의 연구 참조.

"생각건대 세조황제의 일본 정벌[東征] 당시 국왕(國王: 고려왕)으로 하여금 승상(丞相)을 삼고 행성 관리는 국왕에게 맡겨 보거(保擧)케 하며 일반 세금[常調]은 내지[納入] 않게 한 것이 (정동행성이) 다른 행성(行省)과 달랐던 점입니다. 그런데 이후 도진무사(都鎭撫司), 이문소(理問所), 유학제거사(儒學提擧司), 의학제거사(醫學提擧司)를 그 안에 설치하면서, 요즘은 행성 관리들이 모두 부시(婦寺)나 환관(宦官)들과 결탁하여 황제의 명을 사칭하며 위복(威福)에 관련된 일들을 함부로 처리합니다[擅作]. 고려에 감찰사(監察司), 전법사(典法司)가 있어 형벌을 맡고 소송을 주재하며 비리를 규제하지만, 행성 관리들이 망녕된 호소를 듣고는 여러 관청의 이미 처리된 문건들을 압수해 맞는 것을 틀린 것으로 만들어도 아무도 어쩌지 못하니, 사람들이 이런 상황을 짐승을 미워하듯 혐오하는데, 행성 관리 중 역적(逆賊)과 모의하는 자가 있어 더욱 그러합니다. 원컨대 이제부터는 좌우사(左右司)의 관리를 모두 신(臣: 공민왕)으로 하여금 보거케 하여 이전의 폐단[前弊]이 반복되지 않게 하시고, 이문소 등의 관사(官司)는 일체 혁거(革去)하소서."[31]

　앞서 언급했듯이 1356년 이전의 정동행성에는 여러 고려인 세력들이

....

30 고려 국왕에게 정동행성 관료의 보거권이 존재했음은 『원사』에서도 확인된다[『원사』 권91, 지41/상, 백관7, 정동등처행중서성, "至元20年(1283), 以征日本國, 命高麗王置省, 典軍興之務, 師還而罷. 大德3年(1299), 復立行省, 以中國之法治之. 旣而王言其非便, 詔罷行省, 從其國俗. 至治元年(1321) 復置, 以高麗王兼領丞相, 得自奏選屬官, 治瀋陽, 統有二府, 一司, 五道."]. 보거권의 문제에 대해서는 김보광도 주목한 바 있다[2017 「고려국왕의 정동행성(征東行省) 보거권(保擧權) 장악과 그 의미」 『사총』 92].

31 『고려사』 권39, 세가39 공민왕5년(1356) 10월 무오, "切惟, 世皇征東, 令國王爲丞相, 行省官吏委國王保擧, 不入常調, 非他行省比. 其後, 續立都鎭撫司·理問所·儒學提擧司·醫學提擧司, 比來省官皆托婦寺濫受朝命, 擅作威福, 小邦有監察司·典法司掌刑聽訟·糾正非理, 而省官聽人妄訴拘, 取諸司所斷文券以是爲非, 莫敢誰何, 人疾之如狼虎. 況今省官有與逆賊謀者? 願自今, 其左右司官令臣保擧, 勿蹈前弊, 其理問所等官司, 一切革去."

포진하고 있다가 1356년 6월의 기철 척살을 계기로 공민왕에 적대적인 인물들이 다수 제거되었다. 다만 공민왕이 향후의 국정을 안정적으로 주도하기 위해서는 그것만으로는 부족하였다. 정동행성에 대한 통제·지휘권을 차제에 확실히 가져오지 않는 한 기철 같은 세력이 언제든 재등장할 수 있었기 때문이다. 이에 공민왕은 정동행성 내 성관 임용권(추천권)에 대한 장악이 시급하고도 근본적인 방책이라는 판단 아래, 관련된 권한을 외교적으로 '공인(公認)'받고자 한 것으로 보인다. 그동안 유명무실해져 있던 성관(省官) 보거권(保擧權, 천거권)을 다시 가져옴으로써 정동행성 내부의 인적 쇄신을 가능케 하고, 그를 통해 자신의 국정 주도권도 확립하고자 한 것이다.

이미 공민왕 즉위 전부터 형해화돼 있던 그런 권한을, 고려 왕의 요청이 제기됐다는 이유만으로 원제국 정부가 돌연 들어줄 가능성은 사실 적었다. 제국 정부가 고려 왕의 권한을 일부러 강화시켜 줄 필요나 동기가 별달리 없었기 때문이다. 공민왕이 '세조(世祖)의 구제(舊制)'를 거론한 것은 바로 그를 감안했기 때문으로 보인다. 원제국 정부로서도 세조 쿠빌라이의 정사(政事)는 가벼이 여길 수 없는 것이었으며, 그를 거론한 고려왕의 요청 또한 함부로 무시하기는 부담스러울 것임을 노린 것이라 할 수 있다. 공민왕은 일종의 전략적 선택으로서 과거 황제의 권위를 소환했던 것이다.

그리고 그런 전략이 주효하여 결국 보거권을 확보하는 데 성공했음은, 덕흥군 국면이 진정된 이후 공민왕이 원에 이인복(李仁復)의 성관 제수를 요청해 정동행중서성 좌우사 낭중에 임명되게 한 사례에서도 확인된다.[32] '세조구제'를 언급한 보람이 있었던 셈으로, 자신이 원하는 것을 얻어내

....

32 『고려사』 권112, 열전25 이인복(李仁復), "王奏授奉議大夫·征東行中書省左右司郎中."

기 위해 당시 고려 - 원제국 관계에서 절대적 언명(言明)으로 간주되고 있던 '세조구제'를 꺼내든 것은 매우 창의적인 발상이었다고 하겠다.

이랬던 그를 단순히 '반원군주(反元君主)'라고만 부르는 것은 그의 전략적 사고를 도외시하는 하는 일일 수 있다.[33] 그의 그러한 창발(創發)이 공민왕이 당시 원에 제기한 다른 요구에서도 발견되는 상황에서는 더욱 그렇다.

공민왕이 고려의 또 다른 숙원 과제를 푸는 과정에서 그것이 잘 드러난다. 당시 고려 각지에서 적지 않은 폐단을 양산하던 제국 만호부들에 대한 처리가 그것이었다. '병력도 없는 만호부들이 권위를 내세워 백성들을 끌어모아 국가의 징세를 방해하는 상황'이라는 취지의 탄식에서 공민왕의 고민을 읽을 수 있다.[34] 게다가 일부 만호부는 기씨 세력과도 관련돼 있었던 것으로 보이는데, 기철의 측근 권겸이 제국의 세력가에 의지해 순군 만호가 된 것이 그런 경우다.[35] 당시 개경의 군정·치안·사법을 담당하

---

33 물론 보기에 따라서는 자신의 노력으로 정동행성의 약화를 이뤄낸 공민왕이 '세조구제'를 수사(修辭) 차원에서 거론한 것일 따름으로 볼 수도 있겠지만, 공민왕이 기철을 제거하는 과정에서도 기철을 '세조구제'의 정신을 배반한 인간으로 간주했음이 주목된다. 공민왕이 "세조가 일찍이 고려를 배려해 국속(舊俗)을 보전할 것을 허락했음('許其不改舊俗, 以存恤許')"을 환기한 후, 기철은 그를 사실상 배반한 인물로 규정했음에서('不念元朝存恤之意·先王創垂之法') 그를 엿볼 수 있다[『고려사절요』 권26, 공민왕5년(1356) 2월]. 공민왕이 기철과 세조구제를 대척의 관계로 설정한 것에서, 기철을 척결하되 '세조구제'로 대변되는 기존의 고려 - 원 관계는 유지하려 한 그의 의도를 엿볼 수 있다. 아울러 기철을 '세조의 유훈을 배신한 이'로 규정한 것보다 더욱 확실하게 그의 주살을 정당화할 수 있는 길도 없었다고 하겠다.

34 이러한 정황은 '만호부가 황조(皇朝)의 세운 바이긴 하지만, 지금은 헛된 간판(虛額) 뿐이고 각 위[諸衛]의 직(職)은 권세가[青梁]들이 점유한 상황이며, 군사가 없으니 무예를 쓰지 못한다'는 이색의 언급에서도 다시 한 번 확인된다[『고려사』 권115, 열전28 이색(李穡)].

며 실질적인 중앙 군사력으로 기능하던 순군 만호부가[36] 기철세력의 영향 아래 있었다면, 기철 세력을 제거하는 상황에서 순군 만호부를 비롯한 여러 만호부들도 그대로 두어서는 안 될 노릇이었다.

이에 공민왕은 기철을 척살한 직후 제군(諸軍)의 만호·진무·천호·백호(萬戶·鎭撫·千戶·百戶)가 갖고 있던 패(牌)들을 회수하고,[37] 제군 만호부에 예속된 백성[丁口]까지 해방시킴(추쇄)으로써[38] 기존 만호부 제도를 무력화시키는 데 나섰다. 그리고는 그 뿌리를 영구히 뽑는 차원에서 결국 지역 만호부들의 폐지를 원에 요구하기에 이른다.

"세조황제(世祖皇帝)께서 일본 정벌[東征] 때 설치한 만호(萬戶)로는 중군(中軍), 우군(右軍), 좌군(左軍)이 있을 뿐이었는데, 그 후에 증설한 순군(巡軍)과 합포(合浦), 전라(全羅), 탐라(耽羅), 서경(西京) 등지의 만호부(萬戶府)들이 모두 거느린 군졸(軍卒)은 없음에도 금부(金符)만 차고서는 선명(宣命)을 자랑하며, 평민(平民)을 꾀어 모아놓고는 [만호부 소속의] 호계(戶計)라 주장하며 주현(州縣)의 지방관들로 하여금 거기에서는 세금을 징발치 못하게 하니 정말 불편합니다. 모쪼록 세조황제의 구제(舊制)에 의거하여 일본을 진수(鎭守)하는 세 만호(중·우·좌군)를 제외한 나머지 '증치(增置)'된 다섯 만호부와 도진무사(都鎭撫司)는 모두 혁파(革罷)해 주십시오."[39]

....

35 『고려사』 권131, 열전44 반역5, 권겸(權謙), "謙嘗爲合浦萬戶, 及忠肅復位, 屢求爲萬戶, 王不聽, 謙如元倚勢家, 代李俊爲巡軍萬戶."

36 한우근, 1961 「여말선초 순군(巡軍) 연구」 『진단학보』 22

37 『고려사』 권39, 세가39 공민왕5년(1356) 5월 임인, "命收諸軍萬戶鎭撫千戶百戶牌."

38 『고려사』 권81, 지35 병1, 병제, 공민왕5년(1356) 6월 하교, "一. 推刷行省三所諸軍萬戶府隸屬丁口用備戎兵."

39 『고려사』 권39, 세가39 공민왕5년(1356) 10월 무오, "世皇東征日本時, 所置萬戶中軍·右軍·左軍耳. 其後增置巡軍·合浦·全羅·耽羅·西京等萬戶府, 並無所領軍, 徒佩金符以夸宣命, 召誘平民妄稱戶計, 勒令州縣不敢差發, 深爲未便. 如蒙欽依世

위 글에서는 공민왕이 '3군 만호'와 '지역 만호부' 중 후자를 '세조의 구제에 근거해 설치된 것이 아닌 존재'로 규정하며, 사실상 양자를 '갈라 치고' 있음이 눈길을 끈다. 공민왕의 이런 규정은 역사적 사실에도 대체로 부합하는데, 3군 만호는 일본 정벌 때로 거슬러 올라가는 존재들이었던 데 비해[40] 5개 지역 만호부들은 1290년대 이래 정착했던 존재들이어서,[41] 시기적으로도 엄연히 구별되는 존재들이었기 때문이다. 바로 그 점

....

祖皇帝舊制, 除三萬戶鎭守日本外, 其餘增置五萬戶府及都鎭撫司, 乞皆革罷."

40 일찍이 2차 일본 정벌 직전 충렬왕은 박구, 김주정 등을 만호로 기용할 것을 원에 요청하였고[『고려사』 권29, 세가29 충렬왕6년(1280) 11월 기유], 이후 좌군만호, 중군만호, 우군만호 등의 명칭이 나얀·카다안 난의 발발 당시에도 등장한다[권30, 세가30 충렬왕13년(1287) 7월 경인; 충렬왕16년(1290) 2월 을해]. 즉 3군 만호는 이른바 13세기 중·후반 형성된 '세조구제'의 일부였던 셈이라 하겠다.

41 왕경 만호부의 순군 만호부로의 개편은 1300~1307년 사이에 이루어진 것으로 추정되고[순마소를 병합해 순군만호부로 만든 것으로 전해짐: 최근성, 1988 「고려 만호부제(萬戶府制)에 관한 연구」, 『관동사학』 3], 탐라 만호부는 1301년 설치됐으며[『고려사』 권32, 세가32 충렬왕27년(1301) 3월 계묘], 서경만호부는 동녕부 반환(1290) 이후 서경 지역 지방관들이 다시 임명되던 즈음 설치된 것으로 추정된다[송인주, 1991 「원압제하(元壓制下) 고려왕조의 군사조직과 그 성격」, 『역사교육논집』 16]. 그런 점에서 순군·탐라·서경 만호부 모두 세조의 사후 등장하거나 세조 쿠빌라이의 유산을 넘어서는 존재로 간주됐을 수 있다. 반면 합포·전라 만호부 등은 조금 다른 경우다. 1280년대초 충렬왕과 정동행성이 금주합포·고성·전라주도 등처 진변만호부 설치를 요청해 그를 승인했다는 기록이 있고[『원사』 권99, 지47 병2, 진수(鎭戍), 지원18년(1281) 10월; 권208, 열전95 외이(外夷) 1, 고려(高麗): 물론 이 중 몇 개가 실제로 설치됐는지는 미상], 이후 본 4부의 2장에서 살피겠지만 충렬왕대초인 1281년 (합포만호부의 전신이라 할 수 있을) '금주진변만호부'가 설치되었기 때문이다[『고려사』 권29, 세가29 충렬왕7년(1281) 10월 기해]. 다만 '합포등처진변만호부'라는 새로운 명칭은 1293년 6월에야 처음 등장하고[『고려사』 권30, 세가30 충렬왕19년(1293) 6월 갑인], '전라주도만호부'도 '1290년에 설치되었다'는 기록이 있

을 공민왕이 파고들었던 것으로, 이 논리가 먹히게 되면 후자에 대해서는 당연히 고려가 그 폐지를 주장할 명분이 발생하며, 일본 등 대외 방비를 담당하고 있던 3군 만호는 유지할 수 있게 된다.

이러한 공민왕의 의도는 이미 그가 첫 번째 요구에서 세조가 일본정벌(東征) 당시 설계한 정동행성을 "도진무사·이문소·유학제거사·의학제거사 등이 아직 설치되지 않은 정동행성"으로 묘사한 것에서도 예고된 바 있다. 그가 첫 번째 요구에서 '도진무사(都鎭撫司)'를 굳이 거론한 것도, 그 도진무의 지휘를 받던 5개 지역(합포·전라·서경·탐라·순군) 만호부들이[42] '세조의 정동행성 구상'을 벗어나는 존재들이었음을 두 번째 요구에서 강조하기 위한 하나의 사전 포석이었다고 하겠다.

공민왕의 이 같은 언술은 결국 지역 만호부의 경우도 보거권 확보와 비슷한 해법으로 처리하려 한 소치로 판단된다. 성관 보거권의 경우 '쿠빌라이가 약속한 부분이니 복구해 줄 것'을 요구했던 경우라면, 지역 만호부의 경우 '쿠빌라이의 의중과 무관하게 설치된 존재들이니 폐지해 달라'고 요청한 경우라는 차이가 있었을 따름이다. 다만 이 요청의 경우, (쿠빌라이가 의도하지 않았던) 고려 내 만호부의 폐단을 원제국 정부가 묵인·방치하는 것은 쿠빌라이의 유지(遺旨)에 대한 망각이나 위반이라는 우회적 공격이기도 했음이 흥미롭다. 쿠빌라이의 유산을 환기하며 현 제국 정부를 압박해 원하는 것을 얻어내려는 전술이었다.

세조의 일본 정벌 당시 설치된 중군·좌군·우군(中軍·左軍·右軍) 만호는

음을 고려할 때[『원사』 권16, 본기16 세조 지원27년(1290) 2월 을해], 양 만호부 역시 1290년대 초를 전후해 '재편', '재정비'되거나 '정형화'된 것으로 볼 여지가 있다고 여겨진다. 합포·전라 만호부 역시 세조구제를 벗어나는 존재로 간주할 여지가 존재했던 것이다.

42 최근성, 위논문.

놔두고, 대신 순군·합포·전라·탐라·서경(巡軍·合浦·全羅·耽羅·西京) 만호부는 혁파해 달라고 한 공민왕의 요구 역시, 결국 원제국 정부에 의해 수용된 것으로 보인다. 1356년 이후 발견되는 지역 만호부들이 (이전 만호부들의 폐지 후) 새로 세워진 만호부로 보인다는 점,[43] 그리고 1358년 이후 다시 확인되는 만호부들이 5개 지역 만호부와는 무관한 지역들에 설치되었던 점에서도 그를 엿볼 수 있다.[44] (공민왕이 설치한 이들 '고려 만호

....

43 서경, 전라도, 탐라만호부 등이 그런 사례다. 먼저 1358년 6월 서경에 '신설'된 군민 만호부는[『고려사』 권39, 세가39 공민왕7년(1358) 6월 계미] 앞서 원제국이 설치했던 서경 만호부가 이미 폐지됐음을 보여준다. 경천흥(慶千興)을 '서경군민만호부 만호'로 삼았음을 전하는 이 기사에 전에는 존재하지 않았던, 즉 고려 정부가 자체적으로 개설한 안주군민만호부(安州軍民萬戶府)와 삭방도군민만호부(朔方道軍民萬戶府)가 함께 등장하고 있기 때문이다. 다음으로 유탁이 [신돈이 주살되기 얼마 전] 전라도의 군민 점탈을 위해 자신의 매서(妹壻)인 야선첩목아(也先帖木兒)에게 부탁해 설치했다는 만호부[권111, 열전24 유탁(柳濯), "…辛旽旣誅憲司奏, '濯爲首相, 嘗欲專占全羅軍民, 依妹壻也先帖木兒, 設萬戶府, 成軍目靑冊, 納樞密院."] 역시, 설치 경위를 감안할 때 1356년 폐지된 이전의 전라 만호부와는 다른 만호부로 보인다. 마지막으로 제주도에서 1376년 5월 관찰되는 제주만호[권133, 열전46 우왕2년(1376) 5월, "濟州萬戶金仲光捕斬逆賊哈赤姜伯顏等十三人, 分配妻子于光羅二州."; 권135, 열전48 우왕10년(1384) 8월 무진, "濟州萬戶金仲光貢馬一百四匹, 祸選留良馬三十九匹餘, 皆賜嬖幸閹竪."]는 그 명칭을 더 이상 '탐라'로 쓰지 않고 있어 역시 탐라만호부와는 다른, 새로 세워진 만호부로 보인다.

44 다만 순군 만호부의 경우 존치됐을 가능성이 있다. 공민왕의 측근이었던 김용이 순군 만호가 된 후 무뢰배들을 순군에 예속시켜 자기를 따르게 했다는 시점 미상의 기사가 발견되는데[『고려사』 권131, 열전44 반역5, 김용(金鏞)], 일찍이 김용과 사통한 바 있던 강씨의 남편 신귀(辛貴)가 채하중의 주살 직후(1357년 6월) 그에 연루돼 유배되었음(동년 8월)을 언급한 기사 뒤에 김용과 순군 만호에 대한 언급이 나오는 것으로 보아, 김용의 순군 만호 재직은 최소한 1357년 8월 이후의 사실로 보이기 때문이다. 그렇다면 순군 만호는 1356년 10월 공민왕이 그 폐지를 원에 요구한 후에도 폐지되지 않고 남아 있었다는 얘기가 된다. 순군 만호부의 경우 개경에서 치안을 담당하고 있어 다른 지역

부'들은 고려가 제국의 제도를 기존 고려 제도의 '대용'으로 도입한 사례로서, 이후 2장에서 검토하도록 한다.)

원제국 정부로서는 보거권의 문제와 동일한 맥락에서, '세조의 본래 구상 위반'을 운위하는 공민왕의 만호부 폐지 요청을 도외시하기 어려웠던 것으로 보인다. 또는 이미 고려에 설치된 만호부들이 고려인의 소굴이 된 상황에서 고려 왕이 그들을 없애는 것을 굳이 막아설 필요를 느끼지 못했을 수도 있다.

어떤 경우였든 간에 5개 지역 만호부들은 이 요청을 계기로 형해화되었고, 3군 만호는 잔류하여 지역 만호부 폐기에 따른 지역 방위력 공백도 최소화되었다. 지역 만호부들은 폐지되길 바라면서 3군 만호는 존치되기를 희망했던 공민왕으로서는 '세조구제'가 무척이나 유용한 담론이었던 셈이다. '세조구제'라는 언명의 범주 안에서는 3군 만호가 5개 지역 만호부와 다른 존재들이었음에 착안, 세조구제를 다시 한 번 거론함으로써 5개 지역 만호부와 3군 만호를 달리 취급할 논리적 근거를 확보했던 것이라 하겠다.

이렇듯 공민왕은 1356년 10월의 네 가지 요구 중 두 가지에서는 위와 같은 전략을 구사했음이 확인된다. 그렇다면 나머지 두 요구에서는 어떤 전략을 구사했을까?

세 번째 요구에서는 또 다른 논법이 포착된다.

> "제국 정부의 사신 및 부(府)·시(寺)·원(院)·감(監)·사(司)에서 파견하는 관리들은 대부분이 고려 출신입니다. 그들은 황제의 덕의(德意)

....

만호부와는 그 성격이 다소 달랐던 탓에, 공민왕이 순군 만호부만큼은 존치하되, 기존의 만호 대신 자신의 측근을 그 자리에 임명하는 방식으로 그 기능을 활용했을 가능성이 감지된다.

를 확산하는 데에는 힘쓰지 않고 오로지 향리(鄕里)에 자신들의 존재감을 과시하는 데에만 관심을 둡니다. 함부로 위복(威福)에 관련된 일을 행하고[恣行] 사적인 감정으로 보복을 일삼으며, 재상을 욕보이고 국왕을 능멸[凌犯]한 지 여러 해가 되도록 돌아가지도 않은 채 더 많은 처첩(妻妾)을 취하며 악업[惡]을 쌓는 한편, 금강산(金剛山)의 여러 절에는 해마다 두 번씩 강향(降香)하며 백성을 괴롭히고 있어, 복을 구하는 폐하의 뜻에 배치되고 있습니다. 본국(고려)은 왜구(倭寇)가 나타난 이래 그 방어를 조금도 늦출 수 없는 상황이니, 추밀원(樞密院)의 체복사(體覆使) 파견을 마땅히 중지하고 선휘원(宣徽院), 자정원(資政院), 장작원(將作院), 대부감(大府監), 이용감(利用監), 태복시(太僕寺) 등 여러 아문(衙門)에서 관리를 파견하는 것도 일체 금지[禁斷]하며, 토산물로서 가히 제국이 쓸 만한 것은 명확히 액수를 정해 본국이 스스로 바치도록 허락해 주시면, 참로(站路)의 변민(邊民)들이 편해질 것입니다."[45]

위 인용문의 내용을 정리해 보면, 공민왕은 원제국 정부의 여러 관청에서 고려인 출신 관리들을 한반도에 보내 고려 사회를 소란스럽게 하고 물자도 징발해 가는 것을 막으려 한 것 같다. 외형상 제국을 등에 업은 고려 출신자들의 전횡을 견제하고, 한 걸음 더 나아가 제국 정부의 고려 물자 징발에 저항하는 것으로 보이지만, '자정원(資政院)'을 언급한 것에서는 위 요구가 실은 기황후를 겨냥한 것이었음을 알 수 있다.

당시 기황후는 제2황후로서 1340년대 이래 그 세력을 확대하는 중에 있었고, 제국에 들어가 환관이 된 수많은 고려 출신자들을 관리하며 그들

....

45 『고려사』 권39, 세가39 공민왕5년(1356) 10월 무오, "朝廷使臣及府寺院監司所差人吏, 多是小邦之人, 不務宣上德意專要, 誇耀鄕閭, 威福自恣, 恩讎必報, 屈辱宰相, 陵犯國主, 經年不還, 增娶妻妾, 無惡不爲. 金剛山諸寺歲再降香, 勞民生事, 反戾陛下求福之意. 本國自有倭寇以來, 備禦無或小弛, 樞密院所差體覆使亦宜停罷, 宣徽院·資政院·將作院·大府監·利用監·太僕寺諸衙門所差人吏, 一切禁斷, 其方物可充用度者, 明立額數, 聽本國自獻, 庶使站路邊民獲寧."

을 자신의 궁내 세력으로 구축하였다.[46] 그런 그녀의 정치 활동을 뒷받침한 것이 바로 자정원이었는데,[47] 자정원은 1340년 12월 "중서성에서 완자홀도(完者忽都) 황후(기황후)를 위해 설치한 관청"으로 기록돼 있고,[48] 그녀의 열전에도 그녀가 제2황후가 되면서 휘정원(徽政院)이 자정원(資正院)으로 재편된 것으로 기록돼 있다. 그런 자정원이 위 인용문에 언급되고, 당시 기황후의 측근으로 고려 내정에도 깊이 간여하고 있던 고용보(高龍普), 박불화(朴不花) 등이 고려 출신이었음을 감안하면, 위의 요구는 사실상 기황후에 대한 공세로서, 기철 척살에 따른 후속 작업의 한 일환이기도 했음을 알 수 있다.

다만 공민왕으로서도 당시 원제국 황실의 최고 실세였던 기황후를 너무 자극하는 것은 피해야 할 일이었다. 몇 년 뒤의 상황이긴 했지만, 기철 척살에 대한 황후의 분노가 공민왕 폐위 시도로 이어졌음을 감안하면 더욱 그렇다. 이에 위 요청에 따른 역풍을 피하기 위해서라도, 그런 요청을 정당화할 명분의 제시가 필요하였다. 그와 관련해 주목되는 것이 "본국은 왜구(倭寇)가 있은 이래로 그 방어를 조금도 늦출 수 없다"는 대목이다.

이 왜구는 가깝게는 1350년부터 한반도를 본격적으로 침구하기 시작한 왜구를 지칭하는 것으로 보이지만, 사실 일본의 한반도 침략 가능성은 제국의 일본 정벌이 시작된 1270년대 이래 80여년간 고려와 원제국 간에 꾸준히 언급된 사안이었다. 그리고 그러한 일본 정벌은 무엇보다도, 쿠빌라이의 핵심 유산 중 하나였다. '근래 출현하기 시작한 왜구' 문제의 역사

....

46 토니노 푸지오니, 2002 「원대(元代) 기황후(奇皇后)의 불교후원과 그 정치적인 의의」 『보조사상』 17

47 이용범, 1962 「기황후의 책립(冊立)과 원대의 자정원(資政院)」 『역사학보』 17·18

48 『원사』 권92, 지42 백관8, 자정원(資政院); 권204, 열전91 환자(宦者), 박불화(朴不花)

적 배경으로서의 '지난 80여 년 간의 일본 도발 가능성'은 세조 쿠빌라이와 절대 무관하지 않은 이슈였던 것이다.

그런 점에서 공민왕의 '왜구' 거론은 복수의 용도를 염두에 둔 것으로 보인다. 우선 위의 사안을 세조 쿠빌라이의 유산에 결부시킴으로써 황후의 분노나 제국 정부의 불편함을 사전에 차단(또는 완화)하고, 고려 한반도가 세조 쿠빌라이의 일본 초유(招誘) 사업에 오래도록 헌신했던 지역임을 환기하는 효과를 노렸을 수 있다. 아울러 제국의 관청들을 통해 고려의 물자를 임의 징수하는 현재의 상황이 과거 한반도에 일본 정벌 동참은 요구해도 세금은 징수한 바 없었던 쿠빌라이 때와는 다른[49] 매우 부당한 일임을 지적하는 데에도, 일본은 적지않이 효과적인 소재였을 것이다. 물자 징발만 언급했을 경우 매우 수세적인 요청으로 비칠 수 있었던 요구를, (세조 쿠빌라이를 자동 연상시키는) '일본(日本, 倭)'이라는 소재를 불쑥 투척함으로써 나름 공세적인 요구로 변모시킨 셈이다. 공민왕이 고려 출신 제국 관료들의 농간을 제어하고 고려의 재화도 보호하기 위해 쿠빌라이의 권위를 활용했던 또 다른 사례라 할 것이다.

그리고 마지막으로, 쌍성총관부(雙城摠管府) 문제 역시 매우 흥미로운 경우이다.[50]

공민왕은 기철 세력 척결 후 한반도 북변 지역을 대상으로 일종의 양동(兩動) 작전을 전개하였다. 동북면 병마사 유인우(柳仁雨) 등으로 하여금 쌍성(雙城) 등지를 수복하게 하고, 인당(印璫)과 강중경(姜仲卿)을 서북면

....

49 앞서 1부에서 소개한 유청신(柳淸臣) 열전 속 원제국 통사사인(通事舍人) 왕관(王觀)의 상서(上書) 참조.

50 쌍성총관부에 대해서는 아래에 언급할 김구진, 방동인 등의 연구가 있지만, 쌍성총관부의 위격 및 위상에 대한 상세한 연구도 최근 발표되었다(오기승, 2023 「13~14세기 쌍성총관부의 성격과 그 위상」 『숭실사학』 50).

병마사로 삼아 부사들과 함께 압록강 이서의 8참(站)을 공격하게 한 것으로,[51] 동북면과 서북면 양 지역으로 동시에 군사를 출진시킨 것이다.

공민왕의 쌍성 공격은 고토(古土) 회복이라는 숙원은 물론, 현실적으로는 기철 세력 견제 등을 위한 다목적용으로 기획된 것으로 보인다. 아래의 요청을 보면 기철의 잔당이 쌍성에서 암약하고 있었을 가능성이 엿보이는데, 그가 이전부터 요동 지역과 맺어왔던 연고를 감안하면 (기철 세력 척결 후 지역 만호부들을 제거해야 했던 것처럼) 쌍성지역에 대한 군사 조치도 불가피했을 것이기 때문이다.[52]

"쌍성(雙城)과 삼살(三撒)은 본래 고려의 영토[境域]인데, 1258년[고종45년, '先臣忠憲王戊午(年)'] 조휘(趙暉), 탁청(卓靑) 등이 죄를 범하고는 처벌이 무서워 여진족을 꼬득여 관리들을 죽이고 남녀 백성을 노비로 붙잡았으니 나라의 어른[父老]들이 아직까지도 눈물을 흘리며 '피의 원수'라 하곤 합니다. 게다가 근래에는 역신(逆臣) 기철(奇轍), 노책(盧頙), 권겸(權謙)이 그 추장들과 결탁해 자신들이 반역을 도모할 때 호응하게 했고, 기철(奇轍)이 죽자 그 잔당 다수가 실제로 저들에게

---

51 『고려사』 권39, 세가39 공민왕5년(1356) 5월 정유; 기해
52 김구진, 1989 「여·원의 영토분쟁과 그 귀속문제 - 원대에 있어서 고려본토와 동녕부, 쌍성총관부, 탐라총관부의 분리정책을 중심으로」 『국사관논총』 7. 실제로 기철은 요양행성 관직과 정동행성 참지정사 직을 동시에 지녔던 인물이고, 그 아들 기새인첩목아(奇賽因帖木兒)도 1370년 12월 동녕·요양 등처에 몸을 숨긴 바 있다. 1356년 3월 공민왕이 이성계의 부친 이자춘(李子春)에게 '기철이 쌍성(雙城)의 반민(叛民)과 연계해 반역을 도모한다는 밀고가 있음'을 언급하며 경계를 당부한 것에서도 볼 수 있듯이, 기씨 세력은 동북면 지역에 큰 영향을 끼치고 있었다[『원사』 권44, 본기44 순제(順帝) 지정(至正) 15년(1355) 1월 무오: '요양행성(遼陽行省) 좌승(左丞) 기백안불화(奇伯顔不花)'가 바로 기철); 『고려사』 권42, 세가42 공민왕19년(1370) 12월 정사; 권114, 열전27 지용수(池龍壽); 권39, 세가39 공민왕5년(1356) 3월 갑진].

달려가므로 수색에 나섰더니, 오히려 군사를 동원해 역적(逆賊)을 도우는지라, (저희가) 할 수 없이 출병한 바 있습니다. 그 총관(摠管) 조소생(趙小生)과 천호(千戶) 탁도경(卓都卿)이 지금 도망 중에 있어 틈을 타 사고를 낼까 두렵습니다. 생각해 보면 바다 안팎이 모두 제국의 영토[王土]이니, 어찌 조그마한 불모지를 아까워하실 일이겠습니까[計較]? 바라건대 우리의 옛 강역[舊疆]을 돌려주시고, 쌍성과 삼살의 북쪽에 관방(關防)을 설치하는 것을 허락해 주십시오."[53]

쌍성총관부가 애초 조씨와 탁씨의 배신으로 생겨난 곳이었고, 최근에는 기철의 잔당이 몸을 의탁한 곳이었으며, 도망친 조씨와 탁씨 가문의 후손들이 또 무슨 사고를 칠지 모르니, 쌍성을 고려에 돌려주는 동시에 경계 시설 설치도 허락해 달라는 요청이었다. 여기서 공민왕은 앞서 소개한 세 경우와는 달리, 세조 쿠빌라이의 언설을 인용하지 않았다. 쌍성의 설치(1230년대) 자체가 쿠빌라이 즉위 이전의 일로서, 성관 보거권이나 지역 만호부처럼 세조의 유훈을 거론할 수 있는 사안이 아니었기 때문이다.

그런 점에서 당시 고려의 자체적 군사 역량으로 쌍성을 탈환할 수 있었음은 매우 다행스러운 일이었다. 아울러 그간 쌍성총관부에서 진행되고 있던 몇 가지 변화도 그를 도운 변수였는데, 고려로의 실지(實地) 귀환만

....

53 『고려사』 권39, 세가39 공민왕5년(1356) 10월 무오, "雙城三撒元是小邦之境, 先臣忠憲王戊午趙暉卓靑等犯罪懼誅, 誘致女眞, 乘我不虞殺戮官吏繫累男女皆爲奴婢, 父老至今言之流涕, 指爲血讎. 比來逆臣奇轍盧頙權謙交結酋長, 召集逋逃, 及其謀逆約爲聲援, 轍等旣死, 支黨多奔于彼, 故令搜索, 彼反用兵助逆勢不獲已, 以致行師. 其總管趙小生千戶卓都卿, 今在逃竄, 竊恐構釁生事. 恭惟, 朝廷薄海內外, 莫非王土, 尺寸不毛之地, 豈計彼此哉? 伏乞, <u>歸我舊疆雙城三撒以北, 許立關防</u>. 女眞人等於泥城等處山谷之間, 越境來居擾百姓掠牛馬導本國犯罪之人, 逃閃莫追, 卽與雙城三撒無異乞立禁約, 毋得擅入, 似前侵害."

1356년에 이뤄졌을 뿐, 사실 그 전부터 쌍성 현지의 고려 강역으로서의 성격이 일부 회복되고 있었기 때문이다.

나얀, 카다안의 난이 1287년 발생하자 그를 경비·경계한다는 명분 아래 고려군이 쌍성에 주둔하였고, 그 결과 쌍성 지역의 원제국 강역으로서의 색채가 희석되면서 쌍성 지역의 상한이 고려의 실질적 동북면 쪽 변경으로 인식되는 효과가 발생하였다.[54] 게다가 10여년 뒤인 1298년에는 정주(定州, 정평) 이남의 여러 성들을 대상으로 '각환본성(各還本城)'이라는 조치가 시행되면서, 쌍성총관부의 실제적 관할 지역이 정주(定州) 이남 – 화주(和州) 이북으로 축소되었다.[55]

무엇보다도 쌍성총관부가 애초 조씨와 탁씨 등 고려인들의 이탈로 만들어졌던 지역으로서 오랜 기간 '원제국이 고려 가문을 통해 관리하던' 지역이었던지라, 현지인들의 고려군에 대한 정서가 그리 적대적이지 않았던 것도 쌍성의 회복에 나름대로 기여했던 것 같다. 쌍성인들이 조인벽(趙仁璧) 등의 순행(徇行)을 맞아 기뻐하고 고려군에게 음식을 대접하면서 '고려왕은 참으로 우리 임금(我主)'이라 했다는 사실이 그를 잘 보여준다.[56] 결국 14세기 중반 들어서 이 지역의 고려인들이 서로 갈라져 이씨 세력은 고려에 귀화하고 조씨 세력은 제국 세력으로 남는 등 지역 정세가 급변했는데,[57] 공민왕은 바로 그러한 상황을 적극 활용하여 고려의 옛 강역 복구

....

54 『고려사』 권30, 세가30 충렬왕16년(1290) 2월 을해. 이와 관련해서는 방동인, 1990 「여·원 관계의 재검토 – 쌍성총관부와 동녕부를 중심으로」 『국사관논총』 17 참조.

55 『고려사』 권58, 지12 지리3, 동계(東界) 안변도호부(安邊都護府) 등주(登州). '각환본성' 조치된 지역은 등주 외에도 여러 지역이었다(방동인, 위논문).

56 『고려사』 권111, 열전24 조돈(趙暾), "雙城人聞仁璧至喜相告曰, '趙別將來吾屬更生矣.' 相率來降犒迎官軍曰, '高麗王眞我主也.'"

57 민현구는 쌍성총관부의 (고려 출신) '친원' 지배 세력이 당시 분열하고, 그 중

에 나선 것이라 여겨진다.

　물론 공민왕으로서도 쌍성 현지의 사정만 믿고 일을 벌이기는 어려웠을 것이다. 그런데 당시 공민왕은 여러 상황을 감안할 때 요양행성의 보복이나 원제국의 질타를 지나치게 우려할 필요는 없겠다는 판단을 한 것 같다. 일례로 바로 전 해인 1355년, 고려 정부가 쌍성 지역을 대상으로 '인구 추심'에 해당하는 '적민(籍民)' 작업으로서 '삼성조감호계(三省照勘戶計)'의 설정을 주도했음에도[58] 요양행성은 물론 원제국 정부도 그를 별달리 제지하지 않았다. 그리고 비록 1356년 쌍성 탈환 1년 뒤의 일이긴 하나, 1357년 8월 고려 정부가 조소생(趙小生)·탁도경(卓都卿) 등 쌍성에서 축출된 세력이 요양행성에 무고를 시도할 것을 차단하고자 쌍성 내 채금(採金) 논의에 (어찌 보면 고려로서는 마뜩찮은 일일 수도 있었겠으나) 요양행성의 동참을 건의한 것도,[59] 당시 고려와 요양행성 사이의 관계가 나름대로 안정적이었음을 보여준다.

　이렇듯 공민왕은 실질적 무력 및 객관적 정세 판단을 기반으로 쌍성 회복에 나섰던 것으로 보인다. 그리고 고려군의 출정에 힘입어 동북면에서 쌍성총관부로 편제돼 있던 지역들 중 화주(和州), 등주(登州), 정주(定州), 장주(長州), 예주(預州), 고주(高州), 문주(文州), 선주(宜州) 및 선덕진(宣德鎭), 원흥진(元興鎭), 영인진(寧仁鎭), 요덕진(耀德鎭), 정변진(靜邊鎭) 등이 수복되었다.

....

일부가 이탈하여 고려에 귀부할 태세를 갖추고 있었으며, 그것이 공민왕의 정책 단행에 큰 활력을 주었다고 보았다(1989 「고려 공민왕의 반원적(反元的) 개혁정치에 대한 일고찰 - 배경과 발단」 『진단학보』 68).
58 『고려사』 권38, 세가38 공민왕4년(1355), "이 해"[是歲]; 권40, 세가40 공민왕 11년(1362) 12월 계미
59 『고려사』 권39, 세가39 공민왕6년(1357) 8월 무오

위 인용문에서 살펴본 공민왕의 요청은 동북면 정벌을 성공적으로 마무리한 후 그를 공식화하는 의미에서, 공민왕이 쌍성 지역의 고려 반환을 공인(公認)해 줄 것을 원제국 정부에 요구한 것이라 할 수 있다.[60] 애초 쌍성 지역의 관리에 힘겨워했던 원제국으로서도 고려가 수복한 이 지역들을 다시금 빼앗고자 할 여력이 없을 것임을 간파하고는, 실질적 점유권을 회복한 후 그 추인을 요청하는 담대함을 보인 것이다.

그러나 공민왕으로서는 마지막까지도 마음을 놓치 못했던 듯하다. 특히 쌍성 등지를 공식적으로 회복하(여 방어용 시설을 구축하)지 못할 경우, 기사에도 나오듯이 도피 중인 고려인들이나 주변 여진인들의 준동을 막을 방책이 마땅치 않다는 점도 우려되었을 것이다. 즉 공민왕은 고토를 회복한다는 명분은 물론, 국경(國境) 방어라는 실리적 이유 때문에라도 동북면의 쌍성 등지를 수복해야 하는 상황이었다. 이에 원제국의 거부 가능성을 사전에 봉쇄하고자 한 가지 도박을 하게 된 것으로 보이는데, 앞서 언급한 서북면 지역에서의 양동(兩動) 작전이 바로 그것이 아니었던가 한다.

기록을 보면, 동·서북면 양쪽에서 전개된 고려의 군사 작전에 대한 원제국의 입장이 극명하게 갈린다. 동북면 작전(쌍성 공략)에 대해서는 거의 묵인으로 일관했던 것과는 달리, 서북면 작전(압록강선 침범)에 대해서는 격분했던 것이다. 동북면을 회복하려 했던 고려에는 결과적으로 다행스러운 일이었지만, 왜 원제국이 양 사안에 대해 이렇게 다른 관점을 보였는지는 궁금한 일이 아닐 수 없다. 그런데 그것이 바로 공민왕이 의도했던 것이 아닌가 싶다.

고려 서북면 쪽의 압록강 이서지역은 사실 동북면과는 그 성격이 완전

---

60 쌍성 사람 조도적이 투항해 오자 공민왕은 금패에 천호직까지 제수하였다[『고려사』 권39, 세가39 공민왕5년(1356) 6월 기미, "雙城人趙都赤來朝, 賜金牌授高麗雙城地面管軍千戶."]

히 달랐던 지역이다. 압록강은 이미 고려초부터 고려의 서북면 국경으로 설정, 인식되고 있었다. 일찍이 태조가 마헐탄(馬歇灘)을 경계로 삼고 요나라에서 압록강변 석성(石城)을 경계로 삼았음을 최승로가 성종에게 상기시킨 바 있고, 덕종도 서해변 옛 국내성(國內城) 경계[界]의 압록강 입해(入海) 지점에서부터 북쪽 관방[北境關防]을 설치하였다. 예종 역시 압록강을 경계로 관방을 설치했으며, 충렬왕대에도 원제국 정부가 '고려 경내'에 이리간(伊里干)을 설치할 지역을 '압록강 이내'로 설정하였다.[61]

즉 압록강이 오래도록 한반도와 중국 간 경계선 노릇을 해 온 것으로,[62] 그 서쪽 지역은 엄연히 고려 강역이 아니었다. 압록강 이남, 또는 동쪽 지역만이 고려의 영토로 인식돼 왔던 것이다. 그런 점에서 서북면 공격의 경우, 동북면 쌍성 공격과는 전혀 다른 의미를 지니는 사안이었다. 오랜 기간 유지돼 온 고려 – 중국 간 경계를 범하는 고려 측의 엄중한 대중국 적대행위, 엄연히 제국의 영역이었던 곳을 공격하는 그야말로 '반원(反元) 도발'로 간주됐을 것이다.

이는 고려의 서북면 쪽 군사 작전에 대한 제국 정부의 입장에서도 잘 확인된다. 원제국 정부는 고려군의 쌍성 공략 다음 달인 1356년 7월, '근래 간민(姦民)들이 갑자기 변란을 일으켜 우리의 강역[封疆]으로 넘어와 인

....

61 『고려사』 권82, 지36 병2, 진수, 성종원년(982) 6월; 권82, 지36 병2, 성보(城堡), 덕종2년(1033); 권58, 지12 지리3, 북계 안북대도호부(安北大都護府) 녕주(寧州)·의주(義州), 예종12년(1117); 권82, 지36 병2, 참역, 충렬왕5년(1279) 6월. 아울러 심왕(瀋王) 세력의 입성론(立省論)에 반론(反論)을 제기한 원제국 정부의 왕관(王觀) 역시, '고려가 이전부터 군사를 내어 행역(行役)을 도우니, 요수(遼水: 압록강) 이동(以東)으로부터 바다에 접한 만리(萬里) 땅이 모두 진정(鎭靜)되었다'는 표현을 한 바 있다[권125, 열전38 간신1, 유청신(柳淸臣)]. 압록강 동쪽을 고려의 영역으로 간주했던 것이다.

62 이와 관련해서는 송용덕, 2009 「고려후기 변경지역 변동과 압록강 연변(沿邊) 인식의 형성」 『역사학보』 201 참조.

민을 요란케 하고 우리의 시설[驛傳廬舍]을 불태웠음'을 질타하였고, 10월에도 '이번 여름 한 무리의 [고려] 병사[游兵]들이 우리 강역에 들어와 우리의 역참(驛站)을 무너뜨려 변민이 편치 못하였다'고 분노하였다.[63] 고려군의 서북면 역참 공격을 누차 비난했던 것이다.[64]

압록강선의 역사적 의미를 모르지 않았을 공민왕도, 서북면 공격에 대한 제국 정부의 분노를 예상했을 것이다. 이에 공민왕은 서북면 작전으로 인한 제국의 질타에 대해 '백성과 간인(奸人)의 이동을 통제하기 위해 (고려측) 관방을 설치'했을 뿐이라고 해명했고, '그를 넘어선 것은 고의가 아니었으며 … 관련자는 처벌할 예정'이라며 적극 사과하였다.[65] 앞서 인용한 네 번째 요구사항에도 동북면 쌍성과 관련한 요청만 담았을 뿐, 서북면은 전혀 언급하지 않았다.

궁금한 것은, 제국의 그런 날선 반응을 충분히 예상했을 공민왕이 과

....

63 『고려사』 권39, 세가39 공민왕5년(1356) 7월 정유; 10월 갑인. 7월 기록은 『고려사절요』에서도 발견된다[권26, 공민왕5년(1356) 7월, "元遣中書省斷事官撒迪罕, 詔曰, '…邇者, 姦民遠生邊釁, 越我封疆, 擾我黎庶, 焚我傳舍, 阻我行人, 揆諸天憲, 討戮何辭. 尙慮蕞爾賊徒或得罪爾邦, 逋逃嘯聚, 或從他國, 妄稱汝民, 盜用兵戈以間世好. 若不詢問情僞, 大兵一臨, 玉石俱焚, 誠所不忍. 爾其毋生疑貳, 發爾士卒, 就便招捕, 或約我天兵, 倂力夾攻, 期於靖國安民, 永敦前好. 其悉奏聞.'"].

64 이 두 언급이 서북면을 대상으로 한 것임은 7월 기록의 '봉강(封疆)'과 '득죄이방(得罪爾邦)'이라는 두 단어에서도 유추할 수 있다. 쌍성총관부가 비록 원제국의 행정 단위이긴 했어도 제국에서 누군가를 그 지역의 제왕(諸王)으로 책봉한 것은 아니었으므로, '봉강'은 고려의 동북면을 지칭하는 용어로는 어색하다. 아울러 '고려에서 죄를 얻은 무리들'이란 문맥상 [기사에서 언급된 지역에] 모여 산 자들을 가리키는 듯한데, 고려에서 원으로 투항한 조·탁 세력을 원제국 정부가 '유죄인'이라 비판했을 리는 없으므로, 이 표현에서 언급된 공간이 동북면이기는 어려워 보인다. 따라서 1356년 하반기 원제국 정부가 분노했던 대상은 고려의 서북면 쪽 군사작전이었던 것으로 보아도 무방할 것이다.

65 『고려사』 권39, 세가39 공민왕5년(1356) 7월 무신

연 왜 서쪽 군사 작전을 강행했느냐의 문제이다. 사실 공민왕 본인도 압록강을 국경선으로 인식, 존중하는 모습을 보인 바 있다. 1356년 6월 북계(北界)와 서해도(西海道)의 군사로 압록강을 진수(鎭守)하게 한 일, 7월 몽골 위왕(魏王)의 태자(太子)가 압록강에 도착하자 공민왕이 예외적으로 도강(渡江, 入境)을 허락한 일 등이 그를 잘 보여준다.[66] 이를 보면, 공민왕의 서북면 군사 작전은 실제로 압록강선을 침범하고 그 서쪽의 제국 강역을 고려의 것으로 빼앗아 오려고 시작한 것이 결코 아니었던 것 같다. 그럼 그 목적은 무엇이었을까?

우선 기철 세력의 잔당을 관리하는 차원에서 작전을 벌였을 가능성이 있다. 이후의 일이지만 기새인첩목아(奇賽因帖木兒) 등 기철 세력의 잔적을 처리하기 위해 이인임 등이 병사를 끌고 압록강을 건너 공격을 감행한 사례가 있음에서,[67] 동북면 작전 뿐 아니라 서북면 작전에도 유사한 목적이 있었을 가능성이 없지 않다.

다만 필자는 당시의 서북면 작전에, 원제국의 시선을 압록강선으로 돌려 고려가 '다른 쪽에서' 원하던 바를 얻어내려 한 측면이 있었음에 주목해 보고 싶다. 동북면에 대한 고토(故土) 회복 이후에도 그에 대한 제국의 공인(公認)까지 얻어내는 것이 쉽지만은 않을 것으로 예상되는 상황에서, 압록강 이서지역을 노린 듯한 일종의 군사 시위로 원제국을 도발한 후, 그에 따른 원제국의 질타에는 용서를 빌되, 대신 동북면에서의 군사 작전

----

66 『고려사』 권82, 지36 병2, 진수, 공민왕5년(1356) 6월 교서; 권39, 세가39 공민왕5년(1356) 7월 기묘. 압록강이 원제국과의 사실상의 국경선이었음은 정지상의 언급에서도 확인된다. 정지상은 '나라에서 이미 여러 기씨들을 주살하고 다시 원을 섬기지 않기로 했으며, 김경직(金敬直)을 원수(元帥)로 삼아 압록강[鴨江]을 지키게 했'며 원제국으로부터 오던 사신을 구금한 바 있다[『고려사절요』 권26, 공민왕4년(1355) 2월].

67 『고려사』 권114, 열전27 지용수(池龍壽)

및 고려 영토권 회복에 대해서는 제국의 묵인을 얻어냄으로써, 제국의 위신을 세워주는 한편 고려의 실익(實益)은 챙기는 전략을 구사한 것이 아닌가 한다.[68] 공민왕의 서북면 군사 작전이 동북면 수복을 위한 일종의 '연막' 작전으로 기획되었던 셈으로,[69] 공민왕이 한쪽(동북면)을 얻어내기 위해 양쪽(동·서북면) 모두를 건드렸을 가능성을 상정해 보는 것이다.[70]

아울러 공민왕이 자신의 요구를 관철시킬 명분으로 쿠빌라이를 끌어들였던 앞의 세 경우와는 달리, 여기서는 '바다 안팎이 모두 제국의 영토'라는 왕토(王土) 사상을 돌연 꺼내 들었음이 흥미롭다. 공민왕이 제국의

....

68 일종의 '성동격서(聲東擊西, 물론 이 경우는 '성서격동'이었던 셈이지만)'를 도모한 것이 아닌가 싶은 것인데, 공민왕이 그를 주도한 장수 인당(印璫)을 처형한 것도 의미심장한 대목이다. 종전의 연구는 공민왕이 '반원(反元)'의 기치 이래 인당으로 하여금 압록강 서쪽 지역을 공격하게 했다가, 원제국 정부의 질타가 극심해지자 그를 희생양 삼아 처형한 것으로 보아 왔다. 그러나 필자는 조금 다른 생각을 갖고 있다. 인당은 왜구 정벌 때에도 왕이 보기에 매우 아쉬운 행보를 드러냈고『고려사』권38, 세가38 공민왕원년(1352) 8월 정묘, "捕倭使印璫帥禁軍及東西江喬桐水手一千人禦倭, 以逗遛不進, 下璫獄."], 1356년 북변으로 파견될 당시 출정하는 날 동료 장수 강중경(姜仲卿)을 임의로 처형하는 등(5월 정유) 하극상에 해당하는 일도 서슴지 않았던 인물이다. 그러한 그의 무장답지 않은 행적과 충동적 성격을 감안하면, 그가 1356년 당시 공민왕의 의도 및 명령을 넘어서는 군사 작전으로 공민왕의 애초 취지를 위험하게 만들었던 탓에 공민왕이 그를 징벌한 것이었을 가능성을 상정해 볼 필요가 있다(이강한, 위 논문 참조).

69 인당이 '압록강에 이르러' 파사부(婆娑府) 등을 공파(攻破)했다는 기사도[『고려사절요』권26, 공민왕5년(1356) 6월], 그가 지시받은 작전 범위 자체가 압록강 인근지역에 불과했을 가능성을 보여준다.

70 최근 오기승도 '서북과 동북 양 측면으로의 진군은 별개의 군사 작전으로 인식돼 왔지만 전체적으로 쌍성총관부 지역 수복이라는 단일한 군사 작전의 범주 안으로 수렴되는 것이었다'고 본 바 있다[2021 「공민왕 5년(1356) 여원 접경지대 분쟁과 쌍성총관부 수복」,『숭실사학』46].

절대적 위상을 환기하며, '구강(舊疆, 고려의 옛 영토)'에 대한 대승적 양보를 얻어내려 했음을 보여준다는 점에서 그렇다. 그런 점에서 공민왕의 마지막 요구는 쿠빌라이의 권위보다는 '원제국의 권위(와 양허)'에 편승하려 한 사례라 하겠다.

이상에서 살펴본 바와 같이, 공민왕은 1356년 이문소 폐지와 성관 보거권 확보 등 일련의 정동행성 개혁을 계기로 정국 주도권을 확보하고, 만호부 부분 존치를 통해 군사력 공백을 최소화하며, 기황후 세력의 공물 요구를 거부해 재정을 보호하는 동시에, 영토 회복 및 기철 견제 차원에서 쌍성 등지를 수복하였다. 그리고 이러한 개혁을 달성하기 위해 공민왕은 제국 정부와 황제의 승인을 얻어내는 데 도움이 될 다양한 전술을 동원하였다. 황제를 직접 공격하는 것을 피하고, 제국 정부의 위신을 세워주며, 무엇보다도 원제국에서 가장 숭모하던 세조 쿠빌라이의 과거 언명 및 언설들을 제국 정부가 자신의 요청을 들어 주어야 할 근거로 제시했던 것이다.

그간 고려인들이 이른바 '세조구제(세조의 오래된 약속)'를 심왕 옹립 운동, 입성 논의를 공박하는 데 활용한 바 있었지만, 공민왕은 이 세조구제를 국왕의 권위 강화, 외국 군사 단위의 선별적 철수, 제국의 임의적 고려 물자 징발 중지 등을 요구하는 데 적극 활용하였다. 그런 점에서 공민왕의 대응은 제국 정부에서 어떤 도발을 할 경우 그것을 철회시키기 위한 논리로 세조구제를 거론해 온 이전의 사례들과는 달리, 자신이 원하는 구체적 상황들을 얻어내고 관철하기 위해 세조구제를 선제적으로 거론한 공격적 사례로서, 세조구제를 이를테면 '역이용'한 경우인 동시에, 몽골 원제국이 그간 현창해 온 세조의 유제가 (적어도 고려와의 관계에서는) 제국 정부 스스로를 옭아매는 족쇄가 되었음을 보여준다. 제국 정부가 그간 고려나 제국 일각의 여러 세력들이 관철하지도 못할 여러 무리한 주장

(심왕 옹립, 입성)을 하는 것을 방치해 고려로 하여금 '세조구제를 활용한 방어전략'을 다듬을 시간을 제공하고, 급기야 그 논리에 그대로 당하는 상황을 자초했던 셈이라고 하겠다.

이렇듯 공민왕의 1356년 시도는 고려 왕의 권능 확대, 고려내 원제국의 흔적 말소, 고려의 재화(財貨) 보호 및 강역 회복에 원제국 정부 또는 원 황제의 권위를 활용한 중요한 전기적(轉機的) 사건이었다고 할 수 있다. 1340년대 정치도감의 개혁이 원제국 현(現) 황제의 지시를 발판 삼아 전개된 개혁이라면, 공민왕의 1356년 개혁은 과거 황제의 유훈을 동력 삼아 추진된 개혁이라 하겠다.

이 개혁은 흔히 이른바 '반원개혁(反元改革)'으로 칭송돼 왔고, 실제로 고려와 원제국 간의 관계를 많이 바꾸어 놓았지만,[71] 공민왕이 이 개혁을 성취해 낸 과정만큼은 적어도 공식적으로는 '반원 추구'와는 거리가 멀었다. 원제국을 부정하거나 고려 - 제국 간 관계를 영구히 단절하려고 추진한 것이라기보다, 오히려 '세조 쿠빌라이의 유제'를 근거로 얻어낸 승리들이었기 때문이다. 그럼에도 공민왕의 이 개혁을 민족주의적 견지에서 '반원'이라고 명명하는 것은, 공민왕의 고뇌와 외교수완을 덮어 버리는 일일 수도 있다. '반원개혁' 보다는 '1356년 개혁'이라 부름이 적절하리라 생각된다.

....

71 비록 필자와는 입장을 달리하지만, 세조구제에 대한 공민왕의 입장과 관련해서는 이익주와 이명미의 견해를 경청할 필요가 있다. 한편, 당시 공민왕의 의도가 그간 '통혼' 및 '군사 협력'을 기반으로 형성된 고려 - 원제국 간의 관계를 조정(재교섭, renegotiate)하는 데 있었으며, 그것이 유라시아의 과거이자 현재적 관행이기도 했다는 견해가 최근 제기된 바 있어 흥미롭다[David Robinson, *Korea and the Fall of the Mongol Empire - Alliance, Upheaval, and the Rise of a New East Asian Order* (Cambridge University Press, 2022)].

2. 지방제도 개혁에 원제국(과 가까운 이들)의 존재감을 이용하다

앞서 1340~50년대에 전개된, 고려 정부가 원제국(또는 원제국 황제)의 '권위'를 활용한 사례들을 살펴보았다. 여기서 살펴볼 것은 그보다는 낮은 수위의 활용이었지만, 훨씬 더 긴 기간 관찰되는 사례들의 경우이다. 아울러 공민왕의 사례가 원제국을 등에 업은 존재들을 무력화하고 고려왕의 권능을 늘리기 위한 정치·외교적 노력이었다면, 여기서 살펴볼 사례들은 고려 내부[內政]의 필요, 구체적으로는 지방 행정체계 개선의 필요에 기여한 사례였던 차이가 있다. 이 책의 서두에서 잠깐 언급한 바 있는 고려 지방제도의 몇 가지 문제 중 1부에서 살펴본 중간 광역 단위의 문제가 아닌 '기초 단위'의 문제, 즉 지방관의 부족 문제를 해소하는데 원제국과 관련된 인물들의 명망이 국부적으로 활용된 경우이다.[72]

고려의 지방 제도는 잘 알려져 있는 바와 같이 이른바 '주현(主縣) - 속현(屬縣)' 제도로 요약된다. '주현'은 지방관이 파견된 단위, 그리고 '속현'은 지방관이 파견되지 못한 단위를 일컫는다. 엄밀히 말하면 모든 기초 단위들이 중앙에서 파견한 지방관을 받았어야 하지만 고려 초 여러 사정으로 인해 그렇지 못했던 결과, 여러 기초 단위들 중 일부만 중앙 정부가 임명한 지방관의 관리(管理)를 받을 수 있었다. 지방관을 받지 못한 '외관 부재 지역(속현)'들은 인근의 주현(지방관이 파견된)들로부터 간접적 관리를 받아야 했다.

국초 고려 정부가 모든 지역 단위마다 지방관을 설치하지 못한 데에는 여러 이유가 있었다. 관료의 풀(pool), 즉 인재 집단 자체가 크지 못해 중

---

72 이 절에서 언급된 내용과 관련한 자세한 분석은 이강한, 2015 「고려후기 외관의 신설, 승격 및 권위 제고」 『한국사연구』 171 참조. 이 절의 서술 또한 이 논문에 기반하였다.

앙 요직에 충원해야 할 관료들을 빼고 나면 지방관으로 파견할 인물이 부족했던 것 같고, 모든 지역 단위에 지방관을 보낼 경우 그들에게 지급할 녹봉의 조달도 여의치 않았을 것으로 짐작된다. 아울러 지방관 없이 지내고 있던 지역에 새로이 외관을 파견할 경우, 그 위상과 권위가 확립되지 못한 상황에서는 외관들의 신변에 위험이 발생할 소지도 있었다. 국초의 경우 우선 급한 대로 주현들을 활용해 속현들을 지배해도 국정 운영상 그리 큰 무리나 어려움이 없기 때문이기도 했을 것이다.

그러나 시간이 흐르면서 왕조의 운영도 복잡해지고, 지방관을 가진 지역과 그렇지 못한 지역 간의 이질화가 이런저런 문제들을 야기했을 것으로 생각된다. 따라서 전 지역 지방관 파견이라는 과제를 언젠가는 추진해야 할 상황이었다. 지방관이 없던 모든 지역에 한꺼번에 지방관을 파견하는 근본적인 해법까지는 강구하지 못해도, 가급적 많은 속현에 새로이 지방관을 파견하는 것은 절실한 상황이었다. 아울러 지방관이 이미 존재하던 주현(主縣)의 경우에도, 주·부·군(州·府·郡)에 비해 위격이 낮았던 현(縣)의 경우 인구가 많고 관리하는 영역도 넓은 지역이었다면 주·부·군으로 승격시키는 것이 필요하였다. 전체 지방 네트워크에서 현으로서 할 수 있는 일이 있다면 주·부·군으로 수행할 수 있는 더 적극적인 역할도 존재했을 것이기 때문이다.

그럼에도 지방관의 증파(增派) 및 현령(縣令, 현의 지방관)의 승격 등은 고려 왕조가 개창된 지 수백년이 지나도록 답보상태를 보이고 있었다. 현령의 승격은 고사하고 지방관의 증원 파견이 매우 더뎠다. 고려 중기에는 지방관에 준하는 존재를 속현에 파견하는 대안이 강구됐으니, 이른바 감무(監務)의 설치가 그것이었다. 녹봉을 요하지 않는 존재로서 정식 외관도 아니었으므로 그 지역이 주현으로 전환된 것은 아니었다. 그래도 감무가 파견될 경우 해당 지역이 좀 더 직접적으로 중앙의 관리를 받을 수 있었

다는 점에서 나름 의미가 있는 조치였다.[73]

다만 이런 감무 파견도 새로운 문제를 야기할 소지가 있었다. 외관이 없던 지역 단위에 현장을 관리할 존재가 새로 부임한 것은 좋았으나, 정식 지방관이 파견된 지역과는 아무래도 차이(차별)가 있을 수밖에 없었고, 그들의 권위도 정식 외관에 비해 떨어질 수밖에 없었다. 게다가 무신집권기에 단행된 감무 파견 조치들은 무신들에게 일자리를 주기 위한 편법이었을 가능성이 높다. 무신(武臣)의 난(1170) 이후 수도 개경(開京)에서 재상(宰相)의 지위를 즐기며 무예와는 무관한 전례(典禮), 문한(文翰)의 직무까지도 간여하던 무신들이 급기야 지방으로 진출해 현지 사법 및 재정 관련 직책들까지 노리던 상황에서 감무들이 돌연 파견됐기 때문이다. 그랬던 그들이 현지민들을 제대로 대우하거나 다스릴 수 있었을지 매우 의문스럽다.

한편 고려의 지방 제도 운영에는 또 한 가지 이상한 점이 있었으니, 경직(京職, 중앙 정부 구조 상의 관직)으로는 매우 하위직을 보유한 자가 외관(外官, 지방관)으로 나갈 때에는 '더 높은' 품급의 외관으로 임명되곤 했다는 점이 그것이다. 중앙 정부의 인사 관행이 빚은 문제였다고 하겠는데, 안 그래도 수적으로 부족한 외관들의 '권위'마저도 그리 높지 못하게 하는 관행이었다. 게다가 그런 처지에 놓인 지방관들의 권위를 높이려는 노력도 의외로 박약했던 것 같다. '사(使)'보다는 (2인자인) '부사(副使)'가 파견되는 경우가 더 많았음이 그를 잘 보여준다.

....

73 감무들은 예종대 처음으로 파견되기 시작했고[『고려사』 권12, 세가12 예종원년(1106) 4월 경인; 예종3년(1108) 7월 신유] 인종대에도 파견되었다[권56, 지10 지리1, 왕경개성부 강음현(江陰縣) 등 다수 지역]. 이후 의종대에는 추가 파견이 없다가, 무신들이 등장한 이후인 명종대에 매우 활발히 설치되었다[권19, 세가19 명종2년(1172) 6월 임술; 권56, 지10 지리1, 양광도 수주(水州) 양성현(陽城縣) 등 다수 지역].

고려의 경우 독특한 겸임(兼任) 제도가 있었음은 앞서 2부에서 언급한 바 있다. 이런 겸임에는 수도 개경의 중앙 정부에서 복수의 관직을 겸임하는 경우가 가장 많았지만, 특이하게도 중앙의 경직(京職)과 지방의 외직(外職)을 겸임하는 경우도 있었음이 대단히 흥미롭다. 물론 일단 중앙 정부를 떠나게 되면 보유하고 있던 경직(京職)에 따른 임무를 보지 못하고 외관으로서의 임무에 전력해야 했을 테니, 이 경우는 진정한 겸임이었다고 하기 어려울 것이다. 그러나 『고려사』 백관지에 "외직으로 보임하는 자는 경관을 띄고 부임한다"는 표현이 있고,[74] 고려 관료들의 묘지명 기록에도 '경직을 가진 채 외직 발령지로 부임'하는 듯한 표현이 자주 등장한다.[75] 따라서 경직을 상징적으로나마 보유한 상태에서 외직을 수행하는 것이 당시의 관행이었던 것으로 짐작된다.

이런 경우 중앙에서는 해당 관직에 후임자가 보임됐을 것이므로, 중앙 정부에서의 해당 업무 자체에는 공백이 빚어지지 않았을 것이다. 다만 외직으로 발령받아 나간 관료들은 자신의 역량을 토대로 현지에서 리더쉽을 구축하고 지방 행정에 전념했어야 할 터인데, 직전까지 수행하고 있던 중앙 정부에서의 관직[즉 경직(京職)]에 비해 몇 등급 '높은' 지방 관직("외직, 外職")에 부임하곤 했던 탓에, 경륜도 미흡했겠지만 무엇보다도 강력한 리더쉽을 발휘하기 어려웠을 것으로 생각된다.

당시 경직과 외직 간 품급 차를 보면, 중앙에서 7품의 하위 관직을 수

----

74 『고려사』 권77, 지31 백관2, 외직 대도호부, 공민왕5년(1356), "舊制, 補外者並帶京官赴任, 若秩高者補外, 品秩不相當, 則以本職帶前字赴任."

75 "以殿中內給事, 通判黃州, 徙爲西京留守判官…"[이공수(李公壽) 묘지명(1138)]; "以殿中內給事, 通判全州牧."[정항(鄭沆) 묘지명(1137)]; "授殿中內給事…以本官通判, 羅州牧."[이공승(李公升) 묘지명(1183)]. 이 밖에도 유사한 기록은 대단히 많다.

행하던 사람이 5품 지주사(知州事)·지부사(知府事)·지군사(知郡事)로 나가고, 5품의 중간 관직을 수행하던 자는 3품급 목사(牧使)나 도호부사(都護府使) 등의 계수관으로 파견 나가는 경우가 적지 않았던 것으로 보인다. 외직으로 나가는 사람들이 직전까지 수행하고 있던 경직에 비해 높은 외직을 받아나가곤 했던 이 이상한 관행은 실은 선의(善意)에서 비롯된 것으로 추정되는데, 지방관의 관품이 "3품"[목사, 도호부사 등] 또는 "5품"[주부군현(州府郡縣)의 장(長)] 등으로 정해져 있는 상황에서, 더 높은 중앙 관직에 오르기 전에 현장을 경험하고 민의를 청취하라는 배려가 낳은 관행으로 다가오기 때문이다. 다만 중앙과 떨어져 현지를 오롯이 관리해야 할 중요한 자리로서의 외관직에, 그 외직의 품급에 비해 2품씩이나 낮은 경직밖에 못 갖춘 관직자를 배치하던 관행의 연원은 미스테리다. 중앙에서의 관직 생활을 잠시 중단하고 힘든 지방 근무에 파견되는 자에게 일종의 인센티브를 제공한 것으로 보아도 너무 과하고, 경직과 외직 간 품급 차가 2품을 넘는 경우도 적지 않아 통상적 승진 인사라 보기도 어렵다.

무엇보다도 이러한 관행이 지방관들의 권위 제고에 도움이 되지 않았을 것이라는 점이 큰 문제였을 것으로 짐작된다. 외관으로 간 사람이, 외관으로서 지니게 된 품급에 비해 두 품급 낮은 경직 정도밖에 수행하지 못하다가 외직으로 나가는 셈이었기 때문이다. 새 지방관을 맞는 현지민들로서는, 신임 지방관의 품급에서 두,세 품급을 빼면 신참 지방관이 부임 직전까지 맡고 있던 관직이 몇 품이었는지를, 즉 얼마나 낮았는지를 금방 알 수 있는 상황이었다. 이런 상황은 그들의 권위를 훼손함은 물론 그들의 공무 수행에도 해가 될 여지가 있었다. 백성들이 진정 그 명령을 따르고 그 위상을 존중할지의 문제, 그리고 그에 대한 지방관 본인들의 의구심이 항상 지방관 본인들을 따라 다녔을 것이기 때문이다.

설상가상으로 고려 중기의 인사 기록들을 보면, 앞서 언급한 바와 같이 지방 단위 별로 '사(使)' 즉 수장이 아닌 '부사(副使)', 즉 2인자가 임명되는 경우가 많았다.[76] 이러한 '부사' 임명 관행도 지역 관리의 부실을 불렀을 가능성이 큰 정황 중 하나다. 3품급 권위를 가진 외관이 수행해야 할 계수관[界首官: 목(牧), 도호부(都護府)] 임무를 4품급 지방관이 대행하고, 5품급 '지사(知事, 주·부·군의 수장)'가 처결해야 할 기초 단위의 사무를 6품급 지방관이 대리하는 체제였기 때문이었다. 심지어 이들의 경직만 놓고 보면, 중앙 정부의 관직 상 5품 및 7품도 아닌 '6품' 및 '8품'에 불과한 이들이 광역 단위와 기초 단위의 수장으로 불려 나가는 상황이었던 셈이다. 이런 상황을 정상적이었다고 보긴 어렵다.

그런데 이러한 '외관 권위의 미흡성' 문제 역시 앞서 언급한 '기초단위 외관 부족 문제' 마냥 12세기 말~13세기 초에 이르도록 해소될 기미를 보이지 않고 있었다. 그러다가 13세기 초에 들어가서야 이 두 가지 문제를 해소하는 데 기여했을 법한 새로운 변화가 관찰된다. 중앙 정부의 지방관 인사 원칙이 전에 비해 달라지고, 여러 기초 단위들에 지방관이 새로 파견되거나 기초 단위의 격 자체가 상승하여, '외관의 수 부족'과 '그들의 낮은 권위'라는 고려 지방 행정의 고질적인 문제들이 점차 개선되어

....

76 의종대의 공복(公服) 규정(1147)을 보면 서경은 '유수(留守)'와 '부유수(副留守)'의 공복이 별도로 규정돼 있는 반면, 동경·남경 및 도호부·목의 경우 '유수와 사의 공복'에 대해서는 별도의 언급 없이 '부유수·부사 이상'의 공복만 규정돼 있다[『고려사』 권72, 지26 여복(輿服), 관복(冠服) 공복(公服), "毅宗朝, 詳定…"]. 물론 유수와 사(使), 부유수와 부사(副使)가 같은 옷을 입게 한 것이라 볼 소지도 없진 않지만, 인종대의 외관록(外官祿, 지방관들의 녹봉) 조를 보면, 3경(개경·동경·서경)의 유수는 그 녹봉이 규정돼 있는 반면 대도호부와 목의 경우는 '사'가 아닌 '부사(副使)'의 녹봉만 규정돼 있다[권80, 지34 식화3, 녹봉(祿俸) 외관록(外官祿), "仁宗朝定…"]. 실제로도 목, 방어사 등 주요 지역 단위들의 수장이 부재 상태인 경우(부사만 발령)들이 많이 발견된다(이강한, 위논문 참조).

갔던 것이다.

이러한 추세는 14세기 말까지 두 세기에 가까운 기간 동안 점진적으로 진행되었다. 고려 지방 제도의 큰 문제들 중 '광역 단위' 문제는 앞서 1부에서 살펴본 바와 같이 충선왕 당대에 계수관으로서의 목(牧) 15곳을 증설하는 단기적 조처로 해결됐지만, '기초 단위' 문제는 지역민들의 생활에 더 직접적 영향을 끼치는 사안이었던 만큼, 정부로서도 고려해야 할 부분들이 더 많았기 때문으로 보인다.

고려 정부는 우선 외관의 권위 문제부터 해결하기 위해 나섰다.

먼저 수령의 권한을 보호하는 조치들이 단행되었다. 충렬왕대인 1283년 주·부·군·현에 배정된 사심관(事審官)들을 폐지한 것이 그 첫걸음이었는데,[77] 향촌 출신으로서 현지 수령의 행정에 부당하게 개입할 수 있었던 존재들을 무력화한 조치였다. 충숙왕도 사심관들의 공전(公田) 점유, 민호(民戶) 은닉, 사사로운 장형(杖刑) 및 녹전(祿田) 절취를 비판하며 그들의 전민(田民)을 대거 회수하였다.[78]

다만 수령들의 취약한 처지가 쉽사리 개선되지는 못했다. 1286년 여러 권력자들이 하수인(殿前·上守)들을 보내 서민을 유혹하고 아전들을 꾀어내며 수령 휘하의 관원들을 구타하는 등 온갖 폐단을 자행하고 있었음에도 수령들이 그를 통제하지 못했음에서 그를 엿볼 수 있다.[79] 좀 더 근본

----

77 『고려사』 권29, 세가29 충렬왕9년(1283) 4월 신해, "權罷州府郡縣事審官."; 권75, 지29 선거3, 전주(銓注) 사심관(事審官), 충렬왕9년(1283), "權罷諸州事審官."

78 『고려사』 권34, 세가34 충숙왕5년(1318) 4월 경신; 권75, 지29 선거3, 전주 사심관, 충숙왕5년(1318) 4월; 권84, 지38 형법1, 공식(公式) 직제(職制), 충숙왕5년(1318) 5월 하교; 권34, 세가34 충숙왕6년(1319) 9월 정해

79 『고려사』 권85, 지39 형법2, 금령(禁令), 충렬왕12년(1285) 3월 하지(下旨), "今諸院寺社忽只鷹坊巡馬及兩班等, 以有職人員殿前上守分遣田莊, 招集齊民, 引誘猾吏, 抗拒守令, 以至毆攝差人, 作惡萬端, 下界別銜, 不能懲禁. 且東西兩班及有

적인 지방관 권한 강화책, 더 영속적인 권위 제고책이 요망되는 상황이었다. 어떻게든 백성들의 눈에 외관의 권위가 전에 비해 '높아 보여야' 하는 상황이었다.

그리고 그를 위해 상당히 전향적인 대책이 강구돼 진행되고 있었음을, 앞서 언급했던 경직과 외직 간 품급 차가 이 시기 점차 감소하기 시작했음에서 엿볼 수 있다. 종래 2품에 달하던 격차가 1품으로, 또는 0.5품으로 줄어드는 양상이 발견된다. 외관으로 부임하던 이들이 직전까지 보유하곤 하던 경직의 품급이 전에 비해 높아져 경직과 외관직 품급 간 격차가 종래의 2품 수준에서 1품 이하로 좁혀지고 있었던 것이다.

『고려사』나 『고려사절요』에는 개별 관료들의 사례가 잘 드러나지 않지만, 개인의 문집이나 묘지명(墓誌銘)에 등장하는 관료들의 관력(官歷)을 보면 '경직을 수행하다가 외직으로 나간' 경우나 '외직을 수행한 후 중앙 정부로 돌아온' 경우들이 많이 발견된다. 그리고 고려 후기의 사례들을 대상으로 각각의 사례에서 확인되는 경직과 외직 간 품급을 비교할 경우, 경직과 외직 사이(또는 외직과 경직 사이)의 격차가 13세기 중·후반 이래 14세기 말까지의 시기 동안 전(고려 전·중기)에 비해 분명 줄어드는 추세가 관찰된다. 정부의 의식적 노력의 결과가 아니었던가 한다.

가장 대표적인 경우는 광역 단위(계수관)의 수장이었던 목(牧)의 '목사'들에게서 발견된다. 그들의 전·현직 경직 – 외직을 모두 살필 수 있는 사례들은 대체로 11세기 초부터 확인되는데, 12세기 초 이후에는 예외 없이 지방관 임명자의 직전 "경작"이 목사의 일반 품급(3품[80])보다 1~2품(어

官守散官等, 依附別常, 外方下去, 侵害殘, 民今後窮推執送于京, 推徵宿債與者貸者俱存, 方許聽理, 農時則一禁, 與者貸者俱沒, 執傳傳文契徵, 督族類者, 官收文契, 勿令徵給!"

80 『고려사』 권77, 지31 백관2, 외직(外職) 대도호부(大都護府), "大都護府文宗定

떤 경우 3품) "낮았던" 것으로 확인된다. 그러다가 13세기 초(또는 늦어도 13세기 후반) 그 품급 차가 1품급 아래로 낮아지는 추이가 새로이 확인되고(목의 부사는 이미 12세기부터도 그런 사례가 출현함), 14세기에 접어들면 목사들이나 그 아래 계수관이었던 부(府)의 지사 등의 사례에서 경직-외직 품급 간 차이가 1품 또는 0품 수준으로 나타나는 추세가 정착된다. 일부 사례에서는 심지어 종래의 추세가 뒤집혀 경직의 품급이 외직보다 오히려 '높은' 사례도 관찰된다.[81]

이런 현상은 기초 단위로서의 일반 주·부·군·현의 수장들에서도 나타났다. 지사[知事: 지주사(知州事)·지부사(知府事)·지군사(知郡事)]와 현령관(縣令官) 역시 이전에는 그 외관의 품급(지사 5품, 현령관 7품[82])에 대체로 '못 미치는' 경직을 보유하였다. 11세기의 경우 그 품급의 차는 대체로 1품 정도여서 목사들이 보였던 2~3품보다는 적었지만, 12세기에 들어와 그 차이가 커지기 시작해 급기야 2품으로까지 벌어진다. "관직이 7품에 이른 자는 모두 '지주(知州)'의 수령(5품급 외관)을 띠고 나간다"는 12세기 전반의 기록도 그런 상황에서 나온 것이었다.[83] 다만 12세기 전반과 후반에는 그 품급 차가 1품 미만으로 급격히 떨어지며, 13세기에는 지사·현령

....

官制: 使一人三品以上; 副使一人四品以上; 判官一人六品以上; 司錄兼掌書記一人七品以上…; 諸牧, 諸牧員吏品秩同大都護."

81 지면 관계상 위·아래 문단의 분석 결과를 뒷받침할 사례 표를 일일이 제시하지 못하는 것에 대해 양해를 구한다. 이강한, 위논문에 수록된 데이터와 분석 결과를 참고해 주실 것을 부탁드린다.

82 『고려사』 권77, 지31 백관2, 외직 방어사(防禦鎭), "文宗定: 使一人五品以上; 副使一人六品以上; 判官一人七品…; 知州郡, 員吏品秩同防禦鎭, 後只置知事判官或只置知事; 諸縣, 文宗定: 令一人七品以上; 尉一人八品."

83 〈김함(金諴) 묘지명(1148)〉, "本朝用人, 凡官至七品者, 皆遣守知州, 以故公亦出刺寶城郡."

관의 경 - 외직 품급간 격차가 0품이거나 1품 이하인 사례가 더욱 늘어난 다. 문제의 해소 속도가 광역 단위보다는 빨랐던 셈인데, 그러고 보면 기 초 단위에서의 이러한 추세가 바로 앞서 살펴본 광역 단위의 추세를 견인 했을 가능성도 없지 않다. 기초 단위 지방관 파견자의 전직(前職)이었던 경 직의 품급이 이전에 비해 높아진 상황에서, 광역 단위 지방관 파견자의 전 직 경직 수준을 이전처럼 [낮게] 유지할 수는 없었을 것이기 때문이다.[84]

이러한 추세가 누적되면서, 지역 현장을 다스리던 수령들의 권한이 강 화되고 그 권위도 제고되었으리라 짐작된다. 일반 백성들은 물론 지방의 여러 기득권 세력으로서도, 신임 외관의 전·현직 경직 - 외직 간 '괴리'가 전에 비해 '적은' 상황, 즉 이전에 비해 '높은 경직(京職)' 출신의 지방관이 부임하게 된 상황들이 무척이나 새롭고 또 예사롭지 않게 보였을 것이기 때문이다.

이에 정부는 이러한 추세를 확대해 나가고자 한 것으로 보이는데, 그 러한 노력이 '현' 단위로도 확장되었음이 그를 잘 보여준다. 1353년 현 령·감무를 '7품 경관 보유자'로 파견하게 한 조치가 대표적인 사례로,[85] 현령이 원래 7품직이었음을 고려하면 이 조치는 실로 그간의 "[기초단체

....

84 앞서 살펴본 1308년 재추들의 목사 임명 조치[『고려사』 권33, 세가33 충선왕 복위2년(1310) 9월 을묘] 또한 그런 상황에서 나온 것일 수 있다. 필자는 앞서 1부의 3장에서 '재상의 목사 임명'이 〈최근 새로이 목(牧)이 되었다가 다시금 부(府)로 위상이 재조정된 지역들에 비해 "이전부터 목이었던 지역"의 권위가 우월함을 표식·보장하기 위한 조치였을 수 있다〉고 본 바 있지만, 또 다른 각 도에서도 위 조치의 함의를 조명해 볼 수 있겠다. 재상들이 목사로 파견되면 서 목사들의 보편적 권위 또한 한층 강화되었을 것이기 때문이다. 아울러 재 상 중 2품급이 목사(3품)로 나갔다면 이는 경직의 품급이 외직의 품급을 상회 하는 경우였다고도 하겠는데, 후술하도록 한다.

85 『고려사』 권77, 지31 백관2, 외직 제현(諸縣), 공민왕2년(1353), "縣令監務以京 官七品以下充之."

장] 경직 - 외직 품급 동일화(동등화)" 추세를 최하위 기층 외관의 층위에
서도 공식화한 조치라 할 만하다. 심지어 1359년에는 "5~6품 (경직) 보유
자들로 하여금 7품 급 감무와 현령이 다스려야 할 지역들을 안집(安集)하
게 하자"는 제안까지 나와,[86] 지방관으로 나갈 사람이 '직전까지 수행하던
경직의 품급'이 '나가서 맡게 될 외직 품급'보다 오히려 '높아야' 한다는
일종의 발상의 전환까지도 보여준다.[87]

이상에서 살핀 바와 같이, 장기간의 노력에 힘입어 지방관들의 권위는
상승했을 것으로 생각된다. 외관 부임자들의 부임 전 '경직'이 전반적으
로 상승하여 외관으로서 갖게 되는 품급과의 차이가 적어졌던 상황은, 고
려 후기 지역 현장에서 광역 단위는 물론 기초 단위 외관들이 발휘했을
권위와 직능도 분명 강화시켜 주었을 것이기 때문이다. 여기에 더하여
목·도호·지관의 사와 부사더러 경관(京官)을 띠지 않게 한 조치가 1356년
단행됨으로써,[88] 고려의 지방관들은 강화된 권위를 기반으로 외직에만 전
념할 수 있었을 것으로 생각된다.

다만 이러한 노력으로써 고려 지방제도의 기초 단위들이 안고 있던 문

....

86 『고려사』 권75, 지29 선거3, 전주(銓注) 선용수령(選用守令), 공민왕8년(1359),
"全以道請監務·縣令專任文士. 舊制監務縣令皆用登科士流, 近世專以諸司胥吏爲
之, 貪汚虐民, 且階皆七八品秩卑人微, 豪强輕之, 恣行不法, 鄕邑殘弊, 王納以道
之言, 以五六品爲安集, 欲革舊弊. 然安集非出於批目, 皆用時宰所擧以白牒之任,
其後軍功添設之官與工商之賤, 皆得爲之."; 권77, 지31 백관2, 외직 제현, 공민왕
2년(1353), "…後改諸道縣令監務爲安集別監, 以五六品爲之."
87 한편 1362년 5월 중서성 낭관(郎官)들로 하여금 6품 이상으로서 외임 수행이
가능한 자를 추천케 한 것도[『고려사』 권75, 지29 선거3, 전주 선용수령, 공민
왕11년(1362) 5월, "令省郎薦六品以上可外任者."], 외관 후보자의 경직 품급을
최소 6품으로 잡았다는 점에서 유사한 노력으로 평가된다.
88 『고려사』 권77, 지31 백관2, 외직 대도호부, 공민왕5년(1356), "牧·都護, 知官·
使·副使並不帶京官."

제가 완전히 해결된 것은 아니었다. 앞서도 언급한 바와 같이, 외관의 권위를 높여보았자 외관의 수가 충분치 못하다면, 즉 그 권위를 지방 현장에서 행사할 주체들의 수 자체가 적다면 그러한 노력이 지방 행정 강화에 기여할 여지는 반감되었을 것이기 때문이다.

이에 고려 정부는 외관의 수 증설 및 고위 외관 증원(增員)에 나서게 된다. 먼저 기존의 지방관 미파견 지역에 지방관을 파견해 그를 지방관이 있는 주현(主縣)으로 만듦으로써, 지방관의 수 자체를 늘리려 하였다. 또 이미 지방관이 있는 지역의 격을(그리고 당연히 그를 다스리던 지방관의 격까지도) 필요한 경우 승격시켰다(현을 주·부·군으로 승격시킴으로써). 더 많은, 그리고 더 센 지방관들을 배치함으로써 지방 제도를 강화하려 했던 것이다.

그런데 이러한 지방관의 '증설'이나 지방단위의 '격 변경'은 앞서 살펴본 지방관 후보자의 경직 품급(品級)을 관리하는 것과는 전혀 다른 문제였다. 품급 문제는 중앙의 의지가 있다면 얼마든 가능한 일이었지만(높은 경직 보유자를 지방관으로 보내면 되는 일이었으므로), 외관(外官)의 신설 및 승격 문제는 지방관이 새로 파견될, 그리고 격이 변화될 지방 '현장'의 상황을 고려해야 했기 때문이다. 이에 기초 단위 외관의 신설 및 승격 문제 역시도, 광역 단위 개혁 때처럼 충선왕 한 개인의 문제의식으로 시작되고 성사되기는 어려운 일이었다. 실제로 상황의 개선 또한 몽골 침공당시의 국왕이었던 고종대 이래 고려의 마지막 왕인 공양왕대에 이르기까지, 여러 왕대에 걸쳐 서서히 진행되었다.

아울러 문제 해결에 동원된 방식도 광역 단위의 경우와는 달랐다. 광역 단위 문제의 경우 15개를 증설함으로써 계수관의 과중한 업무를 기존 계수관과 신규 계수관들이 분담하고, 그렇게 발생한 여유로 지역 단위 간 소통을 강화함으로써, 결과적으로 행정망을 체계적이고도 조밀하게 만드는 데 성공했다. 그러나 기초 단위 문제 해결을 위한 해법으로서의 외관 수 증원 및 지역 위격의 승격은, 지방관을 새로 받게 되는 지역과 그렇지 못한 지역, 승격되는 지역과 그렇지 못한 지역 간의 갈등과 반발을 부를 수 있는 정책이었다. 이에 광역 단위 때와는 전혀 다른 접근이 요망되었다.

지방관을 새로 받게 된 지역은 더 이상 속현으로서 다른 주현의 원격 통제를 받을 필요가 없게 되며, 현이 주·부·군 등으로 승격될 경우 그 영향력이 필연적으로 강화된다. 고려 전체로 볼 때에는 한반도 전체 지방관 수의 증가 및 고위 지방관의 증가를 의미하지만, 해당 지역에서는 수많은 기존 관행 및 역관계(力關係)의 변화가 뒤따르게 된다. 게다가 그러한 변화로 인한 혼란이 동요와 마찰로 이어질 경우, 기초 단위 신설과 승격 노력의 취지 자체가 훼손되거나 퇴색할 우려가 있었다. 이에 고려 정부는 외관을 신설할 지역 또는 기존 외관의 승격이 필요한 지역들을 신중히 선택하고 추진하되, 그런 조치로 인해 발생할지 모를 파장을 진화하고 후유증도 최소화하기 위해, 그 지역의 지방관 신설 또는 승격을 정당화할 '사유'와 '명분'의 확보에 나서게 된다. (바로 그 명분을 확보하는 과정에서 몽골 원제국의 권위도 더러 호출되었음이 주목되는데, 후술하도록 한다.)

고려 후기에 접어들어 이전에는 외관이 없었던 지역이 외관을 갖게 되고, 전에는 현령이었던 지역이 주·부·군으로 승격된(즉 현령이 지주사·지부사·지군사로 승격된) 사례들의 '유형'을 몇 가지 살펴보자. 『고려사』 지리지의 각 지역 연혁 기사에 해당 지역을 대상으로 한 승격 및 강등 조치들이 꼼꼼하게 기록돼 있고, 각 조치들의 사유도 대부분 확인된다.

우선 왕실의 필요나 정치적 이유로 특정 인물의 연고지에 외관을 신설하거나, 기존 외관의 격을 높인 조치들이 발견된다. '문종 탄생지'라는 이유로 승격된 수주(水州) 안산현(安山縣)은 왕실 현창의 의도 아래 승격된 지역이라 할 수 있다. 반면 권력자들의 정치적 욕망, 또는 그들을 회유해야 했던 국왕의 정치적 필요로 신설 또는 승격이 이뤄진 경우도 있다. 무신 권력자들이 그 배후였던 것으로 보이는 고종~원종대의 위격 상승 조치들이 사적(私的) 이익 관철을 위해 공적인 지방 제도 운용체제를 교란한 사례라면, 충선왕의 티벳 유배 및 충숙왕의 대도 억류 당시 조인규(趙仁規) '조모'의 출신지를 현창한 사례는 심왕 옹립 운동에 편승해 충숙왕을 공격하던 조인규의 아들 조련(趙璉)을 회유하기 위해서였던 것으로 추정된다.[89]

다음으로, 모종의 비상한 사유로 돌연 외관이 신설되거나 기존 외관이 승격된 경우도 있다. 적지 않은 경우 원제국과의 관계 속에서 관찰되는데, 충렬왕대 일본 정벌로 큰 피해를 입은 의안(義安)과 합포(合浦)의 경우 지방관이 직접 다스리며 내부를 안정시켜야 할 필요가 있어 승격된 경우라 할 수 있다. 또 평창(平昌)은 1299년 정동행성관 활리길사가 추진한 여러 지역의 통폐합 와중에 다른 지역들을 거느릴 만한 거점 지역으로 간주돼 외관을 새로 받은 것으로 보인다.

마지막으로 주목되는 경우는 특정 지역 출신자가 난리 통에 전공을 세우거나, 외국에 파견돼 외교적 공훈을 거두거나, 중국에 들어가 관료가 된 후 고향 고려를 방문한 것을 기념 또는 현창하기 위해 외관을 신설 또는 승격시키는 경우이다. 출신자의 고향이 지방관이 없는 속현이면 외관을 파견해 주현으로 만들어 주었고, 주·부·군·현 중 가장 위격이 낮았던 현이었다면 그 지역을 주나 부나 군으로 만들어 주는 식으로 그를 치하하고 포상하였다. (사례가 많아 소개는 생략한다.)

이렇듯 당시 여러 지역이 특정의 명분으로 승격되거나 지방관을 새로 받았음이 확인된다. 요즘의 시각에서 보면 솔직이 생경한 해법이어서 눈

----

89 『고려사』 권105, 열전18 조인규(趙仁規) 부(附) 조련[璉]

길을 끈다. 아울러 궁금해진다. 이 시기 외관 신설 또는 승격 조치의 대상이 된 지역들 중에는, (가) 승격 또는 지방관 신설이 정말 필요한 지역으로서 우연히 유명인이나 권세가의 연고지이기도 했던 경우가 있을 수 있고, (나) 승격 또는 지방관 신설이 굳이 필요하지 않았던 지역인데 유명인이나 권세가의 연고지였기 때문 승격 조치, 외관 신설 조치의 대상이 된 경우도 있었을 것이기 때문이다. 전자라면 정당하게 승격, 신설된 경우라 할 것이고, 후자라면 특정인의 이익을 위해 지방 행정이 교란된 경우라 할 것이다.

그런데 바로 이 지점에서, 한 가지 흥미로운 가능성이 제기된다. 당시 고려에는 현지나 주변 사정을 고려할 때 지방관 신설 또는 승격의 필요성이 있거나, 지방 제도의 개선을 위해서라도 신설·승격의 가치가 충분했던 지역임에도 불구하고, 오래도록 그렇지 못했던 지역들이 적지 않았을 것이다. 정부 차원의 노력이 부족했기 때문일 수도 있고, 현지의 특수한 상황이 원인이었을 수도 있다. 그런데 만약 현지의 저항 또는 제3자의 문제 제기가 예상됨에도 불구하고 정부로서는 그 지역을 반드시 승격시켜야 하거나 지방관 배치가 불가피했을 경우, 정부는 과연 어떤 선택을 할 수 있었을까? 앞서 살펴본 바와 같은 여러 '명분'을 만들어 제시해서라도 지방관 배치나 외관 승격을 강행할 수밖에 없지 않았을까?

이에 필자는 고려 후기 위와 같은 명분 아래 지방관이 신설되거나 기존의 격이 승격된 지역들을 대상으로, 그런 지역들이 과연 정부에 의해 신설·승격 대상 지역으로 선택될 자격과 조건이 충분한 지역들이었는지를 검토한 바 있다. 검토 결과 흥미롭게도 상당수의 지역들이 외관을 새로 맞아들이거나 승격될 만한 지역들인 것으로 확인되었다. 물론 '신설·승격의 자격이 충분한 경우'들 중에도 신설·승격이라는 결과가 현실적 필요 때문이었는지 아니면 정부가 내건 명분 때문이었는지를 판단하기란 쉽지 않다. 다만 정부가 내건 명분이 이상하거나, 그야말로 말이 안 되는 경우들이 발견된다. 이런 경우 현실적 사유 때문에 신설·승격이 추진되고, 대신 저항이나 문제 제기를 막기 위해 해당 명분이 '동원'된 경우였을 가능성이 높은 사례들이라 하겠다.

실제로 고종대 이후 공양왕대에 이르기까지, 신설·승격 명분으로서의 특정인의 공훈이 '발생한 시점' 및 실제 신설·승격 조치가 '단행된 시점' 간에 시차가 크거나, '여러 명이 공유하는' 공적이었음에도 특정인 '한 사람'만이 현창 대상이 되어 그 인물의 연고지만 승격되거나 지방관을 맞은 경우들이 발견된다. 공적 발생 후 근시일 내 포상이 이뤄지거나, 공적에 관련된 자 모두를 골고루 포상하는 것이 마땅했을 것임을 감안하면, 그렇지 않은 신설·승격 조치들의 경우 그 자체가 대단히 부자연스럽게 다가온다. 그런데 이런 지역들의 경우 공교롭게도 소재 권역 내에서 중요 지점에 위치해 있거나, 적어도 새로 지방관을 맞을 경우 인근의 기존 중심지를 보좌할 만한 위치와 거리에 있었던 경우들이 적지 않다. 그런 점에서 이런 사례들은 특정 인물을 현창하느라 지방 질서를 교란시킨 사례로 보기보다, 특정 존재의 현창을 명분으로 지방제도를 개선하려 한 경우였을 가능성을 전향적으로 고려할 필요가 있다.[90]

먼저 양광도에 있었던 부성현 및 당성군의 경우를 살펴보자.

> "충렬왕10년, 현(縣) 사람 대호군(大護軍) 정인경(鄭仁卿)이 공(功)이
> 있어 (부성현을) 지서산군사(知瑞山郡事)로 올렸다."[91]

....

90 지면관계상 사료 인용을 최소화하였다. 본 절에서 거론한 여러 지역들과 관련한 기록들에 대해서는 이강한, 위논문 참조.

91 『고려사』 권56, 지10 지리1, 양광도 부성현(富城縣), 충렬왕10년(1284), "以縣人大護軍鄭仁卿有功, 陞知瑞山郡事."

부성현의 경우 정인경의 공적으로 인해 1284년 '군'으로 승격됐지만, 1281~82년 정인경과 함께 공신으로 책봉된 이들의 연고지에 대해서는 이런 조치가 취해진 바 없다.[92] 오로지 이 지역만 승격됐음이 눈에 띄며, 심지어 이 지역이 이후 목(牧)과 부(府)로도 승격됐음이 주목된다. 그런데 부성현은 그 위치상 국내 조운이나 국지 방어, 그리고 원제국 치하 중국과의 교류 차원에서 중요한 지역이었다.[93] 승격의 명분은 이상해 보이지만, 승격시킬 가치는 있는 지역이었던 셈이다. 이 경우 과연 인용된 명분 때문에 승격된 것이라 보아야 할지, 아니면 승격시키기 위해 위 명분이 동원된 것인지, 질문을 던져 볼 필요가 발생한다.

....

92 『고려사』 권29, 세가29 충렬왕7년(1281) 12월 경술, "有旨曰: 寡人嘗爲世子入朝京師, 羅裕·池允輔·金應文·鄭仁卿·車得圭·金富允·李之氏·黃龍·金義光·梁旽·周碩·金位良等, 有侍從之勞."; 8년(1282) 5월 경신, "己巳年東歸, 至婆娑府聞變還朝, 侍從輔佐, 將軍丁伍孚·鄭仁卿·車得珪·李之氏, 大府尹金應文, 郎將金義光, 爲一等功臣." 나유·김응문·차득규·이지저·김의광 등 여러 인물들이 정인경과 함께 공신으로 책봉됐지만 연고지 승격 조치는 (적어도 기록에 따르면) 정인경의 출신지에만 적용되었던 것으로, 그가 다른 이들에 비해 달리 보인 행적이 있다면 원제국에서 일본 정벌 중지 소식을 받아 온 것 정도가 확인될 따름이다[권29, 세가29 충렬왕9년(1283) 5월 기묘].

93 국초 이래 이 지역에 조창(漕倉)인 영풍창(永豐倉)이 소재하였고[『고려사』 권79, 지33 식화2, 조운(漕運)], 14세기 후반 고려 정부가 태안·서주(瑞州=서산·부성) 근처의 탄포·창포 간 옛 개천을 준설해 안흥량을 우회하는 해운로를 만들려 했던 사실[권116, 열전29, 왕강(王康)], 그리고 이 지역이 공민왕대 왜구를 방어하던 지점이었던 점[권38, 세가38 공민왕원년(1352) 3월 병진, "瑞州防護所獲倭船一艘殲之, 獻俘二人."] 등이 이 지역의 역내[域內] 위상과 역할을 보여준다. 일찍이 현령(縣令)과 현위(縣尉) 간 갈등으로 양자가 모두 폐지되었던 명종대 이후 고종대에 이르러(추정) 이 지역의 현령관 위상이 복구되었던 것도[권20, 세가20 명종12년(1182) 2월 을사; 권106, 열전19 이주(李湊), "高宗時登第調富城縣尉…"] 이 지역의 중요성 때문이었던 것으로 보이며, 이에 충렬왕대에 이르러 서산군으로 승격되고 이후 서주목(瑞州牧), 서녕부(瑞寧府) 등으로 승격된 것일 수 있다.

"충렬왕16년, 홍다구(洪茶丘)의 내향(內鄕)을 올려 지익주사(知益州事)로 삼았다."[94]

당성군이 주(州)로 승격된 것은 그 지역이 요양행성의 권력자 홍다구의 연고지였기 때문으로 돼 있지만, 투몽(投蒙) 당시 한반도의 서북 지역에 거주하고 있던 홍씨 일가가 양광도 인주와 그리 깊은 연고를 가졌을 것 같지는 않다. 대신 당성군의 입지 자체는 부성현과 비슷했으니, 당성 역시 서해안 방비에 활용된 지역으로서 해안과 내륙을 연결하는 통로인 동시에, 상위 단위 인주(仁州)를 대신해 인근의 거점 역할을 하고 있던 지역이었다.[95] '명분은 이상했지만 승격될 자격은 있어' 보인다는 점에서 부성현과 동일했던 경우라 할 것이다.[96]

....

94 『고려사』 권56, 지10 지리1, 양광도 인주(仁州) 당성군(唐城郡), 충렬왕16년(1290), "以洪茶丘內鄕, 陞知益州事後."

95 당성 사람이 착량 지역의 방수군을 죽인 일이 있을 정도로 당성은 강화에 가까웠고[『고려사』 권27, 세가27 원종12년(1271) 4월 을묘], 양광도에 속한 지역이면서도 그(당성의) 병력이 전라도 병력과 함께 서해안 방비에 활용된 바 있을 정도였다[권112, 열전25 유숙(柳淑), "전라도 병마사 유숙이 익주의 지사 김밀(金密)과 공조"; 권114, 열전27 변광수(邊光秀), "전라도 병마사 변광수가 패전하고 3일간 노를 저어 남양부(南陽府=당성)에 도착"]. 당성은 또 내륙으로의 연결 통로였던 동시에[권133, 열전46 우왕4년(1378) 3월, "倭寇南陽, 遂焚掠水原府."] 쇠락한 인주를 대신해[권33, 세가33 충선왕2년(1310) 12월 을묘, "傳旨曰, '仁州近年凋弊益甚, 宜革判官.'"] 감무로서 역내 중심지 역할을 했던 지역이기도 하였다[권56, 지10 지리1, 양광도 인주 당성군, 명종2년(1172), "置監務."; 권28, 세가28 충렬왕4년(1278) 3월 무술, "復置淸州判官及唐城監務."]. 이에 13세기말 한 번 더 승격시켜 지사를 만든 것이 아닌가 한다.

96 이미 명종대 이래 감무였던 이 지역을 진정 홍다구의 내향이어서 승격시킬 필요가 있었다면, 홍다구의 기세가 절정에 달해 있던 1270년대 후반 이 지역을 다시금 감무["당성감무", 1278(위 각주 참조)]로 재확인하는 데 그치지 말고, 1290년의 조치를 앞당겨 1278년에 "지익주사"로 승격시켰으면 될 일이다.

다시 말해 두 지역 모두 위격 상승의 "명분"('정인경의 연고지', '홍다구의 내향') 자체는 액면 그대로 수용하기 어려운 것이었으나, 지역의 위상이나 입지 등으로 인해 승격의 필요 자체는 적지 않았던 지역들이라 할 수 있다. 그런 점에서 이 지역들을 대상으로 한 정부의 승격 조치가 과연 '정인경 포상과 홍다구 회유'를 진정한 목표로 했던 조치였는지 의문스러운 바가 있다. 오히려 지방 제도 관리 강화를 위해 필요했던 '부성과 당성의 승격'을 추진하면서 짐짓 위의 명분들을 갖다 붙인 것이었을 가능성에 눈을 돌려 볼 필요가 있다. '정인경'과 '홍다구'라는 특정 인물들은 이 지역들의 승격에 대해 제기될지도 모를 이의(異議)를 잠재우기 위해, 이 지역들이 '충신의 고향' 또는 '몽골과 인연이 깊은 권력자의 연고지'임을 환기하는 차원에서 거론된 것이었을 가능성이 높아 보인다.

이런 경우들은 의외로 많다. 카다안[哈丹]의 침공을 막아낸 복규(卜奎)의 고향이라 해서 승격됐던 양광도 홍주(洪州) 혜성군(槥城郡), 그리고 역시 카다안 격퇴의 공으로 도호부가 된 같은 도의 원주(原州)가 그런 경우다.

"충렬왕19년, 현(縣) 사람 복규(卜奎)가 합단(哈丹)을 막아낸 공(功)이 있었으므로, (감무만 배치돼 있던 혜성지역을) 승격시켜 현령(縣令)[관이 배치된 주현(主縣)]으로 삼았다."[97]

"충렬왕17년, 합단(哈丹)을 막아낸 공이 있었으므로 [1269년 정원도호부(靖原都護府)였던 원주 지역의 이름을] 고쳐 익흥도호부(益興都護府)로 삼았다."[98]

....

97 『고려사』 권56, 지10 지리1, 양광도 홍주(洪州) 혜성군(槥城郡), 충렬왕19년(1293), "以縣人卜奎禦丹兵有功, 陞爲縣令."
98 『고려사』 권56, 지10 지리1, 양광도 원주(原州), 충렬왕17년(1291), "以禦丹兵有功, 改爲益興都護府."

    1290년대의 전공으로 충선왕에게 칭찬을 들은 바 있었던 복규는[99] '자신이 지킨' 지역(원주)의 도호부 개명[전공 현창(顯彰)을 위한 개명(改名)] 및 '자기 고향(혜성군)'의 현창(외관 신설)이라는 '곱절의 영예'를 누렸다. 그러나 복규와 함께 충선왕의 치하를 들었고 카다안 격퇴에도 공이 컸던 원충갑(元沖甲)에 대해서는 그러한 조치가 내려진 바 없으며,[100] 심지어 원주 지역 도호부의 현창성 개명 기사에는 정작 복규든 원충갑이든 관련 유공자의 이름 자체가 등장하지 않는다. 복규를 비롯한 유공자들의 노고가 과연 두 지역 승격의 결정적 사유였는지 의심케 하는 대목이다.

    실명이 언급되지 않은 원주는 차치하고라도, 복규가 거론된 혜성군의 승격에는 다른 사유가 작동한 것 같다. 고려시대의 홍주를 구성하고 있던 혜성군·결성군·이산현 중 혜성군이 다른 두 군에 비해 상대적으로 많은 속현·감무들에 영향을 미치고 있었기 때문이다.[101] 정부가 보기에 이 지역을 새로 주현(主縣)으로 만들 경우, 홍주의 내부에 새로운 위계 질서가

....

99 『고려사』 권33, 세가33 충선왕즉위년(1298) 1월 무신, "一. 哈丹之闌入也, 州郡望風迎降, 唯原州以孤城摧挫賊鋒, 然後諸城效之掃盡賊儻, 致三韓之再安, 敵先帝之所愾, 其功萬世難忘. 其防護別監判書致仕卜奎, 戰士中郞將元沖甲, 其邑守倅與長吏之成功者, 雖已褒賞尚有慊然, 宜加擢用勸勵後人, 其邑常徭雜貢宜復三年."

100 원충갑은 향공진사로서 원주에 침입한 적을 무찌르는 전공을 세웠다[『고려사』 권30, 세가30 충렬왕17년(1291) 1월 갑인, "哈丹屯原州, 別抄鄕貢進士元沖甲擊敗之."].

101 결성군은 홍주 관내의 여러 속현·감무들 중 보령현(保寧縣)과 여양현(驪陽縣) 등 두 지역에 영향력을 행사했고[두 지역에 대한 『고려사』 지리지 기록에 '(경덕왕대 이래) 결성군의 영현(領縣)이 되었다'는 표현이 등장한다("爲潔城郡領縣").] 이산현도 고구현(高丘縣)과 덕풍현(德豐縣) 등 두 지역에 영향력을 행사했다면("爲伊山郡領縣"), 혜성군은 신평현(新平縣)·당진현(唐津縣)·여미현(餘美縣) 등 3개 지역에 대해 영향력을 행사해 왔던 터라("…爲槥城郡領縣"), 혜성군의 영향권이 다른 지역에 비해 상대적으로 넓었을 가능성이 있다.

정착되리라는 기대가 있었을 수 있다. 그리고 '복규의 공적'이 거론된 것은 (주현이 되지 못한) 결성·이산 지역의 반발을 줄이는 데 유용한 명분이기 때문이었을 가능성이 있다.

한편 밀성 청도군은 또 다른 경우이다.

> "충혜왕 후4년, 군(郡) 사람 상호군(上護軍) 김선장(金善莊)이 공(功)이 있었으므로 (새로 지방관을 배치해) 지군사(知郡事)로 올렸다가 이듬해에 다시 감무(監務)로 하였다."[102]

위 기사에 따르면, 청도군은 1343년 충혜왕의 폐신(嬖臣) 김선장의 고향이라는 이유로 지방관을 가진 주현(主縣)으로 승격됐다가, 충혜왕 폐위 후 다시 (지방관이 없는) 감무로 내려앉았다. 그러다가 공민왕대인 1366년 '감찰대부 김한귀의 출신지역'이라는 이유로 다시 지방관을 받아 주현(主縣)으로 복귀했다. 주현과 속현을 오갔던 경우임이 흥미롭지만, 승격의 사유가 지나치게 '약한' 점도 눈길을 끈다. 김선장이 아무리 폐신이었다 하더라도 그의 객관적 위상은 매우 낮았으며,[103] 감찰사 대부의 출신지라는 이유만으로 지역을 승격시켜 준 것도 이례적이다 못해 비현실적인 일이었다. 모든 것을 떠나 두 인물의 위상만 놓고 보면, 두 해(1343·1366)의 승격 명분 모두 '허위'에 가까운 사유로 다가온다.

....

102 『고려사』 권57, 지11 지리2, 경상도 밀성군(密城郡) 청도군(淸道郡), 충혜왕 후4년(1343), "以郡人上護軍金善莊有功, 陞知郡事, 明年復爲監務."

103 김선장이 1342년 6월 적신(賊臣) 조적(曺頔)의 난을 극복하는 데 기여한 바가 큰 것으로 책봉되었던 여러 공신들 중 하나이긴 하다. 그런데 이 공신들에는 윤석(尹碩), 채하중(蔡河中), 김석견(金石堅), 이능간(李凌幹), 홍빈(洪彬), 김영돈(金永旽), 이제현(李齊賢), 이조년(李兆年), 한종유(韓宗愈), 김영후(金永煦), 윤신계(尹莘係), 윤환(尹桓), 강윤충(康允忠) 등 당대의 쟁쟁한 인물이 망라돼 있었다. 김선장은 그 중 아주 한미한 경우에 불과하였다.

그런데 청도군 자체는 당시 지역적으로 상당히 중요하였다. 청도는 상급 단위 밀성군 못지않은 수의 역(3개)을 보유한 교통 요충지였고,[104] 창녕(昌寧), 청도, 현풍(玄豊), 계성(桂城), 영산(靈山), 풍각(豊角) 등 속현과 감무들만 여럿 병립하던 당시 밀성군의 역내(域內) 관리를 밀성과 분담할 최적의 후보지였다.[105] 그런 점에서 명분과 관계없이 승격시켜야 할 지역에 해당하였다. 다만 그럴 경우 다른 감무들이 '왜 우리는 승격시키지 않는가'라며 문제를 제기할 소지도 없지 않았다. 그러한 문제 제기를 극복하고 청도의 승격을 관철해 내기 위해, 처음에는 '공신의 고향', 그리고 나중에는 '고위 관료의 출신지'라는 이유를 순차로 꺼내든 것이라 생각된다.

이상에서 13~14세기 고려 정부의 기초 단위 승격 및 지방관 신설 노력을 몇몇 사례를 통해 살펴보았다. 이런 사례들은 이 밖에도 여러 건이 확인되지만, 지면 관계상 소개를 생략한다. 이러한 노력의 결과, 실제로 지방관을 가진 주현(主縣)들이 여럿 탄생한 것으로 보인다. 1311년경 쇄권별감(刷卷別監)들에 의해 비행이 적발된 '지방단체장'들("수령")의 수가 '96명'으로 등장하는데,[106] 이는 『고려사』 지리지에서 확인되는 전체 표제 지

....

104 밀성(密城)에 소재한 역(驛)으로 무을이(無乙伊), 영안(永安), 용가(用家) 등이 있었다면, 청도(淸道) 소재 역으로는 생을현(省乙峴), 유천(楡川), 서지매전(西之買田) 등이 있었다.

105 위 여섯 지역 모두 『고려사』 권57, 지11 지리2, 경상도 밀성군 조 밑에 부기돼 있다. 물론 청도를 제외한 나머지 다섯 지역의 규모가 구체적으로 확인되지는 않지만, 역의 수로만 보면 창녕은 내아(內也) 역, 현풍은 병산(竝山) 역, 계성은 일문(一門) 역, 영산은 온정(溫井) 역 등 하나씩만을 갖고 있고, 풍각은 기록이 제일 소략한 데다 역도 갖고 있지 않았다.

106 『고려사』 권34, 세가34 충선왕복위3년(1311) 1월 경자, "以王命遣刷卷別監于諸道."; 7월 병술, "式目錄事李桂英自王所來王有旨云: '⋯諸道刷卷別監所申, 慶尙道提察使姜瑗, 全羅道提察使李仲丘, 楊廣道提察使金臺, 江陵道安集使韓仲熙, 別監崔子安鄭子溫, 及守令九十六人, 橫斂於民而私用之罪宜痛斷, 然係敎前

역들을 합친 것보다도 높은 수치에 해당한다. 물론 이 '96곳'은 현종대 (1018년) 설치된 것으로 알려진 이른바 "4도호부·8목·56지사·28진장·20 현령"의 합산치 및 그에 인종대(1143년 전후) 추가된 8개 신설 현령관들 까지[107] 더한 숫자에는 미달하는 수치이지만, 1311년 당시 전국에 소재했던 외관의 수가 (비위 행위로 적발된 지역보다는) 훨씬 많았을 것임을 감안하면, 고려 후기 주현(主縣)의 신설이 매우 왕성하여 고려 전기의 수준을 넘어섰을 가능성이 높음을 엿볼 수 있다.

물론 근대의 시각으로만 이런 정황들을 바라보면, '특정의 명분을 기회로 한 신설·승격' 조치들이 일견 체계적이지 못한 임의적 조치들로 다가온다. 그러나 지방의 상황을 속속들이 파악하는 데에는 아무래도 한계가 있었을 중세의 왕정(王政)이 모든 지역을 관통하는 표준 방침, 그리고 몇십년 뒤를 내다본 단계별 추진 계획을 세우기란 매우 어려운 일이었다. 게다가 다른 지역을 제치고 일부 지역만 신설하거나 승격시켜야 할 상황에서, 중앙 정부가 강제하는 신설·승격 조치에 대한 현지민들의 저항을 관리할 방안도 필요하였다. 그런 상황에서 고려 정부가 택한 '유공자의 출신지를 승격시키거나 주현으로 만든다'는 원칙은 다수의 공감을 살 만한 수용성 높은 기준이었던 데다, 현지민들의 이의 제기를 봉쇄하는 데에도 실제로 유용했을 것이다. 명망가와 유공자의 명성이 일정의 무형 자산으로서 중세의 위정 권력이 활용하거나 기댈 수 있는 또 하나의 권위였다면, 신설·승격이 필요한 지역의 신설·승격 실행에 그를 활용한 것은 필자가 보기에 고려 정부로서는 매우 합리적인 접근이자 선택이었다고 생각된다.[108]

所犯, 只徵其物, 盡行罷職.'"

107 정요근, 2012 「고려~조선전기 전라도 서남해상 도서 지역의 군현 편제와 그 변화」『도서문화』39

그런데 당시 고려의 위정 권력이 기대었던 권위 중에, 국내가 아닌 '외국', 즉 '원제국에서 활동하며 공신성을 구축한 인물들의 명망과 명성'도 포함돼 있었음이 주목된다. 이 시기 특정 지역들의 외관 신설 또는 승격의 명분으로 동원된 당 지역 출신 유공자들의 '공훈'이 '원제국과 연결'돼 있었던 경우들이 그런 사례다. 앞서 홍다구와 당성군의 사례를 살펴 본 바 있지만, 그 외에도 13세기 후반의 전라도 진례현(進禮縣), 14세기 전반의 양광도 소태현(蘇泰縣)과 전라도 보성군(寶城郡) 식촌부곡(食村部曲), 서해도 곡주(谷州), 양광도 가림현(嘉林縣), 그리고 14세기 후반의 전라도 구고현(九皐縣)과 대산군(大山郡) 등이 그런 경우라 할 수 있다.

우선 첫 번째 유형으로, 원제국에 사환(仕宦)했던(벼슬살이를 한) 자의 출신지라는 사유로, 또는 제국인으로 변신한 고려 출신자의 공을 현창하기 위해 그 출신 지역을 승격시킨 경우가 관찰된다. 진례현이 그런 사례다.

> "충렬왕31년, 현(縣) 사람 김신(金侁)이 원제국에 벼슬할 때 요양행성 참정(遼陽行省參政)이 되어 나라에 공이 있었으므로 (진례현을) 지금주사(知錦州事)로 올렸다."[109]

진례현이 현(縣)에서 주(州)로 승격되는 것을 가능케 한 '김신(金侁)'은 요양행성에서 활동하던 인물로 기록돼 있으며, 따라서 고려 정부로서는 제국과의 교섭에 있어 '회유'의 대상이었을 수 있다. 그런데 그는 정작 양국 기록에 전혀 등장하지 않는 인물이어서, 명망의 수위는커녕 실존 여부

---

108 사실 현대 사회의 여러 개혁들도 체계적인 계획에 따라 진행되기보다는 불확실한 정치 상황, 불규칙한 여론 지형 속에서 발의되어, 결국에는 적지 않은 한계를 노정한 상태로 간신히 성취되기 마련이다.

109 『고려사』 권57, 지11 지리2, 전라도 진례현(進禮縣), 충렬왕31년(1305), "以縣人金侁仕元爲遼陽行省叅政, 有功於國, 陞知錦州事."

조차 의심되는 경우이다.

반면 승격된 진례현의 경우, 당시 상황이 좋지 않았다. 현종대 이래 관할해 온 5개의 현[부리현(富利縣), 주계현(朱溪縣), 무풍현(茂豐縣), 진동현(珍同縣), 청거현(淸渠縣)] 중 3개 현이 12세기 후반 진례현의 관할로부터 이탈한 상황이어서,[110] 그 위상이 이전만 못한 상황이었기 때문이다. 전통적으로 역내(域內) 중심지였던 진례의 이러한 상황은 인근 지역의 불안정성을 야기할 우려가 있었다. 이에 그 위상을 높임으로써 인근 지역에 대한 통제력과 감독력을 강화시켜 주고자 진례현을 승격시킨 것이 아닌가한다. 그리고 '고려계 요양행성 관료의 출신지'라는 명분은, 진례의 통제를 벗어났다가 다시 그 영향을 받게 된 일부 감무 지역들의 반발을 무력화시키기 위해 거론된 것이 아니었던가 한다.

대산현과 구고현의 사례도 진례현과 비슷한 경우다.

> "공민왕3년, 현(縣) 사람으로 원(元) 나라 사신이 된 임몽고불화(林蒙古不花)가 나라에 공(功)이 있어 군(郡)으로 승격시켰다."[111]
> "공민왕3년, 현(縣) 출신이었던 원(元) 나라 사신 임몽고불화(林蒙古不花)가 나라에 공을 세워 (이 지역을) 군(郡)으로 승격시켰다."[112]

고부군 대산현과 남원부 구고현은 '같은 해' '같은 명분(임몽고불화의

---

110 1175년 부리현에 감무가 설치되고["明宗5年(1175), 置監務."] 다음 해인 1176년에는 무풍현에 감무가 설치돼 주계현까지 관리하게 됨으로써["明宗6年(1176), 置監務, 兼任朱溪."] 세 지역이 공식적으로는 진례현의 직접 관리를 벗어났던 것이다.

111 『고려사』 권57, 지11 지리2, 전라도 고부군(古阜郡) 대산군[大山郡(縣)], 공민왕3년(1354), "以縣人元使林蒙古不花有功於國, 陞爲郡."

112 『고려사』 권57, 지11 지리2, 전라도 남원부(南原府) 구고현(九皐縣), 공민왕3년(1354), "以縣人元使林蒙古不花有功於國, 陞爲郡."

고향)'으로 승격되었다. 원제국에서 활동하던 임몽고불화는 원제국 정부의 '홍건적(紅巾賊) 정벌군 징발' 지시를 고려 정부에 전달한 인물이었고,[113] 그런 점에서 고려가 회유할 만한 대상이기도 하였다. 그러나 2개의 현(구고·대산)을 승격시켜 줘야 할 정도로 중요한 인물이었는지에 대해서는 확인되는 바 없다. 게다가 그가 두 지역 모두의 '현인(縣人)'이었을 수는 없는 일이므로, 두 지역의 승격 명분 중 하나는 허위였을 가능성이 높다.[114]

이와 관련해서는, 14세기 고부군 관내에 대산 감무, 부녕(扶寧) 감무[보안(保安) 겸임], 상질(尙質) 감무[고창(高敞) 겸임], 인의(仁義) 감무, 정읍(井邑) 감무 등 여러 감무들만이 혼재하고 있어,[115] 고부를 보좌할 신설 주현(主縣)이 필요했던 정황을 감안할 필요가 있다. 신설 주현이 될 만한 후보지로는 다른 지역까지 겸임 관리하고 있던 부녕과 상질이 우선 꼽혔을 것이다. 대산의 경우는 이미 고려 전기 인의가 감무로 독립했던 터라, 부녕과 상질에 비해 불리했을 수 있다. 그런데 고려 정부로서는 사실 거의 동급의 부녕과 상질 중 어느 하나를 택하는 것이 몹시 애매했을 것이다. 그런 상황에서 신라말 이래 정읍과 인의 지역을 거느렸던 전통이 있는 대산의 존재감이 주목을 받은 것이 아닌가 한다.[116] 이에 대산을 주현(主縣)으로 승격시키되, 상질과 부녕 측에서 이의를 제기할 경우 그를 달래거나

---

113 『고려사』 권38, 세가38 공민왕3년(1354) 6월 계묘

114 물론 두 지역이 각기 그의 본향, 외향 또는 처향에 해당했을 수는 있겠다.

115 부녕현과 상질현 기록에서는 각기 "兼任保安", "兼任高敞" 등의 표현이 확인된다. 한편 인의 지역은 처음에는 대산 감무의 관리를 받았지만 현종(顯宗) 10년 이후에는 인의 지역만 담당할 감무를 따로 받았다(『고려사』 권57, 지11 지리2, 전라도 고부군 대산군, "後置監務兼任仁義, 顯宗十年各置監務.").

116 고부군 휘하 보안·부녕·정읍·대산·인의·상질·고창 등 총 7개 지역 중 신라말 이래 다른 지역(정읍·인의)을 영현으로 거느린 곳은 대산이 유일하였다(두 지역 모두 "爲大山郡領縣"으로 기록됨).

봉쇄하기 위해 원제국에 들어가 활약하던 고려 출신 권력자의 이름을 내세운 것이 아닌가 한다. 그리고 같은 해 남원부 내 순창군(淳昌郡, 옛 순화군) 권역에도 지역 거점의 추가 신설이 필요해 구고현을 승격시킨 뒤, 동일한 명분을 '재활용'한 것으로 추측된다.[117]

다음 두 번째 유형으로는, 원제국 정부의 신임, 또는 원 황제의 총애를 받은 자의 출신지라는 이유로 지역 위격이 승격된 경우를 들 수 있다. 이 경우로는 부성현 소태현의 사례가 주목된다.

> "충렬왕(忠烈王) 때, 환자(宦者) 이대순(李大順)이 원제국의 총애를 받아 현(縣)으로써 거향(居鄕)을 삼고 (그 현을) 지태안군사(知泰安郡事)로 올렸다."[118]

부성현 소태현이 군으로 승격된 시점은 『고려사』 지리지에는 '충렬왕대'로 돼 있다. 그러나 이대순의 열전에는 그가 원제국에 들어가 황제의

....

117 남원부 밑에는 총 3개의 감무가 있었고[구례현(求禮縣, 인종21년 감무 설치), 임실군(任實郡, 명종2년 감무 설치), 순창군(淳昌郡, 명종5년 감무 설치)], 그 밖에 장계현(長溪縣), 거녕현(居寧縣), 적성현(赤城縣), 구고현(九皐縣), 장수현(長水縣), 운봉현(雲峯縣), 임실군(任實郡) 등이 있었다. 새로이 주현(主縣)을 신설할 만한 후보지로는 구례, 임실, 순창이 있었던 셈인데, 이 중 순창 지역이 일찍이 신라말 그 이름이 순화군(淳化郡)이던 당시 적성·구고 두 지역을 영현으로 거느린 바 있었음이 주목된다. 이에 고려 정부도 세 감무 중 순창에 주목했던 것으로 보이는데, 다만 순창 자체를 감무에서 주현으로 승격시키기보다, 순창의 관리를 받은 바 있었던 구고현을 승격시켰음이 눈길을 끈다. 그 이유에 대해서는 좀 더 검토가 필요하다. 순창의 상황에 문제가 있어 그 위성 지역인 구고현을 신흥 지역 거점으로 택한 것일 수도 있겠다. 임몽고불화가 대산보다는 구고에 좀 더 연고를 지녔던 것일 수도 있다.

118 『고려사』 권56, 지10 지리1, 양광도 부성현(富城縣) 소태현(蘇泰縣), "忠烈王 時, 宦者李大順有寵於元, 以縣爲居鄕, 陞知泰安郡事."

총애를 얻자 '충선왕이' 그 출신지 소태현을 태안군으로 승격시켰고,[119] 이대순 본인 또한 '태안부원군(泰安府院君)'으로 책봉한 것으로 나타난다.[120] 원제국과의 현안 해결에 있어 이대순이 고려 정부에 긴요한 존재였을 가능성은 높으므로, 그의 고향 승격도 충분히 가능했던 일로 보인다. 다만 이미 충렬왕 재위 당시(1275~1308) 제국의 후광을 업고 활동하던 그에 대한 '회유성' 조치가 1310년에나 단행된 이유는 짚고 넘어갈 필요가 있다.

그와 관련하여 소태현의 모(母) 단위 부성현의 상황을 살필 필요가 있다. 지곡·소태 등의 두 속현을 거느리고 있었던 부성현은 앞서 살펴봤듯이 1284년 지군사(知郡事, 쉽게 말해 '지방관을 가진 군')가 되었고, 1308년에는 서주목으로, 그리고 1310년에는 서녕부가 되었다(이 때 소태현도 태안군으로 승격). 그런데 앞서 1부에서 언급한 바와 같이, 부성현(서주목)은 1308년 양광·충청도에 신설된 목들 중 가장 남쪽에 위치하였고, 충주·청주에 더 가까웠던 관계로 한반도 중부와 남부 간 연계를 강화할 만한 입지에 놓여 있었다. 다만 내륙에 치우친 한계가 있었는데, 그에 비해 소태현의 경우 오늘날의 태안반도 서쪽 끝에 위치해 있어 최전방 해안선에 소재하였다. 1부에서 논했듯이 충선왕은 한반도 중부의 행정망을 정비하기 위해 부성현을 비롯한 5개 지역을 목으로 승격시켰던 것인데, 중부 남쪽의 내륙 뿐 아니라 연안 지역에 대한 관리도 제고하기 위해 연안의 소태현을 태안군으로 올리는 지역 기초 단위 재편도 병행하면서, 그 원활

....

119 현령도 없었던 것으로 보이는 지역을 현도 아닌 군으로 승격시켜 지방관을 배치한 경우이다.

120 『고려사』권122, 열전35 환자(宦者), 이대순(李大順), "李大順蘇泰縣人. 入元得幸用事, 忠宣陞蘇泰爲泰安郡, 封大順泰安府院君." 그 시점은 1310년 9월이었음이 세가에서 확인된다[권33, 세가33 충선왕복위2년(1310) 9월 을유].

한 진행을 위해 이대순의 사적(事績)을 소환한 것이 아닌가 한다.

한편 셋째 유형으로는, 원제국 실력자의 요청이 있었다는 이유로 외관이 신설된 경우를 살필 수 있다. 충선왕이 1310년 '이대순의 민원에 따라' 현령·지사로 승격시켰다는 두 지역, 전라도 보성군 관내 식촌부곡(→현) 및 서해도 곡주 수안현(→주)의 사례가 그런 경우다.

> "충선왕 복위2년, 원제국에 벼슬한 이대순(李大順)의 청으로 식촌부곡(食村部曲)을 올려 풍안현(豊安縣)으로 삼았다."[121]
> "충선왕 복위2년, 원제국의 폐환(嬖宦) 이대순(李大順)의 청으로 (수안현을) 올려 수주(遂州)로 삼았다[군(郡) 사람 이연송(李連松)이 나라에 노고가 있어 군(郡)으로 올렸다는 설도 있다.]."[122]

전자의 경우 승격의 대상이 일개 부곡이었다는 점에서 기사를 그대로 신빙하기엔 미심쩍은 바가 있고, 후자의 경우 이연송이라는 인물의 공이 승격의 원인이었을 가능성이 별도로 제기돼 있다. 그런 점에서 두 사례 모두 이대순의 요청이 실제로 있었는지 의심스러운 경우라 할 수 있다.

식촌부곡이 소재했던 보성의 경우, 특이하게도 신라시대의 보성과 고려시대의 보성이 완전히 일치하지 않는다. 신라 보성 아래의 일부 지역이 고려시대에 접어들어 다른 지역으로 갔고, 신라시대에는 보성이 아니었던 지역들이 고려시대 보성 휘하로 편제되었기 때문이다.[123] 이런 상황은 보

....

121 『고려사』 권57, 지11 지리2, 전라도 보성군(寶城郡) 고흥현(高興縣), "本高伊部曲高伊者方言猫也. 時有猫部曲人仕朝則國亡之議, 柳庇以譯語通事于元有功, 忠烈王11年(1285), 改今名陞爲監務. 忠宣王2年(1310), 又以仕元宦者李大順之請, 陞食村部曲爲豊安縣."

122 『고려사』 권58, 지12 지리3, 서해도 곡주(谷州) 수안현(遂安縣), 충선왕복위2년(1310), "以元嬖宦李大順之請, 陞爲遂州. [一云, 以郡人李連松有勞於國, 陞爲郡.]"

성군의 효율적인 관내 관리를 어렵게 했을 듯한데, 그 때문에 고려 정부가 보성군 인근에 주현(主縣)을 더 만들어 지역 관리를 강화하려 했을 가능성이 있다. 그리고 식촌부곡이 군이 승격 대상으로 선택된 것은, 지면 관계상 자세히 논의하기 어렵지만 보성군의 약점을 보완할 만한 입지를 가졌던 탓으로 추정된다.[124]

한편 곡주 수안현은 또 다른 이유로 승격된 것으로 보인다. 13세기 후반 곡주 관내를 지곡주사·수안현령·협계감무·지담주사 등이 공동 관리하고 있었는데,[125] 복수의 역(驛) 노선[절령도(岊嶺道)와 청교도(青郊道)]이 교

---

123 신라말의 보성지역은 고려 장흥부 및 [고려시대 장흥부 휘하의] 수녕·회녕·장택현 등을 보유했지만, 장흥부·수녕현·탐진현은 고려초 영암에 귀속되었고 회녕·장택만 남았으며, 현종9년경 보성군에 귀속된 지역들은 정작 신라말 시점에서는 보성군과 무관했던 지역들이었음이 주목된다. 동복현은 신라 곡성군의 영현이었고, 복성현은 신라 능성군의 영현이었으며, 조양·남양·태강·두원현은 신라 분령군의 영현이었던 데다가, 옥과현은 신라 추성군의 영현이었다. 즉 고려의 보성은 대부분 신라말 분령군의 영현이었던 지역들로 구성되었던 셈이다.

124 식촌부곡은 위에서 언급한 '신라말 분령군의 영현'들 중 하나에 근접한 지역으로 추정된다. 식촌부곡(풍안)은 같은 '고려 보성' 관내의 고이부곡[高伊部曲=고흥현(高興縣)]과 가까웠고[『고려사』 권137, 열전50 우왕14년(1388) 8월 무신, "倭寇樂安郡高興豊安等縣…"], 고이부곡은 장흥부 관내에 소재했으며[권125, 열전38 간신(姦臣) 1, 유청신(柳淸臣), "長興府高伊部曲人."], 신라말 분령군의 관할 지역 중 하나였던 조양현이 장흥부 소속이었음을 볼 때[권27, 세가27 원종12년(1271) 2월 계묘, "三別抄寇長興府兆陽縣."], 식촌부곡이 고이부곡·조양현과 함께 고려 장흥부 인근에 위치한 지역으로서 보성군의 약점을 보완할 만한 입지를 갖췄을 가능성이 있어 보인다. 그런 점에서 식촌부곡의 승격은 '고려 보성군'의 권위를 약화시키는 원심력으로 작동해 온 [신라말] 분령군 권역에서 고려 정부가 인증하는 새 중심지를 발탁함으로써 역내 안정을 도모한 조치로 평가해 볼 수 있다.

125 수안현의 상급 단위 곡주는 현종9년 지주사("지곡주사")가 되었고[『고려사』 권58, 지12 지리3, 서해도 곡주, 현종(顯宗) 9년(1018), "定爲知郡事."], 그 휘

차하던 교통 요충지 수안의 격을 높여 지방 행정을 더욱 강화하고자 한
것이 아닌가 한다.[126]

즉 식촌부곡과 수안현의 승격 모두 '이대순의 민원에 따른 것'이었다
는 기록의 사실 여부와 무관하게, 두 지역 모두 승격될 경우 권역 내 안정
화 및 지방 행정 제도 개선에 기여할 잠재성을 지녔던 경우들이라 할 것
이다. 이대순의 민원이 없었어도 언젠가는 승격될 만한, 또는 승격돼야 할
지역들이었던 셈이다. 그러나 보성군 식촌부곡의 경우 '신라말 분령군 및
고려시대 장흥부' 인근에 위치한 여러 지역들을 제치고 '일개 부곡'이었
던 지역을 승격시키는 과정에서 고려 정부가 감내해야 할 정치적 부담이
상당했을 것이고, 수안 또한 그와 위상이 비슷한 지역들을 제치고 승격된
데 대한 인근 지역민들의 항의성 민원이 만만치 않았을 것으로 생각된
다.[127] 그러한 반발을 넘어서기 위해서는 그를 무력화할 수 있을 정도의

하의 신은·협계·수안 등 세 속현 중 수안이 이후 현령으로 독립해("수안현
령") '동주 관내'로 편성되었다[권79, 지33 식화2, 농상(農桑), 현종10년(1019)
4월, "以洞州管內邃安, 谷州管內象山峽溪, 岑州管內新恩等諸縣民, 困於丹兵, 官
給糧種."]. 1259년에는 신은현이 "지담주사"가 돼 곡주의 관할에서 이탈했으며
[권58, 지12 지리3, 서해도 곡주 신은현(新恩縣), 고종46년(1259), "以衛社功臣
李公柱內鄕, 陞知覃州事."] 협계현에도 어느 시점엔가 '감무'가 설치되었다.

126 『고려사』 권82, 지36 병2, 참역(站驛), 절령도(岊嶺道)[수안 사암(射嵒) 역]; 청
교도(靑郊道)[수안 행주(幸州) 역, 종승(從繩) 역]

127 당시 곡주 휘하 수안과 비슷한 신세에 처해 있었던 것이 풍주(豊州)의 은율
(殷栗)이었는데, 동녕부(東寧府)에 함께 흡수되면서 고려-원제국 간 분쟁의
단초가 되었다[『고려사』 권28, 세가28 충렬왕4년(1278) 10월 정사, "遣少尹趙
愉別將李逢于東寧府, 推刷谷州邃安郡殷栗縣人物."; 권29, 세가29 충렬왕9년
(1283) 3월 무오, "流民至谷州邃安縣者, 移處新恩縣, 命加存恤."; 권30, 세가30
충렬왕11년(1285) 11월 병술, "元以東寧府爭我邃安谷州, 遣斷事官蘇獨海來視,
兼督東征造船."; 충렬왕12년(1286) 1월 신미, "元歸我邃安谷州."]. 이러한 은율
을 제치고 수안을 승격시키기 위해서는, 정부로서도 비상한 명분이 필요했을

'우월한 권위'를 거론하는 것이 필요했을 터이므로, '원에서 활동하고 있던 유력자 이대순의 청탁'이라는 명분이 그 때문에 동원되었을 가능성이 느껴진다. 특정 지역의 승격에 대한 지역민들의 반발을 잠재우기 위해, '이 지역의 승격은 (원제국에서도 영향력이 막강하다는) 이대순이 요청했다'는 명분을 국면 돌파용으로 내세운 것이 아닌가 한다.

그리고 마지막 유형으로는, 원제국 인사의 고려인 배필의 출신지라는 이유로 지역 위격이 올려진 사례들을 살필 수 있다. 이 경우로는 양광도 가림현이 주목된다.

> "충숙왕2년, 원제국 아패해(阿孛海) 평장(平章)의 아내 조씨(趙氏)의 내향(內鄕)이므로 지임주사(知林州事)로 올렸다."[128]

가림현은 위 기사처럼 '원제국 평장정사(平章政事)의 고려인 처(妻)의 고향'이라는 이유로 주(州)로 승격됐지만, 당시 더러 존재했을 유사한 존재들에 대한 승격 사례는 더 관찰되는 바 없다. 그런 점에서 명분 자체의 개연성은 인정하더라도, 승격의 '실제 사유'는 추적해 볼 필요가 있는 경우라 할 것이다.

가림현의 승격 연유를 살피기 위해서는 그 휘하 지역이었던 서림군의 승격 과정을 함께 살필 필요가 있다. 서림군 역시 1314년 '현 사람 이언충이 충선왕에게 공이 있다'는 이유로 '주'로 승격됐지만,[129] 그 승격 사유가 미심쩍은 경우이다. 이언충이 충선왕의 측근이었음은 사실이지만,[130] 항상

것이다.

128 『고려사』 권56, 지10 지리1, 양광도 가림현(嘉林縣), 충숙왕2년(1315), "以元阿孛海平章妻趙氏內鄕, 陞知林州事."

129 『고려사』 권56, 지10 지리1, 양광도 가림현 서림군(西林郡), 충숙왕원년(1314), "以縣人李彦忠有勞於忠宣, 陞知西州事."

이언충과 함께 등장하며 충선왕과는 더 가까운 관계였던 최성지(崔誠之)의 고향에 대해서는 이런 승격 조치가 취해진 바 없었기 때문이다.[131]

가림현과 서림군의 관계는 사실 매우 묘했다. 가림현의 내부가 신라말에는 '서림군' 지역과 '가림군' 지역으로 나뉘어 있다가,[132] 고려시대에 들어와 두 지역이 가림현으로 합쳐졌기 때문이다. 그러다가 신라말 서림군 소속이던 현(縣) 두 군데가 고려 중기 감무가 되고, 신라말 가림군 소속 현(縣) 한 곳도 감무가 되었는데,[133] 가림현 내부를 정돈하는 과정에서 (감무 2개를 거느렸던) 서림현이 1314년 먼저 '주'로 승격된 것으로 추정된다.[134] 그 결과 휘하 단위였던 서림현이 주가 되면서 오히려 상위 단위 가림현령을 압도하게 되자, 다음 해인 1315년 가림현을 추가로 주(지임주사)로 승격시킨 것으로 생각된다.

그런데 상‐하 관계에 있던 두 지역단위가 동반 승격되는 상황에 기

....

130 『고려사』 권33, 세가33 충선왕복위년(1308) 8월 계축, "賜政丞崔有渷玉帶, 朴景亮·權漢功·金之兼·崔誠之·李彦忠等鞓帶."; 9월 갑신, "百官賀王誕日, 各獻茶果, 典儀寺不及, 書雲觀梨一器而已, 典儀兼官李彦忠, 書雲提點崔誠之 並徵銀一斤."

131 『고려사』 권108, 열전21 최성지(崔誠之), "及忠烈薨, 忠宣自元奔喪, 率百官肆卽位儀, 賜誠之鞓帶, 常與權漢功等召見無時, 及葬慶陵, 誠之時爲執義, 舊例中丞署名封玄宮俗傳封陵者不吉, 是日執義李彦冲辭, 王命誠之押封且曰, '前程不在我乎?'" 충선왕이 최성지를 매우 (어쩌면 이언충보다도) 신뢰했음을 보여주는 일화들이다.

132 비인·남포현 등을 관장하던 '서림군' 지역과 홍산·한산현 등을 관장하던 '가림군' 지역이 그것이다.

133 [신라말 서림군 소속이던] 비인·남포현이 명종대 감무가 되고 [신라말 가림군 소속이던] 한산현에도 명종대 감무가 설치돼 홍산현을 겸임하게 되면서, 가림군 관내에 3개 감무가 병립하게 된 것이다.

134 후보지 선정 과정에서 '한 감무(한산)'보다는 '두 감무(비인·남포)'에 영향력을 지니고 있던 서림지역이 선택된 셈이라 하겠다.

득권층의 저항이 없을 수 없었고, 그에 대한 방어논리로 '이언충과 조씨 연고지'론이 표방된 것이 아닐까 짐작해 본다. 국왕 측근 이언충의 권위를 내세워 서림현을 승격시킨 후, 후속 조치로 가림현을 승격시킴에 있어서는 "원 평장 부인의 고향"이라는 명분을 반대 세력 설득에 활용한 것이라 생각된다.

이렇듯 1340~50년대 고려 정부의 외교 전략에서 중하게 활용된 '원제국의 권위'가 고려의 지방 제도 개혁에서도 소환되었음을 엿볼 수 있다. 당시의 지역 승격 또는 지방관 신설 노력에 혹 제기될 수도 있었을 비판적 지역 여론을 잠재우는 데 '고려의 유공자, 고려의 충신이 자란 곳'이라는 이유가 효과를 내는 상황이었다면, 절대적 권위를 자랑하던 '원제국', 그리고 그 원제국과 '인연이 있는 자의 연고지'라는 명분은 더욱 큰 위력을 발휘했을 것으로 생각된다.[135]

고려 정부가 지방 제도 개선을 위해 지역 승격 또는 주현화(主縣化) 등을 도모하는 과정에서 원제국과 일정한 연고를 가진 자들의 출신지라는 명분을 동원함으로써 현지의 수용을 얻어내고 지방 행정의 개선을 관철한 위 사례들은, 고려와 원제국 간의 불균형한 역관계를 내부 개혁을 위한 동력 확보에 활용한 매우 흥미로운 시도라 할 수 있다. 앞서 살펴본 계수관 등 광역 단위 개혁에서는 고려 정부가 원제국의 방법론을 참조했다면, 외관 승격 및 신설이라는 기초 단위 개혁에서는 최상위 권력으로서의 원제국의 위상을 차용한 셈이라 하겠다.[136]

....

135 다만 정반대로, 앞서 살펴본 것처럼 대몽(對蒙) 항쟁 유공자의 출신 지역이 승격되거나 주현(主縣)이 된 경우도 있다. 당시 지역 승격에 동원된 사유가 모두 '친(親) - 원제국적'인 것은 물론 아니었던 것이다.

136 이런 방식은 이후 명(明)을 상대로도 전개되었다. 명에서 공을 세운 고려인이라지만 기록상 신원이 확인되지 않은 인물('延達麻實里')의 고향이라는 이유

2장. 없으면 갖다 쓴다: 제국의 제도를 활용한 사례들

이상에서 고려인들이 원제국의 '권위'를 활용한 양상을 살펴보았다. 정치도감과 공민왕의 사례가 단기적이고도 강력했던 경우라면, 지방관(外官) 신설 및 승격 과정에서 발생하는 반대 여론에 대응하고자 원제국 관련자들의 명망과 위세를 활용한 것은 좀 더 중장기적이고도 완곡한 경우였다. 그런데 이 시기에는 그에서 한 걸음 더 나아간 사례들도 발견된다. 고려 국정의 필요를 충족시키기 위해 원제국의 권위를 활용하는 데 그치지 않고, 원제국의 제도 자체를 도입한 사례들이 그것이다.

물론 앞서 1부에서 이미 비슷한 사례들을 살핀 바 있다. 충선왕의 정치 개혁, 재정 세입 증대책, 광역 지방 단위 개편 및 군역 제도 개혁 모두 원제국의 정책 지향과 방법론을 참조하고, 원제국의 제도적 요소들을 고려의 전통 제도에 접목했던 경우다. 다만 여기서 살펴보려는 것은 조금 다른 사례들이다. 한쪽의 지향을 다른 쪽에 대입하거나 양국의 제도를 서로 결합시키는 수준을 넘어, 아예 외국 제도를 원형 그대로 수용해 (과거에는 있었으나 지금은 사라진) 고려 제도의 대용품으로 활용한 사례들이기 때문이다.

크게 두 부류의 사례들을 제시해 보려 한다. 첫째는 경제 분야에서 발견되는 사례로, 고려 국왕이 무역 물자 제작을 위한 직조(織造) 정책을 펼치는 과정에서 원제국의 무역품(직물) 제작 프로세스(또는 시스템)를 그대로 도입한 경우이다. 그리고 둘째는 군사제도와 지방제도의 경계에 걸친 사례로서, 몽골 원제국의 만호부 제도를 고려 정부가 차용해 군정(軍

로 승격된 원주 영월군의 경우나, '현 출신 고려인의 딸이 명나라 궁인(宮人)이 된 것을 축하한다'는 명목으로 승격된 금주 함안군의 경우 모두 실제 승격 사유는 따로 있었던 것으로 보인다.

政)과 외정(外政)에 활용한 경우이다. 앞의 사례는 복수의 고려 왕들이 광대했던 제국의 각기 다른 권역(중국, 서아시아, 중앙아시아)들에서 성행하던 서로 다른 직조(織造) 프로세스나 시스템 중 하나를 선택적으로 차용한 경우이다. 반면 뒤의 사례는 지방군(地方軍) 지휘 체계를 개혁하고 지방 민사 행정과의 조화도 모색하는 과정에서, 힘들게 고려의 기존 제도를 복구하기보다 아예 외국의 유사 제도(제국 만호부)로 구(舊) 제도를 대체해 버린 경우이다.

앞의 사례는 충선왕과 그의 손자 충혜왕에게서, 그리고 뒤의 사례는 충혜왕의 아우 공민왕으로부터 확인된다. 이들이 외국의 제도를 국내 제도의 대용품으로 쓴 이유는 과연 무엇이었을까? 이전과 다른 성과를 내기 위해 외국의 새 제도 도입이 필요했거나, 이전 국내 제도의 복구가 오히려 더 어렵고 비효율적이었기 때문일 수 있다. 충선왕, 충혜왕의 시도가 전자라면 공민왕의 시도는 후자에 해당한다. 아울러 전자의 경우 일회적인 실험의 성격이 강했다면, 후자는 반세기 가까이 지속된 추세였다. 특히 후자의 경우, 무엇보다도 고려의 오랜 질서, 즉 '외정(外政, 지방행정)'과 '군정(軍政, 군사행정)'의 전통적 "분리" 양상을 뒤흔들어 놓았음에 주목할 필요가 있다.

1. 시스템의 직수입: 충선·충혜왕의 제국 '직조(織造) 프로세스' 수용

원제국의 무역정책은 황제대 별로 달랐다. 세조(世祖) 쿠빌라이와 무종(武宗) 카이샨, 태정제(泰定帝) 예순 테무르 등은 서역(西域), 남양(南洋) 등지와의 무역에 적극적이었던 반면, 성종(成宗) 테무르, 인종(仁宗) 아유르바르와다, 영종(英宗) 시다발라, 그리고 순제(順帝) 토곤 테무르 등은 그런 성향이 상대적으로 덜했던 경우이다.

고려의 국왕들도 원제국 정부의 그런 무역정책 변동에 조응하여 다양한 대책을 선보였다. 제국 정부의 무역 정책 기조가 개방적이거나 '지원(支援)' 위주였을 경우에는 그에 편승하였고, 반대로 제국의 정책 기조가 보수적인 '단속' 성향의 노선을 보인 시기에는 그에 맞춰 전략을 수정하였다.

충렬왕은 (앞서 2부에서도 살펴 본 바와 같이) 동시기 제국의 오르탁(Ortaq) 무역 진흥 정책에 조응하여 스스로 회회인(回回人)들을 대리자로 내세운 대외 투자를 감행하려 하였고, 강남 항구들의 관세(關稅) 인하 추세에 맞추어 중국 항구로 관영 무역선을 파견하였다. 충숙왕 역시 원제국 수도에 억류되었다가 방면된 뒤 중국에서 사귀었던 여러 외국 상인들을 고려 정부로 들이거나 어용(御用) 상인으로 육성하였다.

반면 충선왕과 충혜왕은 그와는 조금 다른 행보를 보였다. 충렬왕과 충숙왕이 인적 자산 확보 및 네트워크 구축에 주력했던 경우라면, 충선왕과 충혜왕은 수출품 마련에 주력했기 때문이다. 충선왕은 직염국(織染局)이라는 관청을 만들어 직물의 염색 및 이른바 '직금(織金)' 제품 제작에 착수했던 것으로 보이고, 충혜왕은 삼현신궁(三峴新宮)이라는 이름의 궁궐을 세워 일종의 방직 공장으로 활용한 데 이어 거기서 생산된 직물은 중국과 서역에 수출하였다. 충렬왕과 충숙왕이 원제국이 깔아놓은 네트워크를 통해 자신들이 육성한 대리(대행) 상인들을 활동시키려 한 경우라면, 충선왕과 충혜왕은 그 네트워크를 통해 자신들이 창출한 재화를 유통시키려 한 경우라 할 수 있다.

그런데 충선왕과 충혜왕이 제국의 네트워크를 통해 자신들이 창출한 재화를 수출하는 데 그치지 않고, 제국의 재화 '창출 방식' 그 자체를 도입했음이 주목된다. 여기서의 '방식'이란 단순히 제작 기술을 가리키는 것을 넘어, 수요자의 주문으로부터 생산 및 소비까지 포함하는 프로세스 또는 시스템 그 자체를 의미한다. 당시 원제국에는 그 광대한 강역에 걸맞게 중국적 프로세스, 몽골식 프로세스, 무슬림의 프로세스 등이 다양하게 공존했는데, 충선왕과 충혜왕 역시 그런 선택지들에서 각기 서로 다른 프로세스를 택해 자신들의 재화 창출에 활용하였다.[137]

그렇다면 과연 그들이 선택한 프로세스는 각기 어떤 것이었을까? 충선왕의 '직염국'은 그 한식(漢式) 명칭에서부터 알 수 있듯이 '중국적 유산'의 일부에 해당하였다. 원대(元代) 중국에서 '직염'이라는 이름 아래 직물 염색과 직금 제작을 주무하던 중국식 관청들로부터 영향을 받은 것 같다. 반면 충혜왕의 삼현신궁은 신성한 궁궐 형태로 구축된, 왕의 재화 생산 직영(直營) 체제를 상징하는 존재였다. 한반도와는 매우 떨어져 있었으나 엄연히 원제국의 일부였던 서역 이슬람권에서 유행하던 유서 깊은 티라즈("Tiraz") 시스템으로부터 영감을 받은 결과라 할 수 있다.

즉 충선왕과 충혜왕의 경우 원제국의 여러 원천들로부터 서로 다른 재화 창출 프로세스를 도입해 운영했던 셈이었다. 직염국과 삼현신궁을 설치한 그들의 노력은 제국의 무역 인프라를 소극적으로 변용한 것이 아닌, 제국 치하 중국의 제도(직염 관청) 또는 서역의 직물 생산 관행(tiraz workshops) 등을 원형 그대로 도입한 경우라 할 것이다.

먼저 충선왕의 직염국 설치를 살펴보자. 1308년 복위한 충선왕의 5월 관제 개편으로 많은 관청들이 변모했는데, 그 중 하나가 직조(織造)와 염색을 담당하던 부서였음이 눈길을 끈다.

······························

137 이 절의 서술과 관련해서는 이강한, 2013 『고려와 원제국의 교역의 역사』 창비; 이강한, 2023 『새로운 직물의 탄생 - 원제국을 겪은 한반도인의 선택』 한국학중앙연구원 출판부 참조.

"도염서(都染署)에 잡직서(雜織署)를 병합시켜 '직염국(織染局)'을 만들고는 그를 선공사(繕工司)에 소속시켰다. 2명의 사(使)를 두고 하나는 종5품 관료가 겸하게 하였는데…"[138]

도염서는 정8품 령(令)의 지휘를 받았던, 고려 정부 내에서는 매우 하위의 관청이었다. 잡직서 역시 동일 품급의 령이 맡았던 비슷한 위상의 관청이다. 그런데 충선왕이 도염서에 잡직서를 병합시켜 '직염국'이라는 새 관청을 만들었다는 것으로, 직조 행정에 염색 행정을 결합시킴으로써 유기적인 염직물(染織物) 생산을 도모한 조치로 이해된다. 아울러 새 부서 직염국의 수장이 종5품 급이었음이 눈길을 끈다. 8품짜리 관청 두 개를 통합해 놓고서는 정작 5품이라는 훨씬 높은 품급을 부여했던 것이다.

충선왕은 조금 뒤에는 '직물 염색(織染) 업무가 여전히 미흡하다'는 이유로 직염국의 상위 부서를 선공사(繕工司, 종2품)에서 내알사(內謁司, 정3품)로 교체하였다. 직물 관련 행정의 개선을 의도했던 그가 여전히 업무가 돌아가는 방식에 불만이 많았던 모양이다. 내알사는 문종대 액정국(掖庭局)의 후신으로, 그 명칭에서도 짐작되듯이 국왕과 밀착된 부서였다. 충선왕이 직염국의 운영을 아예 자신의 직접 주관 아래 놓은 것으로,[139] '직

---

138 『고려사』 권77, 지31 백관2, 도염서(都染署), "掌色染. 文宗定: 令一人秩正八品…忠烈王34年(1308), 忠宣倂雜織署爲織染局, 屬繕工司. 置: 使二人, 其一兼官從五品…後, 忠宣以織染等事闕廢, 令內謁者監·內侍伯·內謁者·長源亭直各二人, 任其事. 2年(1310), 分爲都染署復置: 令正八品; 丞正九品…"; 백관2, 잡직서(雜織署), "掌織紝. 文宗定: 令二人. 秩正八品…忠烈王34年(1308) 忠宣倂於都染署爲織染局, 後復置雜織署, 令丞如故."

139 이와 관련, 충선왕이 과거 액정국에 배속돼 있던 '금장(錦匠)' 등의 기술자들을 활용하려는 의도도 갖고 있었던 것이 아닌가 한다. 조효숙은 "직금이 금(錦)의 영역에 속한다"고 하면서 "고려에서는 액정국의 금장에 의해 제직됐을 것"이라고 본 바 있다(1992 『한국 견직물 연구 - 고려시대를 중심으로』 세종

염'을 국왕이 직접 챙겨야 할 업무로 격상시킨 셈이라 하겠다.

충선왕의 복위와 함께 고려 정부에 등장한 이 '직염국'을 연구자들은 매우 생경해 하면서도, 글자 그대로 '직물의 염색을 담당하는 부서' 정도로 받아들였다. 『고려사』 백관지에도 충선왕이 '도염서와 잡직서를 통합(정확히는 전자가 후자를 병합)'하여 이 관청을 만들었다고 했으니, 각 부처의 명칭에서 '염'과 '직' 두 글자를 따 조어(造語)한 결과로 이해해 왔을 따름이었다.

그런데 '직염국'이라는 명칭은 원제국에서는 직염 및 직금 제작을 전담한 관청을 이르는 매우 보편적인 개념이었다.[140] 국(局), 제거사(提擧司), 총관부(摠管府) 등 다양한 위상의 직염 전담 부서들이, 이전 중국 왕조들의 동종 업무 담당 부서들과는 비교도 안 될 정도로 많은 지역에 설치돼 왕성하게 임무를 수행하였다. 그런 점에서 직염국이란, 몽골 원제국 치하 중국 직물 행정의 전형적 유산이라 할 만하다.

원대 직염국의 존재가 그토록 두드러졌기에, 충선왕 역시 고려의 기존 직조 및 염색 관련 부서들을 통합시킨 새 관청의 이름으로 이 '직염국'을 채택한 것일 수 있다. 다만 특이하게도 앞서 언급한 바와 같이, 종전 도염서와 잡직서의 품급이던 8품보다 훨씬 상향된 품급을 직염국에 부여하였다. 필자는 이를 두고 신생 관청에 힘을 실어준 것이라 평가한 바 있지만, 또 다른 가능성도 없지 않다. 위 『고려사』의 기록은 도염서가 잡직서를

....

대학교 박사학위논문).

140 원제국 이전의 중국에서는 '직염'이라는 표현이나 '직염국'이라는 관청명이 거의 발견되지 않는다. 송대에 '직염감(織染監)'이라는 용례가 단 한 번, 그리고 금대에 '직염서(織染署)'라는 관청명이 몇 차례 등장할 뿐, "직염국"이라는 명칭은 『원사』에 이르러 처음으로 등장한다. 그런 점에서 직염국은 원제국의 형성 이후에나 중국에 보편화된 존재라 할 수 있다.

흡수한 것처럼 돼 있지만, 충선왕이 실은 도염서와 잡직서 모두를 폐지하고 아예 '직염국'이라는 새 관청을 원(元)으로부터 도입한 것이었을 가능성도 없지 않기 때문이다.

이와 관련해서는 충선왕이 이 새 부서에 부여한 '5품'이라는 위상이 단서가 된다. 다시 보니 임의적으로 부여된 품급이 결코 아닌 것같다. 당시 원제국 직염국의 경우 그 품계가 5품에서 9품까지 다양했지만,[141] 2천호 이상의 인구를 지닌 지역에 소재한 직염국은 5품급 위상을 부여받곤 하였다.[142] 충선왕이 그러한 원칙을 수용해 고려 직염국에 '5품'을 부여했다면, 위 직염국의 창설은 '국내 기존 관청의 융합'이 아닌 '외국 관청의 새로운 도입'으로 보는 것이 오히려 자연스러울 것이다. 외국 관청의 외형을 도입하며 그 '위상'까지도 함께 수입했다는 해석이 가능해지기 때문이다.

물론 고려 직염국의 구체적 모습을 보여주는 기록은 없어, 그것이 제국의 직염국들과 비슷한 모습으로 운영되었는지의 여부를 확인할 길은 없다. 다만 그 형태만큼은 제국 직염국들의 내부 시설 및 운영 방식에 준하여 설계됐을 것으로 생각된다. 일례로 1290년 설치된 중국 경원[慶元, 명주(明州)] 지역의 직염국은 1325년 개조 당시 염방옥(染房屋) 4칸, 낙사

----

141 『원전장』 권7, 이부(吏部) 1, 관제(官制) 1 직품(職品), 「내외문무직품(內外文武職品)」 [품별 외임(外任) 장직(匠職)]

142 원제국 정부는 1272년 각지의 직염제거사에게 품급을 부여함에 있어, 2천호 이상 지역의 경우 제거에게는 정5품, 동제거는 종6품, 부제거는 종7품을 부여하였다[『원사』 권82, 지32 선거2, 전법(銓法) 상(上), "凡匠官: 至元9年(1272), 工部驗各管戶數, 二千戶之上至一百戶之上, 隨路管匠官品級. 省議, '除在都總提擧司去處, 依准所擬. 東平雜造提擧司幷隨路織染提擧司, 二千戶之上, 提擧正五品, 同提擧從六品, 副提擧從七品. 一千戶之上, 提擧從五品…五百戶之上至一千戶之下, 提擧正六品…'"]. 충선왕도 고려의 인구 규모를 고려하여 고려 직염국에 5품급을 부여했던 셈이다.

당(絡絲堂) 14칸, 기방(機坊: 베틀방) 25칸, 타선장옥(打線場屋) 41칸을 갖췄을 정도로 넓은 시설이었다.[143] 충선왕의 직염국도 이런 구조를 차용하거나, 적어도 그에 준하는 모습으로 운영됐을 것이다.

이렇게 만들어진 직염국이 한반도에서는 정확히 어떤 업무를 수행했을까? 종래의 도염서와 잡직서가 하기 어려웠던 업무를 수행하기 위해 창설된 것은 분명하다. 충선왕이 일상적 업무, 예컨대 관복(冠服) 제작의 확대 정도만 염두에 두었다면 이런 식의 제도 개편은 불필요했을 것이기 때문이다. 그와 관련해 원제국의 직염국들이 단순 염직(染織) 뿐 아니라 '직금(織金)'의 생산을 주도하고 있었음을 기억할 필요가 있다.

직염국을 비롯한 원제국 직염 관청들에서는 '납실실국(納失失局)'이라는 부서가 종종 확인되는데, 이 '납실실'은 '납실사(納失思)'나 '납석실(納石失)'의 또 다른 명칭으로, 원제국에서 생산한 직금(織金) 제품으로서의 '나시즈(nasij)'를 가리킨다. 바탕직물 견직물의 표면에 금사(金絲) 또는 은사(銀絲) 등의 금속 실로 문양(文樣)을 표현한 제품으로, 중국과 중앙아시아의 조예가 결합된 최고급 직물이자 원제국 시기 폭발적인 각광을 받았던 직물이다.

그런 직물이 원제국 시기 각 지역의 직염국들에서 생산되고 있었다면,[144] 고려 직염국도 예외이긴 어려웠으리라 생각된다. 충선왕이 (금사의 원재료로 재활용될 수 있었을) '금박(金箔)'의 확보에 노력한 점도,[145] 그가

....

143 『지정사명속지(至正四明續志)』 권3, 성읍(城邑), 직염국(織染局), "…至元27年(1290), 起蓋局院, 泰定2年(1325), 鄞縣尹阮申之提調改造, 土庫三間, 庫前軒屋三間, 門樓三間, 廳屋三間, 並前軒. 廳後, 屋一間, 染房屋四間, 吏舍三間, 絡絲堂一十四間, 機坊二十五間, 又有打線場屋四十一間, 土祠一間, 在帥府後北首."

144 조효숙 역시 제국의 직염제거사들이 직금을 생산했을 것이라고 본 바 있다(위 박사학위논문).

145 충선왕은 직염국 출범을 전후해 과거에 자신이 숙청한 바 있었던 전영보(全英

제국의 직염국을 고려에 들이면서 직금 제작을 염두에 두었을 가능성을 시사한다. 충선왕이 제국 직염 부서의 원형을 차용하면서까지 기존의 고려 제직, 염색 업무를 일신한 것은, 결국 일반적 수준을 뛰어넘는 고급 직물 제품(직금 또는 그에 준하는)을 생산하려 했기 때문으로 보는 것이 합리적일 것이다.

다시 말해, 충선왕의 직염국은 단순히 역할이 서로 비슷하거나 유관했던 기존 관청들을 통폐합한 결과가 아니었다. 원제국 치하 중국에 새로이 정립돼 있던 '제도적 직염 제작 시스템'으로부터 깊은 인상을 받아, 원제국의 직염국이 수행하던 업무를 고려에서도 추진해 볼 요량으로, 제국의 직염국 제도 자체를 고려 한반도에 변형 없이 직도입한 것이라 생각된다.[146] 그리고 직염국 제도를 도입함에 따라 더 이상 운영이 불필요해진 기존의 잡직서와 도염서를 폐기하고, 제국과 동일한 방식의 직조 염색 행정을 고려에서도 진작하고자 직염국을 자신의 관할 아래 배치한 것이라

....

甫)라는 금박 제조업자를 1310년 복권(復權)시킨 바 있다. 본문에 언급한 바와 같이, 그를 통해 금속사(金屬絲) 제작에 필요한 원료를 확보하고자 한 것으로 보인다. 그런데 정작 복권된 전영보는 당시 자섬사(資贍司)라는 관청 등을 통해 은폐(銀幣)를 횡령한 것으로 전하고 있다[『고려사』 권124, 열전37 폐행2, 전영보, "全英甫本帝釋院奴, 治金薄爲生. 元嬖宦李淑之妻兄也. …忠宣誅惟紹, 乃籍英甫家流遠島…. 及忠宣復位2年(1310, 拜大護軍卽署之, 時人語曰, '聞者人言:〈小王立政必公.〉, 今旣免英甫罪, 又授大官何私昵如此?' 英甫嘗爲資贍司使, 多竊銀幣, 王以白元恒嘗知讞部監選軍有能名, 命勾較諸司契卷, 元恒究問英甫不置, 英甫甚怨之. 會元恒杖殺司僕令史, 英甫訴王流元恒靈興島."]. 충선왕은 전영보를 통해 필요한 금·은 등을 확보하려 했지만, 전영보는 오히려 충선왕의 의도를 악용하며 국고의 은을 빼돌렸던 셈이다. 당시 직금(織金)의 제작에 투입되던 재료에 대한 사회의 높은 수요(욕구)를 보여주는 일화이다.

146 앞서 2부에서 살펴본 바와 같이 충선왕은 복위년 관제 개편에서 고려의 관제를 제국의 관제와 완전히 다르게 설계했지만, 이 부분(직염국)만큼은 원제국의 관청명을 그대로 도입한, 유일한 예외였다고 하겠다.

하겠다.[147] 이후 충혜왕대에 제작되는 이른바 '직문저포[織文苧布, 직금 방식으로 시문(施紋)된 모시]'의 선형태가 충선왕대의 직염국에서 기획된 것으로 추정되는데, 그러한 기획 의도를 뒷받침하기 위해 과감히 원제국의 제도를 채택했던 것이라 하겠다.

이상에서 충선왕이 제국 치하 중국의 직염 제도를 직수입한 양상을 살펴보았다. 다음으로 살펴볼 것은 그의 손자 충혜왕의 시도인데, 충혜왕은 조부 충선왕의 노력을 다른 모습으로 재연(再演)하였다.

충혜왕은 여러 모로 그 이미지가 결코 긍정적이지 못한 인물이었다. 『고려사』는 그를 '털끝 만한 이익도 놓치지 않았다'는 식으로 묘사하고 있다. 경제적으로 식리(殖利)와 영리(營利)에 매우 민감한 인물이었던 것으로 보이며, 선세(船稅)나 산해세(山海稅) 등으로 대변되는 그만의 징세(徵稅) 정책이 그를 잘 보여준다. 그런데 당시 고려인들의 대외 무역이 왕성했고 그를 위한 국내의 재화 개발도 활발했음을 감안하면, 위 세금들은 오히려 신설될 만한 것들이었다고 볼 수도 있다. 수요와 거래, 그리고 이윤이 발생하는 분야에 과세를 하는 것은 지극히 자연스러운 일이니, 그런 세제(稅制)를 만든 충혜왕이 욕을 먹을 일은 아닐 것같다. 오히려 그가 재무(財務)와 식리(殖利)에 능했음을 보여주는 대목으로 이해하면 될 것이다.

충혜왕의 그러한 면모는 그의 남다른 인맥에서 비롯된 것으로 여겨진다. 그는 당시 고려를 방문하던 여러 외국인들, 특히 회회인(回回人)들과의 친분이 강했던 것으로 유명하기 때문이다. 그는 제국의 궁정에 머물던 당

---

147 물론 충선왕은 2년 뒤에 직염국을 폐지하고 종전의 잡직서와 도염서를 복구하였다. 따라서 〈직염국이 고려 정부의 직물 염색 및 직금(織金) 생산을 전담 주관하는 체제〉를 충선왕이 항구적으로 끌고 갈 의도는 아니었던 것 같기도 하다. 새로운 직물을 기획하기 위해 한시적으로만 운영하는 것이 애초 충선왕의 계획이었을 수도 있다.

시 본연의 임무인 숙위(宿衛)보다는 회회인들과의 사적 교류에 더 주력했던 것으로 전하는데, 당시 서역과의 무역에 적극적이던 권신 옌테무르(燕鐵木兒)의 총애와 후원을 받으며 회회인 젊은이들과 교제하고 회회인 여인과 사랑도 나누었음은 유명한 일화이다.[148]

이 모든 행적은 그의 방종과 일탈을 보여주는 면모들로 치부돼 왔지만, 필자는 이 부분에 대해 다른 생각을 갖고 있다. 회회인들과의 관계가 긴밀하기로는 이전의 왕들도 결코 다르지 않았다. 충렬왕이 회회인들과 나눈 교류(연회) 및 그의 응방 정책에서 관찰되는 회회인 위촉 시도는 앞서 이미 짚은 바 있고, 다양한 국적의 상인들과 교류했던 충숙왕도 색목인 상인에게 봉작을 내린 적이 있다.[149] 원제국과의 공존이 장기화되면서 한반도인들은 중국 내 한인, 몽골인들은 물론 회회인들과의 교분도 늘려가고 있었다. 충혜왕의 회회인 교류는 고려 왕실과 회회인들 간의 관계가 더욱 개인화하고 긴밀해진 결과였을 따름이다.

다만 충혜왕과 회회인들의 관계가 이전과 분명 다른 점도 있었다. 그가 회회인들을 상대로 무역을 했다는 점에서 그러한데, '회회가에 포를 지급[수출]하고 이윤을 챙겼다'는 기록이 그를 잘 보여준다.[150] 중국과 서역으로의 직물 수출은 그의 무역 정책의 핵심이었으며, 그가 내다판 직물은 후술하겠지만 '직문저포(織文苧布)'라는 특수 직금 제품으로 추정된다. 충숙왕대 이래 공민왕대까지 유일하게 충혜왕대가 원측의 고려 직문저포

....

148 이강한, 2009 「고려 충혜왕대 무역정책의 내용 및 의미」『한국중세사연구』27 참조.

149 색목인 '당흑시'에게 고려 이름 및 봉작을 내린 것이 그것이다[『고려사』권124, 열전37 폐행(嬖幸) 2, 왕삼석(王三錫), "老星色目富商, 本名党黑厮, 亦因載[양재(梁載)]得封君. 載嫌物議, 詭書批目云, '百四歲老人崔老星.'"].

150 『고려사』권36, 세가36 충혜왕 후5년(1344) 1월 무진, "給布回回家取其利."

징발이 없었던 기간이라는 점이 그런 가능성을 뒷받침하는데, 충혜왕이 그를 왕성하게 대외 수출하고 있어 원제국으로서는 그를 징발할 수도, 그리고 징발할 필요도 없었던 상황이었을 가능성을 암시하기 때문이다.

이상에서 열거한 그의 여러 면모들, 재물에 대한 의지, 회회인과의 인간관계, 그리고 회회 상인들을 상대로 한 직물 판매(수출)는 충혜왕의 무역 정책을 뒷받침한 중요 자산이었다. 그리고 그런 그의 무역 정책의 정점에 바로 '삼현신궁(三峴新宮)'이 있었다.

"왕이 신궐(新闕)을 삼현(三峴)에 일으켰다."[151]

이 기사만 보면, 삼현신궁도 여느 궁궐로만 다가온다. 그런데 그 실체는 아래의 기사에서 잘 드러난다.

"왕이 삼현(三峴)에 신궁(新宮)을 일으키니 그 제도가 (여느 왕궁과) 같지 않았다. 고옥(庫屋) 100칸[間]에는 '곡(穀)과 백(帛) 등의 견직물을' 채우고 낭무(廊廡)에는 채녀(綵女)를 두었다. 여성 2명이 뽑혀 (신궁에) 들어가게 되었는데 눈물을 흘리니 왕이 노하여 철추(鐵椎)로 때려 죽였다. 또 방아와 맷돌[碓磑]을 많이 두니 모두 옹주(翁主)의 뜻이었다."[152]

이 삼현신궁이야말로 그의 극단적 사치를 보여주는 전형적 사례로 비판돼 왔다. 궁궐을 만들어 놓고 그를 여종과 비단으로 채운 것 자체가 구

....
151 『고려사』 권36, 세가36 충혜왕 후4년(1343) 3월 기묘, "王起新闕于三峴."
152 『고려사』 권89, 열전2 후비2, 은천옹주임씨(銀川翁主林氏), "銀川翁主林氏, 商人信之女, 丹陽大君之婢也. 賣沙器爲業. 王見而幸之有寵. …王起三峴新宮, 其制度不類王居, 庫屋百間實穀帛, 廊廡置綵女, 有二女被選當入泣下, 王怒以鐵椎擊殺之, 又多置碓磑, 皆翁主意也."

중궁궐 안에 고량진미를 쌓아둔 채 향음(饗淫)에 빠지곤 했던 전근대 부패 군주들의 모습을 연상시켰기 때문이다. 비빈이었던 은천옹주에게 삼현신궁의 관리를 맡긴 대목도 그런 해석을 부채질했다. 왕조의 공적 시설에 대한 충혜왕의 사사로운 지배를 보여주는 정황으로 해석되었다.

그러나 이 삼현신궁은 궁궐이기보다는 실상 궁궐의 모습을 한 '직물 생산 공장'이었다고 보아야 할 것이다. 여러 사료를 보면 방직 인력과 견본 직물, 그리고 방직 도구가 비치된 직조(織造) 시설이었음이 분명하기 때문이다. '채녀(綵女)'들은 방직 기술자들이었고 견직물은 제작될 상품들의 바탕직물이자 모본(模本)이었다. 삼현신궁은 사치의 상징도 방종의 공간도 아닌, 재화를 생산하는 공간 그 이상도 이하도 아니었다.

남는 문제는 왜 충혜왕이 그 시설을 '궁궐'의 형태로 구축했는지, 즉 직조 시설을 구축한 후 왜 그에 '궁궐'의 위상을 부여했는지의 문제이다. 어느 관청과는 다른 위상을 부여하기 위해서였을 것으로 생각되지만, 충혜왕에게는 그를 넘어서는 목표가 있었던 것 같다. 왕실의 수요에 대응하는 '국왕 직영의 왕정 직조 시설'임을 표방하기 위해서가 아니었던가 한다.

이렇게 생각해 보는 것은, 당시 원제국 내에 이러한 생산시설들이 적지 않았기 때문이다. 지구 건너편 이란의 일칸국(Il Khanate) 등 아랍 문명권 각지에서 술탄을 위한 직조 시설로 활발하게 운영되고 있었던 "티라즈(*Tiraz*)"들이 바로 그것이었다.

티라즈는 중세 페르시아 지역에서 유행했던 고난도 자수 행위(embroidery), 또는 그 결과물로서의 고급 자수 제품, 또는 그런 직물을 생산하기 위해 공권력이 운영했던 '워크샵(workshop)'에 이르기까지, 다양한 층위의 개념들을 지칭하던 용어이다.[153] 이 중 마지막 개념으로서의

----

153 Louise W. Mackie, *Symbols of Power - Luxury Textiles from Islamic Lands, 7st~21st century*, Cleveland Museum of Arts/Yale University Press, 2015. p.85.

티라즈는 술탄과 칼리프들이 자신의 권력을 기반으로 직금("cloth of gold") 제품들을 대량 생산하고자 직접 개설했던 직조(織造) 공간으로, 무슬림권 전역에 개설했던 관영 제작소들이었다.[154] 민간 시설은 감당하지 못할 다량의 직금을 제작해 조달했던 이 티라즈 워크샵들은 이슬람의 자수 제품 생산 체계를 바꿔 놓은 것으로 평가되며, 10세기 중엽 이래 정치 지도자들에게 막대한 수익을 안겨 준 것으로 전하고 있다.[155]

흥미로운 것은, 충혜왕이 궁전 형태로 만들어 방직 공간으로 활용한 삼현신궁이 여러 면에서 이러한 티라즈 워크샵들과 닮아 있었다는 점이다. 14세기 후반 알렉산드리아에서 운영된 티라즈들에 놓였던 베틀(looms)들, 품질 조작이나 기준 위반을 규제한 티라즈의 운영 지침, 그리고 이집트 티라즈 근무자들의 높은 노동 강도가, 삼현신궁 내부에 비치된 방직도구('碓磑')나 표본으로서의 '곡백(縠帛)', 그리고 충혜왕의 채녀 타살을 연상시키기 때문이다.[156]

그렇게 보면, 충혜왕의 삼현신궁 건립 및 운영을 "궁궐을 지어놓고는 사적(私的) 영업의 공간으로 활용하려 한" 사욕(私慾)의 소치로 비판해 온 지금까지의 통념은 재고(再考)될 필요가 있다. 충혜왕이 공적(公的)인 직금(織金) 제작, 또는 적어도 관영(官營) 제작을 위한 거대 공간을 조성한 후, 그러한 공간의 유지와 운영을 '왕실의 권위로써' 활성화하고 정당화하기

....

154 John Gillow, *Textiles of the Islamic World*, Thames and Hudson, 2010. p.11.

155 Gillian Vogelsang‐Eastwood, *Encyclopedia of Embroidery from the Arab world*, Bloomsbury, 2016. p.140.

156 이강한, 2023 윗책 참조. 한편 충혜왕이 이 여종들을 죽인 이유는 분명치 않은데, 직조 과정에서의 실수, 또는 모종의 비위 행위를 한 것을 처벌한 것이 아닌가 추측해 본다. 티라즈에 대한 해외 연구에서도, 방직 전 원사(原絲)의 중량과 완성된 직물의 중량이 동일하지 않을 경우 처벌되는 사례들이 언급돼 있다.

위해 '신궁(新宮)'이라는 지칭을 동원한 것이었을 가능성이 더 커 보이기
때문이다. 명명("궁전") 자체가 삼현에 구축된 시설의 '티라즈적 성격'을
방증하는 상황에서는 더욱 그렇다.

게다가 충혜왕이 삼현신궁을 조성한 1340년대 전반이, 알렉산드리아
의 티라즈 워크샵들이 정치권력의 누수 및 그에 따른 구조 조정 등으로
쇠퇴하기 시작하던 시점이었음이 주목된다. 그로 인해 15세기 전반에 이
르기까지 무슬림 직물 생산 거점들의 혼란이 계속되었고 티라즈의 수가
급감했으며, 민간의 무질서한 제작으로 생산물의 품질도 악화되었다.
1388년 알렉산드리아에 소재했던 14,000기의 베틀이 1434년 800여개로
급감했을 정도였다.[157]

무슬림권 견직물 시장의 주요 거래 상대방이었던 동아시아 시장의 구
매자와 경쟁자들도 이런 상황을 여러 경로로 알게 됐을 것이다. 그런데
바로 그 시점에 충혜왕이 아랍권 고품질 직금 생산 체제의 상징인 티라즈
와 유사한 삼현신궁을 고려에 건설했던 것이다. 그리고 그런 신궁을 통해
대중국·대서역 수출에 투입될 한반도산 고급 직금 제품들의 제작에 나선
것인데, 그것을 과연 우연의 일치로만 보아야 할까?[158] 오히려 티라즈의

....

157 Louise W. Mackie, p.247. "The textile industry underwent a radical change in
1340~1341. ⋯ The figure of 14 thousand looms active in 1388 in Alexandria,
once acclaimed for luxurious silks and linens, rumbled to only eight hundred
in 1434."

158 필자는 앞서 인용한 필자의 2023년도 저서에서, (견직물을 기반으로 한) 중국
산 직금이 13세기 중반 이래 한반도에 다량 유입돼 고려인들이 그를 왕성하
게 소비하였고, 고려에서 그와 유사한 제품을 모방 생산하기도 했으며, 한걸
음 더 나아가 (한반도로서는 강점을 지니고 있었던) 저포를 바탕 직물로 활용,
중국산 직금 제품의 대안이자 변용일 수 있었던 고려산 '직금 인피(織金 靭
皮)' 제품을 개발했다고 추정한 바 있다. 현재 남아 있는 몇 가지 유물들과(모
시, 또는 모시와 견섬유의 교직물에 직금방식으로 문양을 표현한 경우), 1320

몰락으로 서아시아 지역의 고급 직물 생산 체제에 혼란과 빈틈이 발생한 것을 충혜왕이 기회로 활용하려 했을 가능성을 상정해 볼 필요가 있다.

이상에서 살펴본 바를 고려하면, 충혜왕의 행보는 아무래도 서아시아의 티라즈 워크샵들로부터 영감을 받은 결과로 보는 것이 여러 모로 적절할 듯하다. 그가 조성한 삼현신궁은 서역의 고급 직물 제작용 티라즈 시스템을 한반도에 도입해 구축한 일종의 '동양형 티라즈' 시설이었던 셈으로, 회회인들과의 인연을 통해 얻은 지식을 토대로 서역 술탄들의 방직업 중앙 관리 모델을 고려로 차용한 결과였던 것이다. 충혜왕은 회회인들과의 교분을 통해 오래전부터 서역의 무역 관행과 현지 동향을 학습하고, (앞서 2부의 2장에서 살펴봤듯이) 1330년대 초 즉위 당시에는 고려를 방문한 일칸국 사절을 통해 서역의 직물을 실견(實見)했으며,[159] 1339년 복위 후에는 서역 쪽 직물생산 체제에 공백이 생긴 것을 인지한 후, 자신의 수출 물자를 제작할 발판으로서의 삼현신궁을 개창한 것이라 하겠다.

이렇듯 제국의 무역 정책에 편승해 대외무역에 투입할 물품의 제작에 나섰던 충선왕과 충혜왕은, 물품 제작의 시스템이나 프로세스 자체를 제국의 특정 지역(예컨대 중국이나 이슬람권 등)에서 선택적으로 도입해 내면화한 후(즉 고려 국내에 구현한 후), 그를 통해 수출할 물품들을 제작한 것이라 할 수 있다. 다이두(大都)의 제국 정부가 '직염국' 등 전통 한식(漢式) 백관제도(百官制度) 상의 관청들을 통해 중앙집권적으로 직물 생산을

년대 이래 1350년대까지 『고려사』에 활발하게 등장하는 "직문저포(織文苧布)"라는 용례 등을 근거로 한 가설이었다. 충선왕의 직염국에서 이 제품을 제작했는지는 미상이나, (이제현의 언급 등을 감안하면) 충혜왕의 삼현 신궁에는 다량의 모시가 적립돼 있었을 가능성이 있어, 삼현 신궁에서 생산한 고려산 고급 직물이 바로 '고려의 모시에 중국의 직금 기법을 적용한 새로운 제품'이었을 가능성이 크다고 하겠다.

159 『고려사』 권36, 세가36 충혜왕즉위원년(1331) 9월, "西北普賽因遣使來獻土物."

관리했다면 일칸국에서는 술탄(칼리프)과 부유한 관료들이 각기 개별적으로 대규모 시설을 만들어 직물을 제작하곤 했는데,[160] 한반도에서는 충선왕과 충혜왕이 각기 전자와 후자를 배타적으로 벤치마킹했던 셈이다. 고려‑몽골 혼혈이긴 했지만 주로 중국에서 생활했던 충선왕이 중국 전역에 설치된 직염국을 참고해 고려 정부에도 그를 도입했다면, 서역 출신 회회인들과의 연고가 강했던 충혜왕은 조부와는 달리 일칸국의 생산체계인 티라즈 제도를 전격 도입했던 셈이라 하겠다.

광활한 원제국의 각기 다른 시점과 공간에 조성된 복수의 상호 이질적인 프로세스들이, 14세기 전반을 살아갔던 두 고려 왕의 재위 기간을 통해 한반도에 순차적으로 영입되었다는 사실이 무척이나 흥미롭다. 충선왕은 중국의 프로세스를 수용해 염색직물 및 직금을 생산한 반면 충혜왕은 서역의 시스템을 수용해 티라즈형 삼현신궁을 건설했던 것이 차이였지만, 결과적으로는 한반도가 두 가지 생산 체제 모두를 겪어볼 수 있었던 것은 경제적·문화적으로 그리 나쁘지 않았던 경험이라 하겠다.

....

160 Eiren L. Shea, "Painted Silks: Form and Production of Women's Court Dress in the Mongol Empire," *The Textile Museum Journal*, vol.45, 2018. p.50. Mongol Women's Dress in the Ilkhanate, "Production of textiles and both men's and women's court dress differed in the Ilkhanate from the Yuan court. Most significantly, there is no evidence for central governmental organization of workshops in the Ilkhanate as was the case in the Yuan."; "Textile production in the Ilkhanate seems to have adhered more strictly to earlier Mongol practices, with princely households containing their own large‑scale weaving operations in the model of Chinqai's city in the early thirteenth century⋯This stands in contrast to the Chinese‑style bureaucratic organization adopted by the Mongols in Yuan China."

2. 사라진 고려 군제(軍制)를 대신하다:
공민왕의 제국 만호부(萬戶府) 제도 도입

앞서 중국과 서역의 관영(또는 궁정 직영) 직조(織造) 시스템을 도입한 충선왕, 충혜왕의 사례를 살펴보았다. 원제국의 무역 네트워크를 활용하는 것을 넘어 제도적 인프라, 프로세스 자체를 한반도에 도입한 흥미로운 경우였지만, 그것이 오래 지속되지 못하고 단명했던 것은 아쉬운 대목이다. 그런데 그에 비해 상당히 영속적이고도 '예상치 못한' 영향을 한반도에 미치게 될 외국 제도가 도입되어, 기존 고려의 제도를 아예 대체한 경우도 확인된다. 공민왕의 제국형 만호부제(萬戶府制) 도입이 바로 그런 경우다.

물론 만호부 제도가 공민왕대 한반도에 처음으로 출현했던 것은 아니다. 앞서 본 4부의 1장에서도 살핀 것처럼, 13세기 전반 몽골의 침공으로 인해 고려의 핵심 군사력은 물론 군 지휘 체계 자체가 붕괴한 상황에서, 일본 정벌을 추진하던 원제국이 13세기 후반 고려에 설치한 3군 만호 및 5개 지역 만호부들이 상당 기간 그 공백을 채운 바 있었기 때문이다. 그러다가 그 중 5개 지역 만호부들이 1356년 공민왕의 요청으로 폐지되게 되었는데, 이 절에서 살펴볼 것은 그 후 '다시' 출현했던 만호부들이다. 지역 만호부들의 폐지를 관철해 낸 지 2년 밖에 지나지 않은 1358년, 이번에는 공민왕 본인이[그리고 이후에는 우왕(禑王)도] 제국형 만호부들을 한반도 전역에 설치했던 것으로, 14세기 말까지 반세기 동안 운영된 이 만호부들이 고려의 지방 제도와 군사 제도, 더 나아가 둘 사이의 관계에 어떤 영향을 미쳤는지를 살펴보고자 한다.[161]

....

161 이 절의 서술은 이강한, 2016 「고려후기 만호부(萬戶府)의 '지역단위적' 성격 검토」 『역사와현실』 100 및 이강한, 2016 「고려후기 군제(軍制)의 변화상 연

다만 그런 정황을 살피기에 앞서, 폐지되기 전 고려에 반세기 넘게 존재했던 5개 지역 만호부들의 성격을 다시 한 번 복기해 본다. 4부 1장에서 개경, 서경, 합포, 전라, 탐라 만호부들의 제 면모를 간략히 살핀 바 있지만, '1358년 이후 만호부'들이 고려의 지방 및 군사 제도 운용에서 지녔던 함의를 살피기 위해서는 '1356년 이전 만호부'들의 '지역 단위적' 성격에 다시금 유의할 필요가 있기 때문이다.

기록상 가장 이른 시점에 설치된 것으로 보이는 고려 내 원제국 만호부는 '금주등처 진변만호부(金州等處鎭邊萬戶府)'이다. 1차 일본 정벌 이후 일본의 한반도 보복 공격이 현실적 가능성으로 떠오르던 1281년에 설치된 것으로 기록돼 있다. 인후나 장순룡 등 제국대장공주의 외국인 겁련구(怯憐口, 시종)들이 만호나 총관직을 띠고 그 수장으로 활동했고,[162] 이후 송분(宋玢, 직책은 진변만호)과 유석(劉碩, 직책은 관군천호) 등 고려인들도 임명되기 시작했다.[163] 그러다가 1293년 이전의 어느 시점에 (앞서 1장

....

구 - 만호(萬戶) 및 외관(外官)과의 관계를 중심으로」『한국문화』 75를 기반으로 하였음을 밝힌다. 고려후기 만호부 제도의 설치, 운영 및 의미에 대해서는 권영국의 상세하고도 포괄적인 연구가 있으나(2019 『고려시대 군사제도 연구』 경인문화사), 본서에서는 지방제도와의 관련성에 초점을 맞추어 검토해 보았다.

162 『고려사』 권29, 세가29 충렬왕7년(1281) 10월 기해, "元勅, 於本國金州等處置鎭邊萬戶府, 以印侯爲侶勇大將軍鎭邊萬戶, 賜虎符及印, 張舜龍爲宣武將軍鎭邊管軍摠管."; 권123, 열전36 폐행1, 인후(印侯), "元於金州等處置鎭邊萬戶府, 以侯爲昭勇大將軍鎭邊萬戶賜虎符及印.";『원사』 권99, 지47 병2, 진수(鎭戍), 지원18년(1281) 10월, "高麗王幷行省皆言, '金州·合浦·固城·全羅州等處, 沿海上下, 與日本正當衝要, 宜設立鎭邊萬戶府屯鎭.' 從之."; 권11, 본기11 지원18년(1281) 11월 기사, "高麗國, 金州等處置鎭邊萬戶府, 以控制日本…"

163 『고려사』 권30, 세가30 충렬왕17년(1291) 9월 기해, "元遣洪重慶, 授王爲征東行中書省左丞相, 以印侯鎭邊萬戶府達魯花赤, 宋玢爲宣武將軍鎭邊萬戶, 劉碩爲忠顯校尉管軍千戶, 皆賜金牌." 만호부의 지명은 이 기사에 없으나, 당시 "진변

에서 살펴본 바와 같이) 그 명칭이 '합포 만호부'로 바뀐 듯하며, 이후 부만호(副萬戶)가 임명되는 등 조직 구성도 치밀해졌다.[164] 13세기 후반에는 일본 정벌 준비, 주둔 몽골군 관리, 한반도 방어 등의 '진변(鎭邊)' 업무를 담당했지만, 14세기 전반에는 그 업무의 범위가 넓어진 것으로 보인다. 이언충(1338년 사망)이 '경상도진변(慶尙道鎭邊) 행금주목사(行金州牧使)'를 역임하는 등, 경상도진변만호부의 수장이 금주목의 목사를 겸임했음이 확인되기 때문이다.[165]

다음 '전라주도만호부'의 경우 『원사』에 그 설치 기록이 남아 있는데,[166] 일본 정벌용 조선(造船) 작업이 진행되었던 전주·나주는 물론, 인근

만호부'라는 명칭을 띤 것은 금주(합포)가 유일했던 것으로 보여 위 직책들도 금주(또는 합포) 만호부의 직책들로 간주하였다. [전라 만호부의 경우 1281년에는 '진변 만호부'로 거론됐지만 1290년에는 '주도(州道) 만호부'로 명명되었고, 조금 뒤에 서술하겠지만 '전라진변만호'라는 직책명은 14세기 전반에나 등장한다.]

164 『고려사』 권30, 세가30 충렬왕19년(1293) 6월 갑인, "元以趙仁規爲嘉議大夫王府斷事官, 李之氐爲奉直大夫合浦等處鎭邊萬戶府副萬戶, 行中書省副鎭撫金延壽爲武德將軍西京等處管水手萬戶府副萬戶, 皆賜虎符."

165 〈이언충(李彦冲) 묘지명(1338)〉, "…軍簿佐郞·正獻大夫·大司成·進賢館提學·知製敎·通憲大夫·檢校選部典書·行典儀令兼司憲執義·提點典○司事, 平壤道存撫使·行平壤府尹, 慶尙道鎭邊·行金州牧使…" 물론 이상에서 열거된 관직들을 이언충이 '순차적으로 역임한 관직'들로 간주할 경우, 이언충이 경상도진변만호부에서 종사한 후 금주목의 목사로 전근했을 가능성도 고려해 볼 수 있다. 그러나 그에 앞서 역임한 "평양도존무사 및 행평양부윤"이 겸직 관계에 있는 관직들이었을 가능성이 높아 보이는 것과 마찬가지로, "경상도진변[만호] 및 행금주목사"도 겸임 중이었던 관직들로 보는 것이 자연스럽다. 그렇지 않았다면 "행(行)"자가 들어간 것이 설명되지 않는다.

166 『원사』 권16, 본기16 지원27년(1290) 2월 을해, "立全羅州道萬戶府." 한편 앞서 소개한 『원사』 병지(兵志) 진수(鎭戍) 조의 1281년 10월 기사에는 고려국왕이 "금주·합포·고성·전라주" 등처에 진변만호부 설치를 요청했고 원에서

지역 전체를 관리하고자 설치한 것으로 추측된다. 이 지역 만호부의 임무가 경상도에서와는 달리 이렇듯 광역으로 설정한 이유는 분명치 않지만, 그 명칭상['주도(州道)'] 현지 외관들과의 업무 공조를 염두에 둔 것일 가능성도 없지 않다.[167] 임무 자체는 (합포 만호부와 같은) '진변'[168] 및 각종 지역 관련 업무 사이를 오간 것 같다.

한편 금주(합포) 만호부가 기초 단위에 설치되고 전라주도 만호부는 광역 단위에 설치됐다면, 고려 왕조의 양경(兩京)에도 서경 만호부와 왕경[순군, 巡軍] 만호부가 설치되었다. 그 임무는 각기 '수군(水軍) 관리' 및 '치안 유지'로서 앞선 두 만호부들의 '진변'이나 '지역 관리'와는 매우 달랐다. 다만 앞서 살펴본 경상도 합포의 경우처럼 '지방관이 만호부 업무를 겸임(또는 그 반대)'했음이 주목된다.

서경 만호부의 경우 [김연수(金延壽)라는 인물이 부만호로 임명되었다는] 1293년 6월 이전에 설치된 것으로 보인다. 공식 명칭은 '진변 만호부'가 아닌 "수군 관리[管水手] 만호부"여서,[169] 서경 전역보다는 현지의 수군

그를 승인했다고 돼 있으나, 이때 전라만호부가 실제로 설치되었는지는 사실 미상이다.

167 『원사』 권63, 지15 지리6, 정동등처행중서성의 '각도권과사(各道勸課使)' 조를 보면 경상도, 전라도, 충청도가 모두 '경상주도(慶尙州道)', '전라주도(全羅州道)', '충청주도(忠淸州道)'로 표현돼 있다. 반면 원래 도명(道名)에 '주(州)'자가 들어가 있는 교주도('동계교주도'로 표현돼 있음) 및 서해도는 그렇지 않다. 아마도 상대적으로 넓은 지역을 포괄했던 경상·전라·충청의 경우 '주도(州道)'로 표현한 것이 아닌가 싶은데, 확실치는 않다. 다만 명칭 자체가 지역성(지역현장성)을 드러내는 것은 인정할 수 있다고 생각된다.

168 앞서 언급한 것처럼 『원사』 병지 진수조 1281년 10월 기사에 고려 측이 설치를 요청한 '금주·합포·고성·전라' 만호부가 '진변만호부'로 언급돼 있고, 14세기 전반에도 홍융(洪戎)과 오첨(吳瞻) 등이 각기 '전라 진변 만호'와 '전라도 진변 만호'로 등장한다[〈홍규(洪奎) 처(妻) 김씨(金氏) 묘지명(1339)〉, 〈김심(金深) 묘지명(1339)〉].

들만 관리했던 것으로 짐작된다. 그런데 이 (서경) 수군 만호부의 '부만호'가 '평양부 윤'을 겸한 사례가 확인된다.[170] 원제국의 경우 "숙정염방사와 만호부, 그리고 군현"이라는 표현에서도 알 수 있듯이,[171] 군사 조직인 '만호부'가 매우 흥미롭게도 당시 중국의 광역 단위 '로(路)'에 설치된 '숙정염방사' 및 기초 단위 '군현(郡縣)' 등 여러 지역 단위들과 함께 원제국 지방 제도의 핵심을 이루고 있었다. 그런 성격이 고려에서도 나타난 것이라 하겠는데, 후술하도록 한다.

반면 충렬왕대 후반 '순군 만호부'로 출범한 '왕경 만호부'는[172] '치안 유지'를 담당하였다. 원제국에서도 만호부·천호소들이 도적 체포 및 치안 유지에 동원된 경우가 적지 않았는데, 그런 임무의 성격 때문에 고려의 다른 지역도 아닌 왕경 개경(開京)에 설치된 것으로 추정된다. 그런데 1290년대 전반 카다안의 침공으로 고려 정부가 일시 강화도로 피난했을 때, 고려관료 원관이 "본경[개경] 유수·만호"로 임명된 사실이 주목된

....

169 『고려사』 권30, 세가30 충렬왕19년(1293) 6월 갑인, "…金延壽爲武德將軍西京等處管水手萬戶府副萬戶, 皆賜虎符…"

170 〈박거실(朴居實) 처(妻) 원씨(元氏) 묘지명(1335)〉, "[박거실 부친 박광정] 昭信校尉, 高麗 西京等處水手軍[만호부]副萬戶 兼 匡靖大夫 平壤府尹." 물론 박광정의 관직에 대한 표현은 '살아 있는 자의 현직'이 아닌 '망자가 과거에 역임한 관직'에 대한 표현이어서, '만호' 역임 기간과 '부윤' 역임 기간에 '시차'가 있었음에도 그냥 '겸(兼)'이라 표현한 것일 수도 있다. 다만 생존해 있는 이의 관력에서 발견되는 '겸'은 '겸임(兼任)'을 의미하는 것으로 보아야 할 것이며, 그런 경우들에 대해서는 후술하도록 한다.

171 『원사』 권32, 본기32 치화(致和) 원년(1328) 8월 기해["숙정염방사(肅政廉訪司)·만호부(萬戶府)·군현(郡縣)의 인(印)을 수거"]

172 『고려사』 권123, 열전36 폐행1, 이지저(李之氏) 부(附) 고종수(高宗秀), "宗秀, 忠烈朝以善吹笛得幸用事, 官至三司左史, 王表請于帝授武略將軍巡馬千戶, 賜金牌, 後加王京等處管軍萬戶府萬戶, 賜三珠虎符."

다.[173] '개경 유수'가 '순군 만호'를 동시에 겸했다는 점에서 서경 만호부와 비슷한 경우로 판단된다.

마지막으로 탐라 만호부의 경우는 다소 특이한 존재이다. 충렬왕이 일찍이 '군민도지휘사사' 설치를 요청했지만 원제국은 탐라에 대신 '총관부'를 설치했고,[174] 고려 정부는 다시금 1301년 5월 "탐라총관부를 폐지하고 대신 [탐라를] 본국에 예속시켜 만호부를 설치할" 것을 요청하였다.[175] 결국 고려 정부의 요청이 받아들여져 총관부가 만호부("軍民萬戶府")로 전환되게 되었다.[176]

당시 원제국의 '총관부'는 일종의 재원(財源) 관리 기구로서 동야(銅冶), 타포(打捕), 응방(鷹坊), 공장(工匠) 및 심지어 무역까지 관리하고 있었으며, 징세를 전담하던 전운사(轉運使)와도 갈등할 정도로 지역 재화 징수에 깊숙이 개입해 있었다. 고려 정부가 위와 같은 대응을 한 것도, 총관부가 탐라에 설치될 경우 탐라의 물산이 원제국 쪽에 무제한으로 유출될 것을 우려했기 때문으로 보인다.[177] 최종적으로 만호부가 설치되어 그런 결과

....

173 〈원관(元瓘) 묘지명(1316)〉, "以公爲本京留守萬戶."

174 『원사』 권20, 본기20 성종 대덕4년(1300) 6월 갑자, "置耽羅總管府…"

175 『고려사』 권32, 세가32 충렬왕27년(1301) 5월 경술, "請罷耽羅摠管府隸本國置萬戶府表曰…"

176 『원사』 권20, 본기20 대덕5년(1301) 7월 무신, "立耽羅軍民萬戶府." 그런 점에서 『고려사』 1301년 3월 계묘일의 "元置耽羅軍民萬戶府." 기록은 오류라 할 것이다(위 표문이 제출된 5월 이후에나 '총관부 폐지, 만호부 설치'가 결정됐을 것이므로). 탐라 만호부 문제와 관련해서는 김일우 등의 기존 연구 외에도 이강한, 2017 「13~14세기 고려와 원제국의 '탐라(제주) 정책'」 『한국학논총』 48 참조.

177 원제국의 '총관부'는 거의 모든 경우 재화와 관련해 등장한다. 제로동야 도총관부(諸路洞冶都總管府, 1267), 오르탁 총관부[諸位斡脫總管府, 1267·1283], 타포·응방·공장·동야 총관부(打捕鷹坊工匠洞冶總管府, 1268) 등의 사례가 확

는 피한 격이 되었지만, 설치된 만호부의 명칭이 다른 만호부와 달리 '군민(軍民) 만호부'였음이 주목된다. 탐라 만호부와 제주사회의 관계가, 원제국 내에서도 다수 발견되는 '군민 만호부'들과 그 소속 지역들 간의 관계처럼 '긴밀해졌을' 가능성을 암시하기 때문인데, 후술하도록 한다.

이처럼 고려의 만호부들은 기초 단위와 광역 단위 등 여러 다양한 지방 행정 단위에 설치되었고, 지역 방어나 병력 관리 등의 군사적 기능을 수행하는 한편으로 치안 유지 등 민정(民政)에 해당하는 임무를 부여받기도 하였다. 순수 군사 단위로만 알려져 있던 만호부들이 그를 넘어서는 모습도 지녔음을 보여주는 정황인데, 그런 모습들이 매우 흥미롭게도 원제국 만호부들이 중국의 지역 사회에서 보였던 모습과도 흡사하게 닮아 있다.

통상 만호부라는 것을 '몽골의 전통에서 유래한 군사(軍事) 단위'로만 간주하지만, 몽골인들이 중국에 들어와 제국을 세운 후 그 제국에서 운영했던 '만호부'들은 오히려 '지역(행정) 단위'로서의 성격이 더 강했던 것 같다. 몽골 초원의 유제(遺制)로서의 만호(萬戶) 제도는 당연히 군사에 관

....

인되고, 각 지역의 전운사를 총관부에 병합한 사례(1275·1277)도 확인된다. 이양국(異樣局)·피화국(皮貨局)·기합국(器盒局) 등의 경제 관련 부서들을 총관부에 병합시킨 조치(1276·1278·1288), 금은철야 제거사(金銀鐵冶提擧司)를 파하고 그 일은 각 로(路)의 총관부에 예속시킨 조치(1282)도 확인된다. 이 밖에 도금 총관부(淘金總管府, 1278), 금옥 총관부(1280), 강남과 강회(江淮) 등지 "재부 총관부"(財賦總管府, 1280·1289)와 철야 총관부(鐵冶總管府, 1282), 영전(營田) 총관부와 타포둔전 총관부(1286), 직조(織造) 총관부(1288), 응방 총관부(1311), 전량(錢糧) 총관부(1321), 재부 총관부(1329), 제색 민장·타포·응방 도총관부(1330), 겁련구전량 도총관부(1330), 전부(田賦) 총관부(1331), 타포·응방 제색인호(諸色人戶) 총관부(1338), 재용규운(財用規運) 총관부(1346), 제로 타포·응방·민장·전량 총관부(1351) 등, 특정 종류의 재화를 관리하는 총관부들이 14세기 전반 내내 출현한다.

련된 제도였고 만호, 천호, 백호, 총파(總把)로 구성된 고유의 위계 구조를 유지했지만, 제국이 형성된 후 만호부들이 중국 내에 다수 설치되는 과정에서 그 성격이 변화한 결과로 추측된다.

그 결과 원제국의 만호부도 중국의 기초 단위와 광역 단위에 고루 설치되었다. 1261년 행성(行省) 다음의 최고위 광역 단위였던 '로(路)'에 만호가 설치됐고,[178] 기초단위 '주(州)'의 만호도 사료에 자주 등장한다.[179] 강남 지역이 제국에 복속된 1276년 이후에는 "지명(地名)"과 "만호부"가 결합된 용례, 또는 '행성 만호[부]' 등의 표현이 본격 출현하게 된다.[180] 심지어 '만호[부]·천호[소]'들이 '주·현'[외관]으로 전환되기도 하였다.[181] 모두 중국 내 제국 만호부와 지역 단위들 간의 긴밀한 관계를 시사하는 사례들이다.

중국 내 제국 만호부들의 성격이 이러했으니, 그들이 고려에서도 경(京: 개경·서경), 도(道: 전라·탐라), 주·현(금주·합포) 등 다양한 층위의 지역 단위들에 설치된 것 역시 당연한 일이었다. 제국 만호부의 '지역 기반성'이 고려에서도 그대로 나타났던 것이다. 아울러 만호부와 민정(民政) 사이의 관계에 있어서도 중국과 고려가 비슷하였다. 군관들의 민정 개입

---

178 『원사』 권4, 본기4 세조 중통2년(1261) 8월 갑인("順天等路"·"濟南路" 등)

179 『원사』 권5, 본기5 중통3년(1262) 1월 병술("亳州")

180 『원사』 권99, 지47 병2, 진수, 지원17년(1280) 7월(揚州行省 4萬戶의 蒙古軍); 병2, 숙위(宿衛) 좌위솔부(左衛率府), "至大元年(1308), 命以中衛兵萬人立衛率府, 屬之東宮. 時仁宗爲皇太子曰, '世祖立五衛, 象五方也, 其制猶中書之六部, 殆不可易.' 遂命江南行省萬戶府, 選漢軍之…"

181 『원사』 권58, 지10 지리1, 중서성(中書省) 진정로(眞定路): 鼓城等處軍民萬戶府(1238)→晉州(1261); 권61, 지13 지리4, 운남제로행중서성(雲南諸路行中書省) 건창로(建昌路), 瀘沽["…至元9年(1272), 平之, 設千戶. 13年(1276), 升萬戶, 15年(1278) 改縣."]

이 금지돼 있었던 중국에서도[182] 만호부만큼은 예외였는데['군민(軍民) 만호부'의 존재로 볼 때[183]], 고려에서는 탐라군민만호부가 동일한 경우였을 가능성이 높다. 또 원제국 정부가 도적 방어[徼巡]를 위해 천호소를 설치하거나[184] 도적 체포에 실패한 만호가 처벌된 사례 등은[185] 고려에서는 '순군 만호부'의 활동으로 나타났던 셈이다.

게다가 중국과 고려에 설치된 제국 만호부들은 이런 '지역 밀착적'인 성격(지역 단위에 설치되고 지역 민정에 간여)을 드러내는 데 그치지 않고, 아예 '지방 행정 단위'로서의 기능도 보이게 된다. 중국의 사례들은 여러 제국 법령들에서 확인되는데, 도적을 잡다가 사망한 총관부(總管府) 관리의 자손 음서(蔭敍) 문제를 다룸에 있어 진수만호부(鎭守萬戶府)의 군관이 로(路)의 관원과 함께 심사를 진행하거나[保勘相同],[186] '행성 관료, 선위사 도원수부의 관원, 그리고 만호 소속 군관'들이 함께 병졸들의 사역(事役)을 지휘한 사실 등이[187] 만호들의 지방 외정(外政) 개입이 잦았음을 잘 보여준다.

....

182 『원전장』 권11, 이부5, 직제(職制) 2, 직수(職守), 「군관불득관민(軍官不得管民)」(1287)

183 『원사』에 따르면 1262년 '군민 만호'가 출현하고 티벳 등지에서노 '군민 만호부'가 확인된다. 14세기 '둔전군민총관만호부'나 '고려군민총관'으로 임명된 요동의 홍씨 인사들도 모두 그런 사례들이다.

184 『원사』 권99, 지47 병2, 숙위 융진위(隆鎭衛), "睿宗在潛邸, 嘗於居庸關立南北口屯軍, 徼巡盜賊, 各設千戶所."

185 『원전장』 권51, 형부13, 실도(失盜), 「순군착적불획배장(巡軍捉賊不獲笞贓)」(1269); 「군관포도책벌(軍官捕盜責罰)」(1293)

186 『원전장』 권8, 이부2, 관제(官制) 2, 승음(承廕), 「민관진망음서(民官陣亡廕敍)」(1303)

187 『원전장』 권34, 병부1, 군역(軍役) 정군(正軍), 「증치군관군인조획(拯治軍官軍人條畫)」(1311)

이렇듯 만호부의 관료들이 지방관과 공조하거나 아예 지방관 업무에 해당하는 사무를 보게 되면서, 만호부들이 중국의 지역 단위들과 '충돌'하는 일도 종종 빚어졌던 것으로 보인다. 만호가 염방사(廉訪司)로부터 문죄(問罪)를 당하거나[188] 현(縣)의 관리가 군관(軍官)과 상의 없이 군인을 처벌한 것을 백호(百戶)가 신고한 사례,[189] 부(府)의 지사(知事)가 호분사(虎賁司)의 천호(千戶)를 구타한 사건[190] 등은 만호부의 민정 간여가 일상적이었던 탓에 양측 간 갈등도 적지 않았음을 보여준다.

고려에 설치된 만호부들 중 전라 만호부가 '주도(州道) 만호부'의 외형을 취하고 합포·서경·순군 만호부 등에서 '지방관이 만호부 수장을 겸하는(또는 그 반대의)' 사례들이 등장한 것도, 중국 소재 제국 만호부들의 이러한 속성이 한반도로 연장된 결과였을 수 있다. 고려의 두 수도, 동남해안 방어 핵심이었던 경상도 금주(합포), 곡창지대이자 주요 조운로를 아울렀던 전라도, 그리고 한반도의 최남단 제주도 등에 설치된 만호부들은 진변, 군액(軍額) 관리, 치안 등 제국 정부로부터 부여받은 임무들을 수행하기 위해 고려의 지역 사회 및 지방관들과 최대한 긴밀한 관계를 구축해야 했을 것이며, 그들을 받아들인 고려 정부에서도 제국 만호부들이 지닌 태생적 '지역 기반성'을 최대한 활용해야 했던 것이 아닌가 한다. 5개 지역에 설치된 제국 만호부들이 한반도에 장기 존속했던 것도 그러한 상황에 힘입은 결과였다고 하겠다.

---

188 『원사』 권18, 본기18 성종 원정(元貞) 원년(1295) 6월 계해["하서농북도염방사(河西隴北道廉訪司)가 장만호(張萬戶)의 불법행위를 국문"]

189 『원전장』 권54, 형부16, 잡범(雜犯) 1 위착(違錯), 「현관천단군사(縣官擅斷軍事)」(1312)

190 『원전장』 권44, 형부6, 제구(諸毆) 품관상구(品官相毆), 「지부구타군관(知府毆打軍官)」(1314)

그런데 이러한 속성을 가진 존재들이었던 만큼, 고려의 제국 만호부들은 당연히 인근의 여러 재원들을 눈여겨 보게 되었고, 그를 포섭하고 침탈하는 불법 행위도 수시로 저지르게 되었다. 앞서 소개한 기사이지만, "만호부들이 평민을 꾀어 호계(戶計)로 자칭하고…주현(州縣)들의 백성 동원 및 과세를 방해하고 있다"는 공민왕의 탄식이 그를 잘 보여준다.[191] 당시 고려에 설치된 제국 만호부들이 고려의 민정에 단순 간여하는 수준을 넘어, 지역민들을 고려 지방관들의 관리에서 이탈시켜 별도 호계로 편성한 뒤 자신들의 관장 하에 두곤 했던 것이다.

아울러 만호부들은 급기야 적극적 치부(致富)에도 나서게 된다. 충렬왕의 측근 송분은 원제국 정부로부터 진변만호에 임명되고 경상도의 도지휘사도 맡았지만, 백성들로부터 물자를 거두는 데에만 몰두하며 심지어 군사들을 활용해 여진과 쌀을 무역하기도 했음이 확인된다.[192] 충숙왕대 제주 만호를 역임한 임숙(林淑)은 영지(領地) 이탈 혐의로 정동행성에 구금됐다가 방면됐는데, 제주인들이 투척한 익명 게시글에 "탐욕이 많아 여러 방법으로 재물을 탈취하던" 인물로 묘사되었다(그의 방면 및 귀환을 저지하는 데에 1천여 명이 반대하고 나섰을 정도로 그 폐단이 극심했던 인물로 전하고 있다.).[193]

....

191 『고려사』 권39, 세가39 공민왕5년(1356) 10월 무오
192 『고려사』 권125, 열전38 간신1, 송분(宋玢), "務聚斂…令邊卒運米與女眞互市." 『고려사』 열전의 기록은 송분의 진변만호 임명을 먼저 적고 다음으로 경상도 도지휘사 임명을 언급한 후 위의 행위들을 열거하고 있어 송분이 '진변만호'가 아닌 '경상도 도지휘사'로서 위의 행위들을 했던 것처럼 기술하고 있지만, 『고려사절요』는 '진변만호 송분의 파면'을 적시한 후 (경상도 도지휘사에 대한 언급 없이) 그의 파면의 이유가 된 행위들을 열거하였다(권21, 1292년 7월).
193 『고려사』 권35, 세가35 충숙왕10년(1323) 1월 갑진, "濟州萬戶林淑擅自離任, 囚于行省宥復之任."; 기유, "濟州人爲匿名書揭于市云, '林淑甚貪婪侵漁萬端, 民

이 밖에 1330년대의 합포 (만호)부(금주 만호부)가 해마다 말린 사슴
[가죽] 1,000마리 분을 조정에 공물로 진상한 사실,[194] 14세기 중엽 합포
만호 권용이 군리(軍吏)들로부터 금·은을 (싸게) 구입해[빼앗아] '그릇 등
을 만들고[내다 팔 고급 기명(器皿)들을 제작하고]' 함부로 공공 역마로 그
러한 '사화(私貨)'를 수송한 사실 등이 주목된다.[195] 금주 만호부의 이같은
변질은 이미 1320년대에도 관찰되는데, 1324년 그간 개경 식목도감의 중
군 녹사를 합포 만호부에 파견해 온 것과는 달리, '불법과 탐오'가 누차
발생해 왔다는 이유로 일반 관리가 아닌 성균관 학유(學諭)를 녹사(綠事)로
대신 파견해야 했을 정도였다.[196] 금주진변만호부의 내부 운영이, 그 관리
를 유자(儒者)에게 맡겨야 할 정도로 혼탁해지고 있었던 셈이다.[197]

....

不堪苦, 今復之任, 吾輩奚罪?' 又勝行省門曰, '左右司郎中烏赤受淑賄賂枉法免
放, 省府若不推劾, 吾等千人當訴于上省.' 於是罷林淑, 以朴純仁代之."

194 〈유돈(柳墩) 묘지명(1349)〉, "后至元丁丑(1336), 出鎭合浦…其府歲貢乾鹿一千頭,
公曰, '凡圍獵豈捕鹿而捨餘獸. 此非吾王好生之德.' 以其害狀聞, 上允之寢其貢."

195 『고려사』 권107, 열전20 권단(權㫜), "鏞初名鎰, 嘗爲合浦萬戶, 割剝軍吏市金
銀鑄器, 擅發傳騎, 輸私貨."

196 『고려사』 권35, 세가35 충숙왕11년(1324) 5월 병신, "以成均學諭沈宗叔爲合浦
萬戶府錄事. 先是, 以式目中軍錄事爲之刀筆吏, 往往貪汚不法. 王知其然, 特命經
術士代之."

197 한편 이 같은 고려 내 제국 만호부들의 치부 양상이 이후 공민왕이 1356년
제국 만호부들을 폐지한 후 1358년 자의(自意)로 설치한 만호부들에서도 나
타난다. 우왕대인 1388년 서북면 원수·만호들의 수가 늘어 주·군의 백성들이
못 견디고 유랑한다는 사실이 보고됐는데, "탐욕스러운 '상인'들이 권세가들
에게 붙어 '천호 자리'를 구한 다음 [백성들을] 침탈하는 것이 끝이 없다"는
점이 지적됐던 것이다[『고려사』 권81, 지35 병1, 병제, 우왕14년(1388) 8월,
"憲司上踈曰, '…頃者, 奸凶擅國, 廣置私人, 元帥萬戶加於舊額, 州郡供億不訾,
民不堪命, 相與流亡… 商賈貪徒競托權門以干千戶之任侵漁掊克靡所不至…"].
만호를 사칭한 자들의 지역 사회 내 횡렴, 천호직을 통해 백성 침탈의 교두보
를 마련하려던 상인의 일탈 등이 당시 만호부의 경제(침탈)단위적 성격을 다

고려내 제국 만호부들의 이러한 행위들은, 사실 원제국에서는 일상적으로 관찰되는 것이었다. 고려측 기록에 흔히 치부나 범법 행위로 묘사된 이 행위들이 실은 만호부 '고유의 업무'였을 가능성을 드러내는 대목이다. 원제국은 병량 확보를 위해 전국 각지에 둔전(屯田)을 조성한 후 '만호부'를 설치했고, 남송 복속 후에는 이전의 수군(水軍) 만호부들이 운량(運糧)·해도(海道)·조운(漕運)·해선(海船) 만호부 등으로 변신해 해상 교통 및 운송을 담당하였다.[198] 원제국내 만호부들이 간여했던 대표적 경제 분야가 둔전과 조운이었던 셈으로, 이런 존재들에서 '권한 남용' 및 '비위'가 적지 않게 발견된다.

고려에 설치된 만호부들의 경우 비록 '둔전 만호부', '해도 만호부'의 형태로 설치되지는 않았지만, 진변과 수군 운용, 그리고 군민 관리를 위해 여러 지역에 세워진 만호부들이었던 만큼 둔전만호부나 해운만호부에 준하는 역할도 더러 수행했을 것으로 생각된다. 그렇게 운영되는 과정에서 고려에 설치된 만호부들도 제국에서처럼 사실상의 지역 행정단위·경제단위로 변모하며 급기야 비리의 온상들로까지 변질돼 갔던 셈이다. 1356년 6월 몰수된 만호 홍유(洪瑜)의 재산이 미곡 1천석 이상이었다는 사실도[199] 당시 만호부들의 경제 규모를 여실히 보여준다.

시 한 번 보여준다.

198 1250년대에 처음으로 등장한 원제국의 둔전 만호부는 1270년대 중반 원제국이 강남 지역을 지배하게 되면서 그 설치 빈도가 급증하였다. 둔전 만호부들의 설치는 1284년 최고에 다다랐으며, 이후에도 원제국 존속 기간 내내 등장하였다. 한편 해도 만호부 등은 원제국 정부가 공격적인 재원 확보 작업을 전개하던 1280년대 이래 강남 지역에서 출현하기 시작, 역시 14세기 전반 내내 등장하였다.

199 『고려사』 권39, 세가39 공민왕5년(1356) 6월 정축, "籍萬戶洪瑜家, 以米千石賑貸貧民."

이렇듯 군사 단위 또는 지역 단위를 넘어 비리 주체로 변질된 만호부들을 공민왕이 그대로 방치할 수는 없는 일이었다. 이에 세조 쿠빌라이의 옛 약속을 인용하며 1356년 제국 정부에 5개 지역 만호부의 폐지를 건의했음은 이미 앞에서 살펴본 바다.

그러나 역시 앞서 언급한 바 있듯이, 공민왕에게는 만호부 폐지로 인한 국방 공백도 부담스러운 문제였다. 3군 만호를 존치하는 데에는 성공했지만, 이들은 중군·우군·중군 등의 편제만을 보였을 뿐 지역성을 갖춘 존재들이 아니었다. 지역에서 더 실질적으로 고려 방어에 기여할 수 있었던 것은 역시 폐지된 지역 만호부들이었다. 그 만호부들이 폐지된 이상, 1350년 이래 왜구의 침구가 계속되는 상황에서 고려 정부로서는 대안 강구가 분명 필요한 상황이었다.

이에 공민왕은 폐지한 5개 지역 만호부를 대신할 존재로서, 또 다른 만호부들을 설치하기로 한 것 같다. 이전의 경우 제국이 고려 정부의 의사와 관계없이 한반도에 만호부들을 설치했다면 이번에는 고려 정부 스스로 만호부 제도를 시행하고자 한 것으로, 1358년 주로 서북면 지역에 설치된 다수의 "군민 만호부"들이 그러한 정책의 시작이었다.[200] 이들은 경(京: 서경), 도(道: 삭방도), 주(州: 안주) 등 여러 지역 단위에 두루 설치됐는데, 설치된 위치를 볼 때 왜구 대비용이었다기보다는 1356년 고려의 서북면 군사 작전으로 자극을 받은 원제국과의 추가 분쟁 가능성에 대비한 것으로 보인다. 공민왕 스스로 이들을 설치함으로써 자신의 2년 전 만호부 폐지 주장을 무색하게 만든 셈이었지만, 시의적 필요에 따른 불가피

----

200 『고려사』 권39, 세가39 공민왕7년(1358) 6월 계미, "以叅知政事慶千興爲西京軍民萬戶府萬戶; 樞密院直學士金得培副之; 叅知政事安祐爲安州軍民萬戶府萬戶; 樞密院副使金元鳳副之; 樞密院副使鄭暉爲朔方道軍民萬戶府萬戶; 上將軍韓方信副之."

한 선택이었다고 하겠다.

　고려 정부의 만호부 설치는 이후 더욱 확대되었다. 1369년 의주(義州), 정주(靜州), 이성(泥城), 강계(江界) 등에 만호와 천호들이 배치된 것은[201] 이 지역들에 만호부가 추가로 설치된 데 따른 후속 조치로 추정된다. 만호[부]들은 한반도 북부는 물론[의주 만호(1379) 등[202]] 강화(1373),[203] 밀성(1375),[204] 단주와 청주(1383)[205] 등 여타 기초 단위에도 설치되었다. 심지어 서해도,[206] 강릉도,[207] 전라도[208] 등 '도(道) 단위' 광역 단위에도 설치됐으며, 1390년 1월에도 한반도 남부 3도에(양광·전라·경상도) 만호들이 거듭 설치되었다.[209] 공민왕대를 이어 우왕과 공양왕대에도 기초 및 광역 단위에 두루 설치되었던 것이다.

....

201 『고려사』 권41, 세가41 공민왕18년(1369) 8월 을축, "置萬戶千戶于西京·義州·靜州·泥城·江界等處."

202 『고려사』 권134, 열전47 우왕5년(1379) 6월 계미("…倭寇龍州義州萬戶張侶擊却之.")

203 『고려사』 권44, 세가44 공민왕22년(1373) 7월 을사("江華萬戶河乙沚"); 권135, 열전48 우왕11년(1385) 11월("文天柱本微賤者, 以毅妃戚得, 爲江華萬戶.")

204 『고려사』 권133, 열전46 우왕원년(1375) 1월("…倭焚掠密城以萬戶不能禦遣將軍崔仁哲往按之.")

205 『고려사』 권135, 열전48 우왕9년(1383) 7월("端州萬戶陸麗, 靑州萬戶黃希碩.")

206 『고려사』 권44, 세가44 공민왕22년(1373) 9월 정사, "以西海道萬戶許子麟不能禦倭, 遣體覆使三司左尹鄭丹鳳杖之, 丹鳳挾私縊殺之."; 23년(1374) 4월 임자, "西海道萬戶李成, 副使韓方道, 崔思正與倭戰于木尾島敗死."

207 『고려사』 권44, 세가44 공민왕23년(1374) 5월 임진, "以判書崔公哲爲江陵道萬戶…"

208 『고려사』 권133, 열전46 우왕3년(1377) 6월 을묘, "…倭賊二百餘艘寇濟州, 全羅道水軍都萬戶鄭龍, 尹仁祐等率兵候之, 獲一船殲之, 禑與龍等衣一襲."

209 『고려사』 권45, 세가45 공양왕2년(1390) 1월 정해, "楊廣全羅慶尙海道及沿海處, 皆置萬戶."

이상에서 1358년 이후의 고려 한반도에 1356년 이전을 능가하는 수의 만호부들이 등장했음이 확인된다. 고려 기존의 주진군·주현군 제도가 붕괴한 후 '제국에서 설치한 만호부'들이 그 빈 틈을 채우다가 이번에는 '고려가 설치한 만호부'들이 그 자리를 채우게 된 것으로, 기존 전통 제도를 복구하는 비용을 치르는 대신, 아예 외국의 제도를 그 대용품 또는 대체재로 사용한 전형적인 사례라 할 것이다.

그런데 일찍이 이식(移植)되었다가 한 번 철폐된 외래 제도를 고려 스스로 나름의 용도로 활용하고자 재도입한 것이, 고려 정부로서는 전혀 예상치 못한 결과를 유발하게 된다. 1358년 이후 워낙 여러 곳에 만호[부]들이 배치됐고 그 만호부들이 군정(軍政) 및 민정(民政) 업무에도 다양하게 간여한 결과, 만호부의 관원들이 고려의 지방관[외관(外官)] 및 군관[軍職: 원수(元帥), 순문사(巡問使) 등]과 다양하게 결합하게(겸임의 형태로) 되었고, 그 과정에서 고려 왕조의 군정(軍政)과 외정(外政) 간에 전통적으로 존재해 왔던 관계마저 크게 변하게 된 것이었다.

그러한 거대한 변화의 첫 단계를 보여주는 것이, 1358년 이래 새로 설치된 '고려 만호부'들과 당시 여러 지역 단위들 사이에 발생한 다양한 결합이다. 특정인이 만호부의 수장과 지방관을 겸임하거나, 특정 지역의 격(格)이 만호부와 일반 행정 단위 사이를 오가는 사례들에서 그런 추세가 확인된다.

우선 만호가 외관을 '겸직'한 경우들이 확인된다. 1357년 서북면 도순문사(都巡問使)이자 상만호(上萬戶)에 임명된 김득배가 서경(西京)의 윤(尹)을 겸한 사례,[210] 1361년 양광도 관군 상만호 홍선이 남경(南京)의 윤을 겸

----

210 『고려사』 권39, 세가39 공민왕6년(1357) 11월 경신, "以樞密院直學士金得培爲西北面都巡問使兼西京尹·上萬戶, 前戶部尙書金元鳳爲西北面紅頭軍倭賊防禦指揮兼副萬戶."

하고 양광도 부만호 조희고가 광주 목사를 겸한 사례 등이 그런 경우다.[211] 1374년에는 양광·전라도에 파견된 안무사가 포왜(捕倭) '만호'를 겸하기도 하였다.[212] 앞서 13세기 후반 금주, 서경 및 왕경[巡軍] 만호부에서 발견되던 '만호 - 외관 겸임 사례'를 연상시키는 경우들인데, 더욱 빈번해진 '만호부의 외관 겸직'으로 인해 만호부와 지방 단위들 사이의 관계가 더욱 공고해졌을 것으로 생각된다.

다음으로 외관(外官)이 만호부로 바뀌거나 반대로 만호부가 외관으로 바뀐 경우들이 확인된다. 쌍성 수복 당시 함께 수복된 동계 함주(咸州)는 처음에는 '지함주사(知咸州事, 일반 지방 단위)'였다가 이후 만호부로 바뀌었고 1369년 다시 (지방 단위로서의) 목(牧, 함주목)으로 바뀌었는데,[213] 외관으로서 기초 단위 '주'에서 광역 단위 '목'으로 승격돼 가던 과정에 만호부가 가교 역할을 했던 셈이어서 흥미롭다. 고려 전기 이래 도호부였던 녕주(寧州)가 1369년 안주(安州) 만호부로 '격하'됐다가 이후 목으로 승급됐고, 녕주 휘하의 의주가 1366년 목이 되었다가 3년 뒤인 1369년 만호부로 바뀐 것도 비슷한 경우다.[214] 지방의 기초 단위와 광역 단위, 그리고

....

211 『고려사』 권39, 세가39 공민왕10년(1361) 11월 정축, "將軍洪瑄自請爲遊擊將軍, 王嘉之, 擢爲南京尹·楊廣道管軍上萬戶, 以趙希古爲廣州牧使·楊廣道副萬戶."

212 『고려사』 권44, 세가44 공민왕23년(1374) 1월 계유, "遣安撫使于楊廣全羅道, 並兼捕倭萬戶."

213 『고려사』 권58, 지12 지리3, 동계 함주(咸州), "恭愍王5년(1356), 收復舊疆爲知咸州事, 尋改萬戶府置營, 聚江陵慶尙全羅等道軍馬防守, 18년(1369), 陞爲牧…"

214 『고려사』 권58, 지12 지리3, 북계 안북대도호부(安北大都護府) 녕주(寧州), "恭愍王18년(1369), 置安州萬戶府, 後陞爲牧…"; 녕주 의주(義州), "恭愍王15年(1366), 陞爲牧, 18년(1369), 置萬戶府." 물론 이 사례들은 해당 지역의 승격 및 만호부 설치가 별개로 진행된 경우였을 수도 있다. 주의 목으로의 승격은 지역 위격의 문제였고, (지역 승격을 전후해) 만호부가 별도로 설치된 것일 뿐이라 해석할 수도 있는 일이기 때문이다. 그러나 만호부가 설치된 여러 술

군사 단위로서의 만호부가 이처럼 '상호 변환'되는 관계에 있었고 다름 아닌 만호부가 더러 그러한 변환을 '매개'했다는 사실 자체가 만호부의 '지방 단위로서의 성격'을 상징적으로 보여준다.[215] 1370년대초 나타나는 '진변 도호부사', '진변 도호부 안무사' 등의 용례들은 가히 [진변] 만호부와 고려의 광역 외관(도호부)·외관직(안무사) 간 '결합' 사례라 할 만하다.[216]

그 결과 만호부가 사실상의 '외관'으로 기능하는 양상이 출현한다. 만호가 감무(監務)를 겸하는 경우가 좋은 사례다.

> "경주 영일현에 감무를 설치한 후 관군만호가 그것을 겸하게 하였다."[217]
> "천안부 신창현에… 처음으로 만호를 설치한 후 감무를 겸하게 하였다."[218]

....

한 지역들의 경우, 대부분은 『고려사』 지리지에 이런 식으로 기록돼 있지 않다. 그런 점에서 이상의 두 각주에서 제시한 사례들의 경우, 이 지역들에서만큼은 '만호부의 설치'와 '목으로의 승격' 간에 모종의 인과성이 존재했을 가능성을 암시하는 바가 있다. 그를 감안하여 위와 같이 해석해 보았다.

215 공양왕2년 설치된 길주등처관군민만호부(吉州等處管軍民萬戶府)가 영주(英州)·선화(宣化) 등의 진(鎭)을 그 관할 아래 두었던 것도[『신증동국여지승람』 권50, 함경도 길성현(吉城縣) 조], 군사 단위 만호부가 지역 단위들에 대한 지배를 겸한 사례라 할 것이다.

216 『고려사』 권42, 세가42 공민왕19년(1370) 11월 을사, "女眞達麻大遺使獻地, 以達麻大爲大將軍鎭邊都護府使賜衣."; 12월 병진, "以禮部尙書張子溫爲鎭邊都護府安撫使."

217 『고려사』 권57, 지11 지리2, 경상도 동경유수관 경주(東京留守官慶州) 영일현(延日縣), 공양왕2년(1390), "置監務以管軍萬戶兼之."

218 『고려사』 권56, 지10 지리1, 양광도 천안부(天安府) 신창현(新昌縣), 공양왕3년(1391), "築城縣西, 獐浦收旁, 近州縣租載舟浮海, 達于京師, 始置萬戶兼監務."

이 밖에 서북 지역에 배치된 관군 만호와 천호의 폐단을 견제하는 차원에서, 관군 천호를 임명할 때 '양부(兩府) 이하 대성육조(臺省六曹)'의 천거를 받게 할 것을 주장한 방사량(房士良)의 1391년 건의도 주목된다.[219] 만호·천호 등 '군관'의 선임 문제를 '조정 최고위' 관료들이 '수령[외관] 천거 방식'에 준하여 논의해야 한다는 문제의식 자체가, 당시 만호들의 외관적(外官的) 정체성을 보여주기 때문이다.

이렇듯 여러 지역 단위에 설치된 만호들이 외관직을 '겸'하거나 만호부와 지역 단위들이 서로 일종의 '호환성'까지 보이는 등, 14세기 중엽을 넘어서며 둘 사이의 관계가 일종의 융화 양상을 보이게 된다. 이 자체로도 이전의 고려에서는 보기 어려웠던, 군사 주체(만호부)와 지방 행정 주체(지방관) 간의 새로운 관계가 조성된 것이라 하겠다.

그런데 이러한 추세마저도 사실은 앞서 언급한 거대한 변화의 시작에 불과했다. 고려 외관들과의 결합에 힘입어 지방 단위적 성격이 한층 강화된 만호부의 만호직들이 이번에는 고려의 군관직(軍官職)들과도 연동되게 된 것으로, 한 명의 관료가 만호와 군직을 동시에 제수받아 겸임하는 방식으로 만호와 고려 군직들이 결합하게 된 것이다.

우선 당시의 전형적 군 지휘관 중 하나였던 '원수(元帥)'가 만호를 겸임한 사례들이 1360년대 전반 등장하기 시작한다.

　　"안주원수 최원지(崔元沚)"[220] / "안주만호 최원지(崔元沚)"[221]

---

219 『고려사』 권81, 지35 병1, 병제, "…願自今, 西北面管軍千戶之屬, 許用兩府以下臺省六曹之薦…"

220 『고려사』 권134, 열전47, 우왕5년(1379) 윤5월, "安州元帥崔元沚擊倭于永淸縣, 敗之."

221 『고려사절요』 권31, 우왕5년(1379) 윤5월, "安州萬戶崔元沚擊倭于永淸縣, 敗

위 최원지의 사례는 동일한 자의 같은 시점 직책이 기록에 따라 서로 달리 기록된 경우이다. 그가 두 직책을 동시에 겸임하지 않았다면 설명이 되지 않는 사례여서, 이 사례를 원수의 만호 직 겸임, 또는 만호의 원수 직 겸임 사례로 분류해 볼 수 있다.

원수 제도와 만호 제도가 '연동 운영'된 양상도 관찰된다. 1363년 '도원수부'에 (만호부 제도의 일부로서의) '진무(鎭撫)'가 존재했음이 확인되고,[222] 1369년 서북면에 도통사, 부원수 및 만호·천호들이 함께 설치된 것도 '원수'와 '만호·천호'가 동일한 위계 구조 내에서 운용됐음을 보여준다.[223] 1378년 각도에 계점 원수(計點 元帥)를 파견해 설치한 "군익(軍翼)"에 천호·백호들이 설치된 것도 비슷한 경우라 하겠다.[224]

심지어 원수와 만호 양자가 일종의 조합으로 운용되기도 하였다. 1388년 서북면 지역의 원수와 만호에 대한 논의에서 아래와 같은 제안이 나온 것이 그를 잘 보여준다.

"각도의 원수와 상만호를 각 1인씩으로 축소하자."[225]

....

之." 당사자가 양 직함을 겸하고 있던 상황을 두 사료가 각기 달리 묘사한 경우이다.

222 『고려사절요』 권27, 공민왕12년(1363) 12월, "…都元帥府鎭撫河乙沚曰…"

223 『고려사』 권41, 세가41 공민왕18년(1369) 11월 경오, "以守門下侍中李仁任爲西北面都統使, 賜大纛以遣之. 王嘗巡御西京, 製大纛置官守衛, 以時致祭, 至是授仁任出鎭, 禡于大淸觀及行, 令五軍衛送于黃橋, 又以密直副使楊伯顔爲副元帥. 東西北面要害多置萬戶千戶, 又遣元帥, 將擊東寧府, 以絶北元."

224 『고려사』 권81, 지35 병1, 병제, 우왕4년(1378) 12월, "都堂議置軍翼, 遣各道計點元帥, 下旨: '限倭寇寢息, 依西北面例, 各道皆置軍翼, 擇淸白能射御者, 自奉翊至四品爲千戶, 五六品爲百戶, 餘外爲統主, 千戶統千名, 百戶百名, 統主十名, 錄軍籍…'"

225 『고려사』 권81, 지35 병1, 병제, 우왕14년(1388) 8월, "憲司上䟽曰, '西北一面

당시 원수와 만호가 짝을 지어 업무를 보는 관행이 있었음을 전하는 사례라 하겠으며, 이 밖에 '수군 만호와 각도 원수'로 하여금 둔전 경영, 전함 건조, 인심 위무 등 지역 차원의 업무에 매진케 한 것 역시[226] 원수와 만호들의 공조 수위가 높았음을 드러낸다.

한편 만호직과 결합한 군직으로는 원수 외에 '순문사'도 있었다. 순문사 역시 만호와의 결합이 적지 않았다. 이미 14세기 전반 '경상전라도 순문사로서 합포(만호부)를 함께 관장했던' 김승용·김륜의 사례들이 확인되지만,[227] 14세기 중엽에도 (앞서 살펴본 사례로서) 서북면 도순문사와 만호직을 겸한 김득배(1357)의 경우가 확인된다.[228]

게다가 순문사들이 (종래의 '진변만호부'에서 파생된 듯한) '진변사'를 겸하는 사례도 1360년대 전반 확인된다.

"경상도 도순문진변사"(강중상, 1361)[229] / "양광도 [도]순문진변사"(최영, 1362)[230]

....

國之藩屛, 頃者奸凶擅國廣置私人, 元帥萬戶加於舊額, 州郡供億不訾, 民不堪命, 相與流亡. 願自今擇文武兼備威望宿著者, <u>一道元帥一人, 上副萬戶各一人, 餘皆罷之</u>…'"

226 『고려사』 권82, 지36 병2, 둔전, 우왕14년(1388) 8월, "憲司上疏曰, '…專仰水軍萬戶府, 修立城堡, 屯其老弱, 遠斥候, 謹烽燧, 居無事時耕耘漁塩鑄冶而食, 以時造船, 寇至則淸野入保, 水軍出船擊之. …<u>水軍萬戶·各道元帥</u> 能立屯田, 能修戰艦, 能結人心, 能施號令, 能減賊, 能安邊者, 賜之島田, 世食其入傳之子孫…'"

227 〈김승용(金承用) 묘지명(1329)〉, "鎭合浦營兼慶尙全羅道巡問使.";〈김륜(金倫) 묘지명(1348)〉, "以慶尙全羅都巡問使鎭合浦."

228 『고려사』 권39, 세가39 공민왕6년(1357) 11월 경신, "以樞密院直學士金得培爲<u>西北面都巡問使兼西京尹上萬戶</u>…"

229 『고려사』 권39, 세가39 공민왕10년(1361) 5월 갑인, "前都僉議評理姜仲祥爲慶尙道<u>都巡問鎭邊使</u>."

이 시기 등장하는 또 다른 '진변사' 사례들이 '진변순문사'의 약칭일 가능성까지 감안하면,[231] 특정인이 순문사와 만호직을 겸하는 사례들은 기록에 남아 있는 것에 비해 더 많았을 가능성이 크다고 하겠다.[232]

순문사와 만호의 결합 양상은 1370년대에도 이어졌다. 1375년 4월 서북면 도순문사 겸 평양윤으로 임명되고 1377년 이전 상만호로도 재직 중이었던 이자송의 사례가 그를 잘 보여준다.[233] 순문사와 그 휘하 도진무

....

230 『고려사』 권40, 세가40 공민왕11년(1362) 8월 기유, "以楊廣道巡問鎭邊使崔瑩爲都巡問使."

231 『고려사절요』 권27, 공민왕7년(1358) 4월, "以前合浦鎭邊使柳仁雨不能禦倭, 下巡軍.";『고려사』 권39, 세가39 공민왕7년(1358) 4월 정유, "倭寇韓州及鎭城倉, 全羅道鎭邊使高用賢請徙沿海倉廩於內地從之."; 6월 을미, "全羅道鎭邊使獻倭俘八人."; 권40, 세가40 공민왕11년(1362) 4월, "以密直副使李龜壽爲全羅道鎭邊使; 典理判書崔瑩爲楊廣道鎭邊使." 이 기록들에 등장하는 진변사들이 우선 "진변순문사(鎭邊巡撫使)"의 약칭이었을 가능성은 군액 확보 주체로 등장한 1320년대의 "순무진변사"라는 용례에서 제공된다[『고려사』 권82, 지36 병2, 진수, 충숙왕12년(1325) 10월 "下旨: '合浦等處鎭戍軍人大小郡縣數目不均. 今後, 巡撫鎭邊使斟酌殘盛, 改定數目, 凡侵擾營鎭以濟私欲者, 嚴加禁恤.'"]. 다만 이 "순무진변사"들을 "순문진변사"와 동일시해도 될 지에 대해서는 확언하기 어렵다. 필자가 보기에는 양자를 한 갈래로 간주해도 무방할 것 같지만, 후일의 논의를 기약한다.

232 다만 오종록의 경우, 충렬왕대 이래 진변만호부 만호들이 도순문사직을 겸하면서 담당해 온 임무가 진변만호부 및 만호직들의 폐지 이후 도순문사에 넘겨지면서 도순문사의 직함에 '진변'이 추가된 것으로 본 바 있다(2014 『여말선초 지방군제연구』 국학자료원). 필자의 관점과는 결이 다른 견해이나, 그런 가능성도 고려해 볼 수 있겠다.

233 『고려사』 권133, 열전46 우왕원년(1375) 4월, "以判密直李子松爲西北面都巡問使兼平壤尹."; 권111, 열전24 이자송(李子松), "…辛禑時以三司左使爲巡衛府上萬戶…" [그의 삼사좌사 임명 시점은 미상이나, 1377년 3월에는 역임 중이었음이 확인된다. 권133, 열전46 우왕3년(1377) 3월, "遣三司左使李子松如北元謝冊命…"] 물론 그가 도순문사와 상만호를 동시에 겸임한 것은 아니었을 가능

(만호부의 진무)가 함께 처벌된 사례 역시[234] 순문사 제도와 만호 제도의 또 다른 연동 운영을 보여준다.

이렇듯 원수와 순문사 등 두 군직이 각기 만호부와 활발하게 결합했던 셈인데, 그 이유는 과연 무엇이었을까? 고려의 전통 군관(원수·순문사)이든 외래 제도로서의 만호든 모두 '군직'이었으므로, 효율적 국방 태세 구축 또는 작전 운용을 위해 서로 결합, 공조, 연대하는 것이 당연히 효율적이었을 것이다. 일찍이 13세기 후반(1281)의 일본 정벌 당시 '(관령) 고려국 도원수'였던 김방경이 고려인 만호와 원제국 만호 모두를 지휘했던 것도 그 때문이었을 것이다.[235]

그런데 중요한 것은, 당시 만호직들이 순수 군직이 아닌 '지방관적 성격'이 매우 강화된 군직이었다는 점이다. 이에 그러한 만호직들이 원수, 순문사 등과 결합하면서 발생했을 변화를 눈여겨 볼 필요가 있다. (중국에서든 고려에서든) 지방 단위들과의 관계가 긴밀하다 못해 외관적 성격까지도 강하게 지니게 된 만호들과 달리, 고려의 전통 군직들은 더러 도(道) 단위로 파견된 사례는 있었을지언정 외관들과의 관계가 구체적이거나 긴밀하지는 못했다. 그런 상황에서 고려의 전통 군직들이 만호직과 결합하면서, 이미 복합적(군직+외관직) 성격을 지니고 있던 만호가 고려의 군직들에 모종의 영향을 미쳤을 가능성이 높다. 만호부들의 '지방 단위적 성격'이나 만호들의 '외관적 측면'이 순수 군직으로서의 원수, 순문사 등에 전이(轉移)되었을 수 있는 것이다.

그 영향의 결과가 바로 군직과 외관 간 '친연성'의 강화로 나타나게

성도 배제할 수는 없겠다.

234 『고려사』 권44, 세가44 공민왕22년(1373) 10월 을유, "崔瑩以楊廣道都巡問使 李成林不能禦倭杖配烽卒, 斬其都鎭撫池深."

235 『고려사』, 권104, 열전17 김방경(金方慶), 충렬왕7년(1281) 3월; 15년(1289)

된다.[236] 앞서 살펴본 (원수+만호, 순문사+만호 등의) '군직 - 만호' 간 결합 사례들이 등장한 추세를 이어 이번에는 '군직과 외관직'이 결합하는 사례들이 출현한다는 점이 그를 잘 보여준다.

가장 대표적인 경우는 여러 군관들의 외직(지방관직) '겸임' 사례이다. 만호부 만호들과의 결합으로 외정 간여 폭이 전에 비해 늘었을 원수, 순문사 직들이 특히 외직과 본격적으로 결합하였다. 지방관의 병사 지휘는 그동안 가끔 있었어도 군관의 지방 민정 간여는 부적절한 일로 간주돼 왔었는데, 군직들이 지방관을 겸하면서 이전에는 꺼리던 상황이 공공연히 진행될 여건이 마련된 셈이었다. 그 과정에서 군직의 외정 간여에 대한 금기시(禁忌視)의 수위도 낮아지고, 군직의 외관적 성격도 점진적으로 강화됐을 것으로 생각된다.

원수의 외관직 겸임 사례들은 1360년대말 확인되기 시작한다.

"1369년 지용수가 서북면 원수 겸 평양윤을 겸했다."[237]

이런 사례들은 1370년대에도 계속 등장한다. 1372년 이성계는 원수이면서 화령부의 윤(尹)을 겸했고 1376년에는 나세가 전라도 상원수이면서 도안무사(안찰사의 후신, 외관)를 겸했으며, 1379년에는 박수경이 안동도원수 겸 [안동]부윤으로 임명되었다.[238] 한양도 원수였던 조림은 1386년

....

236 유사한 상황에 대한 또 다른 각도의 연구로는 최동녕, 2020 「13세기 고려의 전쟁과 도제(道制) 운영의 일단면 - 도 단위 '군정(軍政) 외관'의 활동을 중심으로」 『한국사연구』 201 참조.

237 『고려사』 권41, 세가41 공민왕18년(1369) 11월 경오, "池龍壽爲西北面元帥兼平壤尹."

238 『고려사』 권43, 세가43 공민왕21년(1372) 6월 기해, "以我太祖爲和寧府尹仍爲元帥以禦倭賊."; 권133, 열전46 우왕2년(1376) 윤9월, "以羅世爲全羅道上元

2월 한양부 윤을 겸했으며, 권화는 1387년을 전후하여 전주목사로서 원수직을 겸했다.[239]

앞서 살펴본 원수와 만호 겸직 양상은 1350년대말 시작돼 1360년대 본격화된 현상이었다. 그런데 바로 그 뒤를 이어 '원수의 외관 겸임 사례'가 출현한 것을 우연의 일치로 보긴 어렵다. 결국 전자가 후자의 배경이자 기반이 되었던 것으로 생각된다.

순문사 역시 외관들과 다양하게 결합하였다. 특히 서북면 도순문사가 서경윤을 겸한 사례들이 자주 등장한다.

"1357년 김득배가 서북면 도순문사로서 서경윤을 겸했다."[240]
"1363년 이인임이 서북면 도순문사 겸 평양윤에 임명됐다."[241]
"1375년 이자송이 서북면 도순문사 겸 평양윤으로 임명됐다."[242]

아울러 동북면에서도 도순문사가 화령부의 윤을 겸하는 사례들이 발견된다. 1378년 황숙경, 1388년 정요의 사례가 그런 경우다.[243] 이 모든

帥兼都安撫使.";권134, 열전47 우왕5년(1379) 6월, "朴修敬爲安東道元帥兼府尹."

239 『고려사』권136, 열전49 우왕12년(1386) 2월, "趙琳爲漢陽道元帥兼漢陽府尹.";권107, 열전20 권단(權呾), "[和]…累官至密直副使出牧全州兼元帥…";권136,열전49 우왕13년(1387) 11월, "全州元帥權和…"

240 『고려사』권39, 세가39 공민왕6년(1357) 11월 경신, "…金得培爲西北面都巡問使兼西京尹·上萬戶…"

241 『고려사』권40, 세가40 공민왕12년(1363) 2월 갑신, "…李仁任爲西北面都巡問使兼平壤尹."

242 『고려사』권133, 열전46 우왕원년(1375) 4월, "以判密直李子松爲西北面都巡問使兼平壤尹."

243 『고려사』권133, 열전46 우왕4년(1378) 11월 신사, "…黃淑卿爲東北面都巡問使兼和寧府尹.";권137, 열전50 우왕14년(1388) 8월 무신, "…陸麗爲東北面元

사례들 역시 순문사 - 만호 겸임 사례가 확인되는 1350년대 말 이후 등장하기 시작했다.[244]

이렇듯 연속된 겸임 사례들로 인해 원수와 순문사의 성격이 어떻게 바뀌어 갔을까? 이들의 외관 겸직은 당연히 원수와 순문사의 외정 개입 또는 민정 간여 가능성을 높였을 것이며, 그런 상황이 누적, 반복되면서 여러 군직 임명자들의 외정 경험과 역량도 축적돼 갔을 것이다.

순문사가 특히 그 점을 잘 보여준다. 14세기 말 순문사가 사실상 외관의 역할을 하는 사례가 늘기 때문이다. 1360년대까지는 포로나 변방 강역 관리 등에 집중했지만, 1370년대에 접어들어서는 순문사가 민정에 간여하는 양상이 구체적으로 확인된다. 1371년 (도)순문사가 안렴사와 함께 도내(道內) 권농(勸農)에 나섰고,[245] 동서 양계(兩界: 동·서북면)의 백성 안집, 양곡 및 전토 급여, 생업 보전에도 동참했으며,[246] 1378년에는 호구조사[計點]까지 담당하게 됐던 것이다.[247]

이런 상황은 사실 14세기 전반 이미 그 시원적(始原的) 형태가 등장한

....

　　帥鄭曜爲都巡問使兼和寧尹."

244 서북면 도순문사 김용겸이 평양윤을 겸한 1347년의 사례[『고려사』 권37, 세가37 충목왕3년(1347) 10월 신사, "以平壤尹金用謙兼西北面都巡問使."]가 예외적으로 관찰된다.

245 『고려사』 권79, 지33 식화2, 농상(農桑), 공민왕20년(1371) 12월, "敎曰, '農桑衣食之本, 諸道巡問按廉考其守令種桑墾田多少, 具名申聞, 以憑黜陟.'"

246 『고려사』 권79, 지33 식화2, 호구(戶口), 공민왕20년(1371) 12월, "下敎: '一. 東西兩界新附人戶理宜安集, 其令都巡問使給糧與田無令失業.'"

247 『고려사』 권133, 열전46 우왕4년(1378) 12월 병오, "遣柳曼殊于東北面, 吳季南于全羅道, 安翊于楊廣道, 南佐時于江陵道, 王安德于西海道, 慶補于交州道, 計點戶口, 依西北例置左右翼軍, 惟慶尙道令都巡問使裴克廉掌之, 後憲府上疏罷之." 물론 경상도의 경우만 (따로 관료를 중앙에서 보내지 않고, 현지의) 도순문사가 호구를 조사케 한 경우이다.

바 있다. 경상·전라도가 변경을 방어하는 데 중요한 거점이자 풍성한 재화[財賦]가 산출되는 지역이었던 탓에 고려 정부가 "[만호로] 출진(出鎭)하는 자들은 모두 '순무사(巡撫使, 순문사 추정)'를 겸하게" 했고, "경상·전라도의 안렴(按廉, 외관) 및 여러 지역의 목사와 수령[牧守]들은 모두 이 순무사의 명령을 듣게 했다"는 기록(1338)이 그를 잘 보여준다.[248]

한편 1370년에 본격화된 양상은 1380년대에도 이어졌다. 1383년 도순문사가 안렴사와 함께 수령들의 권농(種桑·墾田) 성과를 평가하고 그를 수령들의 "출척(黜陟)"의 근거로 중앙에 보고했는데,[249] 사실상 '외관화'한 순문사의 모습을 분명하게 보여준다. 1385년에는 서북면과 요동 지역 간

....

248 『가정집(稼亭集)』 권9, 서(序) 〈송홍밀직출진합포[만호부]서(送洪密直出鎭合浦序)〉, "國家以慶尙·全羅旣爲邊防而又財賦所出, 一國之府. 故出鎭于此, 皆帶巡撫使, 不必受朝命, 選其能也. 其廳按二道, 牧守諸州者皆屬而聽命. 苟非才兼文武, 位望服衆, 疇克當之…" 만호부가 '목의 목사와 주의 지사'는 물론 '도의 안렴사'까지 여러 고하(高下) 외관들을 두루 그 아래에 두고 있었다는 이곡의 이 1330년대말(1338) 기록은, 14세기 전반 만호부들이 사실상 지방 제도의 최상층에 위치하고 있었을 가능성을 보여준다. 물론 환송시(歡送詩)에 등장한 표현으로서 만호부들의 위세를 강조하려는 과장일 수도 있겠지만, 당시 광역 단위 만호부들이 지방 운영에서(민정·군정을 막론하고) 상당한 권위와 위상을 인정받고 있었기 때문에 나온 표현임은 분명해 보인다. 그리고 그렇듯 사실상의 최고위 외관이 되어 있던 만호직들이 군직인 순문사(순무사) 직을 겸하고 있었다면(또는 군관으로서의 순문사들이 그런 강력한 외관직으로서의 만호직을 겸하고 있었다면), 이 시점에서 순문사가 갖고 있던 외관으로서의 성격 또한 매우 명확했던 것이라 볼 소지가 있다고 하겠다.

249 『고려사』 권75, 지29 선거3, 전주(銓注) 선용수령(選用守令), 우왕9년(1383) 3월, "憲司言, '守令, 近民之職, 不可不謹. 近年奸貪暴之徒, 付托權勢, 求爲守令, 恣行不法, 憑公營私, 塗炭生民, 州府郡縣, 日就彫弊, 願自今, 令臺省·六曹, 擧廉正寡欲, 純良勤儉者, 分遣郡縣, 使都巡問使·按廉使, 黜陟賢否, 以明賞罰, 如有謬擧, 罪及擧主, 黜陟不明, 憲司糾理."; 창왕즉위년(1388) 6월, "令都評議使司·臺省·六曹, 各擧所知, 務得公廉有才幹者, 以委外任, 仰都巡問按廉使, 嚴加考, 以憑黜陟, 其貪汚不材者, 痛行懲罰."

의 교역(交易)까지 서북면 도순문사가 관장했다면,[250] 1388년에는 도순문사와 안렴사가 함께 역전(驛田) 복구 및 역로(驛路) 관리 개선에 나서거나 관내(關內) 토지의 변정(辨正)에도 개입하였다.[251]

이전과는 분명히 달랐던 순문사들의 이러한 모습이 (만호들과의 결합을 거친 14세기 중엽 이후인) 14세기 후반에 이르러 본격화된 것에 주목할 필요가 있다.[252] 이전에 비해 전향적인 수위로 지역단위 행정에 간여했던 새로운 군관의 등장, '민정에 발을 걸친 새로운 군정'의 탄생이었다.

이상에서 살핀 바와 같이, 고려말의 원수와 순문사 모두 ① 만호들과

....

250 『고려사』 권135, 열전48 우왕11년(1385) 4월 임진, "…遼東遣人買農牛, 於是置點牛色, 聽西北面民互市, 得牛五百頭, 都巡問使烙印以送, 遼東以爲帶印牛乃公家所獻不與直, 故尋罷之…"

251 『고려사』 권82, 지36 병2, 참역(站驛), 우왕14년(1388) 6월, "敎曰, '舘驛之設所以傳命. 近因豪强兼并失其土田. 廚傳如舊以致凋弊誠可憫焉. 仰都巡問按廉使復其土田, 禁理枉道濫騎及過行隣驛者, 務加存恤, 毋致失所.''; 7월, "大司憲趙浚等上書曰, '使命之任, 先王於巡問按廉之外不許發遣, 其愼重之意可見. …加之以巡問按廉之差使, 諸元帥之發遣, 亦皆乘驛橫行州郡馳鶩舘驛. …願自今州郡庶務一委巡問按廉以責其成雜冗使命不許…使各道巡問按廉一法朝廷比制, 不敢違越, 違者痛理之.''; 권78, 지32 식화1, 전제(田制) 녹과전(祿科田), 우왕14년(1388) 6월, "敎曰, '近來豪强兼并田法大壞, 其救弊之法仰都評議使司司憲府版圖司擬議申聞, 其料物庫屬三百六十莊處之田, 先代施納寺院者, 悉還其庫, 東北面西北面本無私田, 如有稱爲私田濫執者, 仰都巡問使痛行禁理, 其所執文契沒官.''

252 급기야 도순문사와 안렴사가 한 도 내의 군사와 민사를 '분점'하는 종래의 원칙이 재확인돼야 할 정도로 양자의 업무가 서로 혼용되고 있었던 것으로 보인다. 『고려사』 권84, 지38 형법1, 공식(公式) 직제(職制), 우왕14년(1388) 6월, "敎曰, '近年, 各道元帥·都巡問·按廉使·州府大小軍民官營, 進私膳, 皆令禁斷, 違者罪之. 使命繁多害及於民, 今後都評議使, 軍事下都巡問使, 民事下按廉使, 雜泛使命, 不許差遣. 其公行廩給外私幹往來者, 勿論尊卑, 悉停供給, 違者主客, 皆論其罪.''" 기사 자체는 군관과 외관의 역할을 다시금 분명히 나누는 내용을 담고 있지만, 실은 그 반대의 현상이 보편화하고 있었기 때문에 나온 수세적 시도로 보는 것이 어떨까 한다.

결합하는 시기를 거쳐 ② 외관(지방관직)들과 결합하는 추세를 보였다. 중국 및 고려내 제국 만호부들의 지역 단위적 성격이 만호부 만호직들과 결합한 고려 군직들에도 전파된 결과라 여겨진다. 이전에는 외관과의 관계가 제한적이었던 이들 전통 군직들의 성격이 만호직과 결합하면서 서서히 바뀌었고, 단순히 외관 친화적 성격을 갖게 된 정도를 넘어 외관들과 직접적으로 결합하게 되었으며, 급기야 외관들이 전통적으로 수행해온 역할까지도 수행하게 된 것이다.

그리고 전통 군직들에게 생겨난 이러한 새로운 성격이 본 절에서 살펴볼 마지막 변화를 부르게 된다. 그간 원수는 군사를 인솔·지휘하고 순문사는 군 운용과 관련한 제반 업무를 담당하곤 했었는데, 이런 군관들이 군사 관련 군정(軍政)을 넘어 외정[민정]에도 간여하게 되면서, 군관들 간에 그러한 구분(지휘/병참 등)을 두는 것의 실효성도 감소했을 것으로 짐작된다. 이에 원수 및 순문사 인사에도 중대한 변화가 발생하게 되었으니, 원수와 순문사를 각기 다른 관료에게 맡기기보다, 한 관료에게 두 관직을 동시에 부여하는 관행이 출현했던 것이다.

원수와 순문사의 결합, 즉 한 관료의 두 군직 동시 겸임 사례는 1370년대 중반 본격적으로 출현한다. 물론 처음에는 원수직 수행의 대상 공간과 순문사직 수행의 대상 공간이 완전히 일치하지 않는 경우도 적지 않았다. 경(京)의 원수를 맡은 자가 그 경(京)이 소재한 양계(兩界) 지역 중 하나의 순문사를 겸임하는 등,[253] 원수직 수행 공간이 함께 맡은 도순문사의 수행 공간에 비해 광역이거나 그 반대의 경우 등이 다양하게 관찰된다.[254]

....

253 1377년 4월의 경우 '서경' 도순문사가 '서북면' 부원수와 결합한 사례다[『고려사』 권133, 열전46 우왕3년(1377) 4월, "以密直副使慶儀爲西京都巡問使兼西北面副元帥."].

254 1379년 및 1383년의 경우 '경상도' 원수가 '합포' 도순문사와 결합한 반면,

그러나 '하나의 도'를 배경으로, 도원수·상원수·원수·부원수와 도순문사가 결합하는(즉 한 사람이 그 도의 원수직과 순문사직을 겸하는) 경우들이 가장 많이, 그리고 1380년대 전반까지 꾸준히 등장한다.[255] 1376년 7월에는 아예 '도순문사 겸 원수'가 각도의 공식 통합 군직으로 등장한다.[256] 종래 결이 달라 서로 다른 군관들에게 맡겼던 기능들이, 이제는 당사자들이 파견되는 지역 단위들을 매개로 통합되고 있던 상황이라 하겠다.[257]

그리고 이런 상황이 계속되면서, 양자(원수·순문사)를 분리 임용하는 것 자체가 무의미해졌을 것으로 생각된다. 이에 원수와 순문사 직 자체를 하나로 통합하게 되었으니, 군사 지휘[군령(軍令)]를 담당하던 원수와 군액(軍額, 군사) 관리 등에 종사하던 순문사의 결합인 이른바 절제사(節制

1380년에는 경상도의 '도순문사'가 '안동(부) 원수'와 결합하였다[『고려사』 권134, 열전47 우왕5년(1379) 11월, "以慶尙道元帥禹仁烈爲合浦都巡問使."; 6년(1380) 1월 계사, "以安東[部]元帥朴修敬爲慶尙道都巡問使."; 권135, 열전48 우왕9년(1383) 2월 기축, "以柳曼殊爲慶尙道元帥兼合浦都巡問使, 羅世爲海道元帥."].

255 『고려사』 권133, 열전46 우왕원년(1375) 2월, "同知密直韓邦彦爲楊廣道副元帥兼都巡問使."; 8월, "密直副使羅世爲西海道上元帥兼都巡問使."; 2년(1376) 3월, "以朴普老爲西北面元帥兼都巡問使."; 6월, "以柳濚爲全羅道元帥兼都巡問使."; 7월, "柳濚爲全羅道元帥兼都巡問使."; 9월, "趙思敏爲全羅道副元帥兼都巡問使."; 권134, 열전47 우왕5년(1379) 3월, "以知門下事禹仁烈爲慶尙道上元帥, 密直副使睦子安爲全羅道副元帥並兼兼都巡問使."; 권135, 열전48 우왕9년(1383) 11월, "以全羅道都元帥池湧奇仍爲都巡問使."; 12월, "以慶尙道副元帥密直副使尹可觀仍爲都巡問使."

256 『고려사』 권81, 지35 병1, 병제, 우왕2년(1376) 7월, "…令各道都巡問使兼元帥, 軍目道官員兼兵馬使…"

257 오종록 또한 "순문사+원수"들이 도의 국방뿐만 아니라 군령, 군정[이 경우의 '군정'은 필자가 본서에서 사용한 (민정·외정의 반대항으로서의) '군정'에 비해서는 협의(俠意)의 개념: 필자]까지 담당하게 되었을 것이라 보았다(오종록, 윗책).

使) 제도가 비로소 출범하게 되었다.

> "도순문사를 도절제사(都節制使)로 삼고 원수를 절제사(節制使)로 삼았으며, 혹 주부(州府)의 임무를 띠게[겸하게] 하였다.[258]

1389년 원수와 순문사들을 절제사 제도로 통합시킨 후, 절제사들로 하여금 "외정[州府之任]에 종사"하게 함으로써 '군관'에게 '외관'으로서의 임무를 공식 부여했던 것이다. 엄연히 군관이었던 원수와 순문사들이 이제는 '절제사'라는 새로운 직함 아래 "주부(州府)의 임무" 즉 '외관'의 업무에 정식으로 종사하게 된 것이다. 고려의 대표적인 군지휘관, 군정관들이 공식적으로 '[준]지방관'으로 변모했던 셈으로,[259] 13세기 후반 제국 만호부들의 설치를 시작으로, 그리고 1358년 고려 정부의 만호부 설치를 거쳐, 100여년간 고려의 군정과 외정에 누적되었던 거대한 변화의 종착점이

----

258 『고려사』 권77, 지31 백관2, 외직(外職) 절제사(節制使), 공양왕원년(1389), "改都巡問使爲都節制使, 元帥爲節制使, 或帶州府之任. 先是, 巡問元帥皆以京官口傳, 至是, 始命除授以專其任, 置經歷都事." 순문사와 원수들이 그동안 유지해 온 서로 간의 '위계'를 보여주는 대목이기도 해서 흥미로운데, 1370년대 이래의 여러 기사를 보면 원수들은 광역 단위는 물론 기층 단위에도 자주 임명됐던 데 비해, 도순문사들은 대체로 광역 단위에 더 많이 임명되었다. 이에 양자를 절제사 제도 안으로 수렴하면서도 그러한 현실을 반영하여, 도순문사들을 상위에, 그리고 원수들을 하위로 편제한 것이 아닌가 한다.

259 게다가 다음 해인 1390년, 병마사(兵馬使) 마저 이 절제사 체제에 결합되었다. 1390년 4월의 '병마절제사'가 그를 보여준다[『고려사』 권45, 세가45 공양왕2년(1390) 4월 임인, "…前原州等處兵馬節制使…廣州等處兵馬節制使…前忠州等處兵馬節制使…前江陵等處兵馬節制使…晉州等處兵馬節制使…"]. 양계에서 군무(軍務)를 보긴 했지만 엄연히 지방관이었던 병마사들이(이정기, 2008 「고려시기 양계 병마사의 성립과 기능」 『한국중세사연구』 24) 원수와 순문사의 결합에 더해짐으로써, '통합 군제'로서의 절제사의 권위가 강화되는 동시에 태생은 군직이었던 절제사의 '외관적 성격'도 더욱 강화됐을 것으로 보인다.

었다고 하겠다.

물론 그렇다고 해서 신설 절제사들이 완전한 지방관이 됐거나, 종래의 외관들을 온전히 대체한 것은 아니었다. 절제사 체제 출범 1년 전(1388) 전통 외관으로서의 안렴사들이 '도관찰출척사'로 정비된 후, (공교롭게도 절제사 제도가 출범한 해인) 1389년 [외관으로서의] 위상이 대폭 강화된 모습으로 등장하기 때문이다.[260] 아울러 앞서도 언급했듯이 그 직전인 1388년 6월에는 군사(軍事)와 민사(民事)를 각기 도순문사와 안렴사가 분담하는 분리 체제(의 복구)가 논의됐으니, 군정과 민정(외정)의 근본적 경계가 허물어지지 않았음은 분명하다. 그러나 절제사의 출범과 함께, '군직에 내재한 외관적 성격'이 크게 강화되었음은 부인하기 어렵다.

그리고 그런 추세가 당시의 대세가 되었음은 1390년대 초 경기 지역에 배치된 '염문사[廉問使]'의 성격에서도 엿보인다. 외관적 태생의 이 염문사는 형정[刑命], 전곡(田穀), 군정(軍政) 관련 사무는 물론 관리의 평가 [殿最] 및 민간 송사까지도 주관했던 것으로 전하고 있어,[261] 실로 민정의 핵심과 군정의 핵심을 모두 아울렀던 막강한 외직이라 할 만하다. '군직의 외정 간여'가 강화되던 당시 '외관의 군정 간여'도 활성화되는 등, 군정과 외정 간의 전통적 경계가 가히 와해에 가까운 수준으로 해체된 것이 고려말의 상황이었다고 하겠다.

....

260 『고려사』 권137, 열전50 우왕14년(1388) 8월 무신, "改諸道按廉使爲都觀察黜陟使…"; 권77, 지31 백관2, 외직 안렴사(按廉使), 공양왕원년(1389), "始革京官口傳, 別用除授以專其任."

261 『고려사』 권77, 지31 백관2, 외직(外職) 염문사(廉問使), "공양왕3년(1391), 都評議使司獻議, '以京畿根本之地, 困於差役日就彫廢.' 置左右道廉問使. 兩府謂之都廉問使, 奉翊通憲謂之廉問使, 四品以上謂之廉問副使. 其刑名錢穀軍情事務以至官吏殿最民間詞訟, 無不糾理." 물론 이 염문사가 전국 각지에 설치된 것은 아니었고, 경기 지역에 국한해 파견되었다.

군정과 외정 간의 경계가 이 정도로 약화되고, 군·외직 통합관직 피임 명자가 민정 및 군정에 동시에 간여할 통로가 공식적으로 열린 상황은 분명 이전에는 존재하지 않았던 양상이다. 군직 담당자가 외관을 겸임한 14세기 후반의 상황도 이전에는 찾아보기 어려운 것이었는데, 통합 군직의 공식 업무에 외정이 포함되고 일부 지역 외관이 군정도 도맡았던 14세기 말의 상황은 그야말로 상전벽해(桑田碧海) 격의 대변동이었던 것이다.

이 모든 변화의 시작점은 앞서 언급한 바와 같이 13세기 후반으로까지 올려잡힐 수 있겠지만, 그를 본격적으로 촉발한 변수는 다름아닌 공민왕의 1358년 만호부 제도 도입이었다고 해도 과언이 아닐 것 같다. 고려 군제의 원형 복구가 어려워 제국의 만호 제도를 기존 제도의 대체재로 활용하고자 그를 재도입했던 것이지만, 지방 단위 성격의 만호부, 외관적 측면을 지닌 만호직들을 기존의 외관직(경의 윤, 목의 목사, 주·부·군·현의 수령)과 결합시키고 이후에는 군직(원수·순문사)과도 연동시켜 활용하는 과정에서, 엉뚱하게 기존 군직들의 성격 자체가 변화하며(외관적 성격의 증가) 군직과 외관의 겸임 사례가 증가했고, 급기야 외관적 성격을 지닌 군직 체계(절제사)가 신설됐으며, 그 결과 군직의 외정 간여(절제사) 및 외정의 군정 주관(앞서 살펴본 염문사) 등이 공공연히 제도화되는, 고려로서는 상상치도 못한 변화가 전개된 셈이었기 때문이다. 고려의 외정/군정 간에 존재해 온 전통적 분절성이 약화되며 급기야 두 분야가 융합되어 갔던 당시 변동의 시작점에 "수입된 제국 만호(부)"가 있었던 것이다.

몽골의 만호는 원래 순수 군사 단위로서 중국적 관습과는 무관한 것이었는데, 원제국 성립 이후 그것이 중국의 내지 지배에 도입·활용되면서 만호[부]들이 이전과는 달리 지방 단위적 성격을 강하게 지니게 되었고, 그것이 몽골의 한반도 침공, 고려의 군제 붕괴, 원 간섭의 시작, 만호부제의 이식 등 일련의 과정을 통해 고려에 도입된 결과, 이런 큰 변동이 초래되게 된 것이다. 초원 시절 몽골의 유제에 불과했던 만호[부] 제도가 동북아시아에 들어와 정주 문화권으로서의 한반도에 소재한 고려 왕조의 '외정 -군정 분리' 원칙을 흔들어 놓으며 양쪽이 혼용할 여지를 만들어 준 셈이다. 이식된 외래 제도가 고려의 내정 분야들 간에 존재했던 강한 전통적 경계를 약화시킨 경우라 하겠는데, 만호부 제도의 한반도 도입이 고려의 전통 질서에 끼친 영향이 이토록 방대했음이 놀라울 따름이다. 고려와 원 제국의 공존이 고려 사회에 끼친 유산(遺産)의 한 전형을 잘 보여준다.

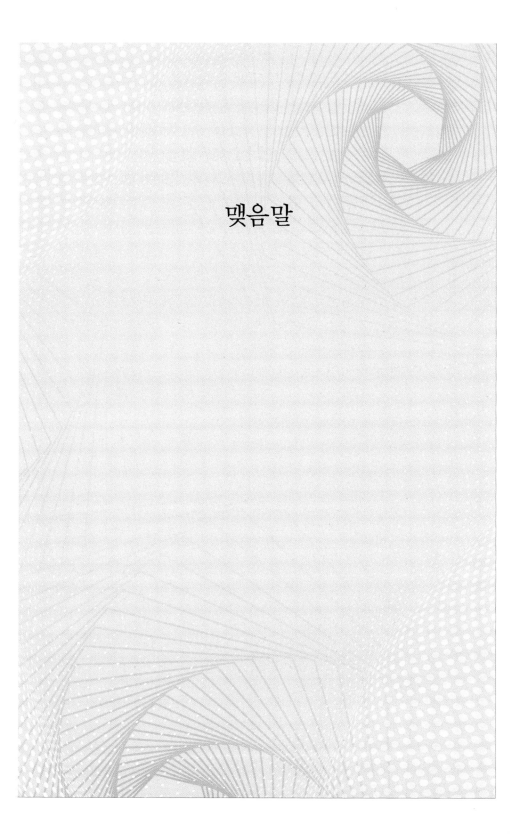

맺음말

이상에서 13~14세기 고려 한반도가 겪은 현실과, 그 현실에 직면한 고려인들의 대응을 살펴보았다. 고려는 원제국이라는 초유의 상대방을 만났고 처음에는 전쟁과 약탈에 시달렸지만, 당시 고려를 다스리던 혼혈 국왕들은 원제국의 정책노선, 방법론 등을 수용한 개혁을 도모하였다. 국왕과 관료들의 정체성 변화로 인해 고려와 원제국 간의 경계가 불분명해진 측면도 없진 않지만, 적지 않은 분야는 서로 분리된 채 유지됐으며 그 와중에 고려의 전통 구제도 다수 복구되었다. 원제국과는 다른 이해관계를 가진 정치체로서, 고려는 체제에 대한 도전에는 저항하며 나름의 질서를 온존하는 한편으로 개혁 및 현상 개선을 위해서는 원제국의 권위와 제도 역시 적절히 활용하였다.

고려 왕조로서는 이렇듯 복합적인 시기였던 13~14세기를 '친원(親元)' 또는 '반원(反元)'의 구도로만 볼 경우 그 진정한 현실을 간파하기는 어려운 일이라 하겠다. '간섭'이라는 표현도, '복속'이라는 표현도, 이 시기를 묘사하는 유일무이한 키워드로 쓰기에는 어색한 형용구임이 분명하다. 물론 고려와 원제국이 맺은 관계의 속성에 '간섭'의 측면이 분명히 있었고, 원제국으로 인해 전개된 고려내 변화의 실체 중 '복속'으로 묘사될 만한 것이 없었던 것도 아니지만, 두 단어 모두 13~14세기라는 200여년간의 '장기(長期)'를 온전히 묘사하기에는 부족함이 있다는 얘기이다. 오히려 통상적 의미의 '간섭' 또는 '복속'과는 결이 다른 모습들이 더 많이 관찰되는 상황에서는 더욱 그렇다.

결국 전체적으로 볼 때 당시 고려와 원제국을 아우르고 있던 역사적 현실은 '공존'으로 요약된다. 고려와 원제국 양 정치체의 공존을 넘어 '복속·간섭'이라 할 만한 모습들과 '그렇지 않은 모습'들 간의 공존, 그리고 고려라는 '과거'와 원제국이라는 '현재'의 공존까지, 다양한 층위의 공존이 당시의 역사로부터 관찰되기 때문이다. 비상한 변동이 있었고, 한국의 역사 전통을 볼 때 계기적·거시적인 변화도 많았지만, 한반도의 당시 변화는 미시적으로는 볼 때는 다양한 모습들이 혼재한 것이었고, 보편사적 관점에서 볼 때는 여러 다채로운 사회변동 사례 중 하나였을 따름이다. 그런 점에서 이 시대 역시 한국의 역사를 거쳐 간 또 하나의 시대였을 뿐이 아닌가 한다.

앞서 글을 시작하며 던진 질문에 대한 대답 역시 이런 점들을 감안하면 그리 어렵지 않게 도출된다.

필자는 앞서, 과연 이 시기를 가리킴에 있어 별도의 명칭이 필요한가라는 새로운 질문을 던진 바 있다. 그에 대해 이제 대답을 하라고 한다면, 필자는 그런 단어는 결단코 필요치 않고, 이 시기는 '고려 후기'로 불러도 충분하다는 답을 하고 싶다. 비록 문제도 많고 탈도 많았지만 그 와중에 개선과 개혁을 위한 노력도 꾸준히 진행됐던, 다시 말해 한국사에서 볼 수 있는 어느 시기와도 결코 그리 다르지 않았던 시기로 다가오기 때문이다. 이에 향후 학계에서도 "원 간섭기", "몽골 복속기" 등의 용어를 쓰기보다는, 13~14세기의 시대 성격 재조명에 더 많은 논의를 집중할 것을 제안해 본다. 하나의 시기를 거대 용어로 규정하고, 그 사회에 특정의 성격과 유형을 부여하는 종전 노력의 연구사적 의의를 부정하는 것은 아니지만, 이제는 그에서 벗어날 때가 되었다.

필자는 또한 이 책의 발간이, 그간 고려와 원제국의 '접촉'의 양상에 주로 주목해 온 대외교류사 연구 경향이 고려 '내부의 변화' 및 '유산(遺産)의 문제'에 대한 주목으로 확장되는 계기가 되기를 소망해 본다. 원제국을 겪고 난 한반도 사회의 여러 모습이 과연 이전과는 얼마나 달랐고, 그 달라진 모습이 언제까지 이어졌는지를 이해하는 것이 사실 매우 중요한 문제이기 때문이다.

13~14세기에 전개된 변화상의 맥락은 흔히 '부패', '퇴락'으로만 간주되어 고려의 멸망을 앞당긴 요소로 일컬어지곤 했지만, 그런 이해는 사료를 정말 있는 그대로 믿은 결과에 불과하다. 14세기 초의 고려인에게 물었다면, 과연 누가 100여년도 못 돼 왕조가 멸망할 것이라 예상했을까? 1391년의 고려인에게 물어도 답은 마찬가지로 '모르겠다'였을 것이다.

1392년 고려가 멸망했음을 사료로 알게 되었을 따름인 우리의 제한된 관점으로 14세기를 논단해서는 안 된다. 13~14세기 200년 전체를 고려왕조의 쇠망기로 치부하면, 고려는 그야말로 11세기 후반 문종대의 제도 집대성 이후 12세기 중엽까지 100년이 채 못 되는 기간만 융성하였고, 무신집권기 이래 왕조가 멸망했던 14세기 말까지 '200여년 넘게' 몰락해 간 왕조가 된다. 이러한 비상식적 과거 인식을 조속히 청산하고, 대신 14세기 초의 제도 개선 덕에 고려가 100여년을 더 존속했던 것은 아닌지를 탐구하는 과감한 발상의 전환이 필요하다. 최근 들어 14세기를 과도기로 보던 기존의 시각을 넘어 14~15세기를 전환기로 보는 시각도 대두하고 있어 고무적이긴 하다. 그러나 13~14세기를 하나의 독자적 시기로 보는 수준으로까지 나아갈 필요가 있다.

이 시기 고려의 국정을 이끌었던 국왕들에 대해서도 재고(再考)가 필요하다. 충선왕, 충숙왕, 공민왕 등의 3대가 특히 그렇다. 오늘날의 일반인들 중에 이 시기를 좀 아는 분들은 대체로 충선왕은 고려에 무관심한 채 중국을 전전했던 왕으로, 충숙왕은 긴 재위기간에도 불구하고 무능력했던 왕으로, 그리고 공민왕은 노국공주의 사망 이후 타락한 끝에 피살당하고 말았던 왕으로 기억한다. 학자들의 경우 사료에 남아 있는 파편적 사실관계들을 재구성하여 이들의 지향을 좀 더 전문적 견지에서 규정했지만, 이 세 명을 일종의 전형(stereotype)으로 간주하는 시각이 여전히 존재한다. 충선왕은 외국 제도의 수용에 골몰한 국왕, 충숙왕은 원제국에게 버림 받은 불운의 국왕, 그리고 공민왕은 고려 - 원 관계를 바꾸어 놓은 반원(反元)적 성향의 지도자로(만) 바라보는 식이다. 위 세 명의 국왕이 각기 그런 모습을 지녔음은 분명한 사실이나, 그 이면에 존재하던 그들의 또다른 고뇌와 의도들은 안타깝게도 제대로 환기되지 않았다. 이들의 생애와 국정이 그야말로 끝없는 시도들로 점철돼 있었음을 감안하면, 그런 모습들에 대한 재검토가 절실하다고 하겠다.

이런 전향적 발상과 통념 재고가 더 이상 선택의 문제가 아닌 필수인 또 다른 이유는, 그러한 성찰 없이는 무엇보다도 고려를 이어 등장한 조선(朝鮮)이라는 새 왕조의 여러 제도적 연원들을 설명할 수 없게 되기 때문이다. 15세기 전반 조선의 정치, 재정, 전례, 군제, 지방제도 등은 13세기~14세기 고려의 제도에 기반했던 측면이 적지 않은 바, 14세기 고려 제도의 내용과 의미를 제대로 평가하지 않을 경우 조선 전기의 제도는 그 배경과 근원이 미상인 출생 불명의 제도가 된다. 그만큼 13세기와 14세기는 중요한 시대이나, 그동안 푸대접을 받아도 너무 받았다. 고려 제도의 전형이 완성된 것은 앞서도 언급했지만 사실 11세기 후반에 불과했고, 무신정권으로 침체가 시작된 것은 12세기 후반이었으니, 100년도 채 못 되는 시기를 풍미하는 데 그친 셈이었던 문종대 제도는 고려시대의 백미로 간주하면서, 13~14세기를 관통했으며 15세기 조선 제도의 시원(始源) 격이기까지 했던 고려 후기의 제도와 문물에 대한 정당한 평가에는 학계와 대중이 왜 이리 인색했는지, 필자는 실로 이해하기 어렵다.

결국 과거의 정사, 과거인들의 개혁을 바라보는 우리의 시각에 대한 교정이 필요하다는 결론에 이르게 된다. 옛날의 개혁이든 요즘의 개혁이든 우리가 개혁에 대한 평가에서 가장 중시하는 것은 개혁의 결과이다. 말이 아닌 행동이, 그리고 생각이 아닌 실천이 중요한 것이므로, 개혁을 평가함에 있어 그 결과를 주요한 지표로 삼는 것은 당연하다. 그러나 '결과'만을 감안하는 세태는 때론 개혁 주체의 처지와 의도를 몰각한 각박한 평가도 낳곤 했다. 그런 각박한 평가는 당연히 평가대상(만약 살아 있다면)의 억울함을 자아내기 마련이며, 그런 억울함은 다시금 다른 대상에 대한 더욱 가혹한 평가를 낳곤 한다. 오늘날의 정치를 보며 그런 생각을 새삼 하게 된다.

과거의 개혁에 대한 평가도 마찬가지다. 개혁의 결과만 감안한 평가도 얼마든 가능하지만, 그런 평가만을 고수한다면 다양한 선택지 앞에 직면했던 고려 후기인들의 '선택의 역사'를 제대로 읽어 내기 어렵게 된다. 필자가 보기에 고려인들은 한 손에는 고려의 전통을 들고 다른 한 손에는 원제국의 제도를 쥔 채 다양한 조합을 구상했으며, 필요에 따라 여러 다양한 입장과 결단을 드러내었다. 물론 성공한 경우도 있고 실패한 때도 있었지만, 이들이 격변기에 최선을 다했던 점까지 부정해서는 안 된다고 생각한다. 향후의 고려후기사 연구는 당시인들의 성공한 개혁 뿐 아니라 실패한 개혁에도 주목해야 하고, 실패한 개혁에 대해서는 그 실패를 부른 장애물들을 해명해야 하며, 평가를 내릴 때에는 행동 주체들의 선의지(善意志)도 함께 감안해야 할 것이다. 그것이 이 시기에 대한 새로운 이해를 가능케 할 것이고, 어느새 의도치 않게 평가자, 심사자의 처지에 안주하고 자족하게 된, 심지어 어떤 경우는 심판자의 처지마저 자임케 된 우리 역사학자들에게 소중한 성찰의 기회도 제공하는 일이리라 생각한다.

돌이켜 보면, 부족하나마 13세기 후반~14세기 전반의 "100년사"를 다루는 작업에 필자가 처음 뛰어든 이래 벌써 20년 가까운 세월이 흐르고 말았다. 그간 하나, 둘 발표해 왔던 여러 작업들에 내포돼 있던 필자 나름의 여러 아이디어와 아집들을 다시금 하나의 책으로 묶어 학계에 보여드리자니 실로 '부끄럽고도 뿌듯한' 모순된 심정을 떨칠 수 없다. 그러나 이제 그런 감정을 뒤로 하고, 또 다른 새 작업에 착수해 보고자 한다. "14세기 후반~15세기 전반"이라는 또 다른 100년에 대한 검토를 통해, 본서에서 살펴본 13~14세기 몽골 원제국의 유산이 과연 한반도 안에 언제까지 존재했는지를 확인하는 작업을 드디어 시작해 보려 한다. 몇 년이 걸릴지 모르는 작업의 출발선에 다시 선 격이라 묘한 두려움과 기대감도 느낀다. 필자의 학위논문에서 비롯된 고려와 원제국의 무역[交易]에 대한 연구도 몇 년 전 출간한 도자기 연구에 이어 최근 발표한 직물 연구로 일단락되어 이제 남은 과제도 없다. 후련한 마음으로 새 작업에 매진할 것을 기약하며 본서를 마치도록 한다. 그간 격려와 질정이 되어 준 수많은 연구자들께 다시 한 번 깊은 감사를 드리며, 거친 원고를 근사한 책으로 간행해 준 경인문화사에도 감사드린다.

참고문헌

1. 자료

『고려사(高麗史)』
『고려사절요(高麗史節要)』
『원사(元史)』
『통제조격(通制條格)』
『대원성정국조전장(大元聖政國朝典章)』
『지정조격(至正條格)』
『보경사명지(寶慶四明志)』
『지정사명속지(至正四明續志)』
『익재집(益齋集)』
『졸고천백(拙藁千百)』
『가정집(稼亭集)』

권영국 외, 1996 『역주 고려사 식화지』 한국정신문화연구원
김용선, 2001 『고려묘지명집성(高麗墓誌銘集成)』 한림대학교 아시아문화연구소
라시드 앗딘 (김호동 역), 2005 『칸의 후예들』 사계절출판사
라시드 앗딘 (김호동 역), 2018 『일 칸들의 역사』 사계절출판사
박용운, 2009 『고려사 백관지 역주』 신서원
박용운, 2012 『역주 고려사 선거지』 경인문화사
박용운, 2013 『고려사 여복지 역주』 경인문화사
박종기, 2016 『고려사 지리지 역주』 한국학중앙연구원 출판부
여운필, 2011 『역주 고려사 악지』 월인
여원관계사연구팀, 2008 『역주 원고려기사(元高麗紀事)』 선인
이근명 외 엮음, 2010 『송원시대의 고려사자료』 1·2, 신서원
장동익, 1997 『원대여사자료집록(元代麗史資料集錄)』 서울대학교출판부
장동익, 2000 『송대여사자료집록(宋代麗史資料集錄)』 서울대학교출판부
장동익, 2004 『일본고중세고려자료연구(日本古中世高麗資料研究)』 서울대학교

출판부

정광 역주·해제, 2004 『원본 노걸대』 김영사

채웅석, 2009 『고려사 형법지 역주』 신서원

최정환, 2006 『역주 고려사 백관지』 경인문화사

陳高華·張帆·劉曉·党寶海 點校, 2011 『원전장』 中華書局·天津古籍出版社

한국학중앙연구원 편, 2007 『지정조격(교주본/영인본)』 휴머니스트

2. 단행본

강재광, 2011 『몽고침입에 대한 최씨정권의 외교적 대응』 경인문화사

고명수, 2019 『몽골 - 고려 관계 연구』 혜안

고병익, 1969 『동아교섭사의 연구』 서울대학교출판부

고혜령, 2001 『고려후기 사대부와 성리학 수용』 일조각

국립해양유물전시관, 2006 『14세기 아시아의 해상교역과 신안해저유물』 (신
    안선발굴 30주년기념 국제학술대회 자료집)

국립중앙박물관, 2016 『신안해저선에서 찾아낸 것들』 (발굴40주년 기념특별
    전 도록)

권영국, 2019 『고려시대 군사제도 연구』 경인문화사

김갑동, 2017 『고려의 토속신앙』 혜안

김건곤 외, 2020 『고려시대 외교문서와 사행시문』 한국학중앙연구원 출판부

김광철, 1991 『고려후기 세족층연구』 동아대학교출판부

김광철, 2018 『원간섭기 고려의 측근정치와 개혁정치』 경인문화사

김난옥, 2000 『고려시대 천사·천역양인 연구』 신서원

김남규, 1989 『고려 양계지방사 연구』 새문사

김당택, 1998 『원간섭하의 고려정치사』 일조각

김명준, 2008 『고려속요집성(개정판)』 도서출판 다운샘

김순자, 2007 『한국중세 한중관계사』 혜안

김영수, 2006 『건국의 정치 - 여말선초, 혁명과 문명 전환』 이학사

김영제, 2019 『고려상인과 동아시아무역사』 푸른역사

김위현, 2004 『고려시대 대외관계사연구』 경인문화사

김인호, 1999 『고려후기 사대부의 경세론(經世論) 연구』 혜안

김인호, 2017 『고려시대 사람들의 사유와 집단 심성』 혜안

김일우, 2000 『고려시대 탐라사연구』 신서원

김재근, 1984 『한국 선박사 연구』 서울대학교출판부

김재명, 1994 『고려 세역제도사 연구』 한국정신문화연구원

김창현, 1998 『고려후기 정방(政房) 연구』 고려대학교 민족문화연구원

김철웅, 2007 『한국중세의 길례(吉禮)와 잡사(雜祀)』 경인문화사

김철웅, 2017 『고려시대의 도교』 경인문화사

김한규, 2004 『요동사』 문학과지성사

김현나, 2018 『고려후기 신분변동 연구』 혜안

김형수, 2013 『고려후기 정책과 정치』 지성人

김호동, 2007 『몽골제국과 고려』 서울대학교출판부

나종우, 1996 『한국중세 대일교섭사연구』 원광대학교 출판국

노명호 외, 2000 『한국고대중세고문서연구(韓國古代中世古文書硏究)』(상·하),
　　　　서울대학교출판부

노명호 외, 2004 『한국고대중세 지방제도의 제문제』 집문당

도현철, 1999 『고려말 사대부의 정치사상연구』 일조각

도현철, 2011 『목은 이색의 정치사상 연구』 혜안

도현철, 2021 『이곡의 개혁론과 유교 문명론』 지식산업사

도현철, 2022 『고려와 원 - 간섭 속의 항쟁과 개혁 그리고 그 유산』 동북아역
　　　　사재단

동북아역사재단·경북대 한중교류연구원, 2011 『13~14세기 고려 - 몽골관계 탐
　　　　구』 동북아역사재단

르네 그루쎄 저(김호동·유원수·정재훈 역), 1998 『유라시아 유목제국사』 사계절

마르코폴로 저·김호동 역주, 2000 『동방견문록』 사계절

문경호, 2014 『고려시대 조운제도 연구』 혜안

문철영, 2005 『고려 유학사상의 새로운 모색』 경세원

박경안, 1996 『고려후기 토지제도연구』 혜안

박병련, 2017 『한국정치·행정의 역사와 유교』 태학사

박옥걸, 1996 『고려시대의 귀화인 연구』 국학자료원

박용운, 1990 『고려시대 음서제와 과거제연구』 일지사

박용운, 1997 『고려시대 관계·관직 연구』 고려대학교 출판부

박용운, 2000 『고려시대 상서성 연구』 경인문화사

박용운, 2000 『고려시대 중서문하성재신 연구』 일지사

박용운, 2001 『고려시대 중추원 연구』 고려대 민족문화연구원

박용운, 2016 『고려시대 사람들의 의복식생활』 경인문화사

박재우, 2005 『고려 국정운영의 체계와 왕권』 신구문화사

박재우, 2014 『고려전기 대간제도 연구』 새문사

박종기, 2002 『지배와 자율의 공간, 고려의 지방사회』 푸른역사

박종진, 1993 『고려시대 부세제도 연구』 서울대학교출판부

박종진, 2000 『고려시기 재정운영과 조세제도』 서울대학교출판부

박종진, 2017 『고려시기 지방제도 연구』 서울대학교 출판문화원

박찬수, 2001 『고려시대 교육제도사연구』 경인문화사

변동명, 1995 『고려후기 성리학 수용 연구』 일조각

변태섭 편, 1986 『고려사의 제문제』 삼영사

보르지기다이 에르데니 바타르, 2009 『팍스몽골리카와 고려』 혜안

슐츠, 에드워드, 2014 『문신과 무신』 글항아리(김범 번역)

신은제, 2010 『고려시대 전장의 구조와 경영』 경인문화사

신천식, 1983 『고려교육제도사연구』 형설출판사

심재석, 2002 『고려국왕 책봉연구』 혜안

안병우, 2002 『고려전기의 재정구조』 서울대학교출판부

양오진, 1998 『노걸대(老乞大)·박통사(朴通事) 연구』 태학사

연세대학교 국학연구원 편, 2005 『중세사회의 변화와 조선건국』 혜안

연세대학교 국학연구원 편, 2005 『한국중세의 정치사상과 주례(周禮)』 혜안

영남대 민족문화연구소 편, 2009 『고려시대 율령의 복원과 정리』 경인문화사

오일순, 2000 『고려시대 역제(役制)와 신분제변동』 혜안

오종록, 2014 『여말선초 지방군제연구』 국학자료원

위은숙, 1998 『고려후기 농업경제연구』 혜안

윤경진, 2012 『고려사 지리지의 분석과 보정』 여유당

윤경진, 2022 『고려 지방제도 성립사』 서울대학교 출판문화원

윤용혁, 2011 『여몽전쟁과 강화도성 연구』 혜안

윤용혁, 1991 『고려대몽항쟁사연구』 일지사

윤은숙, 2010 『몽골제국의 만주지배사』 소나무

윤훈표, 2000 『여말선초 군제개혁 연구』 혜안

이강한, 2013 『고려와 원제국의 교역의 역사』 창비

이강한, 2016 『고려의 자기, 원제국과 만나다』 한국학중앙연구원 출판부

이강한, 2023 『새로운 직물의 탄생 - 원제국을 겪은 한반도인의 선택』 한국학
　　　중앙연구원 출판부

이개석, 2013 『고려대원관계연구』 지식산업사

이명미, 2016 『13~14세기 고려·몽골 관계 연구: 정동행성승상 부마 고려국왕,
　　　그 복합적 위상에 대한 탐구』 혜안

이명미, 2022 『고려, 몽골에 가다』 세창미디어

이명미, 2022 『고려·몽골 관계 깊이 보기』 동북아역사재단

이범직, 1991 『한국중세 예사상(禮思想) 연구』 일조각

이성무, 1997 『한국과거제도사』 민음사

이승한, 2009 『쿠빌라이칸의 일본 원정과 충렬왕』 푸른역사

이승한, 2012 『혼혈왕 충선왕 그 경계인의 삶과 시대』 푸른역사

이승한, 2015 『고려왕조의 위기, 혹은 세계화 시대』 푸른역사

이승한, 2018 『몽골제국의 쇠퇴와 공민왕 시대』 푸른역사

이　영, 2011 『왜구와 고려 일본 관계사』 혜안

이　영, 2020 『왜구, 고려로 번진 일본의 내란』 보고사

이익주, 2013 『이색의 삶과 생각』 일조각

이정신, 2013 『고려시대의 특수행정구역 소 연구』 혜안

이정호, 2009 『고려시대의 농업생산과 권농정책』 경인문화사

이정훈, 2007 『고려전기 정치제도 연구』 혜안

이정희, 2000 『고려시대 세제의 연구』 국학자료원

이종봉, 2001 『한국중세 도량형제 연구』 혜안

이진한, 1999 『고려전기 관직과 녹봉의 관계 연구』 일지사

이진한, 2011 『고려시대 송상왕래 연구』 경인문화사

이희수, 2012 『이슬람과 한국문화: 걸프 해에서 경주까지 1,200년 교류사』 청아

장동익, 1994 『고려후기외교사연구』 일조각

정동훈, 2022 『고려시대 외교문서 연구』 혜안

정수일, 2001 『실크로드학』 창비

정승혜·김양진·장향실·서형국, 2011 『박통사, 원나라 대도를 거닐다』 박문사
정요근 편, 2019 『고려에서 조선으로 - 여말선초, 단절인가 계승인가』 역사비평사
정은정, 2018 『고려 개경·경기 연구』 혜안
조흥국, 2009 『한국과 동남아시아의 교류사』 소나무
주영민, 2013 『고려시대 지방 분묘의 특징과 변화』 혜안
주채혁, 1986 『원조 관인층 연구』 정음사
최봉준, 2023 『고려시대 다원적 사상지형과 역사인식』 소명출판
최정환, 1991 『고려·조선시대 녹봉제 연구』 경북대학교출판부
최정환, 2002 『고려 정치제도와 녹봉제 연구』 신서원
최종석, 2014 『한국 중세의 읍치와 성』 신구문화사
한기문, 1998 『고려사원의 구조와 기능』 민족사
한기문, 2017 『고려시대 상주계수관 연구』 경인문화사
한정수, 2007 『한국 중세 유교정치사상과 농업』 혜안
한정훈, 2013 『고려시대 교통운수사 연구』 혜안
한흥섭, 2009 『고려시대 음악사상』 소명출판
허흥식, 2005 『고려의 과거제도』 일조각
홍영의, 2005 『고려말 정치사 연구』 혜안

Allsen, Thomas, *Commodity and Exchange in the Mongol Empire - A Cultural History of Islamic Textiles* (Cambridge Univ. Press, 1997)
Allsen, Thomas, *The Steppe and the Sea: Pearls in the Mongol Empire* (University of Pennsylvania Press, 2019)
Amitai - Preiss, Reuben, *The Mongols in the Islamic Lands* (Variorum, 2007)
Amitai - Preiss, Reuben, *Mongols and Mamluks: The Mamluk - Ilkhanid War, 1260~1281* (Cambridge, 1995)
Gillow, John, *Textiles of the Islamic World* (Thames and Hudson, 2010)
Mackie, Louise W., *Symbols of Power - Luxury Textiles from Islamic Lands, 7st~21st century*, Cleveland Museum of Arts (Yale University Press, 2015)
Park, Hyunhee, *Mapping the Chinese and Islamic worlds* (Cambridge Univ. Press, 2012)

Park, Hyunhee, *Soju: A Global History* (Cambridge Univ. Press, 2021)

Robinson, David, *Empire's Twilight: Northeast Asia under the Mongols* (Harvard University, Asia Center for the Harvard‑Yenching Institute, 2009)

Robinson, David, *Korea and the Fall of the Mongol Empire‑Alliance, Upheaval, and the Rise of a New East Asian Order* (Cambridge Univ. Press, 2022)

Sen, Tansen, *Buddhism, Diplomacy and Trade: The Realignment of Sino‑Indian Relations (600~1400)* (Honolulu, 2003)

Vogelsang‑Eastwood, Gillian, *Encyclopedia of Embroidery from the Arab world* (Bloomsbury, 2016)

가와니시 유야(川西裕也, 박성호 역), 2020『고려말 조선초 공문서와 국가‑변혁기 임명문서를 중심으로』한국학중앙연구원 출판부

마에다 나오스케(前田直典), 1973 『元朝史の研究』東京大學出版部

모리히라 마사히코(森平雅彦), 2013『モンゴル覇權下の高麗‑帝國秩序と王國の對應』名古屋大學出版會

모모키 시로(桃木至郎) 편, 2008『海域アジア史研究入門』岩波書店 (최연식 번역, 2012 『해역아시아사 연구입문』민속원)

미야 노리코(宮紀子), 2007 『モンゴル帝國が生んが世界圖』 日本經濟新聞出版社 (김유영 역/유원수 감수, 2010『조선이 그린 세계지도‑몽골제국의 유산과 동아시아』소와당)

사또 케이시로(佐藤圭四郎), 1981『イスラ‑ム商業史の研究』同朋社

스기야마 마사아키(杉山正明), 2004『モンゴル帝國と大元ウルス』京都大學學術出版會

에노모또 와따루(榎本涉), 2007『東アジア海域と日本交流: 9~14世紀』吉川弘文館

오오바 야스토키(大庭康時)·사에키 코우지(佐伯弘次)·스가나미 마사토(菅波正人)·타가미 유우이치로(田上勇一郎) 편, 2008『中世都市·博多を發掘る』海鳥社

카와조에 쇼우지(川添昭二), 2008『中世·近世博多史論』海鳥社

　　　　　　　※ 외국 학자들의 인명 독법에 오류가 있을 수 있음을 일러둔다.

3. 논문

강상택, 1988 「여말선초의 둔전에 관한 일고찰 - 둔전경작민의 실태를 중심으로」『부산사학』 14·15

강성원, 1995 「원종대의 권력구조와 정국의 변화」『역사와현실』 17

강순길, 1985 「충숙왕대의 찰리변위도감(察理辨違都監)에 대하여」『호남문화연구』 15

강순길, 1985 「충선왕의 염법(鹽法) 개혁과 염호(鹽戶)」『한국사연구』 48

강은경, 2005 「고려시대의 국가,지역 차원의 제의와 개인적 신앙」『동방학지』 129

강호선, 2001 「충렬·충선왕대 임제종(臨濟宗) 수용과 고려불교의 변화」『한국사론』 46, 서울대학교 국사학과

고명수, 2009 『쿠빌라이 정부의 교통,통상 진흥정책에 관한 연구 - 소위 '팍스 몽골리카'의 성립조건 형성과 관련하여』 고려대학교 박사학위논문

고병익, 1962·1963 「여대(麗代) 정동행성(征東行省)의 연구」『역사학보』 14·19

고병익, 1984 「한국과 서역」『동아시아의 전통과 근대사』 삼지원

고병익, 1991 「여대(麗代) 동아시아의 해상교통」『진단학보』 71·72

고창석, 1984 「여·원과 탐라와의 관계」『제주대논문집』 17

고혜령, 1992 「고려후기 사대부의 개념과 성격」『허선도선생정년기념 한국사학논총』

구산우, 1994 「고려 현종대 향촌지배체제 개편의 배경과 성격」『한국중세사연구』 1

구산우, 2002 「고려시기 계수관(界首官)의 지방행정 기능과 위상」『역사와현실』 43

권두규, 1998 「군역(軍役)을 통해 본 호(戶)의 제유형」『안동사학』 3

권순형, 1998 「고려시대 혼인규제의 성립과 변천 - 혼인의 대상을 중심으로」『백산학보』 50

권순형, 2004 「원 공주 출신 왕비의 정치권력 연구 - 충렬왕비 제국대장공주를 중심으로」『사학연구』 77

권영국, 1985 「14세기 각염제(榷鹽制)의 성립과 운용」『한국사론』 13

권영국, 1994 「14세기 전반 개혁정치의 내용과 그 성격」『14세기 고려의 정치와 사회』 민음사

권영국, 1994 「원간섭기 고려군제의 변화」, 『14세기 고려의 정치와 사회』 민음사

권영국, 2010 「고려전기 상서 6부의 판사·지사제」, 『역사와현실』 76

권오영, 1998 「최충의 구재와 유학사상」, 『사학지』 31

권용철, 2014 「대원제국 말기 정국과 고려 충혜왕의 즉위, 복위, 폐위」, 『한국사학보』 56

권용철, 2019 「『고려사』에 기록된 원대(元代) 케식문서사료의 분석」, 『한국중세사연구』 58

그램 레이놀즈, 2013 「고려 충선왕의 불교교류 연구」, 한국학중앙연구원 석사학위논문

김갑동, 1995 「고려 현종대의 지방제도 개혁」, 『한국학보』 80

김경록, 2007 「공민왕대 국제정세와 대외관계의 전개양상」, 『역사와현실』 64

김광철, 1984 「홍자번(洪子藩) 연구 - 충렬왕대 정치와 사회의 일측면」, 『경남사학』 1

김광철, 1986 「고려 충선왕의 현실인식과 대원활동 - 충렬왕24년 수선(受禪) 이전을 중심으로」, 『부산사학』 11

김광철, 1990 「고려 충숙왕12년의 개혁안과 그 성격」, 『고고역사학지』 5·6

김광철, 1996 「14세기초 원의 정국동향과 충선왕의 토번(吐蕃) 유배」, 『한국중세사연구』 3

김구진, 1989 「여·원(麗·元)의 영토분쟁과 그 귀속문제 - 원대에 있어서 고려 본토와 동녕부·쌍성총관부·탐라총관부의 분리정책을 중심으로」, 『국사관논총』 7

김기덕, 1994 「14세기 후반 개혁정치의 내용과 그 성격」, 『14세기 고려의 정치와 사회』 민음사

김기섭, 1990 「고려말 사전(私田) 구폐론자의 전시과 인식과 그 한계」, 『역사학보』 127

김기섭, 1997 「14세기 왜구의 동향과 고려의 대응」, 『한국민족문화』 9

김난옥, 1998 「고려시대 상인의 신분」, 『한국중세사연구』 5

김난옥, 2005 「원나라 사람의 고려 유배와 조정의 대응」, 『한국학보』 118

김난옥, 2008 「13세기후반 원나라의 형정 간섭과 고려의 대응」, 『호서사학』 49

김난옥, 2009 「고려말 사건노비(四件奴婢)의 유형화와 노비정책」, 『한국사연구』 145

김난옥, 2010 「충혜왕비 덕녕공주의 정치적 역할과 위상」『한국인물사연구』 14

김당택, 1983 「고려초기 지방군의 형성과 구조」『고려군제사』 육군본부 군사연구실

김당택, 1999 「고려말의 사전(私田) 개혁」『한국사연구』 104

김당택, 1995 「원간섭기 말의 반원적(反元的) 분위기와 고려 정치사의 전개」『역사학보』 146

김대식, 2005 「고려초기 사행 기록의 검토 -『해외사정광기(海外使程廣記)』를 중심으로」『역사와현실』 58

김대중, 1990 「고려 공민왕대 경군(京軍)의 재건 시도」『군사』 21

김도연, 2004 「원간섭기 화폐유통과 보초(寶鈔)」『한국사학보』 18

김동수, 1989 「고려 중·후기의 감무 파견」『역사학연구』 3

김동수, 2002 「고려시대 계수관의 범위에 대한 재론」『역사학연구』 19

김동철, 1985 「고려말의 유통구조와 상인」『부대사학』 9

김명준, 2006 「쌍화점 형성에 관여한 외래적 요소」『동서비교문학저널』 14

김명준, 2014 「고려 공민왕대 태묘악장(太廟樂章)의 개찬 양상과 그 의미」『한국시가문화연구』 33

김문식, 2000 「18세기 후반 순암 안정복의 기자(箕子) 인식」『한국실학연구』 2

김병인, 1994 「고려 예종대 감무의 설치배경」『역사학연구』 8

김병인·이바른, 2010 「고려 명종대 감무 파견의 정치적 성격」『한국중세사연구』 29

김병하, 1972 「고려시대의 화폐유통」『경희사학』 3

김병하, 1975 「고려조의 금속화폐유통과 그 시각」『동양학』 5

김보광, 2011 『고려 내시(內侍) 연구』 고려대학교 박사학위논문

김보광, 2012 「고려 충렬왕의 케시크제 도입과 그 의도」『사학연구』 107

김보광, 2015 「고려 - 몽골 관계의 전개와 다루가치의 치폐(置廢) 과정」『역사와담론』 76

김보광, 2016 「고려 내 다루가치의 존재 양상과 영향 - 다루가치를 통한 몽골 지배방식의 경험」『역사와현실』 99

김보광, 2017 「고려국왕의 정동행성 보거권(保擧權) 장악과 그 의미」『사총』 92

김보광, 2019 「고려후기 '국왕부재' 상황과 권서정동행성사(權署征東行省事)의 등장」『한국중세사연구』 58

김보한, 2005 「중세 여·일(麗·日) 관계와 왜구의 발생 원인」『왜구·위사문제와 한일관계』한일관계사연구논집4, 경인문화사

김삼현, 1992 「고려시대 장시에 관한 연구」『명지사론』4

김상기, 1937 「여송무역소고(麗宋貿易小考)」『진단학보』7

김상범, 2003 「중국, 해상실크로드의 진원지」『바다의 실크로드』청아출판사

김석회, 1990 「쌍화점의 발생 및 수용에 관한 전승사적 고찰」『어문논지』6·7

김성준, 1985 「고려후기 원공주(元公主) 출신 왕비의 정치적 위치」『한국중세정치법제사연구』일조각

김세윤, 1980 「고려후기의 외거노비 - 소위 「이태조호적(李太祖戶籍)」을 중심으로」『한국학보』18

김순자, 1995 「고려말 대중국관계의 변화와 신흥유신의 사대론」『역사와현실』15

김아네스, 2002 「고려 성종대 유교정치사상의 채택과 12주목」『진단학보』93

김아네스, 2004 「고려시대 지방행정과 목」『대구사학』77

김영수, 1998 「여말선초 정치운영론의 변화」『역사와현실』29

김우성, 2017 「고려 전기의 예서 도입과 태묘 제례」『한국중세사연구』51

김위현, 1989 「여·원 일본정벌군의 출정과 여 - 원관계」『국사관논총』9

김위현, 1990 「여·원 간의 물화교류고」『인문과학연구논총』7

김위현, 1994 「여원간 인적교류고」『관동사학』5·6

김윤곤, 1974 「신흥사대부의 대두」『한국사』9, 국사편찬위원회

김윤정(고려대), 2006 「고려후기 상감청자에 보이는 원대(元代) 자기의 영향」『미술사학연구』249

김윤정(서울역사편찬원), 2016 「충렬왕대 '의관개변령(衣冠改變令)' 반포와 국속(國俗)의 보존」『동방학지』176

김윤정(서울역사편찬원), 2017 『고려·원 관계 추이와 복식문화의 변천』연세대학교 박사학위논문

김인호, 2002 「고려 원률(元律) 수용과 고려율(高麗律)의 변화」『한국사론』33, 국사편찬위원회

김인호, 2003 「원의 고려인식과 고려인의 대응 - 법전과 문집내용을 중심으로」『한국사상사학』21

김종진, 1984 「이곡(李穀)의 대원(對元) 의식」『태동고전연구』1

김창현, 1997 「고려후기 도평의사사(都評議使司) 체제의 성립과 발전」『사학

연구』54

김창현, 2001「원간섭기 고려의 사회변동 - 신분제 변동을 중심으로」『진단학
　　　보』91

김창현, 2003「고려 공민왕~우왕 때 정치·사회의 변동」『역사와담론』34

김창현, 2001「고려시대 음악기관에 대한 제도사적 연구」『한국중세사회의
　　　음악문화(고려시대편)』민속원

김철웅, 2005「고려시대 태묘(太廟)와 원묘(原廟)의 운영」『국사관논총』106

김철웅, 2006「고려와 대식(大食)의 교역과 교류」『문화사학』25

김형수, 1996「13세기 후반 고려의 노비변정과 성격」『경북사학』19

김형수, 2000「책문을 통해 본 이제현의 현실인식」『한국중세사연구』13

김형수, 2001「충숙왕 후8년(1338) 감찰사 방과 충혜왕의 복위」『한국중세사
　　　연구』11

김형수, 2001「고려 충숙왕12년(1325) 교서(敎書)의 재검토」『경북사학』24

김형수, 2001「원간섭기의 국속론(國俗論)과 통제론(通制論)」『한국중세사회
　　　의 제문제』한국중세사학회

김형수, 2009「고려후기 원률(元律)의 수용과 법전 편찬 시도」『전북사학』35

김혜원, 1986「충렬왕 입원(入元) 행적의 성격」『고려사의 제문제』삼영사

김혜원, 1989「여·원(麗·元) 왕실통혼의 성립과 특징」『이대사원』24·25

김혜원, 1993「고려후기 심양왕[瀋(陽)王]의 정치·경제적 기반」『국사관논총』49

김혜원, 1994「원간섭기 입성론(立省論)과 그 성격」『14세기 고려의 정치와
　　　사회』민음사

김혜원, 1998「고려 공민왕대 대외정책과 한인군웅(漢人群雄)」『백산학보』51

김혜원, 1999『고려후기 심왕(瀋王) 연구』이화여자대학교 박사학위논문

김호동, 1989「몽고제국의 형성과 전개」『강좌중국사』3, 서울대학교 동양사
　　　학과

김호동, 2008「고려 후기 "색목인론(色目人論)"의 배경과 의의」『역사학보』200

남부희, 1985「조선초기 저화(楮貨) 유통과 상공업 연구」『경남사학』2

노명호, 1990「고려후기의 족당세력」『이재룡박사환력기념 한국사학논총』

노용필, 1984「홍자번(洪子藩)의 편민18사(便民十八事)에 대한 연구」『역사학
　　　보』102

류영철, 1994「「고려첩장불심조조(高麗牒狀不審條條)」의 재검토」『한국중세사

연구』 창간호

류주희, 2010 「고려전기 상서 6부의 겸직운영」 『역사와현실』 76

마종락, 1999 「원 간섭기 등과유신과 유학사상의 동향」 『한국사론』 41·42

梶川晶啓·전봉희, 2000 「한국과 중국의 종묘건축제도에 대한 비교연구」 『대한건축학회논문집』 계획계 제16권 제8호

민현구, 1968 「신돈(辛旽)의 집권과 그 정치적 성격」(상·하) 『역사학보』 38·40

민현구, 1974 「고려후기의 권문세족의 성립」 『호남문화연구』 6

민현구, 1976 「조인규(趙仁規)와 그의 가문(상·하)」 『진단학보』 42·43

민현구, 1980 「정치도감(整治都監)의 성격」 『동방학지』 23·24

민현구, 1981 「이장용(李藏用) 소고」 『한국학논총』 3, 국민대학교 한국학연구소

민현구, 1983 「고려후기의 군제」 『고려군제사』 육군본부 군사연구실

민현구, 1989 「고려 공민왕의 반원적(反元的) 개혁정치에 대한 일고찰; 배경과 발단」 『진단학보』 68

민현구, 1998 「정치가로서의 공민왕 – 재위 전반기의 행적에 보이는 개혁군주로서의 면모」 『아세아연구』 41-2

민현구, 2009 「고려 공민왕대 중엽의 정치적 변동」 『진단학보』 107

박경안, 2004 「일상적 삶에 투영된 경제의식」 『동방학지』 124

박광용, 1980 「기자조선(箕子朝鮮)에 대한 인식의 변천 – 고려부터 한말까지의 사서를 중심으로」 『한국사론』 6

박남훈, 1982 「조선초기의 대명무역의 실제」 『관동사학』 1

박노준, 1990 「쌍화점의 재조명」 『고려가요의 연구』 새문사

박소현, 2021 「몽골(원)제국의 불교음악 고찰」 『몽골학』 67

박순우, 2017 『10~14세기 '발해인(渤海人)' 연구』 한국학중앙연구원 박사학위논문

박옥걸, 1997 「고려 래항(來航) 송상인(宋商人)과 여·송의 무역정책」 『대동문화연구』 32

박용운, 2007 「고려시기의 겸직과 중복직에 대한 논의와 권력구조」 『한국사연구』 136

박윤미, 2022 「여말선초 대명(對明) 요하례(망궐례)의 거행과 의식 구조 변화 – 고려 공민왕~조선 세종대를 중심으로」 『동방학지』 199

박은경, 1990 「고려전기 이주연구」, 『역사학보』 128

박은경, 1998 「고려시대 사민연구」, 『인하사학』 6

박은옥, 2008 「한국 당악의 유입 경로: 고려와 북송을 중심으로」, 『한국음악연구』 43

박재우, 1993 「고려 충선왕대 정치운영과 정치세력 동향」, 『한국사론』 29

박재우, 1997 「고려전기 재추의 운영원리와 권력구조」, 『역사와현실』 26

박재우, 2000 「고려시대의 재추 겸직제 연구」, 『국사관논총』 92

박재우, 2004 「고려전기 재추의 임용 방식과 성격」, 『한국사연구』 125

박재우, 2007 「고려전기 6부 판사의 운영과 권력관계」, 『사학연구』 87

박재우, 2010 「고려전기 대관의 겸직 운영과 성격」, 『역사와현실』 76

박종기, 1990 「12·13세기의 농민항쟁의 원인에 대한 고찰」, 『동방학지』 69

박종기, 1994 「총론: 14세기의 고려사회 - 원간섭기의 이해 문제」, 『14세기 고려의 정치와 사회』 민음사

박종기, 1994 「14세기 군현구조의 변동과 향촌사회」, 『14세기 고려의 정치와 사회』 민음사

박종기, 1998 「고려시대 계수관의 범위와 성격」, 『한국학논총』 21

박종기, 2003 「원간섭기 사회현실과 개혁론의 전개」, 『역사와현실』 49

박종진, 1983 「충선왕대의 재정개혁책과 그 성격」, 『한국사론』 9

박종진, 1994 「고려후기 재정운영의 변화」, 『14세기 고려의 정치와 사회』 민음사

박종진, 2005 「고려시기 계수관의 기능과 위상」, 『역사와현실』 56

박진훈, 1998 「고려말 개혁파사대부의 노비변정책 - 조준·정도전계의 방안을 중심으로」, 『학림』 19

박찬수, 1983 「고려시대의 향교」, 『한국사연구』 42

박찬수, 1993 「고려후기 국학의 변천」, 『태동고전연구』 10

박창희, 1989 「고려후기의 신분제 동요」, 『국사관논총』 4

박평식, 1998 「고려말기의 상업문제와 구폐(捄弊) 논의」, 『역사교육』 68

박평식, 2004 「조선초기의 대외무역정책」, 『한국사연구』 125

박한남, 1996 「12세기 여금(麗金) 무역에 대한 검토」, 『대동문화연구』 31

박현규, 2010 「절동 연해안에서 고려인의 수로 교통 - 교통 유적과 지명을 중심으로」, 『중국사연구』 64

박형표, 1969 「여몽연합군의 동정(東征)과 그 전말」『사학연구』21

박홍배, 1986 「고려 응방(鷹坊)의 폐정(弊政) - 충렬왕대를 중심으로」『경주사학』5

방동인, 1990 「여·원 관계의 재검토 - 쌍성총관부와 동녕부를 중심으로」『국사관논총』17

배상현, 1991 「고려후기 농장노비의 형성과 그 사회경제적 지위」『경남사학』5

배숙희, 2008 「원대 과거제와 고려진사(高麗進士)의 응거(應擧) 및 수관(授官)」『동양사학연구』104

배숙희, 2012 「원나라의 탐라 통치와 이주, 그리고 자취」『중국사연구』76

배숙희, 2012 「원대 경원(慶元) 지역과 남방항로(南方航路): 탐라지역의 부상과 관련하여」『중국학연구』65

백승호, 2006 「고려 상인들의 대송무역활동」『역사학연구』27

백인호, 2002 「공민왕 초기 정국의 추이와 부원세력(附元勢力)의 동향」『고고역사학지』17·18

변동명, 1990 「이승휴의 제왕운기 찬술과 그 사서로서의 성격」『진단학보』70

변은숙, 1992 「공민왕 후기 신돈(辛旽)의 등장과 전주(銓注)」『명지사론』4-1

변태섭, 1971 「고려전기의 외관제」『고려정치제도사연구』일조각

변태섭, 1973 「고려의 식목도감(式目都監)」『역사교육』15

변태섭, 1987 「고려초기의 지방제도」『한국사연구』57

상뙤자브 어트겅자르갈, 2019 「공민왕비 노국대장공주 연구」한국학중앙연구원 석사학위논문

서병국, 1973 「고려·송·요의 삼각무역고」『백산학보』15

서성호, 1992 「고려 무신집권기 상공업의 전개」『국사관논총』37

성봉현, 1992 「고려시대 노비법제 재검토」『호서사학』19·20

성봉현, 1999 「조선 태종대 노비결절책(奴婢決折策)과 그 성격 - 태종 5년「노비결절조목(奴婢決折條目)」을 중심으로」『진단학보』88

성봉현, 2000 「조선 태조대의 노비변정책(奴婢辨正策) - 태조 6년「합행사의(合行事宜)」를 중심으로」『충북사학』11·12

손홍열, 1977 「고려조운고」『사총』21·22

송방송, 2001 「고려 당악의 음악사학적 조명」『한국중세사회의 음악문화(고려시대편)』민속원

송방송, 2001 「고려의 대악서와 관현방」『한국중세사회의 음악문화(고려시대편)』민속원

송수환, 1993 「고려시대의 외거노비」『경희사학』18

송용덕, 2009 「고려후기 변경지역 변동과 압록강 연변(沿邊) 인식의 형성」『역사학보』201

송인주, 1991 「원압제하(元壓制下) 고려왕조의 군사조직과 그 성격」『역사교육논집』16

송인주, 1998 「공민왕대 군제개혁의 실태와 그 한계」『한국중세사연구』5

송혜진, 2001 「고려시대 아악의 변천과 지속」『한국중세사회의 음악문화(고려시대편)』민속원

신대철, 2001 「고려의 외래음악 수용」『한국중세사회의 음악문화(고려시대편)』민속원

신소연, 2010 「고려 원종말·충렬왕초 원(元)의 둔전 치폐(置廢)와 여·원 관계」『역사교육』115

신은제, 2000 「공민왕 즉위초 정국의 동향과 전민변정」『한국중세사연구』29

신은제, 2006 「원종, 충렬왕대 전민변정사업의 성격」『한국중세사연구』21

신은제, 2009 「14세기 전반 원의 정국동향과 고려의 정치도감」『한국중세사연구』26

신은제, 2014 「공민왕의 신돈 등용의 배경」『역사와경계』91

신은제, 2015 「장곡사 금동약사여래좌상의 복장 발원문과 발원자들」『미술사연구』29

신천식, 1983 「고려중기 교육이념과 국자감 운영: 인종대의 학식을 중심으로」『명지사론』창간호

신호웅, 2003 「공민왕대 신돈의 개혁정치와 우·창 비왕설(禑昌非王說)」『이화사학연구』30

심연옥, 2015 「고려시대 직금 직물의 조직 특성 및 유형 분류」『한복문화』18-4

안병우, 1984 「고려의 둔전(屯田)에 대한 일고찰」『한국사론』10

안병우, 1994 「고려후기 농업생산력의 발달과 농장」『14세기 고려의 정치와 사회』민음사

안병우, 2002 「고려와 송의 상호인식과 교섭: 11세기 후반~12세기 전반」『역

사와현실』43

양영조, 1986 「여말선초 양천교혼(良賤交婚)과 그 소생에 대한 연구」『청계사
　　　학』3

양영조, 1989 「고려시대 천자수모법(賤者隨母法)에 대한 재검토」『청계사학』6

양의숙, 1993 「여·원 숙위고(宿衛考) - 신라의 대당(對唐) 숙위외교와의 비교
　　　중심으로」『동국사학』27

어강석, 2003 「고려 후기 문인의 원(元) 문화수용과 의식 변화」『개신어문연구』20

연정열, 1994 「고려와 지정조격(至正條格)에 관한 일연구」『몽골학』2

오기승, 2020 「공민왕 5년 인당(印璫) 발탁과 제거 분석」『한국중세사연구』60

오기승, 2021 「공민왕 5년(1356) 여원 접경지대 분쟁과 쌍성총관부 수복」『숭
　　　실사학』46

오기승, 2022 「공민왕대 여몽분쟁과 접경 고려인 세력」『역사와실학』78

오기승, 2023 「13~14세기 쌍성총관부의 성격과 그 위상」『숭실사학』50

오대영, 2021 「고려말 만호제와 공민왕의 군사개혁」『전북사학』61

오영선, 1992 「고려전기 군인층의 이원적 구성과 숙위군의 성격」『한국사론』28

오일순, 1985 「고려전기 부곡민에 관한 일시론」『학림』7

오일순, 1994 「고려후기 토지분급제의 변동과 녹과전(祿科田)」『14세기 고려
　　　의 정치와 사회』민음사

오치훈, 2020 「고려시대 세금 감면 어휘의 용례와 의미」『한국중세사연구』63

원창애, 1984 「고려 중,후기 감무증치와 지방제도의 변천」『청계사학』1

위은숙, 1993 「고려후기 직물수공업의 구조변경과 그 성격」『한국문화연구』6

위은숙, 1997 「원간섭기 대원교역(對元交易) - 노걸대(老乞大)를 중심으로」『지
　　　역과역사』4

위은숙, 2001 「원간섭기 보초(寶鈔)의 유통과 그 의미」『한국중세사회의 제문
　　　제』한국중세사학회

위은숙, 2006 「13·14세기 고려와 요동의 경제적 교류」『민족문화논총』34

위은숙, 2007 「원간섭기 원 율령의 수용문제와 각화령」『민족문화논총』37

유경래, 2010 「고려 공민왕대 연저수종공신(燕邸隨從功臣)에 대한 일고찰 - 유
　　　숙(柳淑)의 동향 및 인적 관계망을 중심으로」『한중인문학연구』30

유승원, 1979 「조선초기의 염간(鹽干)」『한국학보』17

유승주, 1989 「조선전기 대명무역이 국내산업에 미친 영향 - 15세기 대명 금

은 조공과 국내 금은광업을 중심으로」『아세아연구』 82

유호석, 1987 「고려시대의 제과(制科) 응시와 그 성격」『송준호교수정년기념
    논총』

유호석, 1990 「고려시대의 국자감시(國子監試)에 대한 재검토」『역사학보』 103

윤경진, 1991 「조선초기 군현체제의 개편과 운영체제의 변화」『한국사론』 25

윤경진, 2001 「고려 군현제의 운영원리와 주현(主縣) - 속현(屬縣) 영속관계의
    성격」『한국중세사연구』 10

윤경진, 2004 「고려전기 계수관의 운영체계와 기능」『동방학지』 126

윤경진, 2005 「고려 계수관(界首官)의 제도적 연원과 성립과정 - 9주(州)·12목
    (牧)과의 연결성을 중심으로」『한국문화』 36

윤경진, 2006 「고려초기 10도제(道制)의 시행과 운영체계」『진단학보』 101

윤훈표, 2005 「고려시대 관료·군 조직에서의 규율과 복종」『동방학지』 129

이강한, 2001 「고려후기 원보초(元寶鈔)의 유입 및 유통 실태」『한국사론』 46

이강한, 2007 「고려후기 원(元) 둔전의 운영과 변화」『역사학보』 196

이강한, 2007 「정동행성관(征東行省官) 활리길사(闊里吉思)의 고려제도 개변
    시도」『한국사연구』 139

이강한, 2008 「고려 충선왕의 정치개혁과 원(元)의 영향」『한국문화』 43

이강한, 2008 「고려 충선왕·원 무종(元 武宗)의 재정운용 및 '정책공유'」『동
    방학지』 143

이강한, 2008 「고려 충선왕의 국정과 '구제(舊制)' 복원」『진단학보』 105

이강한, 2008 「'원 - 일본간' 교역선의 고려 방문 양상 검토」『해양문화재』 1,
    국립해양유물전시관

이강한, 2008 「정치도감(整治都監) 운영의 제양상에 대한 재검토」『역사와현
    실』 66

이강한, 2009 「1270~80년대 고려내 응방(鷹坊) 운영 및 대외무역」『한국사연
    구』 146

이강한, 2009 「고려 충숙왕의 전민변정 및 상인등용」『역사와현실』 72

이강한, 2009 「고려 충혜왕대 무역정책의 내용 및 의미」『한국중세사연구』 27

이강한, 2009 「공민왕 5년(1356) '반원개혁(反元改革)'의 재검토」『대동문화연
    구』 65

이강한, 2009 「공민왕대 관제개편의 내용 및 의미」『역사학보』 201

이강한, 2009 「공민왕대 재정운용 검토 및 충선왕대 정책지향과의 비교」『한국사학보』34

이강한, 2010 「'친원'과 '반원'을 넘어서 - 13~14세기사에 대한 새로운 이해」『역사와현실』78

이강한, 2010 「1325년 기자사(箕子祠) 제사 재개의 배경 및 의미」『한국문화』50

이강한, 2010 「13세기말 고려 대외무역선의 활동과 원대 '관세(關稅)'의 문제」『도서문화』36

이강한, 2010 「14세기 고려 태묘(太廟)의 혁신과 변천」『진단학보』109

이강한, 2010 「고려 충숙왕대 과거제(科擧制) 정비의 내용과 의미」『대동문화연구』71

이강한, 2010 「고려·원간 '교혼(交婚)' 법제의 충돌」『동방학지』150

이강한, 2011 「1270년대~1330년대 외국인들의 고려방문: 13~14세기 동 - 서 교역에서의 한반도의 새로운 위상」『한국중세사연구』30

이강한, 2011 「고려 공민왕대 정부 주도 교역의 여건 및 특징」『정신문화연구』125

이강한, 2011 「1307년 "의상국지제(依上國之制), 정군민(定軍民)" 조치의 내용과 의미 - 고려 충선왕대 군역제(軍役制) 정비 방향에 대한 시론(試論)」『한국사학보』45

이강한, 2012 「1293~1303년 고려 서해안 '원 수역(元 水驛)'의 치폐와 그 의미」『한국중세사연구』33

이강한, 2012 「1308~1310년 고려내 "목·부(牧·府) 신설"의 내용과 의미 - 충선왕대 지방제도(계수관제) 개편방향에 대한 검토」『한국사연구』158

이강한, 2012 「고려후기 '충렬왕대 문산계(文散階)'의 구조와 운용 - 대부계(大夫階)에 대한 검토를 중심으로」『진단학보』116

이강한, 2012 「고려시대사 연구의 새로운 가능성 - 원대 법전 자료의 검토 전망」『역사와현실』85

이강한, 2013 「13~14세기 고려관료의 원제국 문산계 수령: 충렬공 김방경(金方慶)을 포함한 여러 사례들에 대한 검토」『한국중세사연구』37

이강한, 2013 「원과의 교역체제와 그 성격」『한국해양사』3(고려), 한국해양재단

이강한, 2014 「고려 원종대 대원 교섭에서의 '송'의 의미」『지방사와지방문화』

17-1

이강한, 2014「충렬왕대의 시대상황과 음악정책」,『한국사학보』 55

이강한, 2015「고려후기 외관의 신설, 승격 및 권위제고」,『한국사연구』 171

이강한, 2015「원제국인들의 방문양상과 고려인들의 인식변화」,『한국중세사연구』 43

이강한, 2016「고려후기 만호부(萬戶府)의 '지역단위적' 성격 검토」,『역사와현실』 100

이강한, 2016「고려후기 군제(軍制)의 변화상 연구 - 만호(萬戶) 및 외관(外官)과의 관계를 중심으로」,『한국문화』 75

Lee Kang Hahn, "Shifting Political, Legal, and Institutional Borderlines between Koryŏ and the Mongol Yuan Empire," *Seoul Journal of Korean Studies*, vol.29-2, Kyujanggak Institute for Korean Studies, 2016

Lee Kang Hahn, "Foreign Merchants' Visits to the Korean Peninsula, and Koryŏ People's Responses, in the 13~14th century," *The Review of Korean Studies*, vol.19-2, Academy of Korean Studies, 2016

Lee Kang Hahn, "Koryo's Trade with the Outer World," *Korean Studies*, vol.41, University of Hawaii at Manoa, 2017

이강한, 2017「13~14세기 고려와 원제국의 '탐라(제주) 정책'」,『한국학논총』 48

이강한, 2018「고려 충선왕의 저포 생산 전략 검토」,『한국사연구』 180

이강한, 2018「고려 충혜왕대 저포제품의 상품성 및 경쟁력 검토」,『동방학지』 183

이강한, 2019「고려 충렬~충정왕대의 밀직 - 재신 간 전직(轉職) 양상 검토」,『한국사학보』 76

이강한, 2019「고려 충선왕대의 관직운용 양상 연구 - 충렬왕대와의 비교 검토」,『역사와현실』 113

이강한, 2019「고려 충숙왕대 인사정책 연구: 재추의 관직겸임 양상을 중심으로」,『역사학보』 244

이강한, 2019「고려말기 안우(安祐)의 비극: 피살의 정치적 배경에 대한 검토」,『문충공 안우: 고려말 국난극복의 영웅』 선인

이강한, 2020「공민왕대 인사정책 연구 - 재위전반기(~1365), 재추의 겸직 및

전직 양상에 대한 검토를 중심으로」『한국중세사연구』 62

이강한, 2022 「고려 충선왕대의 문산계 개편 및 이후의 변화」『대동문화연구』 117

Lee Kang Hahn, "How the Mongols were perceived in the Koryŏ People's eyes," *The Mongol World* (Edited by Timothy May & Michael Hope, Routledge, 2022)

Lee Kang Hahn, "Korean Sources," *Cambridge History of the Mongol Empire, vol.2 Sources* (Edited by Michal Biran and Hodong Kim, Cambridge Univ. Press, 2023)

이개석, 1986 「몽고제국 성립기 상업에 대한 일고」『경북사학』 9

이개석, 1998 「원조의 남송병합과 강남지배의 의미」『경북사학』 21

이개석, 1998 『14세기초 원조(元朝) 지배체제의 재편과 그 배경』 서울대학교 박사학위논문

이경규, 2005 「송원대 천주무역번성 및 시박사」『대구사학』 81

이경록, 1998 「고려시대 운폐(銀幣) 제도의 성립과 운용」 연세대학교 석사학위논문

이경록, 2007 「고려전기의 대민의료체제」『한국사연구』 139

이규철, 2016 「공민왕대 대외정벌 정책의 추진과 시행」『역사와실학』 59

이기남, 1971 「충선왕의 개혁과 사림원(詞林院)의 설치」『역사학보』 52

이남복, 1985 「유청신(柳淸臣)과 그 사료에 대하여」『부산사학』 9

이동윤, 1982 「송대 해상무역의 제문제」『동양사학연구』 17

이명미, 2003 「고려·원 왕실통혼의 정치적 의미」『한국사론』 49

이명미, 2011 「공민왕대 초반 군주권 재구축 시도와 기씨일가: 1356년(공민왕 5) 개혁을 중심으로」『한국문화』 53

이명미, 2013 「충숙왕대 국왕위 관련 논의와 국왕 위상」『한국중세사연구』 36

이명미, 2015 「고려‐몽골 간 사신들의 활동 양상과 그 배경」『한국중세사연구』 43

이명미, 2015 「원종대 고려 측 대 몽골 정례적·의례적 사행 양상과 그 배경 ‐ 1273년(元宗 14) 고려 측 賀册封 使行 사례를 중심으로」『한국문화』 69

이명미, 2017 「14세기 초 요양행성의 합성(合省) 건의와 고려‐몽골 관계‐고려 국왕권 기반의 변화와 정동행성 위상의 재정립」『한국중세사연구』 51

이명미, 2019 「충렬왕 복위 연간 정치세력 분기의 양상‐김방경 사후 예장(禮

葬) 철회 사건으로부터」, 『역사문화연구』 70

이명미, 2021 「몽골 복속기 입성론(立省論)의 구성 과정과 맥락: 초기의 입성 관련 논의를 중심으로」, 『역사학보』 252

이미지, 2009 「1231·1232년 대몽(對蒙) 표문을 통해 본 고려의 몽고에 대한 외교적 대응」, 『한국사학보』 36

이미지, 2014 「13세기 초 고려의 국제 환경 변화와 생애 기록: 고려 묘지(墓誌)를 중심으로」, 『한국사학보』 55

이민기, 2022 「고려시대 환구제사의 희생 처리와 의미」, 『한국사상사학』 70

이상국, 2000 「고려후기 농장의 경영형태 연구 - 농장 경작인의 존재양상을 중심으로」, 『역사와현실』 36

이상국, 2003 「고려시대 군역차정과 군인전」, 『한국중세사연구』 15

이성무, 1987 「조선초기 노비의 종모법(從母法)과 종부법(從父法)」, 『역사학보』 115

이숙경, 1999 「고려말 모수사패전(冒受賜牌田)과 겸병」, 『실학사상연구』 10·11

이숙경, 2005 「고려 충숙왕·충혜왕과 상인의 관계(官界) 진출」, 『한국인물사연구』 4

이순근, 1986 「고려시대 사심관의 기능과 성격」, 『고려사의 제문제』 삼영사

이승민, 2019 「고려시대 국왕 관련 의례 연구의 성과와 제언」, 『동방학지』 189

이승한, 1988 「고려 충선왕의 심양왕(瀋陽王) 피봉과 재원 정치활동」, 『전남사학』 2

이승혜, 2015 「고려시대 불복장(佛腹藏)의 형성과 의미」, 『미술사학연구』 285

이　영, 1997 「'왜구의 공백기'에 관한 고찰」, 『일본역사연구』 5

이영진, 1997 「충숙왕대의 개혁안과 그 성격」, 『북악사론』 4

이용범, 1955 「여단(麗丹) 무역고」, 『동국사학』 3

이용범, 1962 「기황후(奇皇后)의 책립(元代)과 원대의 자정원(資政院)」, 『역사학보』 17·18

이우성, 1965 「고려의 영업전」, 『역사학보』 28

이은주, 2021 「『원본노걸대(原本老乞大)』를 통해 본 고려와 원나라의 직물교역」, 『동국사학』 72

이익주, 1992 「충선왕 즉위년 개혁정치의 성격 - 관제개편을 중심으로」, 『역사와현실』 7

이익주, 1994 「충선왕 즉위년(1298) 관제개편의 서역」『14세기 고려의 정치와 사회』민음사

이익주, 1995 「공민왕대 개혁의 추이와 신흥유신의 성장」『역사와현실』15

이익주, 1996 『고려·원 관계의 구조와 고려후기 정치체제』서울대학교 박사학위논문

이익주, 1998 「고려말 신흥유신의 성장과 조선 건국」『역사와현실』29

이익주, 2002 「고려후기 겸직제의 연구 - 충렬왕대 4사 관직의 겸직 실태 분석을 중심으로」『인문과학』9

이익주, 2003 「고려후기 단군신화 기록의 시대적 배경」『문명연지』4-2

이익주, 2004 「고려말의 정치사회적 혼돈과 신흥사대부의 성장」『한국사시민강좌』35

이익주, 2007 「고려 - 몽골 관계사 연구 시각의 검토: 고려 - 몽골 관계사에 대한 공시적, 통시적 접근」『한국중세사연구』27

이익주, 2015 「1356년 공민왕 반원정치(反元政治) 재론」『역사학보』225

이인재, 1996 「고려 중·후기 농장의 전민확보와 경영」『국사관논총』71

이인재, 2000 「고려후기 응방(鷹坊)의 설치와 운영」『한국사의 구조와 전개(하현강교수정년기념논총)』

이인철, 1995 「고려전기 경군의 구성과 군인전의 지급대상」『정신문화연구』58

이재범, 1990 「고려 노비의 법제적 지위」『국사관논총』17

이정기, 2008 「고려시기 양계 병마사의 성립과 기능」『한국중세사연구』24

이정란, 2005 「정치도감 활동에서 드러난 가(家) 속의 개인과 그의 행동방식」『한국사학보』21

이정란, 2009 「13세기 몽골제국의 고려관」『한국중세사연구』27

이정신, 1994 「고려시대의 상업: 상인의 존재형태를 중심으로」『국사관논총』59

이정신, 2008 「원간섭기 원종·충렬왕의 정치적 행적 - 김방경의 삼별초 정벌, 일본원정을 중심으로」『한국인물사연구』10

이정일, 2009 「조선 후기 기자인식에 나타난 유교 문명과 보편성」『한국사학보』37

이정호, 2003 「원간섭기 권농정책의 추진방향 - 충렬왕대와 충선왕대를 중심으로」『민족문화논총』28

이정훈, 2002 「고려시대 지배체제의 변화와 중국률의 수용」『한국사론』33,

국사편찬위원회

이정훈, 2010 「고려전기 문산계 운영에 대한 재검토」『동방학지』 150

이정훈, 2010 「고려전기 문산계의 실제 운영 - 대부계를 중심으로」『역사와현실』 176

이정훈, 2011 「고려전기 문산계의 실제 운영 - 개부의동삼사와 특진을 중심으로」『동방학지』 154

이정훈, 2012 「충선왕대 관제 개혁과 관청간의 통속(統屬) 관계」『한국중세사연구』 32

이정훈, 2013 「원간섭기 상의(商議) 관직의 설치와 변화」『한국사연구』 163

이정훈, 2013 「원간섭기 첨의부의 위상과 역할: 충렬왕과 충선왕대를 중심으로」『역사와현실』 88

이정훈, 2015 「원간섭기 국정운영과 도평의사사」『한국사학보』 59

이정훈, 2016 「충렬왕대 문산계의 복원과 운영 - 대부계를 중심으로」『역사와실학』 59

이정훈, 2018 「원간섭기 감찰사의 지위와 역할」『역사와실학』 65

이정훈, 2018 「고려후기 필도적(必闍赤)의 설치와 그 변화」『사학연구』 132

이정희, 1997 「고려전기 대요무역(對遼貿易)」『지역과역사』 4

이종민, 2012 「고려 후기 대원도자교류(對元陶磁交流)의 유형과 성격」『진단학보』 114

이종봉, 1992 「고려후기 권농정책과 토지개간」『부대사학』 15·16

이종서, 2012 「고려 국왕과 관리의 복식(服飾)이 반영하는 국가 위상과 자의식의 변동」『한국문화』 60

이종서, 2015 「고려후기 상반된 질서의 공존과 그 역사적 의미」『한국문화』 72

이종서, 2018 「고려시대 성씨 확산의 동인과 성씨의 기능」『역사와현실』 108

이중효, 1990 「고려시대의 국자감시」『전남사학』 4

이중효, 1991 「고려 인종대 국자감운영을 둘러싼 정치세력들의 입장」『진단학보』 92

이중효, 2009 「고려시대 국자감의 기능 강화와 사학(私學)의 침체」『역사학연구』 36

이지우, 1997 「조선조 태종(太宗)의 사노비정책」『경대사론』 10

이지우, 1999 「조선조 태종(太宗)의 공노비정책」『경대사론』 11

이지우, 2000 「조선조 세조(世祖)의 종모(從母)·종부위천법(從父爲賤法)의 성립과 그 성격」『경대사론』 12·13
이진한, 1999 「고려전기 추밀의 반차와 녹봉」『한국학보』 25-3
이진한, 2013 「고려전기 치사제의 운영과 관인의 인년치사」『민족문화연구』 58
이현숙, 2007 「고려시대 관료제하의 의료와 민간의료」『동방학지』 139
이형우, 1999 「고려 공민왕대의 정치적 추이와 무장세력」『군사』 39
이형우, 2009 「노국대장공주와 공민왕의 정치」『한국인물사연구』 12
이혜구, 2001 「고려 대성악의 변천」『한국중세사회의 음악문화(고려시대편)』민속원
이혜옥, 1993 「고려전기의 군역제 - 보승(保勝), 정용(精勇)을 중심으로」『국사관논총』 46
이희수, 2003 「걸프해에서 경주까지, 천년의 만남」『바다의 실크로드』 청아출판사
이희수, 2007 「중국 광저우(廣州)에서 발견된 고려인 라마단 비문에 대한 한해석」『한국이슬람학회논총』 17-1
임주탁, 2004 「삼장(三藏), 사룡(蛇龍)의 생성 문맥과 함의」『한국시가연구』 16
임형수, 2013 「고려 케시크(怯薛)의 기능과 개혁 방향」『민족문화연구』 60
임형수, 2018 「13~14세기 고려 관인층의 원도숙위(元都宿衛)와 그 전개 양상」『역사와 담론』 86
장경희, 1991 「14세기의 고려 염직(染織) 연구」『미술사학연구』 190·191
장남원, 2007 「중국 원대유적 출토 고려청자의 제작시기 검토」『역사와담론』 48
장동익, 1900 「고려전기의 선군」『고려사의 제문제』 삼영사
장병인, 1990 「고려시대 혼인제에 대한 재검토 - 일부일처제설의 비판」『한국친족제도연구』 역사학회
전병무, 1992 「고려시대 은(銀) 유통과 은소(銀所)」『한국사연구』 78
전병무, 1993 「고려 충혜왕의 상업활동과 재정정책」『역사와현실』 10
전해종, 1977 「중세 한중무역 형태 소고 - 특히 공인무역과 밀무역에 대하여」『대구사학』 12·13
전해종, 1978 「여·원(麗·元) 무역의 성격」『동양사학연구』 12·13
전해종, 1989 「고려와 송과의 교류」『국사관논총』 8
정경현, 1993 「고려전기 중앙군의 군역제도 소론」『학예지』 3

정구선, 2004 「고려말 기황후일족의 득세와 몰락」 『동국사학』 40

정기철, 2001 「고려시대 종묘(宗廟)의 건축양식연구」 『대한건축학회논문집』 계획계 제17권 제11호

정기철, 2001 「당(唐)·송(宋)·고려·조선의 종묘 친협향의(親祫享儀)와 건축형식 비교 연구」 『대한건축학회논문집』 계획계 제17권 제10호

정기철, 2001 「고려시대 종묘의 건축양식연구」 『대한건축학회논문집』 17-11

정동훈, 2009 「고려 - 명 외교문서 서식과 왕래방식의 성립과 배경」 서울대학교 석사학위논문

정동훈, 2020 「1260~70년대 고려 - 몽골 관계에서 세공(歲貢)의 의미」 『진단학보』 134

정동훈, 2022 「고려가 몽골제국에 바라는 것」 『한국사연구』 199

정동훈, 2022 「고구려인가 기자인가 - 몽골제국에서 고려 역사상의 경합」 『역사와현실』 125

정선모, 2013 「고려 중기 동인의식(東人意識)의 형성과 시문선집(詩文選集)의 편찬」 『동양한문학연구』 36

정수아, 1999 『고려중기 개혁정치와 북송신법(北宋新法)의 수용』 서강대학교 박사학위논문

정요근, 2007 「고려 역로망 운영에 대한 원(元)의 개입과 그 의미」 『역사와현실』 64

정요근, 2012 「고려~조선전기 전라도 서남해상 도서(島嶼) 지역의 군현(郡縣) 편제와 그 변화」 『도서문화』 39

정요근, 2019 「12~15세기 지방제도 개편의 전개와 그 역사적 의미 - 양광도 지역의 고을 연혁 분석을 중심으로」 『한국중세사연구』 57

정용범, 1993 「고려전기 선군제의 운영과 변질」 『부대사학』 17

정용숙, 1984 「『고려사』 형법지 노비항의 검토 - 찬자의 대노비관(對奴婢觀)과 관련하여」 『한국사연구』 46

정인재, 1993 「원대(元代)의 주자학(朱子學) - 원유(元儒)의 도통의식(道統意識)」 『원대성리학』 포은사상연구원

정화순, 2000 「고려사 악지(樂志) 소재 아악(雅樂)과 송악의 비교 검토」 『한국음악연구』 28

조계찬, 1964 「원군(元軍)의 고려둔전고」 『동아논총』 2

조성산, 2009 「조선후기 소론계의 고대사 연구와 중화주의의 변용」 『역사학보』 202

조욱진, 2021 「고려전기 태묘의 구성과 묘제(廟制) 변화의 의미」 『한국중세사연구』 66

조　원, 2013 「대원제국 다루가치체제와 지방통치」 『동양사학연구』 125

조원진, 2015 「고려시대의 기자 인식」 『한국사학사학보』 32

조효숙, 1992 『한국 견직물 연구 - 고려시대를 중심으로』 세종대학교 박사학위논문

주채혁, 1974 「홍복원(洪福源) 일가와 여 - 원관계」 『사학연구』 24

주채혁, 1988 「원(元) 만권당(萬卷堂)의 설치와 고려 유자(儒者)」 『손보기박사 정년기념 한국사학논총』

주채혁, 1989 「몽골·고려사연구의 재검토: 몽골·고려사의 성격 문제」 『국사관논총』 8

지위징, 2023 「고려에 파견된 몽·원 다루가치 및 겁련구 연구: 충렬왕대 사례를 중심으로」 한국학중앙연구원 석사학위논문

채상식, 1996 「여·몽의 일본정벌과 관련된 외교문서의 추이」 『한국민족문화』 9

채웅석, 1988 「고려전기 화폐유통의 기반」 『한국문화』 9

채웅석, 1990 「12,13세기 향촌사회의 변동과 '민'의 대응」 『역사와현실』 3

채웅석, 1997 「고려후기 유통경제의 조건과 양상」 『중세전기의 신분제와 토지소유 - 김용섭교수정년기념논총 2』

채웅석, 2003 「원간섭기 성리학자들의 화이관과 국가관」 『역사와현실』 49

책메드 체렝도르지, 2011 『14세기 후반 동아시아의 국제정세와 북원과 고려의 관계』 한국학중앙연구원 박사학위논문

최광만, 2000 「조선전기 도회의 성격」 『교육사학연구』 10

최근성, 1988 「고려 만호부제(萬戶府制)에 관한 연구」 『관동사학』 3

최동녕, 2020 「고려 충선왕대 지방제도의 개편」 『역사와담론』 95

최동녕, 2020 「13세기 고려의 전쟁과 도제(道制) 운영의 일단면 - 도 단위 '군정(軍政) 외관'의 활동을 중심으로」 『한국사연구』 201

최봉준, 2013 「이곡의 기자 중심의 국사관과 고려·원 전장조화론(典章調和論)」 『한국중세사연구』 36

최봉준, 2014 「정도전의 기자 중심의 역사관과 급진적 문명론」 『한국사학사

학보』 29

최봉준, 2015 「여말선초 기자 중심의 역사계승의식과 조선적 문명론」『한국
사학사학보』 31

최봉준, 2016 「이승휴의 단군 중심의 역사관과 다원문화론」『한국사상사학』 52

최순권, 1998 「고려전기 오묘제(五廟制)의 운영」『역사교육』 66

최연식, 1995 「공민왕의 정치적 지향과 정치운영」『역사와 현실』 15

최연주, 2007 「공민왕 개혁과 임박(林樸)의 정치활동」『석당논총』 39

최연주, 1999 「고려후기의 각염법을 둘러싼 분쟁과 그 성격」『한국중세사연
구』 6

최완기, 1981 「고려조의 세곡운송」『한국사연구』 34

최윤정, 2018 「1356년 공민왕의 '반원개혁(反元改革)' 재론」『대구사학』 130

최일성, 1985 「고려의 만호(萬戶)」『청대사림』 4·5

최종석, 2010 「고려시대 조하의(朝賀儀) 의례 구조의 변동과 국가 위상」『한
국문화』 51

최종석, 2010 「1356(공민왕 5)~1369년(공민왕 18) 고려 - 몽골(원) 관계의 성
격: '원간섭기'와의 연속성을 중심으로」『역사교육』 116

최종석, 2011 「고려후기 보승정용군의 성격과 지방군 구성에 대한 재검토」『역
사와담론』 58

최종석, 2019 「고려후기 '전형적' 제후국 외교의례의 창출과 몽골 임팩트」『민
족문화연구』 85

최종석, 2019 「고려후기 배표례(拜表禮)의 창출·존속과 몽골 임팩트」『한국문
화』 86

최종석, 2023 「고려·조선 초 국왕 위상의 변화와 몽골 임팩트」『인문과학연구』 28

추명엽, 2022 『8~11세기 해동천하의 형성과 전개』 서울대학교 박사학위논문

토니노 푸지오니, 2002 「원대 기황후의 불교후원과 그 정치적인 의의」『보조
사상』 17

토니노 푸지오니, 2002 「충선왕대의 여·원 불교관계와 항주(抗州) 고려사(高
麗寺)」『한국사상사학』 18

한누리, 2002 「이제현의 현실 인식 및 외교 논리 검토 -『익재난고』의 「사찬」
과 상서(上書)를 중심으로 - 」『한국중세사연구』 68

한영우, 1980 「16세기 사림의 역사서술과 역사인식」『동양학』 10

한영우, 1982 「고려 - 조선전기의 기자 인식」, 『한국문화』 3

한우근, 1961 「여말선초 순군(巡軍) 연구」, 『진단학보』 22

허남춘, 1976 「고려시대의 소악부」, 『한국한문학연구』 1

홍승기, 1983 「고려초기 중앙군의 조직과 역할」, 『고려군제사』 육군본부 군사연구실

홍승기, 1992 「고려초기 경군의 이원적 구성론에 대하여」, 『이기백선생고희기념논총』

홍영의, 1990·1992 「공민왕 초기 개혁정치와 정치세력의 추이(上·下) - 원년·5년의 개혁방안을 중심으로」, 『사학연구』 42/43·44

홍영의, 1991 「공민왕의 반원정책(反元政策)과 염제신(廉悌臣)의 군사활동; 국방개혁을 중심으로」, 『군사』 23

홍영의, 2012 「개혁군주 공민왕: 공민왕의 즉위와 초기 국왕권 강화노력」, 『한국인물사연구』 18

홍원기, 1990 「고려 2군6위제의 성격」, 『한국사연구』 68

황운용, 1980 「고려 공민왕대의 대원·명관계(對元·明關係) - 관제변개를 중심으로」, 『동국사학』 14

황을순, 1981 「고려에서의 소목(昭穆) 문제와 숭좌(崇左) 사상」, 『고고역사학지』 4

Breuker, Remco E., "Colonial modernities in the 14th century: Empire as the Harbinger of modernity," *Korea in the middle: Korean studies and area studies* [Essays in honour of Boudewijn Walraven] (CNWS, 2007)

Shea, Eiren L., "Painted Silks: Form and Production of Women's Court Dress in the Mongol Empire," *The Textile Museum Journal, vol.*45, 2018

기따무라 히데또(北村秀人), 1964 「高麗に於ける征東行省について」, 『朝鮮學報』 32

기따무라 히데또(北村秀人), 1993 「高麗時代の京市の機能について」, 『朝鮮史研究會論文集』 31

나이또우 슌스케(內藤雋輔), 1955 「高麗時代の鷹坊について」, 『朝鮮學報』 8

모리 가즈미(森克己), 1963 「日本商船の高麗·宋えの進出丹書」, 『中央大文史學科紀要』 9

모리 가즈미(森克己), 1965 「鎌倉時代の日麗交涉」, 『朝鮮學報』 34

모리 가츠미(森克己), 1966 「日宋·日元貿易と貿易品」『歷史敎育』 18-4

모리히라 마사히코(森平雅彦), 2004 「高麗における元の站赤 - route比定を衆心に」『史淵』 141

무라이 쇼우스케(村井章介), 2005 「寺社造營料唐船を見直す - 貿易·文化交流·沈船」『Series, 港町の世界史 1 - 港町と海域世界』 歷史學硏究會 編, 靑木書店

무라카미 쇼오지(村上正二), 1942 「元朝の斡脫と泉府司」『東方學報』 13-1

미야케 토모유키(宮澤知之), 1981 「元朝の商業政策 - 牙人制度と商稅制度」『史林』 64-2

손문학(孫文學), 1987 「關于元朝市舶制度論」『內蒙古大學學報(哲社版)』 1987.1

스가와 히데노리(須川英德), 1980 「高麗後期における商業定策の展開 - 對外關係を中心に」『朝鮮社會の史的 展開と東アジア』 山川出版社

스가와 히데노리(須川英德), 1997 「高麗末から朝鮮初における貨幣論の展開 - 專制國家の財政運用と楮貨」『朝鮮社會の史的 展開と東アジア』 山川出版社

아노 유우코(小野裕子), 2006 「『元典章』市舶則法前文譯註」『東アジアと日本: 交流と變用』 3

아베 다께오(安部健夫), 1972 「元代通貨政策の發展」『元代史の研究』 創文社

아베 다께오(安部健夫), 1972 「生熟券支給制度略考」『元代史の研究』 創文社

아타기 마쯔오(愛宕松男), 1969 「元の中國支配と漢民族社會」『岩波講座世界歷史 9(中世3)』 岩波書店

아타기 마쯔오(愛宕松男), 1973 「斡脫錢とその背景 - 13世紀元朝における銀の動向」『東洋史研究』 31-1·2

야마우치 신지(山内晉次), 1996 「東アジア海域における海商と國家 - 10〜13世紀を中心とする觀想書」『歷史學研究』 681

양지구(楊志玖), 1984 「元世祖時代"漢法"與"回回法"之衝突 - 緖言」『元史三論』 人民出版社

오오시마 타치코(大島立子), 1971 「元朝漢民族支配の一考察 - 軍戸を中心として」『史論(東京女子大)』 23

요카이치 야스히로(四日市康博), 2000 「元朝宮政における交易と廷臣集團」『早稻田大學大學院文學研究科紀要』 46-4

요카이치 야스히로(四日市康博), 2002 「元朝の中賣寶貨 - その意義および南海

交易・オルトクとの關にずいて」『內陸アジア史研究』 17

요카이치 야스히로(四日市康博), 2004 「元朝斡脫政策にみる交易活動と宗敎活動
    の諸相 - 附『元典章』斡脫關連條文譯註」『東アジアと日本: 交流と變用』 1

우에마쯔 시요(植松正), 1972 「彙輯『至元新格』並ぴに解說」『東洋史研究』30-4

우에마쯔 시요(植松正), 1980 「元代條畫考」 4・5・6, 『香川大學敎育學部研究報
    告』 48・49・50

우에마쯔 시요(植松正), 1995 「元朝支配下の江南地域社會」『宋元時代史の基本
    問題』 汲古書院

유상삼(喩常森), 1991 「元代官本船海外貿易制度」『海交史研究(泉州)』 1991.2

이께우치 히로시(池內宏), 1933 「高麗朝における元の行省」『東洋學報』 20-3

이와무라 시노부(岩村忍), 1968 「紙幣制とその崩壞」『モンゴル社會經濟史の硏
    究』 東京大學人文科學硏究所, 同朋社

첸가오후이(陳高華), 1980 「印度馬八兀王子孛哈里來華新考」 南京大學學振(1980/3)

첸가오후이(陳高華), 1991 「元朝與高麗的海上交通」『震檀學報』 71・72

첸가오후이(陳高華), 1997 「元代商稅初探」『中國社會科學院硏究生員學報(京)』 1997.1

첸가오후이(陳高華), 2003 「元代的海外貿易」『元史硏究論考』 中華書局

첸가오후이(陳高華), 2005 「從老乞大朴通事看元與高麗的經濟文化交流」『元史硏
    究新論』

카와조에 쇼우지(川添昭二), 1993 「鎌倉末期の對外關係と博多 - 新安沈沒船木
    簡・東福寺・承天寺」『鎌倉時代文化傳播の研究』 吉川弘文館

타무라 사네조우(田村實造), 1974 「世祖と三人の財政家」;「世祖時代の稅制」『中
    國征服王朝史の研究』

타무라 타노스케(田村田之助), 1937 「高麗末期における楮貨制採用問題」『歷史
    學硏究』 7-3

※ 외국 학자들의 인명 독법에 오류가 있을 수 있음을 일러둔다.

※ 각 절 서술의 기반이 된 필자의 기존 연구 성과는 다음과 같다.

1부. 낯선 것과의 접촉, 사라지는 경계(境界)들

1장. 지도자들의 정체성 변화, 양국 간 경계를 근저에서 허물다
1. 국왕 정체성의 재구성

이강한, 2007 「정동행성관(征東行省官) 활리길사(闊里吉思)의 고려제도 개변 시도」『한국사연구』139
2. 관료들의 의식구조 변화

이강한, 2013 「13~14세기 고려관료의 원제국 문산계 수령: 충렬공 김방경(金方慶)을 포함한 여러 사례들에 대한 검토」『한국중세사연구』37

2장. 고려와 제국 양쪽의 개혁: 공유된 지향, 다른 방식들
1. 충선왕의 세 갈래 정치 개혁

이강한, 2008 「고려 충선왕의 정치개혁과 원(元)의 영향」『한국문화』43
2. 충선왕의 전향적인 재정 세입 증대책

이강한, 2008 「고려 충선왕·원 무종(元 武宗)의 재정운용 및 '정책공유'」『동방학지』143

3장. 고려의 전통 제도에 제국의 방법론과 관행을 접목하다
1. 강남(江南)과 화북(華北)에서 영감을 얻다: 충선왕의 광역 지방 단위 개혁

이강한, 2012 「1308~1310년 고려내 "목·부(牧·府) 신설"의 내용과 의미 - 충선왕대 지방제도(계수관제) 개편방향에 대한 검토」『한국사연구』158
2. 충선왕의 군역제 개혁, 천인(賤人)에 눈 돌리다

이강한, 2011 「1307년 "의상국지제(依上國之制), 정군민(定軍民)" 조치의 내용과 의미 - 고려 충선왕대 군역제(軍役制) 정비 방향에 대한 시론(試論)」『한국사학보』45

이강한

서울대학교 국사학과를 졸업하고 동대학원에서 석사 및 박사학위를 받았으며, 한국학중앙연구원 한국사학전공 교수로 재직 중이다. 한국학중앙연구원 연구처 연구정책실장, 비교문화연구소 소장, 한국학진흥사업단 단장 등을 역임하였고 현재는 기획처장을 맡고 있으며, 영문저널 *The Review of Korean Studies*의 편집위원장이기도 하다.

저서로는 〈고려와 원제국의 교역의 역사〉(2013, 창비), 〈고려의 자기, 원제국과 만나다〉(2016, 한중연 출판부), 〈새로운 직물의 탄생-원제국을 겪은 한반도인의 선택〉(2023, 한중연 출판부) 등이 있다.

어떤 제국과의 조우

2024년 7월 5일 초판 인쇄
2024년 7월 12일 초판 발행

지 은 이 　이강한
발 행 인 　한정희
발 행 처 　경인문화사
편 집 부 　김지선 한주연 김숙희
관라영업부 　하재일 유인순
출 판 신 고 　제406-1973-000003호
주 　 소 　파주시 회동길 445-1 경인빌딩 B동 4층
대 표 전 화 　031-955-9300 　팩 스 　031-955-9310
홈 페 이 지 　http://www.kyunginp.co.kr
이 메 일 　kyungin@kyunginp.co.kr

ISBN 978-89-499-6805-6 　93910
값 46,000원

*파본 및 훼손된 책은 교환해 드립니다.